Walter Etschmann · Robert Hahne · Volker Tlusty

Kammerlohr

Kunst im Überblick

Stile – Künstler – Werke

Oldenbourg

Walter Etschmann, München
Robert Hahne, Düsseldorf
Volker Tlusty, Braunschweig

Umschlag:
Links: Foto von Pierre Verdy aus der Galerie Nationale du Jeu de Paume, Paris, anlässlich der Ausstellung „Magritte", 11.02.–09.06.2003 (ddp/Pierre Verdy/AFP)
Rechts: Vincent van Gogh: Selbstbildnis, Paul Gaugin gewidmet, 1888. Öl auf Leinwand, 61 x 50 cm. The Fogg Art Museum, Cambridge, Massachusets (VG Bild-Kunst, Bonn)

Bibliographische Information der Deutschen Bibliothek
Die Deutsche Bibliothek verzeichnet diese Publikationen in der Deutschen Nationalbibliografie; detaillierte bibliografische Daten sind im Internet über http//dnb.ddb.de abrufbar.

1. Auflage 2004
Druck 08 07 06 05 04 R E
Die letzte Zahl bezeichnet das Jahr des Druckes.

Umschlagkonzept: Mendell & Oberer, München
Umschlaggestaltung: Lutz Siebert-Wendt, München
Lektorat: Joachim Siebert, Hannover
Typographie, Satz und Reproduktionen: Jesse Konzept & Text GmbH, Hannover
Druck: J. P. Himmer, Augsburg
Buchbinderische Verarbeitung: Oldenbourg Buchmanufaktur, Monheim

ISBN 3-486-**87507**-8

Inhaltsverzeichnis

Von der karolingischen Kunst zur Spätgotik 84

Lexikon

Gott und Mensch in der mittelalterlichen Plastik

Mittelalterliche Buchmalerei

Die Architektur des Mittelalters

Vom Gesamtkunstwerk Kirche zum Einzelkunstwerk

Von der Frührenaissance zum Rokoko 168

Vom Expressionismus zur Postmoderne 318

Lexikon

Neue Kunstformen – neue Medienkunst

Phantastische Kunst

Architektur im 20. Jahrhundert

Anhang

Einleitung

Zu allen Zeiten der Geschichte und in allen Kulturen hat der Gestaltungswille des Menschen Kunstwerke hervorgebracht. Es ist ein Bedürfnis des Menschen, sich, seine ästhetischen Vorstellungen und sein Verhältnis zur Welt im Kunstwerk darzustellen. Ebenso gibt es auch ein Interesse der Betrachter, sich mit den Kunstwerken anderer auseinander zu setzen und sich in zustimmender oder ablehnender Form dazu zu äußern.

Kunst ist ein wichtiger Mittler zwischen der Vergangenheit und der Gegenwart, in der wir leben. Sie gibt uns Aufschluss über das Leben der Menschen in früheren Zeiten und in unseren Tagen.

Der Reichtum der überkommenen Kunstwerke reicht vom kleinen Amulett über das an die Höhlenwand oder auf Leinwand gemalte Bild, von Gebrauchsgegenständen und plastischen Gebilden zu großen Denkmälern, von Druckgraphiken über Fotografien und Filme, Aktionen, Installationen bis hin zu den Bauwerken für den öffentlichen und privaten Gebrauch. All diese Kunstwerke haben materielle und handwerkliche wie auch geistige und soziale Voraussetzungen, die in unterschiedlicher Weise ihren Charakter prägten. Waren es ursprünglich in erster Linie Ritus und Religion, die im Kunstwerk zum Ausdruck kamen, so wendeten sich die Künstler seit der Renaissance allmählich von einem religiös bestimmten Weltbild ab und thematisierten das Diesseits in seinen vielfältigen Erscheinungsformen wie auch die eigene psychische Verfassung, den Ausdruck einer ganz persönlichen Weltsicht.

Der vorliegende Band „Kunst im Überblick. Stile, Künstler, Werke“ setzt sich auf unterschiedliche Art und in verschiedenen methodischen Zugriffen mit dem Kunstschaffen der Vergangenheit und der Gegenwart auseinander. In fünf Kapiteln greift er das System der Gliederung in Stile und Epochen in einem weitgehend chronologisch gehaltenen Lexikon-Teil auf; er widmet sich zudem in Einzelanalysen und Vergleichen ausführlich dem von Künstlern geschaffenen Werk.

Die stilgeschichtlichen Zusammenfassungen zu Beginn der fünf Kapitel, die durch den senkrechten Farbbalken als „Lexikon“ gekennzeichnet sind, untersuchen die gemeinsamen Merkmale und Entwicklungslinien der in einer bestimmten Zeit entstandenen Werke, beschreiben stilistische Strömungen nach formalen Kriterien und vor ihrem geistigen Hintergrund. Die Stilgeschichte hat im Laufe der Zeit bei der Einteilung vergangener Epochen ein relativ verbindliches System entwickelt; Bezeichnungen wie Gotik, Renaissance oder Barock sind heute unumstritten. Problematischer ist die Einteilung bei der Benennung und Abgrenzung neuerer Strömungen und Tendenzen. Der vorliegende Band ordnet die Kunst der letzten Jahrzehnte vor allem auch nach den Gesichtspunkten der formalen oder thematisch-inhaltlichen Verwandtschaft.

Eine andere Spur, die „Kunst im Überblick. Stile, Künstler, Werke“ verfolgt, geht auf das Einzelwerk ein, das es in seiner spezifischen Ausformung und den Intentionen des Künstlers zu erfassen gilt. Dabei wird auch auf die Möglichkeit des Vergleichs zurückgegriffen, denn in der Unterscheidung lassen sich die Eigenarten eines Kunstwerks mitunter besser erfassen und verstehen als dies bei der Einzelbetrachtung der Fall ist.

Darüber hinaus bietet der Band mit den Arbeitsanregungen am Ende der jeweiligen Einzelanalysen oder Vergleiche Vorschläge für eine vertiefende Auseinandersetzung, für eine Betrachtung jener Beispiele, zu denen möglicherweise vor Ort ein anschaulicher Zugang möglich ist. Aufgabenvorschläge für eine praktisch-rezeptive oder praktisch-produktive Auseinandersetzung mit Aspekten des behandelten Kunstwerks bieten die Möglichkeit, sich beim eigenen Tun mit Fragestellungen und Lösungswegen zu beschäftigen.

Von den Anfängen der Kultur bis zur byzantinischen Kunst

Kunst zeigt den Menschen in seiner Eigenschaft als Gestalter. Spuren dieser Tätigkeit lassen sich bei unseren Vorfahren durch steinzeitliche Funde bereits vor über 80000 Jahren nachweisen. Die bildhauerisch gestalteten Arbeiten oder die Höhlenmalereien der Altsteinzeit in Afrika oder Europa sind Relikte einer Kunst, die vor allem magische Funktion hatte.

In der Jungsteinzeit, die vor etwa 10000 Jahren begann, wurden die Menschen sesshaft und erfanden die Keramik. Sie diente der Vorratshaltung und zeigte bald auch ornamentale Schmuckformen. Die Menschen der Jungsteinzeit bauten erstmals Häuser, und die Steinsetzungen der ▸Megalithkultur aus dem 5. Jahrtausend v. Chr. sind die ersten erhaltenen Zeugnisse in der Geschichte der Architektur.

Seit dem 7. Jahrtausend v. Chr. entwickelten Handwerker im Alten Orient Verfahren zur Herstellung von Geräten und Waffen aus Bronze, aber auch von kunstvoll verziertem Schmuck; es war der Beginn der Bronzezeit. Die Kenntnis der Metallverarbeitung verbreitete sich sehr langsam und erreichte erst im 3. Jahrtausend Mittel-, West- und Südeuropa, auch Mittelasien. Zur gleichen Zeit gab es erste Anfänge der Eisenbearbeitung, die sich im europäischen Raum erst nach 1000 v. Chr. durchsetzte und die Bronze verdrängte.

Die Erfindung der Schrift um 3000 v. Chr. bildet die entscheidende Zäsur zwischen der Vorgeschichte der Menschheit und der Geschichte. In dieser Zeit entstanden im Vorderen Orient und in Ägypten die frühen Hochkulturen, die als erste Schrift und Zeitrechnung entwickelten. Diese Hochkulturen waren durch ein ausgebildetes und gegliedertes Staatswesen gekennzeichnet, das sich auf Verwaltungsbeamte und auf Priester stützte. In diesem Umfeld mit Städten, kostbar ausgestatteten Palästen, großen Tempel- und Grabanlagen konnten sich vielfältige Erscheinungsformen von Kunst, Musik und Literatur entwickeln – die Namen ihrer Schöpfer jedoch sind nicht überliefert.

Im Mittelmeerraum prägten zwei große Kulturen den Beginn der europäischen Geschichte: Griechenland und Rom. Die Vorläuferin der griechischen Kunst war die minoische Kultur auf Kreta (vor 1500 v. Chr.). Sie fand ihre Nachfolge in den mykenischen Kulturen auf dem Peloponnes (um 2000–um 1200 v. Chr.), die die minoischen Vorbilder auf das griechische Festland vermittelten. Auch die römische Kunst besaß Vorläufer. So ging die Kultur der Etrusker (8. bis 3. Jahrhundert v. Chr.) in der römischen auf; entscheidende Impulse bekam die römische Kunst in der Folgezeit durch ihre Begegnung mit der griechischen.

Für Griechenland bildet das Jahr 776 v. Chr., das erste überlieferte Datum der Olympischen Spiele, den Anfang seiner Zeitrechnung, für Rom das legendäre Gründungsdatum im Jahr 753 v. Chr. So bezeichnet man die Zeit im Mittelmeerraum vom 8. vorchristlichen bis zum Untergang des Weströmischen Reiches im 5. nachchristlichen Jahrhundert als Altertum. In dieser Zeit entwickelten sich die Grundlagen der europäischen Kultur – immer wieder haben die folgenden Epochen auf diese Anfänge in der Antike zurückgeblickt und sich von dieser Tradition inspirieren lassen. Als besonders vorbildlich gelten die Leistungen der Architektur und das Menschenbild der Plastik, aber auch die Malerei und das Mosaik erlebten eine Blütezeit.

In der Spätantike wurde die heidnische Kunst des Altertums allmählich christlich überformt und schließlich vom Mittelalter abgelöst. Bei diesem Prozess übernahm im östlichen Mittelmeer die byzantinische Kunst eine Vermittlerrolle. Sie bewahrte das griechisch-römische Erbe und verschmolz es mit kleinasiatischen Einflüssen. Bis zur Einnahme der Stadt Konstantinopel (Byzanz) durch die Türken 1453 vermittelte die byzantinische Kunst wichtige Impulse in das westliche Europa. So stiftete sie einen Zusammenhang zwischen der Antike und dem nachfolgenden Mittelalter, das nahezu zeitgleich mit dem Reich von Byzanz enden sollte.

▸**Megalithkultur** (griech. mega groß, litho Stein): vorgeschichtliche Kultur, die vor allem im Norden und Westen Europas, aber auch in Teilen Asiens Denkmale aus großen, unbehauenen oder nur roh zugerichteten Steinen errichtete

Stierspiel aus dem Palast von Knossos, um 1500 v. Chr. Fresko, Höhe mit Rahmen 80 cm

Theodora und ihr Gefolge, 546–548 n. Chr. Mosaik. Ravenna, San Vitale

Steinzeitliche Kulturen

Die Menschen der Altsteinzeit, die vor etwa 30000 Jahren lebten, waren Jäger und Sammler. Ihr Leben war unstet, sie folgten dem Wild und suchten dort Unterschlupf, wo die Umstände geeignet erschienen. Da es über ihre Motive, die Welt in Bildern festzuhalten und Dinge zu gestalten, keine anderen Quellen als die wenigen Fundstücke gibt, existieren verschiedene Theorien über die Beweggründe, die dem künstlerischen Schaffen zugrunde liegen.
Um Gegenstände des täglichen Gebrauchs in bestimmter, über den Nutzeffekt hinausgehender Weise zu formen oder Abbilder schaffen zu können, muss der Mensch in der Lage sein, Bildhaftes zu verstehen. Wohl könnte der Ursprung des Gestaltens so gewesen sein, dass er mit der Hand in den Felsen kratzte oder einen Stein entdeckte, der eine tierähnliche Form besaß. Diese Spuren als Bild zu sehen und – vielleicht durch Zufall – das Bildhafte mit Jagdglück oder Fruchtbarkeit in Verbindung zu bringen, könnte der Ursprung der Kunst sein.

Die Menschen der Steinzeit malten Bilder an Höhlenwände, stellten kleinformatige Plastiken her oder verzierten Teile ihrer Waffen. Damit sollte – so lautet eine Theorie – das Jagdglück beschworen und eine Beziehung zu Geistern oder Tiergottheiten aufgenommen werden. In den hinteren Teilen der Höhlen mögen solche kultischen Handlungen vor der Jagd stattgefunden haben.
Die Beschwörung des zu jagenden Tieres reicht vermutlich als Erklärung allein nicht aus, da in manchen Höhlen schwer oder nicht jagdbare Tiere wie Bären, Löwen, Mammuts und Nashörner dargestellt wurden. Im Zusammenhang mit den Wanderungen der Herden und dem Wechsel der Jahreszeiten können die gemalten Tiere auch als mythologische Wesen oder ▸Totems angesehen worden sein.

Erstmals entdeckte man 1879 im nordspanischen **Altamira** Höhlenbilder der Altsteinzeit. Sie zeigen Stiere, Wildschweine, Wildpferde und gebärende Bisonkühe. Überdimensionalen Bildern von Rudeln mit Wildpferden und Hirschen, die ▸friesartig angeordnet sind, begegnet man in der Höhle in Lascaux im französischen Departement Dordogne. Sie stammen aus der Zeit um 15 000 v. Chr. und zählen neben den Felsbildern aus der Grotte Chauvet zu den Höhepunkten der Felsbildkunst. Höhlenmalereien und Ritzungen in den Fels sind aus verschiedenen Teilen Europas und anderen Kontinenten bekannt. Man begegnet ihnen beispielsweise im türkischen Çatal Hüyük, in den Höhlen auf dem Monte Pellegrino nahe Palermo, in den Gebirgszügen der Sahara oder in Nordamerika.

Die steinzeitliche Darstellung von kleinformatigen Frauenskulpturen dürfte wohl im engen Zusammenhang zur Fruchtbarkeit und zur Arterhaltung stehen. ▸Mutterfetische, zu denen die **„Venus von Willendorf“** gehört, sind von West- und Südeuropa bis Sibirien bekannt, ebenso wie im Sudan, in Kleinasien und anderen vorgeschichtlichen Kulturen. Tierplastiken begegnet man als Verzierung an Gebrauchsgeräten. Auch hier liegt die Vermutung nahe, dass nicht nur ein bloßes Schmuckbedürfnis bestand, sondern bildmagische Zwecke eine Rolle spielten.

Mit der Jungsteinzeit, etwa vom 6. Jahrtausend an, breitete sich der Ackerbau aus, die Menschen wurden sesshaft. Damit ging ein Wandel einher, der viele Bereiche erfasste. Die Menschen übten einen Ahnenkult aus, fertigten keramische Gefäße und in der Spätzeit Metallschmuck und -geräte.

„Fixpunkte im Wechsel der Jahreszeiten sind für eine bäuerliche Bevölkerung ohne Zweifel sowohl praktisch als auch religiös bedeutsam.“ (Hugh Honour/John Fleming, 1992) Eine Anlage aus der Jungsteinzeit, die derartige Funktionen gehabt hat, liegt in Südengland. Das ▸Megalith-Monument in **Stonehenge** besteht aus konzentrischen Ringen, die als eine Art Kalender zur Bestimmung von Sommer- und Wintersonnenwende diente. Über diesen praktischen Nutzen hinaus hat die Anlage wohl auch einen – ungeklärten – kultischen Zweck erfüllt.

▸**Totem:** bei Naturvölkern Tier, Pflanze oder magisches Zeichen mit besonderer Beziehung zu einem Menschen oder einer Gruppe

▸**Fries, Wandfries:** waagerechter Streifen aus Bildern oder Ornamenten zur Gestaltung und Gliederung einer Wand oder auch als oberer Abschluss zur Decke hin

▸**Fetisch** (portug. feitico Zaubermittel und lat. factitius künstlich): meist von Menschen hergestellter Gegenstand mit magischer Kraft, der um Hilfe angerufen wird

▸**Megalithkulturen:** s. S. 10

„Venus von Willendorf“, um 25 000 v. Chr. Kalkstein, 10,4 cm. Wien, Naturhistorisches Museum

Wisent, zwischen 21 000 und 13 000 v. Chr. Höhlenmalerei. Altamira/Spanien

Megalithmonument in Stonehenge/Südengland, etwa ab 3100 v. Chr. Granitblöcke, Höhe bis 4,20 m, Gewicht 40 bis 50 t

Kunst in Afrika und Ozeanien

Die traditionelle afrikanische Kunst ist eine Kunst der Stämme und Völker, die alle ihre eigene Geschichte haben und unterschiedlichen Traditionen folgen, sodass man angesichts der vielfältigen Formensprache schwerlich von einer einheitlichen Kunst dieses Kontinents sprechen kann. Die primäre Funktion afrikanischer Kunstwerke besteht in der Weitervermittlung des Stammeswissens, der kultischen Bräuche und der sozialen Werte. Sie haben einen festen Bestandteil im Zusammenleben mit seinen Höhepunkten in Feierlichkeiten und Riten. Sichere Datierungen der zumeist aus Holz gefertigten Kunstwerke gibt es erst ab der Mitte des 19. Jahrhunderts.

Von den Königsfiguren der Luba in Zentralafrika nimmt man an, dass sie zu den ältesten erhaltenen Beispielen gehören und knapp 300 Jahre alt sind. Aus der Zeit von 500 v. Chr. bis 200 n. Chr. stammen die ▸Terrakotten **von Nok** (Nigeria).
In den Königreichen Ife und Benin (dem Gebiet des heutigen Nigeria) war vor über tausend Jahren die Technik des Bronzegusses im ▸Wachsausschmelzverfahren bekannt. Die Produkte zeugen von hohem Wissen in der Ton- und Metallverarbeitung wie auch von hervorragender künstlerischer Qualität. Bei der **Oni-Figur** weist der kostbare Schmuck auf die bedeutende Stellung des Dargestellten hin.
Im Mittelpunkt der höfischen wie auch der Stammeskunst steht die Gestalt des Menschen, doch handelt es sich fast nie um naturalistische Abbildungen. Bei den figürlichen Plastiken werden Kopf, Rumpf und Geschlechtsteile meist überbetont, kennzeichnend ist die Statuarik der Figuren. Die Darstellung von Bewegung oder Handlung bleibt eher die Ausnahme. Ein zentrales Thema ist die Mutterschaft. Dabei geht es um den Fortbestand des Stammes, der in der mythischen Mutterfigur idealisierende Formen annimmt. Man orientierte sich an den Mustern der Vorfahren, charakteristisch sind ausdrucksvolle Gesichter, groß bildete man Brüste, Nabel und Leib aus.

Ein anderes Motiv der afrikanischen Kunst sind die aus Holz oder Bronze gefertigten Masken, die von kostümierten Männern getragen wurden. Sie stehen für die Toten, die Ahnengeister oder dämonische Wesen, sind aber keine ▸Fetische, besitzen also keine dämonische Macht, sondern werden im Ritual Sitz des jeweiligen Wesens. Der Ahnenkult spielt eine entscheidende Rolle, weil man die Verstorbenen, denen man Opfer bringt, als Vermittler zwischen den Lebenden und den Göttern ansieht. Besondere Götterbilder sind selten.

Einer ähnlichen stilistischen Vielfalt der künstlerischen Formen wie in Afrika begegnet man auch in Ozeanien, dem riesigen Gebiet, das Neuseeland und die Inselwelt von Polynesien, Mikronesien und Melanesien umfasst. Trotz der Verschiedenartigkeit der Völker und der Mannigfaltigkeit von kulturellen Ausprägungen und Materialien haben die künstlerischen Werke eines gemeinsam: Sie sind mit der Religion verbunden, eine Kunst um der Kunst willen ist unbekannt. Übereinstimmende Grundzüge der religiösen Vorstellungen und der daraus resultierenden Riten bestehen im Glauben an die Geister, die als Schatten der Verstorbenen ständig präsent sind. Die toten Stammesangehörigen nehmen – wie in Afrika – eine Mittlerfunktion zwischen den Lebenden und den Geistern ein.

In den großen Totenfesten Melanesiens spielen die **Malanggane** eine bedeutende Rolle. Es handelt sich dabei um Holzbildwerke mit komplizierten, häufig asymmetrischen Mustern, die im Ritual während eines Tanzes gezeigt werden.

Rätselhaft wirken auch die riesigen ▸Tuffstein-Monolithen auf der Osterinsel. Die etwa 600 überdimensionalen, eckigen Köpfe mit wuchtigen Nasen und schmalen Mündern stehen auf einer Steinplatte und schauen in Richtung Pazifik. Unklar ist die Funktion dieser Großfiguren, doch sind sie vermutlich zu Ehren verstorbener Stammesmitglieder aufgestellt worden.

▸**Terrakotta:** Gefäß oder Figur aus unglasierter, gebrannter Tonerde

▸**Wachsausschmelzverfahren:** Verfahren, bei dem das durch Glühen erhärtete Tonmodell mit einer Wachsschicht in der Dicke der späteren Bronzeschicht überzogen wird. Über die Wachsschicht legt man einen Formmantel aus Lehm, durch dessen Löcher das Wachs später abfließen kann. In den Hohlraum gießt man die Bronze. Nach dem Erkalten werden Formmantel und Tonkern weggeschlagen. Es ist jeweils nur ein Abguss des Modells möglich (s. a. S. 60).

▸**Fetisch** (portug. feitico Zaubermittel und lat. factitius künstlich): meist von Menschen hergestellter Gegenstand mit magischer Kraft, der um Hilfe angerufen wird

▸**Monolith:** Steinblock (giech. lithos Stein)

Kopf von Rafin Kura, Nok/Nigeria,
ca. 500 v. Chr.–200 n. Chr. Terrakotta, Höhe 36 cm.
Lagos, Nationalmuseum

Oberteil einer Oni-Figur, um 1500. Messing,
Höhe 27 cm. Ife/Nigeria, Museum für Ife-Altertümer

Pfahl-Malanggan mit weiblicher Gestalt, aus Neu-Irland/Melanesien, 19. Jahrhundert. Bemaltes Holz, Pflanzenfasern, Meeresschnecken, Höhe 145 cm.
St. Gallen, Sammlung für Völkerkunde

Moai-Monolithen, 12.–17. Jahrhundert. Tuffstein,
Höhe bis 25 m, Gewicht bis 80 t. Osterinsel

Die Kulturen Altamerikas

Altamerika oder präkolumbisches Amerika sind Bezeichnungen für Nord-, Mittel- und Südamerika, die sich auf die letzten Jahrtausende vorchristlicher und die ersten etwa anderthalb Jahrtausende nachchristlicher Geschichte beziehen. Die Völker der beiden Kontinente passten sich in einem langen Prozess an die Bedingungen ihrer Umwelt an und entwickelten ihre eigenen Kulturen. Auf der Suche nach dem sagenhaften Goldland El Dorado betraten die Europäer im 16. Jahrhundert diese Gebiete. Ihr rücksichtsloses Vorgehen bedeutete Vertreibung, Zerstörung und Vernichtung dieser Kulturen.

In Mittelamerika gab es zwischen den einzelnen Zivilisationen einen Austausch, der bis hin zur Verehrung gleicher Gottheiten ging. Gemeinsam ist den präkolumbischen Kulturen das religiös begründete Kunstschaffen, das von Tempelbauten über Götterfiguren bis hin zu Grabbeigaben reicht.
Die altamerikanischen Hochkulturen lagen in den Gebieten, die heute zu Mexiko, Guatemala, Belize, Honduras, Peru und Chile gehören. Innerhalb dieses Gebietes stechen zwei Regionen heraus: Mittelamerika, dessen mittlerer Teil im ersten nachchristlichen Jahrtausend von den Maya und im Norden später von den Azteken beherrscht wurde, und das Gebiet der Zentral-Anden, das in seiner Größe in etwa mit der Region übereinstimmt, die die Inka auf dem Höhepunkt ihrer Macht kontrollierten. Gemeinsam ist den Hochkulturen der Maya, Inka und Azteken, dass sie Städte mit steinernen Palästen und Stufentempeln unterschiedlicher Ausprägung bauten. Über deren einstige Gestalt und Ausmaße geben heute häufig nur noch Ruinen oder Rekonstruktionen Auskunft.

Auf den Wänden der Tempel und Paläste entfalteten die Maya geometrische und phantastische Motive, die ihre Vorliebe für ▸Ornamente zeigen. Gewölbe waren unbekannt, man baute das „falsche" Gewölbe mit ▸Kragsteinen. Malereien sind wegen der ungünstigen Klimaverhältnisse kaum erhalten, doch geben die 1946 entdeckten Wandgemälde von Bonampak einen Eindruck von der Kunst der Maya und vom Leben der herrschenden Klasse. Zu den bildhauerischen Leistungen gehören neben den Reliefs die dem Gott **Chac Mool** geweihten liegenden Figuren mit angezogenen Beinen und zur Seite gewandtem Kopf, die mit beiden Händen eine Trankopferschale halten.

Wie die Maya besaßen auch die Azteken einen auf genauen astronomischen Beobachtungen fußenden Kalender. In der Azteken-Hauptstadt Tenochtitlán wohnten zum Zeitpunkt der spanischen Eroberer etwa 250 000 Menschen. In der Rundplastik bevorzugte man magische Motive, dabei herrschte die Neigung zum Dämonischen und Furchteinflößenden vor.

Im mächtigen Reich der Inka bildete neben der Goldschmiedekunst die Keramik mit ihren geometrischen Dekors einen bedeutenden Zweig. Die Gebäude in der Hauptstadt Cuzco waren relativ schmucklos, Verteidigungsanlagen aus großen mörtellos gefügten Mauern umgaben die Stadt.

1911 entdeckte ein Amerikaner den angeblich letzten Zufluchtsort der Inka, das am Osthang der Anden in 3000 m Höhe gelegene **Machu Picchu**, das man wegen der in Stein gehauenen Stufen auch Treppenstadt nannte. Auf dem höchsten Punkt der Stadt befindet sich der heilige Platz, an dem sich die von Wänden umgebene, aber nach oben offene Sonnenuhr („der Platz, wo die Sonne eingefangen wird") befindet. Die Sonnenverehrung war „Staatsreligion" der Inka.

Die Kunstauffassungen der altamerikanischen Hochkulturen waren keineswegs einheitlich. Ihr formaler Reichtum unterscheidet sich von den abendländischen Kunstwerken. Als Albrecht Dürer (s. S. 226) bei seinem Besuch in Brüssel im Jahre 1520 erstmalig Gold-, Silber- und Federarbeiten der Azteken sah, notierte er in seinem Tagebuch, dass er „wundervolle Kunstwerke" gesehen habe.

▸**Ornament:** Verzierung, Schmuck mit sich wiederholenden geometrischen, pflanzlichen, tierischen oder menschlichen Formen

▸**Kragstein:** auskragender, d. h. hervorstehender Stein, der eine Last aufnehmen kann

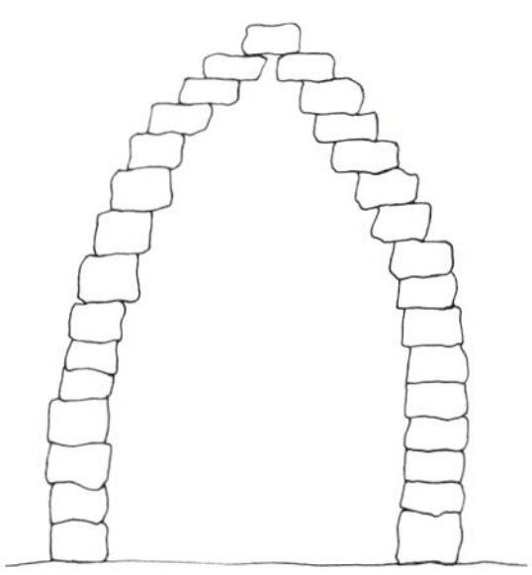

„Falsches Gewölbe" mit Kragstein

Götterfigur. Basalt, Höhe 34 cm, Breite 20 cm. Basel, Museum der Kulturen (Azteken)

Die große Pyramide von Palenque, genannt „Tempel der Inschriften“, Ende 7. Jahrhundert n. Chr. (Maya)

Chac Mool, Chichén Itzá/Yucatán (Maya)

Machu Picchu, Peru. Ansicht von Süden. Erbaut Ende des 15. Jahrhunderts n. Chr. (Inka)

Die Kunst der Ägypter

Die ägyptische Kultur des Altertums umfasst einen Zeitraum von rund 3000 Jahren. Sie beginnt mit der Bildung eines Staatswesens Ende des 4. Jahrtausends v. Chr. Man unterscheidet für gewöhnlich drei große Epochen: Das Alte Reich umfasst den Zeitraum von etwa 3000 v. Chr. bis 2200 v. Chr., das Mittlere Reich etwa den von 2100 bis 1700 v. Chr., und das Neue Reich schließlich begann etwa um 1600 und endete rund 500 Jahre später. Die Zwischenzeiten dieser großen Epochen waren von Fremdherrschaft und Unruhen gekennzeichnet. Mit dem Ende des Neuen Reiches setzte allmählich der Niedergang ein. Nach der Eroberung durch Alexander den Großen, der ptolemäischen und der römischen Herrschaft endete die altägyptische Kultur etwa 400 n. Chr.

Doch trotz dieser langen und wechselhaften Geschichte gibt es, von wenigen Ausnahmen abgesehen, in der Kunst Ägyptens eine stilistische Kontinuität und ein Fortbestehen des einmal entwickelten Formenbestandes.
Zum Verständnis ist es wichtig, sich ihrer funktionalen Bedingtheit bewusst zu werden. Ihre Aufgabe war es, die Vergänglichkeit zu überwinden. Diesen Auftrag erfüllte sie, indem sie im Bild eine Wirklichkeit zeigte, die über den Zufälligkeiten der irdischen Realität stand. Zwar bezog die jenseitsorientierte Bilderwelt ihre Motive zu einem großen Teil aus dem Alltag, doch idealisierte man und schuf so Bilder einer paradiesischen Welt.

Das strenge Regelwerk erlaubte es dem Künstler nicht, ungewöhnliche oder gänzlich neue Ideen zu verwirklichen. Das Verhältnis der Lebenden zu den Toten wie auch das des Königs zu den Göttern war ritualisiert und musste störungsfrei verlaufen. So entwickelte man für Mensch, Tier und Pflanze standardisierte Grundformen, die man wie Bausteine in den Bildwerken zusammenfügte.
Ein wichtiger Bereich des Kunstschaffens war der Totenkult, der in den gewaltigen Grabbauten für die Herrscher, den Pyramiden, seinen großartigsten Ausdruck fand.

Am Fuß der Pyramiden bei Gizeh lagen die Totentempel, die durch einen überdachten Gang zu einem Seitenarm des Nils führten. Hierhin brachte man den Leichnam des Pharaos, der in einem Boot zu seiner letzten Ruhestätte gefahren wurde. In den Gebäuden der angrenzenden Totenstadt bestattete man die Mitglieder der Königsfamilie, hohe Beamte und Priester. Der gewaltige Aufwand an Arbeitskraft und Material, den der Bau einer Pyramide erforderte, ließ sich auf die Dauer nicht durchhalten, und so gingen die Ägypter in späterer Zeit dazu über, Felsengräber zu bauen.
In den Grabanlagen standen neben den Königsstatuen auch Standbilder der Götter, die zwar menschenähnlich waren, sich aber durch ▸Attribute auf dem Kopf oder durch Tierköpfe voneinander unterschieden. Die Statuen der Verstorbenen waren nicht für mögliche Betrachter bestimmt und nicht darauf gerichtet, eine künstlerische Wirkung zu erzielen. Als Grab- oder Tempelfiguren waren sie magische Gegenstände. Die figürlichen Darstellungen zeigen den Menschen in seinem Wesen und in seiner gesellschaftlichen Stellung, doch besitzen sie keine porträthaften Züge.

Für das Weiterleben nach dem Tode galt es, Vorsorgemaßnahmen zu treffen. Man ▸mumifizierte den Leib, um ihn für die Ewigkeit zu erhalten. Grabbeigaben waren Waffen, Geräte oder Schmuck. Bildliche Darstellungen an den Wänden der Grabkammern zeigen Scharen von Dienern, die ihrem verstorbenen Herrn Dienste erweisen. Die Herrscher auf den Gemälden halten Hof, beraten sich mit ihren Beamten oder stehen an der Spitze ihres siegreichen Heeres. Die Beamten wiederum werden etwa bei Entdeckungsfahrten oder bei der Einführung von fremden Gesandten gezeigt.
Inschriften ergänzen diese Wandbilder. Aus der Bilderschrift, den ▸Hieroglyphen, entwickelte sich durch Verschleifung der Zeichen allmählich eine Buchstabenschrift. Die der Schrift kundigen Schreiber galten als angesehene Männer.

▸**Attribut:** einer dargestellten Person als Kennzeichen beigegebener Gegenstand

▸**mumifizieren** (ägypt. mum Harz): die Leiche eines Menschen oder eines Tieres durch natürliche Austrocknung oder entsprechende Behandlungsmethoden vor Verwesung schützen

▸**Hieroglyphen** (griech. heiliges Zeichen): Zeichen der ägyptischen Bilderschrift

C l e o p a t r a

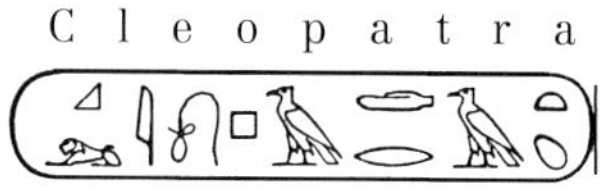

Totentempel der Königin Hatschepsut, um 1480 v. Chr. Deir el-Bakari/Theben

Der Oberschreiber Hesire, 2778–2723 v. Chr.
Relief auf einer Holztür in seinem Grab, Höhe 115 cm.
Kairo, Ägyptisches Museum

Vogeljagd, um 1400 v. Chr. Wandgemälde aus dem Grab des Nebamun in Theben, Höhe 81 cm. London, British Museum

Modellboote gehören zu den üblichen Beigaben mittelägyptischer Felsengräber. Modell eines Schiffes, um 2040–1950 v. Chr. Holz, Länge ca. 100 cm. Kairo, Ägyptisches Museum

Die Kunst Vorderasiens

Vorderasien gehört zu den Gebieten, in denen sich der Übergang vom Nomadentum zur sesshaften Lebensweise zuerst vollzog. Im Zweistromland zwischen den Flüssen Euphrat und Tigris entstanden zahlreiche Siedlungsgebiete, in denen sich Handwerke wie die Töpferei herausbildeten (8. Jahrtausend v. Chr.). Im Süden Mesopotamiens entwickelten sich um 3000 v. Chr. urbane Zentren und rivalisierende Kleinstaaten, wie Ur oder Uruk; den Hauptteil der Bevölkerung stellten die nach ihrer gemeinsamen Sprache benannten Sumerer.

In der Zeit der sumerischen Stadtstaaten entstanden mit den Stufentempeln die ersten Großbauten der Menschheit. Charakteristisch für die ‣Zikkurat ist ihr mehrstöckiger, turmartiger Aufbau aus Ziegeln. Die Haupttreppe führte bis auf die oberste Plattform mit dem eigentlichen Hochtempel. Dieser Tempelturm war für die Menschen der Mittelpunkt allen Lebens: Ihrem Gott gehörten der Grund und Boden, aber auch die Menschen, die dem Tempel ihre Erträge ablieferten.

Aus dieser Zeit stammt auch die **„Mosaikstandarte"**. Ihre Funktion ist unbekannt. Während die „Kriegsseite" Wagenkampf, Angriff des Fußvolkes und Vorführung der Gefangenen zeigt, schildert die „Friedensseite" ein kultisches Festmahl, das Herbeischaffen von Opfergaben und Tributleistungen.

2350 v. Chr. schuf Sargon I. das erste Großreich in diesem Raum, das bis etwa 2200 v. Chr. Bestand hatte. Die wichtigsten künstlerischen Erzeugnisse dieser Kultur sind die Keramik, ebenso Steinarbeiten (vor allem Reliefs und Kleinplastiken) und monumentale Tempelanlagen. Nach einer Zwischenzeit der Wirren und vorübergehender Herrschaften gründete Hammurabi Ende des 18. Jahrhunderts v. Chr. das Babylonische Reich. Weithin bekannt aus dieser Zeit ist etwa die „‣Stele des Hammurabi" (um 1700 v. Chr.) mit dem eingemeißelten Gesetzestext, dem ältesten vollständig erhaltenen Gesetz überhaupt. Rund zweihundert Jahre nach seinem Tod fiel das Reich in die Hände der Hethiter, später der Kassiten.

Schließlich übernahmen die Assyrer die Vorherrschaft in Vorderasien (1400–612 v. Chr.). Sie bauten die alten zerstörten Tempelanlagen wieder auf, gründeten neue Residenzen und schmückten diese mit zahlreichen Reliefs. An den Portalen des Palastes von Sargon II., einem assyrischen Herrschers, standen in Mauern eingelassene **Torhüterfiguren** und schützten die Eingänge. Die geflügelten Mischwesen sind aus Stierkörper, Löwentatzen und Menschenkopf zusammengefügt und zugleich als ‣Hochrelief wie auch als Rundbild gestaltet. Von vorn betrachtet, zeigt der Torhüter zwei Beine, aber: „Aus der Seitenansicht hat die in Schrittstellung dargestellte Figur, indem die beiden Vorderbeine zu einem verschmelzen, vier Beine, aus der gleichsam unnatürlichen Schrägansicht zeigen sich dagegen fünf." (Walther Wolff, 1999)

Nach dem Untergang des assyrischen Reiches stieg Babylon erneut zur führenden Stadt auf. Unter Nebukadnezar II. (604–562 v. Chr.), der eine gewaltige Bautätigkeit entfaltete, erlebte Babylon eine große Blüte – es war die Zeit des Neubabylonischen Reiches, das allerdings früh sein Ende finden sollte. Die Perser eroberten 539 v. Chr. die Stadt und ließen die Mauern und den berühmten Turm zu Babel, eine Zikkurat, schleifen.

Das **„Ištar-Tor"** ist nach einer babylonischen Göttin benannt und gehört zu den berühmtesten Bauwerken des Altertums. Es stammt aus der neubabylonischen Zeit und war eines von mindestens sieben Toren der Stadt. Das Tor ist mit gebrannten und glasierten Ziegeln verkleidet, die sich zu Tierbildern (Stieren und Drachen) zusammenfügen. Oben schließen abgetreppte Zinnen als Bekrönung Mauern und Tor ab. Das im Berliner Pergamon-Museum rekonstruierte Tor ist nur ein Teil der komplexen Anlage – hinter diesem Vortor muss man sich das ungleich größere Haupttor vorstellen. Der Raum zwischen Vortor und Haupttor allein maß an die fünfzig Meter.

‣**Zikkurat:** mehrstufiger Sakralturm der Sumerer, Assyrer und Babylonier, auf dessen oberster Terrasse ein Tempel stand

‣**Stele:** aufrecht stehende Steinplatte als Gedenkstein oder bei Grabmalen

‣**Hochrelief:** halb erhabene plastische Gestaltung, die aus einer Fläche hervortritt

Festmahl mit Heranführung von Opfertieren und Tributen auf der „Mosaikstandarte“ aus den Königsgräbern von Ur, um 2600–2500 v. Chr. Muschelsubstanz, Lapislazuli und roter Sandstein in Bitumen, 20 x 3 x 48,3 cm. London, British Museum

Torhüter vom Palast Sargons II. in Dur Sharrukin, Chorsabad, 8. Jahrhundert v. Chr. Alabaster, Höhe 420 cm. Paris, Louvre

Ištar-Tor, Babylon, um 570 v. Chr. Farbig glasierte Ziegel, Höhe 14 m. Ergänzter Wiederaufbau. Berlin, Vorderasiatisches Museum SMPK

▸**Idol** (griech. eidolon Bild, Gestalt): Götzenbild, Abgott

Harfenspieler, um 2000 v. Chr. Marmor. Athen, Nationalmuseum

▸**Inkarnat:** Farbe menschlicher Haut

▸**Fresko** (ital. frisch): Arbeitsweise bei Wandgemälden, bei der der Künstler die Malerei auf die noch feuchte oberste Putzschicht aufträgt; dabei kann – je nach der Schwierigkeit des Motivs – immer nur eine bestimmte Fläche (ein Tagwerk) ausgeführt werden.

▸**Rhyton:** kultisches Opfergefäß der Griechen (s. S. 66)

Rhyton (Stierkopf aus Knossos), um 1550 v. Chr. Höhe 20,6 cm. Heraklion, Archäologisches Museum

▸**Relief:** halbplastisches Bildwerk aus Stein oder Metall, das zwischen der flachen Malerei und der vollplastischen, umschreitbaren Figur steht; Reliefs finden sich meist an repräsentativen Architekturen (s. a. S. 202).

▸**Megaron:** Langraumhaus mit Herd im Hauptraum und offener Vorhalle, später der Kultraum des griechischen Tempels

Vorläufer der griechischen Kunst – Kreta und Mykene

Von den Archipelen der Kykladen, aus dem Zeitraum vom 4. bis zum 3. Jahrtausend v. Chr., stammen die ersten Zeugnisse einer Kultur im griechischen Raum. Es sind die kleinen, aus Marmor geschliffenen und ursprünglich bemalten ▸Idole. Sie zeigen eine geometrische Stilisierung der Formen und dienten wohl als Grabbeigaben, so auch der **„Harfenspieler"**.

Auf Kreta entwickelte sich seit der Mitte des 3. Jahrtausends v. Chr. die minoische Kultur. Sie ist nach Minos benannt, dem legendären König von Knossos. Von seinem Palast, der um 1700 v. Chr. durch ein Erdbeben zerstört und wieder aufgebaut wurde, sind noch viele Reste erhalten. Der Grundriss des **Großen Palastes von Knossos** zeigt eine verwirrende Fülle von Höfen, Sälen, Treppen, Magazinen und Korridoren. In der griechischen Sage wurde aus der Palastanlage das Labyrinth des Minotaurus, das Gefängnis des gefürchteten Stiermenschen.
Im Inneren des Palastes fanden sich Wandmalereien wie der „Fries mit dem Stierspringer" (S. 11), der in seinem Rahmen mosaikartig zusammengesetzte Steine nachahmt. Das Bild zeigt das heilige Tier der Minoer, den Stier, zwei weibliche Gestalten mit heller Hautfarbe und einen Jüngling mit dunklem ▸Inkarnat. Vermutlich stand das ▸Fresko in kultischem Zusammenhang mit dem Einfangen der Opferstiere.
Im Gegensatz zu den Griechen, die glaubten, dass die Götter in ihren Standbildern anwesend seien, kannten die Kreter das große Kultbild nicht. Die Naturgottheiten Kretas konnten überall erscheinen, und so gab es auf der Insel keine zentralen, großen Tempel. Infolgedessen besitzen die minoischen Statuetten eine eher bescheidene Größe, ebenso die kultischen Geräte.

Der **„Stierkopf-▸Rhyton"** etwa, ein Opfergefäß, besitzt im Nacken eine Eingussöffnung und im Maul die Ausgussöffnung. Während der Stier aus schwarzem Speckstein besteht, ist das Maul aus Muschelsubstanz eingelegt, die Augen aus Bergkristall. Die (heute ergänzten) Hörner sind mit Goldblech überzogen.

Zu den größten Leistungen der minoischen Kultur zählt ihre Vasenmalerei. Nach der Erfindung von Brennofen und Töpferscheibe im Alten Orient gewann auf Kreta der künstlerische Schmuck der Gefäße mit bewegten und dekorativen Linien an Bedeutung. Als Motive finden sich Wirbel, Spiralen und Kreise, in der Spätzeit häufig Pflanzen und Meerestiere. Auf der minoischen **„Vase mit Tintenfischmuster"** ist das Muster ohne ordnenden räumlichen Bezugspunkt ganz über den Vasenkörper verteilt: „Die Natur wird als grenzenlos begriffen und so dargestellt." (Heidi C. Ebertshäuser, 1981)

Als um 1600 v. Chr. auf Kreta die zerstörten Paläste wieder neu errichtet wurden, erschien auf der Peloponnes eine neue, kriegerische Macht: Mykene. Die Stadtburg von Mykene gab einer ganzen Kultur ihren Namen. Noch heute sind ihre meterdicken „Zyklopenmauern", Reste der massiven Befestigungsanlagen, zu sehen. Sie sollen der Legende nach von riesigen, einäugigen Zyklopen errichtet worden sein. Im 12. Jahrhundert v. Chr. gingen die mykenischen Burganlagen wie **Tiryns** im Ansturm der Seevölker unter. Mit ihnen versank die Epoche des Königs Agamemnon, der einst von Mykene aus in den Kampf gegen Troja gezogen war.
Den Haupteingang zur Burg von Mykene bildet das **„Löwentor"**. Seine beiden Figuren, Wächter der Zitadelle, symbolisieren Stärke und Wehrhaftigkeit. Das ▸Relief ist die erste erhaltene Großplastik auf europäischem Boden.
Im Inneren des befestigten Palastes lag das ▸Megaron, das Zentrum der Anlage. In der Mitte dieses Raumes – umgeben von vier Säulen – befand sich ein Herd, der wohl kultischen Zwecken diente. Auch ein Thron stand im Megaron, in **Pylos** war er flankiert von auf die Wand gemalten Greifen. In solchen Motiven und der Farbgebung der Fresken zeigen sich Einflüsse der minoischen Kultur. Vor dem Megaron lag die Vorhalle mit zwei Stützen – aus dieser Zusammenstellung von Megaron und Vorhalle sollte sich später die Grundform des griechischen Tempels entwickeln.

Vase mit Tintenfischmuster, 1500–1700 v. Chr. Heraklion, Archäologisches Museum

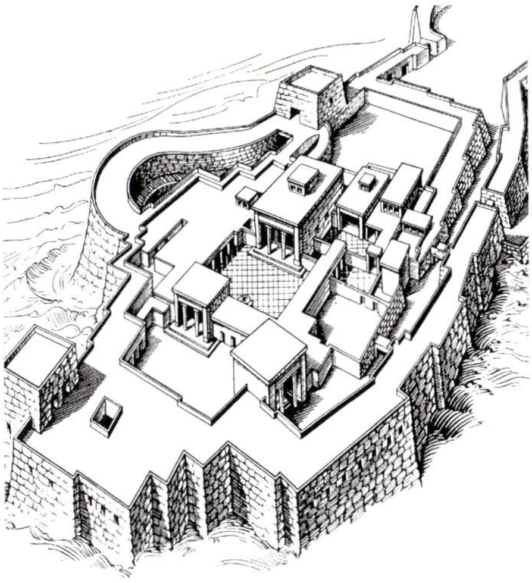

Burganlage von Tiryns, um 1400 v. Chr. Rekonstruktion

Löwentor von Mykene, um 1400 v. Chr. Gesamthöhe 7,45 m

Pylos, Thronsaal mit Feuerstelle, Megaron, 13. Jahrhundert v. Chr. Rekonstruktionszeichnung von Piet de Jong

Frühe griechische Kunst – Der geometrische Stil

In der historischen Überlieferung klafft eine Lücke zwischen der Eroberung Trojas im 12. Jahrhundert, der Zeit des Untergangs der mykenischen Reiche, und 776 v. Chr., dem Jahr der ersten Olympischen Spiele. So ist man für diesen dunklen Zeitraum der griechischen Geschichte vor allem auf die Funde der Archäologie angewiesen, etwa auf Grabbeigaben.

Gegen 1000 v. Chr. lässt sich – vor allem in der Vasenmalerei – eine neue künstlerische Entwicklung beobachten, der geometrische Stil. Die Darstellung der menschlichen Figur ist hier zugunsten von Ornamentmotiven zunächst völlig verschwunden und tritt erst im 8. Jahrhundert wieder auf, wenngleich auch nur in stark stilisierter Form. Kreise und Teilkreise, Drei- und Vierecke, Trapeze und Rhomben, Schachbrett- und Gittermuster überziehen die Werke. Besonders häufig ist ein Bandornament zu finden, der ▸Mäander. Sein Name ist abgeleitet von einem kleinasiatischen Fluss, dessen vielfach gekrümmte Windungen dem Mäanderband seinen Namen gaben.

Im 8. Jahrhundert, in der Zeit Homers, entwickelten sich die frühen Formen der griechischen Tempel. Da die Bauten des geometrischen Stils aus leicht vergänglichem Material – ungebrannte Ziegel, gestampfte Erde, Holz – errichtet waren, haben sie außer ihren Steinfundamenten kaum Spuren hinterlassen. Erhalten aber sind Ton- oder Kalksteinmodelle, ehemalige Weihegaben wie das **„Votivhäuschen“**, die diese kleinen Kapellen zeigen. Hinter einer von Säulen getragenen offenen Vorhalle befand sich der Raum für das Standbild der Gottheit; der Grundriss dieser bescheidenen Tempel war quadratisch oder halbrund.

Auch die Plastik hat die Zeit des geometrischen Stils kaum überdauert, da die Skulpturen aus Holz oder Elfenbein verwitterten. Nur kleine Bronze- oder ▸Terrakottaplastiken sind geblieben, von denen man oft nicht weiß, ob sie ein größeres Werk nachbilden. Sie geben in geometrisch vereinfachten Formen Tier- und Menschengestalten wieder und besaßen im Tempelkult (neben der allgemein üblichen Opferung von Tieren) ihre Funktion als Weihegeschenke an die Götter. Solche Weihungen von Pferdefiguren – wie etwa das **„Geometrische Pferdchen“** – standen häufig in Verbindung mit den Kulten von Poseidon, dem Meeresgott, oder Athene, der Stadtgöttin Athens.

Der **„Apoll des Mantiklos“**, eine bronzene Weihestatuette, erhielt ihren Namen nach ihrem Stifter. Seine Widmung ist auf den Oberschenkel der Statue graviert und richtet sich an den griechischen Gott Phoibos (= Apoll): „Mantiklos hat mich aufgestellt, dem Ferntreffenden [Apoll] als Zehnten. Du aber, Phoibos, zum Lohn schenk' mir freundliches Geschick.“ Die Figur hielt wohl einst in der Rechten und der nicht erhaltenen Linken Pfeil und Bogen. Ebenso wie den Hals darf man sich die verloren gegangenen Unterschenkel als überproportional gelängt vorstellen. Apoll galt als strafender Gott, aber auch als Abwehrer des Übels.

Die so genannte **„Dipylonvase“** erhielt ihren Namen nach dem Fundort beim Athener Doppeltor, dem Dipylon. Hier lag der Staatsfriedhof, nahe beim Töpferviertel (Kerameikos). Die „Dipylonvase“ stand als eine Art Monument auf dem Grab – die Feuerbestattung hatte sich in Griechenland durchgesetzt.
In einem breiten Streifen zwischen den Henkeln wird ein bestimmter Moment der Bestattungszeremonie dargestellt, die Aufbahrung des Toten und die Totenklage. „So wird der Leichnam auf geometrischen Grabvasen in der Regel mit derselben hieroglyphischen Formel einer bewegten Figur wiedergegeben, die man für Lebende verwendet.“ (Nikolaus Himmelmann, 1995)
In der Rückkehr zur Darstellung von Figuren und ihrer kantig linearen Gestaltung zeigt sich die späte Phase des geometrischen Stils. Ab 700 v. Chr. folgte die ▸Archaik, die eine neue künstlerische Entwicklung begründete und nach etwa 200 Jahren in die griechische Klassik mündete.

▸**Mäander:** rechtwinklig gebrochenes oder spiralförmiges (als „Laufender Hund“) Bandornament; eine der wichtigsten Ornamentformen der Antike

▸**Terrakotta:** Gefäß oder Figur aus unglasierter, gebrannter Tonerde

▸**Archaik** (griech. Anfang): Zeitraum und Stil der griechischen Kunst im 7. und 6. Jahrhundert v. Chr.

Links:
Apoll des Mantiklos, um 700 v. Chr. Bronze, Höhe 20 cm. Boston, Museum of Fine Arts, Francis Bartlett Collection

Rechts: Dipylonvase, um 750 v. Chr. Höhe 155 cm. Athen, National-museum

Votivhäuschen, Zeichnung eines Modells aus Terrakotta, gefunden im Hera-Tempel von Perachora, um 800–750 v. Chr. Höhe 20,8 cm. Athen, Nationalmuseum

Geometrisches Pferdchen, 1. Hälfte 8. Jahrhundert. Terrakotta, bemalt, Höhe 10 cm. Karlsruhe, Badisches Landesmuseum

Griechische Kunst – Der Tempelbau

Als Höhepunkt der griechischen Kunst und zugleich als erste Blüte einer europäischen Kultur gilt die Klassik (5.–Mitte 4. Jahrhundert v. Chr.). Im Laufe der Geschichte wurde sie zum Leitbild für nachfolgende Kunststile, die sich an ihr orientieren und deshalb als „klassizistisch“ bezeichnet werden. Auch viele Vorstellungen und Begriffe – wie etwa „Architekt“ (archi-tecton: griech. Chefplaner) – leiten sich vom Griechischen ab und zeugen von den Grundlagen unserer abendländischen Kultur in dieser Zeit.

„Die Anfänge monumentaler Architektur in Griechenland sind – wie bei den meisten Kulturen – durch die Religion bestimmt.“ (Walter-Herwig Schuchardt, 1999) Der griechische Tempel diente zur Aufstellung des Kultbildes, während der Altar außerhalb des Gebäudes stand. Der Aufbau der Tempels entwickelte sich aus dem ▸Megaron der mykenischen Zeit und erweiterte dessen Grundschema im Laufe der Archaik (7.–6. Jahrhundert v. Chr.) und der Klassik zu reicheren Formen.

Wie der ▸Parthenon in Athen ruht der griechische Tempel auf einem dreistufigen Fundament. Im Inneren des geschlossenen Baukörpers befindet sich der nach Osten ausgerichtete Weiheraum, die ▸Cella mit ihrer Vorhalle. Die Cella beherbergte das Standbild der Gottheit; im Westteil lag häufig eine Schatzkammer. Die Ringhalle aus frei stehenden Säulen umgibt den Kernbau und trägt das Gebälk aus lastendem ▸Architrav und dem Bauschmuck. Beim dorischen Tempel findet sich hier ein Band von Metopen und Triglyphen, im ionischen Tempel umlaufende Friese. Über dem Kranzgesims (Geison) ruht das Dach. An den Stirnseiten des Tempels zeigen sich zwei Dreiecksgiebel, auf den vier Dachecken stehen Zierplastiken, ▸Akrotere. Die schmückenden Teile des Tempels waren einst farbig bemalt.
Alle Proportionen des Tempels sind streng abgewogen und basieren auf einem mathematischen Grundmaß, welches, durch 16 geteilt, den Säulendurchmesser an der Basis ergibt. Alle anderen Maße und Verhältnisse am Tempel folgen dem Vielfachen dieses Moduls. Maß und Zahl bildeten für die Griechen die Grundlage aller Harmonie und verkörperten die göttliche Ordnung des Kosmos.
Diese Ordnung spiegelt sich auch in der inhaltlichen ▸Bedeutung der einzelnen Zonen. Während die Dreiecksgiebel den Plastiken der Götter vorbehalten waren, ordnen sich der tragenden Zwischenzone darunter Reliefszenen mit Taten der Heroen und Titanen zu – Wesen, die Menschliches und Göttliches vereinen. Der Ebene der Ringhalle entsprach das menschliche Dasein, unter ihr lag der Bereich der Erde.

Die Griechen fassten die Säule als Sinnbild des menschlichen Organismus auf. Das Kapitell galt ihnen als Kopf, der Schaft als Leib. Sie entwickelten drei Säulenordnungen, wobei sie in der dorischen Ordnung das männliche Prinzip verkörpert sahen, in der ionischen das weibliche. Zur dorischen (seit Ende des 7. Jahrhunderts v. Chr.) und ionischen Ordnung (seit etwa 570 v. Chr.) gesellte sich etwa 360 v. Chr. die korinthische Ordnung, die sich vor allem durch ihr nach pflanzlichen Vorbildern geschmücktes Kapitell von der ionischen unterscheidet.

Die Säule der ionischen Ordnung zeichnet sich durch Leichtigkeit, Feinheit und Grazie aus. Sie zeigt an ihrer Basis über einer Säulenplatte (Plinthe) abwechselnd Wulst und Hohlkehle. Darüber gliedern senkrechte Einschnitte, ▸Kanneluren, den sich nach oben verjüngenden Säulenschaft. Das ionische Kapitell wird beherrscht vom Polster der schneckenförmig gerollten Voluten (wobei die Ecksäulen am Tempel die äußere Volute herausdrehen und so wirkungsvoll die Ecken der Säulenhalle betonen). Darunter grenzt ein umlaufender ▸Palmettenfries das Kapitell vom Säulenschaft ab. Das Kapitell trägt mit einer schmalen verzierten Platte (Abakus) den lastenden Architrav, der drei nach oben gestufte Gebälkvorsprünge zeigt – sie deuten übereinander gelegte Balken an.

▸**Megaron:** längliches Haus mit Herd im Hauptraum und offener Vorhalle, später der Kultraum des griech. Tempels (Grundriss 1, S. 27, s. a. S. 22)

▸**Parthenon:** Tempel der Athena Parthenos auf der Akropolis in Athen (s. S. 54)

▸**Cella:** Hauptraum des antiken Tempels, in dem meist das Götterbild stand (vgl. S. 54)

▸**Architrav:** waagerechter (Stein-)Balken über Säulen, Pfeilern oder Pilastern, trägt den Oberbau

▸**Akroter** (pl. Akrotere): bekrönendes Zierglied an den Spitzen oder Enden von Giebeln antiker Tempel

▸**Bedeutung der einzelnen Zonen der griechischen Tempelfront**

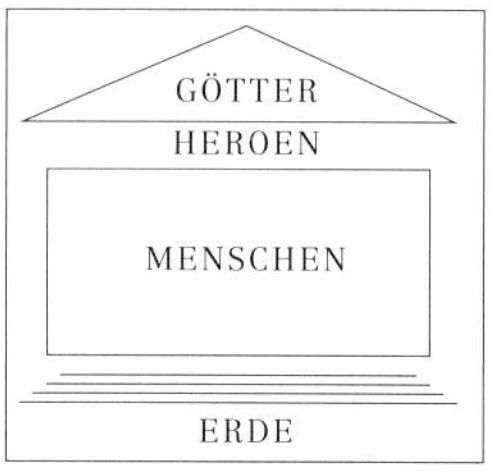

▸**Kanneluren:** senkrechte Rillen an Säulenschäften; hier: Schnitt durch eine ionische Säule, deren Kennzeichen die Stege zwischen den Kanneluren sind

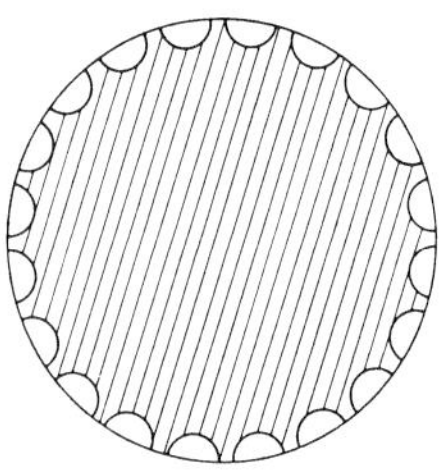

▸**Palmette:** fächerförmiges Blätterornament

Westfront des Aphaia-Tempels auf Aigina. Rekonstruktion

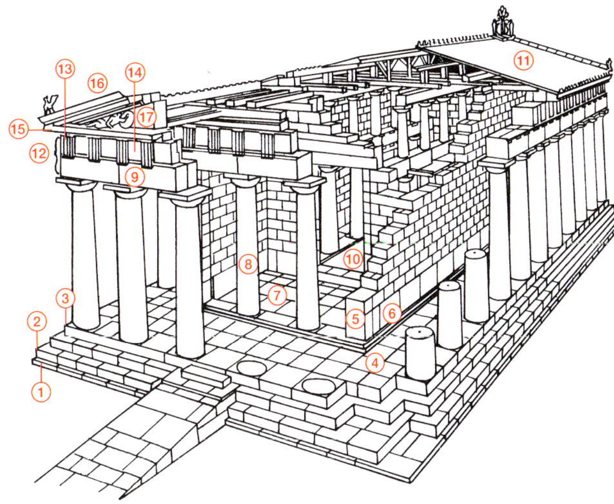

Tempel. Rekonstruktion des Aphaia-Tempels in Ägina, um 500 v. Chr.
1 Euthynterie, 2 Krepis, 3 Stylobat, 4 Stockel, 5 Cellawand, 6 Orthostat, 7 Vorhalle, 8 Säule, 9 Architrav, 10 Cella, 11 Dachdeckung, 12 Gebälk, 13 Triglyphen, 14 Metopen, 15 Geison (Kranzgesims), 16 Sima (Giebelgesims mit Traufrinne), 17 Giebelfeld

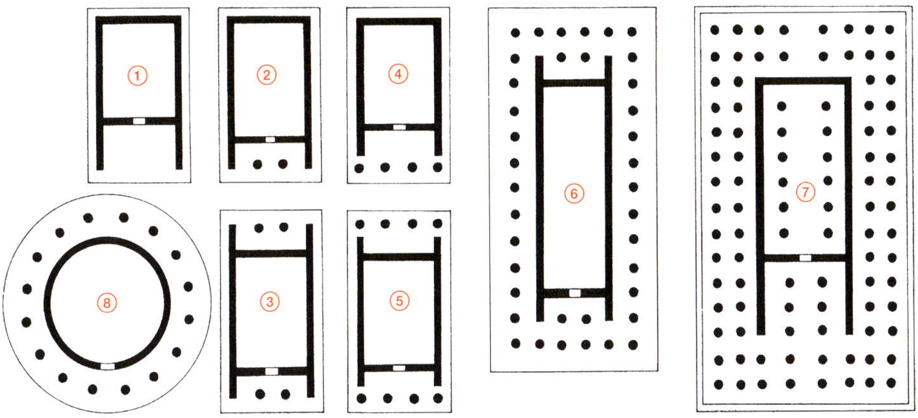

Grundrisse griechischer Tempel. 1 Megaron, 2 Antentempel, 3 Doppelantentempel, 4 Prostylos, 5 Amphiprostylos, 6 Peripteros, 7 Dipteros, 8 Tholos (Rundtempel)

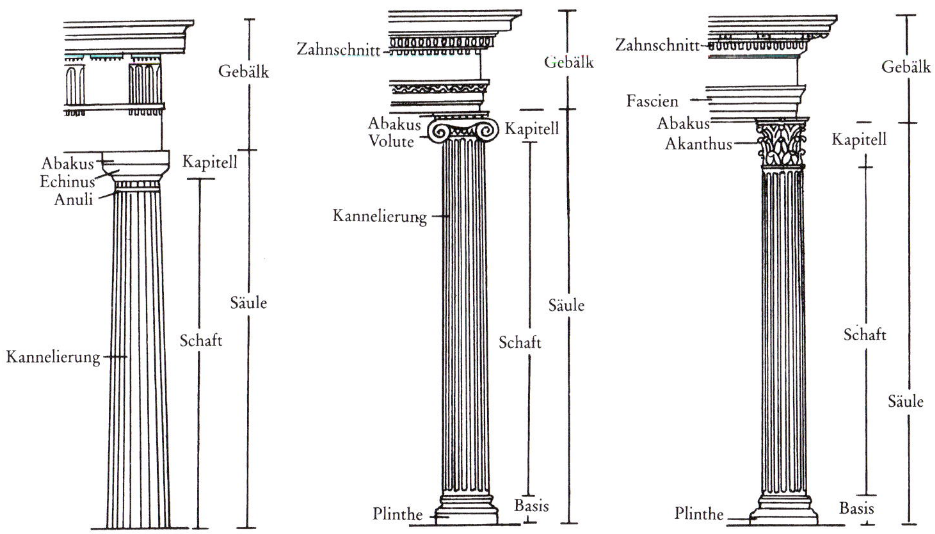

Säulenordnungen
links: dorische Ordnung
mitte: ionische Ordnung
rechts: korinthische Ordnung

Griechische Kunst – Die Skulptur

Kuros (griech. Jüngling): Standbild eines unbekleideten Jünglings

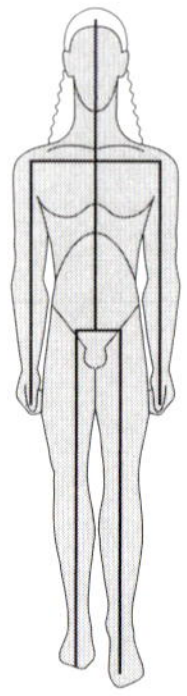

Archaisches Achsensystem

Kore (griech. Mädchen): stehende, bekleidete Mädchenfigur der griechischen Plastik

Metope: quadratisches Friesfeld an Tempeln der dorischen Ordnung

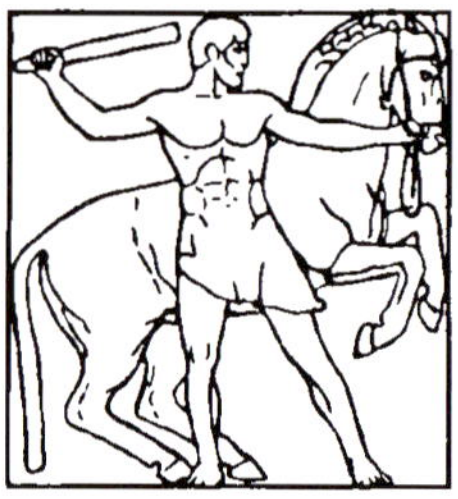

Krieger mit Pferd, Metope vom Zeus-Tempel

Kontrapost: in der griechischen Klassik entwickeltes Kompositionsprinzip der Plastik: zu harmonischem Ausgleich gebrachtes Gegeneinanderspielen der steigenden und sinkenden Achsen im menschlichen Körper, ausgedrückt in der Unterscheidung zwischen Stand- und Spielbein

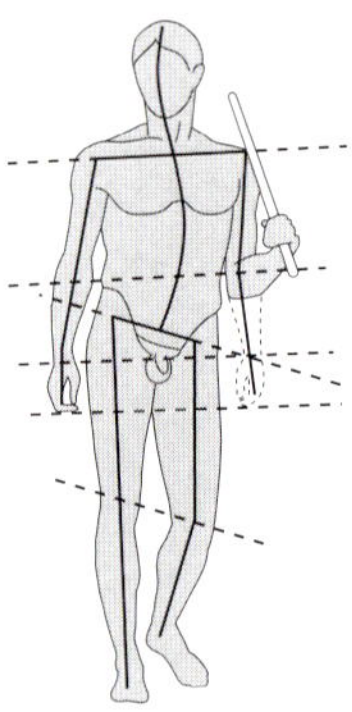

Kontrapost (Achsensystem)

Die Anfänge der griechischen Skulptur liegen in der geometrischen Epoche (9./8. Jahrhundert v. Chr.), erst aus der Archaik (7./6. Jahrhundert v. Chr.) sind Großplastiken überliefert. Die Bildwerke waren noch in der Klassik (5. Jahrhundert – etwa 323 v. Chr.) immer in einen kultischen Zusammenhang eingebunden: als Weihegaben an die Götter, als Bauplastik oder als Kultbild des Tempels, zum Totengedenken am Grab. Erst im Hellenismus (etwa 323 – etwa 30 v. Chr.) lösten sie sich von ihren ursprünglichen Aufgaben und erfüllten zunehmend dekorative Zwecke. Die Nachfolger Alexanders des Großen schätzten sie unter ästhetischen Gesichtspunkten und stellten die Plastiken als Kunstwerke an ihren Höfen auf. In römischer Zeit entstand ein – teilweise räuberischer – Kunsthandel, der griechische Plastiken zum Schmuck in römische Thermen, Villen und Gärten brachte.

Der „Kuros" war der Leittypus der Archaik, ein nackter Jüngling voller beherrschter Kraft, der das linke Bein wie zum Schreiten vorsetzt. Sein weibliches Gegenstück, die „Kore", zeigt noch Spuren der ursprünglich farbigen Bemalung. Noch wirken die symmetrisch aufgebauten Skulpturen blockhaft, statisch und in sich geschlossen. In der spätarchaischen Zeit spannen sich die Muskeln der Figuren an, ein angedeutetes Lächeln drückt erste Seelenregungen aus. „Die durch Nacktheit in ihrer Jugend und Schönheit gekennzeichnete Jünglingsstatue verkörpert hervorragende physische Eigenschaften, die zugleich ethischen Charakter haben." (Nikolaus Himmelmann, 1989)

Zum Bereich der Bauplastik gehört **„Atlas bringt Herakles die Äpfel der Hesperiden"**. Die Metope schmückte zusammen mit fünf weiteren Metopen die Ostseite der Cella vom Zeus-Tempel in Olympia. In einem Zyklus von insgesamt zwölf quadratischen Relieffeldern waren die Taten des Herakles dargestellt. Diese Werke gehören zum „Strengen Stil" am Beginn der klassischen Zeit und sind trotz realistisch aufgefasster Körperformen in ihren Bewegungen streng gebunden.

Schönheit und Harmonie wurden die Leitbilder der klassischen Plastik. Der ideale menschliche Körper war Maß und Mittelpunkt der Künste. Selbst für die Götter konnten sich die Griechen keine angemessenere leibliche Hülle vorstellen als den perfekt geformten Menschenleib, wie beim **„Apoll vom Belvedere"** des **Leochares** (tätig um 370–320 v. Chr.) aus der späten Klassik. Der Gott bewegt sich frei im Raum. Er hielt einst in der Linken einen Bogen, in der verlorenen Rechten einen Lorbeerzweig. Im Kontrapost gelangen die in seinen Körperdrehungen und -bewegungen angedeuteten Spannungen zum Ausgleich, vor allem das Wechselspiel zwischen belastetem Standbein und schwingendem Spielbein. Dieses Streben nach Harmonie, nach einem auszugleichenden mittleren Maß, bildet einen Hauptzug der Klassik.

Die hellenistische Plastik zeigte Interesse an der Individualität des Menschen und schuf erste Porträts. Sie stellt auch hässliche oder alte Menschen dar, ebenso Kinder. Dieser Realismus suchte neue Motive wie etwa Szenen aus dem Alltag. Häufig ist ein vergänglicher, aber ausdrucksstarker Moment gewählt. „Ein Hauptaspekt der hellenistischen Kunst ist zweifellos das Abrücken vom klassischen Ideal, das heißt die Bevorzugung des Besonderen statt des Allgemeinen und des Augenblickhaften statt des Überzeitlichen." (Philippe Bruneau, 1991) Kompositionen wie die des „Laokoon" (s. S. 64) beruhen auf Spannungen: Kräfte streben nach außen, Gewänder erscheinen wie vom Wind aufgebauscht, Muskeln zeigen ihre volle Belastung, Gesichter pathetischen Ausdruck.

„Der sterbende Gallier" stammt aus dem „Großen Weihegeschenk", das um 230 v. Chr. in Pergamon aus Anlass des Sieges gegen die Kelten (Gallier) aufgestellt wurde. Der tödlich Verwundete ist durch seinen Halsring und seinen Rundschild, auf den er niedersinkt, als Kelte gekennzeichnet. Wie viele griechische und hellenistische Plastiken war auch dieses Werk (im verloren gegangenen Original) aus Bronze und ist nur als spätere römische Marmorkopie überliefert.

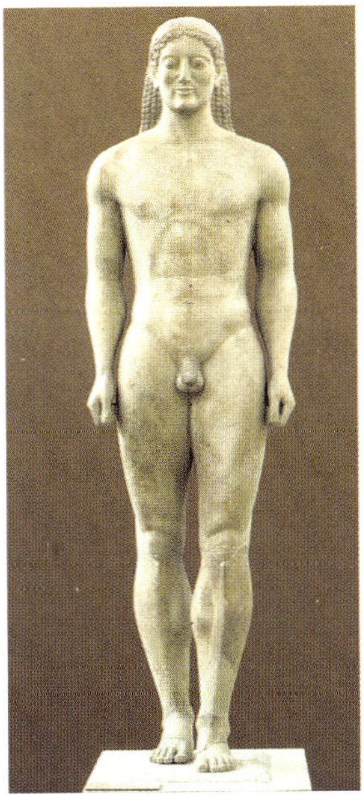

Jünglingsstatue aus Attika, um 500 v. Chr. Marmor, Höhe 208 cm., München, Glyptothek

Peplos-Kore, 530 v. Chr. Marmor, Höhe 121 cm. Athen, Akropolis-Museum

Herakles und Atlas. Metope von der Ostfront des Zeustempels in Olympia, um 470–456 v. Chr. Höhe 160 cm. Olympia, Museum

Leochares: „Apoll vom Belvedere", um 330 v. Chr. Marmor. Höhe 207 cm. Rom, Vatikanische Museen

Sterbender Gallier, um 230 v. Chr. Marmor, Höhe 93 cm. Rom, Kapitolinisches Museum

Die Kunst der Etrusker

Vom 8. bis zum 3. Jahrhundert v. Chr. beherrschten die Etrusker den mittleren Bereich des italienischen Festlands, etwa zwischen den beiden Flüssen Arno und Tiber. Das Ende der etruskischen Kultur wird durch den Aufstieg Roms markiert, dann ging die etruskische Kunst in der römischen Kunst auf, wobei sie im Totenkult, im Tempelbau und in der Porträtkunst ihre unverkennbaren Einflüsse hinterließ.
Bis heute sind Ursprünge und Herkunft des etruskischen Volkes nicht restlos geklärt, doch neigt die neuere Forschung zu der Annahme, dass sich die griechische Kultur von eingewanderten Stämmen aus Kleinasien mit ortsansässigen altitalischen Kulturen vermischt und zu einer neuen Kultur verbunden hat.
Die Spuren etruskischer Architektur finden sich in den Befestigungsanlagen der Städte Perugia und Volterra; vor allem der geschichtete und gemauerte ▸echte Bogen aus keilförmigen Steinen ist eine Erfindung der Etrusker, die zur Grundvoraussetzung für den römischen Wölbungsbau und die Bogenarchitektur wurde.

Der **etruskische Tempel** zeigt – anders als der griechische, der allseitig ausgeformt und über wenige Treppen zu erreichen war – eine deutliche Ausrichtung nach vorn und hinten. Man nimmt an, dass diese Betonung der Vorderseite aus kultischen Zwecken erfolgte. So spielte z. B. bei der Beobachtung des Vogelflugs als schicksalhaftem Omen die Richtung des An- oder Abflugs eine wichtige Rolle. Der etruskische Tempel besteht aus einer tiefen Vorhalle mit hölzernen Säulen und einer breiten ▸Cella, die oft drei Räume nebeneinander aufweist. Nur durch eine breite Treppe auf der Vorderseite war der Tempel, der auf einem hohen Podium stand, zu betreten.

Die weitaus meisten Fundstücke und Informationen über die etruskische Kultur stammen aus Gräbern, die man in großer Zahl bei Caere (Cerveteri) und Tarquinia gefunden hat. Charakteristisch sind große ▸Tonsarkophage, auf denen die Bestatteten in lebensnahen Figuren dargestellt sind. Auf einem dieser Särge ist ein Ehepaar in trauter Zweisamkeit modelliert, das wie beim Mahl auf einem Liegebett ruht und wie in einem anregenden Gespräch mit starker Gestik und mit erhobenem Weinglas verewigt wurde.
Einen Blick in die Mythologie und die Riten der Etrusker gestatten die bemalten Wände vieler Gräber in der Umgebung von Tarquinia aus dem 6. und 5. vorchristlichen Jahrhundert. In Verbindung mit Blumen, Bäumen, Vögeln und Tieren treten in einem **Grab des Trikliniums in Tarquinia** tanzende und musizierende Figuren in griechischer Kleidung als Motive auf. Die Darstellungen entsprechen in etwa Figuren, wie man sie auf schwarzfigurigen griechischen Vasen (s. S. 66) des 6. Jahrhunderts findet. Auch die Ornamentbänder, die das breite Wandfeld oben und unten rahmen, sind ähnlich auf griechischen Vasen abgebildet.

Neben einer reichen Plastik in ▸Terrakotta haben sich auch einige Bronzeplastiken aus etruskischer Zeit erhalten. So stammt das Wahrzeichen Roms, die Kapitolinische Wölfin (s. S. 32), aus dem 6. oder 5. Jahrhundert v. Chr. Genaue Beobachtung bei der Ausbildung des Kopfes, der Muskeln am Körper und der Beine vermischen sich mit ornamentaler Stilisierung bei der Bildung der Mähne und des Fells und bringen so ein mythisches Bild von Mütterlichkeit und raubtierhafter Stärke hervor, mit dem die Römer später gern ihre Heimatstadt verbanden.

Aus dem 4. Jahrhundert v. Chr. stammt die etwa lebensgroße Bronzestatue des so genannten **„Mars von Todi“**, die neben dem antiken Kriegsgott auch einen jungen Krieger darstellen kann. Bis ins Detail sind die Platten des Brustpanzers und die Gewandfalten des Rockes ausgebildet. Die Stellung der Figur kommt dem ▸Kontrapost der klassischen griechischen Plastik nahe, ohne die Ausgewogenheit, die Leichtigkeit und den Rhythmus des ganzen Organismus des griechischen Vorbildes zu erreichen.

▸**Echter Bogen**

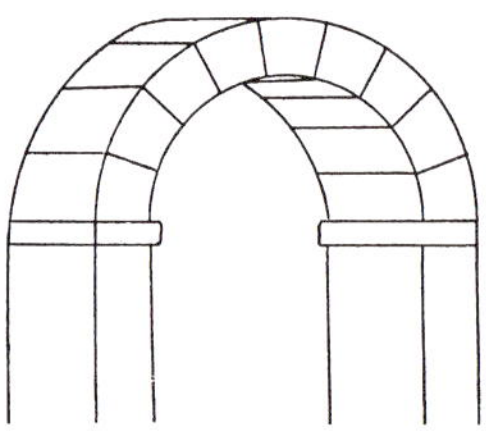

▸**Cella:** Hauptraum des antiken Tempels, in dem meist das Götterbild stand (vgl. S. 54)

▸**Sarkophag:** plastisch ausgeformter, oft mit Reliefs an den Seiten verzierter Steinsarg

▸**Triklinium:** der Speiseraum in der römischen (und in der etruskischen) Villa

▸**Terrakotta:** Gefäß oder Figur aus unglasierter, gebrannter Tonerde

▸**Kontrapost:** Stellung der klassischen griechischen Plastik mit Stand- und Spielbein (s. S. 28)

Tanzszene aus dem Grab des Trikliniums, Tarquinia, um 470 v. Chr. Wandmalerei. Tarquinia, Archäologisches Nationalmuseum

Links:
Idealkonstruktion eines dreizelligen etruskischen Tempels. Rom, Universität, Institut für Etruskologie

Tonsarkophag, Cerveteri, 2. Hälfte 6. Jahrhundert v. Chr. Höhe 140 cm, Länge 200 cm, Tiefe 70 cm. Rom, Villa Giulia

So genannter „Mars von Todi", 380–370 v. Chr. Bronze, Höhe 142 cm. Rom, Vatikanische Museen

Die Kunst des antiken Rom

Nach der Sage haben die Zwillinge Romulus und Remus im Jahr 753 v. Chr. die Stadt Rom gegründet. In langwierigen Kämpfen musste sich die römische Republik gegen die Etrusker und die Kelten behaupten. Schließlich beherrschten die Römer auch Süditalien und um die Mitte des 2. Jahrhunderts v. Chr. das gesamte Griechenland, in der Folgezeit den gesamten Mittelmeerraum und weite Teile Europas.

In der römischen Kunst zeigen sich deutliche Einflüsse aus der Kunst der Etrusker und der Griechen. So ist zum Beispiel das Staatssymbol der Stadt Rom, die Bronzefigur der **„Kapitolinischen Wölfin"**, eine etruskische Plastik aus dem 6. bis 5. Jahrhundert v. Chr. Ohne die beiden Kinderfiguren, die erst in der Renaissance hinzugefügt wurden, stand die bronzene Wolfsfigur jahrhundertelang auf dem Kapitol.

Die griechische Kultur eigneten sich die Römer dadurch an, dass sie griechische Städte ausplünderten und so viele Plastiken verschleppten, dass besonnene Männer wie Cicero Einhalt geboten. Griechische Künstler arbeiteten in den Bildhauer- und Malerwerkstätten Roms und fertigten in Marmor Kopien der Bronzeoriginale an. Die Vorstellung von vielen griechischen Kunstwerken hat sich oft nur als römische Kopie eines griechischen Originals erhalten.

Auch die Architektur des griechischen Tempels und ihre Säulenordnungen haben die Römer übernommen und umgeformt. So unterscheidet sich der römische Tempel vom griechischen:
Der römische Tempel besitzt eine Ausrichtung nach vorn und hinten durch den Treppenaufgang an der Frontseite; ein seitlicher Zugang ist meist nicht möglich, da der Tempel auf einem hohen Podium steht. Die tiefe Vorhalle des römischen ist vom etruskischen Tempel übernommen.
Eine römische Neuerung ist weiter die Verbindung von Säulen und Bögen und die Verwendung von Säulen als Elementen der Wandgliederung, nicht als tragende Elemente, z. B. bei Triumphbögen oder Theaterbauten wie dem Kolosseum.

Im Wölbungsbau entwickelten die Römer Möglichkeiten, große Räume durch tonnen- oder kuppelförmige Gewölbe einzudecken. Technisch möglich wurden die gewaltigen Wölbungen in den ▸Thermen oder im Pantheon (s. S. 72) durch die Erfindung und Anwendung des Gussmauerwerks, einem Gemisch aus Steinen und Mörtel, das – ähnlich dem modernen Beton – als Füllung zwischen Ziegelmauern Verwendung fand. Von den Etruskern übernahmen die Römer den gemauerten Bogen und machten ihn zu einem typischen Merkmal der römischen Architektur. Er fand eine weit verbreitete Anwendung in den Nutzbauten und öffentlichen Anlagen Roms. Der praktische Sinn der Römer entfaltete sich in großartigen Ingenieurbauten, in den weiten Bogenreihen der ▸Aquädukte (s. S. 70), in den Straßen und Brücken des Reichs.

Das **Forum Romanum** war etwa ein Jahrtausend lang das architektonische Zentrum eines Weltreichs und wurde je nach den repräsentativen und kultischen Bedürfnissen immer wieder umgestaltet, neu gebaut und ergänzt. Noch heute zeugen in Rom die gewaltigen Ruinen des Kolosseums, der Konstantinsbasilika und der **„Triumphbogen des Konstantin"** (312 n. Chr.) vom Ruhm vergangener Tage. Bei der Ausgestaltung dieses Monuments benutzte man zur schnelleren Fertigstellung ▸Reliefs von früheren Torbauten.

Neben den Großbauten suchten sich die römischen Kaiser in Reiterstatuen, Standbildern und lebensechten Porträtplastiken (s. S. 78) zu verewigen. Diese die persönliche Physiognomie wiedergebende Kunstgattung war aus dem Ahnenkult der Römer entstanden, in dem man die Bilder der berühmten Vorfahren als Schutzgötter verehrte und bei öffentlichen Feiern in Form von Büsten zeigte. In allen Städten des Reiches repräsentierten Standbilder den Kaiser, auch auf den Geldmünzen war er mit seinem Abbild ständig sichtbar.

▸**Thermen:** Bäderanlage, die als öffentlicher Treffpunkt reich mit Marmor, Malereien und Plastiken ausgestattet war; in den Thermen befanden sich oft auch Sportplätze oder Bibliotheken.

▸**Aquädukt:** auf Bogen geführte Wasserleitung, mit der oft über weite Strecken frisches Trinkwasser in die Städte transportiert wurde

▸**Relief:** halbplastisches Bildwerk, das zwischen der flachen Malerei und der vollplastischen, umschreitbaren Figur steht; Reliefs finden sich meist an repräsentativen Architekturen oder an Denkmälern, auch an Gräbern (s. S. 202).

Kapitolinische Wölfin, 6.–5. Jahrhundert v. Chr. Bronze, Höhe 85 cm. Rom, Kapitolinisches Museum

Triumphbogen des Kaisers Konstantin in Rom, 312 n. Chr. Höhe 21,5 m

Forum Romanum, Rekonstruktion des Zustandes im 1. nachchristl. Jahrhundert

1 Haus der Vestalinnen
2 Vesta-Tempel
3 Amtshaus des Oberpriesters
4 Tempel des Antoninus und der Faustina
5 Basilika Aemilia
6 Tempel des Julius Caesar
7 Bogen des Augustus
8 Castor und Pollux-Tempel
9 Basilika Julia
10 Retierdenkmal Domitians
11 Ehrensäulen
12 Versammlungsraum des Senats
13 Septimius-Severus-Bogen
14 Rednertribüne
15 Tiberius-Bogen
16 Saturn-Tempel
17 Tempel des Vespasian
18 Concordia-Tempel
19 Mamertinischer Kerker
20 Staatsarchiv
21 Jupiter-Tempel

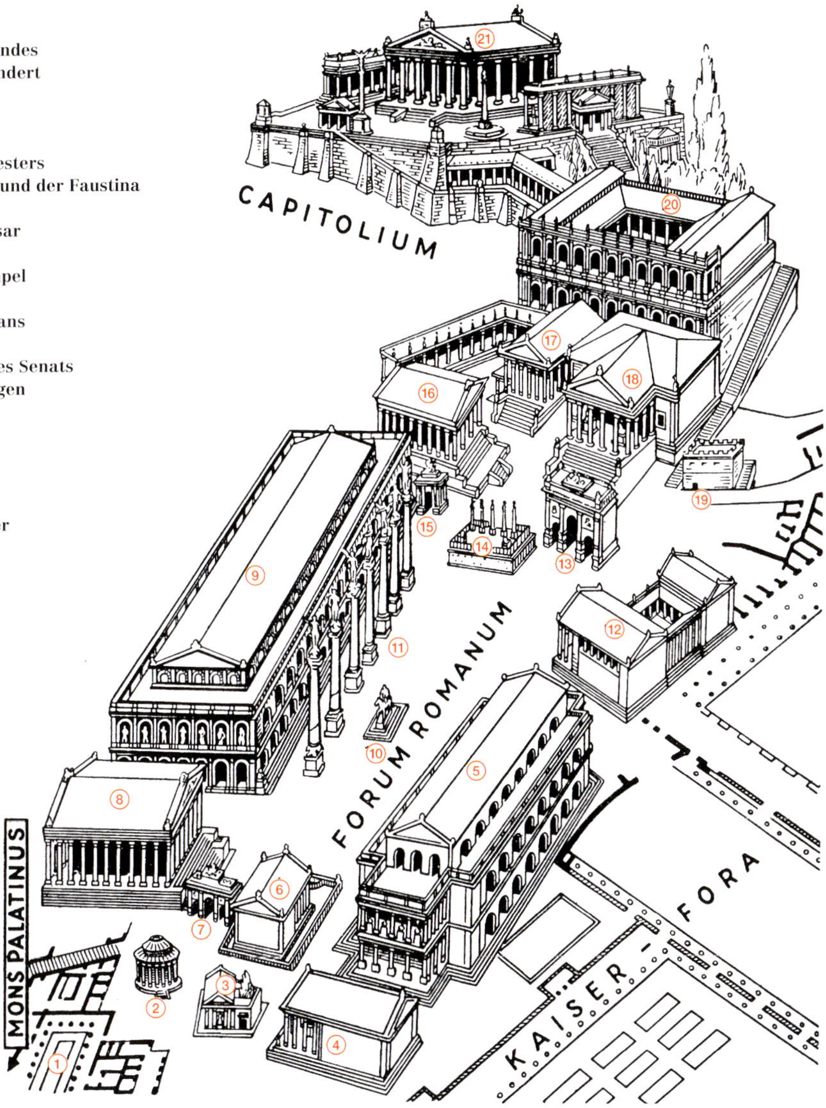

Die Kunst der Kelten und Germanen

Zur Zeit der ▸Hallstattkultur (8.–5. Jahrhundert v. Chr.) verbreitete sich in Europa die Eisenbearbeitung. Die Gräberfunde – Bronzegefäße, Keramiken oder Fibeln (Gewandspangen) – zeigen streng geometrische Ornamente, aber auch figürliche Darstellungen. Die Verschmelzung beider Motivbereiche wurde zu einer Grundlage der keltischen Kunst.

Der Entwicklungsgang der keltischen Kunst gliedert sich in zwei Hauptabschnitte: die altkeltische Kunst der ▸Latènezeit (5.–1. Jahrhundert v. Chr.) und die neukeltische Kunst des frühen Mittelalters. Während der Latènezeit siedelten die Kelten vor allem in Mittel- und Westeuropa, in Spanien und auf den britischen Inseln; sie zogen bis nach Griechenland und Kleinasien und nahmen dort neue Einflüsse auf.

In der Latènezeit schmückten die Kelten ihre kunsthandwerklichen Erzeugnisse in einem ausgeprägten Zierstil. Sie verwendeten stilisierte Tiergestalten, menschliche Maskenköpfe und verbanden sie mit Pflanzenmotiven sowie einer verschlungenen Ornamentik aus S-, komma- oder tropfenförmigen Ranken. Ein Beispiel für ein figuratives Werk aus der späten Latènezeit ist der **„Kessel von Gundestrup“** (Dänemark).

Von der Kunst der Germanen ist aus vorrömischer Zeit kein bedeutendes Zeugnis überliefert. Anfangs machten sich keltische Einflüsse bemerkbar, doch um die Zeitenwende entwickelte sich ein eigenständiges germanisches Kunstschaffen, besonders in der Verarbeitung von Edelmetallen. Waren die Formen anfangs recht einheitlich, bildeten sich seit dem 4. Jahrhundert n. Chr., in der Zeit der Völkerwanderung, verschiedene stammesbedingte Kunststile heraus. Diese Entwicklung lässt sich besonders im Norden Europas beobachten, wo sich eine eigenständige germanische Kunst bei den Wikingern bis zum 12. Jahrhundert erhielt. Der germanische Stamm der Ostgoten in Italien (3.–7. Jahrhundert n. Chr.) entwickelte eine außergewöhnliche Fertigkeit in der Goldschmiedekunst. Sie kombinierten in der **„Goldenen Adlerfibel“** eines ihrer bevorzugten Motive – den Adler – mit Almandinen, den Edelsteinen, die sie am häufigsten verwendeten. Auf die Platte sind hochkant niedrige Stege aufgelötet und die entstehenden Zellen mit Almandinen gefüllt.

Einen eigenständigen Stil entwickelte der germanische Stamm der Franken erst spät, im 5. und 6. Jahrhundert n. Chr. Im größten fränkischen Gräberfeld mit über 5000 Gräbern bei Krefeld fand sich als Beigabe der **„Fränkische Rüsselbecher“**. Er zeugt von der hoch entwickelten fränkischen Glaskunst, die ihre Ursprünge noch in römischer Zeit hat.

Die römischen Eroberungen verdrängten bis zum 1. Jahrhundert v. Chr. überall in Europa die keltische Kunst. In ihren Rückzugsgebieten wie Irland erlebte sie in christlicher Zeit eine bedeutende Spätblüte, eine neukeltische Kunst. In ihr verbanden sich die von den Mönchen aus dem Mittelmeerraum mitgebrachten orientalisch-christlichen Grundlagen mit den alten keltischen Formen des Tier- und Pflanzenornaments. Charakteristisch ist die Durchdringung von Flechtbandverzierungen und Tierornamentik. Das alte, ursprünglich heidnische Ornament war von bannender, Dämonen abwehrender Bedeutung, die es trotz der neuen christlichen Themen behielt. Erst als die Normannen 1066 Britannien eroberten, fand die neukeltische Kunst ihr Ende.

Das **„Book of Kells“** (s. S. 125) ist mit seinem außerordentlichen Schmuckreichtum eines der bedeutendsten Werke der irischen Buchmalerei. Neben ganzseitigen ▸Miniaturen sieht man auf den Textseiten Tiere oder andere Motive als kunstvolle Zeilenfüller, schalkhafte Randzeichnungen und besonders geschmückte ▸Initialen. Bei den Initialbuchstaben sind die Schriftzeichen von der verwirrenden Fülle einer teppichartig verflochtenen keltischen Ornamentik umgeben. Das ganzseitige griechische Christusmonogramm auf der „Initialzierseite XPI“ leitet mit dem Namen Christi die Weihnachtsgeschichte ein: „Christi autem generatio ... (Christi Geburt aber geschah ...)“.

▸**Hallstattkultur:** Vorläufer der keltischen Kunst, benannt nach dem oberösterreichischen Gräberfeld von Hallstatt; die westlichen Kelten haben hier ihren Ursprung.

▸**Latènezeit:** Zeit der mitteleuropäischen – von den Kelten bestimmten – Latènekultur, die Einflüsse der Etrusker, der Griechen und Orientalen verarbeitete; benannt nach dem Westschweizer Fundort

▸**Ornament:** s. S. 16

▸**Miniatur** (lat. minium Mennige): in alten Handschriften ursprünglich mit Mennige hergestellte Illustrationen; heute allgemeiner für Kleinform

▸**Initiale** (lat.): Anfangsbuchstabe, der durch Größe, Verzierung oder Farbe aus dem übrigen Text hervorgehoben ist (s. S. 124)

Kessel von Gundestrup, 1. Jahrhundert v. Chr. Kupfer versilbert mit Goldauflage, Ø 69 cm, Höhe 42 cm. Kopenhagen, Nationalmuseum

Goldene Adlerfibel, um 500 n. Chr. Länge 12 cm. Nürnberg, Germanisches Nationalmuseum

Fränkischer Rüsselbecher, Mitte 5. Jahrhundert n. Chr. Höhe 17 cm. Krefeld, Landschaftsmuseum Burg Linn

Chi-Rho-Seite des Matthäus-Evangeliums aus dem Book of Kells, Ende 8. Jahrhundert. Dublin, Trinity College

Kunst in Asien – Indien, China, Japan

Die Kunst Indiens, Chinas und Japans ist geprägt vom Nebeneinander zweier oder mehrerer Religionen. In allen drei Ländern spielt der Buddhismus, der im 6. Jahrhundert v. Chr. in Indien seinen Ausgang nahm (Siddharta Gautama Buddha, 560–483 v. Chr.) und sich über China nach Japan ausbreitete, eine beherrschende Rolle in der Kunst. Der Buddha erscheint als vergoldete Bronzestatue, in Marmor gehauen oder als Jadefigürchen in den verschiedensten Größen und Stellungen. Neben einem am Schönheitsideal der griechischen Plastik geprägten Typus, der von einer griechisch beeinflussten Bildhauerschule seinen Ausgang nahm, ist vor allem der in den Gesichtszügen und Gewandfalten weichere Typus verbreitet.
Die Architektur des Buddhismus kennt in Indien einen höhlenartigen Kultraum, der wie die Chajtjahöhle in den Fels geschlagen wurde, daneben als zweiten Typus einen hügelartigen Bau, den ▸Stupa, der als Grab Buddhas angesehen und mit aufwändigem plastischem Schmuck verziert wird. In China und Japan entstand der Typus des buddhistischen Klosters mit charakteristischen Bauten wie der ▸Pagode und dem Bethaus. Dabei besitzt die Pagode die Funktion des Reliquienschreines. In Ziegelbauweise oder in der für beide Länder charakteristischen Holzbauweise mit den nach oben schwingenden ▸Dachtraufen setzte die Pagode optische Akzente und beeinflusste auch die Architektur der Burgen und Paläste.

In Indien bestand vor und neben dem Buddhismus im Hinduismus eine vielgestaltige und bunte Götterwelt. Die hinduistischen Tempel sind oft von tausenden Figuren in üppiger Sinnlichkeit geschmückt. Der tanzende ▸Shiva verkörpert z.B. den Schöpfungsvorgang im Kreis des Kosmos.

Auch die Kultur Chinas bestand lange vor der Einführung des Buddhismus. Sie geht bis ins 3. Jahrtausend v. Chr. zurück. Aus dieser frühen Zeit stammen zahlreiche Bronzegefäße, die für rituelle Mahlzeiten und als Opfergefäße verwendet wurden, wie auch die gewaltigen Grabanlagen des ersten Kaisers, der sich für das Jenseits aus Ton eine Armee aus tausenden Soldaten in Lebensgröße anfertigen ließ. Jahrhunderte lang exportierte China Seidenstoffe und ▸Porzellan in die islamisch beherrschten Länder und nach Europa.
Von den Palaststädten der chinesischen Herrscher ist bis auf die Reste von Fundamenten nichts geblieben. Einzig die rechteckig angelegte Palaststadt in Peking, die etwa 300 Gebäude umfasst, vermittelt eine Vorstellung von chinesischer Herrscherarchitektur. Einen weiteren Höhepunkt der Ingenieurkunst stellt die etwa 12000 Kilometer lange chinesische Mauer dar, die zwischen 1368 und 1500 als Schutz gegen die Reitervölker der Mongolen errichtet wurde.
An den Kaiserhöfen und in den Ämtern der kaiserlichen Beamten entwickelte sich eine hohe Kunst des Schönschreibens, die ▸Kalligraphie, die mit Tusche und Pinsel auf Reispapier ausgeführt wurde. Im Zusammenhang damit entstand die Tuschmalerei, deren Ergebnisse man als Rollenbilder in kostbaren Fassungen aufbewahrte und in Mußestunden betrachtete. Auch die Malerei auf ▸Wandschirmen, teilweise mit kräftigen Farben und mit vergoldeten Gründen, erreichte in den Palästen der Kaiser und der Landesherren in China und Japan eine hohe Blüte.

Im japanischen ▸Schintoismus verband sich die traditionelle Verehrung von Naturheiligtümern mit der schlichten Eleganz des ▸Zen-Buddhismus. Sowohl in den Palästen der Herrschenden wie in den Klöstern entstanden kunstvoll angelegte Landschaftsgärten, die der meditativen Betrachtung dienten. Eine Sonderform ist der Steingarten, bei dem sorgfältig ausgesuchte Steine in einem ornamental geharkten Kiesfeld angeordnet sind. Berühmtestes Beispiel dafür ist der Ryoanji in Nara, der alten Kaiserstadt. Auch der Teekult entwickelte sich im Umkreis des Zen-Buddhismus und stellt mit der Kargheit und Erlesenheit der Gefäße und des Teeraums einen charakteristischen Aspekt japanischer Kultur dar.

▸**Stupa, der:** hügelartiger Kultbau der buddhistischen Architektur, Grab- und Erinnerungsmal für den historischen Buddha

▸**Pagode:** turmartiger Bau in einer buddhistischen Tempelanlage mit ausladenden geschwungenen Dächern in jedem der zumeist mehreren Stockwerke

▸**Dachtraufe:** untere Kante eines schrägen Daches

▸**Shiva:** zusammen mit Vishnu der höchste Gott des Hinduismus

▸**Porzellan:** sehr hartes und feines Geschirr, das seit dem 7. Jahrhundert in China hergestellt und seit dem 13. Jahrhundert auch nach Europa exportiert wurde. Erst seit dem Anfang des 18. Jahrhunderts konnte man dort Porzellan selbst produzieren.

▸**Kalligraphie:** die Kunst des (Schön-)Schreibens

▸**Wandschirm:** aus mehreren, meist mit Stoff bespannten und bemalten Holzrahmen bestehende faltbare Wand zur Abtrennung von Innenräumen

▸**Schintoismus:** ursprüngliche Naturreligion Japans, deren Gottheiten Naturkräfte, Berge, Sonne und Mond sind. Später kam der Ahnenkult hinzu.

▸**Zen-Buddhismus:** Zweig des Buddhismus, der im 13. Jahrhundert nach Japan gelangte; wesentlich ist die Übung der Versenkung, die zur Erleuchtung führt.

Tanzender Shiva, 18. Jahrhundert. Bronze, Höhe 80 cm. St. Gallen, Sammlung für Völkerkunde

Wang Hui: Herbstlandschaft, 1677. Tusche und Farbe auf Papier. Paris, Musée Guimet

Tempelanlage Hôryû-ji in Nara, 7. Jahrhundert. Ansicht der Pagode

Die Kunst des Islam

Im 7. Jahrhundert eroberten die Reiterheere der Araber, die der gemeinsame Glaube des Islam vereinigt hatte, ein weites Herrschaftsgebiet, das sich vom Süden Spaniens über die gesamte Südküste des Mittelmeers bis in den Iran und später bis nach Indien erstreckte. In der viele Jahrhunderte langen kriegerischen und auch friedlichen Auseinandersetzung mit der Kultur des Islam gelangten vielfältige kulturelle Errungenschaften in den christlichen Westen, vor allem Kenntnisse in Medizin, Astronomie und Navigation, Blumen- und Obstsorten, Streichinstrumente und die Verehrung der Frauen in Liedern und Gedichten.

Eine Besonderheit des Islam ist sein Verbot, im religiösen Kontext beseelte Wesen abzubilden. Infolgedessen entwickelte die islamische Kultur einen unerschöpflichen Reichtum an ornamentalen Formen, die in den verschiedensten Techniken, wie z. B. als bemalte Kacheln, als Gips- oder Holzrelief Mauern, Wände und Kuppeln überziehen. Auch in der Technik der Textilbearbeitung, bei Gebetsteppichen oder reichen Gewändern, zeigten islamische Handwerker ihr Können. In der Buchmalerei entstanden Kunstwerke von höchster Raffinesse, sei es in der Ausgestaltung des Koran wie auch von Märchen und Mythen.

In der Architektur entwickelten sich zwei in der Anlage verschiedene Bethäuser: Bei der Hofmoschee liegt ein großer, rechteckiger Innenhof vor dem überdachten Bereich, der wie im spanischen Cordoba (785) aus einem Wald von Säulen besteht. Ihre Ausrichtung erhält die ▸Moschee durch die Gebetsnische, den Mihrab, der durch besonders reichen Schmuck hervorgehoben und nach Mekka ausgerichtet ist. Dorthin verneigen sich die Gläubigen beim Gebet. Hofmoscheen sind auch im Iran verbreitet, wo vier in der Mitte der Hofseiten erbaute Hallen mit bogenförmig überwölbtem Dach, die so genannten ▸Iwane, den Gläubigen Schatten spenden.

Im Bereich des späteren Osmanischen Reiches, das neben der heutigen Türkei den Balkan, zeitweise auch Syrien und Ägypten umfasste, entstand die Form der Kuppelmoschee. In der Anlehnung an den gewaltigen Kuppelraum der frühchristlichen Kirche Hagia Sophia (s. S. 40) in Konstantinopel schufen die Hofarchitekten riesige, von hellem Licht durchflutete Räume wie den der **Suleiman-Moschee** (begonnen 1550) durch den Architekten Koca Mimar Sinan (1497–1588). Zu dem Gebirge aus Haupt- und Nebenkuppeln gehören ein vorgelagerter Innenhof mit Brunnen und die charakteristischen ▸Minarette, spitze Türme, von denen der Gebetsrufer zum Gebet auffordert. In dem Komplex einer Moschee finden sich oft auch eine Armenküche, ein Krankenhaus oder eine ▸Koran- oder auch eine Hochschule. Grabmäler der Stifter, überkuppelte Bauten, die so genannten ▸Türben, liegen oft in unmittelbarer Nähe.

Weltliche Architekturformen sind die islamischen Schloss- und Palastbauten, deren wohl bekanntester die **Alhambra** (das Rote Schloss, um 1340–1390) im spanischen Granada ist. Mehrere Baugruppen sind hier auf Binnenhöfe ausgerichtet, die mit Wasserbecken und Blumenbeeten als Abbilder des Paradieses gestaltet sind. Dabei trennte man private Bereiche wie den ▸Harem oder die Schlafräume des Herrschers von den Sälen und Höfen ab, die für öffentliche Auftritte und Empfänge gedacht waren. Sämtliche Räume sind mit reichhaltigen und komplizierten, starkfarbigen ▸Arabesken und abstrakten Elementen geschmückt, die oft auch ▸kalligraphische Teile (Koransprüche und Lobsprüche auf das Herrscherhaus) einbinden. Wabenartige ▸Stalaktitengewölbe schließen einige Räume nach oben ab.
Große Palastanlagen finden sich auch in Cordoba, im persischen Isfahan und in den islamisch beherrschten Gebieten Indiens; dort steht auch die weltberühmte marmorne Grabanlage des Tadsch Mahal (1632–1653).

▸**Moschee** (arab.): Anbetungsort, das islamische Gotteshaus; die Hofmoschee ist einer ihrer Bautypen.

▸**Iwan:** tiefer, überdachter, bogenförmiger Eingang in islamischen Hofmoscheen

▸**Minarett, das:** Turm der Moschee, von dem der Muezzin zum Gebet ruft

▸**Koran:** das heilige Buch des Islam, das der Prophet Mohammed nach göttlichen Offenbarungen zwischen 610 und 631 verfasste

▸**Türbe:** im islamischen Bereich Grab eines Würdenträgers

▸**Harem:** den Frauen vorbehaltener Bereich in den Palästen islamischer Herrscher

▸**Arabesken:** stilisiertes pflanzliches Ornament

▸**Kalligraphie:** die Kunst des (Schön-)Schreibens

▸**Stalaktitengewölbe:** aus Elementen gebildet, die wie die von der Decke hängenden Kalkzapfen einer Tropfsteinhöhle wirken

Mohammed Aga: Moschee Sultan Ahmeds I. in Istanbul, 1609–1616

Koca Mimar Sinan: Suleiman-Moschee in Istanbul, begonnen 1550. Innenansicht

Alhambra/Granada, Löwenhof, um 1340–1390

Gebetsteppich, 19. Jahrhundert. Seide. Istanbul, Topkapi-Palast

Frühchristliche und byzantinische Kunst

Zwei Daten sind für die Kunst des frühen Christentums von herausragender Bedeutung: 313, als der erste christliche Kaiser, Konstantin, im Toleranzedikt von Mailand dem Christentum den Status einer gesetzlich anerkannten Religion verschaffte, und 391, als Kaiser Theodosius der Große das Christentum zur Staatsreligion erhob und die heidnischen Kulte verbot. Vor Konstantin übten die Christen ihren Kult mehr oder weniger heimlich aus. So zeigen die einfachen Ausmalungen der unterirdischen Katakomben in Rom die Erwartung der Christen einer baldigen Erlösung.

Unter Konstantin entstanden die ersten großen Basiliken in Rom, die ihre Bauformen aus der römischen Architektur übernahmen. Große, lang gestreckte Räume mit drei Schiffen mündeten in eine Apsis, eine überwölbte halbkreisförmige Ausbuchtung, die den Altar beherbergte. Säulen trugen die Mauern des Hauptschiffes, das seine Beleuchtung durch hoch angesetzte Fenster erhielt. Bedeutende Beispiele in Rom sind die Basiliken Santa Maria Maggiore, Alt St. Peter (beide s. S. 74) oder San Pietro fuori le mure.

Im Jahr 330 verlegte Konstantin die Hauptstadt des Römischen Reichs nach Konstantinopel (später Byzanz, heute Istanbul). Nach der Reichsteilung im Jahr 395 setzte sich die byzantinische Kirche mit ihrer Kunst deutlich gegen die westlich-römische Kunst ab. Im oströmischen Reich erhielt der Kaiser als Stellvertreter Christi unumschränkte Autorität über Reich und Kirche. Er setzte auch den Patriarchen, das geistliche Oberhaupt der Ostkirche, ein. Dieses byzantinische Reich bestand bis zur Eroberung durch die Türken 1453 und galt in seiner Prachtentfaltung in Kunst und Kult immer wieder als Vorbild für westliche Herrscher.

Die Kirchenarchitektur Ostroms kannte zwei Bautypen: die eher in Längsrichtung ausgestreckte ▸Kreuzkuppelkirche, die in den Kirchen Griechenlands, Russlands und der Balkanländer vorherrschte, und den Zentralbau, wie die Beispiele der **Hagia Sophia** (532–537) und **San Vitale** in Ravenna (525–547) zeigen.

Der riesige Innenraum der Hagia Sophia (griech.: Heilige Weisheit) wird von einer gewaltigen Kuppel überwölbt, deren Last Halbkuppeln und Nischen abfangen. Der Innenraum ist reich ausgestattet mit Mosaiken und Marmorplatten. Die Kuppel vermittelte durch ihre Verkleidung mit ▸Goldmosaik einen unwirklichen Eindruck.

In ähnlicher Prachtentfaltung entstand im 6. Jahrhundert in Ravenna der achteckige Zentralbau von San Vitale. Hier sind vor allem die Mosaiken von Bedeutung, in denen sich der Glanz und die Spiritualität der oströmischen Kunst erhalten haben, so in den Darstellungen des Kaisers Theodosius und seiner Frau, der Kaiserin Theodora, mit Gefolge (s. S. 11).

Für den höfischen Glanz stellten die Palastwerkstätten kostbare Kunstgegenstände in den verschiedensten Techniken her. Neben aufwändigen Stoffen aus golddurchwirkten Seidengeweben fertigten sie auch Handschriften mit erlesenen Malereien und reichen Buchdeckeln mit Elfenbeinschnitzereien und gefassten Edelsteinen. In dem dreiteiligen **Elfenbeinaltärchen** aus Byzanz (10. Jahrhundert) zeigt sich die Meisterschaft der byzantinischen Kunsthandwerker in der Beherrschung des harten, weißlich glänzenden Materials, wie auch der Anspruch des oströmischen Kaiserpaares (links unten), zusammen mit den Heiligen auf einem Altarflügel abgebildet zu werden.

Als besondere Form des Bildes entstand im byzantinischen Bereich die ▸Ikone, der als Abbild der Gottesmutter oder eines Heiligen oft wundertätige Kraft zugeschrieben wurde. Um das Wesen der Ikone, verehrungswürdiges reales Abbild für die einen und Götzenbild für die anderen, entspann sich ein jahrhundertelanger Streit, der nach großen Verwüstungen zum Sieg der Bilderverehrer führte. Nach alten Vorbildern werden bis heute in den Klöstern des byzantinischen Bereichs Heiligenbilder angefertigt und an den Bildwänden der Kirchen gezeigt.

▸**Goldmosaik:** Mosaik aus vergoldeten Steinchen

▸**Kreuzkuppelkirche:** Kirche mit mehreren kreuzförmig angeordneten Kuppeln

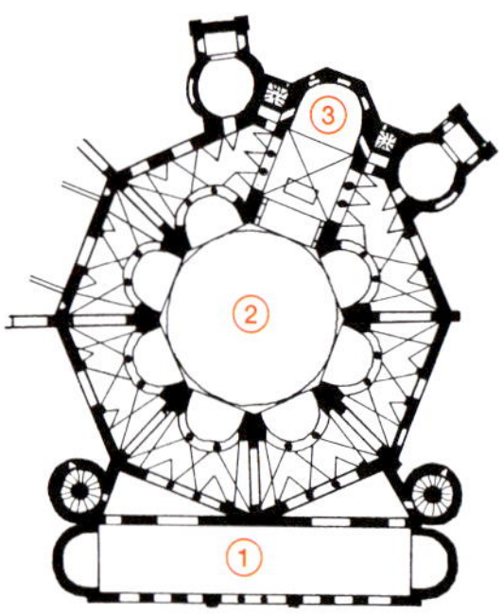

Grundriss von San Vitale, Ravenna:
1 Narthex (Vorraum),
2 Oktogon (achteckiger erhöhter Mittelraum),
3 Apsis (mit erhaltenen Mosaiken)

▸**Ikone** (griech. eikon Bild): bewegliches Kultbild der Ostkirche, in dem die abgebildete Person verehrt wird

Hagia Sophia in Istanbul, 532–537. Innenansicht

San Vitale in Ravenna, 525–547. Außenansicht

Dreiteiliges Elfenbeinaltärchen (Triptychon) aus Byzanz, 10. Jahrhundert.
Berlin, Staatliche Museen SMPK

Gottesmutter von Wladimir, um 1125. Ikone,
Tempera auf Holz, 113 x 68 cm.
Moskau, Tretjakow-Galerie

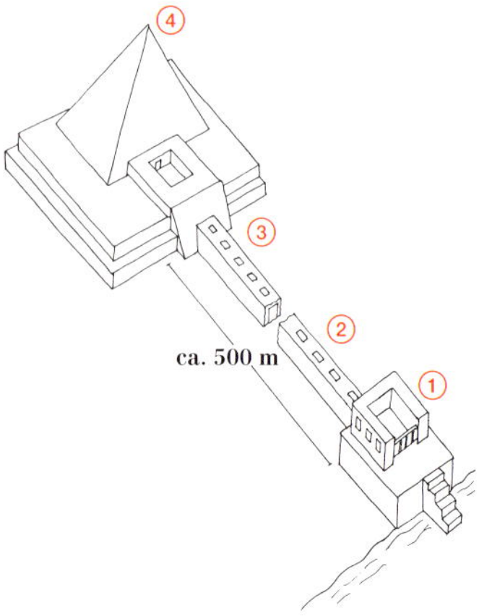

Skizze der Tempelanlage des Cheops
1 Taltempel
2 Aufnahmeweg
3 Totentempel
4 Pyramide

Ägyptische Kunst

Grandiose Schlichtheit: Cheops-Pyramide und Sphinx

Die Baukunst der Ägypter erreichte einen Höhepunkt in der Anlage von Gizeh nahe Kairo. Noch heute steht der Betrachter staunend vor den Grabbauten der Könige, den **Pyramiden des Cheops,** des Chephren und des Mykerinos. Die beiden erstgenannten Pyramiden haben eine Kantenlänge von 230 m und erreichen mit 145 m und 144 m fast die Höhe des Kölner Domes.

Wie eine Wächterin ruht am Fuße des Plateaus die ▸Sphinx, ein Fabelwesen mit Löwenleib und Menschenhaupt, das das königliche Kopftuch umrahmt. Sie verkörperte Kraft und Weisheit, das Gesicht ist nach Osten, der Sonne zugewendet. Die Länge der Figur beträgt 71 m, die Höhe 20 m; allein die Nase war 1,70 m lang. Der riesige stereometrische Körper der Pyramide besteht aus 2 300 000 Felsblöcken von je 1,10 m^3 Rauminhalt. Wie die Ägypter die beim Bau auftretenden technischen Probleme gelöst haben (z. B. einen 40 t schweren Deckenriegel auf eine Höhe von 70 m zu wuchten), ist heute noch in mancher Hinsicht ungeklärt. Die tonnenschweren Steinquader mussten ohne Kran und Flaschenzug, nur mithilfe von Seil, Hebel und Schlitten, Rolle und menschlicher Muskelkraft bewegt und zusammengefügt werden.

Im ▸Nasskeilverfahren gewann man die benötigten Steine. An Ort und Stelle brachte man die Blöcke in ihre endgültige Form, beförderte sie auf dem Wasserwege, transportierte sie mit Rundhölzern über eine Steinrampe an die hoch über dem Nil gelegene Baustelle und setzte sie in 210 Schichten übereinander. Die Steinblöcke sind ohne Bindemittel mit großer technischer Genauigkeit zusammengefügt. Noch heute, nach über viereinhalbtausend Jahren, sind die Fugen in der großen Halle kaum einen Millimeter breit. Ursprünglich umgab eine das Sonnenlicht reflektierende Schicht aus Kalkstein die Pyramide. Nach zwanzig Jahren war das Werk unter Einsatz von mehreren tausend Arbeitern vollendet.

Ein Schnitt durch die Cheops-Pyramide zeigt den Eingang (1), der an der Nordseite 15 m über dem Erdboden liegt. Auf dem schräg nach oben verlaufenden Gang (2) erreicht man über die hohe Große Galerie (3) die königliche Grabkammer (5). Sie ist mit gewaltigen granitenen Entlastungsblöcken (6) überdacht, die fünf druckableitende Hohlräume bilden. Durch zwei enge Schächte im Norden (7) und im Süden (8) wird die Königskammer symbolhaft mit Luft und Licht versorgt. Von der Großen Galerie aus gelangt man auch in die Kammer der Königin (4). Der Verbindungsschacht (9) führt zum Zugang zu einer tief gelegenen Felsenkammer (10).
In der Pyramide befinden sich keine Götter- oder Pharaonenstatuen, nirgends findet man heute Inschriften oder Widmungen. Nach der Bestattung des Königs wurden die Gänge mit Steinen blockiert, um die Ruhe des Pharao und die wertvollen Grabbeigaben zu schützen.

■ *Die stereometrische Architektur der 4. Dynastie verzichtet auf jedes schmückende Beiwerk und stellt in ihrer grandiosen Schlichtheit einen der Höhepunkte ägyptischer Kunst dar. [...] Der große Sphinx ist aus dem anstehenden Felsen gemeißelt, sozusagen ein geformtes Stück Wüstengebirge. Er symbolisiert [...] die selbstsichere Göttlichkeit der Herrscherwürde. Erhaltene Farbspuren beweisen, dass er früher bemalt war und sich noch deutlicher von seiner Umgebung abhob. Kein Bild kann den Eindruck an Ort und Stelle ersetzen.*

José Pijoan, S. 60

Arbeitsanregungen:

1. Informieren Sie sich in der Fachliteratur über den Pyramidenbau und die unterschiedlichen Theorien zur Vorgehensweise bei der Arbeit.
2. Gestalten Sie aus Ton eine kleinformatige Plastik, bei der ein Menschenkopf auf einem Tierkörper oder der Kopf eines Tieres auf dem Körper eines anderen sitzt.

▸**Sphinx:** umgangssprachlich die, eigentlich: der; Mischgestalt aus Menschenkopf und Löwenkörper, die die Königsmacht verkörperte und Wächter an den Tempeleingängen war

▸**Nasskeilverfahren:** Spalten und Bohrlöcher werden in die Felswand getrieben. In sie hinein schlägt man trockene Holzkeile, tränkt sie dann mit Wasser, bis sie aufquellen und so Teile des Felsens absprengen; die Steine der Cheops-Pyramide stammen zum Teil aus 800 Kilometer entfernten Brüchen.

Große Sphinx von Gizeh mit Cheops-Pyramide, um 2500 v. Chr.

Würde in Stein: Die Statue des Chephren

Von etwa 2520 bis 2494 v. Chr. regierte in Ägypten der ▸Pharao Chephren. Er war der Sohn des Cheops und der Auftraggeber der zweitgrößten Pyramide des Landes. Über 4000 Jahre später fanden Arbeiter in einem Brunnenschacht der Anlage von Gizeh eine überlebensgroße Grabstatue dieses bedeutenden Königs. Einst hatte sie an einer Wand der Säulenhalle im Taltempel gestanden. Durch schmale Lichtöffnungen war schwaches Licht auf die aus hartem ▸Diorit gehauene Skulptur gefallen.

Die blank polierte Statue folgt in ihrem achsensymmetrischen Aufbau den Regeln der altägyptischen Rundplastik. In majestätischer Haltung und in sich ruhend sitzt der Herrscher auf einem würfelförmigen Thron, der die Massigkeit des ursprünglichen Steinblocks erkennen lässt. Der Kopf der Figur ist geradeaus gerichtet, die vertikalen Formen herrschen vor und bestimmen den Charakter der in den Proportionen lebensnahen Figur.

Chephren ist mit typischen Gesten und Symbolen der Königswürde ausgestattet. Die ausgewogene Gestalt strahlt eine verhaltene, ruhige Kraft aus, sie gilt als vollendeter Ausdruck des Königtums im Alten Ägypten. Die linke Hand des thronenden Königs ruht auf dem Oberschenkel, die rechte hält ein gerolltes Tuch, das sich unter der geballten Faust fortsetzt und auf dem Oberschenkel aufliegt. Dieses Tuch galt bei den Ägyptern als Zeichen der Wiedergeburt. Das Haupt des Herrschers umhüllt ein bis auf die Brust reichendes Kopftuch, das im unteren Teil eine Vielzahl parallel verlaufender Falten aufweist. Am Stirnband, das dieses Kopftuch hält, befindet sich – von vorn kaum sichtbar – der Kopf der Uräus-Schlange. Diese Schlange an der Stirn des Sonnengottes bäumt sich nach den Vorstellungen der Ägypter gegen Feinde auf und vernichtet sie mit ihrem feurigen Hauch. Das Kinn des Königs ziert ein kantiger Zeremonialbart. Der Oberkörper ist unbekleidet, Chephren trägt lediglich einen kurzen, leicht gefältelten Schurz. Den Mund umspielt ein leichtes Lächeln, die Augen sind weit geöffnet. Der Blick des Herrschers ist nicht auf etwas vor ihm Stehendes gerichtet, er schweift in die Ferne, wirkt überlegen und gebietet zugleich Abstand.

Unterstützt wird die Bedeutung des Herrschers durch den Thron, mit dem er geradezu verwachsen zu sein scheint. Die beiden ▸Thronwangen sind von außen mit eingelassenen ▸Reliefs versehen. Sie zeigen das Motiv der Verbindung von Ober- und Unterägypten, die durch die beiden stilisierten, landestypischen Pflanzen ▸Papyrus und ▸Lotos symbolisiert sind. Senkrecht angeordnete ▸Hieroglyphen weisen darauf hin, dass der Herrscher zu Lebzeiten beide Teile des gewaltigen Reiches beherrschte. Zwei nach vorn gerichtete Löwenköpfe (von denen nur noch einer erhalten ist) sind ein weiterer Hinweis auf die herausragende Stellung des Königs.

Beim Umschreiten der rundplastischen Figur bemerkt man beim Blick von der Seite, dass die Kopfbedeckung von den Flügeln eines Falken umschlungen wird. Es ist das Symbol des falkenköpfigen Himmels- und Lichtgottes Horus, der sich im jeweils regierenden Pharao offenbarte. Die Augen des Gottes betrachteten die Ägypter als Symbole der Sonne und des Mondes.

Leicht überragt der Kopf des Falken den des Herrschers, er bleibt aber von vorn unsichtbar. So kommt in der Seitenansicht die Doppelnatur der Statue zum Ausdruck. Sie besteht in der innigen Verbindung des irdischen Vertreters mit dem Symboltier des Gottes, der Herrscher wird zum „lebenden Horus". Wenngleich physiognomische Ähnlichkeiten mit dem Pharao vorhanden sein mögen, so ist es die primäre Funktion der Statue, die Institution des Gottkönigtums zu verkörpern.

Arbeitsanregungen:

1. Durch welche Details werden Kraft und besondere Stellung des dargestellten Pharaos verdeutlicht? Welche sind symbolischer Art und welche sprechen für sich?
2. Erproben Sie in Partnerarbeit verschiedene Positionen des Sitzens und Stehens. Dokumentieren Sie dies fotografisch. Arbeiten Sie dabei mit angemessenen Requisiten.

▸**Pharao** (ägyptisch Per'o großes Haus): Bezeichnung für den König in Ägypten, göttliche Verkörperung des Reiches

▸**Diorit:** hartes Tiefengestein, das bevorzugt für Gräber und Pflaster verwendet wird

▸**Thronwange:** die Seitenteile eines Thrones, auch bei Treppen, Chor- oder Kirchengestühl

▸**eingelassenes Relief:** die Figuren und Gegenstände werden in die Fläche hineingearbeitet; weitere Reliefformen s. S. 202

▸**Papyrus:** im Altertum Beschreibmaterial in Rollen- oder Blattform, das man aus der Papyrusstaude herstellte

▸**Lotos:** Gattung der Seerosengewächse, nach ägyptischem Mythos dem Urwasser entsprossen, Sinnbild der Regeneration

▸**Hieroglyphe** (griech. heiliges Zeichen): Zeichen der ägyptischen Bilderschrift (s. S. 18)

Statue des Königs Chepren, um 2600 v. Chr. Diorit, Höhe 168 cm.
Seitenansicht. Kairo, Ägyptisches Museum

Statue des Königs Chepren, im Gang der Pyramide, Rekonstruktion

Statue des Königs Chepren, um 2600 v. Chr. Diorit, Höhe 168 cm.
Frontalansicht. Kairo, Ägyptisches Museum

Führer im Totenreich: Das Totenbuch des Hunefer

▸**Mumie, mumifizieren** (ägypt. mum Harz): die Leiche eines Menschen oder eines Tieres durch natürliche Austrocknung oder entsprechende Behandlungsmethoden vor Verwesung schützen

▸**Totenbuch:** Bezeichnung für die auf langen Papyri (s. S. 44) festgehaltene Sammlung von Bildern und Texten (Sprüchen), die sich auf das Leben nach dem Tod und die Überwindung von Gefahren beziehen

▸**en face** (franz.): von vorn (gesehen)

Zwischen den Beinen ägyptischer ▸Mumien fand man Papyrusrollen, die in die Leinenbinden eingewickelt waren. Die darauf enthaltenen Bilder und Texte, die ▸Totenbücher, waren ein Führer durch das Totenreich. Sie sollten dem Verstorbenen helfen, die Prüfungen in der Unterwelt zu bestehen, um „aus den dunklen Tiefen sicher wieder hervorzugehen an das Licht der Sonne." (Hagen/Hagen, 1981) Man nannte einen solchen Wegweiser „Das Buch vom Herausgehen am Tage".

Da die Ägypter an die Rückkehr der Seele in den Körper glaubten, galt dem Leichnam eine besondere Sorgfaltspflicht. Zunächst brachte man den Toten zur Balsamierungsstätte. Hier reinigte und mumifizierte man ihn nach einem festgelegten Ritual. 70 Tage später brachten die Trauergäste den Sarg mit der Mumie in feierlicher Prozession zum Grab. Bevor die Mumie in das Reich des Totengottes Osiris aufgenommen werden konnte, musste der Verstorbene nach den Vorstellungen der Ägypter beim Totengericht beteuern, dass er nicht gegen die ethischen Normen verstoßen habe. An dieser Stelle trat das bereits zu Lebzeiten angefertigte, mehrere Meter lange Totenbuch in Funktion. Die „Seele" hatte in Form einer negativen Beichte ihre Unschuld zu beteuern:

■ *Ich habe kein Unrecht gegen Menschen begangen, und ich habe keine Tiere misshandelt. […] Ich habe nichts getan, was die Götter verabscheuen. Ich habe keinen Diener bei seinem Vorgesetzten verleumdet. Ich habe nicht Schmerz zugefügt, und ich habe niemanden hungern lassen, ich habe keine Tränen verursacht. Ich habe nicht getötet, und ich habe (auch) nicht zu töten befohlen; niemandem habe ich Leid angetan.*

Arne Eggebrecht, 1990

In einer Szene aus dem Totenbuch des Schreibers und Verwalters Hunefer wird das Herz des Toten gegen die Maat, das Grundprinzip der durch Feder und Schriftzeichen symbolisierten ägyptischen Weltordnung, abgewogen. Links erkennt man den schakalköpfigen Gott Anubis, der den

Totenbuch des Hunefer, um 1300 v. Chr. London, British Museum

Toten in die Gerichtshalle führt. In der Szene daneben kniet Anubis nieder und überprüft die Balance der Waage. Der Schreib- und Rechengott Toth hält das Ergebnis fest. Die tierartige „Fresserin" zeigt ihre Bereitschaft, den Toten bei negativem Ergebnis zu verschlingen. Doch da Hunefer im Sinne der Maat gelebt hat, führt ihn der falkenköpfige Horus zu dem in einem Schrein sitzenden Totengott Osiris; aus dessen Thron wächst eine Lotosblüte mit vier mumiengestaltigen Horussöhnen heraus. Hinter dem Thron stehen Isis, die Gemahlin und Schwester des Osiris, und ihre Schwester Nephthys, die Schützerin der Frauen und des Lebens.

Die Szene über diesem Ausschnitt aus dem Totenbuch zeigt Hunefer, der vor den vierzehn abwechselnd hell und dunkel gekleideten Gottheiten der Gerechtigkeit kniet. Die Farbigkeit der dargestellten Gerichtsszene beschränkt sich auf unterschiedliche Ockertöne, ein kalkiges Weiß, das aus Ruß gewonnene Schwarz und ein Blaugrün. Dabei lag es nicht in der Hand des Künstlers, diese Farben beliebig einzusetzen, er hatte festgelegten Regeln zu folgen. Bei den Personen und Gegenständen ging es um eine eindeutige und charakteristische Darstellung des Gemeinten. So gibt es ausschließlich Köpfe, die im Profil zu sehen sind. Das Auge hingegen ist am deutlichsten von vorn zu erkennen, und so wird es ▸en face in die Seitenansicht des Kopfes eingefügt. Während Arme und Beine von der Seite zu erkennen sind, erkennt man Oberkörper und Schultern am besten von vorn. Der ägyptische Künstler vermied nach Möglichkeit Stellungen, bei denen ein Arm oder ein Bein verdeckt war.

Arbeitsanregungen:

1. Beschreiben Sie an Figuren aus dem Totenbuch, wo die erwähnte Darstellung verschiedener Ansichten auftaucht. Untersuchen Sie auch das Verhältnis von rechts und links bei Händen und Füßen.
2. Zeichnen Sie zunächst eine einzelne Figur aus dem Totenbuch heraus. Versuchen Sie anschließend, eine vergleichbare Darstellung eines Mitschülers zu realisieren.

Kühle Eleganz: Die Büste der Nofretete

In der 18. Dynastie, um das Jahr 1370 v. Chr., brach der Pharao Amenophis IV. mit den seit Jahrhunderten geltenden religiösen Regeln. Er stellte den Sonnengott Aton in den Mittelpunkt seiner neuen Auffassung und gestattete nur noch die Anbetung dieses einen Gottes. Er nannte sich fortan Echnaton und verlegte den Hof nach Achet-Aton, nahe dem heutigen Tell el-Amarna. Die religiöse Revolution verband Echnaton mit einer künstlerischen Reform. Er forderte eine neue Auffassung von der Körperlichkeit. Die Künstler der Amarna-Zeit orientierten sich zwar an den individuellen Gesichtszügen des Pharaos, übertrieben aber Stirn, Nase und Kinn. Durch diesen gezielten Einsatz expressiver Stilmittel unterstrich man die besondere Stellung des Pharaos.

1912 fand man bei Ausgrabungen im zerfallenen Gemäuer der Werkstatt des königlichen Oberbildhauers Thutmosis die gut erhaltene, farbig gefasste Kalksteinbüste der Gemahlin Echnatons: **Nofretete**. Ihr Name (eigentlich Nafteta ausgesprochen) heißt so viel wie „Die Schöne ist gekommen". Die Porträtbüste der Königin zählt – zumindest in Deutschland, wo sie sich seit ihrer Überführung im Jahre 1913 im Museum befindet – neben den Pyramiden zu den bekanntesten und berühmtesten Kunstwerken aus dem Alten Ägypten.
Die Büste der Nofretete verkörpert einen zeitlosen Ausdruck von Eleganz, der zu ihrer Popularität, aber auch zu schwärmerischen Beschreibungen beitrug und in Charakterisierungen wie „seelische Kühle und gespannte Nervosität" gipfelte. Die für die Bildwerke der Amarna-Zeit typische Überzeichnung ist hier einer Strenge gewichen, bei der der individuelle Ausdruck der Person zum Tragen kommt.
Der Oberkörper wird nur durch einen schmalen Block angedeutet, nach vorn besteht er aus einem ▸polychromen Schmuckkragen. Auf dem langen Hals ruht ein schlanker, ovaler Kopf, zu dessen Auffälligkeiten die vollen, intensiv roten Lippen gehören. Das schmalwangige, makellose Gesicht mit den leicht betonten Backen- und Kieferknochen weist eine bräunliche Färbung auf. Die Lidränder der Augen sind durch ein kräftiges Make-up betont und korrespondieren mit den ebenfalls deutlich ausgeführten, bis zum Schläfenbein reichenden schwungvollen Brauenbögen, die von der Nasenwurzel ausgehen. Die leicht gesenkten Augenlider bewirken einen etwas verschleierten, seltsam abwesenden Blick und signalisieren Unnahbarkeit.
Auf dem Kopf sitzt die blaue Krone, um die sich ein dekoratives Band schlingt. Zerstört ist die einst darauf sitzende und nach vorn züngelnde Uräus-Schlange. Sie galt als das leuchtende und zugleich Vernichtung bewirkende Herrscherzeichen an der Stirn der Götter und Könige. Ihr Feueratem vermochte nach Auffassung der Ägypter alle Feinde abzuwehren.
Seltsam mutet die Tatsache an, dass beim Porträt der Nofretete mit idealisierten Zügen nur ein Auge ausgeführt wurde. Fachleute gehen davon aus, dass die Büste die Werkstatt des Thutmosis wohl nie verlassen sollte und lediglich als Vorlage oder Arbeitsmodell für die Anfertigung anderer Büsten der Königin gedient hat, die der Nachwelt nur teilweise erhalten blieben.

Als nach dem kurzen Zwischenspiel der Amarna-Zeit die neue Residenz des Königs aufgegeben wurde, man unter dem Nachfolger ▸Tut-anch-Amun zurück nach Memphis zog und die alte polytheistische Staatsreligion wieder einführte, verblieb die Kalkstein-Büste für 3000 Jahre an diesem Ort. Dann wurde sie von deutschen Archäologen ans Tageslicht befördert und in die ägyptische Abteilung der königlich preußischen Kunstsammlungen in Berlin gebracht.

Arbeitsanregungen:

1. Woraus ergibt sich die zeitlose Faszination der Nofretete und welche Gründe könnte es für die daraus resultierende Bewunderung dieser Büste geben?
2. Worin unterscheidet sich das Werk des Thutmosis von Darstellungen anderer prominenter Frauen (z. B. auch den Fotografien von Filmstars)?

▸**polychrom** (griech. vielfarbig): mehrfarbig, bezogen auf Bauwerke oder Skulpturen

▸**Tut-anch-Amun:** ägyptischer Pharao, s. S. 50

Büste der Nofretete, um 1350 v. Chr. Kalkstein und Gips, Höhe 50 cm. Berlin, Ägyptisches Museum SMPK

Gesamtansicht des Thronsessels

Sitzmöbel mit Bildprogramm: Der Thron des Tut-anch-Amun

Im Jahre 1922 entdeckte der britische Archäologe Howard Carter im Tal der Könige das Grab des Königs Tut-anch-Amun. Zu den Kunstwerken, die Carter fand, gehört das berühmteste Möbel der ägyptischen Kunst, der Thronsessel des jung verstorbenen Pharaos, der vermutlich keines natürlichen Todes starb.

Der Thron besteht aus Holz und ist teilweise mit Goldblech überzogen. Die geschnitzten Beine wurden als Löwentatzen geformt und sind mit Kupfer oder Bronze überzogen. Als Eckschmuck zieren zwei Löwenköpfe die Armlehnen; sie galten als Symbole des westlichen und östlichen Horizontes, an dem nach Vorstellung der Ägypter je ein Löwe Wache hielt. Die verzierten Flügel von gekrönten Schlangen bilden die Armlehnen und umfangen den Namen des Königs. Vier Uräus-Schlangen, die Symbole der Königsherrschaft, sind zwischen den Leisten angebracht, die die Rückenlehne von hinten stützen.

Die Verstrebungen des Throns sind zum Teil herausgebrochen. Die verknoteten ▸Lotos- und ▸Papyrusstängel ergaben zusammen mit der ▸Hieroglyphe für „Einigung" das Symbol für die Verbindung von Unter- und Oberägypten. Von hinten ist auf der Rückenlehne ein aus Goldblech getriebenes Relief angebracht, das ein Papyrusdickicht mit zwei Wasservögeln zeigt. Mit Sonnenscheiben auf den Köpfen versehene Uräus-Schlangen dienen als Stützen der Lehnen.

Der vordere Teil der Rückenlehne gehört zu den bedeutendsten ▸Reliefs der ägyptischen Kunst. Es zeigt König und Königin in einem Raum, den blumenbekränzte Pfeiler gliedern; den Sockel bildet ein Zierstreifen. Der Reliefgrund besteht aus getriebenem Goldblech. Links sieht man den auf einem gepolsterten Stuhl sitzenden jungen König. Auf dem Kopf trägt er eine Dreifachkrone, das Symbol des Horus. Den Oberkörper bedeckt ein schwerer, verzierter Halskragen. Unterhalb der unbekleideten Taille trägt er einen langen, gefältelten Schurz. Die Füße hat er auf einen kleinen Schemel gestellt. Vor ihm steht seine Frau Anches-en-Amun. Sie hält in ihrer Linken eine Schale mit Öl, mit zärtlicher Geste reibt sie die Schultern ihres Mannes ein. (Vermutlich gehört diese Salbung zur Krönungszeremonie.) Die Königin trägt auf dem Kopf eine Perücke, auf der die schmale Federkrone mit Sonnenscheibe und Straußenfedern sitzt. Sie ist bekleidet mit einem knöchellangen Gewand und einem breiten Halskragen, von den Hüften herab hängen Schärpen. Hinter der Königin erkennt man einen breiten Kragen aus Perlen auf einem Ständer .

Die Perücken des königlichen Paares auf dem Relief bestehen aus eingelegten blauen ▸Fayencen. In die aus Silber gearbeitete Kleidung der beiden sind Halbedelsteine eingefügt. Allein der königliche Schurz besteht aus knapp fünfhundert winzig kleinen Materialsplittern, die genauestens zugeschnitten werden mussten. Aus rotem Glas sind die unbekleideten Körperteile des Königspaares. Kronen, Bänder und Kragen bestehen aus farbigem Glasfluss mit eingelegten Fayencen und ▸Alabaster. Die Sonnenscheibe des Gottes Aton sendet ihre Strahlen auf diese Szene. Sie enden in zahlreichen kleinen Händen, die auf das Paar zeigen und so den Einfluss des göttlichen Wirkens auf das Handeln des Königs verdeutlichen.

Der Thron des Tut-anch-Amun entstand in der frühen Regierungszeit des Pharaos um 1332 v. Chr. Zu dieser Zeit hatten die unter seinem Vorgänger Echnaton eingeführten religiösen Reformen noch Bestand (s. S. 48). Allerdings weisen an einigen Stellen vorgenommene Änderungen auf die Rückkehr zum alten System hin.

Arbeitsanregungen:

1. Welche Teile der Rückenlehne sind dekorativer Art und welche haben eine symbolische oder religiöse Bedeutung?
2. Zeichnen oder bauen Sie (als Modell) einen Stuhl, der ein inhaltliches Programm thematisiert (z. B. der Stuhl des Kunsterziehers, des Mathematiklehrers oder des Musterschülers).

▸**Lotos:** Gattung der Seerosengewächse, nach ägyptischem Mythos dem Urwasser entsprossen, Sinnbild der Regeneration

▸**Papyrus:** im Altertum Beschreibmaterial in Rollen- oder Blattform, das man aus der Papyrusstaude herstellte

▸**Hieroglyphe** (griech. heiliges Zeichen): Zeichen der ägyptischen Bilderschrift (s. S. 18)

▸**Relief:** Bildwerk, das aus einer ebenen oder gekrümmten Fläche herausgearbeitet ist (s. S. 202)

▸**Fayence:** keramisches Erzeugnis, das mit farbiger Glasur überzogen ist

▸**Alabaster** (griech.): nach der ägyptischen Stadt Alabastron bezeichnete marmorähnliche Gipsart

Relief auf der Rückenlehne des Thronsessels aus dem Grab des Tut-anch-Amun, um 1332 v. Chr.
Holz, Gold, Silber, Glas, Edelsteine, 53 x 53 cm. Kairo, Ägyptisches Museum

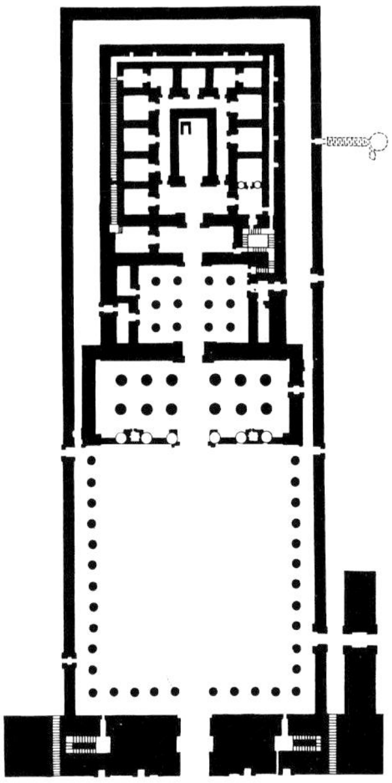

Horus-Tempel in Edfu, 3.–1. Jahrhundert v. Chr. Grundriss

Durchdachte Lichtregie: Der Tempel in Edfu

Zu den wichtigsten Bauaufgaben des Mittleren Reiches (2100–1700 v. Chr.) gehörten die Tempelbezirke. Dabei handelte es sich um weitläufige Anlagen, die sich von der umgebenden Landschaft durch lange Mauern abgrenzten. Sie waren zugleich Wirtschaftsanlagen mit den dazugehörigen Vorratsräumen und Werkstätten, denn die Kultgemeinschaft bezog ihr Einkommen aus der Landwirtschaft. Dort befanden sich der Sitz der Verwaltung und das geistige Zentrum, in dem man Schriftgelehrte ausbildete.
Die fensterlosen Tempel standen im Zentrum der Anlagen. Sie waren einem bestimmten Gott geweiht. Dieser hatte hier seinen irdischen Wohnsitz in Form einer Statue, der man opferte. Der Tempelbereich war von der übrigen Anlage durch eine Mauer abgegrenzt, den Eingang flankierten zwei ▸Pylone.

Zu den bedeutendsten Tempeln der Spätzeit (ab 716 v. Chr.) gehört die im Ptolemäer-Reich entstandene, sehr gut erhaltene Anlage im oberägyptischen Edfu, die als ein Prototyp für spätere Bauten dieser Art gilt. Sie ist dem Gott Horus geweiht. Die Bautätigkeit bei diesem Tempel begann im Jahre 237 v. Chr. und endete mit dem Abschluss der Dekorationsarbeiten im Jahre 57 v. Chr. Der Tempelkomplex misst 137 m in der Länge und 79 m in der Breite, die Pylone am Eingang erreichen mit 36 m die Höhe eines zwölfstöckigen Hauses unserer Zeit.
Die monumentale Anlage von Edfu ist bis ins Detail dem Kult entsprechend organisiert. An Festtagen trug man die Statue der Gottheit bei Prozessionszügen auf einer ▸Barke von einem Tempel zu einem anderen und zeigte sie den Gläubigen.
Vor dem Eintritt in die Tempelanlage traf die Prozession auf die Pylone mit eingelassenen ▸Reliefs. Von dort verlief der Zug über einen weitläufigen, an drei Seiten von Säulen umfassten Hof. Weiter ging der Weg in einen hohen, lichtdurchfluteten Saal und von da in einen etwas höher gelegenen Raum, der niedriger, schmaler, vor allem aber dunkler ist, weil er lediglich durch die Strahlenbündel der Lichtöffnungen in den Deckenplatten erhellt wird.

■ *Dahinter folgt traditionsgemäß der Opfertischsaal und getrennt dahinter der Saal der Götterneunheit. In seiner Ostwand führt eine Tür in den Neujahrsfesthof und [...] einen erhöhten und an der Front mit Schranken und schönen ▸Kompositsäulen geschlossenen Raum. Es ist die Stätte, an der am Abend vor Neujahr das Kultbild des Horus gekrönt und auf die Zeremonien am Neujahrstag vorbereitet wurde, wobei im davor gelegenen Hof ein großes Festopfer aufgebaut und geweiht wurde. Von hier aus wurden die Kultbilder – wie die Darstellungen an den Wänden zeigen – in einer vom König und der Königin angeführten Prozession in Tragschreinen das Treppenhaus hinauf auf das Tempeldach und zur Dachkapelle getragen, die verloren ist. [...] Die Prozession kehrte dann über die Westtreppe in den Tempel zurück.*

Dieter Arnold, S. 100f.

Die durchdachte Lichtregie ist für die Tempel der Spätzeit charakteristisch. Gleichermaßen ordnet sich der plastische Schmuck konsequent dem Ablauf des Kultes unter. Die lebensgroßen Reliefs schreitender Männer an den Wänden geben die jeweilige Richtung an, in der die Treppen während der rituellen Handlungen beschritten werden durften. Zu einem bestimmten Zeitpunkt fällt zwischen den Zwillingstürmen der Pylone entlang der Mittelachse ein Lichtstrahl auf das goldene Götterbild. Er beleuchtet für einen kurzen Augenblick die Statue des Gottes. Die Teilnahme an diesem Schauspiel blieb den auserwählten Priestern vorbehalten. Alle Säle waren einst mit silber- oder bronzebeschlagenen Türen ausgestattet, die man allerdings nur an Festtagen öffnete.

Arbeitsanregungen:

1. Verfolgen Sie anhand von Grundriss, Querschnitt und Abbildungen den Prozessionsweg. Welche optischen Steigerungen waren eingeplant? Welche Absichten verfolgte man mit dieser Inszenierung?
2. Erproben Sie in Ton unterschiedliche Formen des Reliefs. Gestalten Sie stilisierte Tier- und Pflanzenformen.

▸**Pylon:** Torbau des ägyptischen Tempels mit turmähnlichen Gebäudeteilen (den Pylonen), zwischen denen der Eingang liegt

▸**Barke:** kleines Küstenboot ohne Mast

▸**Relief:** plastische Komposition, die mit dem Mauergrund verbunden ist, in diesen hineinreicht, leicht oder stark daraus hervortritt; man unterscheidet demnach eingelassenes Relief, Flach- und Hochrelief (s. S. 202).

▸**Kompositsäule:** aus ursprünglich nicht zusammengehörenden Einzelteilen zusammengesetzte Säule

Links:
Horus-Tempel in Edfu,
3.–1. Jahrhundert v. Chr.
Gesamtansicht

Detailansicht

Detailansicht von innen

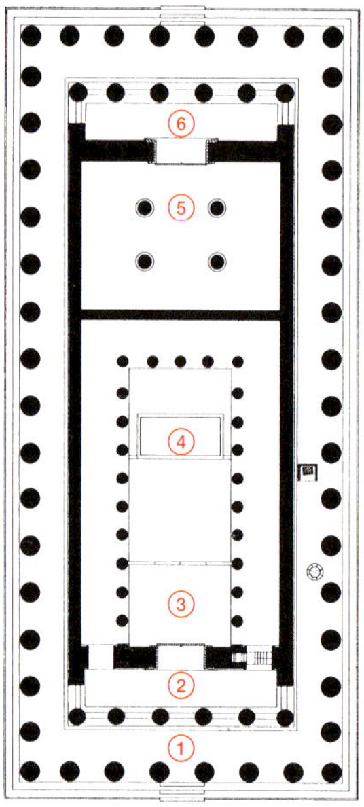

Grundriss des Parthenon:
1. Ringhalle, 2. Vorhalle,
3. Cella, 4. Kultbild,
5. Schatzkammer, 6. Rückhalle

Triglyphe (griech. Dreischlitz): ursprünglich mit drei Kerbungen versehenes Endstück der Tragbalken in der hölzernen Dachkonstruktion, später aus Stein

Cella mit Standbild

Ringhallentempel: antike Tempelform, bei der die Cella von einer ringförmigen Säulenhalle umgeben ist (s. Grundriss 6 auf S. 27)

Kurvaturen des dorischen Tempels in übertrieben verzerrter Darstellung

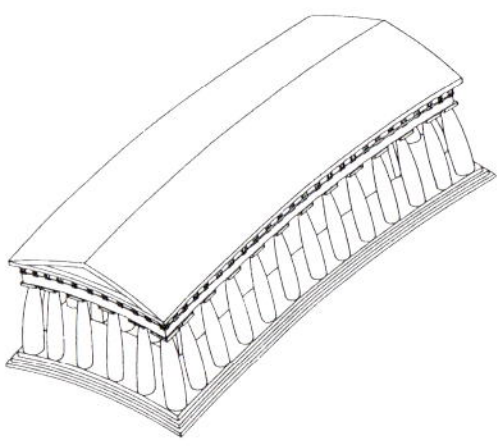

Griechische Kunst

Auf der Akropolis: Der Parthenon

Die Akropolis, der Burgberg von Athen, war ein heiliger Bezirk mit Tempelbauten und Kultstätten. Nach der Eroberung Athens 480 v. Chr. hatten die Perser die dortigen alten Heiligtümer zerstört. Unter der Führung von Perikles begannen die Athener bald den Wiederaufbau.

Die Architekten **Iktinos** (5. Jahrhundert v. Chr.) und **Kallikrates** (um 495 – um 425) sowie der Bildhauer **Phidias** (um 490/80 – um 430/20) errichteten von 447 bis 438 v. Chr. den Parthenon. Dieser Tempel war Athene, der Schutzgöttin der Stadt, geweiht. Er beherrscht die Akropolis an ihrem höchsten Punkt. Das Gebäude aus weißem Marmor war in seinen oberen Partien ursprünglich in kräftigen Farben bemalt: die Kapitelle der Säulen, die Metopen (s. S. 28) mit ihren Reliefs und die Triglyphen im Gebälk, der plastische Schmuck der beiden Giebelfelder und der Fries entlang des Kernbaus, der Cella.

Der Parthenon folgt dem Typus des Peripteros, des Ringhallentempels. Das Kerngebäude ist von einem Kranz von 8 zu 17 dorischen Säulen umgeben, wobei die vier Ecksäulen verstärkt sind. Als dorischer Tempel beträgt bei ihm das Verhältnis der Säulenzahl zwischen Front und Seite n : 2n + 1.

Die Maßverhältnisse des gesamten Bauwerkes beruhen auf ausgewogenen Proportionen, auf dem Verhältnis der Zahlen 2 und 3 und ihren Vielfachen. Die Proportionen des Grundrisses etwa betragen 4 (Breite) zu 9 (Länge). In diesem Verhältnis stehen beispielsweise auch Säulenstärke zu Säulenabstand.

Einzelne, bewusst angelegte Abweichungen vom Regelmaß verleihen dem Tempel auch optisch die optimale Erscheinung und gleichen mögliche Verzerrungen durch die menschliche Wahrnehmung aus. Kurvaturen (Krümmungen) der horizontalen Bauglieder etwa wölben den Unterbau und das Gebälk zur Mitte hin auf, während die vertikalen Bauglieder – Säulen und Wände – leicht, aber kaum wahrnehmbar nach innen geneigt sind.

Auf den Säulen der beiden Stirnfronten ruhen oberhalb des Gebälks die Dreiecksgiebel, sie waren mit plastischen Figuren geschmückt. Sechs schlankere Säulen stehen hinter der vorderen Säulenreihe und markieren jeweils die Eingangsbereiche, eine östliche und eine westliche Vorhalle. Im westlichen Saal, der Schatzkammer, standen vier ionische Säulen.

Der große östliche Hauptraum – das eigentliche Heiligtum – ist die Cella. Hier befand sich einst das über 11 m hohe, von Phidias aus Gold und Elfenbein geschaffene Standbild der Athena Parthenos. Entlang der seitlichen Innenwände und an der Rückwand dieses Weiheraumes zog sich eine doppelgeschossige dorische Stützenreihe. Zur Cella hatten nur die Priester Zutritt, nicht aber das Volk. Opfer brachte man auf einem Altar außerhalb des Tempel dar.

Auch der figürliche Schmuck des Parthenon ist weltberühmt; seit 1802 befindet sich ein Großteil der Plastiken im Londoner British Museum. Die Giebelfelder zeigen Szenen aus den Mythen um die Göttin Athene. 92 Metopen stellen in Reliefs den Kampf zwischen Kentauren (Pferdemenschen) und Lapithen (mythischer Volksstamm) und zwischen Heroen und Amazonen dar. Es sind Bilder des Streits zwischen Göttern und Giganten, zugleich auch Sinnbilder der Auseinandersetzung zwischen Griechen und Persern. Entlang der Ringhalle zog sich ein 160 m langer Fries, der die Prozession zu Ehren Athenes am nationalen Fest der Panathenäen schilderte und zugleich einen übergeordneten Sinn offenbarte: „Die Stadt wird von den Göttern in einer Art symbolischer Apotheose [Verherrlichung] aufgenommen."
(Bernard Holtzmann, 1989)

Arbeitsanregungen:

1. Erläutern Sie am Parthenon den Aufbau eines dorischen Tempels (s. auch S. 26).
2. Griechische Tempel wie der Parthenon wirken bis heute als architektonische Vorbilder. Suchen Sie nach Beispielen und weisen Sie Übernahmen nach.

Links:
Parthenon, 447–432 v. Chr.
Athen, Akropolis

Unten:
Rekonstruktionszeichnung

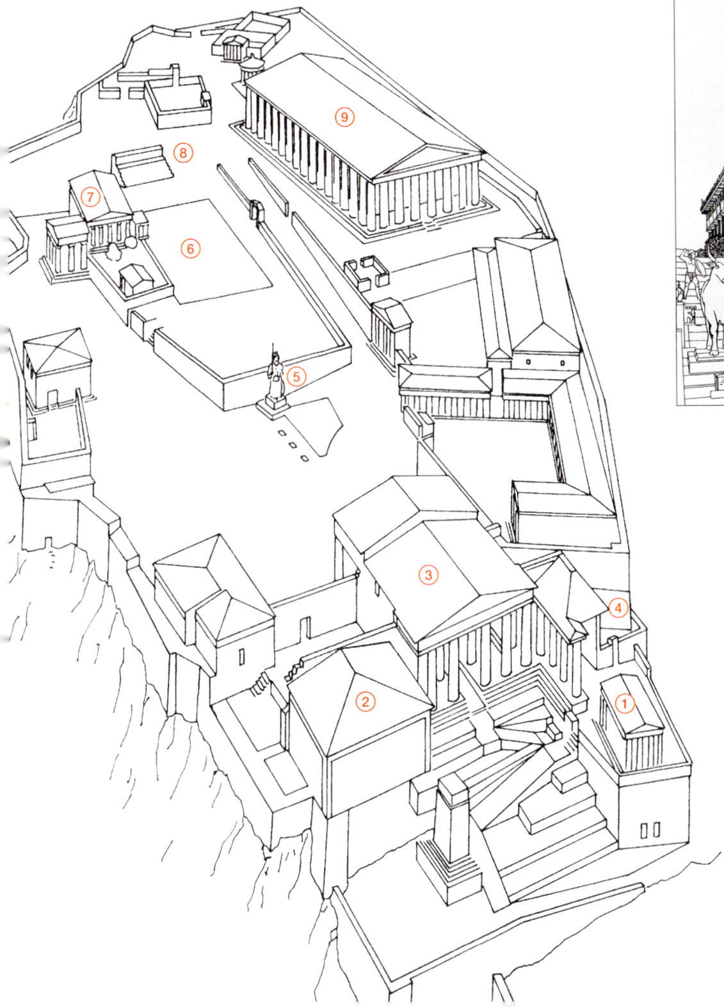

Akropolis von Athen, Rekonstruktion des Zustandes am Ende des 1. Jahrhunderts v. Chr.

1 Tempel der Athena Nike
2 Pinakothek
3 Propyläen
4 so genannte Pelasgische Mauer
5 Bronzestatue der Athena Promachos von Phidias
6 Areal des alten Athene-Tempels
7 Erechtheion
8 Altar der Athene
9 Parthenon

Auf der Akropolis: Das Erechtheion

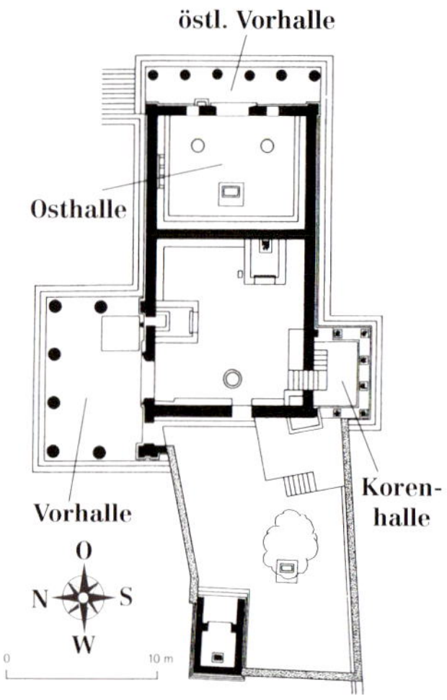

Grundriss des Erechtheion

Das Erechtheion von **Philokles** (2. Hälfte 5. Jahrhundert v. Chr.) stammt aus der Zeit des Peloponnesischen Krieges und ist der letzte Bau auf der Akropolis aus der Zeit der Klassik. Während die benachbarten Gebäude auf dem Athener Burgberg durch ihr geschlossenes monumentales Gesamtbild und ihre stilistische Einheit wirken, so stellt sich das Erichtheion als rätselhaftes und kompliziertes Gebilde aus verschiedenen, aneinander gefügten Baukörpern dar. Die Raumanordnung musste dem abfallenden Gelände angepasst werden und zeigt daher unterschiedliche Geschossebenen. Aber auch die äußere Gesamtform scheint keinem einheitlichen Prinzip zu folgen: Die nördliche Säulenhalle, die Korenhalle oder die Osthalle mitsamt ihrer Vorhalle wirken wie selbstständige Bauten.

Das Erechtheion ist benannt nach Erechtheus, einem mythischen König von Athen. Der Tempel war jedoch mehreren Göttern und Heroen geweiht. Er bezog verschiedene heilige Stätten auf der Akropolis mit ein und diente als Kultareal für unterschiedliche Heiligtümer. Diesen Funktionen entspricht die Vielzahl der Räume.

Während die nördliche Säulenhalle dem Meeresgott Poseidon vorbehalten war, beherbergte die Osthalle, die Cella, das Kultbild aus dem alten, von den Persern zerstörten Athene-Tempel. Dahinter befinden sich zwei identische Räume, die wohl legendären Stammvätern Athens geweiht waren. Im Westteil mit dem Heiligtum des Erechtheus lag vermutlich der Zugang zu altehrwürdigen Gräbern. Die Korenhalle im Süden diente wohl keinem rein kultischen Zweck. So fasste das Erechtheion mit seinen Gebäudeteilen die verstreut im unebenen Gelände liegenden alten Kult- und Weihestätten architektonisch zusammen. Weltberühmt ist vor allem die Korenhalle im Süden. Sechs Koren (griechisch: Mädchen), in den Peplos gekleidete Frauenfiguren, tragen anstelle von Säulen das Gebälk. Die vertikalen Falten ihrer Gewänder scheinen den Kanneluren von Säulen nachempfunden zu sein und betonen ihre stützende Funktion. Die ursprünglich eng anliegenden Arme der Koren sind bis auf wenige Reste verloren gegangen.

Von Süden gesehen, zeigt sich bei der Frontseite der Korenhalle, dass die beiden linken Figuren ihr Standbein auf der linken Seite haben, die beiden rechten Koren auf der rechten Seite. So zeigen die Standbeine immer nach außen, die Spielbeine hingegen nach innen.

Die Koren stellen wohl junge athenische Frauen beim Grabopfer dar und werden von einigen Wissenschaftlern dem Bildhauer **Alkamenes** (2. Hälfte 5. Jahrhundert v. Chr.) und seiner Werkstatt zugeschrieben. Man nennt solche weiblichen Stützfiguren in der Architektur allgemein auch Karyatiden. Die heutigen Koren am Erechtheion sind Nachbildungen – die Originale befinden sich in Museen in London und Athen.

Während am Erechtheion die südliche Seitenwand überraschend schmucklos ist, zeigt die Ostfassade eine ionische Säulenreihe aus der Zeit der späten Klassik, ebenso die nördliche Säulenhalle. Ionische Wandsäulen gliedern zudem die Westseite, sie stammen allerdings aus einem römischen Umbau. Insgesamt zeigt das Erechtheion (im Vergleich etwa zur Klarheit des dorischen Parthenon) starken Einfluss ionischer Elemente.

Die ungewöhnliche Gesamtgestalt des Erechtheions blieb ohne Nachfolger. Einzelformen wie die harmonisch gegliederten Kapitelle und vor allem die Koren (Karyatiden) jedoch haben viele Nachahmer gefunden.

Arbeitsanregungen:

1. Von welcher Seite aus zeigen die Abbildungen das Erechtheion?
2. Charakterisieren Sie den Zusammenhang zwischen Gestalt und Funktion(en) des Erechtheions.
3. Orientieren Sie sich an den Abbildungen in diesem Buch, vor allem am Schema auf S. 27. Schneiden Sie aus (zuvor in Bechern oder Röhren gegossenen) Gipsformen das Modell einer dorischen, ionischen oder korinthischen Säule.

Peplos (griech.): ärmelloses Obergewand

Peplos in drei Ausführungen
1 gegürtet, mit Diplax
2 gegürtet mit kurzem Überschlag
3 ungegürtet

Kanneluren: senkrechte Rillen an Säulenschäften (s. S. 26)

Karyatiden: weibliche Stützfiguren in der Architektur; ihr Name leitet sich der Legende nach von Frauen aus der Stadt Karyai ab, die als Sklavinnen dienten.

Erechtheion, 421 – um 410 v. Chr.

Korenhalle an der Südseite des Erechtheion, zwischen 421 u. 415 v. Chr.

Korenhalle an der Südseite des Erechtheion, zwischen 421 u. 415 v. Chr., Rekonstruktionszeichnung

Ionisches Kapitell vom Erechtheion, um 410 v. Chr.

Eine griechische Stadt: Priene

Die alten griechischen Städte wie Athen, Korinth oder Sparta waren aus kleinen Streusiedlungen entstanden und in Jahrhunderten – am jeweiligen Gelände orientiert – allmählich gewachsen. Verwinkelte Gassen und Straßen umgaben sakrale Bauten und öffentliche Plätze. Viele Familien lebten in Herdraumhäusern, in denen ein Herd in der Mitte des einen großen Raumes stand. Diese einfache Hausform wurde erst in der klassischen Zeit um Nebenräume erweitert.

Seit dem 5. Jahrhundert v. Chr. legten die Griechen neu gegründete Städte nach einem relativ einheitlichen Muster an. Die Reformen des Kleisthenes um 500 v. Chr. hatten in Athen den Grundstein für die politische Gleichstellung (fast) aller Bürger gelegt, und auch im Städte- und Häuserbau machten sich diese demokratischen Bestrebungen bemerkbar. Zum Vorkämpfer für eine neue Art des Wohnens wurde der Architekturtheoretiker **Hippodamos** (* um 510) aus Milet in Kleinasien. Die Athener Volksversammlung beauftragte ihn 476 v. Chr. mit dem Plan eines Neubaus der Hafenstadt Piräus. Hier verwirklichte er zum ersten Mal seine Pläne.

Ein Beispiel für eine solch rationale Stadtplanung zeigt die Anlage von Priene in Kleinasien. Ursprünglich lag sie im sumpfigen Mündungsdelta des Flusses Mäander; Mitte des 4. Jahrhunderts v. Chr. gründete man die Stadt am Abhang eines nahe gelegenen Bergrückens neu. Das Straßennetz zeigt – trotz der widrigen Hanglage mit großen Höhenunterschieden – sich rechtwinklig kreuzende Straßenzüge nach dem Hippodamischen System. Die Typenhäuser wurden als Block von Reihenhäusern zur ▸Insula zusammengefasst.

Die Proportionen aller Gebäude der Stadt, auch die der öffentlichen Plätze und Tempel, sind von den gleichförmigen Maßen der Insulae abhängig. „Bei allen hippodamischen Städten sind die Insulae für das Raster entscheidend, und weitergehend kann das Einzelhaus als bestimmende Einheit angesehen werden." (Wolfram Hoepfner/Ernst-Ludwig Schwandner, 1986) Hier offenbart sich der bewusste Sinn der Griechen für die Schönheit eines Stadtbildes durch seine klare Ordnung.

Gepflasterte Straßen und Entwässerung schufen in Priene – gegenüber der alten Stadt – wesentlich bessere hygienische Verhältnisse. Am Südrand befanden sich die Sportanlagen des großen Stadions, im Norden lag das **Theater** am Berghang. Erst solche öffentlichen Bauten machten aus einem Ort eine Stadt. Das Zentrum bildete der Marktplatz mit Hallen, Tempeln, Altären und dem ▸Buleuterion, dem Versammlungsgebäude. Im öffentlichen Leben spielte die ▸Agora, der öffentliche Platz, eine wichtige Rolle: Er sollte (nach den Vorstellungen des griechischen Philosophen Aristoteles) der politischen Willensbildung der Bürger dienen, die sich hier trafen und über die öffentlichen Angelegenheiten diskutierten.

In den neu gegründeten Städten verlor sich im Laufe der Zeit das regelmäßige, standardisierte Muster der einzelnen Wohnbauten. Die Eigentümer der Typenhäuser bauten um und umgaben ihren Innenhof mit einem überdachten Säulengang. So entstand das ▸Peristylhaus, bei dem sich die Räume um einen rechteckigen und mit Säulen umringten Innenhof anordnen, das Peristyl. Nach außen bildet es einen völlig abgeschlossenen Baukörper. Ein überdachter Eingangskorridor führt zu dem gepflasterten Innenhof; die Vorhalle und der Hauptraum in Form eines ▸Megarons sind der Kern des Gebäudes. Im Laufe der Zeit wurden im Erdgeschoss aufwändige Prunkräume angelegt, das Familienleben verlagerte sich ins Obergeschoss.

Arbeitsanregungen

1. Erläutern Sie am Stadtbild von Priene die Anlage dieser Stadt und den Sinn ihrer Ordnung.
2. Worin unterscheidet sich das Hippodamische Typenhaus vom Peristylhaus?
3. Vergleichen Sie heutige Reihenhäuser mit solchen aus dem antiken Griechenland. Was können die jeweiligen Häuserformen über die Gesellschaft ihrer Zeit aussagen, was über ihre Bewohner?

▸**Insula** (lat. Insel, Plural: Insulae): Häuserblock der antiken Stadt, der rings von Straßen umschlossen ist

▸**Buleuterion:** Versammlungsstätte der Bürger einer griechischen Stadt

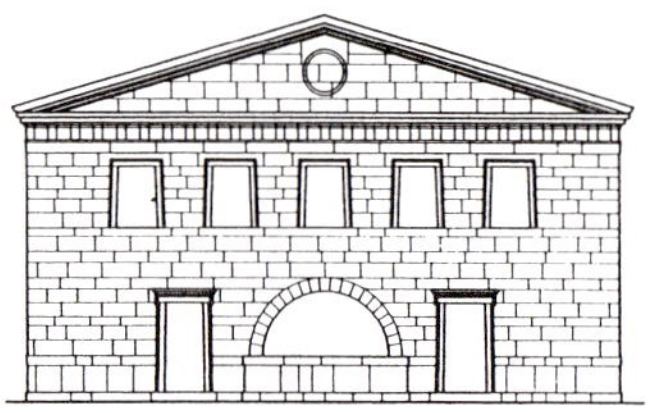

Buleuterion von Priene

▸**Agora:** Markt- und Versammlungsplatz griechischer Städte

▸**Peristylhaus:** antiker Haustyp mit offener Säulenhalle um den innen gelegenen Hof

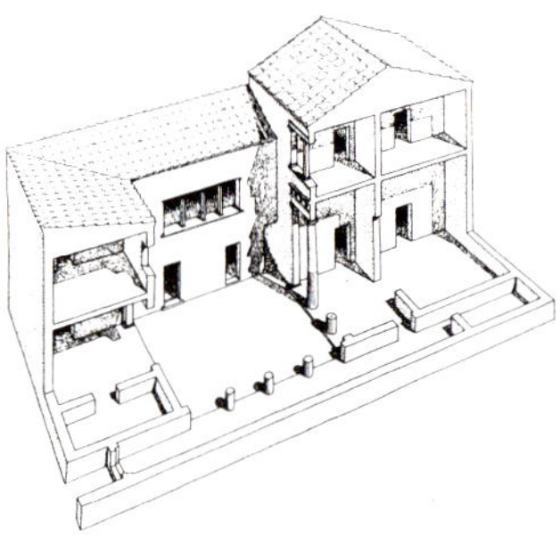

Peristylhaus aus Priene

▸**Megaron:** Langraumhaus mit Herd im Hauptraum und offener Vorhalle, später der Kultraum des griech. Tempels (s. S. 22)

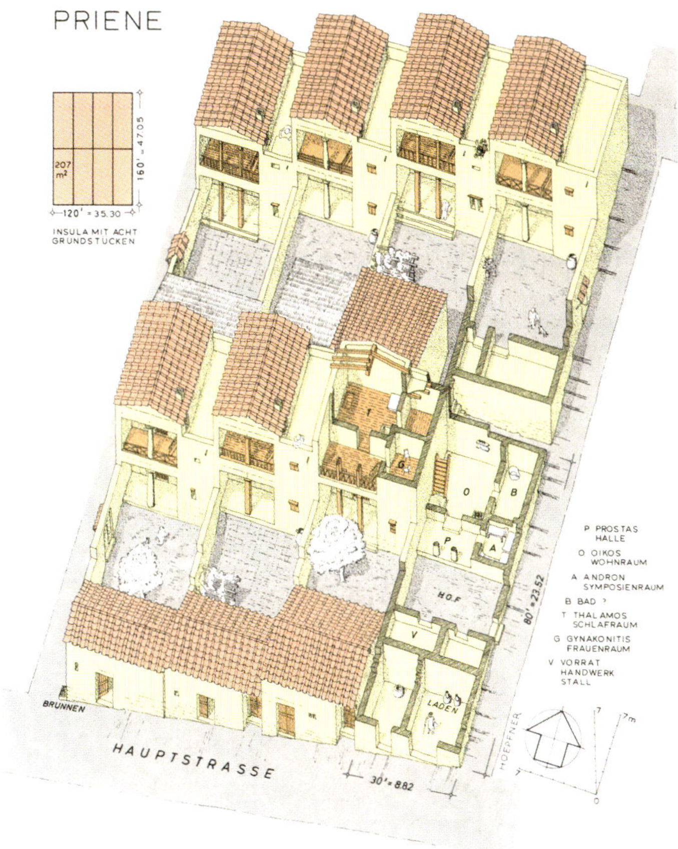

Oben:
Priene, rekonstruierte Ansicht

Links:
Priene, isometrische Rekonstruktion einer Insula aus acht Typenhäusern

Götter und Heroen – Bronzeplastik der Klassik

In der Bildhauerei der Klassik (um 500 bis ca. 323 v. Chr.) entstanden neben Skulpturen und Bauplastiken aus Stein zahlreiche Figuren aus Bronze. Das kostbare Metall war gegen Verwitterung resistent und gegen Bruchstellen unempfindlicher als Stein. Es ermöglichte die Darstellung dynamischer Bewegungen und die Positionierung der Figuren auf kleinen Standflächen. Bleierne Verankerungen zwischen Skulptur und Sockel sorgten für einen sicheren Stand. Die meisten der Bildwerke aus dieser Zeit sind jedoch nicht im Original, sondern als spätere römische Kopien in Marmor erhalten.

Seit der frühen Klassik verwendeten die Griechen das ‣Wachsausschmelzverfahren. Diese Technik setzt man bis heute für den Bronzeguss von großen Objekten ein. Zunächst modelliert man ein originalgroßes Modell und nimmt von ihm einen Gipsabguss. Diese Negativform überzieht man innen mit einer Wachsschicht und füllt sie anschließend mit feuerfester Erde. Der äußere Block (in griechischer Zeit zumeist aus Gips, gemahlenen Ziegeln, Sand und Kuhmist) umschließt die Wachsschicht vollständig bis auf wenige dünne Kanäle, die von außen durch den Mantel zum Wachs hin führen. Mittels Erhitzen wird das Wachs durch die Kanäle ausgeschmolzen und man erhält die Gussform für das Hohlgussverfahren. In einem Ofen verflüssigte Bronze fließt durch die Kanäle in das ausgesparte Innere und umschließt den Kern. Nach dem Erkalten muss der Mantel der Gussform entfernt werden, ebenso das im Inneren der Plastik verbliebene Material; die zu Stäben erstarrte Bronze aus den Gusskanälen wird abgetrennt. Hat man die Figur aus mehreren Teilen gegossen, so lötet man sie nun zusammen. Abschließend wird die Oberfläche bearbeitet. Man kann sie glätten, ‣ziselieren oder ‣gravieren, teilweise mit anderen Metallen beschichten (Gold, Silber, Kupfer, Zinn) oder chemisch schwärzen.

‣**Wachsausschmelzverfahren:** hier: Eingießen des Metalls (s. a. S. 14)

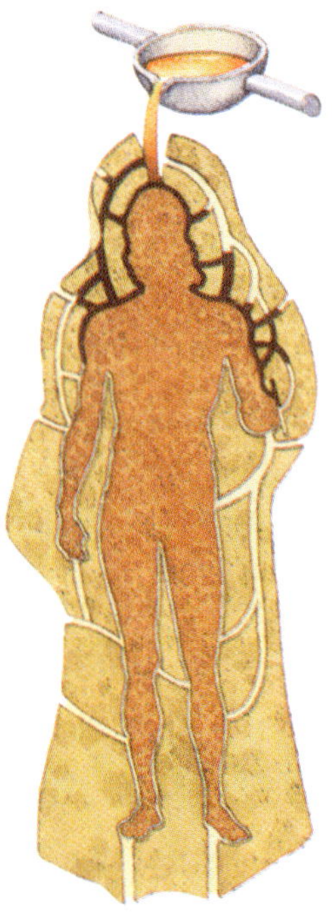

‣**ziselieren** (franz. ciseau Meißel): Metallbearbeitung mit Meißeln

‣**gravieren** (franz. graver eingraben): mithilfe eines Stichels bildliche Darstellungen oder Monogramme in Metall eingraben durch Ausheben von Spänen

Der **„Gott vom Kap Artemision“** ist eine der bedeutendsten unversehrt aufgefundenen Bronzefiguren und stammt aus der Zeit der frühen Klassik (um 500 bis um 450 v. Chr., auch „Strenger Stil“ genannt). Mit einer kraftvollen, weit ausgreifenden Geste beherrscht der Gott in einem großen Bewegungszusammenhang den umgebenden Raum. Seine Waffe in der Rechten ist verloren gegangen. Schleuderte die Figur einst einen Dreizack, so stellte die Plastik den Meeresgott Poseidon dar, schleuderte sie Blitze, den mächtigen Göttervater Zeus.

Ebenfalls zum Strengen Stil gehört der **„Wagenlenker von Delphi“**, der einst ein Pferdegespann lenkte. Diese bronzene Gruppe diente wohl als Weihegeschenk für den Sieg eines Tyrannen in einem Wagenrennen. Die Plastik ist in mehreren Teilen gegossen und anschließend zusammengesetzt worden. Die Frontalansicht der Figur wird durch die Schrägstellung der Füße und die Abwinkelung der Arme aufgebrochen: „Es ist der Versuch, Dynamik und Statik, Rhythmus und Symmetrie miteinander zu verbinden.“ (Giuseppe Forti/Claudio Sabbione, 1989)

Der **„Krieger von Riace“** markiert den Beginn der Hochklassik (um 450 bis 430/420 v. Chr.) und stellt einen griechischen Heroen dar. Charakteristisch ist die entschiedene Kopfwendung nach rechts. Vermutlich hatte die Figur, die sich frei im Raum bewegt, einst einen Bezug zu einer Nachbarstatue. Neu ist die Haarfülle, die durch eine Haarbinde zusammengehalten wird. Der wie zum Gespräch geöffnete Mund zeigt aus Silber eingelegte Oberzähne. Auch die Locken waren einst silbern, die Augen aus Elfenbein und mit farbigen Steinen eingelegt, die Brustwarzen aus Kupfer.

Arbeitsanregungen:
1. Vergleichen Sie die griechischen Bronzen mit ägyptischen Skulpturen (z. B. S. 44) hinsichtlich Aufbau und Menschendarstellung.
2. Weisen Sie im Einzelnen am „Gott vom Kap Artemision“ nach, wie die Wurfbewegung den gesamten Körper beherrscht.

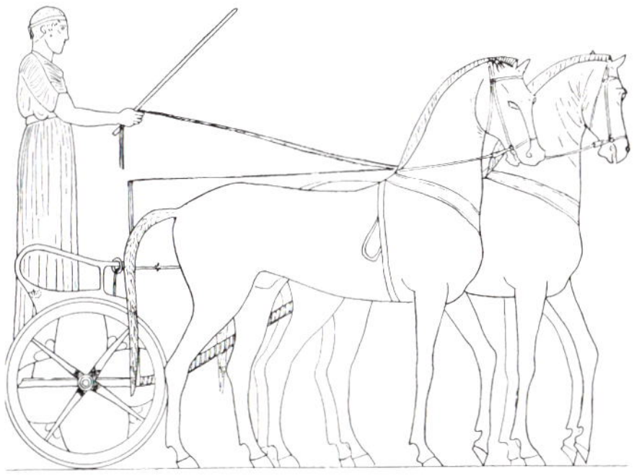

Oben links:
Wagenlenker von Delphi, um 470 v. Chr.
Bronze, 180 cm. Delphi, Museum

Oben rechts:
Kopf eines der Krieger von Riace, um 460 v. Chr.
Bronze, 198 cm. Reggio di Calabria, Nationalmuseum

Unten links:
Rekonstruktion der Wagenlenkergruppe in Delphi

Unten rechts:
Gott (Poseidon oder Zeus) vom Kap Artemision,
um 460 v. Chr. Bronzehohlguss, Höhe 209 cm.
Athen, Nationalmuseum

Der menschliche Körper in der klassischen Skulptur

Achsensystem des Kuros in der archaischen Kunst (Plural Kuroi; s. auch S. 28)

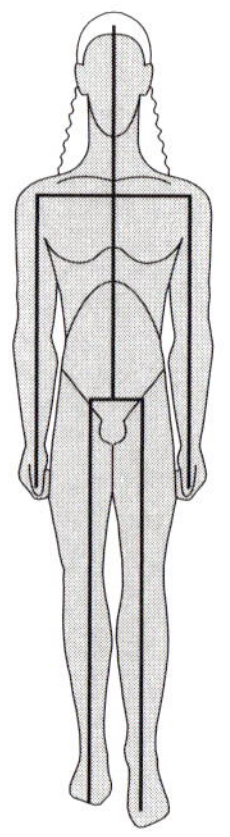

▸**Kontrapost** (lat. Gegensatz): in der griech. Klassik entwickeltes Kompositionsprinzip der Plastik; zu harmonischem Ausgleich gebrachtes Gegeneinanderspielen der steigenden und sinkenden Achsen im menschlichen Körper, ausgedrückt in der Unterscheidung zwischen Stand- und Spielbein

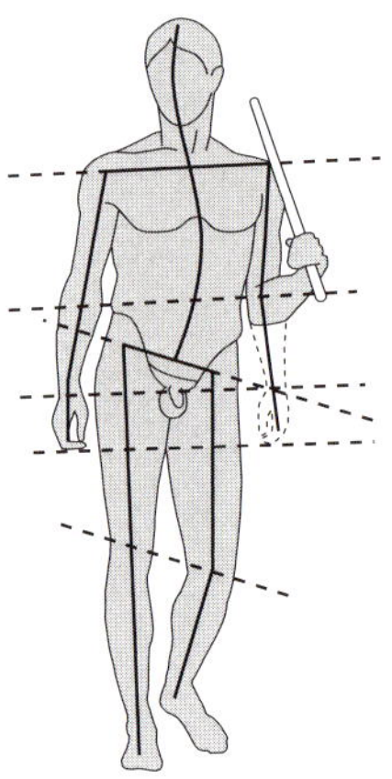

Achsensystem des Kontrapost in der Klassik

▸**polychrom** (griech. vielfarbig): mehrfarbig, bezogen auf Bauwerke oder Skulpturen

Der **„Doryphoros“** (Speerträger) war eine Bronzestatue des griechischen Bildhauers und Bronzegießers **Polyklet** (um 480 – um 415 v. Chr.). Er ist am vollständigsten in einer römischen Marmorkopie aus Pompeji überliefert. In diesem Idealbild eines männlichen Körpers zeigt sich entweder ein siegreicher Athlet oder aber Achill, der sagenhafte griechische Held aus der Zeit des Trojanischen Krieges.

Polyklet demonstrierte mit dieser Skulptur seinen „Kanon“ (Regel), seine nicht erhaltene Schrift über mathematisch geordnete Proportionen bei der Gestaltung einer menschlichen Figur, eine der ersten Kunsttheorien überhaupt. Nach dem Schönheitsideal des „Kanon“ soll beispielsweise die Höhe des Kopfes siebenmal in der Gesamthöhe des Körpers enthalten sein, zweimal in der Breite der Schultern. Durch diese Proportionen gelangte Polyklet zu seinem Idealbild des menschlichen Körpers.

Polyklet brach mit der frontalen Darstellungsweise, wie sie die archaischen ▸Kuroi zeigen. Er schob in der Skulptur die eine Hüfte vor und drehte auf diese Weise den Körper in eine angedeutete Bewegungsrichtung. Die gebundene Schrittstellung der Kuroi ist von einem durchgehenden Körperrhythmus überwunden.

Von der schräg gestellten Hüfte hängt beim „Doryphoros“ insgesamt die Stellung des Körpers ab. Der geneigten Beckenstellung antwortet die entgegengesetzt verlaufende Achse der Schultern. Auf der hoch gezogenen Hüftseite wird das rechte Bein belastet und so zum Standbein. Es fängt das Gewicht des gesamten Körpers auf, während das linke Bein als Spielbein unbelastet bleibt.

In diesem System, dem ▸Kontrapost, neigt sich das Becken immer zur Spielbeinseite, die Schulterpartie zur Standbeinseite hin. Als stabilisierende Linie erweist sich eine imaginäre Achse vom inneren Fußknöchel des Standbeines bis zur Kinnspitze. Die Gegensätze von Lasten und Tragen, von Kraft und Gegenkraft werden im Kontrapost zum Ausgleich, in ein harmonisches Gleichgewicht gebracht: „Es ist wie ein Innehalten im Schreiten; Ruhe und Bewegung sind gegenseitig durchdrungen und dem großen Rhythmus des Angespannten und Entspannten bruchlos eingebunden.“ (Werner Fuchs, 1993)

Praxiteles (tätig ca. 360–330 v. Chr.) schuf in der späten Klassik die **„Aphrodite von Knidos“**, die ebenso wie der „Doryphoros“ nicht im Original erhalten ist. Die Statue stellt die griechische Göttin der Liebe, Schönheit und Anmut dar. Sie ist im Begriff, ein Bad zu nehmen; soeben legt sie ihr Gewand ab. Spätere Aphrodite-Darstellungen des Hellenismus sollten sich noch freier und ungezwungener bewegen. Solche Bildwerke standen allerdings immer weniger in Zusammenhang mit dem Tempelkult der Göttin, sondern stellten vor allem ihren körperlichen Liebreiz zur Schau. Als „Venus pudica“ (züchtige Venus – in römischer Zeit wurde aus Aphrodite die Göttin Venus) bedeckt die „Aphrodite von Knidos“ sittsam ihre Scham.

Die Statue des Praxiteles ist der erste weibliche Akt in der Großplastik und war wohl bereits im Original als Marmorskulptur ausgeführt. Vermutlich war sie einst ▸polychrom bemalt. So überrascht es nicht, dass aus dem Altertum Berichte überliefert sind, nach denen die zahlreichen weit gereisten Betrachter in Knidos vom Anblick der Aphrodite überwältigt waren und die augentäuschende Lebendigkeit und Schönheit der Figur priesen: „Es gab im Altertum kaum eine andere Statue, die einen solchen Ruhm hatte wie die knidische Aphrodite.“ (Christian Blinkenberg, 1933)

Arbeitsanregungen:

1. Weisen Sie im Vergleich des „Doryphoros“ mit dem Kuros (S. 29) die Neuerungen Polyklets nach.
2. Vergleichen Sie die Darstellungen des nackten menschlichen Körpers von Mann und Frau in der Klassik. Welche Bedeutung hat jeweils die Nacktheit?
3. Zeichnen Sie das Achsensystem einer im Kontrapost stehende Person, bei der das linke Bein belastet ist.

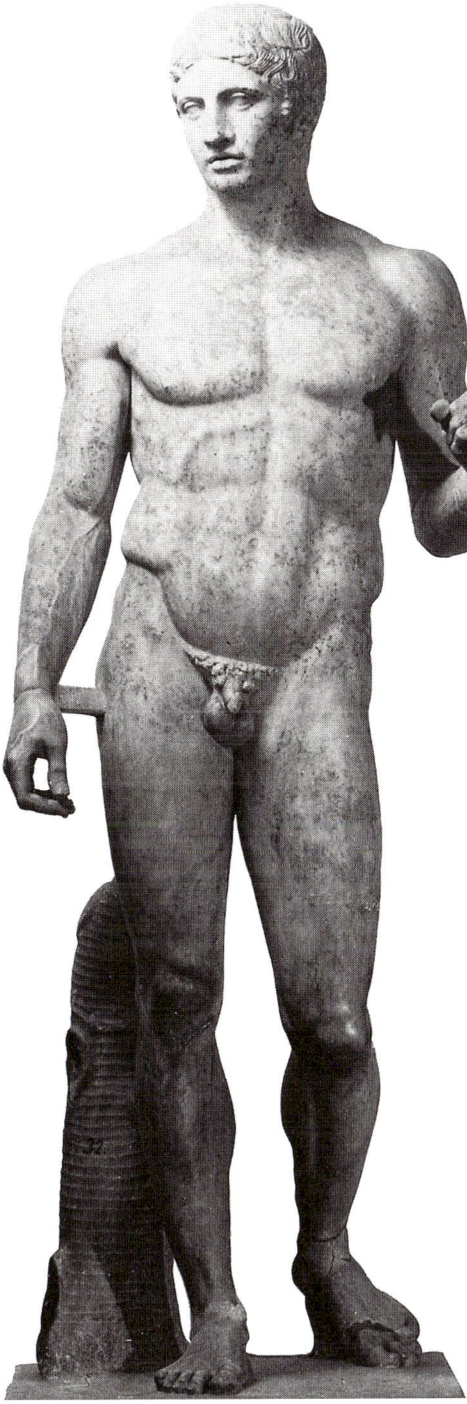

Polyklet: Doryphoros (Speerträger), um 440 v. Chr. Marmor, Höhe 212 cm. Neapel, Nationalmuseum

Praxiteles: Aphrodite von Knidos, um 350 v. Chr. Marmor, Höhe 205 cm. Rom, Vatikanische Museen

Hellenistische Bildhauerei: Die Laokoon-Gruppe

Das bekannteste plastische Werk des Hellenismus (um 323 – etwa 30 v. Chr.) stammt aus seiner Spätzeit. Es stellt die Gruppe des Laokoon und seiner Söhne dar im Kampf mit den Schlangen. Diese Skulpturengruppe ist auf eine Hauptansicht von vorn angelegt und durch jähe Bewegtheit und lebhaften Ausdruck gekennzeichnet.
Gezeigt wird das Schicksal des trojanischen Priesters Laokoon. Er hatte sich dem Willen der griechischen Götter entgegengestellt und wurde für seinen Zweifel an der göttlichen Sendung des Trojanischen Pferdes getötet. Laokoon hatte zur Warnung vor einer Kriegslist einen Speer gegen das hölzerne Pferd geschleudert, in dem sich die Griechen versteckt hatten, um Troja zu erobern. Von Athene gesandte Schlangen töteten daraufhin Laokoon während eines Opfers an einem Altar. Der Eroberung Trojas stand nun nichts mehr im Wege.

Laokoon war in der originalen Skulpturengruppe wohl durch einen Lorbeerkranz als Priester gekennzeichnet; sein Gewand ist bereits auf den Altar niedergesunken. Er und seine Söhne versuchen in einem gigantischen Ringen vergeblich, dem Druck und den Umklammerungen der Schlangenleiber zu entkommen. Der Ausdruck ihrer Gesichter wird von Schmerz und äußerster Anspannung beherrscht. Hilfesuchend blickt der jüngere Sohn zum Vater empor, doch die Schlangen beißen soeben zu. Der ältere Sohn wird ebenfalls von den Schlangenwindungen festgehalten und muss ohnmächtig und entsetzt den Todeskampf des Vaters und des Bruders mit ansehen. Er wird zum Stimmungsträger, mit dessen Augen zugleich der Betrachter die Tragödie schauen kann.

Das Werk ist seit seiner Wiederauffindung 1506 eine der wirkungsreichsten Skulpturen der Antike. Zahllose Künstler haben die Gruppe studiert und in Bildern oder Skulpturen verarbeitet. Kunsthistoriker haben die Gruppe zum unerreichten Vorbild griechischer Skulptur erklärt, wie Johann Joachim Winckelmann (1717–1768), der Begründer der Archäologie und der modernen Kunstgeschichte:

Hellenismus: griech. Kulturepoche der Zeit Alexanders des Großen und seiner Nachfolger von ca. 300 – ca. 30. v. Chr.

■ *Das allgemeine vorzügliche Kennzeichen der griechischen Meisterstücke ist endlich eine edle Einfalt und eine stille Größe, sowohl in der Stellung als im Ausdrucke. So wie die Tiefe des Meeres allzeit ruhig bleibt, die Oberfläche mag noch so wüten, ebenso zeiget der Ausdruck in den Figuren der Griechen bei allen Leidenschaften eine große und gesetzte Seele.*

Diese Seele schildert sich im Gesicht des Laokoons, und nicht in dem Gesichte allein, bei dem heftigsten Leiden. Der Schmerz, welcher sich in allen Muskeln und Sehnen des Körpers entdecket, und den man ganz allein, ohne das Gesicht und andere Teile zu betrachten, an dem schmerzlich eingezogenen Unterleibe beinahe selbst zu empfinden glaubet; dieser Schmerz, sage ich, äußert sich dennoch mit keiner Wut in dem Gesichte und in der ganzen Stellung. Er erhebet kein schreckliches Geschrei, wie Vergil [der römische Dichter] von seinem Laokoon singet: Die Öffnung des Mundes gestattet es nicht; es ist vielmehr ein ängstliches und beklemmtes Seufzen […]. Der Schmerz des Körpers und die Größe der Seele sind durch den ganzen Bau der Figur mit gleicher Stärke ausgeteilet, und gleichsam abgewogen. Laokoon leidet […]: Sein Elend gehet uns bis an die Seele; aber wir wünschten, wie dieser große Mann, das Elend ertragen zu können.

Johann Joachim Winckelmann, S. 20

Arbeitsanregungen:

1. Verdeutlichen Sie in einer Kompositionsskizze die Masseverteilung, die Kräfte und Richtungen innerhalb der Laokoon-Gruppe.
2. Belegen Sie an der Laokoon-Gruppe die Unterschiede zwischen der hellenistischen und der klassischen Skulptur (s. dazu auch S. 62/63).
3. „Edle Einfalt, stille Größe" – erläutern und überprüfen Sie diesen Ausspruch Winckelmanns an der Laokoon-Gruppe.

Laokoon und seine Söhne, 2. Hälfte 2. Jahrhundert v. Chr. Römische Kopie. Marmor, Höhe 242 cm. Rom, Vatikanische Museen

Griechische Vasen

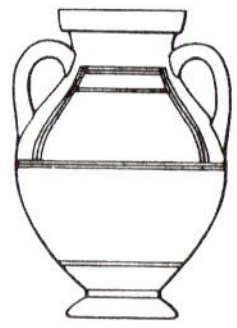

Bauchamphora

rotfigurige Hydria

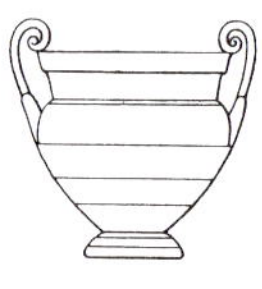

Volutenkrater

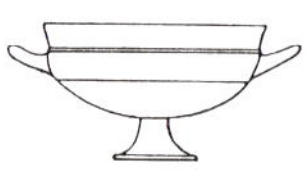

schwarzfigurige Kylix

Rhyton

Lekythos

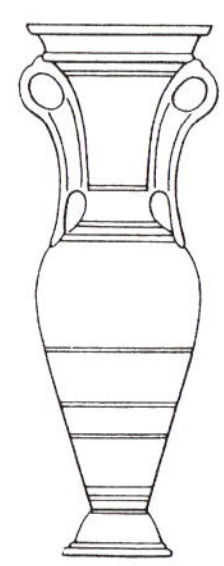

Luthrophoros

Griechische Vasentypen

■ *Eine [...] moderne, für die ältere Antike nicht zutreffende Antithese ist die von Kunst und Handwerk. Kunst als ausgeübte Tätigkeit bildete in der griechischen Frühzeit keinen Gegensatz zum Handwerk; der technites war Künstler und Handwerker zugleich. „Das Wort für Handwerk (techne) diente auch als Bezeichnung für die Kunst, für die die sonst überreiche griechische Sprache niemals eine eigene Vokabel geschaffen hat" [A. Dresdner, 1965]. Die bemalten Vasen verdeutlichen diesen Sachverhalt wie keine andere griechische Kunstgattung. [...]*

Die Meister der griechischen Töpferwerkstätten archaischer und klassischer Zeit waren fortwährend bemüht, die Qualität ihrer Werke zu steigern und einander zu übertreffen. So lernen wir sie, die stolz auf ihr Können ihre Gefäße signierten, oft auch mit Namen kennen. Technische Qualität erreichten sie durch material- und sachgerechte Formgebung der Gefäße, und deren Schönheit suchten sie durch feine Formgebung von Profilen und Henkeln sowie durch reichen Ornament- und Figurenschmuck zu vervollkommnen.

Ingeborg Scheibler, S. 188

Es bildeten sich charakteristische Vasentypen aus, die für bestimmte Zwecke oder Anlässe Verwendung fanden. So war die ▸Amphora mit zwei Henkeln ein beidseitig tragbarer Krug zur Aufbewahrung von Wein, Öl, Honig usw. Die ▸Hydria war als dreihenkliger Wasserkrug für den Gang zum Brunnen in Gebrauch. Der ▸Krater (Betonung auf der zweiten Silbe), ein bauchiges Gefäß mit weiter Mündung, diente zum Mischen von Wasser und Wein, die ▸Kylix als Trinkschale. Der ▸Rhyton, ein Humpen in Tierkopfform, war ein Opfer- und Trinkgefäß (s. S. 22). Als ▸Lekythos bezeichnet man das Salb- oder Ölgefäß für den Totenkult, als ▸Lutrophoros ein Gefäß, mit dem man Wasser für Hochzeitsriten bereitstellte.

Griechische Vasen sind häufig reich mit Malereien verziert. Während der Archaik entwickelte sich der schwarzfigurige Stil, der die Motive mit dunklem ▸Schlicker als schwarze ▸Silhouetten auf dem hellen Gefäß zeigt. Nach dem Trocknen des Schlickers ritzten die Vasenmaler mit dem Stichel eine Binnenzeichnung in die schwarzen Flächen. Charakteristisch sind Profilansichten bei den Figuren und Frontalansichten bei der Wiedergabe der Augen.
Der Töpfer und Vasenmaler **Exekias** (tätig etwa 550–510 v. Chr.), einer der größten Meister des schwarzfigurigen Stils, liebte Details und schmückte auf seiner Bauchamphora die Mäntel der Figuren mit einer reich ornamentierten Ritzzeichnung. Die Szene aus dem Feldlager lässt die angespannte Stimmung der Krieger spüren: „Die beiden Helden von Troja, Achill und Ajax, die sich so angespannt über das Brettspiel beugen, scheinen bereit, dem Signal zum Kampf jederzeit Folge zu leisten, wie der federnde Sitz und die nicht vollständig abgelegten Waffen verdeutlichen." (Eberhard Paul, 1982)

Euphronios (tätig um 520–490 v. Chr.) wandte sich der neuen Maltechnik des rotfigurigen Stils zu, der um 530 v. Chr. entstand und das Verhältnis zwischen Figur und Grund umkehrte. Die Vase wird mit einem schwarzen Grund überzogen, wobei die Figuren ausgespart bleiben und den naturbelassenen Ton zeigen. Die Binnenzeichnung trug der Vasenmaler schwarzlinig mithilfe eines Pinsels auf den hellen Tongrund auf und nutzte die neuen Möglichkeiten, Bewegungen und Körperdrehungen darzustellen.
Auf dem von Euphronios signierten Kelchkrater tragen die geflügelten Verkörperungen des Schlafes und des Todes den Leichnam des Kriegers Sarpedon vom trojanischen Schlachtfeld.
In seiner späten Zeit wandte Euphronios sich dem Töpferhandwerk zu und überließ die Bemalung seiner Gefäße anderen Malern.

Arbeitsanregungen:

1. Erläutern Sie die Zusammenhänge zwischen Form und Funktion, Kunst und Handwerk am Beispiel der Vasen.
2. Erproben Sie die beiden im Text beschriebenen Verhältnisse zwischen Figur und Grund auf Tonscherben.

▸**Schlicker:** flüssig gemachter Ton

▸**Silhouette:** Darstellung, die den Gegenstand als Schatten wiedergibt

Exekias: Achill und Ajax beim Brettspiel (Ausschnitt), um 530 v. Chr. Bauchamphora, Höhe 67 cm. Rom, Vatikanische Museen

Euphronios: Der Leichnam Sarpedons, getragen von Hypnos und Thanatos, 520–510 v. Chr. Kelchkrater, Höhe 45,5 cm. New York, Metropolitan Museum of Art

Antike Bilder – Hellenistische Mosaiken

▸Mosaiken sind aus kleinen Stücken geeigneten Materials zusammengesetzt und fest mit ihrem Grund verbunden. Die Technik kam aus dem Alten Orient nach Griechenland und wurde in hellenistischer Zeit zu einer lebendigen Kunstform bildlicher Darstellungen. Mosaiken fanden im griechischen Siedlungsgebiet weite Verbreitung, besonders, als man seit dem 3. Jahrhundert v. Chr. Privaträume großzügig ausstattete, zuerst den Empfangssaal, schließlich auch die anderen Zimmer.

Die anfangs eingesetzten Kieselmosaiken sind in ihrer Buntfarbigkeit sehr begrenzt, bestechen aber durch die differenzierte Modellierung der Schattierungen. Eines der ältesten erhaltenen Meisterwerke dieser Art ist das von **Gnosis** (4. Jahrhundert v. Chr.) signierte Mosaik aus einem Privatpalast in Pella, der makedonischen Hauptstadt. Die Darstellung der bewegten Figuren und der im Wind aufgebauschten Gewänder erzielt durch stufenweise Abtönungen plastische Wirkungen.

Die Kieselmosaiken wurden allmählich von ▸polychromen Mosaiken aus bunten Stein- oder Glaswürfeln verdrängt. Durch die perfekte Naturähnlichkeit ihrer Bilder sollen manche Mosaiken die Betrachter dermaßen getäuscht haben, dass sie glaubten, die dargestellten Motive seien tatsächlich vorhanden. Vom Mosaizisten Sosos (zwischen Mitte 3. und Mitte 2. Jahrhundert v. Chr.) etwa stammt ein augentäuschendes Mosaik aus Pergamon, das einen ungefegten Fußboden voller Essensreste zeigte – ein frühes Stillleben.

„Die Alexanderschlacht" ist die römische Mosaikkopie eines hellenistischen Gemäldes aus der Zeit Alexanders des Großen; als Schöpfer wird bisweilen **Philoxenos von Eritrea** (um 300 v. Chr.) angenommen. Das ausgesprochen große Werk stellt aus griechischer Sicht den Sieg des makedonischen Heerführers über den persischen Großkönig Dareios III. dar. Es ist das erste erhaltene Schlachtenbild der europäischen Kunst. Die beiden Hauptakteure sind vor der Masse der Kämpfenden deutlich herausgehoben. Während die Soldaten durch Waffen, Pferdeleiber oder Gliedmaßen zum Teil verdeckt werden und so als anonyme Masse erscheinen, sind Alexander und Dareios dem Blick freigegeben. Der Betrachter wird auf diese Weise – trotz des allgemeinen Getümmels – auf die zentrale Auseinandersetzung zwischen den beiden Heerführern aufmerksam und kann in ihren Gesichtern auf der einen Seite wilde Entschlossenheit und auf der anderen blankes Entsetzen erkennen.

Drei persische Krieger im Vordergrund weisen auf den weiteren Verlauf der Schlacht hin: Der eine hat sich mit seinem zusammenbrechenden Pferd schützend vor Dareios geworfen und wird soeben von Alexanders Lanze tödlich durchbohrt, der zweite wendet vergeblich sein Pferd zur Flucht. Ein dritter versucht als Wagenlenker seinen König aus der Reichweite des Makedoniers zu bringen. Doch dem stürmischen Angriff Alexanders und seiner Truppen haben die Perser nichts mehr entgegenzusetzen. Man erkennt an den Lanzen und den Helmen des Hintergrundes, wie die Griechen sie umzingeln, und sieht rechts im Bild die verbliebenen persischen Krieger in chaotischer Flucht – trotz einer Geste ihres Großkönigs, die zum Angriff mahnt. Der schicksalhafte Ausgang der Auseinandersetzung ist im Bild ablesbar: Es zeigt den Moment, da sich das Geschehen zugunsten Alexanders wendet.

Arbeitsanregungen:

1. Analysieren Sie die Komposition und erläutern Sie die Botschaft der „Alexanderschlacht" als propagandistisches Bild.
2. Ergründen Sie die Bedingungen und Schwierigkeiten bei der Umsetzung eines zeichnerischen Entwurfes in ein Mosaik und finden Sie technische Lösungen. Erproben Sie anschließend das Mosaizieren praktisch an thematisch eng gefassten Beispielen, z. B. an Tiermotiven.
3. Die Bilder der berühmten griechischen Maler wie **Apelles** (4. Jahrhundert v. Chr.) sind allesamt verloren gegangen. Schließen Sie von den Mosaiken und den Vasenbildern (S. 67) auf Eigenschaften und Besonderheiten der griechischen Malerei.

▸**Mosaik:** aus kleinen Steinen oder Glasstücken zusammengesetztes Bildwerk (s. a. S. 83)

▸**polychrom** (griech.): mehrfarbig

Oben: Alexanderschlacht bei Issos. Römische Mosaikkopie eines griechischen Gemäldes aus dem späten 4. Jahrhundert v. Chr. aus Pompeji. Neapel, Nationalmuseum

Unten: Details

Gnosis: Hirschjagd, um 300 v. Chr. Kieselmosaik aus einem Wohnhaus in Pella/ Makedonien, Höhe des Figurenfeldes 3,10 m.

Römische Kunst

Zeugen eines Weltreichs – Werke römischer Baukunst

Die großen Leistungen der römischen Baukunst lagen vor allem auf dem Gebiet der Ingenieurkunst und der öffentlichen Bauten. Eine Aufgabe stellte z. B. die Versorgung mit Trinkwasser dar, das oft über weite Strecken herangeführt werden musste. Die Reste römischer Wasserleitungen (Aquädukte) sind noch heute in Südeuropa und Nordafrika zu sehen.

In der Nähe der südfranzösischen Stadt Nîmes, dem römischen Nemausis, steht der **Pont du Gard**, der unter Agrippa um 20 v. Chr. als Überquerung des Flusses Gard und als Teil einer etwa 50 Kilometer langen Wasserleitung errichtet wurde. Zwei übereinander stehende Bogenreihen werden von einer kleineren dritten bekrönt, die den Wasser führenden Kanal trägt. Um die Wirkung des Bauwerks zu steigern, haben die römischen Baumeister die Weite der Bogenöffnung über dem Fluss deutlich gegenüber den anderen Bogen vergrößert. Ohne Mörtel sind die Kalksteine aufeinander gefügt, selbst die aus der Fläche hervorragenden Teile der Steine zur Befestigung der Gerüste ließ man stehen. Erst im späten Mittelalter legte man einen schmalen Saumpfad auf den Pfeilern der untersten Bogenreihe an.

Um das Imperium zu sichern, bauten die Römer an den Reichsgrenzen Mauern und Wälle, die durch Militärlager abgesichert waren. Feste Straßen und Brücken ermöglichten schnelle Truppenbewegungen. Häufig entstanden an Stelle der Militärlager Städte als Verwaltungs- und Handelszentren mit allen Errungenschaften der römischen Zivilisation. Diese Städte mussten mit Mauern und mit Toren gesichert werden.

Die **Porta Nigra** in Trier war Teil einer über sechs Kilometer langen Stadtmauer. Das mächtige Stadttor mit seinen zwei Eingängen wird durch zwei Türme befestigt, die durch Halbsäulen und Bogenöffnungen, ‣Simse und ‣Gebälke gegliedert sind. Trier war eine von drei, später vier Hauptstädten, nachdem das Römische Reich geteilt worden war. Von hier aus wurde das westliche Reich vom germanischen Limes bis Nordwestafrika verwaltet. Kaiser Konstantin machte 306 Trier zu seiner Residenzstadt und ließ neben einem ‣Amphitheater zwei neue Thermen (s. S. 32) und einen Kaiserpalast errichten. Die so genannte Aula, ein Saal für repräsentative Empfänge, wurde zum Vorbild für den Audienzsaal der Kaiserpfalzen des Mittelalters (s. S. 88).

Neben den großen Bauaufgaben der Thermen und Rennbahnen entwickelte die römische Baukunst vor allem den Typus des Theaters weiter zum Amphitheater.

Anders als bei den griechischen Theateranlagen, die für die ansteigenden Sitzreihen einen natürlichen Berghang benötigten, bauten die Römer ihre Theater in einen gemauerten Komplex mitten in die Städte. Die Sitzreihen waren durch Gänge und Treppen auf den tragenden Unterbauten, den so genannten Substrukturen, zugänglich. Nach außen zeigten diese meist dreigeschossigen Bauten eine reiche Gliederung mit Bögen, Halbsäulen und Gesimsen. Das Bühnengebäude, auf gleiche Höhe mit den Sitzreihen geführt, besaß eine mehrstöckige Schauwand, zwischen deren Säulen Marmorfiguren aufgestellt waren. Nur in Resten erhalten ist das **Marcellus-Theater** in Rom, das Augustus in den Jahren 13 bis 11 v. Chr. errichten ließ. Es ist der erste große Theaterbau aus Stein in Rom; davor gab es für Theateraufführungen nur temporäre Holzkonstruktionen. Erhaltene römische Theater finden sich in der südfranzösischen Stadt Orange, in Athen und in einigen Ruinenstädten Kleinasiens.

Arbeitsanregungen:

1. Nennen Sie wichtige Kennzeichen der römischen Baukunst.
2. Welche großen öffentlichen Bauten prägen die Städte unserer Zeit? Vergleichen Sie Großbauten von heute mit römischen Bauwerken.
3. Wodurch und in welchen Teilen unterscheidet sich das Marcellus-Theater von Theaterbauten oder Operngebäuden unserer Zeit?

‣**Sims, Gesims:** waagrecht die Fassade gliedernder Mauerabsatz, unter dem Dach oder unter den Fenstern

‣**Gebälk:** querliegende (Stein-) Balken über Stützen oder Säulen, auch Gesamtheit einer Dachkonstruktion

‣**Amphitheater:** runde oder ovale Form des Theaters mit allseitig ansteigenden Sitzreihen. Das Geschehen (Gladiatorenkämpfe oder Tierkämpfe) findet im runden oder ovalen Mittelteil statt.

Pont du Gard bei Nimes/Südfrankreich, um 20 v. Chr. Höhe 49 m, Länge 275 m

Porta Nigra in Trier, 313–316 n. Chr.

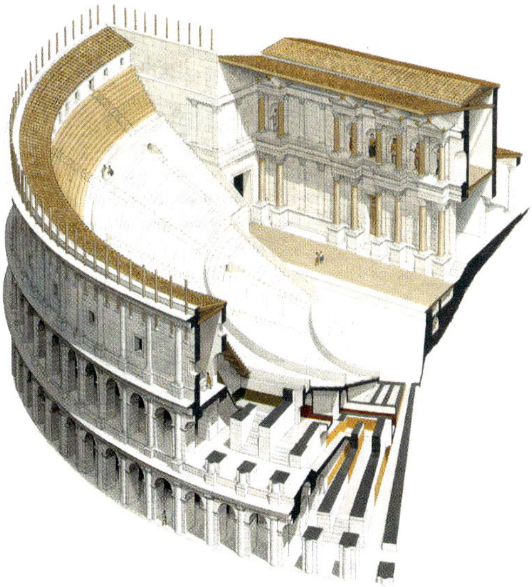

Marcellus-Theater in Rom 13–11 v. Chr. Modellrekonstruktion

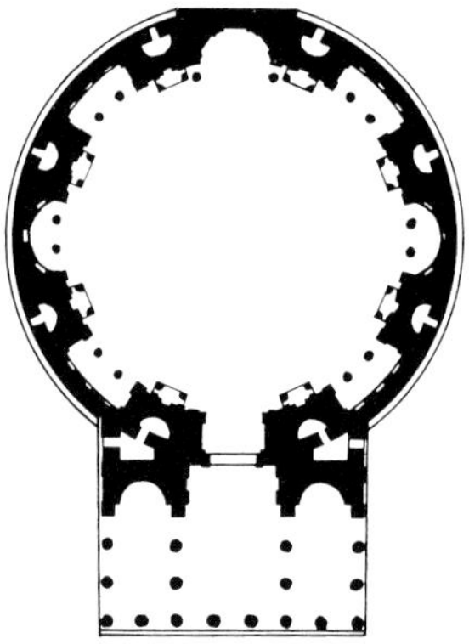

Grundriss des Pantheon

Wölbungsbau in Vollendung: Das Pantheon

Mit dem **Pantheon** in Rom ist ein römischer Tempel erhalten geblieben, der erstmals die ganze Wirkung und Bedeutung vom Außenbau auf das Innere eines Tempels verlegt. Der Name Pantheon besagt, dass der Bau allen Göttern geweiht war. In den sieben Nischen standen die Statuen der Planetengötter. Daneben waren Skulpturen von Caesar, Augustus und Agrippa aufgestellt. Der Bau wurde als repräsentativer Versammlungsraum genutzt.

Die großartige Kuppel ist als Halbkugel ausgeführt, die auf einem trommelförmigen Zylinder sitzt. Ihre Höhe und die des Raumzylinders sind etwa gleich groß, sodass man sich den oberen und den unteren Teil des gewaltigen Raumes zusammen als Kugel vorstellen kann.
Durch ihre Weite schlägt die Kuppel den Betrachter in ihren Bann. Sie ist als ein Abbild des Himmels konzipiert. Darauf deutet zuerst die runde Öffnung im Scheitel hin, durch die das Licht in den Raum einfällt. Sie ist die einzige Lichtquelle in dem sonst fensterlosen Raum und vertritt die Stelle der Sonne. Die Ordnung der Himmelssphären symbolisieren die zur Mitte aufsteigenden und in ihrer Größe abnehmenden Kassetten. Ihre 28 im Kreis angeordneten Reihen deuten auf die 28 Tage des Monats (des älteren römischen Kalenders) hin. Diese Kassetten waren ursprünglich vergoldet. Die Wände des Raumzylinders waren mit Marmorplatten verkleidet und durch Nischen gegliedert. Zum Hauptraum hin rahmen jeweils zwei Marmorsäulen mit einem kräftigen umlaufenden ▸Gesims diese ausbuchtenden Räume. Vor den großen Wandfeldern zwischen den Nischen standen die Götterbilder.
Vom Bautyp her stellt das Pantheon die Verbindung eines Säulentempels mit einem großen Wölbungsbau dar. Ein zwischen die beiden Bauteile eingeschobener Abschnitt übernimmt dabei eine Gelenkfunktion. Der Vorbau in der Form eines Säulentempels von nur geringer Tiefe besitzt acht Marmorsäulen in der Breite des Giebels, drei Säulen führen in die Tiefe.
Dabei ergibt sich in der Mitte eine Art Hauptschiff, das von zwei Nebenschiffen flankiert wird, die in einer halbrunden ▸Apsis den Zwischenbau höhlen. Dieser Tempelvorbau ist als Gliederbau mit tragenden Säulen und lastendem Dach in ▸korinthischer Ordnung ausgeführt.

Im Hauptraum und in der Kuppel haben die Baumeister alle Register der römischen Wölbungs- und Mauerungstechnik gezogen, die sie bis dahin in den großen gewölbten Räumen der ▸Mausoleen und der ▸Thermen erarbeitet hatten. Die acht im Innenraum sichtbaren Wandfelder sind die Innenwände von riesigen gemauerten und mit ▸Gussmauerwerk gefüllten Pfeilern, die die Kuppel tragen. Bogenförmig aufgemauerte Rippen sind seitlich miteinander verbunden und stützen in einem netzartigen System die Wölbung der Kuppel. An der Schnittdarstellung ist gut zu erkennen, dass der Außenbau sehr viel höher gerade geführt wird als die innere Kuppel. Die enorme Stärke der Mauermassen dient zusammen mit Entlastungsbögen zur Aufnahme des Seitenschubs der mächtigen Halbkugel.
Erhalten blieb das Pantheon nur durch den Umstand, dass es über Jahrhunderte als christliche Kirche benutzt wurde. In späterer Zeit begrub man dort berühmte Männer, so den Renaissance-Künstler Raffael. Während das Bauwerk heute auf seinem Platz von den Wandflächen der umgebenden Häuser überragt wird, stand es zu seiner Entstehungszeit hoch auf einem Sockel und war über eine vorgelagerte Freitreppe zu erreichen.

Arbeitsanregungen:

1. Wo lassen sich im römischen Tempelbau griechische Elemente nachweisen (s. S. 26)?
2. Suchen Sie einen Raum in Ihrer Stadt auf, der eine größere Kuppel besitzt. Beschreiben Sie die Wirkung.
3. Vergleichen Sie das Pantheon mit dem Parthenon auf der Athener Akropolis (s. S. 54) in der Gestaltung und Wirkung des Außenbaus und des Innenraums.

▸**Sims, Gesims:** s. S. 70

▸**Apsis** (griech. Rundung): meist halbrunde Nische, die auch am Außenbau sichtbar ist und ein eigenes kegelförmiges Dach erhält; in der Apsis stand in der frühchristlichen Basilika der Altar.

▸**korinthische Ordnung:** eine der drei griechischen Säulenordnungen mit Kapitellen, die von einem Kelch aus Blattornamenten gebildet werden (s. S. 27)

▸**Mausoleum:** monumentaler Grabbau, nach dem kleinasiatischen Herrscher Mausolos, dessen gewaltiges Grabmonument in Halikarnassos (Bodrum) Beispiel gebend war

▸**Thermen:** s. S. 32

▸**Gussmauerwerk:** römisches Mauerwerk, das aus Zement und Bruchsteinen gemischt wurde

Pantheon in Rom, 118–128, Außenansicht

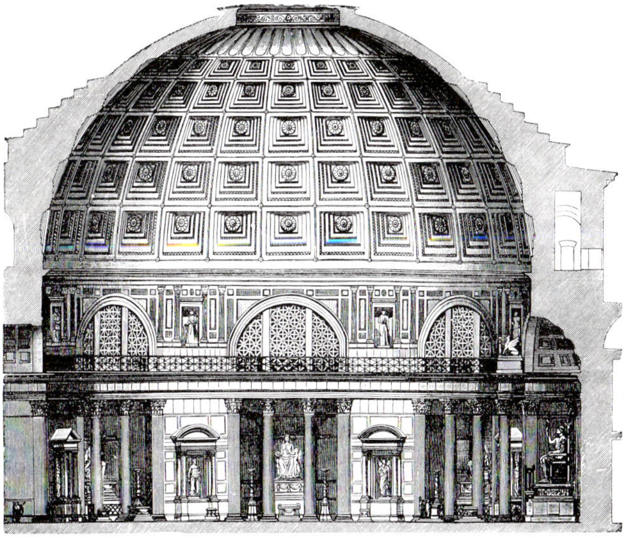

Oben: Pantheon, Schnitt

Links: Pantheon, Innenansicht (Gemälde von G. P. Pannini)

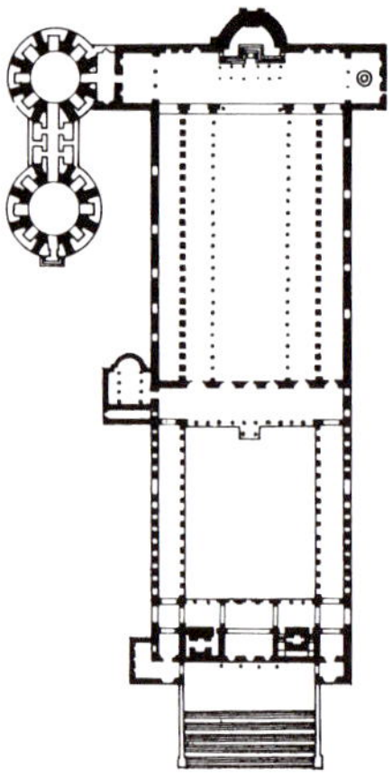

Alt St. Peter, Grundriss

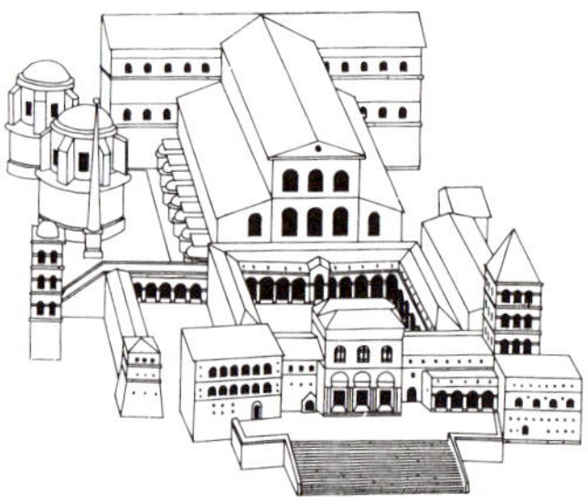

Alt St. Peter, Rekonstruktion

Der neue Bautyp des Christentums – Die Basilika

Nachdem die christliche Religion unter dem römischen Kaiser Konstantin (306–337) zur Staatsreligion erhoben worden war, entstanden erste große Kirchengebäude, die den repräsentativen Rahmen für die religiösen Zeremonien liefern sollten. Anders als der griechische Tempel, bei dem die Opfer vor dem Tempel gebracht wurden, stellte die christliche Kirche einen Versammlungsraum für die Gemeinde dar. Es entwickelte sich der Gebäudetyp der christlichen Basilika, deren Hauptmerkmale ein lang gezogenes, höheres Hauptschiff ist, das von niedrigeren Seitenschiffen flankiert wird. Der Bau besitzt eine ▸Apsis gegenüber der Eingangsseite. Zwischen Hauptschiff und Apsis ist häufig ein Querschiff eingefügt.

Vorläufer der christlichen Basilika waren die großen Gerichts- und Marktgebäude des Römischen Reichs. Dort hatte sich die Mehrschiffigkeit entwickelt, die Trennung der Schiffe durch Säulenreihen und die Betonung eines Herrscher- oder Richtersitzes durch die Aufstellung in einer Apsis. Der Name Basilika (griech. basileus König) deutet auf die Nutzung als Königshalle hin. Eine solche Halle stellte auch die **Maxentius-Basilika** in Rom dar, deren gewaltige Ausmaße sich noch in den Ruinenresten ahnen lassen. Die Basilika wurde 306 von Kaiser Maxentius begonnen und 312 von Kaiser Konstantin in veränderter Form fertig gestellt. Von der riesigen Anlage steht heute nur mehr das nördliche Seitenschiff. Die ursprüngliche Länge des Baus betrug 100 m, die Breite 60 m und die Höhe erreichte 35 m. Das Mittelschiff mit drei riesigen ▸Kreuzgewölben erhielt sein Licht aus eigenen Fenstern. Konstantin orientierte die längs gerichtete Halle um, indem er einen zweiten Eingang durch das südliche Seitenschiff schuf und im gegenüberliegenden Seitenschiff eine zweite Apsis für sein Monumentalbild errichtete. Die Ausstattung des Innenraumes mit vergoldeten Kassettendecken, mit Säulen, Wandmalereien und Mosaikfußböden ist verloren.

Die größte der erhaltenen frühchristlichen Basiliken in Rom ist die Kirche **Santa Maria Maggiore**, die Papst Liberius um 360 stiftete und die trotz mancher Umbauten noch heute ihren ursprünglichen großartigen Raumeindruck vermittelt. Eng gestellte, schlanke Marmorsäulen mit glattem Schaft und ▸ionischem Kapitell trennen die drei Längsschiffe voneinander und führen in langer Flucht zur Apsis, wo der Altar stand. Farbenprächtige Mosaiken verzierten die Wände des Mittelschiffes über dem ▸Architrav und die Wandfelder seitlich der großen Bogenöffnung zur Apsis. Dargestellt wurden Szenen aus dem Alten Testament, aus dem Leben Marias und der Kindheitsgeschichte Jesu. Nach oben war der Raum wohl durch einen vergoldeten Dachstuhl abgeschlossen. Die gegenwärtige Ausstattung entstand während der Barockzeit.

Im Jahr 324 legte Konstantin den Grundstein zur alten Kirche von Sankt Peter, die 349 fertig gestellt wurde. Die fünfschiffige Basilika war die Hauptkirche des von Rom aus regierten Christentums. Entsprechend riesig waren ihre Ausmaße. Die alte Peterskirche war über 100 m lang und 27 m breit. Anders als in Santa Maria Maggiore waren in Sankt Peter die Säulen nicht mit einem geraden Architrav verbunden, sondern mit Bogenreihen. Diese Form der Ausbildung der ▸Hochschiffwand setzte sich in den Nachfolgebauten durch. In der Rekonstruktion kann man neben den beiden runden Taufkapellen einen arkadengesäumten Vorhof mit einer Vorhalle und einem Eingangsbau mit vorgelegter Freitreppe erkennen. Im 16. Jahrhundert musste der Bau von Alt Sankt Peter einem Neubau, der heutigen Peterskirche, weichen.

Arbeitsanregungen:

1. Beschreiben Sie den Unterschied in den Innenräumen der Maxentius-Basilika und von Santa Maria Maggiore.
2. Welche unterschiedlichen Wirkungen ergeben Hochschiffwände mit geradem Architrav gegenüber solchen mit Bogenreihen?
3. Benennen Sie im Grundriss von Alt Sankt Peter die Einzelteile aus dem Text.

▸**Apsis** (griech. Rundung): s. S. 72

▸**Kreuzgewölbe:** Gewölbeform, die bei der Durchdringung von zwei Tonnengewölben entsteht (s. S. 90)

▸**ionisches Kapitell:** Säulenabschluss, der durch zwei eingerollte Bänder (Voluten) charakterisiert ist (s. S. 57)

▸**Architrav:** waagerechter (Stein-)Balken über Säulen, Pfeilern oder Pilastern, trägt den Oberbau bzw. das Dach

▸**Hochschiffwand:** s. S. 84

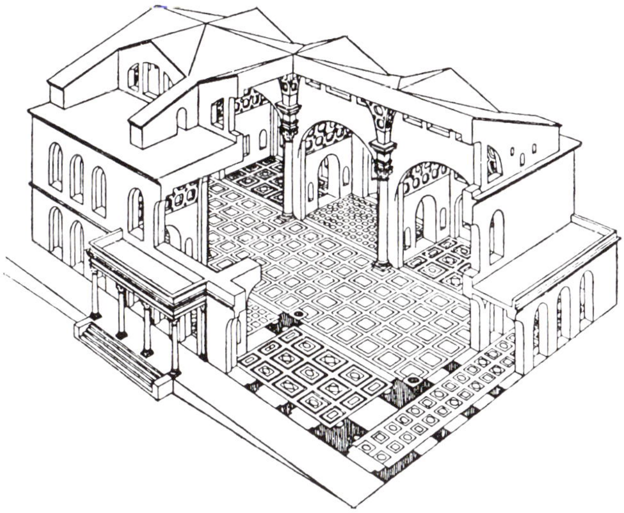

Basilika des Maxentius und Konstantin an der Via Sacra
auf dem Forum Romanum in Rom, 306–313.
Länge 100 m, Breite 50 m, Höhe 35 m Rekonstruktionszeichnung

Rom, Maxentius-Basilika. Rekonstruktion nach Ward-Perkins

Santa Maria Maggiore in Rom, 4. Jahrhundert. Hauptschiff

Kopf der Statue des Marc Aurel

Ausdruck kaiserlicher Macht: Das Reiterstandbild des Marc Aurel

Als einziges Reiterstandbild aus römischer Zeit hat sich die ▸Bronzeplastik des Kaisers Marc Aurel (161–180) auf dem Kapitol in Rom erhalten. Das verdanken Pferd und Reiter dem Umstand, dass man die Figur im Mittelalter für eine Darstellung Kaiser Konstantins hielt, der dem Christentum zum Sieg verholfen und es zur Staatsreligion gemacht hatte.

Die Figur des Kaisers sitzt in Respekt gebietender Haltung auf dem mächtigen Ross. Der rechte Arm ist ausgestreckt, die Hand erhoben zur Anrede an die Soldaten, die Linke hielt einst die (heute fehlenden) Zügel und umfasste eine Weltkugel, auf der eine Statuette der Siegesgöttin stand. Der Kaiser trägt eine weit geschnittene Tunika mit halblangen Ärmeln. Über die Schultern fällt ein Reitermantel, den oben eine runde Brosche zusammenhält und der mit kräftigen Falten auf dem Rücken des Pferdes aufliegt. Die Füße des Kaisers sind mit Schnürstiefeln bedeckt. Einige Eigentümlichkeiten der Figur, so der lange Hals und der unverhältnismäßig große, nach vorn geneigte Oberkörper, der überlängte rechte Arm und die viel zu kurzen Oberschenkel erhalten ihren Sinn, wenn man als ursprünglichen Aufstellungsort einen übermannshohen Sockel annimmt.

Bei der Betrachtung von schräg unten und von links vorn erhält die Reiterstatue eine mächtige Wirkung, wie sie erst wieder in den Standbildern des Barock erreicht worden ist. Auffällig sind die ausgeprägte und wohl porträtähnliche Ausführung des Kopfes und Gesichts mit den kleinteiligen Locken des Haupthaares und des Philosophenbartes sowie die tiefen, etwas traurig blickenden Augen. Marc Aurel galt als guter Kaiser in unruhiger Zeit. Mit großer Gelassenheit, die sich auch in seinen Aufzeichnungen finden lässt, erfüllte er seine Aufgaben trotz körperlicher Gebrechlichkeit.

Das Pferd besitzt einen mächtigen gedrungenen Körper, der von zierlichen Beinen getragen wird. Wirkungsvoll ist das linke Vorderbein erhoben. Fein ausgearbeitet sind die Züge des Kopfes, Zaumzeug und Zügel fehlen jedoch. Das Pferd spitzt aufmerksam seine Ohren, richtet eines nach vorn und eines nach hinten. In kräftigem Relief erscheinen die Adern unter der Pferdehaut. Wie in der Antike üblich, wird das Pferd ohne Sattel, nur mit einer festgebundenen Decke, geritten.

Das Reiterstandbild wurde in mehreren Teilen gegossen und zusammengefügt. Diese Einzelteile stellte man im ▸Wachsausschmelzverfahren her und lötete sie zusammen, wobei auch Gussfehler durch ▸ziselierte Platten ausgebessert wurden. Mit Meißeln arbeitete man die Haare, den Bart und die Zierplatten am Pferdekopf sowie die Mähne des Pferdes in allen Feinheiten heraus. Ursprünglich war die Statue vergoldet, was man mit überlappenden Stücken aus Blattgold bewerkstelligte.

Seit 1538 findet man die Statue auf dem Kapitol, davor stand sie Jahrhunderte lang beim Lateranspalast. Michelangelo (s. S. 220) schuf im Auftrag von Papst Paul III. und der Stadt den mannshohen Sockel für das Standbild und positionierte es auf dem neu gestalteten Kapitolsplatz.
In den neunziger Jahren des 20. Jahrhunderts holte man den Kaiser und sein Pferd von ihrem Sockel und brachte sie zur Restauration ins Museum. Allzu sehr hatte die Bronzeoberfläche unter den giftigen Abgasen des modernen Verkehrs gelitten, außerdem war die Figur etwas nach vorn gekippt und in den berstenden Körper des Pferdes eingesunken. Heute steht eine Kopie des Standbildes am alten Platz auf dem Kapitol; die Originalstatue blieb im Museum.

Arbeitsanregungen:

1. Informieren Sie sich über die Gusstechnik des Wachsausschmelzverfahrens (s. S. 60).
2. Warum werden heute keine Reiterstandbilder mehr hergestellt? Was tritt an deren Stelle?

▸**Bronze(plastik):** Bildwerk aus Bronze, einer Legierung aus Kupfer und Zinn, das als Voll- oder Hohlguss geschaffen wurde. Beim Hohlguss bedient man sich des **Wachsausschmelzverfahrens** (s. S. 14, 60).

▸**ziselieren** (franz. ciseau Meißel): Metallbearbeitung mit Meißeln, z. B. beim Ausbessern von Fehlstellen, Nähten

Marc Aurel, Reiterstatute. Bronze, ehemals vergoldet, Höhe 512 cm. Rom, Kapitolsplatz

Machtmenschen und Visionäre – Römische Porträtplastik

Anders als in der griechischen Kunst, die erst in ihrer Spätzeit das genaue Porträt einer bestimmten Persönlichkeit kannte, war in Rom das individuelle, repräsentative Porträt wichtiger Personen weit verbreitet. Hier spielte der Ahnenkult eine wichtige Rolle, bei dem die Bilder der Vorväter in hohen Ehren standen. In der etruskisch-römischen Tradition pflegte man von hoch gestellten Persönlichkeiten Masken in Wachs oder Ton abzunehmen, die dann als Grundlage für porträtähnliche Büsten dienten. Das Bild des Kaisers hatte in fernen Provinzen bei Staatsakten eine stellvertretende Funktion.

In der großen Zahl der erhaltenen römischen Porträtplastiken wird deutlich, wie die jeweiligen Feldherren, Senatoren, Kaiser oder Angehörigen der kaiserlichen Familien gesehen werden wollten.
So ist in dem Kopf des so genannten **Brutus**, der aus der frühen republikanischen Zeit stammt, von vielen Kunsthistorikern der Kopf eines hohen Staatsdieners gesehen worden, der eine strenge männliche Würde ausstrahlt, aber auch eine entschlossene Härte im Dienst der Staatsmacht zum Ausdruck bringt. Willenskraft vermittelt sich durch die scharfe, leicht gebogene Nase ebenso wie durch den harten, fast stechenden Blick der eingelegten Augen, weiterhin durch den schmalen Mund und die tiefen Falten, die von der Nase zu den Mundwinkeln führen.
In der Zeit des Kaisers Augustus orientierte sich die Porträtkunst an der klassischen Schönheit der griechischen Plastiken und verlieh den repräsentativen Standbildern eine überpersönliche idealisierte Schönheit. Als Dame von Welt kann man das Kopfporträt einer **Römerin aus kaiserlichem Haus** bezeichnen. Mit mondänen Frisuren prägten die römischen Damen den Zeitstil in der Hauptstadt des römischen Weltreiches. Der Bildhauer hat jede Locke des aufwändig toupierten Haarturmes in plastische Schnörkel umgesetzt und so dem edlen und selbstbewussten Gesicht der jugendlichen Römerin eine Art Krone aufgesetzt.

Der absolute Herrscher ist im **Porträt des Kaisers Hadrian** aus der Zeit zwischen 117 und 138 symbolisiert. Messerscharf sind die Haarlocken und die Bartlocken herausgearbeitet und ornamental angeordnet. Ähnlich scharf wie die Haare und der Bart das Gesicht rahmen die Falten der Tunika in kreisenden Formen und Wirbeln den Halsbereich. Die glatten Gesichtsteile zeigen ein mächtiges, männliches Haupt, das durch die leicht angehobene Kinnpartie Selbstbewusstsein ausdrückt.
Nach einem Porträttypus, der wie Marc Aurel (s. S. 76) eher Ruhe und Gelassenheit ausstrahlt, setzten sich in den Porträtplastiken der Krisenzeiten des 3. Jahrhunderts die Physiognomien von Kraftmenschen durch, da sich die Soldatenkaiser als entschlossen und tatkräftig vermitteln wollten. So zeigt auch der **Kopf der Monumentalstatue des Kaisers Konstantin**, die den Innenraum der Konstantins-Basilika (s. S. 74) beherrschte, einen neuen Machtwillen, der dem Riesenreich durch die schiere Größe des Herrscherbildes zu entsprechen versuchte. Eine neue Art der Porträtdarstellung wird im Blick deutlich. Die Augen sind so gestaltet, dass die tief eingesenkten Pupillen an den oberen Lidrand versetzt sind und so eine Art seherischer Blick entsteht. Diese Art der Kennzeichnung des Herrschers hat sich bei Statuen und Bildern des oströmischen und byzantinischen Reichsteils lange Zeit erhalten.

Arbeitsanregungen:

1. Vergleichen Sie die Porträtplastiken und beschreiben Sie genau ihren Ausdruck.
2. Welche Form des Porträts setzen Politiker heute ein, um für sich und ihr Programm zu werben? Welche persönlichen Eigenschaften werden heute geschätzt?
3. Gestalten Sie eine Fotoserie, in der Sie sich selbst oder ein Modell mit möglichst verschiedener Mimik und wechselnden Kopfhaltungen fotografieren (lassen).

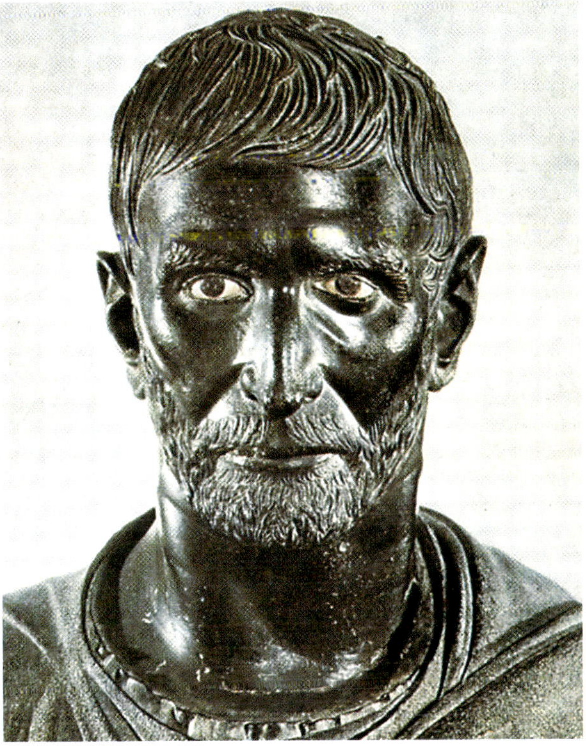

So genannter Brutus, 2. Jahrhundert v. Chr. Bronze, Höhe 37 cm. Rom, Konservatorenpalast

Kopf einer Prinzessin (Julia, Tochter des Titus?), um 85 n. Chr. Marmor, Höhe 38 cm. Rom, Kapitolinisches Museum

Kaiser Hadrian (117–138). Basalt, Höhe 51 cm. Berlin, Staatliche Museen SMPK

Kaiser Konstantin (306–337). Marmor, Höhe 260 cm. Rom, Konservatorenpalast

Kriegsruhm und Erlösungsglaube – Römische Sarkophagplastik

Die repräsentative Üppigkeit und die Formenvielfalt der römischen Reliefplastik, wie sie sich an den Reliefs der Triumphbögen (s. S. 32) und der großen Siegessäulen gezeigt hatte, findet sich auch in den römischen Prunksarkophagen bis weit in die frühchristliche Zeit hinein.
Neben den weithin sichtbaren Grabdenkmalen diente die öffentliche Aufstellung eines Marmorsarkophages mit den Darstellungen der Ruhmestaten eines Heerführers oder Politikers zum Nachruhm für ihn und seine Familie. Weit häufiger jedoch bezogen sich die plastischen Darstellungen auf den Sarkophagen auf mythologische Szenen.

Der so genannte **„Ludovisische Schlachtensarkophag“** (um 250 n. Chr.), der auch als Sarkophag des Kaisers Hostilianus bezeichnet wird, ist ein spätes Produkt der römischen Reliefplastik. Auf der repräsentativen Schauseite wird der militärische Sieg eines Feldherrn verewigt. Zu sehen ist eine Schlacht zwischen römischen Truppen und Barbaren, wahrscheinlich Dakern, einem Volk, das auf dem Balkan lebte. Der obere Teil des Reliefs wird von den angreifenden römischen Soldaten beherrscht, die durch ihre Helme deutlich erkennbar sind. Die Armee besteht überwiegend aus Reitersoldaten, die alle nach rechts gewandt sind. Hervorgehoben ist in der Mitte die Figur eines römischen Heerführers, vermutlich der Auftraggeber des Sarkophags. Im unteren Teil der Darstellung, den eine ansteigende Schräge vom oberen Teil trennt, überwiegen zahlenmäßig die Figuren der geschlagenen Gegner, erkennbar an ihren wilden Haaren und Bärten, an ihren Hosen und den meist nackten Oberkörpern.
Anders als in den Figurendarstellungen der klassischen Kaiserzeit sind die Proportionen der Körper nicht immer ausgewogen, die Köpfe erscheinen übertrieben groß. Auch die Komposition zeigt eine eher malerische Auffassung. Mit ihren vielen einzelnen Szenen und Ausschnitten ist sie nur mit Mühe zu überschauen.

Der **„Sarkophag des Stadtpräfekten Junius Bassus“**, der 359 gestorben war, kann als typisches Beispiel für einen zweizonigen Säulensarkophag gelten. In der oberen Zone werden die Dreiergruppen der Figuren jeweils durch ein Säulenpaar mit einem flachen Gebälk voneinander getrennt, im unteren Feld wechseln bogenförmige mit dreieckigen Giebelformen ab. Dargestellt sind Szenen aus der Bibel, so im oberen Streifen von links nach rechts das Opfer Abrahams, die Gefangennahme des Petrus, Jesus zwischen den Aposteln Petrus und Paulus, denen er die Heilige Schrift übergibt, die Gefangennahme Jesu und Jesus vor Pilatus. In der unteren Reihe sind von links nach rechts die Leiden des Hiob gezeigt, der Sündenfall von Adam und Eva, der Einzug Jesu in Jerusalem, Daniel in der Löwengrube und die Gefangennahme des Paulus. Die Figurengruppen sind in ihren Einzelheiten plastisch durchgeformt, zum größten Teil stehen sie als fast vollplastische Körper vor dem dunklen Hintergrund.
An den Darstellungen auf antiken Sarkophagen studierten die Künstler der italienischen Gotik und vor allem der Renaissance die großzügige Formgebung und die wirkungsvollen Gesten der Figuren. Sie übernahmen die Stellungen schöner Körper und die Behandlung von Gesten und Kleidern in ihre Bilder und Plastiken.

Arbeitsanregungen:

1. Stellen Sie die wesentlichen Unterschiede in Aufbau und Aussage der beiden Sarkophagreliefs heraus.
2. Versuchen Sie in den Darstellungen des Junius-Bassus-Sarkophags übergeordnete Kriterien für die Auswahl der Begebenheiten herauszufinden.
3. Welche Einstellungen zum Tod und zur Totenverehrung gibt es? Sammeln Sie einige Positionen bei einem Gang über einen älteren Friedhof an den Reliefs und Figuren der Gräber und Kriegerdenkmale.

Relief: halbplastisches Bildwerk aus Stein oder Metall, das zwischen der flachen Malerei und der vollplastischen, umschreitbaren Figur steht; Reliefs finden sich meist an repräsentativen Architekturen oder an Denkmalen, auch an Gräbern (s. S. 202).

Barbaren (griech.): So nannten die Griechen und Römer der Antike alle außerhalb ihres Kulturkreises lebenden Völker, mit dem Nebensinn: ungebildet.

Der Ludovisische Schlachtensarkophag, um 250. Marmor, Höhe 153 cm. Rom, Thermen-Museum

Sarkophag des Junius Bassus, 359. Marmor, 243 x 141 cm. Rom, Peterskirche

Kulisse und lebendiger Augenblick – Römische Malerei und Mosaiken

Der häufig hervorragende Erhaltungszustand römischer ▸Fresken ist nach Ansicht der Experten auf die sorgfältige Ausführung der Putzschichten, auf ihre Verdichtung und Pressung, zurückzuführen. Vor allem in den süditalienischen Städten Pompeji und Herculaneum, die im Jahr 79 n. Chr. beim Ausbruch des Vesuv verschüttet und im 19. und 20. Jahrhundert ausgegraben wurden, fanden sich großflächige Wandmalereien in den Villen der reichen Bewohner. Neben mythologischen Szenen waren vor allem illusionistische Architekturdarstellungen verbreitet, die als großartige Dekorationen den Innenräumen der Häuser Pracht und Weite verliehen. Häufig wurden die Bilder in starkfarbige, meist in Rot oder Schwarz gehaltene Wandflächen eingesetzt und mit reicher Ornamentmalerei umgeben.

Eine markante Gruppe innerhalb der römischen Malerei stellen Architekturillusionen dar, wie die aus einer **Villa in Pompeji** (um 50 v. Chr.), wo scheinbare Ausblicke auf Häuser und Paläste die Wände bedecken. Im Gegensatz zur späteren Malerei der Renaissance (etwa 15. – Mitte des 16. Jahrhunderts) sind die räumlich dargestellten Gebäudeteile und Paläste nicht einem zentralen Perspektivschema untergeordnet. Andere Wandmalereien zeigen mythologische Themen, die als ▸Bilderfries in einfarbig getönte Wandfelder eingesetzt sind. Oben und unten werden diese Wandfelder von reichen ornamentalen Zierleisten gerahmt.

Das Mosaik aus Kieselsteinen oder aus verschiedenfarbigen würfelförmigen Marmorstückchen (s. S. 68) stellt eine weitere verbreitete Art der Wand- und Fußbodendekoration dar. Das Mosaik **„Fahrende Musiker“**, das Spielleute mit Masken und Musikinstrumenten zeigt, stammt vom griechischen Maler **Dioskourides von Samos** aus der so genannten Villa des Cicero in Pompeji (ca. 1. Jahrhundert v. Chr.). Häufig kopierte man Wandmalereien von berühmten Künstlern in der Technik des Mosaiks. Auch das bekannte Alexandermosaik (s. S. 69) ist eine römische Kopie eines nicht erhaltenen griechischen Historienbildes in der Technik des Mosaiks.

Die Wandmalereien beschränkten sich vielfach auf kleinere Formate; wandgroße Darstellungen finden sich eher selten. So zeigt das **Porträt eines schreibenden Mädchens** aus Pompeji aus dem 1. Jahrhundert ein lebendiges, im Zustand des Nachdenkens festgehaltenes Mädchengesicht.
Eine Besonderheit in der Kunst des Porträtierens stellen die so genannten Mumienporträts des 1.–4. Jahrhunderts n. Chr. dar, die sich vor allem im römisch besetzten Ägypten erhalten haben. Als ausdrucksstarkes Abbild wurden sie in die Leinwandbinden der Mumien mit eingewickelt. Die Mumienporträts sind in ▸Enkaustik auf Holzbretter gemalt.
Die Technik der Enkaustik verwendet Bienenwachs als Bindemittel für die Farben. Meist arbeitete man mit wenigen Farben, die in Tonbechern auf einem Kohlebecken erhitzt wurden. Zum Verteilen und Glätten der Farbpaste benützte man ebenfalls erwärmte spachtelartige Löffel aus Bronze. Mit ihnen wurden die Farben auf dem Grund verstrichen, die Töne miteinander verschmolzen oder lasierend übereinander aufgetragen. Die Durchsichtigkeit der Wachsfarben ließ Porträts von oft verblüffender Wirklichkeitstreue entstehen. Nach dem Erkalten der Wachsfarben polierte man die Oberfläche zu mattem Glanz. Die Wachsschicht und die Einbettung in Leinenbinden erhielten die Farben über Jahrtausende in lebendiger Frische.

Arbeitsanregungen:
1. Beschreiben Sie die Wirkung der drei Wandbilder als Dekoration von Zimmerwänden.
2. Lassen Sie sich von dem Porträt in Enkaustik zu einem Selbstporträt vor dem Spiegel in Wachskreiden anregen. Legen Sie dabei besonderen Wert auf den Ausdruck der Augen.

▸**Fresko** (ital. frisch): auf frischem Kalkverputz ausgeführte Wandmalerei, bei der der Künstler das Motiv auf die noch feuchte oberste Putzschicht aufträgt; dabei kann – je nach der Schwierigkeit des Motivs – immer nur eine bestimmte Fläche (ein Tagwerk) ausgeführt werden.

▸**Fries, Wandfries:** waagerechter Streifen aus Bildern oder Ornamenten zur Gestaltung und Gliederung einer Wand oder auch als oberer Abschluss zur Decke hin

▸**Enkaustik:** Malerei mit Farben, bei der erwärmtes flüssiges Bienenwachs als Bindemittel benützt wird

Architekturillusion, um 50 v. Chr. Wandmalerei. Villa in Pompeji

Dioskurides von Samos: Fahrende Musiker, aus der Villa des Cicero in Pompeji, 1. Jahrhundert v. Chr. Mosaik. Neapel, Nationalmuseum

Medaillon mit dem Porträt eines Mädchen, aus Pompeji, 1. Jahrhundert n. Chr. Wandmalerei, 37 x 37 cm. Neapel, Nationalmuseum

Römisch-ägyptisches Mumienporträt einer jungen Frau, 40–60 n. Chr. Enkaustik auf Holz, 30 x 20 cm. Stuttgart, Württembergisches Landesmuseum

Von der karolingischen Kunst zur Spätgotik

Turmgruppe: wirkungsvolles Ensemble aus meistens zwei Türmen des West- oder Ostchores und dem Vierungsturm

Westwerk: Bauform der deutschen Romanik, die am Außenbau durch ein Querschiff und gelegentlich einen Westchor mit zwei flankierenden Türmen in Erscheinung tritt. Im Innenraum enthält das Westwerk meist eine dem Kaiser vorbehaltene Empore.

Krypta: Unterkirche, oft als Grablege und zur Aufbewahrung von Schreinen und anderem kostbaren Gerät genutzt

Reliquien: Überreste von Heiligen oder Gegenstände, die zu Jesus oder den Heiligen in Beziehung standen (Kleider, Marterwerkzeuge usw.)

Das himmlische Jerusalem: Vision einer Himmelsstadt in der Offenbarung des Evangelisten Johannes im Neuen Testament

Hochschiffwand: seitliche Wand des Hauptschiffes einer Kirche, mit Bogenöffnungen zu den Seitenschiffen unten und Fenstern im oberen Teil

St. Michael in Hildesheim, 1001–1033

Der Begriff Mittelalter bezeichnet die Zeit zwischen dem Ende der Antike mit dem Untergang des Römischen Weltreiches und dem Beginn der Neuzeit. Diese setzte im 15. Jahrhundert mit der Renaissance in Italien und zu Beginn des 16. Jahrhunderts mit der Reformation in den nördlichen Ländern ein. Nach den unruhigen Jahrhunderten der Völkerwanderung (ab 375) war das beherrschende Ereignis dieser Epoche die Ausbreitung des Christentums in Europa. Gleichzeitig entstand ein neues, christlich geprägtes Großreich, in dem der Kaiser und der Papst die bestimmenden Mächte waren. Das Vorbild für die Organisation des neuen Staatswesens war vor allem das byzantinische Reich mit seiner Hauptstadt Konstantinopel. So entstanden in der frühen Phase der mittelalterlichen Kunst Mischformen aus der römischen Provinzkultur und der germanischen und keltischen Vorgeschichte, dazu kamen byzantinische und islamische Einflüsse.

Der Hauptteil der Missionierungs- und Bildungsarbeit entfiel auf die Klöster, die zuerst von Irland und Schottland aus den christlichen Glauben in die deutschen Länder trugen, später von Karl dem Großen an das römische Papsttum gebunden wurden. In einem Erlass von 789 befahl Karl die Einrichtung von Schulen in allen Klöstern, was zu wissenschaftlicher Arbeit in den Schreibstuben und Bibliotheken führte und zur Erhaltung antiken Wissens. Universitäten wie die in Bologna (seit etwa 1100) wurden erst später gegründet. Karl handelte symbolkräftig als Nachfolger des Römerreiches, wenn er seine Pfalzkapelle in Aachen an San Vitale in Ravenna (s. S. 40) orientierte oder die Abteikirche in Fulda in den Formen von Alt St. Peter in Rom errichten ließ.

Den Ottonen-Kaisern gelang nach den Einfällen der Ungarn und den Raubzügen der Wikinger im 11. Jahrhundert eine Festigung des Reiches und der Kultur. Nun entstanden die großen Kaiserdome in Speyer (s. S. 138), Worms und Mainz.

Neben der mönchisch geprägten Kultur der Klöster entwickelte sich eine weltliche Kultur der Ritter, zu der neben den beliebten Turnieren und Jagden auch der Wettstreit der Sänger und die Verehrung der Frau in Liedern und Gedichten gehörte – und der Bau von Burgen (s. S. 88).

Zwei große Stile bildete die kirchlich geprägte Kunst des Mittelalters aus: die Romanik und die Gotik. Die romanischen Kirchen verkörperten das Bild der mächtigen Gottesburg mit starken Mauern. Mit ihren Turmgruppen und Westwerken machten sie das wehrhafte Christentum deutlich sichtbar. Ihre dunklen Innenräume und höhlenartigen Krypten mit den Heiligenreliquien, Geräten und reich verzierten Handschriften hielten den Erlösungsglauben wach.

Die gotischen Kirchenräume dagegen gaben mit ihrer atemberaubenden Höhe und ihrer farbigen Lichtfülle eine Vorstellung vom himmlischen Jerusalem, der Himmelsstadt. Sie versetzten den staunenden Betrachter in eine andere Welt. Die plastische Durchformung der Hochschiffwände im Inneren der gotischen Kathedralen verdrängte die Wandmalerei, die an den Wänden und Decken der romanischen Kirchen Glaubensinhalte sichtbar werden ließ.

Im 14. und 15. Jahrhundert spielten die Städte mit ihrem Handel und ihrer durch mächtige Mauern und Tore geschützten Selbstständigkeit und Freiheit eine immer wichtigere kulturelle Rolle. Das Repräsentationsbedürfnis ihrer Bürger fand seinen Ausdruck in riesigen gotischen und spätgotischen Stadtkirchen und Rathäusern. Neben den großen Hauptkirchen zeugten vor allem die bescheideneren Kirchen der Reformorden und der Bettelorden (s. S. 104) vom tiefen Eindringen der Religion in das Leben der Bürger. Mit dem Aufkommen der einzelnen Andachtsfigur, dem Wandelaltar und der größeren Realistik der Bilder wie auch der massenhaften Verbreitung von Bildern durch die neuen graphischen Techniken Holzschnitt und Kupferstich kündigten sich neue Tendenzen in der Kunst an.

Die Versuchung Jesu, 1020/1030. Codex Echternach, 42,2 x 31,1 cm. Nürnberg, Germanisches Nationalmuseum

Hieronymus Bosch: Der Garten der Lüste (Triptychon, Mittelteil), um 1510–1516.
Öl auf Holz, 220 x 389 cm.
Madrid, Museo del Prado

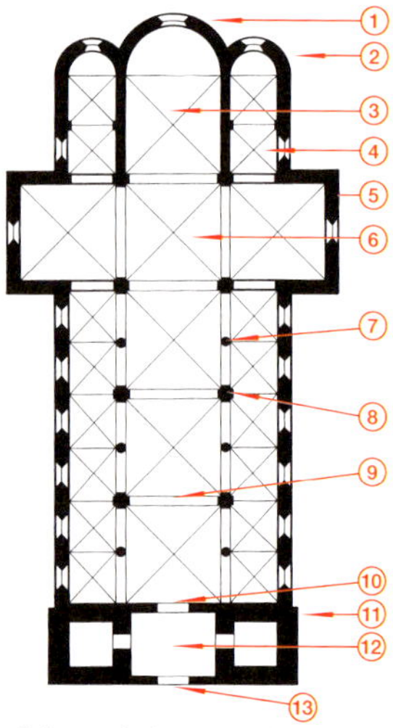

Schematischer Grundriss einer romanischen Basilika:
1 **Hauptapsis**
2 **Seitenapsis**
3 **Hauptchor**
4 **Nebenchor**
5 **Querschiff**
6 **Vierungsquadrat**
7 **Säule**
8 **Pfeiler**
9 **Gurtbogen**
10 **Innenportal**
11 **Turm**
12 **Vorhalle**
13 **Außenportal**

Karolingische und ottonische Kunst

Den bildenden Künsten hatte Karl der Große in seinem Reich die Aufgabe zugedacht, die christliche Heilslehre zu verbreiten und die Einheit von Reich und Kirche zu verdeutlichen. Dazu gründete er in Aachen Palastwerkstätten und Schulen, zu deren Leitung er Fachleute aus Irland und Byzanz berief. In Aachen und in den großen Klöstern in Reims, Metz, Tour, Trier, St. Gallen oder in bayerischen Klöstern schrieben die Mönche Bücher ab und illustrierten sie (s. S. 124 ff.). In den Werkstätten stellten sie reich verzierte Objekte für den kirchlichen Gebrauch her. Aus den verschiedenen Einflüssen von byzantinischen Werkstätten, frühchristlichen Vorbildern und aus dem Formenschatz germanischen und keltischen Ursprungs entstand eine künstlerische Vielfalt, die erst in der Folgezeit zu einer einheitlichen Form und gesteigerten Intensität fand.

Als einziger größerer Bau aus karolingischer Zeit blieb neben der Pfalzkapelle in Aachen (s. S. 134) die **Torhalle in Lorsch** (um 790) erhalten. Sie ist als Triumphtor mit drei Durchgängen gestaltet, im Obergeschoss liegt die Michaelskapelle, die einst als Königshalle auch repräsentativen Zwecken diente. Auffallend ist die reiche Gliederung des Außenbaus mit vier ▸Halbsäulen im Erdgeschoss und zehn flachen Wandpfeilern im ersten Stock, die mit Schmuckgiebeln verbunden sind. Ein lebendiges Muster aus roten Kacheln überzieht die gesamte Wandfläche.
Von der übrigen Klosteranlage ist mit Ausnahme einer Vorkirche nichts erhalten. Aus den Fundamenten wurde jedoch in den letzten Jahren eine Rekonstruktion entwickelt, die einen Eindruck von dem imposanten Komplex geben kann.
Nach dem Zerfall des karolingischen Reiches brach eine neue Zeit an, die durch den Einfall fremder Völker, der Ungarn und der Wikinger, geprägt ist. Die Sachsenkaiser, vor allem die Ottonen (919–1024), griffen den Reichsgedanken wieder auf. Ihr politischer Einfluss beschränkte sich aber vorwiegend auf den deutschen Raum. In der Zeit der Ottonen wurde (Nieder-)Sachsen der politische und kulturelle Schwerpunkt des Reichs. Träger der Kultur dieser Zeit war fast ausschließlich die Geistlichkeit, und so sind neben der Buchmalerei (s. S. 124ff.) vor allem Sakralbauten und für die Kirche geschaffene Kunstwerke die herausragenden künstlerischen Leistungen.
In dieser Zeit erhielten die Bauten immer größere Abmessungen. Ihre Innenräume wurden klarer gegliedert, es entwickelten sich reichere Formen der Baukörper und des architektonischen Schmuckes. Von dem größten Kirchenbau Ottos I., dem Dom in Magdeburg, ist außer einzelnen Bauteilen nichts mehr erhalten.

Einen Eindruck des ottonischen Bauens gibt die Klosterkirche **„St. Cyriakus"** des Markgrafen Gero in Gernrode (gestiftet 961). Die Kirche gehörte ursprünglich zu einem Nonnenkloster, das sich der Verbreitung des christlichen Glaubens in diesem Gebiet widmen sollte. Im Außenbau umfassen zwei gedrungene Türme den Westteil und verleihen der Kirche ein burgähnliches Aussehen. Der ältere Ostteil besteht aus dem Chor und einer halbrunden Apsis und enthält im Untergeschoss die Krypta mit dem Grab des Stifters. Vor dem Chor schneidet ein Querschiff den dreischiffigen Bau mit ▸basilikalem Querschnitt. Der Innenraum wird durch die großen Mauerflächen des Hauptschiffes bestimmt, die durch Bogenöffnungen in verschiedener Größe durchbrochen werden. Säulen und Pfeiler tragen im Erdgeschoss in rhythmischem Wechsel die Bögen. Die kleineren Bögen des Emporengeschosses werden nur in der Mitte durch einen Pfeiler geteilt, während die Fenster des ▸Lichtgadens knapp unter der Balkendecke nicht auf die Bogenstellungen darunter bezogen sind. Die quadratische Vierung ist die Schnittstelle von Haupt- und Querschiff. Sie wird durch vier Bogenöffnungen betont. Die Ansätze zu rhythmisierender Gliederung im Wechsel von Säule und Pfeiler (Stützenwechsel), wie hier in Gernrode, setzten sich später als gliedernde architektonische Form fort, z. B. in St. Michael (s. S. 136) in Hildesheim und in Speyer.

▸**Halbsäule:** vor eine Wand gestellte Säule mit halbkreisförmigem Querschnitt, die als Architekturelement die Wand gliedert

▸**Basilikaler Querschnitt**

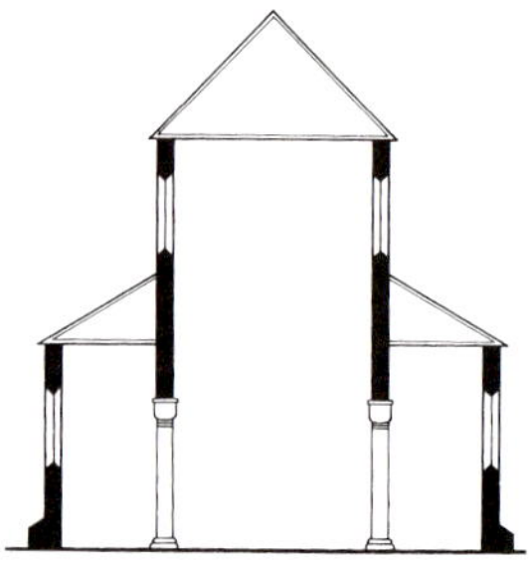

▸**Lichtgaden:** Fensterzone im oberen Teil der Hochschiffwand oberhalb der Dächer der Seitenschiffe

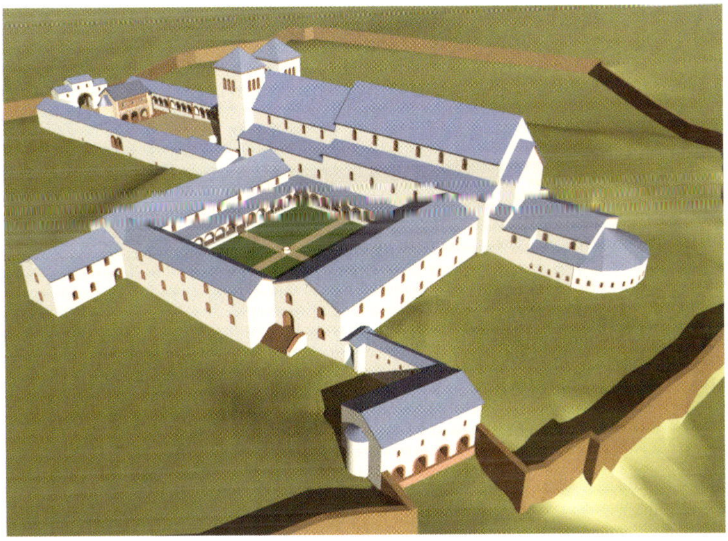

Kloster Lorsch. Computergestützte Rekonstruktion

Torhalle in Lorsch, um 790

St. Cyriakus in Gernrode, gestiftet 961. Außenansicht

St. Cyriakus in Gernrode, Mittelschiff nach Osten gesehen. Breite 9,2 m, Höhe 14,7 m, Gesamtlänge der Anlage 47,5 m

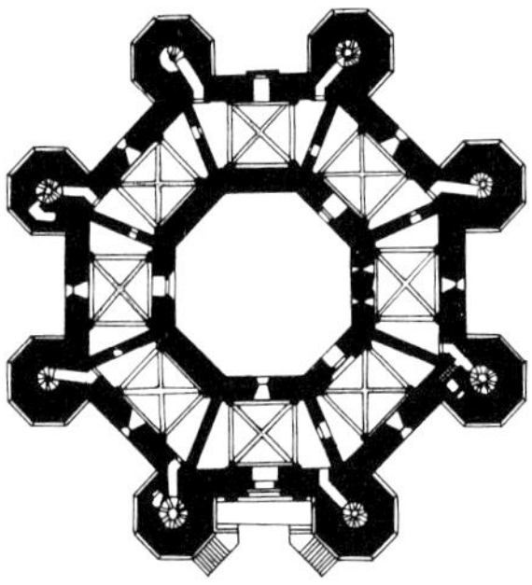

Castel del Monte, Apulien. Grundriss

Großbauten aus Stein – Pfalzen und Burgen

Mit den Gebäuden der Kaiserpfalzen, den Bischofskirchen und Klosteranlagen entstanden zur Zeit Karls des Großen erstmals seit der Römerzeit wieder Großbauten aus Stein.
Die Kaiserpfalzen, wie in Aachen und **Ingelheim**, aber auch an etwa fünfzig weiteren Orten im gesamten Reich, dienten dem Kaiser und seinem Gefolge als Residenz auf Zeit. Sie bestanden meist aus einem großen, oft zweigeschossigen Saalbau für Staatsakte, einer Kirche, aus Wohn- und Verwaltungsbauten und einem Säulenhof. Der Hauptbau mit dem Kaisersaal wurde durch große ▸Fensterarkaden reich mit Licht versorgt; er besaß an der Eingangsfront meist Freitreppen und Terrassen zu einem Innenhof. Die ▸Fassade dieses Baus war mit schmückenden ▸Rundbogenfriesen und ▸Gesimsen architektonisch gegliedert und wurde zum Vorbild für das Hauptgebäude (Palas) vieler Burgen des späteren Mittelalters. Von den Pfalzen blieben nur Ruinen erhalten, die an einigen Standorten im 19. Jahrhundert rekonstruiert wurden, so z. B. in Goslar. Gut erhalten ist auch – trotz einiger Veränderungen – die Palastkapelle als Teil der Kaiserpfalzen in Aachen (s. S. 134) und Ingelheim.

In den unruhigen Zeiten des Mittelalters bildeten die Burgen der Herzöge, Grafen und Ritter mehr oder weniger sichere befestigte Verteidigungsanlagen. Auf einem Berg oder Hügel gelegen oder als Wasserburg von Wassergräben umgeben, gewann die Burg aus ihrer schwer zugänglichen Lage und ihrem ausgeklügelten Mauersystem ihre geschützte Stellung. Im frühen Mittelalter bestand die einfachste Form der Burg aus einem mehrstöckigen Turm, der durch Mauern verstärkt und durch Gräben gesichert wurde. Die bewaffneten Verteidiger konnten, wenn sie mit ausreichenden Lebensmittelvorräten versehen waren, in einer derartigen Befestigungsanlage den feindlichen Belagerern einige Zeit Stand halten.

Große Burganlagen errichteten auch die Kreuzritter in bedrohtem Gebiet. Das bekannteste Beispiel ist die Burg **„Krak des Chevaliers“** in Syrien, die im Jahr 1142 dem Johanniterorden übergeben wurde. Umgeben von zwei Mauerringen mit zinnenbewehrten Türmen, mit einer Besatzung von etwa 2000 Rittermönchen, einem riesigen Lebensmittellager und einem wirkungsvollen System zum Auffangen und Speichern des Regenwassers war die Burg auf länger andauernde Belagerungen gut vorbereitet. Erst 1271 eroberte der Sultan Baibar diese Kreuzritterfestung und machte sie anschließend zu seinem Regierungssitz.

Auch in einigen osteuropäischen Ländern stehen noch gut erhaltene Ordensritterburgen, so in Marienburg/Ostpreußen, wo der ▸Deutsche Orden von 1309 bis 1459 seinen Hauptsitz und Verwaltungsmittelpunkt für die Missionierung Osteuropas besaß.

Eine Wandlung vom romanischen zum gotischen Burgenbau lässt sich nur an den Architekturformen feststellen und an der wachsenden Komplexität und Weitläufigkeit der Anlagen. Immer mehr dienten die Burgen in späterer Zeit den adeligen Familien auch als Wohnsitz. Die meisten Burganlagen wurden im Laufe von Jahrhunderten in Kriegen und Machtkämpfen zerstört, sodass sie heute in der Mehrzahl nur noch als Ruinen erhalten sind.

Eine besonders eindrucksvolle Form kaiserlichen Bauens zeigt sich im **„Castel del Monte“** in Apulien in Süditalien. Hier ließ der Staufer-Kaiser Friedrich II. um 1240 ein Gebäude mit acht Türmen und einem achteckigen Innenhof errichten. Dass der Bau nicht zur Verteidigung eingerichtet war, sondern als Jagdschloss für hoch gestellte Gäste eher der Demonstration von kaiserlicher Macht und Kultur diente, zeigt sich darin, dass jegliche Wehranlagen oder Gräben fehlen. Dagegen weisen die strenge Symmetrie des Grundrisses, die reiche Gestaltung des Eingangsportals und die Ausstattung eines Thronsaals mit Marmor und Mosaiken sowie der Einbau von Kaminen in allen Gästeräumen auf die repräsentativen und luxuriösen Funktionen des Baus hin.

▸**Arkaden:** Bogenreihen, auch bei der Gruppierung von bogenförmigen Fenstern zu Zweier- oder Dreiergruppen gebräuchlicher Begriff

▸**Fassade:** repräsentative Vorderfront eines Hauses, häufig symmetrisch angelegt und mit einem aufwändigen Giebel geschmückt

▸**Rundbogenfries:** romanisches Architekturornament aus Bogenformen

▸**Sims, Gesims:** waagerecht die Fassade gliedernder Mauerabsatz, unter dem Dach oder unter den Fenstern

▸**Deutscher Orden:** Kreuzritterorden, der 1190 als Krankenpflegerorden gegründet und zum Ritterorden umgewandelt wurde; zuerst war der Hauptsitz in Akko (Palästina), ab 1309 in Marienburg, später in Königsberg. In den Ländereien an der Ostsee gründete der Orden Burgen und Städte und trieb Handel.

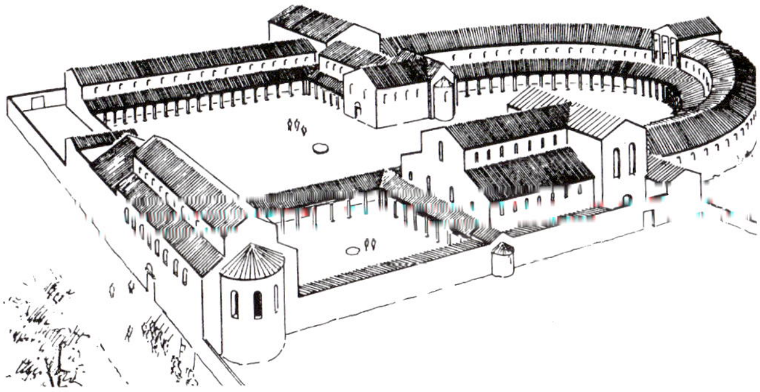

Pfalz zu Ingelheim,
Rekonstruktionszeichnung

Krak des Chevaliers,
um 1110

Castel del Monte bei
Andria/Apulien, um 1240

Romanische Kirchen in Europa – Deutschland und Italien

‣**Tonnengewölbe**

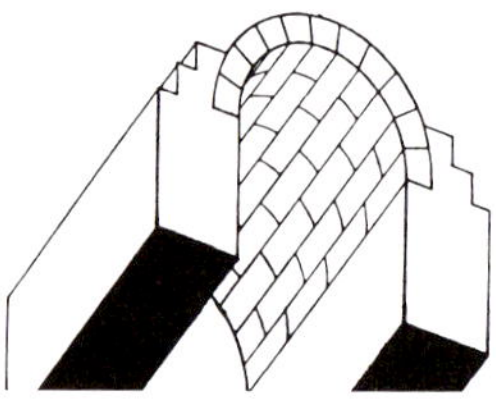

‣**Gurtbogen:** einen Gewölbeabschnitt abschließender und gliedernder Bogen aus gemauerten Steinen

‣**Kreuzgratgewölbe**

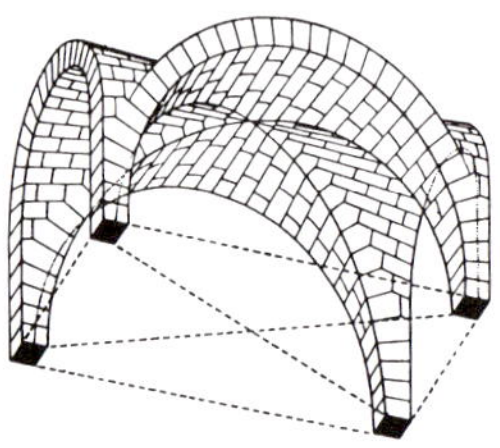

‣**Kleeblattchor**

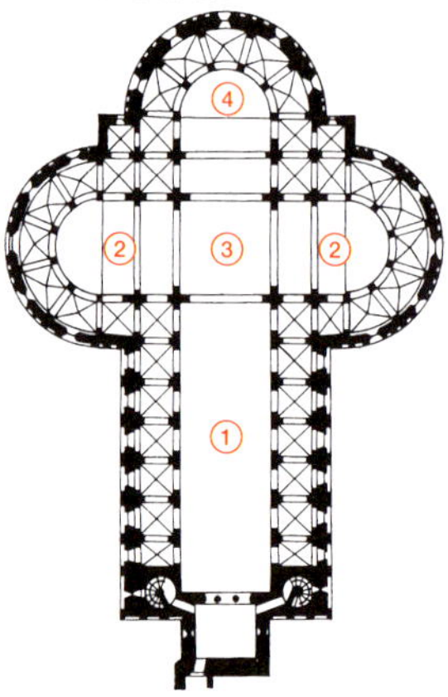

Kleeblattchor, St. Maria im Kapitol, Köln:
1 Hauptschiff
2 Querschiff
3 Vierung
4 Chor

‣**Vierung:** Schnittpunkt von Haupt- und Querschiff; im Inneren meist durch Bogenöffnungen betont, außen oft durch einen Vierungsturm bekrönt

Nach der Jahrtausendwende entstanden in ganz Europa neue Kirchen im romanischen Stil (s. S. 92). Der christliche Glaube hatte nun alle Volksschichten ergriffen. Die Reformorden (s. S. 92) lösten eine religiöse Begeisterung aus, die zur Neugründung von Klöstern in bisher nicht besiedelten Gebieten führte. Dieser Eifer führte auch zu den Unternehmungen der Kreuzzüge ins Heilige Land und löste die Wallfahrerströme zu den Stätten der berühmten Heiligen aus.

Feste Burgen gaben dem Land mehr Sicherheit. In ihrem Schutz entwickelten sich allmählich Siedlungen und später Städte. Auch die Gotteshäuser zeigten mit ihren mächtigen Türmen und der oft betont herausgestellten Stärke ihres Mauerwerks einen wehrhaften Charakter. Das gilt in besonderem Maß für die großen Kaiserdome in Speyer (s. S. 138), Worms, Mainz und Bamberg, aber auch für viele Kloster- und Dorfkirchen, die manchmal auch als Fluchtburgen und letzte Zufluchtsorte für die Menschen der Umgebung dienten.

In verschiedenen Regionen Europas bildeten sich architektonische Eigenheiten aus. So boten z. B. die Lösungen des Wandabschlusses nach oben verschiedene Möglichkeiten. Der Abschluss zur Decke hin konnte als offener Dachstuhl, als flache Holzdecke, als liegende ‣Tonne mit und ohne ‣Gurtbögen oder als ‣Kreuzgratgewölbe, auch als eine Aneinanderreihung von Kuppeln ausgeführt werden.

Bei den deutschen Kloster- und Bischofskirchen der romanischen Zeit setzte sich der Typus der Basilika (s. S. 74, 86) mit einem erhöhten Mittelschiff und zwei niedrigeren Seitenschiffen durch. Eine neue Ausprägung erhielt hier das Westwerk, das über einer Eingangshalle eine zweigeschossige Empore für repräsentative Aufgaben aufweist. In der Abteikirche Corvey (gegründet 822) ist ein derartiges Westwerk erhalten, das im Außenbau durch einen hohen turmartigen Aufbau und flankierende Türme hervorsticht.

Eine ähnlich imposante Ansicht eines Westwerks bietet die Kirche **„St. Pantaleon"** in Köln. Der Bau wurde unter Bischof Bruno (954–965) begonnen, 980 geweiht und wenig später vergrößert. Die mächtige Turmgruppe bildet einen imposanten Komplex und rahmt den Zugang zum Kirchenschiff. Später entstand in den romanischen Kirchen Kölns mit dem ‣Kleeblattchor eine regionale Sonderform des Ostchors. Sie ist auch in den Kölner Kirchen „St. Maria im Kapitol" sowie in **„St. Aposteln"** und „Groß St. Martin" verwirklicht.

In Italien lassen sich mehrere Regionen mit romanischer Tradition unterscheiden. Neben den von den romanischen Kirchen und Klöstern Mailands geprägten Formen entwickelte die mittelitalienische Landschaft einen eigenen Stil. Einflussreich wirkte hier z. B. der **Dom von Pisa** (begonnen 1063), eine riesige Basilika mit Querhaus und einer ovalen Kuppel über der ‣Vierung. Vor allem in seiner reichen Dekoration der äußeren Mauerflächen, die von zierlichen Bogengalerien überzogen sind, setzte der Dom von Pisa Maßstäbe. Der bekannte und seit seinem Einsinken als „schiefer Turm" berühmte Campanile (Glockenturm) ist von dem Kirchenbau etwas abgerückt. Er besitzt acht Stockwerke übereinander, die mit reichen Bogenreihen den ornamentalen Schmuck und die Gliederung des Kirchenäußeren wieder aufnehmen. In ähnlicher Weise ist auch das Baptisterium, die Taufkirche, verziert. Dieser von einer Kuppel gekrönte Rundbau ist der Eingangsseite des Domes vorgelagert und vor allem durch seine spätere Innenausstattung berühmt geworden.

Wie in anderen toskanischen Städten, so in Pistoia, Lucca, Siena und Florenz, findet sich auch in Pisa der malerische Wechsel von weißem Marmor und grünschwarzem Serpentin an den Außenfassaden der Kirchen. Vor allem die Kirche „San Miniato al Monte" in Florenz und die Abtei Badia in Fiesole oberhalb dieser Stadt zeigen den wirksamen Kontrast an ihrer Fassade.

St. Pantaleon in Köln, um 980. Außenansicht

St. Aposteln in Köln, Dreikonchenchor, um 1200

Dom von Pisa, begonnen 1063. Außenbau mit Campanile (westlichste Teile und Fassade 1264–1270)

Romanische Kirchen in Europa – Frankreich und England

Von Burgund im heutigen Frankreich gingen während des Mittelalters zwei einflussreiche Strömungen in der Kirchenbaukunst aus: Zum einen wirkte sich die Ordensreform, die ihren Ausgang von der Abtei Cluny nahm, auf Neugründungen in ganz Europa aus. Vor allem mit dem dritten Kirchenbau (1088 – Ende 12. Jahrhunderts, s. S. 140) in Cluny, dessen Ausmaße nur von der größten Kirche der Christenheit, von Alt St. Peter in Rom, übertroffen wurden, setzte der Orden Maßstäbe.
Die zweite Strömung ging von dem Reformorden der Zisterzienser aus und brachte eine Reduzierung des Kirchenbaus auf schlichte, in grauem Stein gebaute Kirchen mit sich. In der Nachfolge des Hl. Bernhard von Clairvaux (um 1090–1153) verzichteten die Zisterzienser auf Türme und auf die Darstellung von ▸Figuren in Kapitellen und Glasfenstern (s. S. 147).

Typisch für die burgundischen Kirchen der romanischen Zeit waren dreischiffige basilikale Anlagen mit Querschiff, Chor, einem Chorumgang im Inneren und einem Kranz von Kapellen außen. Durch die vielen Kapellen, in denen Altäre standen, wurde vor allem in den großen Klöstern die Möglichkeit des täglichen Gottesdienstes für die Priestermönche geschaffen. Über der Vierung erhob sich meist eine achteckige Kuppel, die ein Turm krönte. Ein weiteres Merkmal französischer romanischer Kirchen ist die reiche Gliederung der Wand am gesamten Baukörper. In einzelnen Elementen schuf die romanische Architektur die Voraussetzungen zur Gotik; so traten in Cluny zum ersten Mal Spitzbögen (s. S. 98) auf. Weitere Neuerungen waren die Einführung von ▸Triforien in der Hochschiffwand zwischen Arkaden und Fenstern und Strebebogen am Außenbau.

Neben den Wallfahrtskirchen in Toulouse, Conques und Clermont-Ferrand an den Wallfahrtswegen Frankreichs ins spanische Santiago de Compostela bildete sich in der Auvergne ein eigener Kirchentypus aus. Er ist durch ein hohes Querschiff mit erhöhter Kuppel und achteckigem Turm gekennzeichnet, wie auch durch einen reichen Kapellenkranz. **„St. Nectaire"** in **Issoire** ist dafür ein typisches Beispiel.

Im Elsass entstand eine ganze Reihe romanischer **Kirchen** wie in **Murbach,** die durch imposante Westwerke auf die rheinischen Kirchen bezogen sind und in den romanischen Teilen des Münsters von Straßburg ihren Höhepunkt fanden.

In der Normandie wurden seit der Mitte des 11. Jahrhunderts viele große, flach gedeckte Basiliken mit Emporen und reichen Wandgliederungen gebaut. Hier entwickelten sich auch die Vorläufer der gotischen ▸Dienste. Anfänge der Gotik finden sich in der Dynamik der hochstrebenden Türme wie bei der Abteikirche **„St. Etienne" in Caen.**

Nach der Eroberung Englands durch die Normannen (1066) entstanden dort große romanische Kirchen mit gewaltigen Raumdimensionen, so in den Vorgängerbauten der späteren gotischen Kirchen in Canterbury, Winchester, Ely, Gloucester und an vielen anderen Orten. Englische Sonderformen sind der überreiche Schmuck von Wandflächen, Simsen und Bogen mit geometrischen Ornamenten wie Zickzack-, Rauten- und Schuppenmustern und die Ausgestaltung der Eingangsfassaden mit unzähligen Figurenplastiken. Die Hauptschiffe waren meist lang gestreckt und niedrig. Den Deckenabschluss bildeten in der Regel ▸offene Dachstühle oder flache Holzdecken. Der Ostchor wurde, anders als auf dem Kontinent, häufig mit geradem rechteckigem Abschluss gebaut. In der **Kathedrale von Durham** (1093–1128) finden sich bereits Dienste und ▸Rippengewölbe, wie sie später in der Gotik Verwendung finden. Der Vorteil der Konstruktion mit Rippen und Füllmauerwerk liegt in der Reduzierung des Gewichtes, weil bei der Verwendung von Steinrippen die füllenden Teile der Gewölbefelder aus leichterem Material gemauert werden.

▸**Figurenkapitell:** Säulenkapitell, das in plastischen Reliefs Szenen aus der Bibel zeigt (s. S. 115)

▸**Triforium:** flacher Gang in der Hochschiffwand gotischer Kirchen als Element zur Wandgliederung mit dreibogigen Öffnungen zum Mittelschiff hin

▸**Dienst:** lange, dünne Säulen oder Halbsäulen, die auf der Wand oder den Pfeilern aufliegen und als zusätzliche Stützen der Gewölbe dienen

▸**Sims, Gesims:** waagerecht die Fassade gliedernder Mauerabsatz, unter dem Dach oder unter dem Fenster

▸**offener Dachstuhl:** Dabei sind die meist farbig geschmückten Balken der Tragekonstruktion des Kirchendaches sichtbar.

▸**Kreuzrippengewölbe**

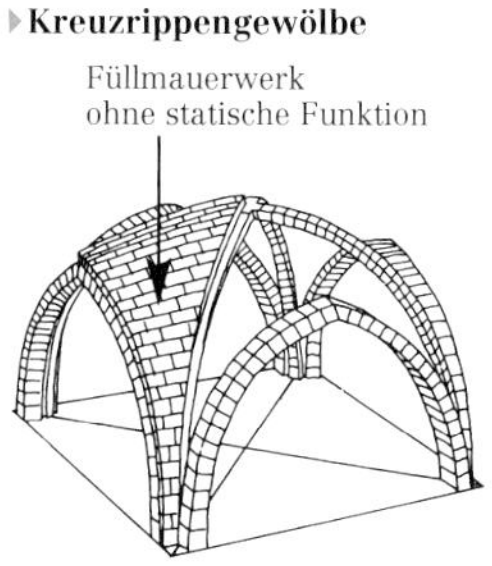

St. Nectaire, Issoire, Auvergne, um 1170

Kirche in Murbach, Elsass, 12. Jahrhundert

Kirche Saint Etienne in Caen, um 1700

Kathedrale in Durham, 1093–1128. Innenansicht

Die Idee der gotischen Kathedrale

Die gotische Kathedrale ist in ihrer Großartigkeit nicht zu verstehen, wenn man sie nicht als Idee einer himmlischen Sphäre begreift. Ihr lag auch gegenüber der Zeit vorher ein verändertes Gottesbild zugrunde. In der neuen Vorstellung erhielt das Licht symbolische Bedeutung und galt als eine kultische Macht. Gott wurde nun als höchstes Licht, als Quelle des Lichts verstanden. Die Welt entstand nach dieser, auf der platonischen Ideenlehre fußenden Auffassung aus einem Strom von Lichtenergie, der Ursprung von Schönheit und Sein zugleich ist. „Aus dem einzigen Licht entstehen durch fortschreitende Verdünnungen und Verdichtungen [...] die unendlichen Abstufungen der Farben und die geometrisch-mechanischen Körper der Dinge. Die Proportion der Welt ist also nichts anderes als die mathematische Ordnung, der gemäß sich das Licht [...] materialisiert." (Robert Grosseteste, um 1240)

Durch den Bau der neuen Kirchengebäude, die mit ihrer schwindelnden Höhe und ihren riesigen Fensterflächen wie lichtdurchflutete Kristallkörper wirken und die Idee des göttlichen Lichtes verwirklichen, erwuchs in Nordfrankreich im 12. und 13. Jahrhundert eine religiöse Begeisterung, die auf ganz Europa ausstrahlte. In zeitgenössischen Berichten heißt es, dass sich Menschen jeden Standes, selbst Fürsten, vor die Karren gespannt und geholfen hätten, Baumaterial zu den Kirchen zu bringen. Nur diese begeisterte Stimmung erklärt, warum die gotischen Dome so hoch und in derartig riesigen Ausmaßen gebaut wurden und so reich in ihrer Ausstattung waren. Und doch gleicht keiner dem anderen.

Der großartige Raum und der gewaltige Höhenzug im Inneren, vor allem aber das reiche und farbige Licht der gotischen Kirchen lässt die dunkle, nur von Kerzen erleuchtete ▸kryptenhafte Atmosphäre der romanischen Kirchen weit hinter sich. Kein Wunder, dass an vielen Orten Europas die romanischen Kirchen so klaglos abgerissen und durch gotische Neubauten ersetzt wurden!

▸**Krypta:** Unterkirche, oft als Grablege und zur Aufbewahrung von Schreinen und anderem kostbaren Gerät genutzt

Hans Jantzen beschreibt die Lichtverhältnisse in der gotischen Kathedrale, die heute nur noch in der Kathedrale von Chartres (s. S. 148) original erhalten sind sowie in den Chören von **Beauvais**, Le Mans und Bourges:

■ *Sie zeigen zum ersten, dass das gotische Licht kein „natürliches Licht" ist, und zum zweiten, dass das „Nichtnatürliche" im Zusammenhang mit der entrückenden Macht der Architektur als ein „übernatürliches" Licht erlebt wird. Der gotische Raum wird mit dunkelfarbigem, rötlich-violettem Licht erfüllt, dessen geheimnisvolles Wesen schwer zu beschreiben bleibt, zumal es nicht aus einer Quelle stammt und in seinen Helligkeitswerten je nach der Witterung der natürlichen Außenwelt fließend erscheint, anschwellend, abschwellend, die Farben in der Dämmerung zu unerhörtem Glühen steigernd [...].*

Hans Jantzen, S. 68

Zur Wirkung der eindrucksvollen Architektur des Innenraumes trugen die feierlichen Zeremonien bei, die mit einer Vielzahl von Geistlichen in farbigen Gewändern ausgeführt wurden; seit dem 12. Jahrhundert gab es einen Farbenkanon für die liturgischen Gewänder. Der mehrstimmige, nachhallende Chorgesang und die langsam schreitenden Prozessionen verliehen den großen Ereignissen wie Königskrönungen und Bischofsweihen einen glänzenden und eindrucksvollen Rahmen.

Die Liturgiefeier erhielt einen neuen Aspekt durch die Betonung des Schauens: Höhepunkt der Messfeier wurde die Aufhebung der Hostie durch den Priester bei der Wandlung in den Leib Christi. Bezeichnend ist, dass diese Neuerung ihren Ausgang um 1200 in Paris nahm, wo mit den Kirchen von Saint-Denis und Notre Dame (s. S. 97) zwei frühe Beispiele des gotischen Kirchenbaus standen. Außerhalb der Messen gaben die Kathedralen auch weiträumige Kulissen ab für die Darstellung der Glaubensinhalte im Schauspiel.

Kathedrale in Beauvais, begonnen um 1248. Decke des Chors

Beginn und Höhepunkt der Gotik in Frankreich

Chorumgang: Gang im Inneren einer Kirche um den Chor herum, oft als Fortführung der Seitenschiffe ausgeführt

Triforium: flacher Gang in der Hochschiffwand gotischer Kirchen als Element zur Wandgliederung mit dreibogigen Öffnungen zum Mittelschiff hin

Querschiff: vor dem Chor eingeschobener Bauteil in der Höhe des Hauptschiffes, oft mit seitlichen Eingängen

Stützenwechsel: in romanischen Kirchen der Wechsel von (runden) Säulen und (eckigen) Pfeilern; die Pfeiler tragen dabei das meist quadratische Kreuzgratgewölbe.

Dienst: vgl. S. 92

Bündelpfeiler: In hochgotischen und spätgotischen Kirchen stützen Bündelpfeiler, die aus einem Kern und mehreren Diensten bestehen, die Hochwand. Sie steigen vom Boden ohne Unterbrechung bis in die Gewölbezone auf, wo sie sich in die Rippen auflösen.

Maßwerk: Steinornament der Gotik (s. S. 146)

Vertikalismus: Höhendrang; der Versuch, einem Bau eine aufsteigende, nach oben strebende Wirkung zu verleihen

In der zweiten Hälfte des 12. Jahrhunderts entstand in der Île-de-France, dem französischen Kronland um Paris, die gotische Kathedrale. Sie entwickelte sich im Verlauf einiger Jahrzehnte in einer Reihe von Kirchen, als deren Gründungsbau der Umgangschor der **Abteikirche von St. Denis** gilt; hier wurden die französischen Könige mit ihren Familien bestattet. In den Jahren 1140 bis 1144 erweiterte der Abt Suger (1081–1151) den Chor der Kirche. Durch den neu entstandenen Kranz der sich nach außen wölbenden Kapellen mit den vergrößerten Fensterflächen strömte nun eine Fülle von Licht in den Chorumgang. Weitere Neuerungen führte Suger an der Eingangsfassade durch das Radfenster und die Anbringung von Plastiken auch außerhalb der Portalzone ein.

Die **Kathedrale in Laon** (begonnen 1190) brachte als Neuerung die Ausbildung des Triforiums. Es sitzt als flacher Laufgang, der sich in drei Bögen zum Mittelschiff hin öffnet, über den Arkaden der Hochschiffwände. Seine Hauptfunktion liegt in der plastischen Durchgliederung des Wandstreifens zwischen den Arkaden unten und den Fenstern oben. Auch in der Fassadengestaltung der Eingangsfront setzte Laon Maßstäbe, was die Anordnung der Fensterrose und die plastische Durchformung der Türme angeht. Die Vielzahl der Türme, wie sie in Laon auftrat – auch die Querschiffe besitzen hier Doppelturmfassaden –, wurde nach dem Bau von Chartres im Zuge einer Vereinheitlichung und Formkonzentration nicht mehr gebaut. Die hochgotische Kathedrale ist durch nur noch zwei Türme an der Westfassade gekennzeichnet.
Die **Pariser Kathedrale „Notre Dame“** (begonnen 1163) besaß fünf Schiffe, in späteren Dombauten ging man zu drei Schiffen über. Hier, in Paris, tragen in der Arkadenzone massive runde Säulen die Hochwände des Hauptschiffes; erstmals wurde der Stützenwechsel aufgegeben. Die Dienste, steinerne Stäbe, die die Gewölberippen tragen, steigen in **Notre Dame** erst oberhalb der Säulenkapitelle zu den Gewölben auf. In späteren Kirchen beginnen sie als sichtbarer Teil des Bündelpfeilers am Boden.

Mit der **Kathedrale von Chartres** (1194–1260) begann die Hochgotik der französischen Dome. In Chartres wurden erstmalig hohe Fenster bis in die Gewölbezone hinaufgeführt. Durch die Vergrößerung der Fenster erhielt der Raum, verglichen mit Vorgängerbauten, die dreifache Lichtmenge. Die Dienste steigen in Bündelpfeilern vom Boden bis in die Gewölbezone auf, die Gewölbe werden als schmale rechteckige Felder ausgebildet. Am Außenbau sind Strebepfeiler und Strebebogen erstmals in ganzer Höhe bis zum Dach ausgeführt und mit fächerförmigen Steinbögen gestaltet.

Die drei bedeutendsten Kathedralen der Hochgotik sind Chartres, Reims (s. S. 144) und Amiens. Reims (1211–1300) bedeutete zusammen mit Amiens (1220–1269) die Vollendung des gotischen Ideals. In Reims wurde das Maßwerkfenster (s. S. 146) zum ersten Mal ausgeführt.
An der Außenfassade von Reims (s. S. 145) hat sich der Vertikalismus stärker durchgesetzt als in Laon und Chartres. In der Portalzone überzieht der Figurenschmuck auch die Strebepfeiler und die Blendgiebel über den Portalen. Die Bogenfelder über den Türen sind durch Maßwerkfenster ersetzt, wie auch die Fensterrose darüber durch Erweiterungen die Form eines Fensters erhält. Waagerechte Fensterbänder sind durch Türmchen unterbrochen; es überwiegen senkrechte Gliederungen. Die schmalen Spitzbogenformen der Fenster wiederholen sich bis in die Türme, was der Fassade einen hohen Grad von Einheitlichkeit gibt.

Im Chor der Kathedrale in Beauvais (begonnen 1248) erreichte der Höhendrang seine Übersteigerung und sein Ende (s. S. 95). Zur Ausführung gelangte hier nur der Chor, der 1272 vollendet wurde. 48 m hoch liegen hier die Gewölbe (Reims: 38 m). Im Jahr 1282 stürzte das Bauwerk ein. Trotz des Wiederaufbaus blieb die Kirche unvollendet; der Chor wurde allseitig geschlossen.

St. Denis bei Paris. Nordquerhaus und Sanctuarium von Südwesten

Kathedrale in Laon, begonnen 1190. Westfassade

Kathedrale Notre Dame in Paris, begonnen 1163. Westfassade

Kathedrale in Chartres, 1194–1260. Hochschiffwand

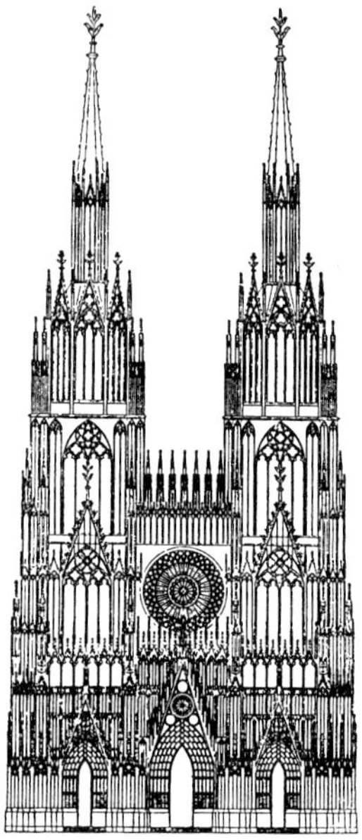

Münster in Straßburg. Riss der Westfassade (nicht ausgeführt)

Konstruktionssystem und Bauhütte

Zur Verwirklichung der Idee der gotischen Kathedrale gab es mehrere architektonische Voraussetzungen, die im Zusammenspiel das Gesamtkunstwerk ermöglichten. Dazu gehörte die Auflösung der Hochschiffwand zu einem Gitter. Ein anderes wichtiges Element war die Entstehung des Gewölbesystems mit den Kreuzrippen, den Diensten und den nach außen verlegten Strebepfeilern, ein drittes der ▸Spitzbogen mit seinen konstruktiven Möglichkeiten. In der Entwicklung von den frühgotischen zu den hochgotischen Kirchen zeigt sich ein Zug zur Vereinheitlichung des Grundrisses; das Querschiff wurde eingezogen und trat nicht mehr so stark in Erscheinung, die Zahl der Schiffe beschränkte sich auf drei, der Umgangschor erhielt einen Kapellenkranz. Alle diese Elemente waren auch schon vereinzelt in früheren Kirchen vorhanden, aber nicht in einen einheitlichen Zusammenhang gebracht worden – zur Verwirklichung der Idee eines von der Raumhöhe bestimmten, lichtdurchfluteten, schwerelos wirkenden Kirchenraumes.

Die gotische Kathedrale ist ein ▸Skelettbau. Anders als die romanischen Kirchen, in denen die Massigkeit der Mauern den Bau bestimmt, trennt das gotische Konstruktionssystem zwischen den tragenden Teilen des konstruktiven Skeletts und den füllenden, abschließenden Teilen dazwischen. Diese Füllungen werden bei der Hochschiffwand z. B. durch die Maßwerkfenster aus dünnen Steinrippen und eingesetzten Gläsern gebildet; im Bereich der Deckenwölbungen wird das über Holzschablonen errichtete Rippenskelett mit leichteren Steinen zugemauert. Nach unten wird das Gewicht des Gewölbes durch senkrechte steinerne Pfeilervorlagen, die Dienste, abgeleitet. Die Dienste kommen von verschiedenen Gewölbeteilen und den Bogenreihen des Hauptschiffs und treffen sich über den Säulen, die die Arkaden tragen. Bei den klassischen Kathedralen vereinigen sie sich zu mächtigen Bündelpfeilern, die bis zum Boden reichen.
Ein weiteres konstruktives Element der gotischen Bauweise ist das Strebewerk am Außenbau, das den Seitenschub der Gewölbe und des Daches über bogenförmige, die Seitenschiffe überspannende Teile auffängt und über Strebepfeiler nach unten ableitet. Wie ein Netz legen sich die Strebepfeiler und -bogen um das Hochschiff und den Chor. Im Inneren ist davon nichts zu sehen, hier herrscht beim Betrachter der Eindruck, als wüchsen die Pfeiler und Säulen unaufhaltsam nach oben, wo sie scheinbar mühelos die hohen Gewölbe tragen. Diese vertikal aufsteigende Dynamik wird durch die spitzen Bogen der Fenster und Gewölberippen verstärkt. Anders als beim romanischen Rundbogen, der den Blick im Halbkreis aufsteigen und wieder nach unten sinken lässt, wird beim gotischen Spitzbogen der Blick nach oben geführt und verharrt im Scheitel. Von da erhält er eine richtungweisende Tendenz nach oben.

Um den Bau eines so großen und aufwändigen Gebäudes zu organisieren, benötigte man einen umfangreichen Stab von spezialisierten Handwerkern, vor allem Maurer und Steinmetzen, Bildhauer, Zimmerleute und Fachleute für die Glasfenster. Da sich der Bau oft über mehrere Generationen hinzog, errichteten die Handwerker ihre Werkstätten am Bauplatz, in denen sie auch im Winter arbeiten konnten. Dort gab man den Bausteinen die benötigte Form oder baute die Giebelfelder über den Portalen zusammen.
Die Bauhütten, die gleichzeitig die Organisationen der Handwerker darstellten, sorgten sich auch um die Weitergabe des handwerklich-technischen Könnens und um soziale Belange, etwa bei Unfällen. Ein Hüttenmeister leitete den Baubetrieb zusammen mit seinem Stellvertreter, dem Parlier (Sprecher). Aufgabe des Hüttenmeisters war die Umsetzung des Planes in die Einzelteile. Dabei musste er sich auf die Kenntnis von Vorbildern verlassen, die er auf seinen Reisen gesehen und studiert hatte, und auf sein Gefühl für Maßverhältnisse, für nötige Wand- und Pfeilerstärken und Belastbarkeiten. Statische Berechnungen kannte man noch nicht.

▸**Spitzbogen:** in der Gotik auch aus konstruktiven Gründen gegenüber dem Rundbogen bevorzugte Bogenform; verschieden weite Spitzbögen können an einem Kreuzgratgewölbe mit rechteckigem Grundriss verwendet werden.

▸**Skelettbau:** Grundauffassung vom Bauen, wobei der Skelettbau ein tragendes Gerüst und dünne füllende oder abschließende Wände betont, während den Massebau die Schwere und Monumentalität durch dicke Mauern und schwer lastende Gewölbe kennzeichnet

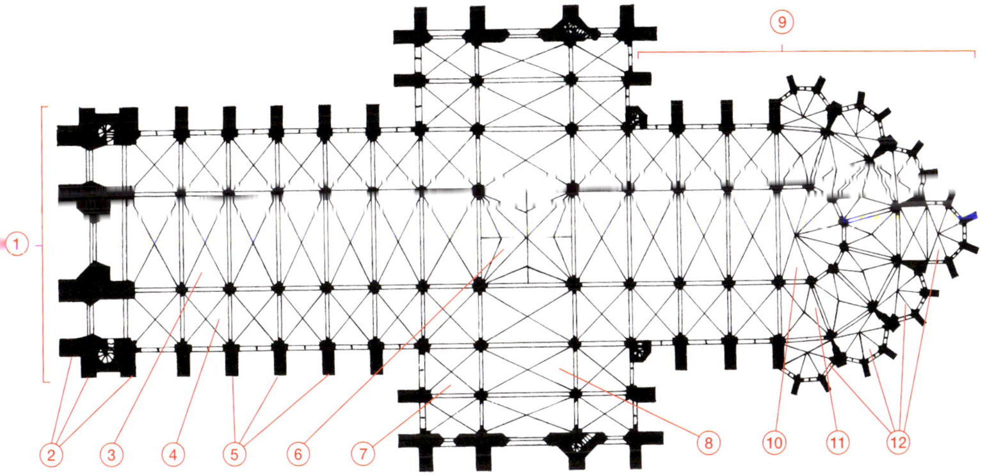

Grundriss einer gotischen Kathedrale

1 Zweiturmfassade mit Trichterportalen
2 Turmstrebe
3 Mittelschiff
4 Seitenschiff
5 Strebepfeiler
6 Vierung
7 Seitenschiff des Querschiffes
8 Querschiff
9 Chor
10 Chorabschluss
11 Chorumgang
12 Chorkapellen ergeben zusammen den Kapellenkranz

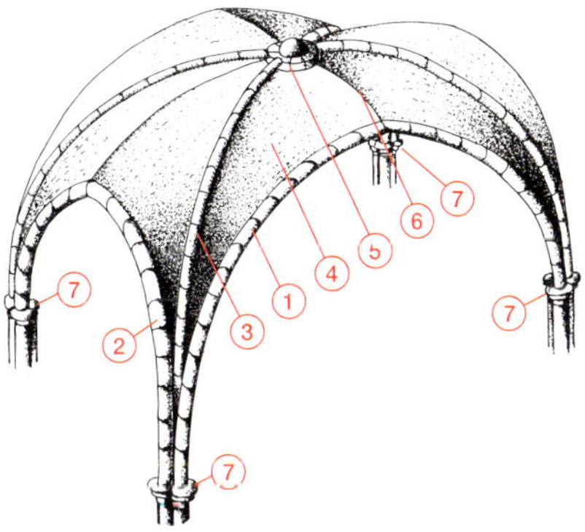

Kreuzrippengewölbe

1 Gurtbogen
2 Schildbogen
3 Kreuzrippe
4 Gewölbekappe
5 Schlussstein
6 Grat
7 Ansatzpunkt der Last und des Schubs

Hochschiffwand mit Strebesystem am Außenbau, Schema

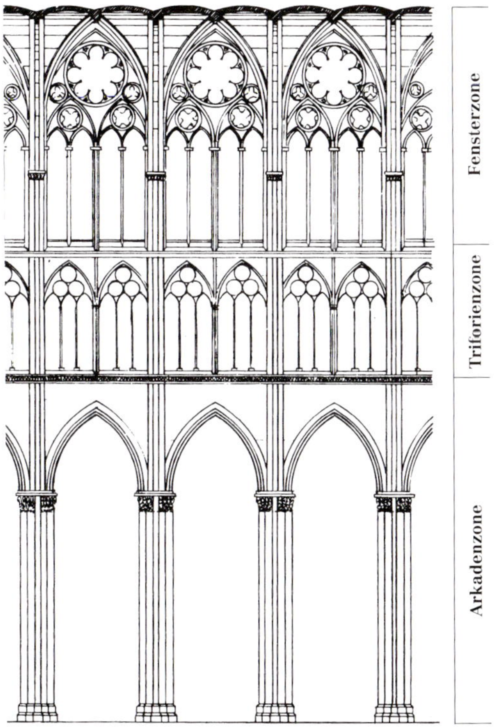

Dreizonige Wandgliederung

Gotische Kirchen in anderen europäischen Ländern

In der zweiten Hälfte des 13. Jahrhunderts entstanden auch in den anderen Ländern Europas, in Deutschland, England, Italien und Spanien Kirchen im gotischen Stil. Nicht überall wurden sämtliche konstruktiven Elemente des französischen Vorbildes übernommen; eher war die Regel eine Verbindung von regionalen Bautraditionen mit gotischen Formen. So spricht auch der Kunsthistoriker Kurt Gerstenberg von einer deutschen Sondergotik, die vor allem den Typus der ‣Hallenkirche bevorzugte – im Gegensatz zum basilikalen Aufbau der klassischen französischen Form.

In Deutschland übernahm man bei einem der ersten Bauten im neuen Stil, bei der **„Elisabethkirche"** in Marburg (1235–1283) gotische Stilelemente wie die Doppelturmfassade und die Betonung der Vertikalen. Anders als bei französischen Domen sind hier jedoch die drei Schiffe als Hallenkirche gleich hoch geführt. Dabei erhält das Hauptschiff seine Beleuchtung nicht von oben, sondern seitlich durch die Seitenschifffenster. Auch die Konstruktion des Strebewerks ist stark vereinfacht, die Strebepfeiler sind an die Außenmauern herangerückt. An mehreren Orten, wo man gotische Dome in ‣Haustein errichtete, wie in Freiburg, Regensburg, Ulm, auch in Wien und Prag, entstanden Bauhütten nach französischem Muster. Nach dem Vorbild von Amiens begann man 1248 den Neubau des Kölner Doms, der aber nach Fertigstellung des Chores über Jahrhunderte unvollendet liegen blieb und erst im 19. Jahrhundert abgeschlossen wurde. Große Verbreitung bis in Kleinstädte und Dörfer fanden die gotischen Formen in unzähligen Pfarrkirchen mit spitzen Turmhauben und Netzgewölben. Diese Kirchen wurden im Norden Deutschlands meist nicht in Haustein, sondern im billigeren ‣Backstein errichtet. Sie orientierten sich weniger an den großen klassischen Kathedralen als an den Bauten der Zisterzienser und der Bettelorden.

Die Eigenart der franziskanischen und dominikanischen Kirchenbauten mit ihrer Schlichtheit und Großräumigkeit zeigt sich in den vielen großen Kirchen Ober- und Mittelitaliens, so in San Francesco in Assisi, in Bologna oder in **„Santa Croce"** in Florenz. Die Predigerorden benötigten für ihre Art der Seelsorge große, helle Räume, die mit ihren weiten Pfeilerfolgen und der horizontalen Gliederung dem französischen Ideal der vertikal bestimmten Raumdynamik kaum entsprachen.
Dort, wo reiche Städte als Ausdruck ihrer Macht Dome in weißem Marmor bauten, wie in Orvieto oder **Siena,** entwickelte man die vertikal aufstrebenden Fassadenteile zu tafelartig abgetrennten, üppig ornamentierten Schaugiebeln, die mit bunten Mosaiken ganz „ungotisch" verziert sind. Ein spätes Werk gotischer Baukunst stellt der Dom in Mailand (begonnen 1387, fertiggestellt 1858) dar, bei dessen kastenförmigem Bau reiche gotische Zierformen als Verkleidung auftreten.

Auch die englische Auffassung des gotischen Stils variiert das französische Vorbild durch eigene Ausprägungen. So breiten sich englische Dome dieser Zeit mit eher niedrigen Hauptschiffen und ausladenden Querschiffen, z. B. bei der **Kathedrale von Salisbury,** mehr in der Waagrechten aus, ohne den starken vertikalen Zug der klassischen französischen Gotik. Plastische Figuren sind in England nicht auf die Portale konzentriert, sondern über die gesamte Breite der Eingangsfassade verteilt. Die Kircheneingänge sind bei weitem weniger auffällig als die Portale französischer Dome. Auch die Fensterrose erscheint an englischen Kirchen nicht. Im Inneren fehlt der durchgehende Aufstieg nach oben; häufig reichen die Dienste nicht bis zum Boden, sondern werden von mächtigen Säulen gebündelt und gestützt. Die Rippengewölbe erfuhren in England eine ornamentale Ausgestaltung ins Phantastische und erhielten in der späten Phase der englischen Gotik, dem „Perpendicular Style" (1360–1480), eine ganz eigene Ausprägung. Die Kirchen und Kapellen dieser Zeit neigen zu saalartigen Einheitsräumen, die durch die reichen, senkrecht geführten Stabelemente ihre vertikale Gliederung erhielten.

‣**Hallenkirche:** Kirche, bei der Mittel- und Seitenschiffe gleich hoch sind

Querschnitt einer Hallenkirche (Elisabethkirche in Marburg)
1 Außenmauer
2 Seitenschiff
3 Mittelschiff

‣**Haustein:** klassisches Material der französischen Kathedralgotik, das im Steinbruch gebrochen und vor seiner Verwendung in die benötigte Form behauen wird

‣**Backstein:** gebrannter Lehmziegel, den man als billiges, aber weniger gut in elegante und präzise Form zu bringendes Material für gotische Kirchen vor allem in Deutschland verwendete (Backsteingotik)

St. Elisabeth in Marburg, 1235–1283. Ansicht von Südosten

Arnolfo di Cambio: Santa Croce in Florenz, 1295–1442

Dom von Siena, begonnen um 1225

Kathedrale von Salisbury, 1220–1258

Die Stadt im Spätmittelalter

Seit dem 10. Jahrhundert begannen in den europäischen Ländern, vor allem in Deutschland und Frankreich, die Städte, die vor der Völkerwanderung römische Ansiedlungen waren, wieder zu wachsen. In Deutschland waren dies z. B. Köln, Mainz, Trier, Worms, Augsburg und Regensburg. Im 12. und 13. Jahrhundert erfolgten überall Neugründungen an bevorzugten Orten wie Flussübergängen oder an den Kreuzungspunkten von Handelswegen.
Für die Landesherren brachten die Städte Steuer-, Pachtzins- und Zolleinnahmen, den dort ansässigen Bürgern versprachen sie eine bessere Existenz mit größeren persönlichen Freiheiten. Die Märkte verschafften den Bauern und Handwerkern des Umlandes neue Verdienstmöglichkeiten. Außerdem boten die befestigten Ansiedlungen eine gewisse Sicherheit vor der Willkür der Feudalherren und vor herumziehenden Kriegsheeren.

Dafür errichteten Städte wie **Nürnberg** Ringmauern mit bewachten Toreingängen und Befestigungsanlagen, die bei einem feindlichen Angriff von den Bürgern der Stadt gemeinsam verteidigt wurden. Der Ring von hohen Türmen und die aufwändigen Stadttore waren über die militärischen Bedürfnisse hinaus der Stolz der Bürgerschaft. So erhielten die Tore oft plastische Schmuckelemente und architektonische Zierformen wie ▸Zinnen und Turmkränze aus Stein, glasierte Ziegelsteinverkleidungen u. Ä.

In ihren Rathäusern zeigten die Bürgerschaften ihre Handelsmacht und finanzielle Stärke. So schmückten sie die Rathäuser oft mit Treppenaufgängen und ▸Erkern und statteten die Giebel mit gotischen Türmchen und reichen Fensterrahmungen aus. In vielen Städten zeugte auch ein hoher Rathausturm vom Machtanspruch der Bürgerschaft. Ein repräsentatives Beispiel ist das **Rathaus in Münster** in Westfalen, dessen Giebel in der 2. Hälfte des 14. Jahrhunderts einem älteren Bau vorgesetzt wurde. Über den ▸Laubenöffnungen im Erdgeschoss entsprechen den Bogenöffnungen vier reich mit Maßwerk ausgestaltete Spitzbogenfenster, die den Ratssaal mit Licht versorgen. Darüber erhebt sich der hoch aufragende ▸Treppengiebel mit senkrechten Wandgliederungen, aufwändigen ▸Maßwerkdurchbrüchen und mit ▸Krabben verzierten ▸Fialen.
Vor allem in den Handelsstädten des Nordens zeigten auch die Versammlungshäuser von Gilden und Ständen und die Hausfassaden von reichen Bürgern im Schmuck ihrer Giebel, ihrer Fenster und Eingänge den vorhandenen Wohlstand.

Die Reihen der Bürgerhäuser lichteten sich an bevorzugten Plätzen, wo die Haupt- und Pfarreikirchen den baulichen Mittelpunkt bildeten. Sie vor allem sollten in ihrer Größe und Ausstattung dem Bürgerstolz Ausdruck geben; in ihnen besaßen Handwerkszünfte und reiche Familien eigene Altäre und Grabkapellen. Selbst die ▸Spitäler, die häufig als Stiftungen reicher Bürger entstanden waren, sollten in bescheidenem Maß den dort verpflegten Kranken und Alten ein würdiges Leben gestatten und das Andenken ihrer Stifter wahren. Als Vorläufer der heutigen Krankenhäuser und Altenheime waren die Hospitäler meist um einen Innenhof gruppiert und besaßen neben den Krankensälen immer auch eine Kapelle für die geistige Seelsorge; die Pflege besorgten häufig Schwestern oder Brüder der Bettelorden. Ein besonders schönes Beispiel eines Hospitals, das bis 1948 in seiner Funktion als Krankenhaus benutzt wurde, hat sich in Beaune in Burgund im **„Hôtel Dieu"** erhalten (erbaut 1443–1451).

In den Städten Italiens, wie z. B. Florenz, Bologna und Mailand und in der reichen, vom Osthandel profitierenden Stadt Venedig, errichteten sich die reichen Familien aufwändige Häuser und Paläste, die im frühen Mittelalter oft mit Türmen befestigt waren. Die Rathäuser dieser Städte – berühmt und bekannt sind vor allem die Stadtpaläste (s. S. 184) von Florenz und Siena – zeigten in ihrer machtvollen Größe und reichen Innenausstattung den Anspruch ihrer Bürgerschaft.

▸**Zinnen:** Reihe von pfeilerartigen Aufbauten auf einer Mauer

▸**Erker:** geschlossene und überdachte Ausbuchtung an Gebäuden

▸**Lauben:** überdachte Bereiche im Erdgeschoss vieler Bürgerhäuser aus dem Mittelalter, die – meist mit Läden besetzt – die Hauptstraßen und Plätze säumen; zur Straßenseite werden die Lauben von offenen Bogenreihen abgegrenzt.

Laube, Münster/Westfalen, Prinzipalmarkt. Wiederaufbau nach dem Zweiten Weltkrieg

▸**Treppengiebel:** gotische Form der Fassadengestaltung mit einem treppenartig ansteigenden, häufig reich geschmückten Giebel

▸**Maßwerk:** Steinornament der Gotik (s. S. 146)

▸**Krabbe:** knollenförmiges Steinornament der Gotik (s. S. 144)

▸**Fialen:** schlanke, spitze Türmchen, typische Zierform der Gotik

▸**Spital, Hospital:** Altersheim und oft auch Krankenhaus zur Pflege alter, hilfsbedürftiger Bürger; weiträumiges Gebäude mit Innenhof und Kapelle

Stadtansicht von Nürnberg. Kolorierter Holzschnitt aus Hartmann Schedels „Weltchronik“, 1491–1943.
Nürnberg, Germanisches Nationalmuseum

Rathaus in Münster/Westfalen, 14. Jahrhundert

Hospital Hôtel Dieu in Beaune/Burgund, 1443–1451

Die Spätgotik in Deutschland

Obwohl die gotischen Bauformen der französischen Kathedralen, wie der Spitzbogen, die großen Maßwerkfenster und die reiche Bauornamentik, bald auch in Deutschland übernommen wurden, blieb der Gedanke der französischen Kathedrale mit ihrem gewaltigen Höhendrang hier doch eher fremd. Viel bedeutender wurde für die spätgotische Zeit der Typus der Hallenkirche, bei der die Seitenschiffe in gleiche Höhe wie das Hauptschiff geführt und unter einem gemeinsamen Dach vereinigt werden (s. S. 100).

Die gewaltigen ›Satteldächer und die Doppeltürme der spätgotischen Hallenkirchen bestimmen von Lübeck bis **München** das Stadtbild. Die Beleuchtung erfolgt bei der Hallenkirche durch die hohen Seitenschifffenster. Die Trennung des Kirchenraumes in ein hohes Mittelschiff und niedrigere Seitenschiffe durch eine plastisch ausgestaltete Hochschiffwand entfällt damit, und es entsteht ein hoher und weiter Einheitsraum, der einen hellen, feierlichen, saalartigen Raum für die kirchlichen Feste innerhalb des Gemeinwesens darstellt, wie z. B. in **„St. Martin“** in Landshut.
In der Wölbungszone des Hauptschiffes fällt die Trennung in einzelne Abschnitte, in ›Joche, häufig weg. Die Gewölberippen geben in den spätgotischen Kirchen ihre klare Gliederung auf und verbinden ohne Absatz als ›Netzgewölbe den gesamten Kirchenraum in seiner Länge. Die ornamentale Wirkung dieser Gewölbeform wird häufig in den Gewölbeabschnitten über dem Chor, in den Seitenschiffen und in den Seitenschiffkapellen noch gesteigert.

Auch im Material unterschieden sich die spätgotischen Bürgerkirchen von den gotischen Kathedralen. Diese gewannen ihre Klarheit und plastische Wirkung aus dem hellen Haustein, aus dem sowohl die Bauteile als auch die Plastiken und Ornamente in scharfer Linienführung geschnitten waren. Die Baumeister der spätgotischen Stadtkirchen wählten häufig den um vieles billigeren Baustoff des gebrannten Lehmziegels, des Backsteins (daher kommt auch der Name „Backsteingotik“), der aber nie die plastische Qualität des Hausteins erreicht. Der Lehmziegel begünstigt große glatte Wandflächen. Ziergiebel wie der an der **Marienkirche** in **Prenzlau** zeigen den Versuch, dem spröden Material zu repräsentativ-ornamentaler Wirkung zu verhelfen. Ähnliche Ornamente finden sich dann auch an Rathäusern und Gildehäusern und an den reicheren Bürgerhäusern, deren Reihen die Hauptstraßen und Plätze der spätmittelalterlichen Städte säumten.

In den Städten des späten Mittelalters spielten die neu entstandenen Bettelordenklöster eine große Rolle. Die Franziskaner-, Dominikaner-, Kapuziner- und Karmelitermönche kümmerten sich nicht nur um die Seelsorge der Bürger, sondern sie pflegten in Spitälern auch die Kranken und versorgten die Armen mit dem Nötigsten. In mitreißenden Predigten prangerten sie die Sünden und die Scheinmoral der Bürger an, verkündeten das neue Ideal von Armut und Bruderschaft mit allen Geschöpfen.
Die Kirchen der Bettelorden waren in ihrer Schlichtheit sichtbarer Ausdruck der neuen religiösen Auffassung. Meist blieben die Wandflächen im Innenraum unbemalt, die Fenster farblos und ohne Figurendarstellungen, manchmal mit einer zurückhaltenden Pflanzenornamentik geschmückt. Das Hauptschiff der städtischen Bettelordenskirchen wurde in der Regel mit einer flachen Holzdecke oder einem offenen Dachstuhl nach oben geschlossen. Nur der Chor erhielt reichere Gewölbe und hohe Fenster, außen oft der Mauer anliegende Strebepfeiler. Am Außenbau gab es meist keine Türme, allenfalls einen Dachreiter für die Glocke. Mit diesen markanten und steil im winkeligen Gewirr mittelalterlicher Gassen aufragenden Baukörpern setzten die Bettelordenskirchen, z. B. die ›**Minoritenkirche** in **Regensburg**, bauliche Akzente. Ihre Hauptfunktion bestand darin, ein schlichtes Gehäuse für die Predigt der Bettelmönche zu sein.

›**Satteldach:** nach zwei Seiten schräg abfallendes Dach; bei Hallenkirchen bedeckt es gleichzeitig das Haupt- und die Seitenschiffe.

›**Joch:** von einem Gewölbe überspannter Raumabschnitt, häufig durch Gurtbogen von den benachbarten Jochen getrennt

Netzgewölbe in der Klosterkirche Maulbronn

›**Minoriten:** Zweig der Franziskaner; 1517 als eigener Orden päpstlich anerkannt

Liebfrauendom in München, 1468–1494

St. Martin in Landshut, begonnen um 1300. Innenansicht nach Osten

Marienkirche in Prenzlau, nach 1350

Minoritenkirche in Regensburg, um 1260–1270

Die Verselbstständigung der Einzelkünste – Plastik

Am Beginn des Mittelalters waren noch alle Kunstformen, Plastik, (Wand-) Malerei und Ornament, am Kirchenbau vereint. Zunehmend begannen jedoch die Einzelkunstwerke, sich aus dem Zusammenhang zu lösen und ihre Eigenständigkeit herauszustellen.

Waren in der Zeit der Romanik die Plastiken auf die Eingangszonen oder die Kapitelle der Kirchen beschränkt, so verstärkte sich in der spätgotischen Kunst die Betonung der einzelnen Figur oder der Figurengruppe. Die Veränderung der Religiosität hin zum intensiven Zwiegespräch zwischen dem Gläubigen und dem Heiligen als seinem persönlichen Fürsprecher vor Gott führte in den Kirchen zur Aufstellung von einzelnen Heiligenfiguren. Vor allem die Handwerkerorganisationen der Zünfte und die reichen Patrizierfamilien wollten in ihren Kapellen in den Seitenschiffen der Kirchen zu ihren speziellen Heiligen und Schutzhelfern beten.

Auch die Plastiken der Heiligen wandelten sich im Laufe der Zeit vom Typus des asketischen Propheten zu Verkörperungen von kraftvollen, tätig im Leben stehenden Menschen. **Claus Sluter** (vor 1379–1406) schuf in den Holzfiguren seines **„Mosesbrunnens“** für das ▸Kartäuserkloster in Dijon einen neuen Typ der lebensvollen Figurendarstellung, der weit über das Feinlinige, Weiche der gotischen Plastik hinausgeht.

In Italien verliehen die Mitglieder der Bildhauerfamilie Pisano der Plastik neue körperliche Ausdruckskraft, die sie aus der französischen Kathedralplastik und antiken Vorbildern entwickelten. In den figürlichen Darstellungen und Reliefs der **Kanzeln** wie der im Dom von Pisa setzten Niccolò (um 1225 – um 1279) und dessen Sohn **Giovanni Pisano** (um 1250–1314) Maßstäbe für die spätere Plastik.

Das neue religiöse Gefühl, das durch die Mystik entstanden war und zur tiefen Versenkung des einzelnen Gläubigen im Gebet führte, zeigte sich auch in den geschnitzten und bemalten Darstellungen der großen Wandelaltäre, deren größter in Krakau der Nürnberger Künstler **Veit Stoß** (um 1447–1533) mit überlebensgroßen Hauptfiguren geschaffen hat. Die Entstehungszeit des Marienaltars liegt zwischen 1477 und 1489. In der zentralen Darstellung zeigt Stoß den Tod der Maria, die im Gebet zwischen den Aposteln zusammensinkt. In einem Spätwerk stellte er den **„Englischen Gruß“**, die Verkündigung des Engels an Maria, in einer neuen Form als plastische Zweiergruppe dar, die frei im Chorraum von St. Lorenz in Nürnberg aufgehängt wurde. Die farbigen Hauptfiguren sind von einem Kranz aus geschnitzten und vergoldeten Rosenblüten und weiteren Darstellungen aus dem Leben Mariens in runden Reliefs umgeben.

Im fränkischen Raum entwickelte der Bildhauer **Tilmann Riemenschneider** (um 1460–1531) eine eigene Art der Darstellung. In seinen Altären zeigen die Figuren einen herben Realismus, der ihre Gesichter und ihre Hände in eigenartiger Intensität wirken lässt. So sehr konzentriert sich der Ausdruck auf Mimik und Gestik, dass Riemenschneider sogar die sonst in dieser Zeit übliche farbige Bemalung bei seinen in Holz geschnitzten Figuren weglassen konnte. So erst treten die Helligkeiten und Schatten, die durch die vielen Buckel und Höhlungen im honigfarbigen Holz entstanden, klar und wirkungsvoll hervor.

In der Figurengruppe der **„Heiligen Maria Magdalena mit Engeln“** (1490–1492) stellte Riemenschneider die berühmte Büßerin als anmutige Schöne dar, die von sechs Engeln in den Himmel getragen wird. Entsprechend der Legende ist die junge Frau am ganzen Körper von einem dichten Fell aus Haaren bedeckt, nur Gesicht und Gelenke bleiben frei. Gerade dadurch, dass der ursprüngliche Aufstellungszusammenhang auf einem Altar nicht mehr erhalten ist, kommt die Eigenständigkeit der Figur klar zur Geltung.

▸**Kartäuser:** 1084 gegründeter Einsiedlerorden, nach dem Stammkloster der Grande Chartreuse genannt; Mönche mit weißer Tracht

Claus Sluter: Mosesbrunnen, 1395–1405. Gesamthöhe 175 cm. Kreuzgang der Kartause von Champol bei Dijon

Giovanni Pisano: Kanzel im Dom von Pisa, 1300–1310

Veit Stoß: Englischer Gruß, 1517/18. Höhe 327 cm, Breite 320 cm. Nürnberg, St. Lorenz

Tilmann Riemenschneider: Heilige Maria Magdalena, von Engeln emporgetragen, 1490–1492. Höhe der Magdalena 187 cm. München, Bayerisches Nationalmuseum

Die Verselbstständigung der Einzelkünste – Malerei

Nach der Verdrängung der großen Wandbildzyklen, die die romanischen Kirchen schmückten (s. S. 152), durch die plastisch durchgeformte Wand der Gotik verlagerte und konzentrierte sich die Malerei des gotischen Mittelalters fast ausnahmslos auf die Ausstattung der vielen großen und kleinen Altäre in den Chören, den Chor- und Seitenschiffkapellen der Kirchen.

Durch die neue Kunstform des ▸Wandelaltars (s. S. 154) entstanden bisher unbekannte Möglichkeiten der Gestaltung von Handlungsabfolgen mit dramatischen Steigerungen. Als Malgrund benützten die Künstler meist geleimte Holztafeln, die sie nach dem Grundieren und dem Auftragen der Vorzeichnung lasierend in mehreren Farbschichten bemalten. Häufig erscheint ein Goldgrund in ornamental ▸gepunztem Goldblech oder in Blattgold zur Kennzeichnung der himmlischen Sphäre, in der das Heilsgeschehen stattfindet.

Eine im Detail schwelgende Erzählfreude löste in der späten Gotik die symbolhafte Strenge und Ornamentik der romanischen und frühen gotischen Malerei immer mehr ab. Den Malern und ihren Auftraggebern erschien das Einzelne, sei es Figur, Tier, Pflanze oder Gegenstand, in seiner irdischen Realität und Eigenart immer wichtiger. Auch kleinste Nebensächlichkeiten, die im Bibeltext Erwähnung finden, oder hinzu erfundene Dinge zur erzählerischen Ausgestaltung und damit zur Steigerung des Realitätsgrades erscheinen in den Bildern.
So zeigt **Lukas Moser** (um 1390 – nach 1432) im Dreiecksgiebel seines **„Tiefenbronner Magdalenenaltars“** das Gastmahl in Bethanien, bei dem Magdalena Jesus die Füße wäscht und mit ihren eigenen langen Haaren trocknet. Neben dem liebevoll gemalten Weinspalier und den Gegenständen auf dem Tisch fallen vor allem das weiße Windspiel in der linken Ecke und das Holzfass mit den Krügen und Gefäßen im Winkel rechts auf. Während Magdalenas Schwester Martha weitere Speisen aufträgt, erregen sich die drei Begleiter Jesu über die Verschwendung von teurer Salbe für die Füße des Herrn.

In der italienischen Malerei des 13. Jahrhunderts, vor allem in Siena, Assisi und Florenz, entwickelten die Maler Giotto di Bondone, **Simone Martini** (1284–1344) und Giovanni Cimabue aus der strengen Malerei in ▸byzantinischem Stil eine von größerer Lebendigkeit und Realitätsnähe gekennzeichnete Auffassung. Trotz des strengen, plastisch aufgesetzten geschnitzten Rahmens und des Goldgrundes entwickelte Martini in den Figuren seiner **„Verkündigung“** eine gelöstere und weichere Darstellung, als sie die Maler vor ihm erreicht hatten. Das zentrale Geschehen wird von zwei Heiligenfiguren gerahmt, die in der vergleichsweise plastischen Faltengebung ihrer Gewänder einen größeren Grad von irdischer Realität verkörpern.

Erste Landschaftsausschnitte und in Ansätzen realitätsnahe Abbildungen von Häusern der Stadt Siena schuf der italienische Maler **Ambrogio Lorenzetti** (um 1290 – 1348?) in seinem Fresko **„Auswirkungen der Guten Regierung“**, das er für einen Saal des Rathauses der Stadt entwarf. Auf der hier abgebildeten linken Hälfte des Bildes sind reiche Bürger auf ihren Pferden zu sehen, die zu einer Falkenjagd auf dem Lande aufbrechen. Eine Gruppe tanzender Mädchen tritt auf, Händler, Fischer und Hirten sorgen für die Bedürfnisse der Stadtbewohner. Die reichen Häuser und Paläste geben einen lebendigen Eindruck der mittelalterlichen Stadt, die sich deutlich abhebt gegen das weite Land in der rechten (hier nicht abgebildeten) Hälfte.

Eine für seine Zeitgenossen ungekannte Illusion von Naturtreue und von Tiefenraum erreichte der Maler Giotto di Bondone (um 1266–1337) in seinen Bildern, indem er unter anderem seinen Figuren ein größeres physisches Gewicht verlieh, sie fest auf den Boden stellte und den Bildraum fast betretbar erscheinen ließ (s. S. 160).

▸**Wandelaltar**, auch **Flügelaltar:** spätgotische Form des Schreinaltars, die je nach den liturgischen Bedürfnissen durch Öffnen oder Zuklappen eines oder mehrerer Flügelpaare Verwandlungen erlaubt (s. a. S 154)

▸**punzen**, auch **punzieren:** mit einem spitzen Metallstift Löcher oder Ornamente in ein weiches Metall schlagen

▸**byzantinischer Stil:** die von der Ikone (s. S. 40) herkommende Malerei auf Goldgrund, die vor allem auf einer strengen Wahrung der tradierten Formen und der Figurendarstellung bestand und in den Klosterwerkstätten im oströmischen Bereich (Byzanz) geübt wurde

Lukas Moser: Der Magdalenenaltar. Werktagsseite, 1432.
Tempera und Öl auf Pergament auf Eichenholz, 296 x 257 cm.
Tiefenbronn/Enz, St. Maria Magdalena

Simone Martini und Lippo Memmi: Verkündigung, 1333.
Tempera auf Holz, 265 x 305 cm. Florenz, Uffizien

Ambrogio Lorenzetti: Auswirkungen der Guten Regierung (Ausschnitt), 1337–1340. Fresko, insgesamt 2,40 x 14 m. Siena, Palazzo Publico, Sala del Pace

Die Verselbstständigung der Einzelkünste – Graphik

Die wachsende Nachfrage nach Bildern und Nachrichten in einer breiteren Schicht führte gegen Ende des Mittelalters, etwa um 1400, zur Entwicklung des Holzschnitts und des Kupferstichs (s. S. 164ff.). Beide Verfahren ermöglichten die Produktion von Bildern in großer Anzahl. Eine wichtige Voraussetzung für die Entstehung der Druckgraphik war das Aufkommen der Papierherstellung aus Lumpen, Wasser und Leim. In der zweiten Hälfte des 14. Jahrhunderts entstanden überall in Europa Papiermühlen. Das neue Material zur Buchherstellung löste in kurzer Zeit das teuere Pergament aus Tierhäuten ab. Nach der Erfindung des Druckes mit beweglichen Lettern (um 1450) bot die Technik des Holzschnitts die dazu passende Möglichkeit der Illustration. Anders als bei den handgeschriebenen Büchern konnten nun Bilder und Texte in größerer Zahl mit der Druckpresse vervielfältigt werden.

Um 1400 begann die Herstellung und Verbreitung von Bildern in der Technik des Holzschnitts. Meist waren es Handwerker wie Schreiner oder Tischler, die auf diese Weise Heiligenbilder oder Bilder zu weltlichen Zwecken wie den **„Neujahrsgruß“** oder die **„Spielkarten“** anfertigten und vervielfältigten. Die Figuren und Motive sind bei diesen frühen Holzschnitten meist in kräftigen schwarzen Umrisslinien gezeichnet, die Deutlichkeit und der Gebrauchswert stehen dabei an erster Stelle. Gleichzeitig eigneten sich die klaren Konturen gut zum Ausmalen, wie der Neujahrsgruß zeigt. Diese Ausmalung erfolgte entweder flächig mit deckenden Farben oder aber mit ▸lasierendem Farbauftrag. Der Handel mit derartigen Graphiken spielte sich meist an Verkaufsständen in den Wallfahrtsorten oder bei Messen ab, auch der über Land ziehende Verkäufer von Drucken und allerlei Sensationsblättern war eine bekannte Figur.

Bei den so genannten Blockbüchern, aus denen auch das Blatt aus einer holländischen **„Armenbibel“** (Biblia pauperum, um 1430–1440) stammt, schnitt man Bilder und Texte in denselben Holzstock; später setzte sich die getrennte Herstellung von Bild und Text durch. In der Folgezeit erschienen viele illustrierte Ausgaben der Bibel und religiös gefärbte Literatur wie die „Ars moriendi“, die Kunst des (guten und christlichen) Sterbens, aber auch Fabeln und Reiseberichte. Um 1500 begann man, bei den Bildern auf die Kolorierung zu verzichten; jetzt gliederten ▸Formschraffuren und ▸Texturen die Teilflächen der Darstellungen. In der zweiten Hälfte des 15. Jahrhunderts fanden die Mittel der perspektivischen Raumdarstellung Eingang in den Holzschnitt.

Als Material für den Druckstock verwendete man üblicherweise eine Platte aus Birnbaumholz. Nach dem Auftragen der Vorzeichnung auf die Platte schnitt der Künstler oder der Stecher die nicht druckenden Flächen mit einem Messer aus. Es blieben die Linien der Zeichnung als Stege erhaben stehen; sie wurden mit Druckfarbe eingewalzt und gaben diese beim Druck in der Presse an das Papier ab. Der Feinheit des Holzschnittes sind durch das spröde Material Holz Grenzen gesetzt; auch die Anzahl der Abdrucke war begrenzt, da nach längerem Gebrauch die Stege immer breiter gequetscht wurden oder gar umknickten. Ebenso eignet sich der Holzschnitt kaum dazu, durch enge Schraffuren Helldunkel-Unterschiede zu erzeugen. Dies führte dazu, dass der Holzschnitt allmählich durch den eleganteren, feineren Kupferstich überflügelt wurde. Im Kupferstich ist durch die Feinheit der Schraffuren und die Möglichkeit des graduellen Abdunkelns beim Wischen der Platte ein höherer Illusionsgrad der Abbildung möglich als beim Holzschnitt. Wie der Stich **„Der heilige Georg“** (um 1487) von **J. A. von Zwolle** zeigt, erscheint auch die Raumdarstellung durch kräftiger gezeichnete Figuren im Vordergrund und kleinere helle Partien hinten überzeugender als beim eher flächigen Holzschnitt. Die größere Illusion, die Feinheit des Striches und auch die Ausübung des Kupferstechens vor allem durch Goldschmiede trugen zur höheren Wertschätzung des Kupferstichs beim Publikum bei.

▸lasieren: eine dünne Farbschicht so auftragen, dass der Grund durchscheint

▸Schraffur, schraffieren: eine Fläche mit feinen, gleichlaufenden Linien bedecken; die Formschraffur zeichnet netzartig die Formen eines Gegenstandes nach.

▸Textur: Wiedergabe von Materialoberflächen, z. B. Fell, Haare, Fischschuppen, durch Striche

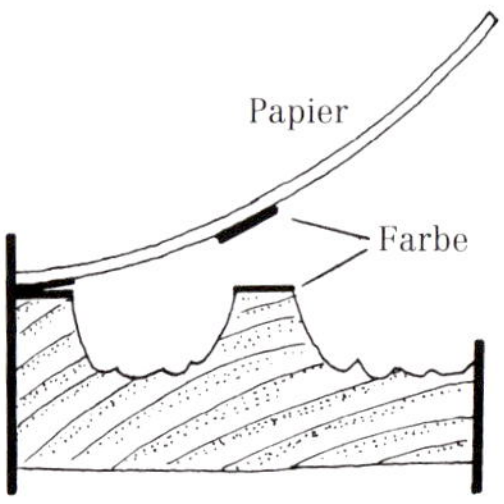

Schnittdarstellung einer Holzplatte beim Holzschnitt

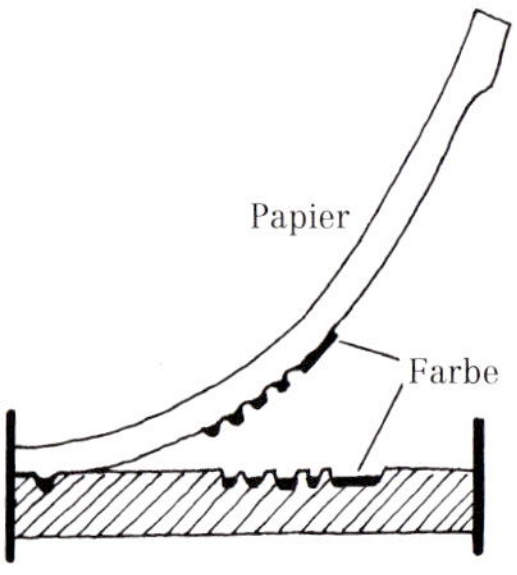

Schnittdarstellung einer Kupferplatte beim Kupferstich

Spielkarten, um 1400. Nach einem Exemplar im Britischen Museum, London

Neujahrsgruß, Oberrhein, um 1465.
Einblatt-Holzschnitt, schwarzer Reiberdruck, Bemalung, 17,7 x 12,8 cm.
München, Staatliche Graphische Sammlung

Holzschnitt aus der ersten Ausgabe der Biblia pauperum, entstanden um 1430

Meister J. A. von Zwolle: Der heilige Georg, um 1487. Kupferstich, 20,5 x 13,8 cm. Wien, Albertina

Detail aus der Bernwardssäule

Gott und Mensch in der mittelalterlichen Plastik

Tür und Bildsäule – Plastische Bildwerke in Hildesheim

In der Michaelskirche in Hildesheim (s. S. 136) verwirklichte Bischof Bernward, der Erzieher Kaiser Ottos III., ein beispielhaftes Programm, sowohl was den Bau selbst als auch was die Ausstattung angeht. In der neu eingerichteten Bronzegießerei ließ er die Türflügel der bekannten **„Bernwardstür“** (1015) als Eingangsportal für St. Michael anfertigen. Die Bronzetür ist heute im Hildesheimer Dom aufgestellt.

Auf den je acht Bildfeldern der beiden Türflügel, die jeweils in einem Stück gegossen wurden, stehen sich Szenen aus dem Alten und Neuen Testament gegenüber. So entspricht etwa im dritten Feld von oben dem Baum mit der Schlange, die Eva verführt und damit dem Menschengeschlecht den Verlust des Paradieses einbringt, im rechten Flügel das Kreuz, an dem Christus der Menschheit die Erlösung bringt.

Das gesamte Programm zeigt auf der linken Seite von oben nach unten die Erschaffung Adams, die Zuführung Evas, den Sündenfall und seine Entdeckung, die Vertreibung und das harte Los der Menschen, das Opfer von Kain und Abel und schließlich den Brudermord an Abel. Auf dem rechten Flügel von unten nach oben sind die Verkündigung an Maria dargestellt, die Geburt Jesu, die Heiligen Drei Könige und die Darbringung im Tempel; über der Mitte folgen die Verurteilung, die Kreuzigung, die Auferstehung und die Erscheinung in verklärter Gestalt vor Maria Magdalena.

Die Darstellungen sind auf eine prägnante und sehr ausdrucksstarke Form reduziert; es gibt keine breite Schilderung der Ereignisse, überflüssige Einzelheiten fehlen. Die Behandlung der Figuren ist in plastischem Relief ausgeführt; es entsteht dadurch ein deutlicher Unterschied zum stark reduzierten, sehr flach ausgebildeten Hintergrund oder zu den wenigen szenischen Versatzstücken. Überdeutlich und anschaulich ist auch die Gestik der Figuren, am eindrücklichsten bei der Schuldzuweisung Adams an Eva und weiter Evas an die Schlange (im vierten Feld der linken Tafel). In den Köpfen erlangen die Figuren des Bronzereliefs die vollplastische Rundheit.

Neben dieser Bronzetür schuf Bernward ein weiteres plastisches Werk, das das Heilsgeschehen schilderte: die **„Bernwardssäule“** (um 1020). Wie bei römischen Triumphsäulen windet sich ein Band mit Darstellungen aus dem Leben Jesu nach oben.

Ein anderes Produkt aus der Werkstätte des Hildesheimer Bischofs ist ein großer kreisförmiger Leuchter aus Bronze, der mit seinen Lichtern und Darstellungen von Häusern die Himmelsstadt, das himmlische Jerusalem aus der Vision des Evangelisten Johannes versinnbildlichen sollte. Der Leuchter hängt heute im Chor des Doms.

Kain tötet Abel. Feld aus dem linken Flügel der Bernwardstür, 58 x 99 cm. Hildesheim, Dom

Arbeitsanregungen:

1. Stellen Sie in Ihrer Gruppe Tonreliefs mit zwei oder mehreren Figuren zu einem passenden Thema her, z. B. zu einer Rittergeschichte. Verteilen Sie die wichtigen Szenen auf die Menge der Bildfelder und stimmen Sie die Figuren untereinander ab.
2. Vergleichen Sie die Bernwardssäule mit der römischen Trajanssäule. Welche Unterschiede stellen Sie fest? Warum hat sich wohl dieser Typus der Darstellung nicht durchgesetzt?

Bernwardstür, für St. Michael gegossen, 1015. Bronze, 472 x 115 cm. Hildesheim, Dom

Bernwardssäule mit Szenen aus dem Leben Jesu, um 1020. Bronze, Höhe 379 cm. Hildesheim, Dom

Bauplastik und Gerät – Kapitelle und Aquamanilen

Neben den in ihrer plastischen Regelmäßigkeit großartigen Formen des ‣Würfelkapitells, wie es z. B. im Dom zu Speyer in Erscheinung tritt, brachte der romanische Kirchenbau eine Vielzahl von ornamental gestalteten Kapitellen hervor. Flechtwerk und Pflanzenranken, oft mit Vögeln und anderen Tieren durchsetzt, umziehen diesen deutlich sichtbaren Übergang von der Säule zur Hochschiffwand. Eine besondere Ausformung erhielt die romanische Kapitellplastik am Figurenkapitell in vielen Kirchen des mittleren und südlichen Frankreich, die zumeist an den Pilgerwegen nach Santiago de Compostela in Spanien liegen. In lebendigen Bildern werden hier Geschichten aus dem Alten und Neuen Testament erzählt, werden Heiligenlegenden, philosophische und ‣allegorische Themen ins Bild gesetzt.

Um 1130 entstanden die 99 Bildwerke an den **Säulenkapitellen** des Langhauses der Klosterkirche „Sainte Madeleine" im burgundischen **Vézelay**, weitere 24 finden sich in der Vorhalle. Neben der Darstellung des Sündenfalls mit einer geradezu verführerischen Eva zeigt ein anderes Kapitell die Versuchung des heiligen Benedikt, von der Papst Gregor der Große in der Lebensbeschreibung des Heiligen berichtet. Dank der Gnade Gottes widerstand Benedikt der Anfechtung des Teufels, der ihm eine schöne Frau zuzuführen versuchte.

Die manchmal recht drastischen Darstellungen von Monstern und Fabelwesen brachten in symbolischer Form Glaubensinhalte zum Ausdruck, wie z. B. den Kampf des Guten mit dem Bösen, den Sieg des Lebens über den Tod. Als Bildlektüre, die durch Predigten erläutert wurde, ersetzten die Figurenkapitelle für die vielen leseunkundigen Gläubigen die Texte der Bibel und der Heiligenlegenden. Trotzdem ist es nicht verwunderlich, wenn der Begründer der Klosterreform im 11. Jahrhundert, der heilige Bernhard von Clairvaux, gegen die ausufernden Bildergeschichten wetterte: „Die Vielfalt der verschiedenen Formen ist so reich und so seltsam, dass es angenehmer dünkt, in den Marmorsteinen als in den Büchern zu lesen, und man den Tag lieber damit verbringt, alle diese Einzelheiten zu bewundern, als über Gottes Gebot nachzudenken."

Auch an den liturgischen Gegenständen der romanischen Zeit, wie Taufbecken, Weihwasserbehältern und ‣Aquamanilen, wird ein reicher Aufwand an edlen Materialien und figürlicher Symbolik sichtbar. Der **Weihwasserbehälter** (um 1000) aus dem Aachener Domschatz zeigt im oberen Teil den Kaiser und den Papst mit anderen Würdenträgern, in der unteren Reihe Wachsoldaten. Der Edelsteinbesatz ist eine spätere Ergänzung. Die sorgfältige Ausführung in Elfenbein lässt vermuten, dass das Gefäß vor allem bei feierlichen Zeremonien wie z. B. einer Kaiserkrönung Verwendung fand.

Das Bannen des Bösen durch die Kraft des Guten, symbolisiert im Löwen, spielt bei der Formgebung des **Aquamanile** aus dem Rhein-Maas-Gebiet (2. Hälfte 13. Jahrhundert) eine Rolle. So tauchen häufig Löwen auch als Träger zweier Stützsäulen am Eingang romanischer Kirchen auf (z. B. vor San Zeno, Verona). In vergrößerter Form wird der Braunschweiger Löwe Symbol für die Macht des Welfenfürsten Heinrich des Löwen und Thema der ersten profanen Freiplastik des Mittelalters (1166).

Arbeitsanregungen:

1. Zeichnen Sie auf einem Erkundungsgang in einer romanischen Kirche Architekturteile wie Friese oder Kapitelle. Stellen Sie Ihre Arbeitsergebnisse zusammen mit Fotos in einer kleinen Ausstellung vor.
2. Gießen Sie Gips in einen z. T. mit Wasser gefüllten Becher und schnitzen Sie aus der Gipsform ein ornamentiertes romanisches Kapitell.
3. Skizzieren Sie neue Möglichkeiten für ein Aquamanile, indem Sie verschiedene Tierkörper auf ihre Eignung als Wassergefäß mit Gießöffnung erproben. Führen Sie die beste Variante in Ton plastisch aus.

‣Würfelkapitell:

Krypta des Doms in Speyer, um 1030

‣Allegorie, allegorisch (griech. anders sagen): die Verbildlichung eines unanschaulichen Begriffs oder Vorgangs, oft durch Verkörperung als Person, z. B. Gerechtigkeit als weibliche Figur mit Waage und verbundenen Augen

‣Aquamanile, das: bronzenes Wassergefäß für liturgische Handlungen, oft in Tierform gestaltet, zur Waschung der Hände des Priesters bei der Messe verwendet

Der Teufel führt den heiligen Bernhard in Versuchung, um 1130. Kapitell. Vézelay/Burgund, Ste. Madeleine

Der Sündenfall mit Adam und Eva, um 1130. Kapitell. Vézelay/Burgund, Ste. Madeleine

Weihwasserbehälter, um 1000. Elfenbein, Gold und Edelsteine, Höhe 18 cm. Aachen, Dom

Aquamanile, bronzenes Gießgefäß, Rhein-Maas-Gebiet, 2. Hälfte 13. Jahrhundert. Köln, Schnütgen-Museum

Der Reliquienkult: Der Dreikönigsschrein in Köln

Der Stolz vieler mittelalterlicher Bischofskirchen und Klöster waren die ▸Reliquien berühmter Heiliger. Dabei spielte vor allem der Gedanke der Gemeinschaft mit den Heiligen eine große Rolle, daneben auch die Anziehungskraft berühmter Reliquien auf die Besucher. Viele Gebeine wurden aus den ▸Katakomben Roms in die neu gegründeten Kirchen jenseits der Alpen überführt. Ein florierender Handel entwickelte sich auch mit Konstantinopel und dem Heiligen Land, was im Jahr 1204 zur Plünderung Konstantinopels durch Kreuzritter führte, um an möglichst viele einzigartige Reliquien zu kommen. Neben den Knochen und anderen Körperteilen galten auch die Kleider oder Gebrauchsgegenstände von Heiligen und Märtyrern als verehrungswürdig. Besonders begehrt waren Splitter vom Kreuz Jesu, Splitter von der Lanze, Blutstropfen und Dornen von der Krone. Alle diese Reliquien wurden in kostbaren, mit Edelsteinen verzierten Behältern gefasst, es gab Kopfreliquiare, Hand- und Fußreliquiare, auch Figuren mit eingebauten Behältnissen.
Die großen ▸Reliquienschreine stellte man an bevorzugter Stelle in den Kirchen auf, z. B. auf dem Hochaltar. An ihrer Ausgestaltung mit Gold und Edelsteinen zeigte sich der Reichtum eines Klosters oder einer Bischofskirche. Während des frühen Mittelalters stellten vor allem Klosterwerkstätten die reichen Reliquienschreine her; später übernahmen weltliche Meister mit ihren Gehilfen diese Tätigkeit.

In einem Buch aus dem frühen 12. Jahrhundert behandelt der Mönch Theophilus die verschiedenen Techniken der Metallbearbeitung. Er beschreibt darin, wie Silber und Gold getrieben wird, wie Kupfer geschmolzen, Bronze gegossen und Eisen geschmiedet wird. Zu den bedeutendsten Meistern der Goldschmiedekunst und der ▸Emailtechnik zählt der aus Lothringen stammende **Nikolaus von Verdun** (tätig zwischen 1181 und 1205). Sein berühmtestes Werk, der **„Dreikönigsschrein"** im Kölner Dom, war für die Aufbewahrung der Reliquien der Heiligen Drei Könige bestimmt, die Kaiser Friedrich Barbarossa den Mailändern abgenommen und seinem Kanzler, dem Kölner Erzbischof Rainald von Dassel, geschenkt hatte. Der Schrein hat die Gestalt einer dreischiffigen ▸Basilika. Die äußere Verkleidung des Eichenholzgehäuses und der Figuren ist aus vergoldetem Silber gearbeitet. Beim Treiben in Metallblechen wird über einem Holzkern durch Hämmern und Biegen eine dünne Metallhülle aufmodelliert, die anschließend oft mit einer Silber- oder Goldschicht veredelt wird. Bogenreihen mit Doppelsäulen gliedern den unteren und den oberen Teil. In den Säulennischen sitzen unten Propheten, oben Apostel. Eine der beiden Stirnseiten zeigt die Heiligen Drei Könige bei der Anbetung des Jesuskindes, die Taufe Jesu und den triumphierenden Christus. Auf der Gegenseite sind Geißelung und Kreuzigung zu sehen. Die Darstellungen auf den Dächern sind verloren gegangen.
Die Herstellung des Schreins mit allen seinen Figuren beanspruchte etwa fünfzig Jahre; so sind auch nicht alle Figuren von der gleichen Hand gearbeitet. In der Figur des Propheten Amos zeigt sich beispielhaft die feine Ausarbeitung der Gewandfalten, der Haar- und Bartlocken und der seherisch ausdrucksstarken Gesichtszüge. Im Kontrast dazu steht die ornamentale Gestaltung von Hintergrund und Rahmung in minutiös gefertigten Metall- und Emailarbeiten.

Für den staunenden Betrachter war mit diesem unschätzbar wertvollen Kunstwerk das überirdische Gebäude des christlichen Glaubens mit den wichtigsten Personen und Ereignissen zu sichtbarer Erscheinung gebracht.

Arbeitsanregungen:

1. Informieren Sie sich über die Heiligen Drei Könige oder die Weisen aus dem Morgenland in der Bibel oder der ▸Legenda aurea.
2. Stellen Sie in Ihrer Klasse aus aneinander gereihten Darstellungen aus Drückblech einen Fries zu einem übergreifenden Thema her, z. B. zu einem Tagesablauf in Bildern.

▸**Reliquien:** Überreste der Heiligen oder Gegenstände, die zu Christus oder den Heiligen in Beziehung standen (Kleider, Marterwerkzeuge usw.)

▸**Katakomben:** unterirdische Räume vor allem in Rom, in denen die frühen Christen Gottesdienste hielten und ihre Toten beisetzten

▸**Schrein:** Kasten, Schrank; Produkt des Schreiners

▸**Email, Emaille:** farbiger Glasfluss auf Metallplatten; das Glaspulver wird entweder in Gruben (Grubenschmelz) oder von Metallstegen eingegrenzt (Zellenschmelz), erhitzt und verflüssigt. Beim Abkühlen erstarrt die Glasmasse.

▸**Basilika:** s. S. 74, 86

▸**Legenda aurea:** im Mittelalter berühmtes Buch („Goldene Legende") des Jacobus de Voragine, in dem das Leben von Heiligen erzählt wird. Die Sammlung war eine wichtige Quelle für die Gestaltung von Heiligenlegenden in der abendländischen Malerei.

Nikolaus von Verdun: Dreikönigsschrein, um 1200. Silber vergoldet, Höhe 152 cm, Breite 110 cm. Köln, Dom

Prophet Amos,
Figur vom Dreikönigsschrein.
Silberblech vergoldet, über Holzkern,
Höhe etwa 30 cm.

Propheten, Heilige, Könige und Grafen – Mittelalterliche Säulenplastik

Am Eingang der romanischen Kirchen hatte sich aus den ursprünglich schlichten Portalen allmählich eine reiche plastische Figurenwelt entwickelt. Vor allem in dem halbkreisförmigen Bogenfeld über den Türflügeln und in den ▸abgetreppten Mauerflächen zu beiden Seiten des Portals entstanden neben ornamentalen Rahmungen und Säulen auch figürliche Reliefs und eine Sonderform des Mittelalters, die Säulenplastik. Als Figuren treten Heilige, Propheten und biblische Könige auf. Gleichzeitig erscheinen sie als Säulen und sind somit Träger des konkreten Kirchengebäudes als auch symbolische Stützen der Kirche und des Glaubens in einem. In der romanischen Zeit wurden diese Säulenfiguren zusammen mit den darüber sichtbaren Säulenstücken aus einem Stück gefertigt, später stehen die Plastiken im Zuge einer realistischer werdenden Darstellung immer klarer vor den Säulen und verselbstständigen sich endlich zur frei stehenden Plastik vor einem Stück der Wand. Durch einen Sockel unten und einen ▸Baldachin oben wirken die Figuren bis weit in die spätgotische Zeit eingebunden in den baulichen Zusammenhang.

▸**abgetreppt:** Die Eingangszone verjüngt sich zu beiden Seiten des Portals und im Bogen über der Tür treppenartig zu den Türflügeln hin.

▸**Baldachin:** ursprünglich ein Stoffhimmel, auch Traghimmel zur Heraushebung eines Herrschers, später (seit dem frühen Christentum) zumeist aus Stein bestehende Überdachung eines Altars oder einer Figur

Baldachin über einer Statue

Das **„Königsportal“** an der Westfassade der Kathedrale von Chartres (1194–1260) entstand in der ersten Hälfte des 12. Jahrhunderts. Die ursprünglich 24 Figuren tragen Kronen und Schriftbänder, was sie als biblische Königinnen und Könige oder als Propheten ausweist. Die Körper der Figuren sind stark reduziert und in die Länge gezogen, ihre Formen werden nur durch leichte Wölbungen unter den reich ornamentierten Gewändern sichtbar. Oft erinnert der senkrechte Verlauf der Riefelungen und Faltendrapierungen an die Rillen von Säulenschäften. Gestik und Mimik der Figuren sind auf einige Grundtypen beschränkt, wie die betonten „seherischen“ Augen und die Barttracht des Propheten zeigen. Alle Figuren stehen starr aufrecht und einzeln für sich, sie sind nicht aufeinander bezogen. Immer wieder haben Kunsthistoriker den hoheitsvollen Ausdruck vor allem der weiblichen Figuren beschrieben, der etwas von der höfischen Kultur zur Zeit der französischen Minnesänger und der Artuslegende zeige.

Die beiden Figuren der **„Heimsuchungsgruppe“** vom Westportal der hochgotischen Kathedrale von Reims erscheinen bewegter, körperlicher. Die Figur der Maria wendet sich in leichter Drehung der älteren Elisabeth zu, ihre Körperhaltung beschreibt mit dem leicht abgewinkelten rechten Bein und dem geneigten Kopf eine S-Kurve, was dem Schönheitsideal der gotischen Plastik entspricht. Reich ausgebildet sind die Gewänder, die beide Figuren mit ihren Faltenwürfen von Kopf bis Fuß einhüllen. Jugendliche Anmut und Würde des Alters zeigen sich in den Gesichtern der beiden, aber auch Stolz, Ernst und Demut im Bewusstsein ihres gemeinsamen Schicksals. In der mittelalterlichen Gewandfigur erreicht die Plastik der französischen Kathedralgotik einen künstlerischen Höhepunkt, der im Ausgleich von Ideal und Realität, Göttlichkeit und Menschlichkeit der griechischen Plastik der klassischen Zeit (s. S. 60ff.) vergleichbar ist.

Im Westchor des Naumburger Doms stehen die farbig bemalten Steinfiguren des Stifterpaares **„Ekkehard und Uta“**. Die lebensgroßen Sandsteinplastiken sind keine wirklichen Abbildungen der historischen Personen, denn sie entstanden etwa 200 Jahre nach deren Tod. In ihrer kräftigen Körperlichkeit zeigen sie den gesteigerten Realitätssinn der frühen gotischen Kunst wie auch die würdevolle Haltung der adeligen Personen dieser Zeit.

Arbeitsanregungen:

1. Beschreiben Sie die Unterschiede der Plastiken im Realitätsgrad und im Ausdruck.
2. Was unterscheidet die mittelalterlichen Plastiken von der griechischen Plastik in ihrer grundlegenden Aussage? Vergleichen Sie Abbildungen aus den beiden Epochen und versuchen Sie die jeweiligen Ideale zu charakterisieren.

Figuren vom Königsportal in Chartres, nach 1204.
Stein, überlebensgroß

Oben:
Heimsuchungsgruppe,
um 1225. Stein,
überlebensgroß.
Reims, Kathedrale,
Westportal

Links:
Ekkehard und Uta,
1245–1250. Sandstein,
etwa lebensgroß.
Naumburg,
Dom, Westchor

Gottkönig und Leidensfigur – Romanische und gotische Kruzifixe

Im 10. Jahrhundert bildete sich neben der Bauplastik am Eingang der Kirchen und an den Kapitellen in den so genannten Großkreuzen ein Typus der Plastik heraus, der in seiner majestätischen Würde und Ausstrahlung die Tragik des Opfertodes Jesu und seinen Sieg über den Tod sinnfällig machen sollte. Das Bild des Gottkönigs am Kreuz beherrschte den Kirchenraum. Meist war es über einem Altar hoch auf einem Balken vor dem Chor oder im Schnittpunkt von Hauptschiff und Querschiff aufgestellt, später begleitet von den ▸Assistenzfiguren der Maria und des Johannes. Häufig tritt Christus als Herrscher mit einer Krone oder mit einem langen, den Körper verhüllenden Gewand auf. Die Christusfigur war stets farbig ▸gefasst.

Das nach dem Stifter, Erzbischof Gero von Köln (969–976), benannte **„Gerokreuz“** (um 970) ist eine der frühesten Holzplastiken dieser Art. Schwer hängt der Körper am Kreuz, durch das Gewicht zieht sich die Haut strähnig von den Schultern zur Brust. Zusammen mit den vom Schmerz geprägten Gesichtszügen bringt das seitliche Wegsacken des Leibes die übermenschliche Anstrengung zum Ausdruck. Das beidbeinige Stehen der Figur auf einem Block, das erst in der Gotik durch die Verwendung nur eines Nagels für beide Füße zum qualvollen Hängen wird, ergibt zusammen mit den ausgebreiteten Armen, auch eine Geste des Segnens.
In der weiteren Entwicklung der Darstellung des Gekreuzigten bildete sich eine große Spannweite von Gestaltungsmöglichkeiten aus. Sie reicht von einer volkstümlichen Drastik bis zu einer reduziert ornamentalen Formgebung des Körpers, wie sie uns auch auf den Kreuzigungsdarstellungen in den Handschriften und auf Elfenbeinschnitzereien und Goldblechplatten begegnet.

Zu Beginn des 14. Jahrhunderts veränderte sich die Auffassung des Verhältnisses von Mensch zu Gott von einer absoluten, herrschaftlichen Beziehung hin zu einem intensiven personalen Bezug. Der einzelne Gläubige suchte nun in der stark gefühlsbetonten Versenkung vor dem Andachtsbild einen direkten Zugang zu seinem Gott. Damit traten die menschlichen Züge Jesu Christi und seine Passion in den Vordergrund. Bei dem ▸Mystiker Heinrich Suso (1295–1366) findet sich eine Stelle in seinen Schriften, die im Leiden und im Schmerz den gläubigen Beter ergreift:

■ *Da ich am hohen Aste des Kreuzes für dich und alle Menschen aus endloser Liebe hing, da wurde meine ganze Gestalt gar jämmerlich verkehrt ..., denn mein göttliches Haupt war von Jammer und Ungemach geneigt, meine reine Farbe erbleicht. Sieh, da erstarb meine Schönheit ganz und gar, als ob ich ein Aussätziger und als ob ich die schöne Weisheit nie gewesen wäre.*

Fritz Baumgart, S. 140

Das **„Gabelkreuz von St. Maria im Kapitol“** in Köln zeigt in drastischer Form die Hässlichkeit des gequälten Körpers des Gekreuzigten. Übersät von Wunden präsentiert sich der teilweise skelettartig ausgezehrte Leib, die dünnen Arme und Beine, die nur aus Adern, Haut und Knochen bestehen, scheinen schmerzhaft auseinander gezogen durch die beiden gebogenen Baumäste, schmerzlich verzerrt sinkt das schwere Haupt auf die Brust.
Die Darstellung des von Wunden übersäten Körpers Jesu nimmt auch Bezug auf allerlei damals wütende Krankheiten und Epidemien, auch auf Hungersnöte, und sollte dem Beter Trost und Erleichterung in seinem Leiden und seiner Todesfurcht bringen.

Arbeitsanregungen:

1. Vergleichen Sie den Ausdruck und die eingesetzten Mittel bei den beiden Darstellungen des Gekreuzigten. Welche Gefühle werden jeweils beim Betrachter ausgelöst?
2. Skizzieren Sie die Konturen und die Körperachsen der beiden Kruzifixdarstellungen. Lassen sich Bezüge zum Ausdruck herstellen?

▸**Assistenzfigur:** Figur, die für das dargestellte Geschehen nicht entscheidend, sondern nur beigefügt ist, häufig als Anlass für versteckte Porträts des Stifters genutzt

▸**fassen, Fassmalerei:** Die Plastik des Mittelalters war stets farbig bemalt; die Bemalung oder Fassung besorgte der Fassmaler, der die holzfarbene Plastik mit einer weißen Gipsgrundierung versah, auf die er dann mehrere Farbschichten oder auch die Vergoldung auftrug.

▸**Mystik** (griech. myein Augen und Lippen schließen): eine Grundform des religiösen Lebens; im Mittelalter gab es verschiedene Ausprägungen der Mystik, so z. B. die Passionsmystik, die sich in das Leiden Jesu vertiefte.

Kruzifix des Erzbischofs
Gero von Köln,
sog. Gerokreuz, um 970.
Eichenholz, Höhe 187 cm.
Köln, Dom

Gabelkreuz, um 1300. Holz, farbig gefasst, Körperlänge 150 cm.
Köln, St. Maria im Kapitol

Herrscherin und jugendliche Mutter – Romanische und gotische Madonna mit Kind

Aus der Zeit um 1060 stammt die **„Madonna des Bischofs Imad“**. So, wie die Figur heute im Paderborner Museum gezeigt wird, ist sie jedoch in ihrer Ausstattung nicht mehr vollständig. Ursprünglich war die Figurengruppe mit dünnem Goldblech überzogen und wohl auch mit gefassten Edelsteinen geschmückt. Möglicherweise waren auch die Augen der Figuren in Elfenbein und Glasfluss eingelegt. Trotzdem vermittelt uns die thronende Gottesmutter einen unmittelbaren, starken Eindruck von göttlicher Majestät, den sie mit früheren Bildstatuen von vorchristlichen Muttergottheiten durchaus teilt.
Der Aufbau der Sitzfigur ist durch einfache, klare, strenge Formen und eine starre Frontalität charakterisiert. Die typische Art des Sitzens, besser: Thronens, frühromanischer Madonnen bannt den Betrachter in eine gebieterische Distanz. Die Gesamtkomposition der Figurengruppe wirkt geschlossen, die Unterarme beider Figuren sind vom Körper wenig abgehoben. Die Falten der schlichten langen Kleider fallen streng und feierlich rahmend. Der Thronsessel unterstreicht als Block die Einheit des Ganzen.
Christus sitzt annähernd in rechtem Winkel – fast wie eine verkleinerte Wiederholung – auf dem linken Oberschenkel der Marienfigur. Das Buch in der linken Hand symbolisiert ihn als das Fleisch gewordene Wort Gottes, die Segens- und Verkündigungsgeste der rechten Hand verdeutlicht seine Aufgabe der Glaubensvermittlung. Ähnlich wie die Christusfiguren der romanischen Kruzifixe ist die Madonna des Bischofs Imad ein majestätisch ruhiges und kraftvolles Urbild der Frau und für die weibliche Hälfte der Christenheit.

Die **„Schöne Madonna“ aus Krumau/Böhmen** wird dem so genannten „Weichen Stil“ der ▸Internationalen Gotik zugerechnet. Dieser Gruppierung innerhalb der Plastik des Mittelalters gehören eine Vielzahl von Heiligenfiguren und Madonnen aus Stein, Steinguss und Holz an, die sich durch ihren starken Ausdruck, durch ihre grazile Haltung und durch eine reiche Gestaltung von Faltengebirgen in hellfarbiger Fassung (Bemalung) auszeichnen.
Stehend hält die Krumauer Madonna das Christuskind auf ihren Armen; dabei biegt sie den Oberkörper leicht zurück und bildet so im oberen Teil mit Kopf und Oberkörper einen Hintergrund und Gegenpol zu dem die Mitte beherrschenden Kind. Ein Tuch, das nach zwei Seiten in rahmenden Faltenkaskaden niederfällt, und die schweren ▸Schüsselfalten im unteren Gewandbereich der jugendlichen Gottesmutter bilden den gemeinsamen Unterbau von Mutter und Kind. Die farbige Fassung ist in den Gewändern und Haaren der Figuren in freundlich-feierlichem Weiß, Gelb und Gold gehalten. Auf die weißen Hauttöne sind rosige Wangen und Lippen aufgetragen.
Anmutig-vornehm, auch sinnend resigniert im Hinblick auf das Schicksal des Gottessohnes ist der Gesichtsausdruck der Marienfigur; lieblich in seiner kindlichen Nacktheit und Unbefangenheit und doch entschlossen dreht sich das Kind von der Mutter weg, um sich den schützenden und haltenden Händen zu entziehen.

Das emotionale Gegenstück zur Freude der Madonna mit Kind stellt in der späten Gotik das so genannte Vesperbild dar, eine Darstellung der trauernden Muttergottes mit dem toten Jesus. In der Andacht vor diesen Figurengruppen fanden die Menschen im 13. und 14. Jahrhundert einen Ausdruck für ihr eigenes Leid, aber auch Trost und Zuversicht.

Arbeitsanregungen:

1. Lassen Sie nacheinander beide Abbildungen der Madonna mit Kind auf sich wirken und halten Sie Ihre Eindrücke stichwortartig fest. Welche Unterschiede ergeben sich dabei?
2. Fotokopieren Sie aus Kunstgeschichtsbüchern und aus Zeitschriften Darstellungen von Müttern mit Kindern. Stellen Sie eine kleine Sammlung zusammen und kommentieren Sie die verschiedenen Darstellungsweisen.

▸**Internationale Gotik:** auch „Weicher Stil“ genannt, ab der zweiten Hälfte des 14. Jahrhunderts vor allem an Höfen gepflegter Kunststil, der von anmutiger Lebenslust geprägt ist

▸**Schüsselfalten:** tiefe, weich fallende Gewandfalten, die in ihrer bauchigen Höhlung an die Formen von Schüsseln erinnern

Madonna des Bischofs Imad, um 1060. Lindenholz, Höhe 112 cm. Paderborn, Diözesanmuseum

Schöne Madonna, Krumau/Böhmen, 1390/1400. Kalkstein, farbig gefasst, Höhe 112 cm. Wien, Kunsthistorisches Museum

Mittelalterliche Buchmalerei

Entstehung und Entwicklung der Buchmalerei

Das Wissen des Altertums war auf ▸Papyrusrollen geschrieben. Erst im Verlauf des 1. nachchristlichen Jahrhunderts entstand das Blätterbuch (der Codex), dessen Seiten aus Tierhäuten gefertigt waren. Mit der Erhebung des Christentums zur Staatsreligion wurde der Codex zur vorherrschenden Literaturform; den Namen ▸Pergament erhielt er nach der kleinasiatischen Stadt Pergamon. Dem Umstand, dass viele Papyrusrollen in die dauerhafte Form des ▸Codex übertragen wurden, verdanken wir die Erhaltung antiken Kulturgutes. Den besonderen Reiz mittelalterlicher Handschriften macht auch heute noch ihr guter Erhaltungszustand aus. Zwischen den Tierhäuten haben die Bilder und Texte ihre ursprüngliche Farbigkeit und Frische bewahrt.

Die Geschichte der Buchmalerei beginnt mit den spätantiken Schriften des byzantinischen Reichs, zu denen auch die **„Wiener Genesis"** aus dem 6. Jahrhundert (benannt nach ihrem Aufbewahrungsort Wien) gehört. Sie wurde in einer der kaiserlichen Werkstätten in Byzanz oder Alexandria hergestellt und ist mit goldener Tinte auf purpurgefärbten Grund geschrieben. Der Bibeltext ist absatzweise in ▸Versalien nebeneinander geschrieben, die Illustrationen laufen in Bändern unter dem Textabsatz, wie beim Auszug der Tiere aus der Arche Noahs nach der Sintflut. Die glanzvollen Kunstwerke aus dem Umkreis des byzantinischen Kaiserhofs blieben Jahrhunderte lang das Vorbild und oft auch die Vorlage für die Buchmaler, die Elfenbeinschnitzer und für die Email-Maler der Klosterwerkstätten des christlichen Westens.

Im frühen Mittelalter entstanden in Irland und Frankreich zwei große Schulen, die einerseits den insularen Stil mit keltischer Ornamentik – wie im **„Book of Kells"** (Ende 8. Jahrhundert; s. S. 35) – und andererseits den fränkischen Stil prägten, der vor allem an den karolingischen Hofschulen in Reims und Metz gepflegt wurde.

Auf der Schmuckseite des Book of Kells sind nur zwei Anfangsbuchstaben eines Textes in einem wuchernden, irritierenden und geradezu magischen Ornament zu sehen. Hier zeigt sich die keltische Tradition des Ornaments mit Spiralmustern und Schlingbandornamenten, die die irischen Mönche auf die neue Aufgabe der Heiligen Schrift angewandt haben.

Im deutsch-französischen Raum förderten Karl der Große und später seine ottonischen Nachfolger die Buchproduktion in den Klöstern. Ottonische Malschulen arbeiteten in den Klöstern auf der Reichenau, in Echternach, Trier, Köln, Fulda und Regensburg. Zwischen den Klöstern fand ein reger Austausch von Büchern und von Mönchen statt, die Abschriften fertigten oder Texte illustrierten. Die Malschulen entwickelten ihre speziellen Stile und Eigenheiten, die eine ziemlich genaue Zuordnung einzelner Bilder und Bücher gestatten.

In der Zeit der Gotik gewann auch der profane Bereich der ritterlichen Kultur mit den bebilderten Liedern der Minnesänger an Bedeutung. Das bekannteste Beispiel ist die **Manessische Sammlung**, in der einzelne Ritter oder Sänger bei Spiel, Turnier oder Jagd gezeigt werden, wie Konradin bei der Falkenjagd. Bis weit in die Zeit der gedruckten Bücher (etwa Mitte des 16. Jahrhunderts) behielten die handgeschriebenen Exemplare ihre hohe Wertschätzung, vor allem bei adeligen Sammlern wie dem Herzog von Berry, dessen ▸Stundenbuch die **Brüder Limburg** (um 1380 – um 1420) mit kostbaren Monatsbildern verzierten.

Arbeitsanregungen:

1. Fassen Sie die Gemeinsamkeiten der Buchmalereien zusammen, die trotz der großen Unterschiedlichkeit bestehen.
2. Malen Sie ein modernes Stundenbuch, in dem Sie Ihre Erlebnisse im Lauf eines Schuljahres mit typischen Tätigkeiten in den einzelnen Monaten illustrieren.

▸**Papyrus:** im Altertum Beschreibmaterial in Rollen- oder Blattform, das man aus der Papyrusstaude herstellte

▸**Pergament:** bearbeitete (enthaarte, getrocknete) Tierhaut als Material für Schrift oder Bemalung, im Mittelalter der übliche Beschreibstoff; der Name rührt von der Stadt Pergamon in Kleinasien her, in der sich in der Spätantike eine wichtige Fertigungsstätte befand.

▸**Codex** (lat.): Sammlung von beschriebenen (Pergament-)Blättern, die gestapelt sind

▸**Versalien:** Großbuchstaben, für bedeutende Texte von monumentaler Wirkung

▸**Stundenbuch:** private Gebetssammlung für die Stundengebete des Tages; bekannt wurden die Stundenbücher des Mittelalters meist erst später durch ihre kunsthistorisch bedeutenden, oft kleinformatigen und mit Akribie ausgeführten Illustrationen.

Links: Auszug aus der Arche und Dankopfer Noahs.
Blatt aus der Wiener Genesis,
3. Viertel 6. Jahrhundert. 32,6 x 26,5 cm.
Wien, Kunsthistorisches Institut der Universität

Unten: Schriftseite aus dem Book of Kells,
Ende des 8. Jahrhundert. Dublin, Trinity College

König Konradin und sein Freund Friedrich von Baden auf der Falkenjagd. Miniatur aus der Manessischen Liederhandschrift, um 1320. Heidelberg, Universitätsbibliothek

Brüder von Limburg: Les Très Riches Heures. Stundenbuch des Herzogs von Berry, Monat Oktober, um 1413–1416. 29 x 21 cm. Chantilly, Musée Condé

Buchherstellung und Einbanddeckel

Die Herstellung der mittelalterlichen Bücher war ein komplexes und aufwändiges Unternehmen. Das Abschreiben der Texte und die Anfertigung der Bilder besorgten die Mönche und Nonnen in den Schreibstuben (Scriptorien) der Klöster. Für die Beschaffung des Schreibgrundes, der meist aus den Häuten von Schafen, Kälbern oder Ziegen bestand, wurden beträchtliche Mengen Viehs benötigt. So brauchte man etwa 500 Schafhäute für ein großes Buchexemplar. In einer Abhandlung aus dem 13. Jahrhundert wird die Herstellung von Pergament geschildert:

■ *Die Haut des Kalbes wird, vom Haar befreit, ins Wasser gelegt. Kalk wird hinzugemischt, der alles Rohe wegfressen soll, [die Haut] vollkommen reinigen und die Haare ablösen soll. Ein Reifen wird angepasst, an dem die Haut ausgespannt wird. Sie wird an die Sonne gestellt, damit alle Feuchtigkeit entweicht. Dann kommt das Messer und entfernt Fleisch und Haare, macht die Haut geschmeidig und fein. Sie wird in Buchform angepasst:*
Zuerst wird sie zu Bogen zweimal gefaltet, [dann] werden die Bogen zu gleicher Lage vereinigt. Danach kommt der Bimsstein, der alles Über flüssige beseitigt; Kreide wird aufgetragen, damit das [geschriebene] Werk nicht zerläuft. Löchlein werden eingedrückt, denen die Bleistiftlinie folgt, [und] durch deren Hilfe die Zeile ihren Weg nimmt ...

Conrad von Mura, S. 12

Deckel des Codex Echternach (Codex aureus Epternacensis), um 1030. Nürnberg, Germanisches Nationalmuseum

Für die Herstellung der Tinten verwendete man meist Ruß mit gummiartigen Bindemitteln. Federn schnitt man aus den Schwungfedern von Gänsen. Auch die Farben stellte man mit den entsprechenden mineralischen oder pflanzlichen Rohmaterialien in den Klöstern her. Eine Handschrift des 10. Jahrhunderts nennt an gebräuchlichen Farben: Azur (Kupferlasurstein, Bergblau), Vermiculum (Grün aus Erden oder Pflanzen), Drachenblut (aus dem roten Harz des Drachenbaums), Carmin (Farbstoff der Kermesschildlaus), Auripigment (Arsensulfid), Grünspan (mit Essig behandeltes Kupfer), Gravetum (Hellgrün), Indigo (Blau aus der tropischen Indigopflanze oder einheimischem Waid), Braun, Safran (Gewürz, Blütengefäße), Mennige (gebranntes Bleiweiß) oder Bleiweiß (mit Essig behandeltes Blei), bestes Schwarz aus Weinrebkohle. Angemischt wurden die Farben mit Eiklar, was ihnen nach dem Trocknen einen leichten Glanz verlieh.

In den klösterlichen Werkstätten wurden auch die wertvollen Einbanddeckel aus edlen Materialien wie Goldblech, Elfenbein (so beim **„Codex Echternach“**), Email und gefassten Edelsteinen hergestellt. Im Glanz des Goldes, im zarten Schimmern des Elfenbeins und im Funkeln der durchscheinenden farbigen Edelsteine sahen die Menschen des Mittelalters einen Abglanz des Himmels und des göttlichen Lichtes.

Eine besonders wertvolle Arbeit karolingischer Goldschmiedekunst ist der **Einbanddeckel** des **„Codex aureus“** von St. Emmeram in Regensburg. Mönche im nordfranzösischen Kloster Corbie schrieben um 870 im Auftrag Karls des Kahlen den Text zu diesem „goldenen“ Buch. Der Einband entstand wahrscheinlich in Reims. Die Randleisten des Deckels sind mit gefassten Perlen und farbigen Edelsteinen besetzt, die flachen Reliefs in dünnem Goldblech getrieben.

Im Mittelfeld thront Christus als Weltenherrscher, umgeben von einer ▸Mandorla. Auf weiteren Reliefplatten sind die vier Evangelisten und Szenen aus dem Leben Jesu dargestellt: oben links Jesus und die Ehebrecherin, oben rechts die Vertreibung aus dem Tempel, unten links Jesus und der Aussätzige und unten rechts die Heilung des Blinden.

▸**Mandorla:** Mandelform, ornamentale elliptische Form, die die himmlische Sphäre symbolisiert

Arbeitsanregungen:

1. Zeigen Sie die reichen geometrisch-ornamentalen Bezüge der Teilflächen und der Edelsteine auf dem Einbanddeckel des Codex aureus.
2. Stellen Sie ein selbst geschriebenes und mit Bildern verziertes Schmuckblatt her. Verwenden Sie zum Schreiben eine selbst zugeschnittene Feder (von einem Schwan oder einer Gans).

Codex aureus aus St. Emmeram in Regensburg, um 870. In Goldblech getrieben, die Rahmung mit Edelsteinen besetzt, 42,5 x 33 cm. München, Bayerische Staatsbibliothek

Die Darstellung der Evangelisten

Bei weitem nicht alle Handschriften des Mittelalters waren bebildert. Der größte Teil diente als Messbuch, aus dem bei der Liturgie die Texte vorgelesen wurden. Nur Arbeiten, die hoch gestellte Personen in Auftrag gaben und die oft als feierliches Geschenk zur Gründung eines Klosters gedacht waren, bekamen eine reiche Ausstattung mit Bildern und Schmuckseiten. Bei Büchern, die eine Sammlung der vier Evangelien enthielten, stand meist am Anfang des jeweiligen Evangeliums ein Bild des Evangelisten.

Diese Evangelistenbilder – wie das des **Johannes** aus der Universitätsbibliothek in Erlangen – sind meist in ein Architekturgerüst mit Säulen im antikisierenden Stil gestellt. Reich ornamentierte Arkaden (Bogen), die manchmal mit ‣gemmenartigen Medaillons besetzt sind, umgeben die zentrale Figur. Diese Rahmenarchitektur bestimmt auch hier die Bildgliederung: Oben befindet sich das vom Bogen umrahmte Evangelistensymbol, unten, im Säulenzwischenraum (Interkolumnium), sitzt der Evangelist auf einem roten Kissen. Alles ordnet sich um den Evangelisten, den von Gott inspirierten Menschen.
Das Fuldaer Evangeliar, dem das Evangelistenbild entstammt, wurde zwischen 830 und 840 in der Fuldaer Klostermalschule hergestellt. Es umfasst 132 Pergamentblätter. Das Blatt ist mit kräftigen Deckfarben gemalt, im Wesentlichen aus den Farben Rot, Blau und Violett.
Es zeigt den Evangelisten Johannes nicht – wie in vielen anderen Handschriften – in jugendlicher Gestalt, sondern als Greis. In aufrechter Haltung sitzt er auf einem Thronsessel, das ausdrucksvolle Gesicht ist dem Betrachter zugewandt. Über dem goldenen Heiligenschein schwebt ein Adler, das Symbol des Evangelisten Johannes, der hier selbst Sinnbild des Lehrens, Nachdenkens und Schreibens ist. In mehrfacher Beziehung verweist der Evangelist vom Irdischen auf die himmlische Sphäre, auf die Konzentration des Geistes auf das Wort Gottes, das auch auf der im Bild sichtbaren Doppelseite des aufgeschlagenen Buches genannt wird: „Im Anfang war das Wort, und das Wort war bei Gott ...“ Auch der Adler verkörpert den überlegenen, alles durchdringenden Geist. In der ‣„Legenda aurea“ sagt Johannes der Evangelist vom Adler: „Fliegt auch der Adler höher denn alle Vögel und schaut in die Sonne mit lichten Augen, so muss er doch unterweilen von Schwachheit der Natur zur Erde sich senken; also kehrt auch der menschliche Geist, so er bisweilen ausruht von der Betrachtung, mit neuem Feuer zum Himmel hinauf.“

Die Miniaturen der Buchmaler des Mittelalters sind meist flächig und ornamental aufgefasst und bestechen durch ihre Klarheit. Die Farbigkeit der Illustrationen weicht nicht selten vom Naturvorbild ab, der Buchmaler begriff „die Welt nicht als eine Welt von Dinglichkeiten, sondern als eine Welt geistiger Beziehungen.“ (Hans Jantzen)

Farben sollten nicht primär den Gegenstand in all seinen Nuancierungen zeigen, sondern das Dargestellte symbolisch überhöhen. Auch der Farbzusammenhang zwischen den Farbfeldern sowie der klare und ornamentale Aufbau, setzten eine höhere Ordnung, die über dem optisch Sichtbaren steht. Diese ornamental flächige Ordnung widerspricht in einigen Bildteilen der uns geläufigen (damals aber noch unbekannten) räumlich-perspektivischen Darstellung.

Arbeitsanregungen:

1. Fertigen Sie Farbauszüge zu den in dem Evangelistenbild eingesetzten Farben an, indem Sie die im Bild verwendeten Farben mit Deckfarben nachmischen.
2. Zeigen Sie in einer Kompositionsskizze den streng geometrischen Aufbau des Bildes.
3. Zeichnen oder fotografieren Sie eine sitzende Figur, die beim Lesen oder beim Schreiben in ein Heft kurz aufschaut. Stellen Sie dann Vergleiche zum Evangelistenbild an und begründen Sie die Darstellungsweise des Miniaturmalers.

‣**Gemme:** geschnittener Edelstein, d. h., in die glatt geschliffene Oberfläche ist eine figürliche Darstellung eingraviert.

‣**Legenda aurea:** s. S. 116

Der Evangelist Johannes aus dem Fuldaer Evangeliar, um 830/40. Größe der Miniatur 33,5 x 25,3 cm. Erlangen, Universitätsbibliothek

Gebärde und Bedeutung: Die Verkündigung an die Hirten

Das Bild der Verkündigung an die Hirten ist ein repräsentatives Beispiel für die Buchmalerei der ottonischen Zeit. Es stammt aus dem Perikopenbuch Heinrichs II., das der Kaiser um 1010 seinem neu gegründeten Bistum Bamberg neben anderen Geräten und kirchlichen Gewändern geschenkt hat. Das außergewöhnlich große Format von 42,5 x 32 cm unterstreicht den kaiserlichen Prunk und den hohen Wert des Geschenks. In Perikopenbüchern werden Textausschnitte aus den vier Evangelien entsprechend dem Verlauf des Kirchenjahres angeordnet. Auf den 206 Seiten folgen dem ▸Widmungsbild und den vier Evangelistenbildern Blätter mit 10 ganzseitigen und 184 kleineren ▸Initialen sowie 23 ganzseitige Illustrationen. Das Buch ist vermutlich im Kloster Reichenau am Bodensee entstanden.

Eines der Bilder zeigt die Verkündigung an die Hirten, wie sie im Lukasevangelium (Lukas 2,8–11) geschildert wird: „Und es waren Hirten in derselben Gegend auf dem Felde bei den Hürden, die hüteten des Nachts ihre Herde. Und der Engel des Herrn trat zu ihnen, und die Klarheit des Herrn leuchtete um sie; und sie fürchteten sich sehr. Und der Engel sprach zu ihnen: Fürchtet euch nicht! Siehe, ich verkündige euch große Freude, die allem Volke widerfahren wird: Denn euch ist heute der Heiland geboren, welcher ist Christus, der Herr, in der Stadt Davids."

Im Verhältnis zu den Hirten erscheint der Engel riesenhaft, der schreitende Hirte wiederum übergroß gegenüber den Schafen. Der Buchmaler verstand den Engel als Botschafter Gottes. Er gestaltete ihn darum größer als die Menschen, Tiere, Berge. Die unterschiedliche Größendarstellung entspricht der klaren Ordnung des Mittelalters. In dieser ▸Bedeutungsperspektive sollen Macht, Würde oder Bedeutung der einzelnen Personen auf den ersten Blick in Erscheinung treten. Die einzig mögliche Haltung Gott gegenüber war für den Malermönch und seine Zeit das demütig erlebte Angewiesensein des Menschen auf Gott, das durch die Gebärdensprache der Hirten beispielhaft zum Ausdruck kommt.

Alle Formen im Bild stellte der Maler in der größten Überschaubarkeit dar. Das Gebirge malte er als ein Gebilde aus ähnlichen Buckelformen, Gräser gab er als Büschel aus jeweils drei bewegten Grashalmen wieder, die Schafe zeigte er in Seitenansicht und in der Schrittstellung. Die Gestalten des Engels und der Hirten setzte er aus einzelnen Formen zusammen, die er flächenhaft ausbreitete und linear differenzierte. Dunklere und hellere Linien verlaufen in wiederholter Parallelführung zur Umrissform. Das Räumliche charakterisierte der Maler allenfalls durch Formüberdeckungen. Die Flächenhaftigkeit schafft die Grundlage zu Kompositionen von ornamentalem Charakter, von großer Einfachheit und monumentalem Anspruch.

■ *Die Linie aber bildet die wichtigste Voraussetzung für das Höchstmaß des Ausdrucks, das hier erreicht wird. Der Künstler verfügt über ein zu äußerster Feinheit gesteigertes Wissen um den Ausdruckswert der Linie als solcher, er kennt die Ruhe, die der Horizontalen eignet, die Energie der Diagonalen, die stolze Festigkeit der Senkrechten, die feinsten Nuancen des Empfindungsgehalts, den der Schwung einer Kurve, eine Neigung, eine tiefe Einbuchtung besitzen.*

Albert Boeckler, S. 10

Arbeitsanregungen:

1. Gehen Sie den Ausschnitt des Evangeliumstextes genau durch und beschreiben Sie, welche Aspekte der Maler herausgegriffen und in welcher Weise er sie umgesetzt hat.
2. Beschreiben Sie den farbigen Aufbau des Bildes, zeigen Sie, wie mit gleichen Farbflächen die einzelnen Teile des Bildes zusammengebunden werden.
3. Fertigen Sie eine Kopie des Bildes und fügen Sie Sprechblasen hinzu, in denen Engel und Hirten zueinander sprechen. Wie verändert sich dabei die Aussage des Bildes?

▸**Widmungsbild:** Darstellung des Kaisers mit ihm huldigenden kirchlichen und weltlichen Herrschern, manchmal auch der Abt des Klosters bei der Überreichung des Buches an einen König oder eine Königin

▸**Initiale** (lat. initium Anfang): Anfangsbuchstabe, der durch Größe, Verzierung oder Farbe aus dem übrigen Text hervorgehoben ist (s. S. 125, dort Book of Kells)

▸**Bedeutungsperspektive:** Die Darstellung der Figuren richtet sich in vielen mittelalterlichen Bildern nicht nach ihrer natürlichen Größe. Heilige Personen werden gemäß ihrer Funktion größer dargestellt.

Verkündigung an die Hirten, um 1010. Buchmalerei aus dem Perikopenbuch Heinrichs II., 42,5 x 32 cm. Reichenauer Werkstatt. München, Bayerische Staatsbibliothek

Schrift und Bild – Merkmale der Buchmalerei

In der Ausgestaltung und Anordnung von Text und Bild in der Buchmalerei entwickelte sich während des Mittelalters eine Vielzahl von eigenständigen Formen und Stilen. Je nach Funktion und Gebrauchszusammenhang entstanden riesige, üppig geschmückte repräsentative Exemplare wie auch kleine, mit zarten Blumen- und Vogelmustern ausgeschmückte Miniaturbüchlein für den privaten Gebrauch. Auch bei der Technik und Ausgestaltung gab es große Unterschiede. So waren einfachere, bescheidenere Bücher mit Federzeichnungen illustriert, wertvollere Exemplare mit farbenprächtigen Deckfarbenmalereien und reichem Goldgrund ausgestattet.

Aus dem Zusammenhang von Text und Bild, der dekorativen Anordnung und der Gliederung von Texten auf den einzelnen Buchseiten ergaben sich neue Bildelemente oder ornamentale Zierleisten. Eine eigenständige Erfindung des Mittelalters ist die ▸Initiale, ein durch Vergrößerung oder auffällige Form hervorgehobener Buchstabe am Anfang eines Textabschnitts, der als Ornament oder als kleine Illustration mit Bezug auf den Text gestaltet sein kann, später sich ausdehnt bis zur Rahmung des ganzen Seitentextes. Vor allem in der irischen und englischen Buchmalerei entstanden hierbei aus einer Verbindung von Pflanzen- und Tierornamenten und aus den Verschlingungen keltischer und germanischer Ornamentik eigenwillige Formschöpfungen.

In Größe und Ausgestaltung hervorgehobene Anfangsbuchstaben können auch innerhalb des Textes oder an Kapitelanfängen erscheinen. Auch die Restzeilen von kurzen Satzteilen werden häufig mit schmückenden farbigen Bändern versehen, wie bei der Seite aus dem **„Psalter der Königin Isabella von England“** aus dem 14. Jahrhundert. In den Randornamenten tauchen vor allem in gotischer Zeit Bildungen aus seltsamen Tieren oder Pflanzenformen auf, die so genannten ▸Drôlerien. Auf dem unteren Seitenrand werden oft die Begebenheiten des Textes in einzelnen Szenen wie eine Bildergeschichte erzählt. Dabei ist es durchaus üblich, dass ein und dieselbe Figur mehrmals im Bild erscheint. Sogar die Anordnung von mehreren Bildstreifengeschichten übereinander auf einer Seite ist üblich.

Allen Buchmalereien ist die Ausbreitung von Schrift und Bildteilen in der Fläche eigen, und die ornamentale Gestaltung des Rechtecks der Buchseite bleibt stets auf diese bezogen. Erst in der Spätphase, im 15. und 16. Jahrhundert, zeigen sich Konflikte zwischen flächiger Seitenaufteilung und illusionistischer Raum- und Körperdarstellung.

Neben den Bilddarstellungen kann man auch bei der Art des Schreibens, bei den Schriftarten, einen Verlauf und eine Stilentwicklung feststellen. Prachthandschriften waren oft mit Goldfarbe und in Großbuchstaben (Versalien) geschrieben. Als entscheidend für die Gestaltung der mittelalterlichen Schrift erwies sich die Einführung der karolingischen ▸Minuskel, einer Schrift aus Kleinbuchstaben mit Ober- und Unterlängen, die flüssig zu schreiben und – verglichen mit vielen vorher üblichen regionalen Schriften – gut lesbar war. Erst die gotischen Schreiber gaben durch steilere, enger geschriebene, kantige Formen der handgeschriebenen Schrift neue Impulse.

Das Ende der handgeschriebenen und von Hand illustrierten Bücher zeigte sich, als im 16. Jahrhundert mit der Druckerpresse, den beweglichen Satzlettern und dem Holzschnitt die technischen Möglichkeiten zu einer billigeren und massenhaften Produktion gegeben waren.

Arbeitsanregungen:

1. Versuchen Sie mit verschiedenen Federn einige Wörter in der abgebildeten Schrift zu schreiben. Welche Erfahrungen stellen sich dabei ein?
2. Entwerfen und malen Sie eine aufwändig gestaltete Initiale mit dem Anfangsbuchstaben Ihres Vornamens.
3. Erzählen Sie die Geschichte, die auf dem Kapitelfrontispiz (s. S. 85 oben) dargestellt ist.

▸**Initiale:** s. S. 130

▸**Drôlerie:** belustigende Darstellung von Fabelwesen, Tieren oder Menschen; verbreitet in der Gotik

▸**Minuskel**

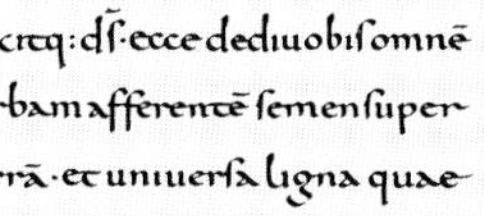

Karolingische Minuskel, um 800

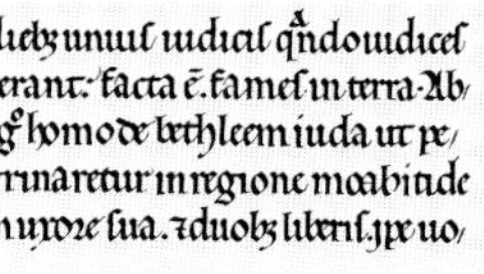

Gotische Minuskel, frühgotische Buchschrift

Psalter der Königin Isabella von England, um 1340. München, Bayerische Staatsbibliothek

Die Architektur des Mittelalters

Ankündigung eines neuen Reiches: Die Pfalzkapelle in Aachen

Um seinen Machtanspruch zu demonstrieren und einen würdigen Rahmen für Krönungszeremonien zu schaffen, ließ Kaiser Karl der Große in seiner Pfalz in Aachen eine Palastkapelle errichten. Damit entstand zum ersten Mal seit der römischen Zeit nördlich der Alpen ein Großbau aus Stein, in dem sich der politisch-geistige Führungsanspruch des Kaisers zeigte. Die Pfalzkapelle in Aachen (um 790–800), von Papst Leo III. im Jahr 805 persönlich geweiht, hatte ihre Vorbilder in der Hofkirche des oströmischen Kaisers Justinian in Konstantinopel und in San Vitale in Ravenna (s. S. 40). Beide Kirchen waren mit Emporen ausgestattet, beide stammten aus dem 6. Jahrhundert.

Die Pfalzkapelle ist der einzige Bau, der von der ehemaligen Pfalz heute noch erhalten ist. Von dem Palast, den repräsentativen Sälen, den von Bogenreihen gesäumten Höfen ist nichts mehr erhalten. Auch die Pfalzkapelle selbst ist nur in ihrem Inneren original, in ihrem Außenbau ist sie dem gotischen Dom eingefügt. Der achteckige, hoch aufstrebende Mittelraum des Zentralbaus wird von einem niedrigeren sechzehneckigen, zweigeschossigen Umgang eingeschlossen. Die Zahl 8 spielte in der antiken Zahlensymbolik eine wichtige Rolle. Sie galt als vollkommene Zahl. Das Achteck der Pfalzkapelle misst im Durchmesser etwa 16 m, der Durchmesser des sechzehneckigen Umgangs beträgt – wie auch die Höhe des Gebäudes – etwa 32 m. Nach oben schließt der achteckige Zentralraum mit einem ebenfalls achteckigen ▸Klostergewölbe ab, in dem als Goldmosaik Christus als Weltenherrscher thronte.

Die Ergänzung stammt allerdings aus der Zeit um 1900, ebenso die Auskleidung der Wände mit Marmorplatten. Die Fenster waren zu Karls Zeiten aus dünnen Alabasterplatten (wie in Ravenna), was dem Inneren ein gedämpfteres Licht verlieh als es heute der Fall ist.

Die hohen Bogenöffnungen des Emporengeschosses sind durch übereinander gestellte ▸Arkaden vergittert. Je zwei antike Säulen mit ▸korinthischen Kapitellen stehen übereinander als Bogenfüllung. Diese Säulen hatte Karl der Große eigens aus den alten Residenzstädten Rom, Ravenna und Trier herbeischaffen lassen, eine symbolische Geste.

Die umlaufenden Bronzegitter und -türen wurden in Aachen gegossen. Die achteckige ▸Apsis mit dem Altar ist nach Osten ausgerichtet. Ihr gegenüber steht im Obergeschoss der Eingangshalle, die von zwei Rundtürmen flankiert wird, der sechsstufige, steinerne Thron, der aus antiken Einzelteilen zusammengesetzt ist. In der Aachener Pfalzkapelle wurden einunddreißig deutsche Könige gekrönt.

Arbeitsanregungen:

1. Stellen Sie Vergleiche zwischen den Gebäuden der Aachener Pfalz und den heute für eine Regierung nötigen Bauten an.
2. Welche anderen Zentralbauten kennen Sie? Vergleichen Sie Form und Funktion.
3. Untersuchen Sie diesen Zusammenhang auch den Weihwasserbehälter aus dem Aachener Domschatz (s. S. 115). Was stellen sie fest?

▸**Klostergewölbe:** meist aus acht gekrümmtem Teilen gemauerte Gewölbeform

▸**Arkaden:** offene, von Säulen getragene Bogenreihe

▸**Korinthisches Kapitell**

▸**Apsis** (griech. Rundung): meist halbrunde Nische, die auch am Außenbau sichtbar ist und ein eigenes, kegelförmiges Dach erhält; in der Apsis stand in der frühchristlichen Basilika der Altar.

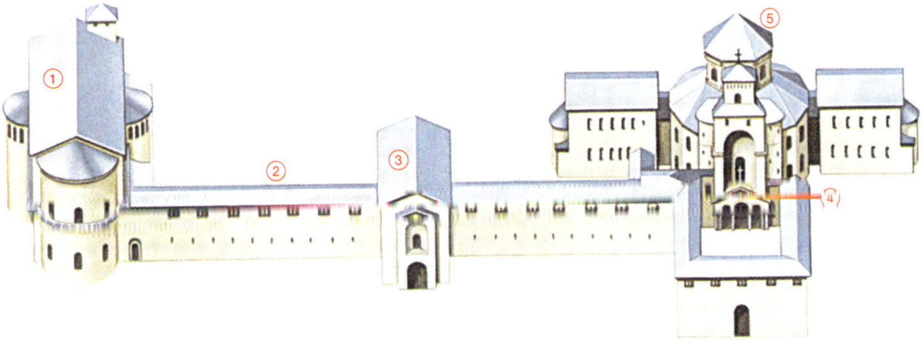

Pfalz in Aachen,
um 800. Aufriss
1 Palast
2 Verbindungsgang
3 Torhaus
4 Eingang der Kapelle
5 Kapelle

Pfalzkapelle in Aachen, geweiht 805. Innenraum

Pfalzkapelle in Aachen. Kaiserthron auf der Empore

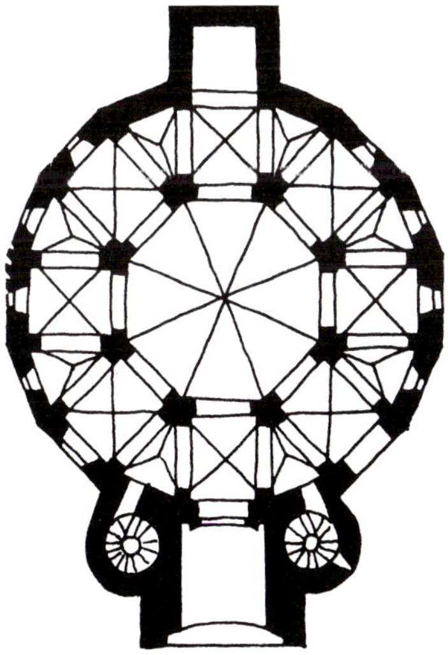

Grundriss der Pfalzkapelle in Aachen

Programmatischer Kirchenbau: St. Michael in Hildesheim

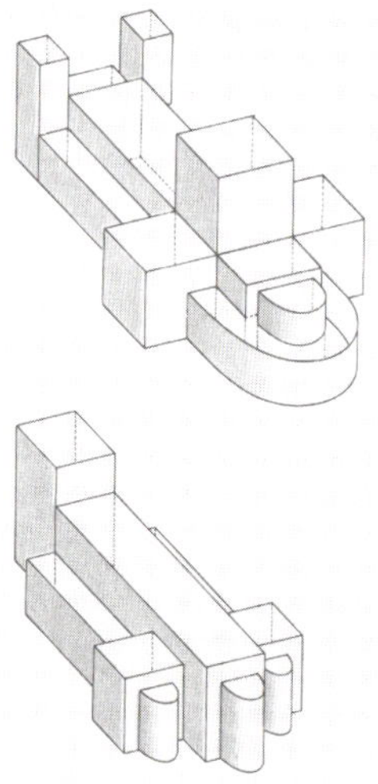

„Baukastensystem" bei romanischen Kirchen: Bei den meisten romanischen Kirchen treten die gleichen Elemente in immer wieder neuer Zusammenstellung auf.

Etwa in der Zeit zwischen 1010 und 1030 ließ Bischof Bernward von Hildesheim, der Erzieher Kaiser Ottos III., St. Michael in Hildesheim als seine Grabkirche und als einen beispielgebenden Kirchenbau errichten. Bernward stammte aus dem sächsischen Adel und war weit gereist. Unter seiner Leitung entstanden in Hildesheim Werkstätten, die große plastische Bildwerke aus Bronze gießen konnten. Mit den Türflügeln für St. Michael, einer frei stehenden Bildsäule (beide s. S. 112) und anderem Gerät schuf Bernward Prototypen für die würdige Ausstattung eines Doms.

Massiv wie eine Burg steht der Bau auf einem Hügel am Rande des heutigen Stadtzentrums, breit gelagert, aus mächtigen hellen Quadern errichtet. Klar und überschaubar ist die symmetrische Gruppierung des Baukörpers mit den beiden Chören und den Turmgruppen. Hier in Hildesheim zeigen sich beispielhaft alle Bauformen, die sich dann – anders gruppiert oder akzentuiert – bei fast allen romanischen Kirchen wieder finden.

Einem massig gelagerten Querschiff im Osten mit kurzen seitlichen Treppentürmen und überhöhter ▸Vierung steht eine baugleiche Turmgruppe im Westen des Baus gegenüber. Da die Querschiffe und das Mittelschiff dieselbe Breite haben, ergibt ihr Kreuzungsraum, die Vierung, im Osten und Westen jeweils ein Quadrat im Grundriss. Beide Vierungen werden in Hildesheim durch gedrungene Türme über das Dach des Hauptschiffs emporgeführt und erhalten ein eigenes Pyramidendach. Das Vierungsquadrat ist als Maßeinheit auch im Hauptschiff verwendet, die zwischen den beiden Vierungen dreimal auftaucht. Diese Maßeinheit wird durch viereckige Pfeiler markiert, die mit jeweils zwei dazwischen gestellten runden Säulen einen Stützenwechsel in der Bogenreihe bilden. Im Inneren ist die Vierung als „ausgeschiedene" Vierung gestaltet: Hohe Rundbögen mit rotweißem Steinwechsel trennen diesen Raum optisch sowohl zum Mittelschiff als auch zu den Seitenschiffen hin.

An den Säulen der ▸Hochschiffwand sind die Kapitelle zumeist als ▸Würfelkapitelle ausgeführt, klare stereometrische Formen aus der Verbindung von Kubus und Kugel. Einfache viereckige ▸Kämpfer und profilierte Deckplatten schaffen die Verbindung zur Wand darüber, die über einem waagerecht geführten Sims frei als Fläche aufsteigt bis zu den kleinen Fenstern des ▸Lichtgadens, der Fensterzone. Die flache, bemalte Holzdecke, die den Raum des Hauptschiffs nach oben abschließt, stammt aus der Zeit um 1230. Der Chor mit dem Hauptaltar, der hier nach Westen ausgerichtet ist, wurde erhöht, um Raum zu schaffen für eine ▸Krypta.

Die Baugeschichte von St. Michael ist gekennzeichnet von vielen Zerstörungen und Umbauten. Nach der Grundsteinlegung im Jahr 1010 wurde die Kirche 1033 fertiggestellt. Nach einem Brand im 12. Jahrhundert erhielt sie ihre farbige Holzdecke. In mehreren Umbauten vergrößerte man die Krypta mit dem Grab des heilig gesprochenen Bernward, brach neue gotische Fenster in die Außenwand und trug nach einem Einsturz den Ostchor ab. Der Turm der Ostvierung erhielt im 17. Jahrhundert eine barock geschweifte Turmhaube. Der westliche Vierungsturm musste etwa zur gleichen Zeit abgetragen werden. Erst nach den Zerstörungen des Zweiten Weltkrieges entschloss man sich, die Kirche in ihrer ursprünglichen Form zu rekonstruieren. Auch die während des Krieges ausgebaute Holzdecke konnte nun wieder an ihren Platz in der Kirche zurückkehren.

Arbeitsanregungen:

1. Welche Wirkung hat ein schmuckloses Würfelkapitell im Vergleich zu Figurenkapitellen wie z. B. in Vézelay? (s. S. 114)
2. Stellen Sie aus Karton oder Holz verschiedene Elemente romanischer Kirchen her: Hauptschiff, Seitenschiffe, Querschiffe, Türme und Dächer in verschiedener Form, Chöre und ▸Apsiden. Bauen Sie aus Ihrem Vorrat verschiedene romanische Kirchen.

▸Vierung: Schnittpunkt von Haupt- und Querschiff; im Inneren meist durch Bogenöffnungen betont, außen oft durch einen Vierungsturm bekrönt

▸Hochschiffwand: s. S. 84

▸Kämpfer: meist vorspringende Platte zwischen einer architektonischen Stütze (Pfeiler oder Säule) und dem Gebälk, das sie trägt

▸Lichtgaden: Fensterzone der Hauptschiffwände

▸Würfelkapitell: s. S. 114

▸Krypta: Unterkirche, oft als Grablege und zur Aufbewahrung von Schreinen und anderem kostbaren Gerät genutzt

▸Apsis: S. S. 72

St. Michael in Hildesheim, um 1010–1033. Innenansicht

St. Michael in Hildesheim, um 1010–1033, Blick in das östliche Querschiff

St. Michael in Hildesheim, begonnen um 1010. Außenansicht

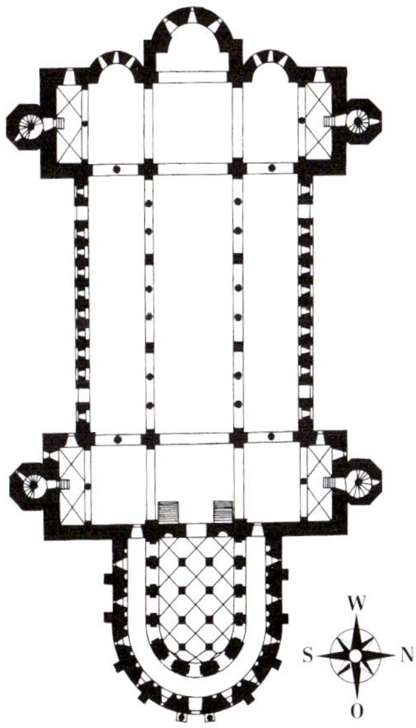

St. Michael, Hildesheim, Grundriss

Ausdruck kaiserlicher Macht: Der Dom zu Speyer

Der **„Dom zu Speyer“** ist neben den Domen von Worms und Mainz das größte und bedeutendste Bauwerk der romanischen Kunst in Deutschland. Die salischen Kaiser (1024–1125) machten ihn zum Symbol ihres imperialen Anspruchs und zur monumentalen Grabkirche ihres Geschlechts; deshalb ist auch die Krypta des Speyrer Doms zu einer majestätischen dreischiffigen Unterkirche mit imposanten Ausmaßen ausgebaut. Im Wesentlichen wurde der Dom zwischen 1030 und 1106 erbaut. Drei Kaiser waren an seiner Errichtung und baulichen Gestaltung maßgeblich beteiligt.

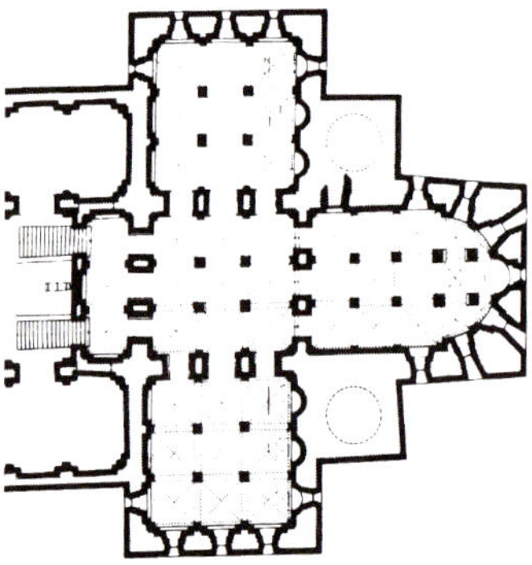

Dom in Speyer, um 1030. Krypta, Ansicht und Grundriss

‣Bogenfries: romanisches Architekturornament aus Bogenformen

‣Sims, Gesims: waagerecht die Fassade gliedernder Mauerabsatz, unter dem Dach oder unter den Fenstern

‣Gurtbogen: einen Gewölbeabschnitt abschließender und gliedernder Bogen aus gemauerten Steinen

Mit den doppeltürmigen Baugruppen im Osten und Westen des lang gestreckten Kirchenbaus greift der Speyrer Dom u. a. auf das Vorbild St. Michael in Hildesheim zurück, übertrifft es jedoch bei weitem an architektonischer Wucht und an Raumhöhe. Vor allem die Ostansicht des Doms mit der breiten Apsis und den beiden Türmen erinnert an die Wehrhaftigkeit mittelalterlicher Burgen. Am ganzen Bau treten starke Mauermassen in bis dahin nicht gekannter Stärke auf. Die Mauer wird auch durch ‣Bogenfriese, getreppte Öffnungen und ‣Simse deutlich betont. Mehrmals taucht am Bau das Motiv der Bogengalerien und des Rundbogenfrieses auf, das die Mauern des Langhauses und der Türme charakteristisch gliedert. Als architektonische Neuerung umgibt ein Sockel den gesamten Bau und weist ihm seinen unverrückbaren Platz zu. Für den deutschen Raum stellt der Dom in Speyer die Zusammenfassung aller bisherigen Bauten dar, ins Monumentale und Gewaltige gesteigert.

Der Innenraum des Doms ist in Deutschland auch der erste vollständig gewölbte Kirchenraum. Die Einwölbung des Mittelschiffes erfolgte allerdings erst in der zweiten Bauphase unter Heinrich V., der 1106–1125 regierte. Dazu mussten im Inneren neue Wandverstärkungen angebracht werden, die die steile Wirkung des Mittelschiffs der ersten Bauphase etwas beeinträchtigten. Ein Gewölbejoch umgreift jetzt im Inneren je zwei Fenster. Die Gliederungen der in zwei Teilen übereinander gestellten Pfeiler und ihre Abstufungen wie auch die ‣Gurtbögen beleben mit dem Wechsel der roten und hellen Sandsteine das Innere. In einem gebundenen System entsprechen einem Gewölbe im Hauptschiff zwei Gewölbeeinheiten in den Seitenschiffen.

Zu seiner Entstehungszeit wetteiferte der 134 m lange und etwa 30 m hohe Speyrer Dom mit der Klosterkirche in Cluny um den Ruhm des größten Kirchenbaus der westlichen Christenheit (nach Alt Sankt Peter in Rom). Cluny erhielt dabei als längste und Speyer als höchste Kirche den Vorrang.

Der Speyrer Dom hat eine sehr wechselvolle Baugeschichte. Schon während der ersten Bauphase wurden Erweiterungen in der Höhe und Länge vorgenommen, die Krypta vergrößert. Zwanzig Jahre nach der Fertigstellung musste man die Fundamente und fast den gesamten Ostbau erneuern. Nach etwa 500 Jahren wurde er 1689 in einem Krieg zu zwei Dritteln zerstört. Dabei ging auch die mittelalterliche Ausstattung verloren. Der erhaltene Ostteil wurde abgetrennt, das Langhaus 1772 neu als Kopie des alten wiederhergestellt, der Westbau erst 1854–1858 neuromanisch errichtet und das Hauptschiff in historistischem Stil innen farbig ausgemalt.

Arbeitsanregungen:

1. Suchen Sie Bilder von weiteren Turmgruppierungen von Kirchen aus der romanischen Zeit und vergleichen Sie sie im Hinblick auf die verwendeten Elemente und den Ausdruck.
2. Erklären Sie am Grundriss des Speyrer Doms das gebundene System. Vergleichen Sie damit den Grundriss von Reims (s. S. 145).

Dom zu Speyer, geweiht 1061. Hauptapsis und Chor von Osten

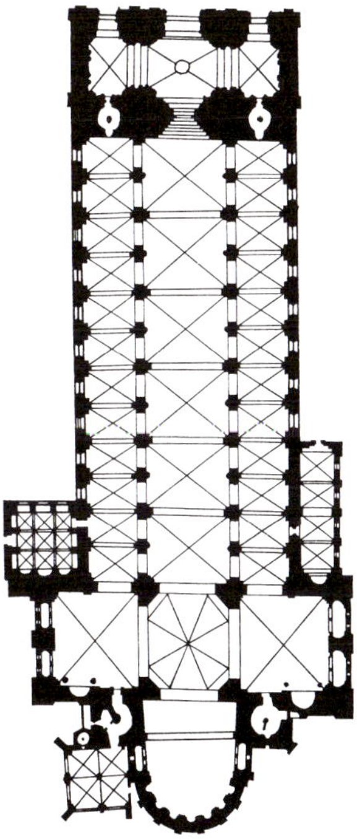

Dom zu Speyer. Grundriss

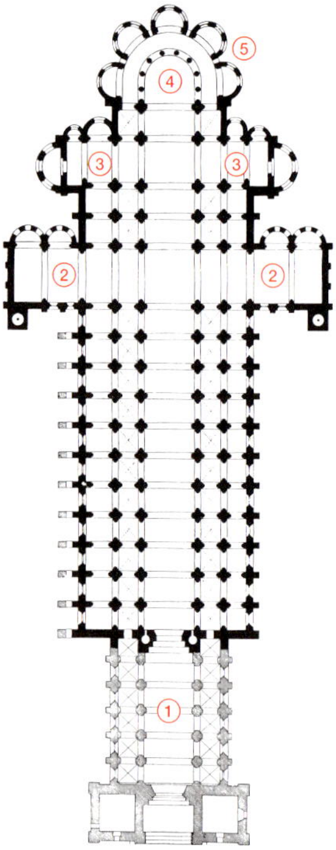

Grundriss von Cluny III:
1 ältere Kirche, als Vorkirche stehen gelassen,
2 erstes Querschiff,
3 zweites Querschiff,
4 Chor mit Chorumgang,
5 Kapellenkranz

Die Kultur der Klöster: St. Gallen und Cluny

Anders als in Ägypten, Syrien und Palästina, wo bereits ab dem 3. Jahrhundert Mönche in Klöstern und als Einsiedler lebten, war im westlichen Europa das Mönchswesen durch das Leben in der klösterlichen Gemeinschaft nach einer festen Klosterregel geprägt. Die verbreitetste Klosterregel geht auf Benedikt von Nursia zurück, der 529 das Kloster Monte Cassino in Italien gegründet hatte und den Wechsel von Gebet und Arbeit (ora et labora) forderte. Ausgehend von Südfrankreich und den britischen Inseln, entstanden überall in Europa Klöster. Häufig waren es Stiftungen des Adels, der mit den Klöstern Bildungs- und Verwaltungszentren schuf und sich neben Keimzellen wirtschaftlicher Entwicklung auch Stätten für die letzte Ruhe und der Sorge für das Seelenheil errichtete.

Mit dem Modell nach dem alten **Idealplan für das Kloster St. Gallen** (um 820) kann man eine Vorstellung davon gewinnen, wie sich in einem Kloster des frühen Mittelalters innerhalb seiner Mauern die Kirche, die Gebäude für die Mönche und Werkstätten, Gästehäuser und umfangreiche Wirtschaftsgebäude für die Selbstversorgung des Klosters verteilten. Als beherrschender Bau bildete die Kirche das Zentrum des klösterlichen Lebens. Nach einer Seite schloss sich meist ein quadratischer Hof mit einem überdachten Umgang an, der Kreuzgang. Er diente als Verbindungsgang zwischen den Gebäuden, als Aufenthaltsraum der Mönche und als Ort für Prozessionen.
Der innere, für Laien abgeschlossene Bereich des Klosters, die Klausur, umfasste weiter die Schlafsäle der Mönche (Dormitorium), den Speisesaal (Refektorium) mit der Küche, den Versammlungsraum, der oft zum repräsentativen Kapitelsaal ausgestaltet wurde, die Sprech- und die Wärmestube, die Bibliothek mit dem Schreibsaal (Scriptorium).

Außerhalb der Klausur lagen die Wirtschaftsgebäude, Werkstätten, Scheunen und Ställe, die Gästehäuser und Schulen, das Krankenhaus und die Häuser für die Bediensteten des Klosters.

Die großen Klöster des Mittelalters standen oft in enger Verbindung mit den Herrscherhäusern; Mitglieder der Königsfamilien wurden Äbte und Äbtissinnen, gelehrte Mönche dienten oft als Berater für Könige und Kaiser. Außer den Klosterschulen gab es keine Möglichkeit, mit klassischer Bildung in Verbindung zu kommen. So bestand auch unter den Klöstern ein reger Austausch an Wissen und Literatur, in den Schreibstuben wurden Bücher abgeschrieben und kostbare Exemplare in kaiserlichem Auftrag hergestellt. Durch die gemeinsame lateinische Sprache bestand ein reicher und fruchtbarer Austausch innerhalb Europas. Auch in der Ausübung der Künste, sei es in der Architektur, in der Ausstattung der Kirchen mit Malerei und Gerät und in der Buchmalerei, waren die Klöster führend. Erst allmählich bildeten sich Handwerkergruppen heraus, die von Kloster zu Kloster wanderten und künstlerische Aufgaben übernahmen.

Unter den Klöstern des 10. und 11. Jahrhunderts ragte das burgundische Cluny als das größte und einflussreichste heraus. 1500 Klöster waren im 12. Jahrhundert Cluny als dem Mutterkloster unterstellt. 909 gegründet, wurde Cluny durch die Neubauten der Kirchen Cluny II (950–981) und **Cluny III** (1088–etwa 1120) zum bedeutendsten Machtfaktor der Papstkirche gegenüber dem Kaisertum. Bis zur Zerstörung des Klosters und der Kirche während der Französischen Revolution war Cluny III die größte Klosterkirche, die je gebaut wurde. Mit einer Länge von 187 Metern, einem fünfschiffigen Langhaus mit zwei östlichen Querschiffen, einem Chorumgang mit fünf radialen Kapellen war Cluny III der größte Kirchenbau der Christenheit nach der alten Peterskirche in Rom.

Arbeitsanregungen:

1. Welche Vor- und Nachteile bot das Klosterleben? Informieren Sie sich über Regeln in verschiedenen Orden.
2. Vergleichen Sie die beiden Klosterkirchen, beschreiben Sie die Übereinstimmungen und die Unterschiede.

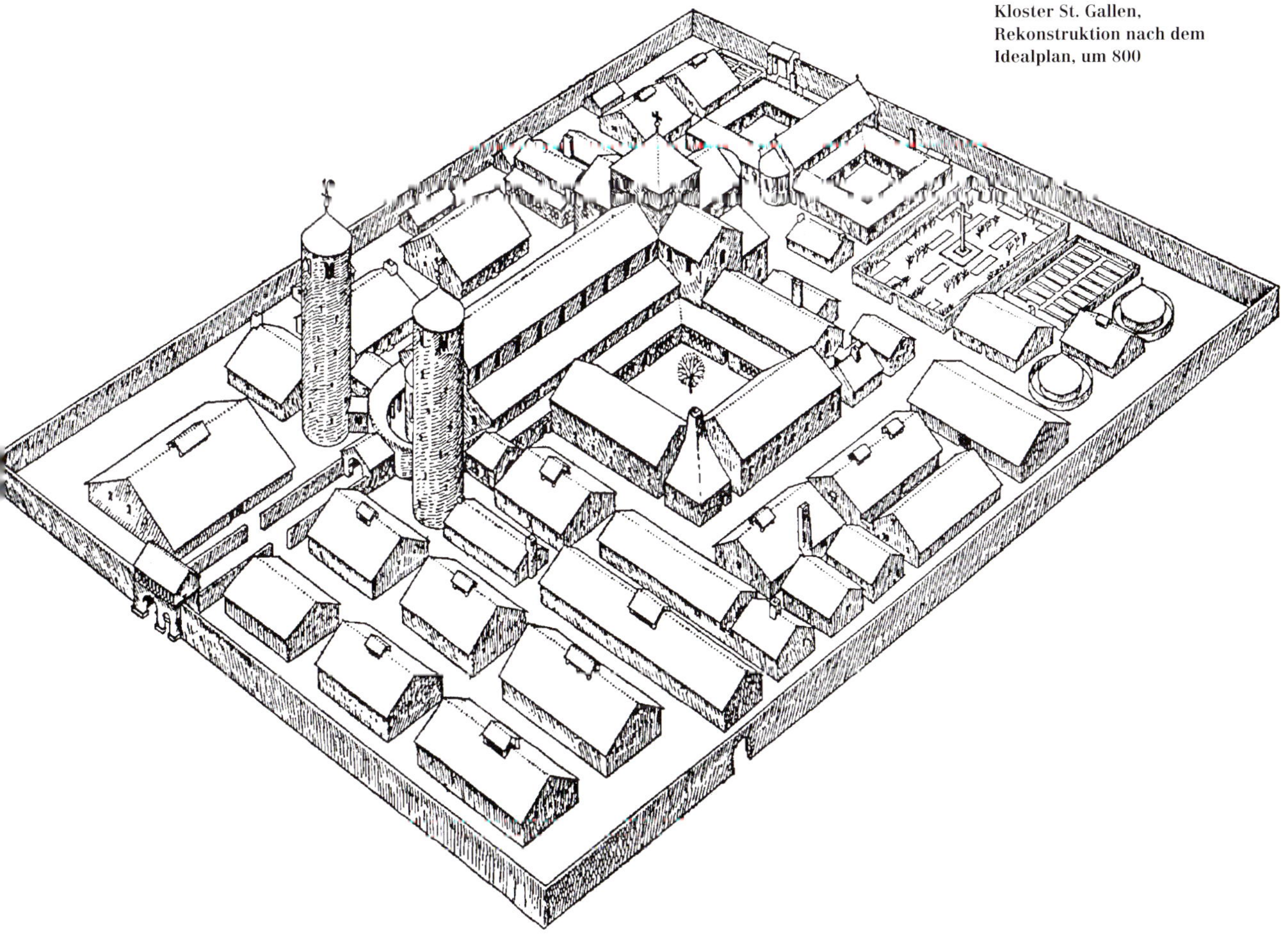

Kloster St. Gallen, Rekonstruktion nach dem Idealplan, um 800

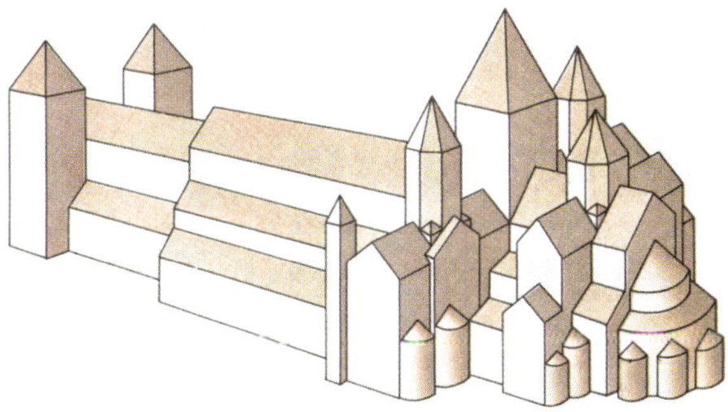

Oben:
Cluny III, Rekonstruktion, 1088 bis etwa 1120. Längsansicht

Links:
Cluny III, Rekonstruktion, 1088 bis etwa 1120. Länge 187 m. Ansicht vom Chor

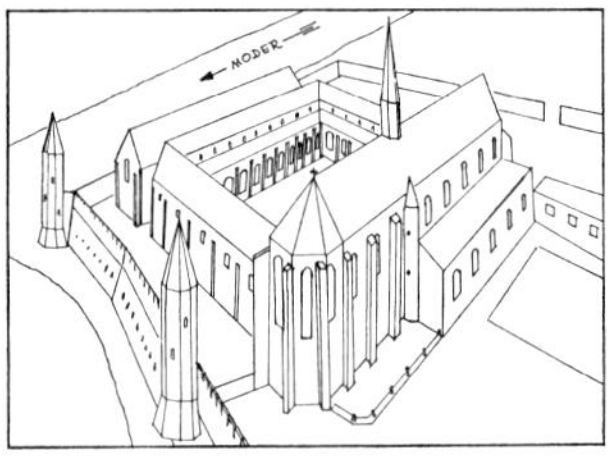

Dominikanerkloster, Schema

Die Kultur der Klöster – Reformorden und Bettelorden

Das Ideal der von Cluny ausgehenden Reform war die möglichst feierliche Ausgestaltung des Gottesdienstes. „Das ganze Mönchsleben sollte fast ausschließlich der liturgischen Feier dienen, so ausgedehnten Gottesdiensten, dass ihnen gegenüber Meditation und Studium fast ganz, die körperliche Arbeit völlig vernachlässigt wurde. Gesänge und Litaneien füllten den ganzen Arbeitstag." (Wolfgang Braunfels) Damit jeder Priester des Ordens täglich eine Messe zelebrieren konnte, baute man z. B. in Cluny III Kränze von Kapellen (mit Altären) an den Chor oder an die Ostseite der Querschiffe.
Mönchische Reformbestrebungen wie in Cluny gingen im deutschen Raum von den Klöstern Gorze, Trier, Regensburg und Hirsau im Schwarzwald aus.

Den Gegenpol zu Cluny bildete im 12. Jahrhundert der neu gegründete Orden der Zisterzienser. Die Regel dieses Mönchsordens schrieb Armut und körperliche Arbeit vor; auch die Neugründung weiterer Klöster, die Filiation, war eine vorgeschriebene Pflicht. Diese Neugründungen mussten in unzugänglichen Gebieten, weit entfernt von Städten, errichtet werden. Die strengen Vorschriften verboten in den Kirchen und Klosterbauten jeden Aufwand, der von der Betrachtung Gottes ablenken könnte. Das bezog sich sowohl auf die Kirchen als auch auf die Ausstattung. So durften die Kirchen keine Türme besitzen, die Innenwände nicht bemalt werden; bei den Fenstern waren nur farblose Muster erlaubt. Als Bildwerke waren nur bemalte Holzkreuze und eine Madonnenfigur gestattet.

Trotz und gerade wegen dieser Beschränkungen entwickelten die Baumeister und Künstler der Zisterzienser die hohe Kunst des exakten Steinschnitts, der vor allem in den Gewölben und Kapitellen in Erscheinung tritt. Durch die fehlende Bemalung kamen nun vor allem die Lichtwirkungen an den exakten Steinkanten zur Geltung. Auch in der Glasmalerei mit Grautönen, die meist Pflanzenornamente verwendete, entwickelten die Zisterziensermönche ein hohes Können.

Durch die intensive Bewirtschaftung ihrer Güter, durch Stiftungen und Erbschaften wurden die Zisterzienserklöster schnell ebenso reich wie die von ihnen geschmähten Großorden; sie verfügten bald über üppigen Grundbesitz und florierende Wirtschaftszweige. Ein Beispiel für die vielen Zisterzienserabteien ist das **Kloster Maulbronn** (Baden-Württemberg). Als Mutterhaus war es verantwortlich für viele Neugründungen und ist bis heute ein funktionierender und florierender Betrieb.

Die Klöster der Bettelorden, zu denen vor allem Franziskaner, Dominikaner und Kapuziner gehörten, siedelten sich im späten Mittelalter meist am Rand der Städte an; heute sind sie in die Zentren eingewachsen. Die Mönche dieser Orden hatten Gelübde abgelegt, die sie zu Armut, Keuschheit und Gehorsam verpflichteten. Neben der Predigt kümmerten sich die Mönche um die Seelsorge in ihrem unmittelbaren städtischen Umfeld, auch um Arme und Kranke. Ihre schlichten Kirchen waren bei den reicheren Bürgern auch als Ort für repräsentative Gräber geschätzt.
Die schmucklosen Bauten hatten ihre Aufgabe als Versammlungsräume für die Pfarrgemeinde zu Gottesdienst und Predigt zu erfüllen. Am Außenbau war oft nur der vorgezogene Chor mit hohen Glasfenstern und mit Strebepfeilern versehen, die übrigen Fenster waren klein. Das Innere besaß einen saalartig weiten Charakter. Weite Bogenstellungen ließen den Raum zwischen dem Hauptschiff und den Seitenschiffen frei fluten. Viele dieser Bettelordenskirchen stehen heute noch in den Städten, so die Dominikanerkirche in Regensburg.

Arbeitsanregungen:

1. Vergleichen Sie die nebenstehende Abbildung eines Dominikanerklosters mit dem Modell von Sankt Gallen (s. S. 141).
2. Welche Klöster befinden sich in Ihrer Stadt oder in der Umgebung? Lassen sich aus der Lage ursprüngliche Zielsetzungen erkennen?

Kloster Maulbronn, romanischer Brunnen (um 1230) im gotischen Brunnenhaus, 1340–1350

Maulbronn, Refektorium um 1220

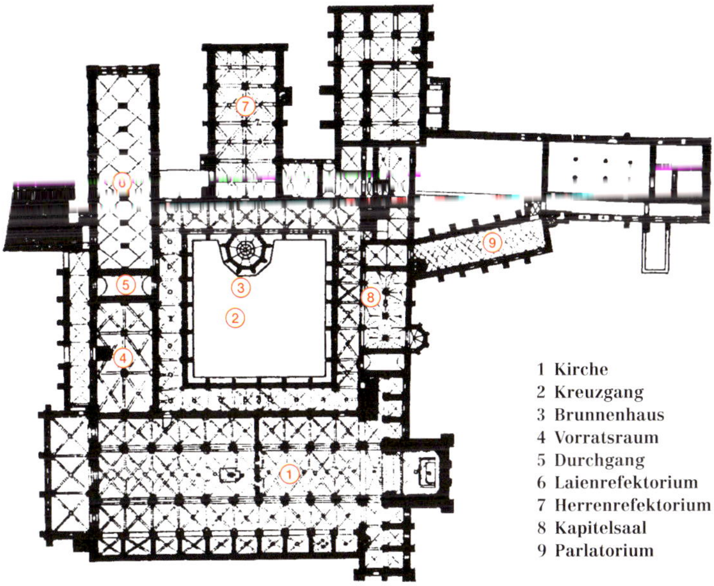

Kloster Maulbronn, Grundriss

Kreuzgang des Klosters Santo Domingo in Silos/Provinz Burgos, 12. Jahrhundert

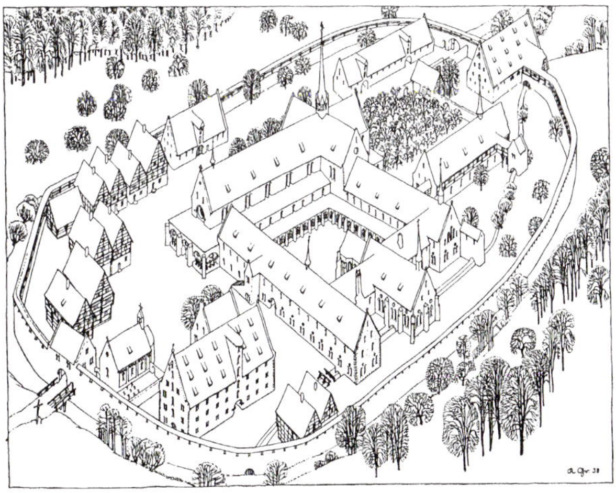

Idealplan eines Zisterzienserklosters

Die gotische Himmelsstadt: Die Kathedrale in Reims

▸**Wimperg:** dreieckiger gotischer Ziergiebel über Fenstern und Türen; die Schrägen sind mit gotischen Krabben besetzt, die Spitze mit einer Kreuzblume.

▸**Tympanon:** Bogenfeld eines Portals oberhalb des Türsturzes, meist mit Reliefs geschmückt (s. S. 151); am griech. Tempel das dreieckige Giebelfeld

▸**Kreuzblume:** gotisches Bauornament als Bekrönung

▸**Krabbe:** knollenförmiges Steinornament der Gotik z. B. an den Kanten von Wimpergen und Türmen

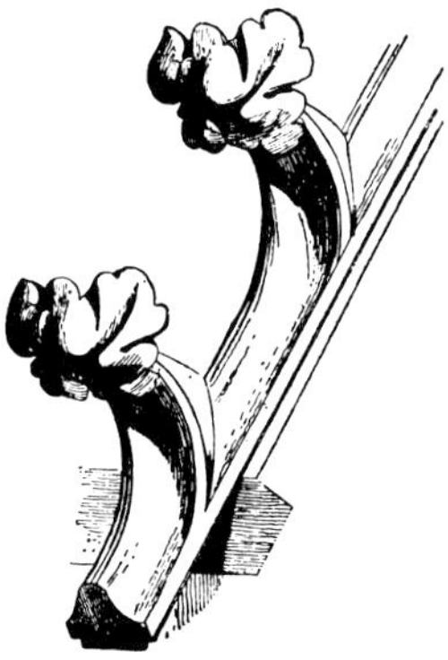

▸**Triforien, Dienste, Bündelpfeiler:** s. S. 96

Die Kathedrale von Reims in Nordfrankreich zählt zu den drei klassischen hochgotischen Domen. Sowohl am Außenbau als auch in der Gestaltung des Innenraumes sind hier die Ideale der Gotik verwirklicht. 1211 begonnen, reicht die Bauzeit der Reimser Kathedrale über das 13. Jahrhundert hinaus.

Anders als in Laon, Paris und Chartres, den Vorgängerbauten, hat jetzt der Vertikalismus (das Streben nach oben) sich der ganzen Fassade bemächtigt. Die waagerechten Simse werden an vielen Stellen, am auffälligsten über den Portalen, von steilen Giebeldreiecken, den ▸Wimpergen, überschnitten. Auch die sonst in ihrer kreisrunden Form ruhende Fensterrose erhält in Reims durch einen flachen Spitzbogen eine Richtungstendenz nach oben. Sogar die Königsgalerie, ein waagerechter Fries aus Steinfiguren, ist nach oben nicht waagerecht gerahmt, sondern durch eine Vielzahl von Giebeln über den Figuren aufgelöst. Ähnlich wird bei den beiden Türmen durch spitze Bögen, Dächer und bekrönende Giebel ein kräftiger Abschluss nach oben vermieden.
Die Doppelturmfassade im Westen wird in ihrer Mitte durch die Maßwerkrose beherrscht. Eine zweite kleinere Fensterrose sitzt über dem mittleren Doppelportal, dort, wo sich in früheren Bauten das ▸Tympanonrelief befand. Die Auflösung der Wand durch farbige Fenster erstreckt sich auch auf die beiden Nebenportale.
Der plastische Schmuck am Außenbau der Kathedrale in Reims ist gegenüber den früheren Bauten extrem reich, er überzieht mit ▸Kreuzblumen und ▸Krabben alle Teile, sodass kaum noch glatte Mauerflächen zu sehen sind. Selbst die Strebepfeiler sind an vielen Stellen durch Nischen aufgelockert, in denen Plastiken stehen.
Im Innenraum ist in Reims eine weitgehende Vereinheitlichung der einzelnen Bauteile erreicht. So hat hier die klassische Hochschiffwand keine Emporen mehr. Sie ist nun dreiteilig, beginnt mit dem Arkadengeschoss und führt über die flachen ▸Triforien zu den Hochschifffenstern. Die Stützen des Arkadengeschosses erscheinen nicht mehr als runde Säulen, sondern durch vorgelagerte ▸Dienste als quer gestellte ▸Bündelpfeiler.
Die Gewölbe wurden von früher sechsteiligen zu vierteiligen Abschnitten vereinfacht. Im Grundriss verzichtete man in Reims im Bauverlauf auf ein kräftig vorspringendes Querschiff, das in der Planung noch mit eigenen Türmen und Portalen ähnlich wie in Laon und Chartres vorgesehen war. So erhielt der Bau im Chorbereich mit dem fünfteiligen Chorumgang und den fünf Kapellen eine größere Geschlossenheit; im Außenbau konzentriert sich aller Glanz auf die Westfassade.
In Reims entstand das gotische Maßwerkfenster (s. S. 146). Das Hochschifffenster nimmt jetzt die ganze Breite zwischen den Gewölbediensten ein, es ist innerhalb der Maueröffnung aus selbstständig gemauerten Pfosten und Stegen als „Maßwerk" gefügt und ermöglicht dadurch die völlige Ausschaltung der Mauerfläche zwischen den Gewölbeträgern. Das Maßwerkfenster der Hochschiffwand wird in gleicher Form für den Abschluss der Seitenschiffwände verwendet.

Neuerungen finden wir am Bau von Reims auch im Hinblick auf die Plastik. Zum einen wird sie über den Türstürzen, im Tympanon, durch Glasfenster ersetzt, zum anderen schmücken im Inneren über- und nebeneinander aufgereihte Nischenfiguren die rückwärtige Westwand. Sie erhalten durch den dunklen Grund eine eigenartige kräftige Kompaktheit.

Arbeitsanregungen:

1. Zeigen Sie die Veränderungen in der Gestaltung der Westfassade von den frühen gotischen Kathedralen wie Laon und Paris (s. S. 96) zu Reims.
2. Beschreiben Sie den Aufbau der Hochschiffwand im Inneren der Kathedrale in möglichst fachgerechter Terminologie (s. S. 96). Verdeutlichen Sie Ihre Ausführungen in einer Skizze, die schematisch einen Abschnitt der Hochschiffwand zeigt.

Kathedrale in Reims, 1250–1300. Westfassade

Kathedrale in Reims. Blick vom Chor in das Mittelschiff nach Westen gegen die Fensterrose

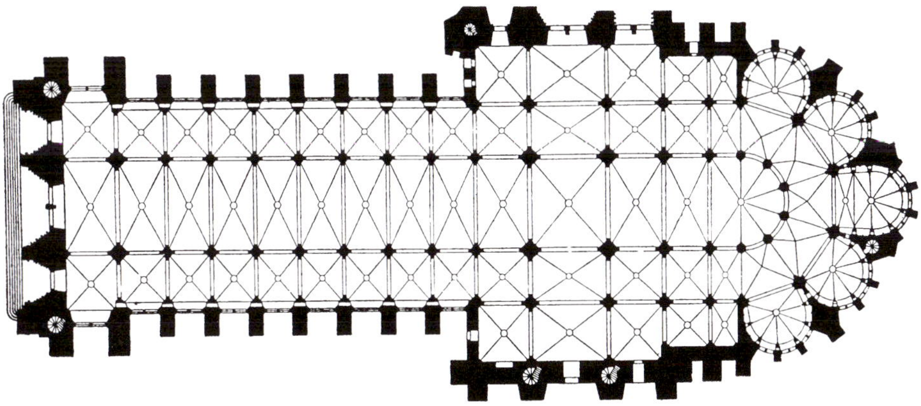

Kathedrale in Reims. Grundriss

Glasmalerei: Die Fenster der Dome und Kirchen

Etwa um das Jahr 1000 wurden in den Chroniken der Klöster Monte Cassino, Hildesheim und Tegernsee buntfarbige bemalte Gläser erwähnt. Aus dieser Zeit, dem 11. und 12. Jahrhundert, sind jedoch nur wenige Bruchstücke erhalten. Ein frühes Beispiel romanischer Glasbildkunst stellen die sechs **Prophetenfenster** im Augsburger Dom dar, die einem größeren Zyklus aus der Zeit um 1135 entstammen. In der Folgezeit entstanden in Deutschland, England und Frankreich immer größere Glasfenster, die um die Mitte des 12. Jahrhunderts im Chor von Saint Denis eine bestimmende Funktion innerhalb der Architektur einnahmen.

Die Herstellung von buntem Glas und seine Bemalung ist uns vor allem durch ein Rezeptbuch überliefert, das der Benediktinermönch Theophilus um das Jahr 1100 verfasste. Eine Neuerung gegenüber der Glasherstellung zur Römerzeit stellte vor allem das Blasen des Glases dar (bis dahin wurde Glas gegossen), wodurch eine größere Einheitlichkeit und Bruchsicherheit der Glasmasse erreicht wurde. Die Blasen wurden aufgeschnitten und zu flachen Scheiben gestreckt. Eine Färbung der Glasmasse erreichte man durch Zugaben von Metalloxiden beim Schmelzprozess der Ausgangselemente Buchenasche und Flusssand, die zusammen eine purpurfarbene Masse ergaben. So brachten Kobaltoxide einen Blauton, Silberoxide einen Gelbton hervor. Etwas schwierig gestaltete sich die Herstellung von Rottönen aus Kupferoxidzugaben.

Mit glühendem Eisen, ab dem 15. Jahrhundert mit einem Diamanten, schnitt man die Formen über einem farbigen Entwurf zurecht und trug mit dem Pinsel eine Zeichnung in Schwarzlot auf. Diese Zeichnung musste in einem weiteren Brennvorgang eingebrannt werden. Die einzelnen farbigen Scherben wurden dann wie ein Puzzle über dem Entwurf zusammengesetzt und mit biegsamen ▸Bleiruten zusammengesteckt, die anschließend zu einem festen Netz verlötet wurden. Ein äußerer Metallrahmen, diente zur Stabilisierung. Die größeren Glasteile wurden dann in den steinernen Rahmen des ▸Maßwerks und in die großen Fensterflächen eingepasst. Die intensive und lebendige Wirkung der mittelalterlichen Gläser entstand nicht zuletzt durch unterschiedliche Dicke der Scherben, durch Einschlüsse, Luftblasen und Sprünge, die das Licht unregelmäßig hindurchdringen ließen.

Das **„Kaiserfenster“** in Straßburg aus der Zeit um 1200 hatte seinen ursprünglichen Platz in der Westempore des romanischen Doms. Man nimmt heute allgemein an, dass hier Karl der Große dargestellt ist mit Zepter, Krone und Reichsapfel. Hinter seinem Thronsessel stehen die Sagenhelden Roland und Olivier. Der Saum des tiefroten Krönungsmantels und der des blauen Leibrocks sind reich ornamentiert. Die Schuhe des Kaisers, der Sessel und die Krone zeigen ähnliche Ornamente in Helldunkel. Die in Blei gefassten Augen blicken ausdrucksstark den Betrachter an. Die Farbigkeit des Fensters wird durch die großen roten Flächen bestimmt. Als weitere Farben treten Blau, Gelb oder Gold und Grün in den Gewändern der rahmenden Figuren auf. Weiße Gläser rahmen das ganze Bildformat und kleinere Flächen des Bildes.

In starkem Kontrast zu den farbigen Fenstern der romanischen und gotischen Dome stehen die oft nur in Grautönen ausgeführten Glasfenster der Zisterzienser. Sie verzichteten auf figürliche Darstellungen, entwickelten aber ein elegantes und ausgewogenes Ornament aus Pflanzenformen, wie das Beispiel aus dem Dom zu Altenberg zeigt.

Arbeitsanregungen:

1. Besuchen Sie eine Kirche an Ihrem Ort mit alten oder auch neuen farbigen Glasfenstern. Beschreiben Sie möglichst genau die spezifische Qualität und Wirkung des farbigen Lichts.
2. Fertigen Sie in Ihrer Gruppe aus farbigen Transparentpapieren und schwarzem Tonpapier einen Entwurf für ein Glasfenster zu einem Thema ihrer Wahl.

▸**Bleiruten:** H-förmige, biegsame Bleistangen, die beim Glasfenster als verbindendes stabilisierendes Netz fungieren; in die Öffnungen der Bleirute werden beidseitig die farbigen Scherben gesteckt. Die Bleiruten werden an ihren Verbindungspunkten verlötet.

▸**Maßwerk:** das aus behauenen Steinen zusammengesetzte Gerüst eines Glasfensters; das gotische Maßwerk ist aus kreis- und sternförmigen Ornamenten aufgebaut. Drei- und Vierpass- oder Fischblasenmuster treten häufig auf; die spätgotischen Fenster haben flammenförmige Maßwerkstreben. In die Zwischenräume des Maßwerks werden die blei gefassten Glasfensterteile eingebaut.

Dreipass

Vierpass

König David, eines von sechs Propheten-fenstern im Dom in Augsburg, um 1135. Glasgemälde, 220 x 53,5 cm.

Oben:
Thronender Kaiser (Karl der Große), um 1200. Glasgemälde. Straßburg, Frauenhaus-Museum

Dom zu Altenberg. Glasfenster mit Blatt-ornament, um 1280

Mathematik in Glas und Stein: Die Westrose in Chartres

In der gotischen Kathedrale erreicht die Glasmalerei ihre eigentliche Vollendung und die führende Rolle im Gesamtkunstwerk aus Raum und Licht. Chartres hat eine Fensterfläche von etwa 5000 Quadratmetern, Fensterhöhen von 20 m sind nicht selten. So liegen auch in der Fülle und in der Eigenart des Charakters dieses Lichts der Zauber und die Wirkung des Innenraums der gotischen Kathedrale begründet.

■ *Der gotische Raum wird mit dunkelfarbigem, rötlich-violettem Licht erfüllt, dessen geheimnisvolles Wesen schwer zu beschreiben bleibt, zumal es nicht aus einer Quelle stammt und in seinen Helligkeitswerten je nach der Witterung der natürlichen Außenwelt fließend erscheint, anschwellend, abschwellend die Farben in der Dämmerung zu unerhörtem Glühen steigernd.*

Hans Jantzen, S. 68

In den **Fenstern** der **Kathedrale von Chartres** ist nicht nur ein großartiges Bildprogramm der frühen Gotik erhalten geblieben, sie zeigen in ihren Darstellungen auch das philosophische und mathematische Denken der Schule von Chartres. Dort versuchte man mithilfe des Studiums von Platon, Plotin, Boethius, Augustinus und der Bibel den Kosmos und die Natur zu erfassen, und zwar durch das Messen ihrer Verhältnisse nach Zahl, Gewicht und Harmonie. So sind auch den Fenstern der Kathedrale, vor allem den großen Rad- oder Rosenfenstern, symbolische Bedeutungen unterlegt. Im Zentrum des Fensters im nördlichen Querschiff (vollendet 1226), das Blanche von Kastilien, Königin von Frankreich, stiftete, sitzt die Gottesmutter mit dem Kind, umgeben von vier Tauben (vier Ansichten einer Taube, des Heiligen Geistes), Engeln und Thronen. In einem weiteren Kreis aus radial ausgerichteten Quadraten sitzen 12 Könige der Linie Davids, ihres Ahnen. Nach einem Kreis aus ▸Vierpässen mit einem Lilienmuster – Emblem der Verkündigung und des Königtums – folgt ganz außen ein Kreis der letzten 12 Propheten des Alten Testaments.

Im Sinne einer Zahlensymbolik entwickelt sich der Aufbau des Fensters aus der Zahl 12, sie taucht immer wieder auf als Produkt von 3 und 4. Die Zahl 3 symbolisiert den Geist, die Dreieinigkeit, während die 4 für die Materie, die vier Elemente steht. Das Ergebnis 12 enthält alle Möglichkeiten der Verbindung von Geist und Materie „und symbolisiert die Eingießung des Geistes in die Materie des ganzen Kosmos, dessen Abbild die Rose im Zentrum" (Painton Cowen) und Maria sind. Die Anordnung der einzelnen Elemente zueinander wird durch geometrische Bezüge hergestellt, die auf gleichseitigen Dreiecken, Quadraten oder gar Spiralmustern aufbauen können. Über die farbige Wirkung der gotischen Glasfenster schrieb der Kunsthistoriker Hans Sedlmayr:

■ *Das Licht, das die Kathedrale erhellt, scheint überhaupt nicht von außen zu kommen. Wenn man den Eindruck ganz unbefangen beschreibt, muss man sagen: Das Licht geht von den Wänden selbst aus, die Wände leuchten. Der Eindruck rührt davon her, dass die Glasscheiben zwar lichtdurchlässig, aber durch ihre starke Färbung undurchsichtig sind.*

Hans Sedlmayr, S. 54

Ein anderer Kunstwissenschaftler schrieb 1934: „Die einzelne Glasscheibe aber wirkt wie ein Edelstein als keimhafte Raumzelle, der Raum ist das Produkt einer sich intensivierenden Lichtgestalt. Es ist wesentlich, dass nicht etwa ein ruhender Raum durch Begrenzung gestaltet wird, sondern ein Kern dynamisch wächst und durch das Flimmern des Lichtes dynamisch bewegt erhalten wird."

Arbeitsanregungen:

1. Schauen Sie mehrere Male durch ein Kaleidoskop, dessen Muster Sie öfter variieren. Versuchen Sie Ordnungsschemata in das Gesehene hineinzudenken.
2. Zeichnen Sie dann mit Zirkel und Lineal aus Quadraten, Dreiecken und Zirkelschlägen komplexere symmetrische Ornamente und malen Sie diese lasierend in reinen Farben aus.

▸**Vierpass:** s. S. 146

Kathedrale in Chartres, um 1233. Nördliches Radfenster

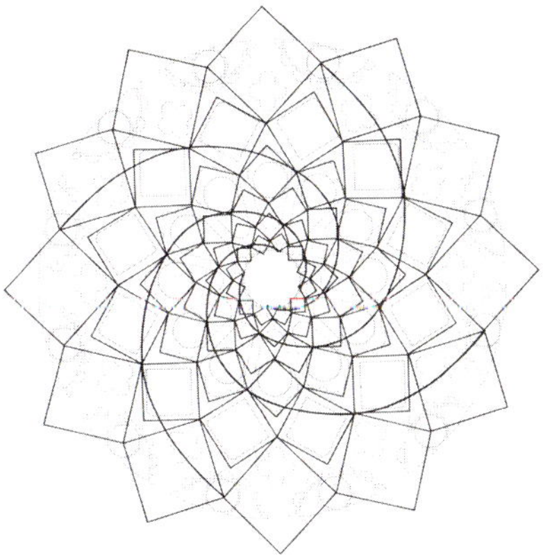

Drei Deutungsversuche des nördlichen Radfensters von Chartres: Geometrie als Abbild der göttlichen Ordnung:

Figur 1 entwickelt ein Spiralmuster aus Quadraten und Zirkelschlägen. Zwei Ecken der äußeren Quadrate sitzen im Mittelpunkt der äußeren Kreise.

Figur 2 entsteht aus Quadraten, die durch die Diagonalen der radialen Quadratfenster gehen.

In Figur 3 ergeben die Verbindungen der Ecken der äußeren Halbkreisfenster ein Muster aus gleichseitigen Dreiecken; die Verbindungen der Mittelpunkte der Vierpässe ergeben ein Quadratmuster.

Vom Gesamtkunstwerk Kirche zum Einzelkunstwerk

Verkündigung des Evangeliums: Das Portal in Vézelay

In den Figuren an den Eingangstüren und in den Erzählungen der Figurenkapitelle wurde in den Kirchen der romanischen Epoche die Heilsgeschichte lebendig. Szenen aus dem Alten und Neuen Testament, aus den Legenden und Lebensbeschreibungen der Heiligen wechselten ab mit ‣allegorischen und ‣mythologischen Darstellungen. Häufig fand das Thema des Jüngsten Gerichts seinen Platz in dem Bogenfeld über der westlichen Eingangstür.
Zu den herausragenden plastischen Werken der französischen Romanik gehört das um 1130 entstandene **Portal** in der Vorhalle der Klosterkirche **„Ste. Madeleine"** in **Vézelay** (Burgund). Das Benediktinerkloster beherbergte angeblich die Reliquien der heiligen Magdalena und wurde dadurch zu einer wichtigen Station der Wallfahrer, die nach Santiago di Compostela in Spanien zogen. Die Pilger verehrten diese Heilige als reuige Sünderin und als die Erste, die den auferstandenen Jesus gesehen hatte. Der Anspruch des Klosters von Vézelay zeigt sich in der großartigen Kirche und besonders in den Figuren der Eingangsportale und Kapitelle (s. S. 114).

Als Vorläufer Jesu steht Johannes der Täufer auf der Mittelsäule des Eingangsportals. Auf einem Schild zeigt er das Lamm Gottes. Über den rahmenden Säulen links und rechts stehen je zwei Apostel. Das Thema des Reliefs im Bogenfeld (Tympanon) darüber ist das Pfingstwunder und die Aussendung der Apostel. Im Zentrum thront die beherrschende Gestalt Christi, von dessen Händen Strahlen oder Feuerzungen auf die Häupter der Apostel niedergehen. Ebenso gehen links „Ströme lebendigen Wassers" vom Thron Gottes aus. Rechts fällt eine Wolke von Blättern von den „Lebensbäumen, deren Blätter zur Heilung der Heidenvölker dienen", herab, wie es in der Offenbarung steht (Off 22,1–2). Die Jünger tragen Heiligenscheine als Zeichen ihrer Erleuchtung und halten alle die Botschaft des Evangeliums als Buch in ihren Händen. In den acht halbkreisförmig angeordneten Umlauf-Feldern sind die Völker abgebildet, denen das Evangelium bereits verkündet wurde. Einige Interpreten sehen darin von links die Völker der Juden, ‣Kappadokier, Inder und die legendären ‣Hundkopfaffen, Äthiopier, ‣Phrygier, Byzantiner oder Armenier mit Holzschuhen.

Unter einem waagerechten Wellenband sind die heidnischen Völker dargestellt, denen das Evangelium erst gebracht wird: Links sind mit Bogen bewaffnete Nomaden, Seevölker, Landbewohner zu sehen, Vorbereitungen für ein Tieropfer (Juden oder Römer), rechts legendäre Völker wie Riesen, Pygmäen, die ihr Pferd mit einer Leiter besteigen, seltsame Wesen mit großen Ohren und mit Körpern, die mit Federn bedeckt sind. Zwei Heilige, Petrus mit dem Schlüssel und Paulus, steigen zu ihnen hinab.
Der Kalender mit 29 Medaillons auf dem inneren Bogenlauf zeigt ein Sonnenjahr. Die zwölf Tierkreiszeichen begleiten die jahreszeitlichen Arbeiten der Menschen. In einem dritten Halbkreisbogen wird durch ein stetig wiederholtes Pflanzenornament das Bogenfeld außen gerahmt.

In der Gestaltung der Figuren des Reliefs zeigt sich die Meisterschaft der Künstler, die es verstanden, bei der Reihung von vielen kleinen Figuren klar umrissene Formen abzugrenzen und bei den großen Figuren durch die ornamentale Ausführung der Gewänder faszinierende Formenspiele zu inszenieren.

Arbeitsanregungen:

1. Verdeutlichen Sie die Botschaft des Tympanonreliefs für den Eintretenden in damaliger Zeit.
2. Suchen Sie weitere Darstellungen von romanischen oder frühen gotischen Tympanonreliefs und vergleichen Sie die dargestellten Themen.

‣**Allegorie, allegorisch** (griech. anders sagen): die Verbildlichung eines unanschaulichen Begriffs oder Vorgangs, oft durch Verkörperung als Person, z. B. Gerechtigkeit als weibliche Figur mit Waage und verbundenen Augen

‣**mythologisch:** sagenhaft, aus Sagen stammend

‣**Kappadokier:** Bewohner des kleinasiatischen Landes Kappadokien

‣**Hundkopfaffen:** nach antiken Reiseberichten in fernen Ländern Asiens lebende menschenähnliche Wesen mit Hundeköpfen

‣**Phrygier:** Bewohner des südlichen Kleinasien

Ste. Madeleine in Vézelay/Burgund, um 1130. Portal in der westlichen Vorhalle

Aufbau eines Portals:
1 Tympanon
2 Archivolten (Bogenläufe, Bogenwölbung)
3 Türsturz
4 Mittelpfeiler (Trumeau)
5 Gewände

Romanische Wandmalerei: Die Kirche in Tahull

Die Wände der romanischen Kirchen waren in der Regel mit farbigen Bildern geschmückt. Als „Bilderbibel“ brachten die Darstellungen den meist des Lesens unkundigen Laien die Botschaft des christlichen Glaubens sinnfällig nahe. Gezeigt wurden Szenen aus dem Alten und Neuen Testament, aber auch Begebenheiten aus den ▸apokryphen Schriften und aus dem Leben der Heiligen. Viele dieser Ausmalungen wurden in späterer Zeit entfernt oder übermalt, sodass meist nur Reste von romanischer Malerei erhalten sind. In Deutschland finden sich Zyklen von romanischer Malerei in den Kölner Kirchen, in St. Georg in Oberzell auf der Reichenau am Bodensee, in Prüfening bei Regensburg, in Schwarzrheindorf bei Bonn oder im Dom zu Braunschweig. Auch viele alte Dorfkirchen besitzen Reste romanischer Fresken.

Waren die Bilder auf den Längsseiten meist in langen Streifen aus rechteckigen Wandfeldern in mehreren Reihen übereinander angeordnet, so beherrschte häufig die Darstellung des Pantokrators, des Christus als Weltenherrscher, die Hauptapsis romanischer Kirchen. Ein gut erhaltenes Beispiel sind die Fresken aus dem Chor der Kirche **„S. Clemente“** in Tahull (um 1123) im Osten Spaniens, die heute ins Museum für Katalanische Kunst in Barcelona übertragen sind.
Auf den ersten Blick fällt die allen romanischen Malereien eigene kräftige Farbgebung in flächig aufgetragenen, leuchtstarken Farben ins Auge. Die Farbwahl orientiert sich zumeist an einer Symbolik, die den Farben geistige Werte wie Liebe, Treue usw. zuschreibt und sich auf die Farben Rot, Gelb/Gold und Blau beschränkt. Diese Farben werden in möglichst intensiver Farbkraft und in reinster Qualität verwendet. Sie verkörpern das Heilige, das Gott Nahe.
Die Gesten der Hauptfiguren sind einem engen Formenrepertoire entnommen; auch die Gesichter sind meist nach einem regelmäßigen Schema entworfen, das z. B. Gesichter von bärtigen Heiligen nach einem ▸Schema aus drei Kreisen konstruiert. Bei der Darstellung der reich gefältelten Gewänder folgen die Künstler eher ornamentalen Gesetzmäßigkeiten. So ist auch der Körper der Christusfigur in Tahull mit seinem blauen Gewand einer Raute eingeschrieben. Die Art und Weise, wie die Gewandfalten dargestellt sind, sowie die kostbare und kleinteilige Ausschmückung der Borten verbindet alle Figuren miteinander und schafft auch Bezüge zu den ornamentierten Rahmen der ▸Mandorla, der Kreise und der Bögen, die Figuren und Grund gliedern. Auch in den gemalten Säulen und Kapitellen klingen ähnliche Ornamentformen an.

Die Größen der abgebildeten Figuren richten sich nach ihrer Bedeutung und auch nach dem jeweiligen Platz, der zur Verfügung steht. So überragt die zentrale Christusfigur alle anderen. Sie ist in eine mandelförmige ▸Strahlenkorona eingeschrieben und sitzt auf einem angedeuteten Thron. Die Rechte des Weltenherrschers ist zum Segens- und Verkündigungsgestus erhoben, in der linken Hand hält er ein aufgeschlagenes Buch mit der Inschrift: Ego sum lux mundi (Ich bin das Licht der Welt). Weiter weisen die beiden Zeichen Alpha und Omega auf Anfang und Ende oder besser auf die Ewigkeit Gottes hin. Die kleine Scheibe zu Füßen des Weltherrschers stellt die Erde dar. Die Felder um die Mandorla herum füllen Engel, die die Symbole der vier Evangelisten halten: Engel (Matthäus), Löwe (Markus), Stier (Lukas) und Adler (Johannes). In der Bogenreihe unter dem Abschluss der Apsis stehen links Maria und rechts der Evangelist Johannes, gefolgt von zwei weiteren Evangelisten.

Arbeitsanregungen:

1. Zeigen Sie in einer stark abstrahierenden Kompositionsskizze den Aufbau der Christusfigur und ihre Anordnung in der Mandorla.
2. Zeichnen und entwerfen Sie Figuren, deren Kleider aus ornamentalen Formen und Falten entwickelt sind. Verwenden Sie eine eingeschränkte Farbigkeit aus drei Farben Ihrer Wahl.

▸**Apokryphe Schriften und Evangelien:** Schriften der Bibel, die nach neueren Forschungen nicht echt sind und deshalb nicht mehr im Kreis der als ursprünglich und gültig angesehenen Schriften anerkannt sind; so gab es z. B. im Mittelalter ein sog. Jakobsevangelium

▸**Dreikreisschema der byzantinischen Malerei**

▸**Mandorla:** Mandelform, ornamentale elliptische Form, die die himmlische Sphäre symbolisiert

▸**Korona:** Kranz, Strahlen oder Lichtkranz um einen Kopf oder einen Körper

Christus als Weltenherrscher, um 1123. Apsisfresko. S. Clemente, Tahull/Spanien. Barcelona, Museu de Arte Cataluña

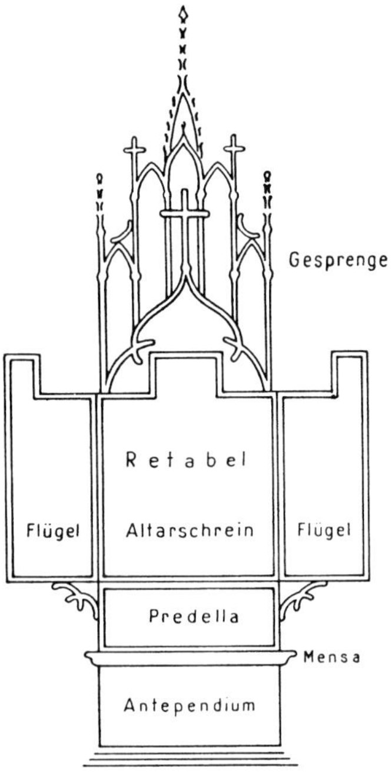

Flügelaltar, Wandelaltar: Aufbauschema

Der spätgotische Wandelaltar – Michael Pacher: Altar in St. Wolfgang

Seit dem 14. Jahrhundert bildete sich im gotischen Kirchenraum der Wandelaltar als eigenständiges Kunstwerk heraus. Mit seinen Variationsmöglichkeiten kam diese Altarform den neuen religiösen Bedürfnissen entgegen, besonders der individuellen Betrachtung und Andacht. Illusionistische Malerei, Relief und vollplastische Figuren bildeten zusammen mit reichem gotischem Ornament ein neues Gesamtkunstwerk. Die frühen Wandelaltäre wie der Grabower Altar (1379) des Meister Bertram (um 1340 – 1415) zeigen in geschlossenem Zustand Bilder der Heilsgeschichte, in geöffnetem Zustand eine doppelte Reihe von geschnitzten Figuren. Im 15. Jahrhundert erhielt vor allem im Süden Deutschlands und in Österreich der Wandelaltar seine großartige Ausformung mit den bemalten, doppelt klappbaren Flügeln, dem reich geschnitzten Schreininneren und dem turmartigen Aufsatz des Gesprenges. Mit dem Hochaltar der Pfarrkirche von Sankt Wolfgang am gleichnamigen See schuf **Michael Pacher** (um 1435–1498) einen der prächtigsten Wandelaltäre der Spätgotik.

Die Bilder und Plastiken des Altars behandeln in drei Ansichten verschiedene Themenkreise:
In geschlossenem Zustand sind auf den vier Bildtafeln Szenen aus dem Leben des heiligen Wolfgang dargestellt. Links und rechts stehen als Vollplastiken die beiden Heiligen St. Georg und St. Florian. Auf den Bildern der geschlossenen Predella sind die vier Kirchenväter zu erkennen. Die Rückseite des Altars zeigt Heilige und Nothelfer.
Die erste Öffnung der Altarflügel bietet als ▸Sonntagsansicht acht Szenen aus dem Leben Jesu: Auf der linken Tafel die Taufe im Jordan, die dreifache Versuchung, die versuchte Steinigung und die Austreibung der Wechsler, rechts das Wunder von Kana, die Brotvermehrung, Jesus und die Ehebrecherin und die Erweckung des Lazarus.
In der ▸Festtagsansicht zeigt der Schrein die Krönung Mariens, die von den Heiligen Wolfgang und Benedikt gerahmt wird. Auf den Flügeln sehen wir Szenen aus dem Marienleben, links die Geburt Jesu und die Beschneidung, rechts die Darbringung im Tempel und den Tod Mariens. Auch die geöffnete Predella zeigt Szenen zum Marienleben, die Heimsuchung, die Flucht nach Ägypten und in der Mitte die Geburt Jesu.

Auffällig sind die tiefen Raumfluchten in vielen Bildern, die weit in die Tiefe zu gehen scheinen, sei es als komplizierte Gewölbe in Kircheninnenräumen oder als Ausblicke in Städte und Landschaften. Neben der Raumkomposition spielt der farbige Gesamtaufbau eine wichtige verbindende und vereinheitlichende Rolle.
Hier ergibt sich eine Steigerung von der ▸Werktagsseite über die Sonntagsseite zur Festtagsansicht mit dem Schrein: So sind die vier Bildtafeln mit den Szenen aus dem Leben des heiligen Wolfgang in erdigen Tönen gehalten; es herrschen Rottöne vor, die mit vielen grünen Flächen ▸komplementär gesteigert sind.
In der Sonntagsansicht erscheint Christus auf den acht Bildern in rotviolettem Gewand, das wirkungsvoll gegen die gelben, hellgrünen und roten Flächen der anderen Figuren und der dargestellten Räume gesetzt ist. In der Festtagsansicht erglänzt der geöffnete Mittelschrein in reichem Gold. Dabei harmonieren die goldenen Gewänder der Figuren mit dem Maßwerk des Gesprenges. Der Goldton erstreckt sich auch auf die Rahmen und die Szenen des Marienlebens.

Arbeitsanregungen:
1. Zeigen Sie in einer Farbskizze die Verteilung der Farben Rot, Blau und Gold auf der Festtagsansicht des Wolfgangsaltars.
2. Stellen Sie mit kräftigen Farben Farbakkorde zusammen und beschreiben Sie ihre Wirkung. Für welche Themen oder Gelegenheiten bieten sie sich von ihrem jeweiligen Ausdruck her an?

▸**Sonntagsansicht**: An Sonntagen wurde das erste Flügelpaar geöffnet, deshalb heißt diese Ansicht auch Sonntagsseite (einfache Wandelaltäre besitzen nur zwei Zustände).

▸**Festtagsansicht:** Bei Altären mit zwei Flügelpaaren gab es an hohen Feiertagen eine zweite Öffnung; diese gab meist einen Blick auf einen Schrein mit geschnitzten Figuren frei.

▸**Werktagsseite:** Altaransicht mit geschlossenen Flügeln, zeigt den Zustand an gewöhnlichen Werktagen

▸**komplementär**: Komplementäre Farben liegen sich im Farbkreis gegenüber, z. B. Gelb und Violett, Grün und Rot, Orange und Blau.

Michael Pacher: Hochaltar (Festtagsansicht), 1471–1481. Zirbelholz, farbig gefasst, Höhe 11 m, Breite 6 m. Pfarrkirche St. Wolfgang am Wolfgangsee

Schema der perspektivischen Konstruktionen in den Feldern der Festtagsseite des Hochaltars (links oben bzw. links unten)

Altniederländischer Realismus – Jan van Eyck: Der Genter Altar

Aus zwanzig Bildtafeln besteht der **„Genter Altar“**, das Hauptwerk des niederländischen Künstlers **Jan van Eyck** (um 1390–1441), das dieser – wahrscheinlich zusammen mit seinem Bruder Hubert – im Jahr 1432 vollendete. Mit der bis in feinste Einzelheiten gehenden Schilderung von Gegenständen, Gewändern und Landschaftsdetails setzte van Eyck neue Maßstäbe. Sein Altar stellte eine wichtige Station dar in der Entwicklung zum autonomen Tafelbild.

Im aufgeklappten Zustand zeigt van Eyck in zwei Zonen übereinander den Himmel mit Gottvater, Maria und Johannes dem Täufer, gerahmt von Engeln und dem ersten Menschenpaar, darunter die Anbetung des Lammes durch eine große Anzahl von Heiligen und Pilgern.

Auf den geschlossenen Flügeln, auf der Werktagsseite, sind in der obersten Zone links und rechts außen Zacharias und Micha dargestellt, zwei Propheten des Alten Bundes, in der Mitte zwei ▸Sibyllen oder weise Frauen, die eritreische und die cumaeische Sibylle. Alle vier sind mit Spruchbändern versehen, auf denen Äußerungen zur Ankündigung Christi stehen. In der mittleren Zone zeigt van Eyck die Verkündigung an Maria, dazwischen zwei realistische Ausschnitte, einen Blick auf eine Stadt und eine Art Stillleben mit einer Wandnische. Der Fußboden und die Deckenbalken des sehr niedrigen Raumes gehen durch alle vier Bilder. In einer sehr komplexen Symbolik weist der Künstler mit den Gegenständen im Wandschrank auf den Alten und den Neuen Bund hin.

Die untere Zone zeigt außen die beiden Stifterfiguren Jodocus Vijd und seine Frau Elisabeth Borluut. Auffällig sind die realistisch gemalten Gewänder und die sehr ähnlichen Physiognomien der beiden. Sie knien betend in Nischen, deren Rahmungen in gotischem ▸Maßwerk ebenfalls gemalt sind. Beide werden von rechts oben beleuchtet, wie auch die Heiligenstatuen zwischen ihnen. In diesen Statuen, die als ▸Grisaillen nur in feinen Abstufungen von Grau gemalt sind, werden Johannes der Täufer mit Hirtengewand und Schaf und der Evangelist Johannes mit dem Giftkelch dargestellt (nach der Legende musste der heilige Johannes einen Giftbecher trinken, was er unbeschadet überstand).

Die neue, realistische Malweise mit feinsten Abstufungen in kristallklaren Farben konnte van Eyck nur durch die Verwendung von Öl als ▸Bindemittel erreichen. Nur in dieser Maltechnik ließen sich mehrere Malschichten ▸lasierend übereinander legen, die dann mit fein schraffierten Übergängen bearbeitet werden konnten. Noch bis ins 15. Jahrhundert benutzten die Künstler Temperafarben, die mit Eigelb als Bindemittel weniger geschmeidige Farbübergänge und kaum durchsichtige Farblagen erlaubten. Als Malgrund verwendete van Eyck wie üblich Eichenholztafeln, die mit einer Kreideschicht grundiert wurden. Darauf erfolgte die Vorzeichnung in Schwarz mit einem feinen Pinsel. Nach einer ▸Imprägnierung nahm er eine Untermalung in der jeweiligen ▸Lokalfarbe vor. Anschließend legte er die dunkleren Schattenpartien und die helleren Schichten darüber, meist in strichelnder Technik. Ungemischte Farbtöne bildeten die farbig wirksamsten Teile. Dort und bei den sichtbaren Körperteilen, die in transparenten Schraffuren aufgebaut sind, leuchtet der Grundton durch und gibt dem Ganzen ein edelsteinähnliches Durchscheinen und farbiges Glühen. Es ist das Zusammenklingen von einer bis zu dieser Zeit nicht gekannten Genauigkeit und Brillanz im Darstellen von kleinsten Einzelheiten und einer noch mittelalterlichen Frömmigkeit, die in den Gegenständen immer auch religiöse symbolische Beziehungen und Anspielungen sieht. Dies macht die Faszination der Bilder van Eycks und auch dieses Altares aus.

Arbeitsanregungen:

1. Machen Sie Farbversuche mit ▸Pigment und verschiedenen Bindemitteln, z. B. Wasser, Öl, Eiweiß, Eidotter. Beschreiben Sie die Unterschiede.
2. Suchen Sie zeitgenössische Bild- oder Darstellungsformen, bei denen das Prädikat „wie echt“ eine Rolle spielt.

▸**Sibylle:** antike Wahrsagerin

▸**Maßwerk:** Steinornament der Gotik (s. S. 146)

▸**Grisaille** (franz. gris grau): eine Art der Malerei, die nur Grautöne benutzt, häufig bei der Werktagsseite oder bei der Rückseite von Wandelaltären

▸**Bindemittel:** Flüssigkeit zum Binden der pulverigen Farbpigmente, bei Temperamalerei Wasser oder Ei, bei der Ölmalerei verschiedene Öle

▸**lasieren:** eine dünne Farbschicht so auftragen, dass der Grund durchscheint

▸**Imprägnierung:** hier: Schutz- und Isolierschicht, um eine Farbschicht abzuschirmen oder wasserunlöslich zu machen

▸**Lokalfarbe:** klarer beherrschender und großflächig aufgetragener, wenig differenzierter Farbton unter neutralem Licht, z. B. Grün für Gras, Blau für Himmel

▸**Pigment:** reines Farbpulver, das mit verschiedenen Mal- oder Bindemitteln angerührt und vermalt wird

Jan van Eyck: Genter Altar, vollendet 1432. Eichenholz, 375 x 520 cm. Ansicht mit geschlossenen Flügeln (Werktagsseite). Gent, St. Bavo

Heiligenleben im Detail – Oberrheinischer Meister: Das Paradiesgärtlein

Die recht bescheidenen Maße des Bildes, etwas größer als ein DIN-A4-Blatt, lassen vermuten, dass das **„Paradiesgärtlein"** (um 1410) des **Oberrheinischen Meisters** als privates Andachtsbild in Auftrag gegeben wurde. In einem Garten, der nach oben und zur linken Seite hin durch eine Mauer mit Zinnen abgegrenzt wird, stehen und sitzen mehrere Personen, die verschiedenen Tätigkeiten nachgehen. Alle Figuren sind durch ihre Kleidung, durch Beigaben und symbolische Handlungen voneinander unterschieden und weitgehend durch Beschreibungen in den Heiligenlegenden identifizierbar.
Alle verbindet eine rührende Zartheit und Lieblichkeit in der Darstellung der Gesichter, die durch eine hohe gewölbte Stirn, zarte Nasen und kleine Münder gekennzeichnet ist. Nur die beiden im Profil dargestellten Köpfe erreichen nicht ganz diesen intensiven Ausdruck. Die männlichen Figuren sind im Gesichtston etwas bräunlicher gehalten, was die vornehme Blässe und Anmut der weiblichen Gesichter in der linken Bildhälfte noch mehr herausstellt.

Im Einzelnen zeigt das Bild im oberen Zentrum die jugendliche Gottesmutter in einem blauen Kleid mit einer Krone als Himmelskönigin. Links daneben steht die heilige Dorothea mit einem Korb, in dem ihr nach der Legende Gott vor ihrer Hinrichtung Früchte des Himmels schickte; am Wasserbecken die heilige Barbara, die angeblich Dürreperioden beenden konnte. Die heilige Katharina, die im Traum mit Jesus vermählt wurde, spielt mit dem Jesusknaben Zither, ein Hinweis auf den Harfe spielenden König David. Auch das Holz des Instruments nimmt Bezug auf den Stamm Davids und auf den neu sprießenden Baumstumpf daneben. Durch den Teufel ist er als der Baum der Versuchung aus dem Paradies zu identifizieren. Der Teufel ist gleichzeitig das an diesem Ort machtlose Opfer des Erzengels Michael neben ihm, der ihn aus dem Himmel gestürzt hat. Winzig wie ein Spielzeug liegt auch der überwundene Drache des heiligen Georg vor ihm im Gras. Nicht ganz geklärt ist die dritte Figur in der Männergruppe. Man nimmt an, dass es sich um den heiligen Oswald handelt, der im Kampf mit den Heiden fiel. Auf dem Tisch stehen Äpfel in Anspielung auf den Sündenfall und ein Glas mit roter Flüssigkeit als Vorahnung auf das Abendmahl und den Tod Jesu.
Einige Blumen sind als Symbole der Reinheit Mariens den Betrachtern mittelalterlicher Heiligenbilder geläufig. Viele Blumen- und Pflanzenarten lassen sich genau bestimmen: So symbolisiert die weiße Lilie die Reinheit der Gottesmutter, die rote Rose ihre Jungfräulichkeit, die Primel, die auch Himmelsschlüssel heißt, deutet auf die Funktion Marias als Fürsprecherin im Himmel hin. Auch verschiedene Arten von Vögeln lassen sich unterscheiden, so sind u. a. Buchfink, Wiedehopf, Blaumeise, Dompfaff, Rotkehlchen und Specht vertreten. Auch bei den Vögeln mag eine andeutende Symbolik mitspielen.

In dieser ausführlichen und genauen Schilderung der verschiedenen Bildgegenstände zeigt sich die Liebe und Aufmerksamkeit des Künstlers und seiner Zeit für das Einzelne. In der minutiösen Ausführung jedes einzelnen Blattes, jeder Blüte, und in der ausgewogenen Verteilung der roten, blauen, weißen und gelben Farbflächen im Bild, in der Bewahrung der Einzelform beweist der Künstler seine Fähigkeit zur genauen Umsetzung wie auch zur harmonischen Komposition.
Das Interesse für das einzelne Ding oder Lebewesen ist geweckt, die religiös-symbolische Bedeutung ist nicht mehr das einzig Ausschlaggebende.

Arbeitsanregungen:

1. Sammeln Sie aus einem Symbollexikon oder durch Befragungen einige Bedeutungen von Blumen und Früchten.
2. Versuchen Sie den besonderen Reiz, die Atmosphäre des Bildes zu ergründen und in angemessener Sprache wiederzugeben.

Oberrheinischer Meister: Das Paradiesgärtlein, um 1410. Holz, 26,3 x 33,4 cm. Frankfurt/M., Städelsches Kunstinstitut

Links:
Ausschnitte aus dem Paradiesgärtlein

Mensch und Raum – Giotto: Verkündigung

Beim ersten Besuch der Arenakapelle in Padua ist der Betrachter überwältigt von dem alles umfassenden Blau des Tonnengewölbes und der Vielzahl der Bilder, die in drei Reihen übereinander gemalt sind. An den Wänden der Kapelle hat **Giotto di Bondone** (um 1266–1337) zwischen 1305 und 1310 Szenen aus dem Marienleben und aus dem Leben Jesu dargestellt. Die Ausmalung dieser Kirche bildet neben den ▸Fresken von San Francesco in Assisi Giottos Hauptwerk.

Das Bild **„Die Verkündigung an Anna"**, die Mutter Marias, kann dabei als Beispiel gelten, wie Giotto als erster Künstler die handelnden Figuren in einen real vorstellbaren Raumzusammenhang stellte. Anna kniet betend in ihrem Zimmer, das als ganzes Haus mit Dach und Vorbau dargestellt ist; sie kniet in Seitenansicht und blickt nach rechts zu einem Fenster, in dem der Engel erscheint, der ihr die Mutterschaft verkündet.

„Mit dem scharfen Profil der alternden Frau harmonieren die strengen, senkrechten Falten ihres Gewandes und die so betonten Finger ihrer betenden Hände; nicht weniger als alles andere, was sich in dem wohl gemauerten, echt italienischen Raume befindet: die Falten des hellen Vorhangs hinter der Knienden, die Streifen der Decke auf ihrem Lager, die Kassetten oben." (Theodor Hetzer, 1959)

Im Kontrast zur streng senkrecht gerichteten aufragenden Figur der Anna zeigt Giotto die Magd im engen Vorbau beim Spinnen. Ihre Gestalt ist eher breit ausladend und erdverbunden, ihr Gewand ist nicht in strenge Falten gelegt, ihr Gesicht ist gutmütig rund. Mit diesem formalen Kontrast schafft Giotto gleichzeitig einen Rangunterschied in der Tätigkeit, in der Bedeutung der Handlungen.

Ein beträchtlicher Unterschied in der Monumentalität und in der würdevollen Darstellung der Figuren besteht wiederum zwischen der Verkündigung an Anna und der anderen Verkündigung an Maria. Diese hat Giotto auf zwei Bilder links und rechts auf den Bogen zum Chor verteilt, sodass der Engel links und Maria auf der rechten Seite vom Betrachter zusammen gesehen werden müssen. Bei dieser Verkündigung sind beide Figuren in kniender Haltung in eine der Architektur angeglichene, aufwändige Szenerie gesetzt. Maria und der Verkündungsengel Gabriel sind dabei als große Figuren mit reichem, kompliziertem Faltenwurf dargestellt, Maria mit demütig über der Brust gekreuzten Armen.

Giotto gilt als der Begründer der neuzeitlichen Malerei. Er löste die Malerei aus den vorgegebenen starren Kompositionen, Gesten und typenhaften Darstellungen der ▸byzantinischen Tradition. In seinen Bildern bekamen die Figuren eine größere Lebendigkeit und Naturnähe, auch physische Schwere, bei ihm stehen sie in wirklichkeitsnahen Räumen. In gleichzeitig nördlich der Alpen entstandenen Bildern können einzelne Gegenstände getreuer dargestellt sein, Giotto hat die Erfindung der Szenerie, die Darstellung der Figuren in ihrer plastischen Wirkung und die kompositionelle Bedeutung der Figuren im Raum und in der Fläche zu einer neuen Einheit gestaltet.

Arbeitsanregungen:

1. Zeichnen Sie eine beliebige Szene mit Figuren in eine parallelperspektivische und in eine zentralperspektivische Raumschachtel ein. Welche Konsequenzen ergeben sich für die Figuren, welche Unterschiede zeigen sich in der Wirkung?
2. Welche Mittel verwenden Sie beim Zeichnen, um anzudeuten, dass eine Figur/ein Objekt schwer oder leicht ist?

▸**Fresko** (ital. frisch): auf frischem Kalkverputz ausgeführte Wandmalerei, bei der der Künstler das Motiv auf die noch feuchte oberste Putzschicht aufträgt; dabei kann – je nach der Schwierigkeit des Motivs – immer nur eine bestimmte Fläche (ein Tagwerk) ausgeführt werden.

▸**byzantinische Tradition:** Bis Giotto galten in Italien die Vorbilder der byzantinischen Malerei, die immer wieder die traditionell festgelegten Gesten und Stellungen der Heiligen als bindend wiederholten (s. S. 40, 108).

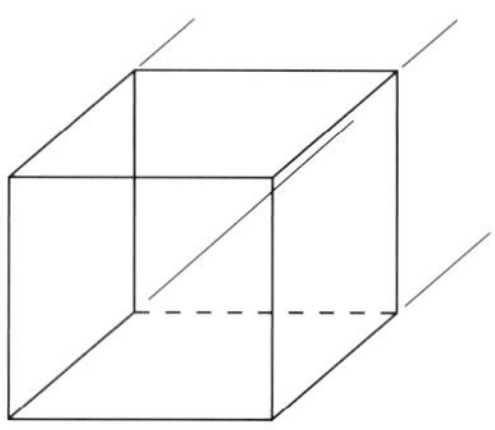

Parallelprojektion

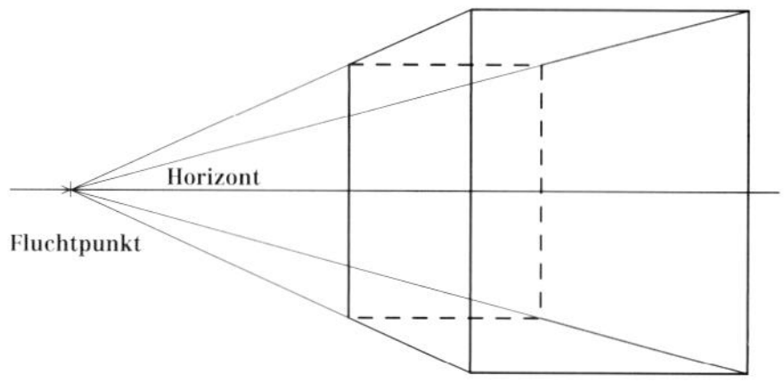

Linearperspektive mit einem Fluchtpunkt

Giotto di Bondone: Verkündigung an Maria, 1304–1306. Fresken links und rechts am Chorbogen. Padua, Arenakapelle

Giotto di Bondone:
Die Verkündigung an Anna,
1304–1306. Fresko,
200 x 185 cm.
Padua, Arenakapelle

Paradies und Hölle – Hieronymus Bosch

Die beiden Bilder gehören als äußere Flügel zu einem ▸Triptychon, das der niederländische Maler **Hieronymus Bosch** (um 1450–1516) in der Zeit zwischen 1510 und 1516 malte. Auf dem mittleren Bild ist der „Garten der irdischen Lüste" (s. S. 85) dargestellt. Ob der Künstler mit diesem irdischen Paradies eine utopische Wunschvorstellung des Zusammenlebens der Menschen formuliert hat oder eine moralische Verurteilung der menschlichen Triebhaftigkeit beabsichtigte, wird von Kunsthistorikern verschieden beurteilt. Die äußere Form des Werkes entspricht der eines ▸Wandelaltars, obwohl die – für damalige Zeiten – freizügigen Darstellungen des Hauptbildes oder die exzessiven Quälereien des Höllenteils nur schwer in einer Kirche vorstellbar sind. Es ist der unerschöpfliche Reichtum an phantastischen Figurationen und der scharfe distanzierte Blick auf die Sündhaftigkeit der Welt, die damals die Bilder bei seinen Auftraggebern und noch heute bei seinen Betrachtern so beliebt gemacht haben. Zu seinen Bewunderern gehörten auch König Philipp II. von Spanien und Kaiser Rudolf II.

Auf der linken Tafel mit dem Paradies führt im Vordergrund Gott seine Geschöpfe Adam und Eva zusammen. Davor und dahinter tummeln sich verschiedene Tiere wie Elefanten und Giraffen, aber auch Einhörner und andere seltsame Tiere. Die Szene vermittelt den Eindruck eines Beginnens, bei dem noch nicht feststeht, ob sich das Geschehen zum Guten oder Schlechten entwickeln wird. Ganz anders, düster und ausweglos, zeigt sich die rechte Tafel mit der Höllendarstellung. In dem Kopf und Gesicht des morschen Oberkörpers, der als Wirtshaus eingerichtet ist, vermutet man ein melancholisch-selbstkritisches Selbstbildnis des Künstlers.

■ *Die Hölle ist nicht mehr der brennende Abgrund, die Erde ist es, die brennt, so wie Krieg und Feuersbrunst tosend auf uns zukommen mit stählernem Gerassel. Kohorten von Bewaffneten galoppieren auf uns zu und treiben hilflose, nackte Wesen vor sich her – manche werden von einem monströsen Ungeheuer zermalmt, das aus zwei Riesenohren besteht, die ein Messer halten. Dann überzieht sich das Land mit Eis, das viele nicht überschreiten können. Diejenigen, denen es dennoch gelungen ist, erreichen zwar trockenen Grund, werden dort aber von Instrumenten gefangen, die Lust und Musik darstellen, oder sie werden gefoltert, durchbohrt, zermalmt neben einem umgefallenen Tisch, wenn sie nicht von einem Kerl mit Vogelkopf verschlungen werden, der auf einem Thron sitzt, der zugleich ein Nachtstuhl ist. Folterknechte sind nicht die herkömmlichen Teufel, sondern hybride Geschöpfe, die nur Bosch erfunden hat, eine Mischung aus Raubvögeln, Reptilien und Panzermaschinen.*

C. Linfert, S. 88

Über das Leben des Hieronymus Bosch gibt es nur sehr wenige gesicherte Quellen; so weiß man, dass er in gutbürgerlichen Verhältnissen lebte und einer Laienbruderschaft angehörte, für die er auch kleinere Aufträge ausführte. Laienbruderschaften und zahlreiche Klöster spielten eine beherrschende Rolle im religiös bestimmten Leben von Boschs Heimatstadt s'Hertogenbosch in den Niederlanden. Zu seiner Zeit betrieb die blühende Handelsstadt eine bedeutende Tuchproduktion und war auch für ihre Orgeln und Glocken berühmt. Boschs Altäre fanden vor allem an den Höfen in Madrid und Prag großen Anklang.

Arbeitsanregungen:

1. Interpretieren Sie die Seitentafeln und den „Garten der Lüste" (s. S. 85) in der Abfolge zwischen dem linken und rechten Außenflügel.
2. Worin liegt das Phantastische in den Architekturen und Geschöpfen Boschs? Warum spricht uns seine Höllendarstellung auch heute an?
3. Stellen Sie in Ihrer Gruppe zeichnerisch oder auch real mit verschiedenen Musikinstrumenten oder Lärmgegenständen Höllenmaschinen zusammen und verursachen Sie zusammen kurzzeitig einen „Höllenlärm" und eine „Himmelsmusik".

▸**Triptychon** (griech.): dreiteiliges Bild mit einem zentralen Hauptbild, das zwei gleichgroße Flügel rahmen. Die Flügel sind oft beidseitig bemalt; im Mittelalter häufige Form für ein Altarbild.

▸**Wandelaltar,** auch **Flügelaltar:** spätgotische Form des Schreinaltars, die je nach den liturgischen Bedürfnissen durch Öffnen oder Zuklappen eines oder mehrerer Flügelpaare Verwandlungen erlaubt (s. S. 154)

Hieronymus Bosch: Außenflügel des Triptychons: Der Garten der Lüste, links: Das Paradies; rechts: Die Hölle, um 1510–1516. Öl auf Holz, je 220 x 84 cm. Madrid, Museo del Prado

Anfänge der Druckgraphik – Der frühe Holzschnitt

Als um 1400 die ersten Holzschnitte im deutschen Raum entstanden, orientierten sich die Holzschneider an den ihnen zur Verfügung stehenden Bildern. Diese Vorlagen bezogen sie meist von Miniaturen aus der Buchmalerei oder von den Darstellungen der großen Glasbilder. An die Bleiruten und die ▸Schwarzlotmalerei solcher Glasfenster (s. S. 146) erinnern denn auch die frühesten ▸Holzschnitte wie der des **heiligen Christophorus** aus der 2. Hälfte des 14. Jahrhunderts.

Die Darstellung des Heiligen, der nach einer Legende mit dem Christuskind die ganze Welt auf seinen Schultern durch den Fluss trug, ist auf das Wesentliche reduziert und konzentriert. Felsen, Wasser, Bäume, das Kleid und die Haare des Heiligen sind durch ähnliche Linienflüsse oder Ornamente miteinander verbunden. Alles steht in der Fläche, es gibt keinen Hintergrund. Einige der kräftigen Stege sind infolge häufigen Abdruckens weggebrochen, so die Beine der Christusfigur und die Rückenkontur des Heiligen.

Neben den Bedürfnissen von frommen Gläubigen und Wallfahrern bedienten und befriedigten die Holzschneider bald auch die Sehnsüchte der Menschen nach Neuigkeiten und Wundern. Auch die Vorläufer des politischen Plakates und der agitatorischen Kampfschrift sind in der Geschichte des Holzschnitts zu finden. Die Flugschriften zeigen den Gegner häufig in stark diffamierender Weise, so wie das anonyme Flugblatt aus der Zeit der Reformation den **Papst als Teufel** zeigt.

Recht drastisch hat der Urheber des Flugblatts den höchsten Repräsentanten der christlichen Kirche, kenntlich durch die dreifache Krone (Tiara) auf dem Kopf und das Messgewand unter dem reich mit Edelsteinen verzierten Umhang, zu einem Monstrum mit abstoßender Fratze verwandelt, mit Bockshörnern, gespaltener Nase und zotteligen Ohren und Barthaaren. Die Teufelsfratze erscheint auch auf Brust und Bauch der oben nackten Figur, die drohend und triumphierend die spitzen Krallen der linken Hand reckt. Die Rechte hält den vom päpstlichen Hirtenstab zu einem Folterinstrument der Hölle gewandelten Stab. Die Schlinge des Henkers vervollständigt das makabre Gesamtbild.

Ein anderes Flugblatt von 1526 zeigt **Vogelschwärme,** die sich angeblich bei der Stadt Straßburg kämpfend vom Himmel gestürzt hätten. Neben seltsamen Himmelserscheinungen, wie sie Kometen oder Sonnenfinsternisse darstellen, galten derartige Vorkommnisse als schlimme Vorzeichen für kommende Gefahren und Katastrophen. Drastisch, mit Blitz und Donner, hat der Holzschneider das Ereignis inszeniert, das vor den Mauern einer Stadt am Fluss stattfindet. In dichten Haufen fallen krähenartige Vögel auf die Erde und entsetzen Mensch und Tier. Auch zwei kämpfende Adler sind in dem schwarzen Vogelschwarm auszumachen. Den erschrockenen Augenzeugen, die teilweise von Vögeln getroffen niederstürzen oder sich gegen die Vögel zu schützen suchen, bleibt nur das verzweifelte Gebet um Verschonung von solchem Übel.

Bei den beiden Flugblättern steht die diffamierende Absicht und die Drastik der Reportage im Vordergrund, nicht die künstlerische Bearbeitung.

Arbeitsanregungen:

1. Versetzen Sie sich in die Lage der beiden Holzschneider des Christophorus-Blattes und des Papst-Pamphlets. Wie setzten sie jeweils ihre Darstellungsabsichten inhaltlich und formal um?
2. Entwickeln Sie in der Gruppe einige moderne Weltuntergangsszenarien und setzen Sie sie mit drastischen Mitteln in plakathafte Bilder um.
3. Machen Sie in einem deutlich übertreibenden vereinfachenden Holzschnitt (ironisierend) auf einen Missstand an Ihrer Schule aufmerksam. Erfinden Sie auch einen kurzen markanten Satz dazu und schneiden Sie ihn seitenverkehrt in Ihre Druckplatte.

▸**Schwarzlot:** eine schwärzliche Farbe für die Glasmalerei

▸**Holzschnitt:** s. S. 110

Der heilige Christophorus, Holzschnitt, 2. Hälfte 14. Jahrhundert. Nürnberg, Germanisches Nationalmuseum

Anonymes Flugblatt: Der Papst als Teufel, 1. Hälfte 16. Jahrhundert

Unten:
Anonymes Flugblatt: Vogelwunder bei Straßburg, 1526. Holzschnitt

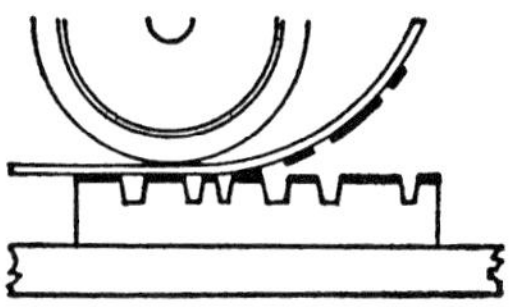

Schema eines Tiefdrucks

Anfänge der Druckgraphik – Der frühe Kupferstich

Obwohl er etwa zur gleichen Zeit entstanden ist, lief der feinere Kupferstich dem gröberen Holzschnitt bald den Rang in der Wertschätzung des Publikums ab.
In das harte Material der Kupferplatte konnten mit den Werkzeugen des Goldschmiedes genauere Linien gegraben werden als in eine Holzplatte. Meistens arbeitet der Kupferstecher mit einem scharf geschliffenen Stichel (▸Kaltnadel), der aus der Platte einen feinen Metallgrat heraushebt. Die Kupferplatte liegt dabei auf einem Lederkissen und muss jeweils in die stets nach vorn gehende, gerade Richtung des Stechens gedreht werden. Der Druck des Kupferstichs auf Papier erfolgt mit einer pastenartigen Druckfarbe, die in die feinen Vertiefungen gerieben wird. Nach dem Blankwischen der Plattenoberfläche erfolgt der Abdruck auf weiches Papier in der Tiefdruckpresse, meist einer Walze auf einem Metallschlitten.

Der **Meister E. S.** (um 1420 – um 1467), der nicht namentlich, sondern nur mit seinem Monogramm, den Anfangsbuchstaben seines Namens, überliefert ist, und der so genannte ▸Hausbuchmeister (tätig um 1480) entwickelten mit zarten Strichen die Möglichkeiten des frühen Kupferstichs. Dabei überwiegen Einzeldarstellungen von Figuren; Räume oder größere Kompositionen sind eher selten.
Realistischer in der Zeichnung der Figuren und der Räume führte **Martin Schongauer** (um 1440–1503) den Kupferstich zu einem frühen Höhepunkt. In seinen Stichen zeigen sich Einflüsse aus der Malerei der Niederländer und ein Interesse für das Einzelne, Kleine. Anders als seine Vorgänger, die beim Modellieren der Formen viele kurze, gerade Strichelchen verwendeten, arbeitete Schongauer die charakteristischen Oberflächen in längeren, die Form betonenden Linien heraus. Spitzes und Rundes, Glattes und Haariges treten so in einen sich gegenseitig steigernden Kontrast zueinander.
Das ist besonders deutlich bei der **„Versuchung des heiligen Antonius"** zu sehen, wo die Ausgeburten der Hölle ihre Formen von den verschiedensten Tierarten leihen, so die Stacheln vom Igel, die Flügel von der Fledermaus, die Schwänze von Fischen, Skorpionen oder Tintenfischen. Auffällig ist der Unterschied in der Hell-dunkel-Skala zwischen den beiden abgebildeten Kupferstichen des Meisters.
So setzt Schongauer in der **„Kreuztragung"** die Figuren der unteren und der rechten Hälfte gegen einen dunklen Grund und schafft so Tiefe und voneinander verschiedene Raumzonen, während der heilige Antonius mit seinen Quälgeistern wie ein Relief vor dem hellen Himmel schwebt.

Eine Steigerung ist auch in der Aufzählung der Einzelheiten sichtbar: Eine Vielzahl von Hüten und Helmen, Waffen und Zaumzeug ist zu sehen, Pferde, Kleider und Schuhe aller Art. Auch hier ist die vielköpfige Menge um die zentrale Figur, den leidenden Jesus, angeordnet, dessen Gesicht sich aus der Bildmitte heraus dem Betrachter zuwendet. Der Aufruf zum Mitleiden, zur persönlichen Auseinandersetzung mit dem Leiden und dem Erlösungstod Jesu, geht bei Schongauer zusammen mit dem Bemühen, die äußeren Umstände so anschaulich und präzise wie möglich wiederzugeben. Damit befindet sich Schongauer im Einklang mit der Kunst der Spätgotik, die die reale Umwelt in den einzelnen Figuren drastisch bis zur Hässlichkeit beschreibt. Erst Albrecht Dürer, der sich in seinen frühen Kupferstichen sehr stark an Schongauer orientierte, erreichte in dieser Kunstform eine Einheit aus der Schilderung der Einzelheiten, der großen Komposition und der exakten Darstellung des Raumes.

Arbeitsanregungen:

1. Erfinden Sie – als Weiterführung des Buchstabens S des Meisters E. S. – einige Buchstabenbilder zu einem Alphabet aus Tieren, evtl. als Kaltnadelarbeit auf einer Kunststoffplatte. Tauschen Sie Ihre Drucke mit denen Ihrer Mitschüler aus.
2. Fertigen Sie nach dem Vorbild der „Versuchung des heiligen Antonius" eine Zeichnung an, in der die Bedrohung des Menschen durch Maschinenwesen thematisiert wird.

▸**Kaltnadel:** Im Unterschied zur Radierung (s. S. 246), die auf chemischem Wege die Linien in die Metallplatte ätzt, entstehen bei der Kaltnadelradierung die Linien mechanisch, „kalt", durch das Herausheben von Spänen.

▸**Hausbuch:** Sammlung von Zeichnungen zu verschiedenen Berufen, Gegenständen und Geräten, sowie Illustrationen zu Texten der Zeit

Oben:
Meister E. S.: Das Figurenalphabet, Buchstabe S, 1460. Kupferstich, 13,8 x 17 cm. München, Staatliche Graphische Sammlung

Links:
Martin Schongauer: Die Versuchung des hl. Antonius, um 1475. Kupferstich, 31,2 x 23 cm.
Berlin Staatliche Museen Kupferstichkabinett SMPK

Unten:
Martin Schongauer: Die Große Kreuztragung, 1470/1480. Kupferstich, 28,6 x 43 cm.
Berlin Staatliche Museen Kupferstichkabinett SMPK

Von der Frührenaissance zum Rokoko

Im 15. und noch im frühen 16. Jahrhundert erlebte die christliche Kunst des Mittelalters nördlich der Alpen ihre letzte Blüte. Gotische Kirchen wurden – zum Teil erst nach vielen Jahrzehnten – vollendet und mit spätgotischen Altären und Skulpturen ausgestattet, Rathäuser noch im mittelalterlichen Geist gestaltet.

Italienische Künstler hingegen entwickelten seit den 1420er Jahren einen neuen Stil, die ▸Renaissance. Sie bezogen die Kunst nicht mehr nur auf das Jenseits, sondern auf die sichtbare Welt und den Menschen – so in den zahlreichen Landschaftshintergründen und den Porträts der Zeit. Zugleich orientierten sie sich an den wieder ins Bewusstsein gerückten Vorbildern aus der Antike.
In der Frührenaissance war die reiche Stadtrepublik Florenz das Zentrum der Entwicklung. Ihre neuen Bauwerke mit ausgewogenen Maßverhältnissen zitierten die antiken Säulenordnungen, Giebel- und Ornamentformen. Plastiken zeigten nach Jahrhunderten wieder den nackten menschlichen und ideal gestalteten Körper. Gemälde täuschten mit der ▸Perspektive erstmals räumliche Tiefe überzeugend vor.
Gegen 1500 setzte die Hochrenaissance ein, in der man die Raum- und Körperdarstellung vollkommen beherrschte, Harmonie und Schönheit ganz selbstverständlich als Leitbilder erachtete. Die Seehandelsmacht Venedig und Rom, der Sitz des Papstes, traten als Kunstzentren hinzu. Erst jetzt erlebte die Renaissance ihre vereinzelte Verbreitung in Europa. Künstler kamen aus dem Norden, um den neuen Stil zu studieren, und verschmolzen ihn mit heimischen Traditionen; ▸Albrecht Dürer etwa bereiste Italien gleich zweimal (1494–95/1505–07), ▸Pieter Bruegel d. Ä. von 1533 bis 1535.

Besonders die venezianischen Maler arbeiteten lange im Stil der späten Renaissance, teilweise noch in den 1580er Jahren. Seit etwa 1520 jedoch etablierte sich in Florenz und in Rom eine neue Richtung, der ▸Manierismus. Ihm genügte es nicht, die Errungenschaften der Renaissance effektvoll zu perfektionieren. Er übersteigerte sie etwa um die Darstellung von unnatürlich gelängten und verdrehten Körpern. Hier zeigt sich eine bewusst antiklassische Haltung. Dieser Stil war an europäischen Fürstenhöfen sehr geschätzt, die eine elegant verfeinerte Kultur pflegten.

Gegen 1600 bildete sich der römische ▸Barock mit seiner ausdrucksstarken, effektvollen Dramatik und seinem bewegten Pathos. In der Architektur zeigten sich plastisch gegliederte und rhythmisch geschwungene Fassaden. Der glanzvolle neue Stil stand in erster Linie im Dienste der katholischen Kirche und der Fürsten, die nach Repräsentation verlangten.
Rasch verbreitete sich der Barock und fand in einzelnen Ländern unterschiedliche Ausprägungen. In Spanien bevorzugte die gegenreformatorische Kirche, hier der wichtigste Auftraggeber, mystische Themen wie „Der heilige Franziskus in Ekstase". In Holland hingegen arbeiteten Maler und Graphiker auf einem freien Kunstmarkt für ein bürgerliches Publikum und stellten weltliche Themen (z. B. Stillleben) dar. In England und Frankreich herrschten klassizistische Tendenzen vor und betonten Ordnung, Klarheit und Harmonie.

Nach 1710 ging in Frankreich aus dem Spätbarock allmählich das ▸Rokoko hervor. Es war anfangs stark höfisch geprägt und zeigt eine leichte und elegante, oft auch heitere Note. Das Rokoko bevorzugte zierliche Ausmaße, es sparte auch frivole Themen nicht aus. In Süddeutschland hingegen setzte sich das Rokoko für Kirchenausstattungen durch.
Der Wertewandel zur Zeit der Französischen Revolution 1789 führte zur Ablehnung des Rokoko in der seitdem vom Bürgertum geprägten Gesellschaft. Neue Leitideen wie Moral, Tugend oder Gleichheit standen im Gegensatz zum höfisch-verspielten Rokoko und erweckten eine neue Kunst, den Klassizismus.

▸**Renaissance** (ital. rinascità): Wiedergeburt (der Künste), um 1420 in Italien unter den neuen Leitbildern von Natur und Antike

▸**Perspektive** (lat. perspicere hindurchschauen): scheinräumliche Darstellung auf der Fläche

▸**Albrecht Dürer** (1471–1528): bedeutendster deutscher Renaissancekünstler (s. S. 226)

▸**Pieter Bruegel d. Ä.** (1525/30–1569): niederländischer Künstler des 16. Jahrhunderts. (s. S. 174)

▸**Manierismus** (ital. maniera Stil, Eigenart): Begriff zur Kennzeichnung der Kunst am Ausklang der Renaissance von etwa 1520 bis gegen 1600

▸**Barock** (portug. barucca schief, unregelmäßig): Kunststil von etwa 1600 bis zur Mitte des 18. Jahrhunderts

▸**Rokoko** (von franz. rocaille Muschelwerk, als Dekorations- und Ornamentmotiv): Stil der europäischen Kunst von etwa 1710 bis 1770/1780

Sandro Botticelli: Die Geburt der Venus, um 1480. Tempera auf Leinwand, 175 x 279 cm. Florenz, Uffizien

Jean-Antoine Watteau: Die Einschiffung nach Cythère, 1717. Öl auf Leinwand, 129 x 194 cm. Paris, Louvre

Die Frührenaissance in Florenz

▸**Mythologie:** Lehre von antiken Göttern und Heroen („Sagengeschichten")

▸**korinthische Ordnung:** griechische Säulenordnung mit Kapitellen, die von einem Kelch aus Blattornamenten gebildet werden (s. S. 27)

▸**Goldener Schnitt:** Proportionsregel zur Gestaltung eines harmonischen Verhältnisses zwischen den Einzelteilen: Teilung einer Strecke in zwei ungleiche Teile derart, dass sich die gesamte Strecke zum größeren Teil verhält wie dieser zum kleineren

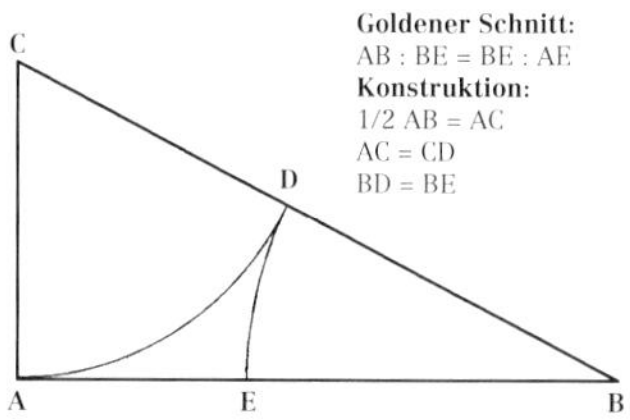

▸**Perspektive:** Darstellung des Raumes und der in ihm enthaltenen Dinge auf der Fläche so, dass sie unter den gleichen Sehbedingungen erscheinen, wie sie im wirklichen Raum wahrgenommen werden

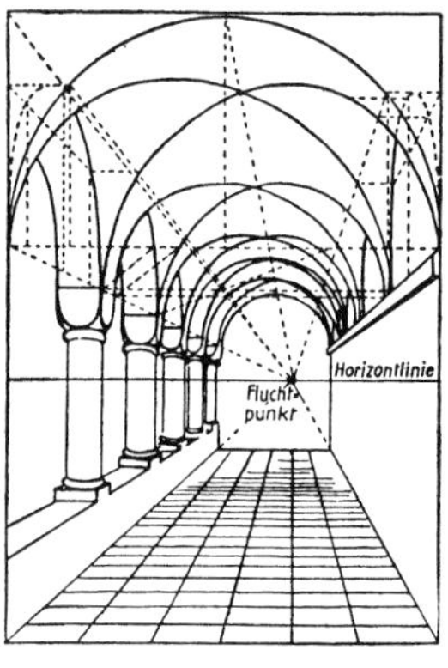

Perspektivische Konstruktion

Seit etwa 1420 entwickelte sich die Kunst der Frührenaissance in den italienischen Stadtrepubliken, vor allem im reichen Florenz. Wohlhabende Bürger – Kaufleute und Bankiers – förderten die Künste, als fromme Stifter, aber auch, um das Ansehen ihrer Familien zu steigern, oder aus Freude an schönen Dingen.

Die vorangegangene Epoche, das Mittelalter, erschien als dunkle, überwundene Zeit. Ein neuer Stil entstand, der zugleich Altes in sich barg: die Renaissance (ital. rinascità: Wiedergeburt). Die Wiedergeburt bahnte sich zunächst im wieder belebten Studium antiker Gelehrsamkeit an. Mit den Schriften römischer und griechischer Autoren trat die antike ▸Mythologie, ihre Götter, Heroen und Fabelwesen, als Themenschatz für die Kunst gleichberechtigt neben die christlichen Motive: „Venus tritt auf, die Jungfrau Maria deswegen nicht ab." (Peter Burke, 1984)

Maler wie Andrea Mantegna (1430/31–1506), Sandro Botticelli (1445–1510) oder Piero della Francesca (1415/20–1492) griffen diese Motive in klar aufgebauten Bildern auf. Bildhauer wie Lorenzo Ghiberti (1378–1455), Donatello (1386–1466), Andrea del Verrocchio (1435–1488) oder der junge Michelangelo (1475–1564) zeigten plastisch das neue Menschenbild: schöne, nach der Natur gebildete Körper, orientiert am Ideal der antiken Plastik. **Luca della Robbia** (1399/1400–1482), ein Spezialist für glasierte Tonreliefs, bediente sich der neuen Auffassung auch bei Motiven wie der **„Madonna mit Kind"**; er stattete etwa die Pazzi-Kapelle in Florenz mit vergleichbaren Medaillons aus.

Die Architekten begeisterten sich für die altrömischen Ruinen und verwendeten antike Elemente – wie die Säulenordnungen – neu, so **Filippo Brunelleschi** (1377–1446). Er wurde vor allem mit der Kuppel für den Dom in Florenz zum großen Baumeister der Frührenaissance. In der Alten Sakristei von San Lorenzo schuf Brunelleschi nach 1420 den ersten einheitlich gegliederten Innenraum im Stil der Renaissance. Bei der **„Pazzi-Kapelle"** der Franziskanerkirche Santa Croce steigerte er die zuvor entwickelte Konzeption. Über dem Raumkubus des Hauptraumes wölbt sich die Kuppel, Grundriss und Wandaufbau sind im ▸Goldenen Schnitt proportioniert. Die Sockel der Pilaster (Halbpfeiler) dienten den Mönchen als Sitzbänke. Die Kapitelle folgen der antiken ▸korinthischen Ordnung, wandeln sie jedoch ab. So war die Antike für Brunelleschi Anregung für eigene Schöpfungen.

Bildung stand in hohem Ansehen, vor allem der „uomo universale", der allseits gebildete Mensch. Diesem Ideal entsprach Leon Battista Alberti (1404–1472), der führende Theoretiker der Frührenaissance. Er war Architekt, Rechtsgelehrter, Dichter und Komponist. Für ihn lag das Wesen der Baukunst nicht allein im System des verwendeten Bauschmucks, sondern in der Harmonie aller Teile zueinander. Alberti und mit ihm viele Künstler der Renaissance glaubten, dass Schönheit begründet sei „auf einer bestimmten gesetzmäßigen Übereinstimmung aller Teile unter sich und mit dem Ganzen, sodass man weder etwas hinzufügen, wegnehmen oder im Zusammenhang verändern kann, ohne sie zu beeinträchtigen."

Der Mensch rückte in den Mittelpunkt des Interesses, und so erlebte die Gattung des Porträts eine Blütezeit. Künstler erkundeten die Erscheinungen der Welt, suchten nach der Ordnung in ihr. Immer perfekter gelang es, die äußere Erscheinung der Dinge mit den Mitteln der Kunst wiederzugeben. Brunelleschi hatte die Regeln der ▸perspektivischen Darstellung entdeckt, und die Künstler konnten von nun an den dreidimensionalen Raum auf einem Bild überzeugend konstruieren.

Paolo Uccello (1397–1475) etwa führt in seinem Bilderzyklus **„Die Schlacht von San Romano"** verschiedene Ansichten der Pferde vor, zeigt, wie man sie in Verkürzung darstellt, wie sie im Hintergrund kleiner erscheinen. Die drei Bilder des Zyklus hingen einst im Palazzo Medici in Florenz, dem Palast der einflussreichsten Familie der Stadt.

Luca della Robbia: Madonna mit Kind, um 1475. Glasierte Terracotta. Florenz, Museo del Bargello

Filippo Brunelleschi: Pazzi-Kapelle, begonnen 1430. Florenz, bei Santa Croce

Paolo Uccello: Die Schlacht bei San Romano, um 1450. Tempera auf Holz, 318 x 182 cm. London, National Gallery

Die italienische Hochrenaissance

Rom war das große Zentrum der Hochrenaissance. Nach Beendigung ihres Exils im französischen Avignon nahmen die Päpste wieder ihren ständigen Sitz im Vatikan und entfalteten seit Mitte des 15. Jahrhunderts eine rege Bautätigkeit, in deren Folge auch viele Überreste der antiken Vergangenheit zutage traten. Den Höhepunkt erreichte das ▸Mäzenatentum der Päpste in der Hochrenaissance (gegen 1500 bis etwa 1520/ 30). Sie beriefen die wichtigsten Künstler der Zeit, so Michelangelo Buonarroti (1475–1564; s. S. 220) aus Florenz, ebenso Raffael Santi (1483–1520; s. S. 222) aus Urbino. Das dritte Genie der italienischen Renaissance, Leonardo da Vinci (1452–1519; s. S. 218), arbeitete für verschiedene Auftraggeber, z. B. für den Herzog von Mailand.

Das Interesse der Baumeister – wie Antonio da Sangallo (1485–1546) – verlagerte sich weg von den dekorativen Schmuckelementen der Frührenaissance hin zu kolossalen Ordnungen, dem Monumentalstil. Man wollte die Gebäude von ihrem Kern her entwickeln und die Struktur in der äußeren Gliederung sichtbar machen. Für die Hochrenaissance rückte die Form des Zentralbaus in den Mittelpunkt des künstlerischen Schaffens. Er verkörperte eine in sich ruhende Harmonie, den Gleichklang sämtlicher Teile des Gebäudes.

Donato Bramante (1444–1514), Architekt, Maler und Architekturtheoretiker, wählte für seinen **Tempietto** bei San Pietro in Montorio die Rundform antiker Tempel. Dieser Tempietto, der nur zirka acht Meter im Durchmesser misst, wirkte als Anregung für seine gewaltigen Pläne zum Neubau des Petersdoms (s. S. 190).
Bramante verwendete 16 antike römische Granitsäulen und setzte den Säulendurchmesser gemäß den Regeln der antiken Baukunst als Berechnungsmodul. So betrug etwa der Abstand zwischen den Säulen ihren vierfachen, ihr Abstand zur Wand ihren zweifachen Durchmesser. Der Durchmesser des Säulenumgangs entspricht der Höhe des Kernbaus bis zum Kuppelansatz. Die Kuppel ist so hoch wie das obere Geschoss, Höhe und Breite des Kernbaus stehen im Verhältnis 2:1.
Der Tempietto markiert die Stelle, an der man der Überlieferung nach Petrus kreuzigte, den ersten Bischof von Rom. So ist er als Denkmal gedacht, nur für die Ansicht von außen. Bramante konnte seinen Plan, den gesamten Klosterhof umzugestalten, nicht ausführen. Er hatte vor, einen kreisrunden Säulengang um den Tempietto zu führen und so dessen Wirkung in einem Kreis nach außen zu steigern.

Neben Florenz und Rom war Venedig Mittelpunkt der Hochrenaissance. Der Renaissancestil hielt sich in der Lagunenstadt außergewöhnlich lange, bis nach 1580. Tizian (1477–1576; s. S. 224) und Veronese (1528–1588) sind die bedeutendsten Maler der venezianischen Hoch- und Spätrenaissance.

„**Madonna mit dem Kind**" von **Giovanni Bellini** (um 1430–1516), dem Lehrer Tizians, zeigt typische Merkmale der venezianischen Hochrenaissance. Nicht – wie in Florenz – die Zeichnung, der mathematisch exakte Bildaufbau mit scharfen Umrissen, ist entscheidend, sondern das ▸Kolorit, die farbige Erscheinung des Bildes. Warme, leuchtende Farben, atmosphärisches Licht, gefühlvolle Darstellung der Personen, stimmungsvolle Landschaftshintergründe kennzeichnen die venezianischen Gemälde.

Die ▸Kompositionen zur Zeit der Hochrenaissance zeigen überall in Italien zentrierte, ausgewogene und in sich ruhende Bildgefüge. Bevorzugt wird die symmetrisch aufgebaute Pyramidalkomposition, so auch in Bellinis „Madonna mit dem Kind". Die Madonna und das Kind als ideale Gestalten fügen sich dabei wie selbstverständlich mit dem Hintergrund, der Landschaft, zu einer Einheit ohne das kleinteilige Aufzählen von Einzelheiten wie noch in der Kunst der Frührenaissance.
Die italienische Hochrenaissance versöhnt Christliches mit Antikem in Harmonie und Schönheit. Sie verschmilzt Ideal und Natur, künstlerische Gesetze mit einer inneren Beseelung der Motive.

▸**Mäzenatentum:** finanzielle und sonstige Förderung der Künste

▸**Tempietto** (ital.): kleiner Tempel

„Goldene" Proportionen an Bramantes Tempietto

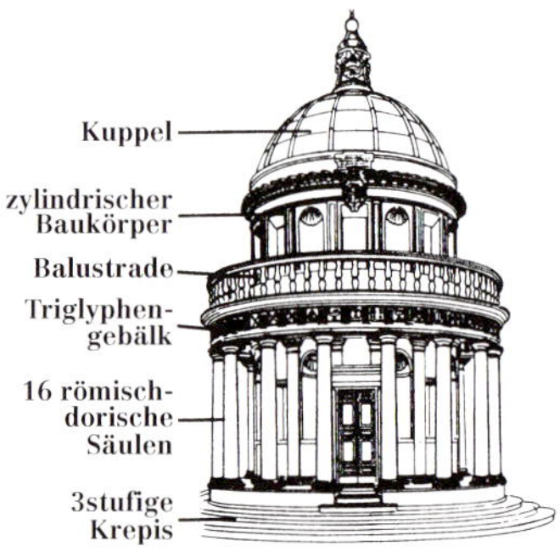

Gliederung von Bramantes Tempietto

▸**Kolorit:** Farbgebung und -wirkung eines Gemäldes

▸**Komposition:** formaler Aufbau eines Kunstwerkes

Donato Bramante: Tempietto, 1500–1502. Rom, Klosterhof von San Pietro in Montorio

Unten:
Grundriss des Tempietto mit dem ursprünglich geplanten Säulenhof

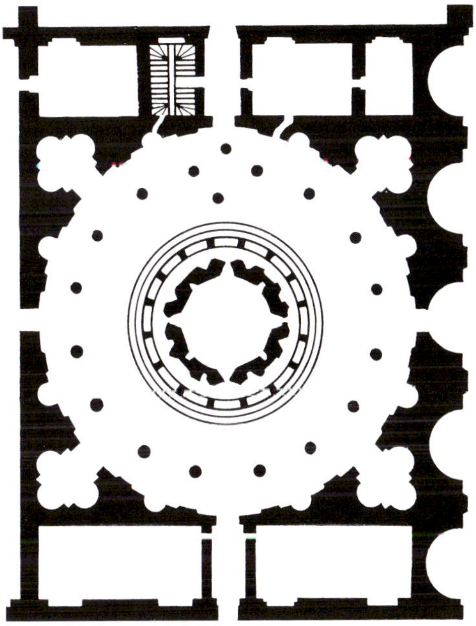

Giovanni Bellini:
Madonna mit Kind, 1510.
Öl auf Leinwand,
85 x 118 cm.
Mailand, Pinacoteca di Brera

Die Renaissance in Europa

Nördlich der Alpen übernahm Frankreich am entschiedensten den Renaissancestil aus Italien. Nach 1500 entstanden vor allem im Schlossbau und in der Plastik herausragende Werke einer eigenständigen französischen Renaissance. Die Weltmacht Spanien baute ebenfalls Renaissancepaläste, die den neuen Stil mit alten maurischen und gotischen Einflüssen verschmolzen.
Spätgotische Traditionen blieben im deutschen Raum, in den Niederlanden und in England lange vorherrschend. In diesen Ländern behinderte die religiöse Abspaltung von Rom, von der katholischen Kirche, zunächst die Übernahme der Renaissance aus Italien. Der neue Stil zeigt sich in den Niederlanden zuerst im Werk des Malers Quentin Massys (1466–1530).

Die Italienreisen von Albrecht Dürer (1471–1528) fallen in die Zeitenwende um 1500. Damit wandte sich die deutsche Kunst erstmals der italienischen Renaissance zu. Erst gegen Mitte des 16. Jahrhunderts gewann die Renaissance im deutschen Raum deutlich an Boden und blieb eine lebendige Tradition bis etwa 1620.
Sie setzte sich in der Architektur beim Schlossbau, aber auch bei den Bürgerhäusern durch, etwa in der regionalen Ausprägung der „Weserrenaissance“ (im Wesergebiet). Elemente des neuen Stils finden sich vor allem in der Dekoration der Baukörper, so beim **Ottheinrichsbau des Heidelberger Schlosses**: Senkrecht vorspringende Mauerteile (▸Pilaster und ▸Konsolen) gliedern die Fassade, ▸Dreiecksgiebel bekrönen die Fenster im unteren Geschoss, Ornamentbänder schmücken die Gesimse, ▸allegorische Figuren in Nischen versinnbildlichen Tugenden und Planeten. Verbreitung fanden die Dekorformen vor allem durch Musterbücher.

Auch in der deutschen Malerei der Renaissance zeigt sich ein neuer Geist: Tiefenräumlichkeit, Körperhaftigkeit, realistische und minutiöse Details kombinieren die Künstler mit einem bisweilen bizarren Erfindungsreichtum. All dies findet sich in zahlreichen Bildern von Lucas Cranach d. Ä. (1472–1553), bei Albrecht Altdorfer (um 1480–1538), zum Teil auch bei Hans Holbein d. J. (1497/98–1543).

Matthias Grünewald (1480/83–1528) steigerte in seinen Bildern die künstlerischen Darstellungsmittel von Form und Farbe zu Mitteln seelischen und symbolischen Ausdrucks, so in der **„Auferstehung“**. Die expressive Gestik seiner Figuren, ihre überdeutliche Mimik ergreift jeden Betrachter. Diese rechte Seitentafel sahen die Zeitgenossen nur bei der Öffnung des Isenheimer Altars. Der Altar, das Hauptwerk Grünewalds, stand einst in einem Mönchsspital. Christus offenbart den Kranken seine Wundmale und gemahnt daran, dass der Glauben von Krankheit und Sünde befreien kann.

Pieter Bruegel d. Ä. (um 1525/30–1569) war der bedeutendste niederländische Maler des 16. Jahrhunderts. Er lebte bis 1563 in der Hafenstadt Antwerpen, mit zirka 100 000 Einwohnern damals eine der größten Städte Europas, später in Brüssel. Während eines Italienaufenthaltes studierte er die Renaissance. Die Niederlande gehörten zur spanischen Krone, Bruegel hingegen stand auf Seiten der Opposition gegen Spanien. So trug er seiner Frau noch auf dem Totenbett auf, bissige Spottzeichnungen auf die spanische Unterdrückung zu verbrennen, da ihr daraus „Unangenehmes erwachsen“ könne.
In seinem Gemälde **„Der Turmbau zu Babel“** schildert Pieter Bruegel d. Ä. die Errichtung des berühmtesten Turms der Welt durch den alttestamentarischen König Nimrod. Der Maler versetzte das Geschehen aus dem babylonischen Raum in eine niederländische Hafenstadt seiner Zeit. Die innere Konstruktion des Turmes erinnert mit den Bögen, Stützmauern und -pfeilern an das Vorbild des römischen Kolosseums. Die Personen, die das Geschehen auf der Baustelle leiten – unter ihnen König Nimrod –, befinden sich auf dem Hügel im linken Bildvordergrund. Auf einem der dort umherliegenden Sandsteinblöcke hat der Maler das Bild signiert:
„BRUEGEL FE. MCCCCCLXIII“
(Bruegel hat es 1563 gemacht).

▸Pilaster: mit der Wand verbundener, aus ihr nur zum Teil heraustretender Pfeiler

▸Konsole: aus der Mauer vorspringender Kragstein

▸Dreiecksgiebel: hier: Zierform oberhalb der Fenster

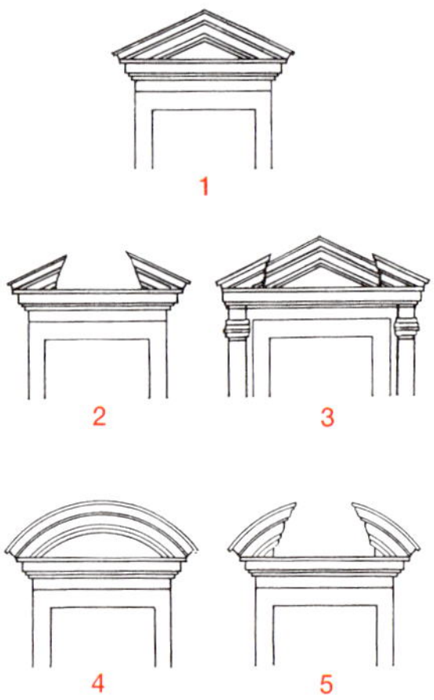

Giebelformen
1 Dreiecksgiebel
2 gesprengter Giebel
3 verkröpfter Dreiecksgiebel
4 Segmentgiebel
5 gesprengter Segmentgiebel

▸Allegorie, allegorisch (griech. anders sagen): die Verbildlichung eines unanschaulichen Begriffs oder Vorgangs, oft durch Verkörperung als Person, z. B. Gerechtigkeit als weibliche Figur mit Waage und verbundenen Augen

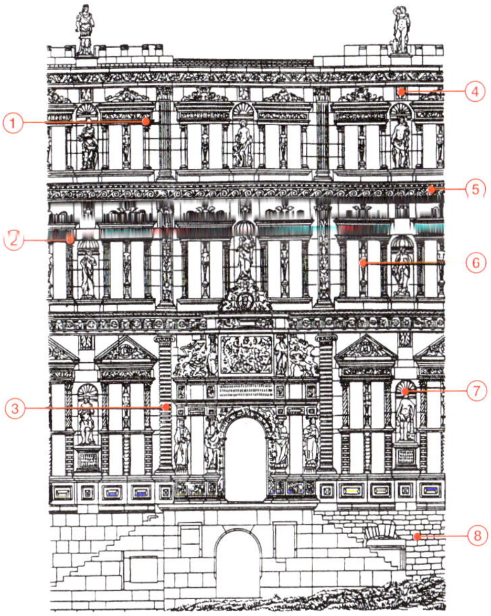

Ottheinrichsbau des Heidelberger Schlosses, 1556–1559
1 Korinthische Halbsäulen,
2 Korinthische Pilaster,
3 Ionische Pilaster,
4 Volutenkonsolen,
5 Gesimsbänder,
6 Karyatiden,
7 Palmetten,
8 Rustika (Mauerwerk aus Bossenquadern)

Matthias Grünewald: Isenheimer Altar, Seitentafel: Auferstehung, 1512–1516. Öl auf Holz, 269 x 143 cm. Colmar, Musée Unterlinden

Unten:
Pieter Bruegel d. Ä.: Der Turmbau zu Babel, 1563. Öl auf Holz, 114 x 155 cm. Wien, Kunsthistorisches Museum

Manierismus

changieren (frz. changer wechseln): farblich wechseln, schillern

figura serpentinata (ital. serpentino schlangenartig): um eine imaginäre Achse gewundener Aufbau einer Figur oder Figurengruppe (vgl. S. 208)

Stuck: leicht formbare Masse aus Gips, Kalk und Marmorstaub

Groteske (ital. grottesco phantastisch): Ornament aus menschlichen Figuren, Mischwesen, Tieren, Girlanden etc.

Fresko (ital. frisch): bezieht sich auf die Arbeitsweise beim Wandgemälde, bei der der Künstler die Malerei auf die noch feuchte oberste Putzschicht aufträgt; dabei kann – je nach der Schwierigkeit des Motivs – immer nur eine bestimmte Fläche (ein Tagwerk) ausgeführt werden.

Hochrelief: Reliefform, die erhaben vor dem Grund steht und auch seitliche Schrägansichten zeigt (s. auch S. 202)

Anamorphose (griech. doppelgestaltig, umgeformt): systematisch verzerrte Darstellung, die nur aus einem bestimmten Blickwinkel erkennbar ist

Anamorphotisches „Porträt des Prinzen Edward VI."

Parallel zur Spätrenaissance entwickelte sich nach 1520 eine künstlerische Strömung, die bis gegen 1600 andauerte und als Manierismus (ital. maniera Stil, vgl. „Manier") bezeichnet wird. Die manieristischen Künstler arbeiteten virtuos mit phantastischen Effekten, kapriziösen Arrangements und verrätselten Inhalten. Ihre Haltung ist „anti-klassisch" – man folgte nicht mehr den Normen und Idealen der Renaissancekunst. Schon Michelangelos (1475–1564) Fresken in der Sixtinischen Kapelle (S. 220) deuteten diese Entwicklung an; das von ihm spannungsreich und effektvoll gestaltete **Treppenhaus der Biblioteca Laurenziana** zeigt die Einflüsse des Manierismus auch auf die Architektur. „Der rhythmisierte, aus ovalen und rechteckigen Formen gestaltete, dreiläufige Aufgang scheint den Besucher förmlich in die Bibliothek hineinzuziehen." (Alexander Grömling, 1999)

In der Malerei verselbstständigen sich die künstlerischen Gestaltungsmittel, wie Form oder Farbe, gegenüber dem dargestellten Thema. Bei vielen manieristischen Bildern wirkt die Lichtgebung durch den Wechsel von gleißendem Licht und dunklen Partien unruhig. Ihre Farbigkeit changiert, bei einer Vorliebe für kühle Töne oder gebrochene Farben.
Der Bildraum erscheint durch Diagonalbezüge instabil oder bewegt, etwa durch das Kreisen der einzelnen Elemente um die Bildmitte. Viele Kunstwerke wirken übervoll mit Figuren ohne klare Ordnung, es gibt unübersichtliche Figurenballungen und -verschränkungen.
Die Gestalten sind in ihren Proportionen überlang, sie wirken labil, seltsam unkörperlich und willenlos. Oft sind sie in komplizierten Drehungen und Windungen dargestellt, die die Anatomie verzerrt erscheinen lassen. So schlängeln sich Körper entlang einer imaginären Achse zur spiralförmigen figura serpentinata.

Die wichtigsten Auftraggeber und Zentren der manieristischen Kunst waren die frühabsolutistischen Höfe mit ihrem neuen Machtanspruch, etwa der Hof Kaiser Rudolfs II. in Prag. Die Aristokratie bestimmte den erlesenen Geschmack und die raffinierten Schönheitsideale der Zeit: vornehme, kühle Eleganz bei den Herren und entrückte, grazienhafte Schönheit bei den Damen.
Anregend für die Kunst wirkte die Wiederentdeckung des Goldenen Hauses von Kaiser Nero in Rom. In den antiken Räumen fand man phantasievolle Arbeiten aus Stuck. Prachtvolle Stuckarbeiten zählten von nun an zu den wichtigsten Schmuckelementen der Architektur.
Von den Grotten des Goldenen Hauses leitet sich auch die Bezeichnung Groteske ab: Grotesken verschmelzen menschliche, tierische und pflanzliche Motive mit Architekturteilen zu einem bizarren Rankenwerk. Bereits Raffael setzte sie als Gestaltungsmittel bei Dekorationen ein. Seine Schüler in Rom, wie Giulio Romano (1499–1546), prägten entscheidend den Manierismus, ebenso florentinische Künstler wie Jacopo da Pontormo (1494–1556).

Schon in den 1530er Jahren gelangte der Manierismus auch außerhalb Italiens zu eindrucksvollen künstlerischen Leistungen. Bei der Ausgestaltung von Schloss Fontainebleau, der neuen Residenz des französischen Königs Franz I., wirkten florentinische Künstler wie Rosso Fiorentino (1494–1540) oder Francesco Primaticcio (1504–1570) mit. Sie bedienten sich des Zusammenspiels von Malerei und Stuck: Die Hauptbilder sind auf der Wand als Fresko ausgeführt und mit Stuckrahmen wie Galeriebilder eingefasst. Hochreliefs täuschen vollplastische Figuren vor, die diese Werke zu halten scheinen oder sich an ihnen stützen. Ein raffinierter Wechsel von unterschiedlichen künstlerischen Medien, wechselnden Perspektiven und Proportionen erhöht den künstlichen Charakter dieses Dekorationssystems.

Im Manierismus kam die Anamorphose, ein künstlerisches Spiel mit der Wahrnehmung, in gebildeten bürgerlichen und in aristokratischen Kreisen in Mode, so beim **„Porträt des Prinzen Edward VI."** Der Betrachter muss von der Seite und nicht von vorn auf das Bild schauen – erst dann ist es unverzerrt zu sehen.

Michelangelo Buonarroti: Treppenhaus der Biblioteca Laurenziana, 1530–1534, Florenz

William Scrots: Porträt Edwards VI. als Prinz, 1546. Öl auf Holz, 42,5 x 160 cm. London, Portrait Gallery

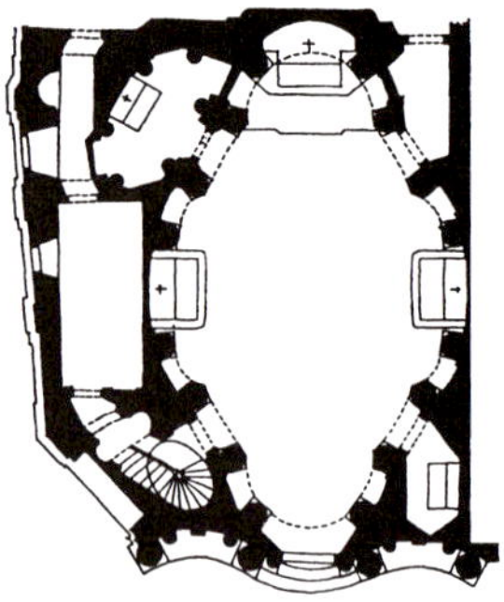

Grundriss von San Carlo alle Quattro Fontane

Barock in Rom

An der Wende vom 16. zum 17. Jahrhundert vollzog sich im päpstlichen Rom der Übergang vom ausklingenden Manierismus zum Barock (portug. barucca schiefrund, unregelmäßig). Die katholische Kirche und ihre neuen Orden wie die Jesuiten waren in der Gegenreformation zur geistigen und missionarischen Offensive gegenüber dem Protestantismus angetreten. Sie bedienten sich bei ihrer Botschaft des neuen Kunststils, denn sie erkannten, dass der Barock die Menschen gefühlsmäßig stark berührt.

Barocke Kunst überwältigt den Betrachter durch sinnliche Anschaulichkeit, durch ihre himmlischen Visionen. Dazu entwickelte der Barock einen ‣Illusionismus, der in augentäuschender Weise die Grenzen zwischen Architektur, Plastik und Malerei bis zur Unkenntlichkeit überspielt. Tatsächliches und künstlerisch Vorgetäuschtes verschwimmen ineinander: Wände und Decken werden durch scheinräumliche Darstellungen optisch aufgelöst, Gips und Holz durch Bemalungen zu Gold und kostbarem Marmor. Aus der in sich ruhenden, harmonisch ausgewogenen Kunst der Renaissance entwickelte der Barock das leidenschaftliche Pathos der großen Form, den Ausdruck kraftvoller Bewegungen. Nicht der Fluchtpunkt der Renaissance, der das Sehen zentriert und zur Ruhe kommen lässt, sondern eine wirbelnde Dynamik, Diagonal- oder Kurvenlinien bestimmen die Kompositionen. Das ‣Ornament gewann neue Bedeutung, denn der Barock will die einzelnen Kunstgattungen zu einer großen Einheit verschmelzen, und die überbordende barocke Ornamentik schuf einen verbindenden stilistischen Zusammenhalt.

Motive der religiösen Barockkunst entstammen vor allem den Themen, die die Protestanten aus theologischen Gründen am stärksten in Zweifel gezogen hatten: Visionen der Heiligen, Leid und Apotheose der Märtyrer, die Himmelfahrt Mariens. Profane Themen sind Verherrlichungen der Fürsten, ‣Allegorien und in der Malerei Fachgattungen wie das Stillleben oder die Landschaft.

Francesco Borromini (1599–1667) zeigt mit seiner Kirche **„San Carlo alle Quattro Fontane“** Prinzipien des barocken Kirchenbaus: Klare Konturen werden überspielt, Wände aufgegliedert, plastisch geschmückt und in bewegte Formen versetzt. Die Fassade ist durch die Ein- und Ausschwünge dreifach gekurvt, ihr Wandanteil zugunsten der Säulen, Nischen und Skulpturen auf ein Minimum reduziert. Die Kuppel ist im Barock nicht mehr ruhender Mittelpunkt des Kirchenbaus, sondern Ziel einer Bewegung. Sie wird zum Himmelssymbol und will mit raffinierten Täuschungen den Blick ins Imaginäre lenken. Die Kuppelschale versah Borromini mit perspektivisch sich verkleinernden Kassetten, die eine wesentlich größere Höhe vortäuschen, als tatsächlich vorhanden ist.

Der überragende Künstler des römischen Barock war **Giovanni Lorenzo Bernini** (1598–1680), Bildhauer und Architekt, Schöpfer von Gesamtkunstwerken wie dem Petersplatz (s. S. 191) oder dem Vierströmebrunnen auf der Piazza Navona. Berninis steinerne Figuren sind voller Leben, das Licht wird zum Teil seiner Regie. In seiner **„Verzückung der Heiligen Theresa von Avila“** ließ er sich von den Schilderungen der Heiligen anregen. Sie berichtete, wie ihr im Schlaf ein Engel erschien, einen flammenden Pfeil ins Herz bohrte und sie mit einem süßen Schmerz und einer großen Liebe zu Gott zurückließ.

Caravaggio (1573–1610) begründete die Tradition der Hell-Dunkel-Malerei, die auch in den Norden Europas ausstrahlte. Vor einem dunklen Hintergrund beleuchtet ein scharfes Schlaglicht sein **„Martyrium Petri“**. Das Licht modelliert die Körper, erzeugt die fahlen Farben und dynamisiert die Komposition. Caravaggios künstleri sche Haltung zeugt von Realismus, auch gegenüber religiösen Themen wie dem Martyrium der Heiligen. Er wandte sich gegen die harmonische Schönheit der Renaissance, ebenso gegen die übersteigerte Künstlichkeit des Manierismus, aber auch gegen die idealisierende Malerei seiner Zeitgenossen wie Guido Reni (1575–1642).

‣**Illusionismus** (lat. illudere täuschen): durch den zugespitzten Einsatz gestalterischer Mittel erzielter trugbildartiger Eindruck, der die Grenze zwischen Kunst und Wirklichkeit verschwimmen lässt

‣**Ornament:** Verzierung, Schmuck mit sich wiederholenden geometrischen, pflanzlichen, tierischen oder menschlichen Formen

‣**Allegorie, allegorisch** (griech. anders sagen): die Verbildlichung eines unanschaulichen Begriffs oder Vorgangs, oft durch Verkörperung als Person, z. B. Gerechtigkeit als weibliche Figur mit Waage und verbundenen Augen

Francesco Borromini: San Carlo alle Quattro Fontane in Rom, 1665–1668. Fassade

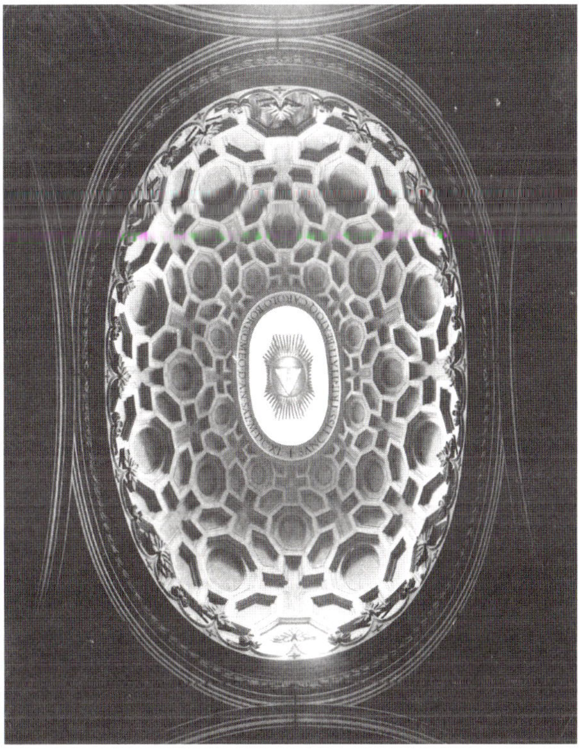

Francesco Borromini: San Carlo alle Quattro Fontane in Rom, 1665–1668. Kuppel

Giovanni Lorenzo Bernini: Die Verzückung der heiligen Theresa, 1645–1652. Marmor, lebensgroß. Rom, Santa Maria della Victoria

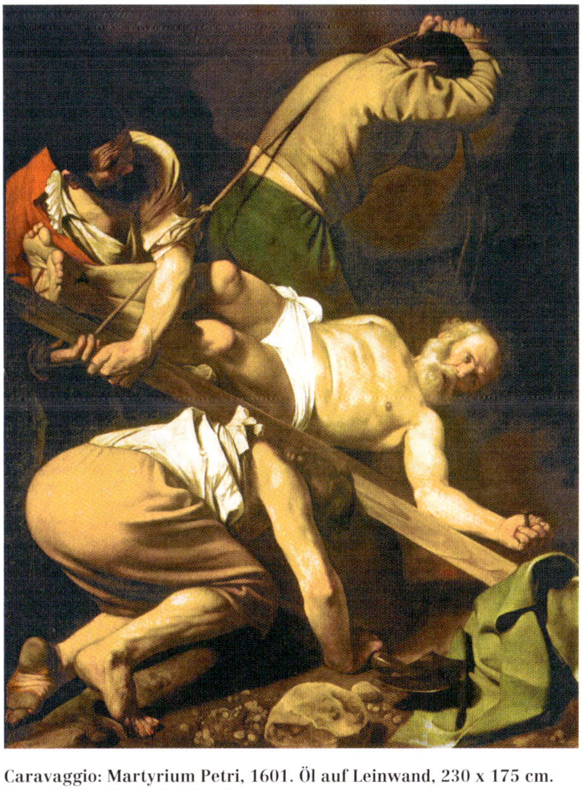

Caravaggio: Martyrium Petri, 1601. Öl auf Leinwand, 230 x 175 cm. Rom, Santa Maria del Popolo

Andreas Schlüter: Maske eines sterbenden Kriegers, um 1696

Barock in Europa

Als sich im 17. Jahrhundert die Nationalstaaten bildeten, entwickelte die Kunst entsprechende Nationalstile des Barock. Vom römisch-italienischen Frühbarock im ersten Viertel des 17. Jahrhunderts ging die Entwicklung zum Hochbarock, der in den einzelnen Ländern unterschiedliche Ausprägungen fand.

Die Epoche des Barock war politisch gekennzeichnet durch den Absolutismus und sah neben der Kirche in den uneingeschränkt herrschenden Fürsten entscheidende Auftraggeber. Barocke Kunst inszenierte und verherrlichte etwa in Versailles, der Residenz Ludwigs XIV., den Sonnenkönig (s. S. 192). Sein ordnender Wille formte durch Alleen und Gartenanlagen sichtbar die gesamte Umgebung, sein barockes Schloss strahlte nach außen und wurde zum imposanten Mittelpunkt des Landes. Die französische Kunst orientierte sich ebenfalls an einem Zentrum, an der 1648 gegründeten ▸Akademie in Paris.

In Spanien beherrschte die katholische Kirche mit ihren Dogmen die Themen der Kunst. Bartolomé Esteban Murillo (1617/18–1682) etwa malte dreißig Darstellungen der Unbefleckten Empfängnis Mariens, ein beliebtes Thema der gegenreformatorischen Propaganda. Vor allem für den königlichen Hof arbeitete der bekannteste spanische Maler, Diego Velázquez (1599–1660). Spanien verbreitete den Barock auch in seinen mittel- und südamerikanischen Kolonien.

Flandern, der südliche Teil der Niederlande, gehörte ebenfalls zur spanischen Krone und besaß in Antwerpen eines der großen Kunstzentren der Zeit. Dort malten Künstler wie Peter Paul Rubens (1577–1640; s. S. 242), Anthonis van Dyck (1599–1641) und Jacob Jordaens (1593–1678) lebendige und sinnenfrohe Bilder. Sie fanden Käufer vielerorts in Europa, unter ihnen den spanischen König.

Zeitlich endet der Hochbarock mit dem Tode Berninis 1680. Im deutschen Raum setzte aufgrund des Dreißigjährigen Krieges (1618–1648) der Barock erst Mitte des 17. Jahrhunderts ein. Er vollendete sich in Deutschland und Österreich im Spätbarock, der weit ins 18. Jahrhundert reichte und bekannte Baumeister hervorbrachte wie den Wiener Johann Bernhard Fischer von Erlach (1656–1713) oder, vor allem in Berlin, **Andreas Schlüter** (um 1660–1714).

Ein spätbarockes Gesamtkunstwerk ist die **Bibliothek des Benediktinerklosters Wiblingen** bei Ulm, deren Innenraum durch mitreißende Bewegtheit und leuchtende Farbenpracht gekennzeichnet ist. Rankendes Ornament zieht sich hinauf bis in den ▸Stuck der Decke. Säulen, Empore und Schränke bilden ein untrennbares Ganzes. Holzfiguren auf niedrigen Postamenten personifizieren Tugenden und Wissenschaften, die Deckenmalerei verherrlicht das antike und das christliche Wissen, Engel preisen die göttliche Wahrheit.

In Holland, den nördlichen Niederlanden, bildete sich seit der Unabhängigkeit von Spanien ein Kunstmarkt heraus mit bürgerlichen Käufern und ihrer Vorliebe für bestimmte Gattungen der Malerei: Porträt, Landschaft, Genre (Schilderungen aus dem alltäglichen Leben) oder Stillleben. So spezialisierten sich holländische Künstler als handwerklich perfekte Fachmaler auf einen Themenbereich. **Jan Vermeer** (1632–1675) etwa malte vor allem Interieurs, Innenraumszenen, die unspektakuläre Begebenheiten zeigen. Frans Hals (1582–1666; s. S. 244) war für seine Porträtkunst berühmt, Rembrandt (1606–1669; s. S. 246ff.) auch für seine Radierungen.

Ebenso wie die französischen lehnten auch die englischen Künstler die dynamische Bewegtheit und das überbordende Pathos des italienischen Barock weitgehend ab. Beide Länder entwickelten einen klassizistisch eingefärbten Barock und bevorzugten ordnende Klarheit sowie strenge Monumentalität. Sir **Christopher Wren** (1632–1723), der Schöpfer der imposanten **„St. Paul's Cathedral“**, notierte: „Es scheint ziemlich unverständlich, dass die Mehrheit unserer verstorbenen Architekten so stark dem Ornamentalen frönt und so leicht das Geometrische übergeht, das doch der wichtigste Bestandteil der Architektur ist.“

▸**Akademie:** Kunstschule; Akademien übernahmen seit dem 17. Jahrhundert die Künstlerausbildung und ersetzten allmählich die handwerkliche Lehre bei einem Meister.

▸**Stuck:** mit Leimwasser angerührter Gipsmörtel, der mithilfe von Schablonen zur Herstellung von Dekorationen verwendet wird

Kloster Wessobrunn, 1685–1690. Stuck.

Christopher Wren: St. Paul's Cathedral, 1675–1710. London

Jan Vermeer: Junge Frau mit Wasserkrug am Fenster, 1663. Öl auf Leinwand, 46 x 41 cm. New York, Metropolitan Museum

Bibliothek des ehemaligen Benediktinerklosters in Ulm-Wiblingen, 1744

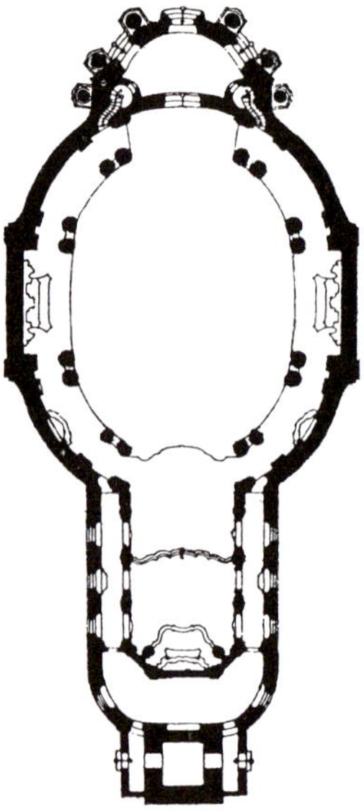

Wallfahrtskirche „In der Wies“, 1745–1754. Grundriss

Rokoko

Das Rokoko entwickelte sich in der aristokratischen Gesellschaft Frankreichs. Nach dem Tod Ludwigs XIV. im Jahr 1715 setzte ein Überdruss am Prunk des Barock ein. Man zog nun eine intimere und persönlichere Atmosphäre vor, suchte den beschwingten Genuss voller Anmut und Leichtigkeit. Statt monumentaler Residenzen baute der Adel Stadt- oder Lustschlösschen, an die Stelle pathetischer Skulpturen traten empfindsam-grazile Figuren, statt monumentaler, verherrlichender Motive bevorzugte man gefühlsbetonte Themen.
Der Begriff „Rokoko“ ist abgeleitet von der Ornamentform der Rocaille (franz. Muschelwerk), die in der Ausstattungskunst der Zeit erscheint (s. S. 201). Innenarchitektur und Dekoration (Spiegel, Fresken, Wandteppiche, Seidentapeten, Rahmen, Mobiliar, Porzellan, bis hin zum Tischsilber) sind im Rokoko durch eine rankende Ornamentik in höchstem Maße aufeinander abgestimmt. Nicht mehr wuchtige Repräsentation ist das Ziel der Bauten und ihrer Ausstattung, sondern die Schaffung einer lichten und heiteren Umgebung für Bälle, Konzerte oder Gesellschaften. Hierhin zog sich der Adel vom Zwang des Zeremoniells zurück.

In Süddeutschland prägte das Rokoko den Kloster- und Kirchenbau. In der **„Wieskirche“** von **Dominikus** (1685–1766) und **Johann Baptist** (1680–1758) **Zimmermann** löst sich die Architektur im Ornament auf und scheint in den Himmelsraum überzugehen. Die Rokokokirche ist weniger durch einen tiefen religiösen Ernst geprägt, sondern wirkt festlich-unbeschwert. Es ist eine Kunst der spielerischen Andeutung und nicht mehr der machtvollen Überzeugung (wie noch der Barock).

Die Plastik diente als Garten- oder Bauplastik vorwiegend dekorativen Zwecken. Das Rokoko bevorzugte das Theater und fand am gleitenden Übergang zur Sphäre des Gespielten besonderen Gefallen. So wollen die Figuren aus Holz oder Stuck nicht mehr die Illusion eines lebendigen Menschen erwecken. Sie sind häufig in Weiß gehalten und so der natürlichen Erscheinung entrückt – auch die Menschen der vornehmen Gesellschaft des Rokoko waren durch Mieder, Puder und Perücke ins Künstliche überhöht.
Kleinmeisterliche Züge tragen die aufkommenden Porzellanfiguren. Seit 1709 war der Werkstoff Porzellan in Europa verfügbar, und bald darauf gründeten Fürsten vielerorts Porzellanmanufakturen, die Sammlerstücke produzierten. Die kleinen Statuen von **Franz Anton Bustelli** (1723–1763) etwa – voller Witz, Grazie und Schwung – zeigen Figuren aus der Commedia dell' Arte, der beliebten italienischen Komödie.

Die Zeichenkunst des Rokoko arbeitete mit Techniken wie Pastell, Kreide oder Rötel, mit flüchtigem Strich und verwischten Effekten. In der Malerei, die eher kleine Formate und helle Farben bevorzugte, war Frankreich mit François Boucher (1703–1770) und seinem Schüler **Jean-Honoré Fragonard** (1732–1806) führend. In ihren Gemälden spielten sie mit galanten Themen und erotischen Pikanterien, rechneten mit der verstohlenen Schaulust des Betrachters.
Künstler wie Giovanni Battista Tiepolo (1696–1770) oder Canaletto (1697–1768) aus Venedig fanden vielerorts in Europa Beschäftigung. Sie zogen jeweils dorthin, wo sie – etwa als Spezialist für ▸Veduten – Aufträge erwarteten. In England bildete sich im Rokoko eine eigenständige und bedeutende Schule mit Künstlern wie **William Hogarth** (1697–1764), Joshua Reynolds (1723–1792) oder Thomas Gainsborough (1727–1788).

Im 18. Jahrhundert, der Zeit der Aufklärung, entstand die Kunstkritik, die sich vom höfischen Geist abwandte und sich an bürgerlichen Werten orientierte. In der Kunst selbst zeigt sich dies an moralisch wertenden Darstellungen, die zum Teil auch gesellschaftliche Missstände anklagen. Der Spanier Francisco Goya (1746–1828) kehrte sich gegen Ende des Jahrhunderts von galanten Themen ab und wandte sich den Abgründen der menschlichen Psyche mit ihren Albträumen zu. So wies er mit diesem Teil seines Werkes weit in das folgende Jahrhundert.

▸**Vedute** (abgeleitet von lat. videre sehen): sachlich getreue Ansicht einer Stadt oder Landschaft

Dominikus und Johann Baptist Zimmermann: Wallfahrtskirche „In der Wies“, 1745–1754. Länge 43,2 m, Breite 24,3 m, Höhe 20 m. Bei Steingaden

Franz Anton Bustelli: Figuren der Commedia dell'Arte, um 1760. Bemaltes Porzellan. München, Bayerisches Nationalmuseum

Jean-Honoré Fragonard: Die Schaukel, 1767. Öl auf Leinwand, 81 x 65 cm. London, Wallace Collection

William Hogarth: Der erzürnte Musiker, 1741. Radierung und Kupferstich, 36 x 41,3 cm. Göttingen, Staats- und Universitätsbibliothek

Bauten und ihre Ausstattung

Wohnbau der italienischen Renaissance – Der Palazzo

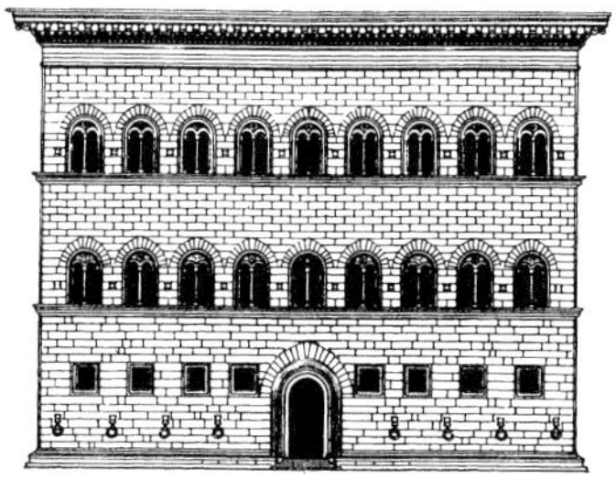

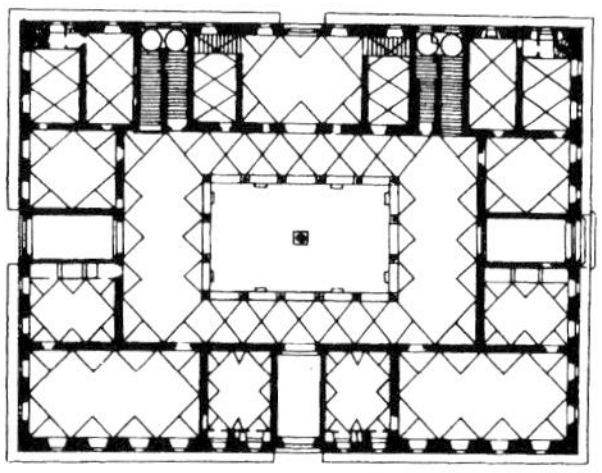

Palazzo Strozzi, 1498–1504. Ansicht und Grundriss mit Innenhof

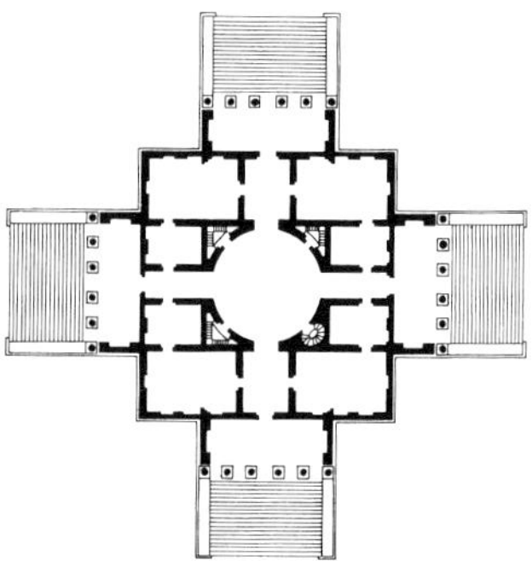

Grundriss Villa Rotonda

Bei den führenden Geschlechtern der italienischen Stadtstaaten wuchs im 15. Jahrhundert das Bedürfnis nach einer komfortablen und repräsentativen Architektur. So wurde in der Renaissance der Palazzo, der Stadtpalast, zu einer zentralen Aufgabe der profanen Baukunst und zum Ausdruck einer neuen Bau- und Wohnkultur. Der Baukörper der Renaissance erscheint nicht mehr – wie noch in der gotischen Architektur – als himmelwärts emporstrebend, sondern vielmehr als lagernder Block. Der Palazzo gliedert sich – im Gegensatz zur mittelalterlichen Burg – in horizontal klar voneinander abgesetzte Geschosse, zumeist drei bis vier an der Zahl, und schließt mit einem Dachgesims ab.

In Florenz entwickelte sich zur Zeit der Frührenaissance der Typus des blockhaften Palazzo, wie der **Palazzo Strozzi**, den **Giuliano da Sangallo** (1445–1516) erbaute. In einem solchen Palazzo lebte zumeist die gesamte Großfamilie und demonstrierte mit dem Gebäude ihre Stellung in der Stadt. Der äußere Charakter dieser massiven Bauten ist nüchtern und streng, ansatzweise auch noch wehrhaft. Die Innenhöfe sind häufig von Bogenreihen umzogen, den Arkaden. Sie dienten als repräsentative Kulisse für feierliche Anlässe – man war bemüht nach außen den Eindruck zu vermeiden, man stelle seinen Luxus zur Schau.

Die Palastfassaden schmücken architektonische Einzelheiten, die der antik-römischen Baukunst entlehnt sind. Allerdings sind diese Elemente keine tragenden, sondern nur die Fassade gliedernde Architekturteile. Im **Palazzo Rucellai** reihte **Leon Battista Alberti** (1404–1472) erstmals seit der Antike wieder dorische, ionische und korinthische ▸Kapitelle in klassischer Form übereinander. Angeregt wurde diese Lösung durch antike Vorbilder, etwa die Säulenordnung am römischen Kolosseum. Durch solche Architekturzitate verdeutlichten Baumeister und Bauherren, dass sie in Florenz an die alte Größe Roms anknüpfen wollten. Gleichzeitig bekannten sie sich zum Staatsideal ihrer Stadtrepublik, denn: „Florenz verstand sich als Tochter Roms – des republikanischen Roms wohlgemerkt." (A. Richard Turner, 1996)

Andrea Palladio (1508–1580) gilt als der bedeutendste Architekt der Spätrenaissance. Seine Formensprache ist an altrömischen Vorbildern orientiert. Die Bauten zeigen Klarheit und Strenge in der Gliederung, Sparsamkeit bei der bauplastischen Ausstattung, Schönheit durch Harmonie aller Teile zueinander, Monumentalität und Würde in ihrer Wirkung auf den Betrachter. Durch seine Bauwerke und auch seine Bücher zur Architektur begründete Palladio eine weit reichende Tradition in der Baukunst, den Palladianischen ▸Klassizismus. Palladios **Villa Rotonda** („die Runde") bei Vicenza entstand für einen reichen Kleriker. Solche Villen im Hinterland Venedigs dienten ihren wohlhabenden Besitzern zur Repräsentation während des Aufenthaltes auf ihren Landgütern. In der Anlage als Zentralbau mit Kuppel und im Grundriss als ▸griechisches Kreuz zeigen sich in der Villa Rotonda architektonische Idealvorstellungen, die ansonsten allein dem Kirchenbau vorbehalten waren. Um den Gebäudekern, die Rotunde und den umgebenden quadratischen Baukörper, sind an allen vier Seiten antike Tempelfronten als Eingänge vorgelagert, die exakt in die vier Himmelsrichtungen zeigen. „Man genießt nach allen Seiten eine hervorragende Aussicht." (Andrea Palladio)

Arbeitsanregungen:

1. Weisen Sie an den Renaissancepalästen Zitate aus der antiken Baukunst nach.
2. Beschreiben Sie die Unterschiede in Funktion und Form zwischen dem Palazzo Rucellai und der Villa Rotonda.

▸**Kapitelle:** s. S. 27

▸**Klassizismus:** hier: Richtung der europäischen Baukunst Mitte 16. – Mitte des 17. Jahrhunderts

▸**griechisches Kreuz:** Kreuz mit vier gleich langen Armen

1 griech. Kreuz, 2 lat. Kreuz

Leon Battista Alberti:
Palazzo Rucellai in Florenz,
1450
1 Sockelgesims
2 Fensterbankgesims
3 Gurtgesims
4 Dachgesims (Hauptgesims)

Andrea Palladio: Villa Rotonda bei Vicenza, 1567–1591

Illusionismus der Frührenaissance – Andrea Mantegna: Camera degli Sposi

▸**Grisaille** (franz. gris grau): eine Art der Malerei, die nur unbunte Farbtöne benutzt und meist steinerne Werke nachahmt

Selbstbildnis Mantegnas in der Camera degli Sposi

▸**Balustrade:** offenes Geländer

▸**Putto** (ital. Kind, deutsch Putte): kleiner nackter Knabe mit Flügeln

▸**Kartusche:** schildartige Fläche zur Aufnahme von Inschriften

Kartusche aus dem „Neuen Schildbüchlein" von L. Klein, 1610

▸**Illusionismus** (lat. illudere täuschen): durch den zugespitzten Einsatz gestalterischer Mittel erzielter trugbildartiger Eindruck, der die Grenze zwischen Kunst und Wirklichkeit verschwimmen lässt

Der Kupferstecher und Maler **Andrea Mantegna** (1430/31–1506), ein Meister der perspektivischen Darstellung, trat 1460 in den Dienst des Markgrafen Ludovico Gonzaga in Mantua. Dort gestaltete er als Hofmaler die **„Camera degli Sposi"** („Raum der Eheleute") im Palazzo Ducale, im markgräflichen Palast, mit Malereien aus. Es ist sein Hauptwerk, seine einzige als Gesamtensemble erhaltene Raumausmalung und zugleich die erste umfassende illusionistische Raumausstattung der Renaissancemalerei. Die Camera degli Sposi diente wohl für Audienzen, bei denen Mantegnas beeindruckende Kunst ihre Wirkung auf den Betrachter nicht verfehlt haben dürfte. Man meint sich in einem offenen, luftigen Pavillon zu befinden, umgeben von der markgräflichen Familie und dem Hofstaat der Gonzaga. Oberhalb des Kamins, auf den Darstellungen der Nordwand, erkennt man in Untersicht auf einer scheinbar hoch gelegenen Terrasse den sitzenden Markgrafen Ludovico, rechts von ihm seine Gattin, Barbara von Brandenburg, mit ihren gemeinsamen Kindern und einer Zwergin.

Die vollständig bemalten Wände des relativ kleinen, quadratischen Raumes sind nur durch mehrere kapitellähnliche Konsolen, den Kamin, zwei Fenster und zwei Türen unterbrochen. Alle anderen Architekturteile sind durch Malerei vorgetäuscht. An der Decke stellen ▸Grisaillen, steinfarbene Malereien, in augentäuschender Weise Stuckarbeiten vor, wie etwa die Medaillons mit den Bildnissen römischer Cäsaren. Auf diese antiken Vorbilder bezogen die Markgrafen ihre Herrschaft. „Eine Trennung zwischen realer und idealer Welt liegt diesem Herrscherhaus des späten 15. Jahrhunderts noch fern; es ist sich selbst sein Ideal." (Jutta Held, 1993)

In den Scheitelpunkt der Decke malte Mantegna eine perspektivisch exakt konstruierte runde Öffnung. Im Blick hoch zu einer imaginären Dachterrasse zeigen sich an einer ▸Balustrade – bei extremer Untersicht mit starken Verkürzungen – Hofdamen und Putten, dazu ein labil auf einem Brett stehender Blumenkübel, der in den Raum zu stürzen droht. Ein ▸Putto bekrönt sich spielerisch mit einem Lorbeerkranz, ein anderer hält einen Apfel (als Anspielung auf das Symbol des Reichsapfels), ein dritter ein Stöckchen (statt eines Zepters). Die Speckpölsterchen der Putten wirken wie übereinander gestaffelte Zylinderformen und lassen darauf schließen, dass Mantegna die statuarisch wirkenden Figuren zeichnerisch konstruierte. Er fasste sie als plastische Gebilde auf und verlieh ihnen eine Präsenz, die sich an der Monumentalität antiker Plastiken orientiert.

Über den Türsturz malte Mantegna eine Gruppe von Putten, die eine ▸Kartusche halten. Auch sie wirken überaus plastisch, wie von rechts beleuchtet. In der Camera degli Sposi lässt tatsächlich ein Fenster von dieser Seite Licht einfallen. Indem er die reale Raumsituation in seinen Bildern aufgriff und fortführte, steigerte Mantegna den ▸Illusionismus seines Werkes. Die Körperhaftigkeit seiner Figuren und der perspektivisch konstruierte Bildraum bewirken eine überzeugende optische Erweiterung des architektonischen Raumes und heben für den Betrachter wirkungsvoll die Grenze zwischen Sein und Schein auf.

Im Rankenwerk rechts der Gruppe über dem Türsturz hat Mantegna sein Selbstbildnis versteckt. Auf der Kartusche widmete er 1474 die Wandbilder seinen fürstlichen Auftraggebern. In diesem Jahr vollendete er das Werk mit Gold und blauem Azurit, den teuersten und edelsten Materialien, die man erst am Schluss der Arbeiten auftrug.

Arbeitsanregungen:

1. Belegen Sie an den Bildern, welche Elemente den Illusionismus von Mantegnas Malereien erzeugen.
2. Zeichnen Sie eine der Putten vergrößernd aus dem Deckenfresko ab, indem Sie sie aus stereometrischen Grundformen konstruieren.

Andrea Mantegna:
Camera degli Sposi,
1465–1474.
Mantua, Palazzo Ducale.
Deckenfresko

Andrea Mantegna: Camera degli Sposi, 1465–1474. Mantua, Palazzo Ducale. Wandfresken

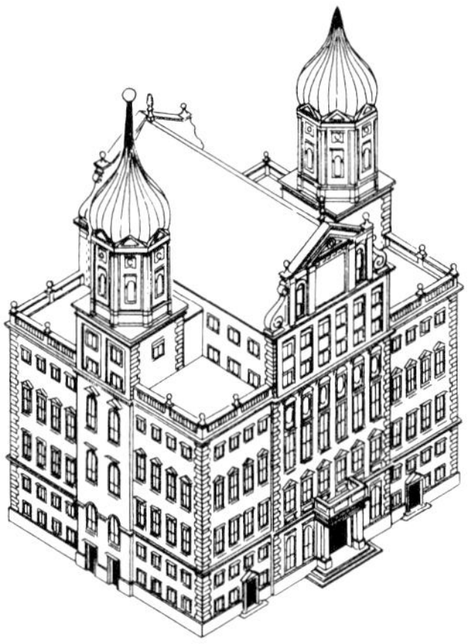

Augsburger Rathaus

Baukunst für Bürger – Elias Holl: Das Augsburger Rathaus

Im deutschen Raum stagnierte seit der Reformation der Neubau von Kirchen. Die vordringlichen Bauaufgaben der deutschen Renaissance lagen im profanen Bereich, im Bau von Schlössern und Bürgerhäusern, auch im Rathausbau. Bei der Gliederung und der Gestaltung mit Bauschmuck orientierte man sich an Vorbildern aus Italien, Maler und Graphiker lieferten mit ihren Vorlagen (Musterbücher) dazu reiches Anschauungsmaterial.

Das Hauptwerk von **Elias Holl** (1573–1646) und zugleich ein später Höhepunkt in der deutschen Renaissancearchitektur ist das **Augsburger Rathaus** (von 1615–1620). Es steht an der Schwelle zum Barock. Sein Außenbau zeigt eine klare und symmetrische Gliederung in Richtung der Längs- und der Querachse. Auf die übermäßige Betonung einzelner Teile verzichtete Holl ebenso wie auf kleinteiligen Zierrat. So wirkt die Gliederung zugleich monumental und zurückhaltend: „Der Wille geht auf eine einheitliche Komposition, wobei die Gesamtwirkung mehr ist als die Summe der Teile." (Ernst Ullmann, 1995)
Der „Stadtwerkmeister" Holl ist der bedeutendste Baumeister der deutschen Spätrenaissance am Umbruch zum Barock. Er hatte um 1600 bei einem Aufenthalt in Venedig die Baukunst Palladios (s. S. 184) kennen gelernt, die nicht nur für seine Bauten, sondern vielerorts in Deutschland, aber auch in den Niederlanden (so beim Rathaus von Antwerpen, ab 1561) oder England (Inigo Jones: Banqueting House, London, 1619–1622) vorbildhaft wirkte.

Insgesamt beherrscht die vertikale Mitte die Front des Augsburger Rathauses. Als ‣Mittelrisalit bezeichnet man einen solchen mittleren Teil der Fassade im strengen Sinne erst dann, wenn er in ganzer Höhe deutlich aus der Fassade heraustritt, ohne sich zu einem eigenen Bauteil zu verselbstständigen. Das Gebäude leuchtete einst in blendendem Weiß, ergänzt durch graue Akzente etwa an den Fensterrahmungen. Im Giebelfeld glänzte golden ein gemalter Reichsadler, Symbol der selbstständigen Stellung Augsburgs in der Ordnung des Heiligen Römischen Reiches. Den hohen Giebel bekrönt ein Pinienzapfen, Symbol der Schöpferkraft, der Fruchtbarkeit und des Glücks. 1618 fügte Holl zwei kuppelbekrönte Türme über den Treppenhäusern an, um dem Rathaus ein „heroisches Ansehen" zu geben – diese Elemente sind aus der Sakralarchitektur übernommen. Auf die damaligen Augsburger Bürger dürften die Dimensionen ihres Rathauses imponierend und majestätisch gewirkt haben – das Gebäude war der architektonische Ausdruck eines selbstbewussten Bürgertums.
Die Raumordnung und -größe richtete sich nach den ambitionierten Bedürfnissen des Rates der freien Reichsstadt: Neben der Verwaltung diente der Bau vor allem der würdevollen Repräsentation. Diesem Zweck entsprechend ist ein prunkvoll geschmückter Saal mit 32,50 m Länge, 17,30 m Breite und 14 m Höhe im zweiten Obergeschoss eingerichtet: der „Goldene Saal", nach venezianischen Vorbildern (Entwürfe von Matthias Kager). Die Decke des Saales hängt mit Eisenketten am Dachstuhl des Rathauses. Der Goldene Saal reicht über zweieinhalb Stockwerke und nimmt die gesamte Länge und Breite des hervorgehobenen Mittelbaus ein. Mit dieser Größe und seiner Ausstattung bildet er eine ebenbürtige bürgerliche Konkurrenz zu Repräsentationsräumen in fürstlichen Residenzen.

‣**Risalit, Mittelrisalit** (ital. Vorsprung): in der Mitte vorspringender Teil eines symmetrisch angelegten Gebäudes zur plastischen Fassadengliederung

Arbeitsanregungen:

1. Vergleichen Sie das Augsburger Rathaus mit italienischen Renaissancepalästen (s. S. 184). Welche Übernahmen von Holl können Sie belegen, welche eigenständigen (deutschen) Elemente sehen Sie verwendet?
2. Untersuchen und dokumentieren Sie beim Rathaus Ihrer Stadt Fassade und Innengestaltung. Welche Formen der Repräsentation erkennen Sie?
3. Gestalten Sie aus Styrodur oder ähnlichem Material ein vereinfachtes Modell des Augsburger Rathauses.

Elias Holl: Rathaus in Augsburg, 1615–1620. Hauptfassade

Elias Holl: Goldener Saal im Rathaus von Augsburg

Römischer Kirchenbau zwischen Renaissance und Barock

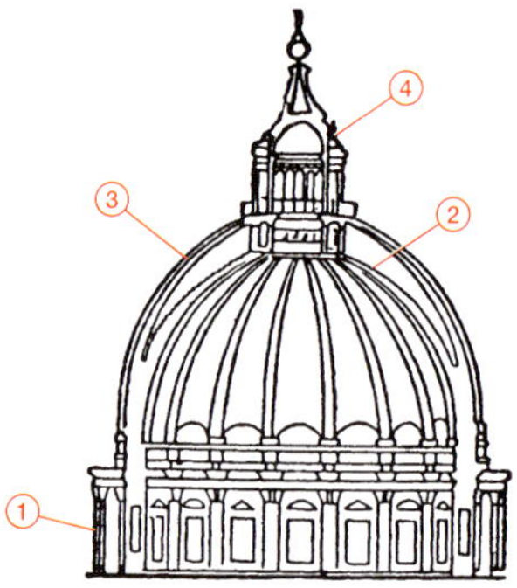

Querschnitt durch die Kuppel des Petersdomes
1 Tambour
2 innere Schale
3 äußere Schale
4 Laterne

Fassade von Il Gesù

Der allmähliche Wandel von Bauvorstellungen der Renaissance zu denen des Barock zeigt sich exemplarisch am **Petersdom** in Rom. Er ist die zentrale Kirche der katholischen Christenheit, der größte Kirchenbau der Welt.

In seinem Entwurf von 1504, aus der Zeit der Hochrenaissance, hatte **Bramante** (S. 172) den Neubau von Sankt Peter als kuppelbekrönten Zentralbau über der Grundform eines ‣griechischen Kreuzes geplant. Die Grundzüge der Anlage mit den vier Kreuzarmen sind noch heute im Ostteil der Kirche zu erkennen.

Michelangelo (S. 206, 220) überarbeitete diesen Plan 1546, am Ausklang der Renaissance. Er nahm den Teilräumen ihre Selbstständigkeit und band sie stärker an den Hauptraum. Auf Michelangelo geht auch die mächtige Kuppel des Domes über dem Petersgrab zurück. Sie wurde zum Vorbild vieler Barockkirchen.

Carlo Maderna (1556–1629) schließlich verband im Frühbarock die Idee des Zentralbaus mit einem Langhaus und verwandelte den Petersdom zwischen 1608 und 1612 in einen gestreckten Richtungsbau und vollendete die Fassade. Auch die Gestaltung des Innenraums geht im Wesentlichen auf ihn zurück.

Der ovale Petersplatz vor der Kirche mit seinen ‣Kolonnaden ist ein Werk des Hochbarock. **Giovanni Lorenzo Bernini** (1598–1680) griff seit 1656/57 in einem umfassenden Gestaltungswillen, von der Kirche ausgehend, tief in das städtische Umfeld ein. Er vereinigte Baukörper, Fassade, Platz und Zugang zur Stadt zu einer stimmigen Einheit. Dazu verengte er den Raum des trapezförmigen Vorplatzes (Piazza retta) zur Stadt hin und begrenzte ihn durch Flügelbauten. Auf diese Weise milderte er die Wirkung der 115 m breiten Fassade und band sie in die Wirkung des Platzes ein. Der Betrachter meint einen rechteckigen Platz vor sich zu haben und empfindet die Fassade als schmaler.

Die Piazza obliqua mit dem ägyptischen ‣Obelisken in der Mitte gestaltete Bernini als quer liegendes Oval. Es nimmt die Besucher mit seinen rahmenden, breiten Kolonnaden auf und führt sie über die Piazza retta ins Innere der Kirche. „Die umfassende Macht und Liebe der Kirche hat hier ein architektonisches Symbol erhalten.“ (Hermann Bauer, 1992) So schuf Bernini eine Bühne für Riten und Prozessionen, wie etwa den Ostersegen des Papstes an die Welt. Kirche, Kolonnaden, Platz und erweiterte Perspektive bilden ein aufeinander bezogenes Gesamtkunstwerk.

Stilbildend für den barocken Kirchenbau wirkte die römische Mutterkirche des Jesuitenordens, **„Il Gesù“**, die 1568 bis 1584 nach Entwürfen von **Giacomo da Vignola** (1507–1573) erbaut wurde. In Il Gesù führte Vignola die additiven Räume der Renaissance erstmals in die kontinuierlichen Räume des Barock über und vereinigte in einem Baukörper Langhaus mit kuppelbekröntem Zentralbau. Besonders die zweistöckige Fassade, die **Giacomo della Porta** (um 1520–1604) am Ende der Bauzeit gestaltete, fand durch den mächtigen Jesuitenorden Nachahmung vielerorts in Europa. ‣Voluten führen außen vom breiteren Untergeschoss zum schmaleren oberen Stockwerk. Um die Mittelachse der Fassade gruppieren sich wie bei den späteren römischen Barockkirchen die Architekturteile und betonen das Portal. Die vielgliedrige Gestaltung ist über beide Geschosse hinweg geführt und bewirkt so einen monumentalen Grundzug. Der prachtvolle Innenraum der Kirche erhielt seine reiche Ausstattung erst ein Jahrhundert später.

Arbeitsanregungen:

1. Beschreiben Sie Ähnlichkeiten und Unterschiede in der Anlage von Bramantes Tempietto (S. 172) und des Petersdoms.
2. Erläutern Sie anhand der Grundrisse die Änderungen in der Konzeption des Petersdomes.
3. Stellen Sie zeichnerisch eine Sammlung von Architekturelementen der Renaissance und des Barock zusammen, wie Voluten, ‣Laternen usw.

‣**griechisches Kreuz:** s. S. 184

‣**Kolonnade** (lat. Säule): Säulengang mit geradem Gebälkabschluss

‣**Obelisk:** frei stehende, vierkantige, spitz zulaufende Säule, meist aus einem Stück bestehend

‣**Volute:** spiralförmig aufgerollte plastische Verzierung

‣**Laterne:** turmartiger Aufsatz auf Kuppeln und Gewölben, durch den Licht in den Raum fällt

Rom, St. Peter. Länge außen 211,5 m, Fassadenbreite 112 m, Kuppelhöhe 119 m, Kuppeldurchmesser 42 m

1

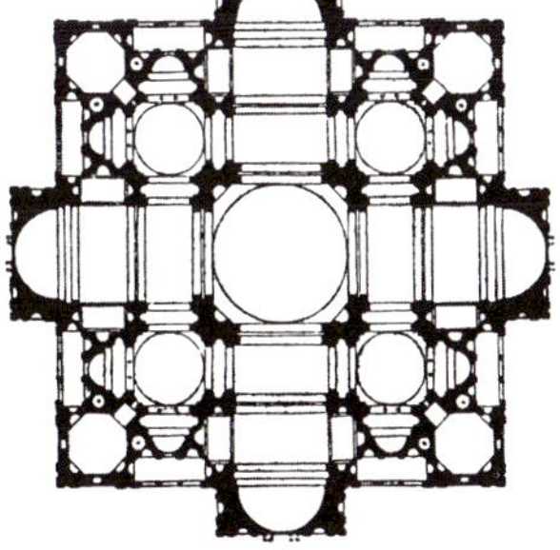

2

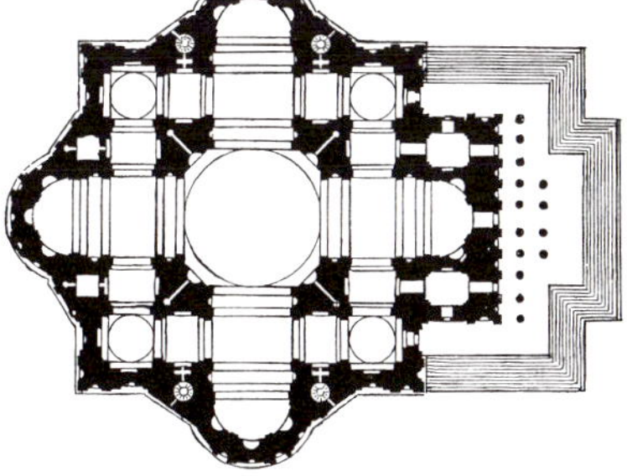

3

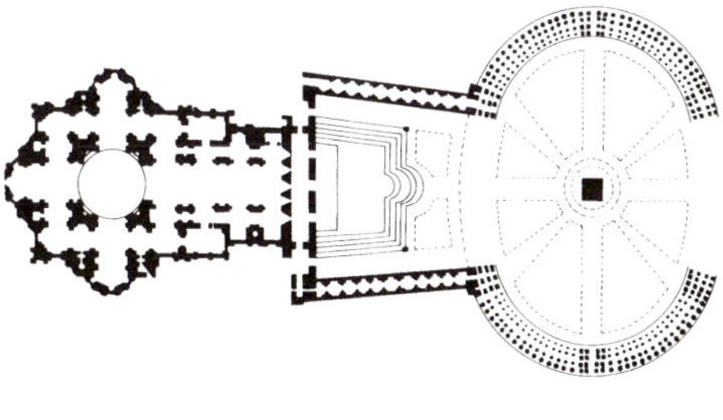

Grundriss Peterskirche, Rom, 1 Bramante, 1506–1514. 2 Michelangelo, 1546–1564. 3 Grundriss Petersplatz, Rom, Bernini, 1656

Die barocke Residenz: Versailles

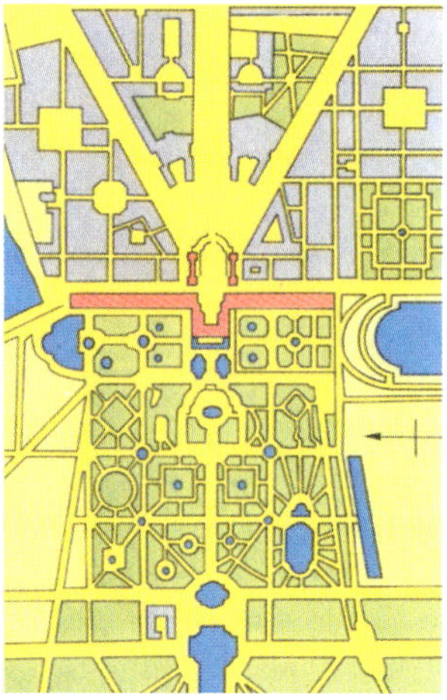

Versailles: Schloss, Stadt und Park (Ausschnitt)

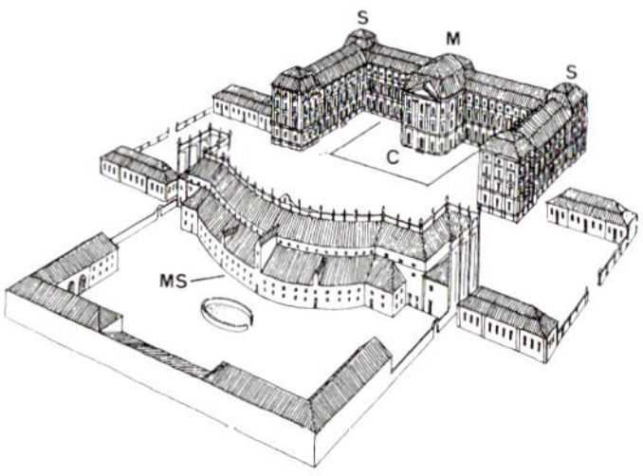

Pommersfelden, Schloss Weißenstein, 1711–1718.
C cour d'honneur
M Mittelrisalit
S Seitenflügel
MS Marstall (Pferdeställe etc.)

Die großen weltlichen Bauprojekte Europas im 17. und im frühen 18. Jahrhundert zeugen von den politischen Machtverhältnissen zur Zeit des Absolutismus. Zahlreiche Herrscher errichteten barocke Schlossanlagen nach dem Vorbild von Versailles, der Residenz des französischen Sonnenkönigs Ludwig XIV. „Die pathetischen Maße dieser weit zielenden Planung verkünden die Selbstherrlichkeit einer Macht, die keinen Widerstand kennt und den Anspruch erhebt, die Welt nach ihrem Bilde zu gestalten." (Johannes Langner, 1965)

1677/78 verlegte Ludwig XIV. die Residenz von Paris (im Louvre) in den Vorort Versailles, wo er ein kleines Jagdschloss durch Louis le Vau (1612–1679) hatte erweitern lassen. Seit 1678 leitete **Jules Hardouin-Mansart** (1646–1708) als maßgeblicher Architekt den weiteren, nahezu dreißigjährigen Ausbau. Die Schlossfassade erhielt schließlich eine Gesamtlänge von 670 m.

Während beim Renaissanceschloss die vier Flügel des Baus schützend einen Innenhof bergen, öffnet sich das Barockschloss dem Betrachter. Die Anlage von Versailles zeigt den barocken Typus der Dreiflügelanlage: Der Haupt- oder Kernbau, das Corps de Logis, diente als Wohntrakt und zur Repräsentation, zu beiden Seiten liegen die vorspringenden Seitenflügel. Ein gerahmter ▸Ehrenhof bot den repräsentativen Rahmen für festliche Auffahrten oder Paraden. Zur Cour de Marbre (Marmorhof) hin lagen die königlichen Gemächer. Der Hof bildet den Höhepunkt der drei Plätze, ihm sind die Cour Royale und die Cour des Ministres vorgelagert und regeln in Etappen den Zugang zur Residenz.

Im Zentrum des Kernbaus lag das Schlafzimmer Ludwigs XIV., genau in der Ost-West-Achse, da der Tagesverlauf des Herrschers dem der Sonne gleichgesetzt und entsprechend inszeniert wurde. Jede Handlung – vom Aufstehen angefangen – war ein symbolischer Akt, dem der Hofstaat beiwohnte. Wer das königliche Schlafzimmer betrat, hatte vor dem Bett eine Verbeugung zu machen, auch wenn der König nicht anwesend war. Seinen Hofstaat verstand der Sonnenkönig als Kosmos. Nur die Nähe zu ihm, der königlichen Sonne, garantierte den anderen Teilhabe an seinem Glanze. So war der Grad der Nähe zum Herrscher während des Zeremoniells Ausdruck des königlichen Wohlwollens. 1774, am Vorabend der Französischen Revolution, zählte man einschließlich Dienerschaft 10 000 Personen am Versailler Hof.

Durchschreitet man zur Terrassen- und Gartenseite hin den prunkvollen Spiegelsaal, dessen Innendekoration von Charles Le Brun (1619–1690) stammt, ist man von der Lichtfülle geblendet, die sich in den Spiegeln sammelt. Von hier aus tritt man aus dem Schloss heraus und blickt entlang einer unendlich erscheinenden Allee auf die riesige Gartenanlage mit Wasserbassins und zahlreichen Figuren. „Die Welt erscheint als geordneter Raum, eine Sonnen- und Lichtwelt, da die Wasserfläche den Himmel spiegelt und die Spiegel im Spiegelkabinett des Schlosses dieses Vexierspiel aufnehmen, so als ob sie den Außenraum im Innenraum bergen wollten." (Ehrenfried Kluckert, 1997)

In den Gartenanlagen findet sich in einer Grotte eine Skulpturengruppe von **François Girardon** (1628–1715): **„Apollo und die Nymphen"**. Apoll, der Sonnengott, erscheint hier als Führer der Musen und Stifter einer universellen Harmonie; er wurde als Personifikation des Königs verstanden.

Arbeitsanregungen:

1. Wie zeigt sich in Versailles die Metapher vom „Herrscher als Sonne"?
2. Informieren Sie sich über den Französischen Garten (S. 196) und das barocke Treppenhaus (S. 194). Inwieweit sind Schloss- und Gartenanlage und die in ihnen versammelten Künste des Barock ein Gesamtkunstwerk?
3. Vergleichen Sie die Anlage der barocken Residenz mit der von Schlössern, Palästen und Pfalzen aus anderen Epochen. Welche Entwicklung sehen Sie vom Mittelalter bis zum Barock?

▸**Ehrenhof** (franz. cour d'honneur): von Nebenflügeln begrenzter Hof eines Barockschlosses

Jules Hardouin-Mansart: Schloss in Versailles, oben: Mittelfront, darunter: Gartenfront

François Girardon:
Apoll und die Nymphen der Thetis im Park zu Versailles, 1666–1673. Marmor, überlebensgroß

Empfang und Zeremoniell – Das barocke Treppenhaus

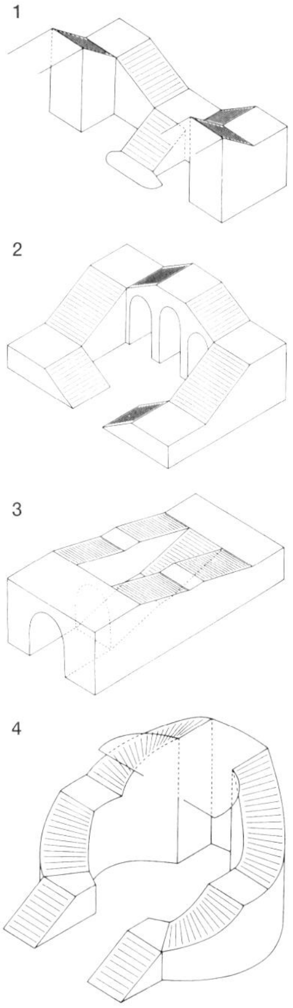

Treppenanlagen des Barock:
1 Genua, Palazzo dell' Università
2 Pommersfelden, Schloss Weißenstein
3 Würzburg, Residenz
4 Bruchsal, Schloss

Der venezianische Maler und Radierer **Giovanni Battista Tiepolo** (1696–1770) war der letzte bedeutende italienische Dekorationsmaler. Seine lichtdurchwirkten ▸Fresken in Kirchen, Palästen, Villen und Residenzen sind frei und schwungvoll gemalt. Sie gehören stilistisch und zeitlich bereits dem Rokoko an und entstanden in Zusammenarbeit mit Mitgliedern seiner Werkstatt wie seinen Söhnen **Giovanni Domenico Tiepolo** (1727–1804) und **Lorenzo Tiepolo** (1736–1776).

Die Fresken in der Würzburger Residenz, im Kaisersaal und im Treppenhaus, malte Giovanni Battista Tiepolo in der Zeit von 1750 bis 1753. Antonio Bossi (um 1695–1764) übernahm im Treppenhaus die Gestaltung der plastischen Stuckfiguren in den vier Deckennischen, die Tiepolo mit in sein Deckengemälde einbezog. Ölskizzen bereiteten die Arbeiten vor und wurden dem Fürstbischof von Würzburg vor der Ausführung der Wandbilder zur Begutachtung vorgelegt.

Das ▸Fresko im Gewölbe des Treppenhauses misst 13 x 18 m. Es zeigt in der Mitte den Licht- und Sonnengott Apoll als Schirmherrn der Künste und verherrlicht den Bauherrn als „Sonne Frankens". Seinen Ruhm verkünden die vier Erdteile, Fama (die Personifikation des Ruhmes mit Tuba) trägt das Porträtmedaillon des Fürstbischofs empor. Giovanni Battista Tiepolo schaut aus dem linken Eck auf sein Werk, rechts neben ihm sein Sohn Domenico als Kavalier mit gepuderter Perücke. 1753, noch während der Arbeiten, verstarb der maßgebliche Baumeister der Würzburger Residenz, **Balthasar Neumann** (1687–1753; s. S. 200), einer der bedeutendsten Architekten Deutschlands. Sein Porträt brachte Tiepolo über dem Eingang zum Weißen Saal an. Der Baumeister trägt die Uniform eines Obristen der fränkischen Artillerie und ruht auf einer Kanone am unteren Rand des Wandbildes. Erst 1764/65 wurden die Wände stuckiert, auch die Figuren auf dem Treppengeländer entstanden später. Gleichwohl gab das Treppenhaus bereits die Kulisse für offizielle Empfänge:

■ *Die Hauptstiege, wie das Treppenhaus in den Quellen genannt wird, wurde nur bei offiziellen Anlässen, bei Staatsempfängen genutzt. Sie spielte dann im Empfangszeremoniell eine ganz entscheidende Rolle. Sie brachte nicht nur als Repräsentationsraum vor dem Besucher die Bedeutung des Landes und den Status des Landesherren zum Ausdruck, sondern war zugleich der Ort, wo der Rang, den der Besucher innehatte oder der ihm zuerkannt wurde, höchst sinnfällig im Protokoll zum Ausdruck gebracht wurde. Kam ein Besucher, der seinem Range nach etwas unter dem Fürstbischof stand, dann spielte sich das Empfangszeremoniell etwa so ab, dass der Besucher mit der Kutsche in das ▸Vestibül einfuhr und dort vom Hofmarschall empfangen wurde, der ihn die Treppe hinaufgeleitete. Oben an der Treppe, also gerade unter dem Bildnis des Fürstbischofs und mithin gleichsam in seiner Gegenwart, fand die nächste Begrüßung durch den Oberhofmarschall statt, der den Gast an dem im Weißen Saal aufgestellten Spalier vorbei in die ▸Anticamera vor dem Audienzzimmer führte. Der Besucher schritt also auf der Treppe dem Bildnis des Landesherren entgegen, dem er sich ehrerbietig zu nähern hatte. Der eigene geringere Rang wurde ihm so deutlich vor Augen geführt. Bei gleichrangigen Gästen wurde diese Bedeutung und Wirkung des Bildnisses dadurch aufgehoben, dass der Fürstbischof selbst oben an der Treppe stand, um die Gäste zu begrüßen. Wenn sie aber einen höheren Rang bekleideten oder er ihnen eine besondere Ehre erweisen wollte, so ging er ihnen bis in das Vestibül entgegen.*

Frank Büttner, S. 123

Arbeitsanregungen:

1. Erläutern Sie, wie Architektur, Skulptur, Stuck und Malerei auf die Funktion des Treppenhauses bezogen sind.
2. Beobachten Sie Formen des Begrüßungszeremoniells heute in den Medien und privat. Was stellen Sie im Vergleich zu den oben beschriebenen Ritualen fest?

▸**Fresko** (ital. fresco frisch): bezieht sich auf die Arbeitsweise beim Wandgemälde, bei der der Künstler die Malerei auf die noch feuchte oberste Putzschicht aufträgt; dabei kann – je nach der Schwierigkeit des Motivs – immer nur eine bestimmte Fläche (ein Tagwerk) ausgeführt werden.

▸**Vestibül:** Vor- oder Eingangshalle eines Hauses

▸**Anticamera:** Vorzimmer

Fürstbischöfliche Residenz zu Würzburg

Balthasar Neumann: Treppenhaus

Giovanni Battista Tiepolo: Die vier Erdteile, 1753, Fresko

Französischer Garten – Englischer Garten

Seit der Renaissance verstand man den Garten als kunstvoll gestaltetes Refugium. So blieb er lange Zeit der Architektur untergeordnet, auch den Terrassen oder Freitreppen. Dies änderte sich mit der Gartenanlage der Villa Borghese in Rom (1613–1615), die erstmals die Vorherrschaft der Architektur deutlich zurückdrängte und großen Einfluss auf die Gartenkunst Frankreichs ausübte.

Der barocke Garten fand in Frankreich seinen Höhepunkt, sodass man ihn auch als Französischen Garten bezeichnet. Die einzelnen Elemente des Französischen Gartens sind einer alles beherrschenden (absolutistischen) Ordnung unterworfen; Zentrum der gesamten Anlagen ist das Schloss des Herrschers. Von ihm aus streben Alleen oder auch Kanäle wie Strahlen in den umgebenden Raum, verzweigen sich dort in Achsensystemen und definieren die Gartenabschnitte. Innerhalb der klar gegliederten Anlage folgen in den einzelnen Teilen differenzierte Modellierungen, und die Natur zeigt den Triumph menschlichen Gestaltungswillens: Blumenbeete werden in der Form symmetrisch rankender Ornamente angelegt, ▸Rondelle eingepasst, helle Kieswege mit niedrigen Buchsbaumhecken abgesetzt, zu ▸Bosketten zusammengefasst, Bäume zu schnurgeraden Alleen gestutzt, Hecken zu Irrgärten geformt, Wasserspiele mit Windmühlen als Pumpwerke betrieben. Die Einheit von Schloss, Garten und vielerorts auch der angrenzenden Stadt ließ ein Gesamtkunstwerk entstehen. Der Französische Garten gab die Kulisse für grandios inszenierte Feste, auch die Stadt schmückte man anlässlich fürstlicher Umzüge mit aufwändigen, hölzernen Festdekorationen wie Triumphbögen.

In Versailles vollendete André Le Nôtre (1613–1700) die Gartenanlagen. Die barocke Bau- und Gartenkunst entfaltete sich im deutschsprachigen Raum aufgrund des Dreißigjährigen Krieges erst verspätet, so im Belvedere-Garten zu Wien 1717. **Dominique Girard**, Schüler von Le Nôtre, legte 1728 den Garten des Lustschlosses Augustusburg in Brühl (bei Köln) nach Versailler Vorbild mit einer Hauptachse an, betont durch den Spiegelweiher und ein erhöhtes Rundbassin mit Fontäne.

Im selben Maße, in dem der aufklärerische Ruf „Zurück zur Natur" (Jean-Jacques Rousseau, 1712–1778) und die politischen Forderungen nach Freiheit, Gleichheit und Brüderlichkeit Gehör fanden, befreite man die Gartenkultur von ihrer Pflicht zur obrigkeitlichen Repräsentation. In England verdrängten seit Mitte des 18. Jahrhunderts behutsam geplante und angelegte Landschaftsgärten die gedrechselten Zierformen und die geometrischen Anlagen des Barock. Bald entstanden überall in Europa Landschaftsgärten nach englischem Vorbild, idealisierte Bilder einer scheinbar unberührten Natur. Man spazierte in der Parkanlage und begegnete immer wieder neuen, überraschenden Ansichten, die wie Bilder (etwa eines ▸Claude Lorrain) Stimmungen hervorrufen: Auwälder und Lichtungen, Seen und Bäche, kleine Brücken und antikische ▸Tempietti, künstliche Ruinen oder Grotten.

In Deutschland entstanden erst am Ende des 18. Jahrhunderts Englische Gärten, so in Wörlitz bei Dessau. Seit 1789 schuf der Gartenarchitekt **Friedrich Ludwig von Sckell** (1759–1823) den **„Englischen Garten"** in München nach Plänen von Benjamin Thompson Graf von Rumford (1753–1814). Der Romantiker Novalis verglich einen solchen Landschaftsgarten mit einem Roman, denn wie dort jedes Wort müsse auch hier alles poetisch sein. Auch Hermann Fürst von Pückler-Muskau (1785–1871) ließ sein Besitztum in einen Englischen Garten umwandeln und schrieb, der Park sei „eine zusammengezogene idealisierte Natur".

Arbeitsanregungen:

1. Worin unterscheidet sich der Englische vom Französischen Garten formal und von der Intention her?
2. Entwerfen Sie zeichnerisch einen Französischen und einen Englischen Garten.
3. Untersuchen Sie Parkanlagen Ihrer Heimat.

▸**Rondell:** Rundbeet

▸**Boskette** (franz. bosquet): Gartenteil, der aus streng beschnittenen geometrisch oder ornamental angelegten Hecken besteht

▸**Claude Lorrain** (1600–1682): franz. Maler idealer Landschaften (s. S. 250)

▸**Tempietto:** kleiner Tempel (s. S. 172)

Links:
Dominique Girard:
Schloss Augustusburg
bei Brühl, 1728.
Gartenanlagen

Unten:
Friedrich Ludwig von Sckell,
Der Englische Garten in
München, angelegt nach
Plänen des Grafen von
Rumford, Beginn 1789

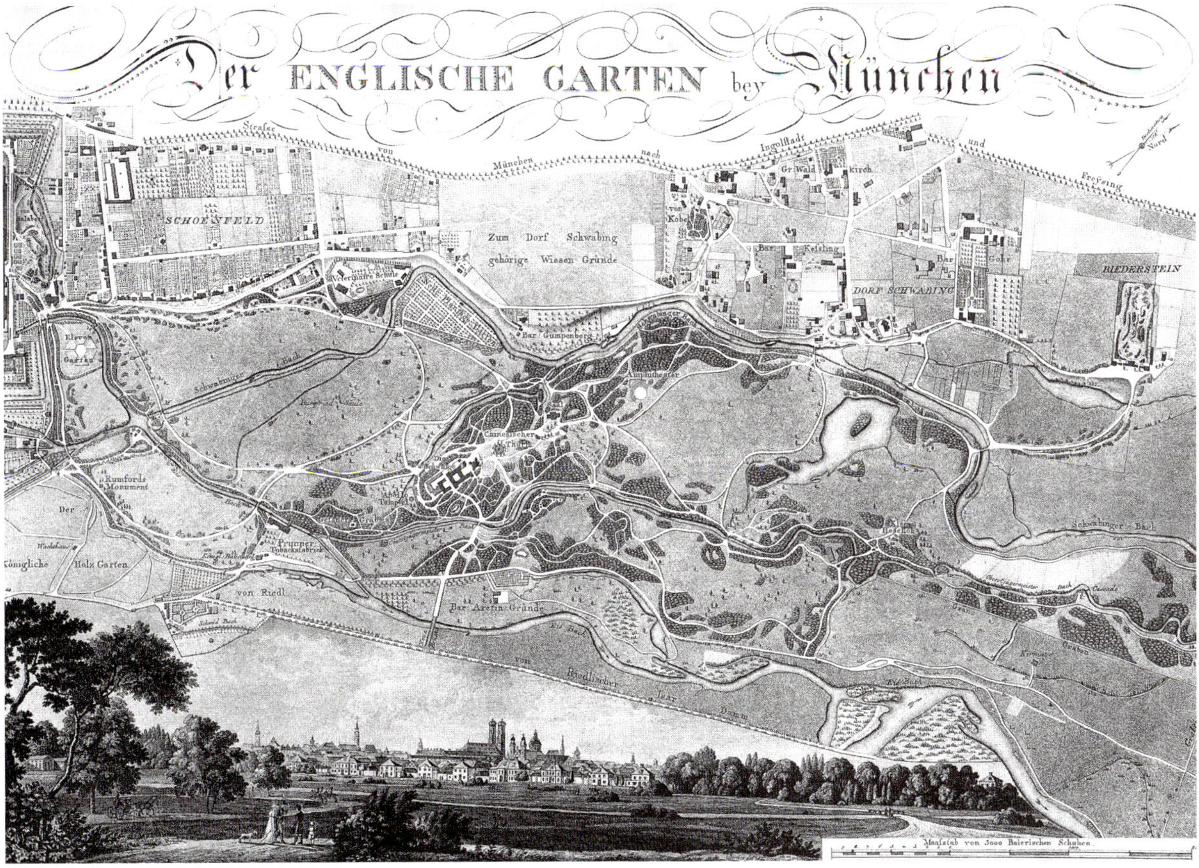

Das Lustschloss im Rokoko: Sanssouci

Dort auf des Hügels luft'ger Spitze,
Wo das Auge schwelgt in fernen Sichten,
Ließ der Bauherr zu erhabnem Sitze
Mit Fleiß und Kunst das Haus errichten.
Der Stein, vom Meißel zubereitet,
In Statuen zierlich ausgebreitet.
Sanfte Terrassen lassen euch entfliehn
Ins Laubrevier, ins hundertfältige Grün.

zit. nach Wilfried Hansmann, S. 167

So dichtete Friedrich der Große über sein Sommerschloss **Sanssouci**, das er sich 1745 bis 1747 vom preußischen Baumeister **Georg Wenzeslaus von Knobelsdorff** (1699–1753) als ▸Refugium errichten ließ. Die Idee zu einem Schloss an diesem Ort geht auf Friedrich selbst zurück, von seiner Hand sind Skizzen zur Anlage erhalten.

Der eingeschossige Rokokobau folgt dem französischen Typus des Lustschlosses, der Maison de plaisance. Hier fehlen der üppige Prunk und die unübersehbaren Zimmerfluchten einer repräsentativen Residenz, wie sie noch zur Zeit des Barock üblich gewesen waren, „[…] stattdessen ein kleines Gebäude von feinster Ausstattung, das eine angemessene, aber unzeremonielle Lebensführung ermöglichte." (Christine Petri, 2000) Sanssouci ist in die Natur des umgebenden Parks eingebettet und nicht dominant in die Mitte des Wegesystems platziert. Das Schloss liegt auf der obersten von sechs Weinbergterrassen, eine breite Freitreppe führt in der Mitte empor. Zu Füßen des Weinbergs, im ▸Parterre, finden sich ein Marmorbassin, Skulpturen, Zierbeete und Blumenrabatten mit einer üppigen Farbenpracht. Weitere Gartenbereiche und Lustbauten schließen sich in der Gesamtanlage an, so das Chinesische Teehaus.

▸**Refugium** (lat): Zufluchtstätte

▸**Parterre** (franz.): hier: die einem Schloss vorgelagerte ebene Gartenfläche

Der Wunsch, an diesem Ort frei zu sein von den Sorgen des Alltags eines Königs, führte zur Namensgebung Sanssouci (sans souci – franz. sorgenfrei). Hier konnte Friedrich gemäß diesem Motto unbelastet von repräsentativen Aufgaben die Einheit von Kunst und Natur genießen, sich zusammen mit Gästen der Philosophie, Schriftstellerei und Musik hingeben. Auch der Gedanke, in diesem irdischen Paradies eines Tages begraben zu werden, hat für ihn inspirierend gewirkt.

„Wenn ich dort bin, werde ich ohne Sorge sein!", soll er mit einem Hinweis auf seine Gruft gesagt haben, die er sich bereits zu Lebzeiten am östlichen Terrassenrand anlegen ließ. So konnte er vom Schloss auf sein künftiges Grab blicken. Sein Nachfolger jedoch fand diese Stätte nicht als eines preußischen Königs würdig und ließ Friedrich den Großen in der Potsdamer Garnisonskirche neben seinem Vater bestatten. Erst 1991, nach der Wiedervereinigung Deutschlands, erfüllte sich Friedrichs Wunsch nach der letzten Ruhestätte vor seinem Lieblingsschloss Sanssouci.

Arbeitsanregungen:

1. Vergleichen Sie Anlage, Zweck und Wirkung der Schlossbauten von Sanssouci und Versailles (S. 192).
2. Kennzeichnen Sie die Gestaltung (Materialien, Farbigkeit, Ornamentik …) und die Atmosphäre der Innenräume.
3. Welche zeitgenössischen Formen einer Maison de Plaisance oder eines Ortes „Sans Souci" kennen Sie?

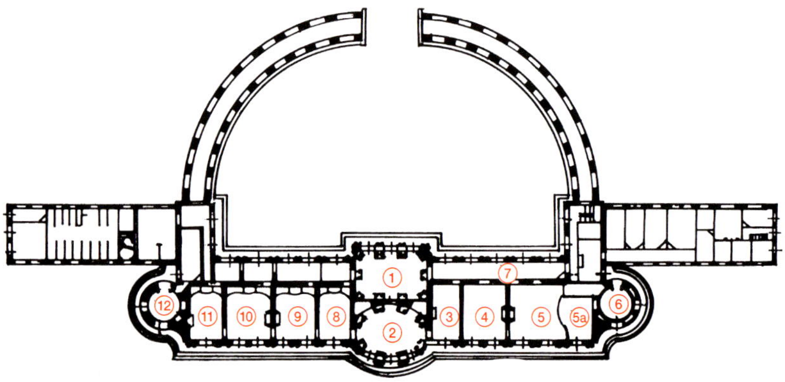

Potsdam, Schloss Sanssouci. Grundriss mit ursprünglicher Raumaufteilung.
1 Vestibül, 2 Marmorsaal, 3 Vor-(Audienz-)zimmer, 4 Konzertzimmer, 5 Schlaf- und Arbeitszimmer mit Alkoven (5a), 6 Bibliothek, 7 kleine Galerie, 8-10 Kavalierzimmer, 11 Voltairezimmer, 12 Rotenburgzimmer,

Oben:
Georg Wenzeslaus von Knobelsdorff:
Schloss Sanssouci, 1745–1747.
Potsdam, Außenansicht mit Terrassen

Links:
Schloss Sanssouci, Bibliothek

Rechts:
Schloss Sanssouci, Marmorsaal

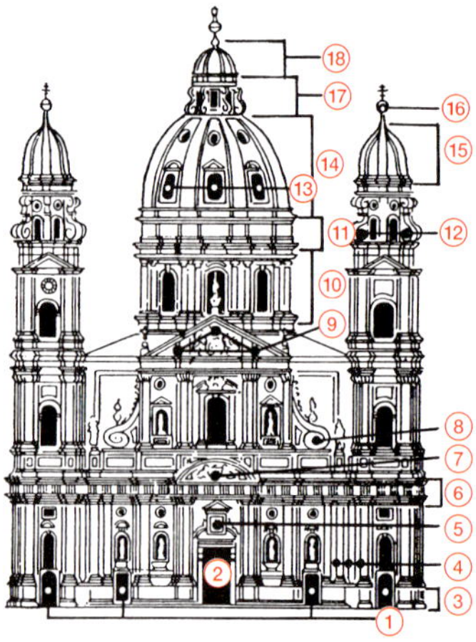

Barocke Kirchenfassade:
1 Seitenportale
2 Hauptportal
3 Sockel
4 Pilaster
5 Supraporte
6 Hauptgebälk
7 Segmentgiebel
8 Voluten
9 Frontispiz
10 Tambour
11 Attika
12 Eckvoluten
13 Kuppelfenster
14 Spitzkuppel
15 Turmhelm
16 Helmknauf
17 Laterne
18 Kuppel der Laterne

Ein Ort der Wallfahrt: Vierzehnheiligen

Barocke Kirchen überwältigen den Besucher durch ihre prunkende Überfülle. Die Kunst der Baumeister, Stuckateure, Bildhauer und Maler zielt auf die innere Bewegung des Betrachters, auf sein Gemüt. Indem sie auch die äußere, die körperliche Bewegung des Gläubigen bei Kreuzwegstationen, Wallfahrtsriten oder Prozessionen nützt, eröffnet die umgebende Kunst dem Blick immer neue Ansichten.

In der Wallfahrtskirche **„Vierzehnheiligen"** etwa muss der Pilger – geleitet von der Architektur – den Gnadenaltar umschreiten, will er alle vierzehn ▸Nothelfer in ihrer himmlischen Gloriole sehen. Der Name „Vierzehnheiligen" führt sich auf die Vision eines Hirten zurück, dem an dieser Stelle das Christuskind erschienen sein soll, begleitet von vierzehn Kindern: „Wir sein die viertzehn nothhelffer/ vnd woellen ein Capelln haben …"

Balthasar Neumann (1687–1753, s. auch S. 194) war der Architekt der über dem Maintal gelegenen Wallfahrtskirche. Die hoch aufragende barocke Fassade von Vierzehnheiligen ist auf ihre Wirkung aus der Ferne hin angelegt, auch als Antwort auf die konkurrierende Klosterkirche von Banz jenseits des Flusstals. Während der Unterbau von Vierzehnheiligen eher streng und zurückhaltend blieb, entfaltet sich an den Türmen, Helmen und Giebeln eine reiche plastische Gestaltung. Alles, was im Unterbau in vertikalen Bahnen steil emporsteigt, findet hier seinen krönenden Abschluss.

Außen wirkt Vierzehnheiligen wie eine ▸Basilika, innen eher wie ein Zentralbau. Balthasar Neumann verschmolz die verschiedenen Raumteile zu einem Ganzen und zentrierte den länglichen Bau auf seine Mitte. Lediglich zwei runde Querarme zu Seiten des Chors erinnern im Grundriss noch an die traditionelle Form des ▸lateinischen Kreuzes. Der Chorraum ist – wie auch sonst in barocken Kirchen – eher zurückhaltend ausgebildet und umfasst den in die Wand einkomponierten Hochaltar. Der Gnadenaltar über der Stelle der Erscheinung, das Ziel der Wallfahrer, wurde – durch einen Missgriff des örtlichen Bauleiters – in der Mitte des Kirchenbaus platziert, im Langhaus auf halber Strecke zwischen Eingang und Choraltar. Neumann reagierte auf die neue Situation durch überarbeitete Entwürfe und umfing den Altar der vierzehn Nothelfer, das Herzstück der Kirche, mit einem Oval als Zentralraum. Zwei große Ovale bilden insgesamt das Hauptschiff, das in das Choroval übergreift. Das Oval als gespannte, schwingende Form ist charakteristisch für die Dynamik der barocken Baukunst und verschmilzt Langhaus und Zentralraum. In Höhe des Gewölbeansatzes werden die Ovalräume durch ▸Gurtbögen voneinander geschieden.

Als Balthasar Neumann 1753 starb, war der Rohbau noch nicht fertig gestellt. Die spätere Innenausstattung von Vierzehnheiligen, auch der Gnadenaltar (Idee von J. J. M. Kuechel, Ausführung von J. G. Üblherr und J. M. Feichtmayr) sind bereits einer neuen Strömung der Kunst zuzurechnen. Von Konsolen herab verkünden Engel aus Stuck den Ruhm Gottes. Helle Farben dominieren: Weiß, Grau, Gold, helles Gelb und Rosa, dieses vor allem bei den Stucksäulen, deren Bemalung Marmor vortäuscht. Mit seiner heiteren Leichtigkeit zeigt sich das aufkommende Rokoko und variiert im Kircheninneren verschiedene Schmuckformen der ▸Rocaille, „ … flirrende Kräuselformen der zerstiebenden Stuckatur." (J. J. Momper, 1982)

Arbeitsanregungen:

1. Vergleichen Sie Balthasar Neumanns Kirche mit der von Borromini (S. 179). Erläutern Sie in diesem Zusammenhang den Ausspruch eines zeitgenössischen Besuchers von Borrominis Kirche San Carlo alle Quattro Fontane: „[Gerade] das macht die Vision aus, dass stets die Sehnsucht wach bleibt, danach zu blicken."
2. Informieren Sie sich im Lexikonteil über Barock und Rokoko und erläutern Sie am Beispiel der Wallfahrtskirche Vierzehnheiligen für die Baukunst Unterschiede zwischen beiden Stilen.
3. Entwerfen Sie zeichnerisch Rocaillen.

▸**Nothelfer:** in der katholischen Kirche Heilige, die in der Not um Fürbitte angerufen werden

▸**Basilika:** längsrechteckige Form einer Kirche mit erhöhtem Mittelschiff (s. S. 74)

▸**lateinisches Kreuz:** Kreuz, dessen Querarme kürzer sind als die Senkrechte (s. S. 184)

▸**Gurtbogen:** einen Gewölbeabschnitt abschließender und gliedernder Bogen aus gemauerten Steinen (s. S. 138)

▸**Rocaille** (franz.): Muschelwerk, Hauptornamentform des Rokoko

Johann Balthasar Neumann: Wallfahrtskirche Vierzehnheiligen, Oberfranken, 1743–1772. Westfassade

Johann Balthasar Neumann: Wallfahrtskirche Vierzehnheiligen, Oberfranken, 1743–1772. Innenansicht

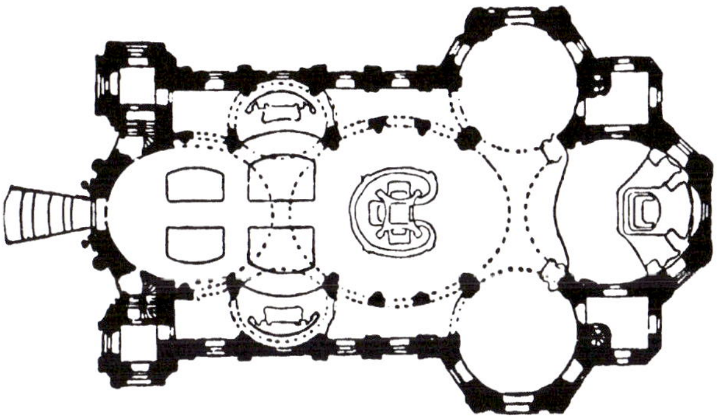

Vierzehnheiligen bei Lichtenfels/Oberfranken, 1743–1772. Grundriss in Pfeilerhöhe

Rocaille von der Wallfahrtskirche Vierzehnheiligen, 1743–1772

Plastik und Kunsthandwerk

Der neue Rang der Kunst – Lorenzo Ghiberti: Die Paradiestür

Lorenzo Ghiberti (1378–1455), ein Goldschmied und Bildhauer, verbrachte den größten Teil seiner künstlerischen Laufbahn mit der Gestaltung von zwei Türen für das Baptisterium in Florenz, der Taufkirche gegenüber dem Dom. Während der Arbeit an der ersten Tür (1403–1424) vervollkommnete Ghiberti seine Meisterschaft in der Technik des ▸Bronzegusses.

Als ihm die Wollweber-Zunft eine zweite Tür, die so genannte **Paradiestür** (1425–1452), in Auftrag gab, galt Ghiberti nicht mehr nur als Handwerksmeister. Durch seine Mitwirkung am Dombau war er Architekt und Sachverständiger in der Wissenschaft der Geometrie. Beim zweiten Auftrag nahm er – im Unterschied zu den Künstlern früherer Zeiten – großen Einfluss auf die formale und inhaltliche Gestaltung. Sein Vertrag erlaubte ihm – erstmals in der Geschichte der europäischen Kunst – ein eigenes Bildprogramm und Gliederungskonzept zu verwirklichen.
Ghiberti reduzierte gegenüber der älteren Tür die Zahl der Bildfelder, wählte eine bedeutungsmäßig neutrale Rahmung und vergrößerte die Relieffläche. Er erstaunte seine Zeitgenossen mit der kunstvollen Verwendung der kurz zuvor entdeckten ▸Zentralperspektive in den zehn Reliefs der neuen Tür, so auch bei der Platte „Die Geschichte Isaaks". (Rechts neben diesem Relief stellte sich Ghiberti in einer Medaillonbüste selbst dar.) Die Reliefhöhe stufte er nach den Raumebenen von den rundplastischen Figuren des Vordergrundes über das ▸Hoch-, Halb- und Flachrelief allmählich zum Hintergrund hin. Die zahlreichen Gestalten stellte er in ein plausibles Größenverhältnis zur Architektur, die nach den Gesetzen der Linearperspektive konstruiert ist. Ghiberti schrieb in seinen „Denkwürdigkeiten": „Sie sind in sehr flacher, halb erhobener Arbeit, und die Figuren, die man auf den nahen Plänen sieht, erscheinen größer, entferntere kleiner, so wie es der Wahrheit entspricht."

„Die Geschichte Isaaks" fasst mehrere, zeitlich aufeinander folgende Geschichten zum Leben Isaaks zusammen: Rebecca betet zu Gott, Rebecca im Wochenbett, Esau verkauft sein Erstgeburtsrecht an Jakob, Isaak schickt Esau auf die Jagd, Jakob bringt einen Ziegenbock, Isaak segnet Jakob. Eine solche ▸Simultandarstellung verbindet Figuren und Szenen verschiedener Zeiten und Orte innerhalb eines Handlungsraums.
In Anbetracht ihrer allgemein anerkannten Schönheit und Modernität beschloss man, die neue Tür nicht an der vorgesehenen Stelle, am Nordportal, anbringen zu lassen. Die Paradiestür erhielt ihren Platz am bedeutsamsten Eingang des Baptisteriums, am Mittelportal gegenüber dem Dom. Dass nun alttestamentarische Szenen das Ostportal schmückten, bedeutete einen radikalen Bruch mit der Tradition. Die Bilder im Ostteil vieler Kirchen sind ansonsten neutestamentarischen Szenen mit Darstellungen aus dem Leben Jesu vorbehalten, Ghibertis Werk zeigte aber Begebenheiten aus dem Alten Testament.
Dieser Entschluss markiert eine gewandelte Einstellung zur Kunst: „Es ist fortan nicht mehr der Darstellungs*gegenstand*, der darüber entscheidet, welchem Aufstellungsort welches Werk geziemt oder widerspricht. Auch die Darstellungs*weise* selbst, die künstlerische ‚Schönheit', kann jetzt zum Platzierungskriterium werden." (Alexander Perrig, 1987)
Ihren Namen erhielt die Paradiestür schließlich von Michelangelo, der meinte, ein solches Werk sei würdig, den Eingang zum Paradies zu schmücken. Der Einfluss Ghibertis und seiner Tür auf die folgenden Künstlergenerationen war gewaltig.

Arbeitsanregungen:
1. Beschreiben Sie die Neuerungen Ghibertis gegenüber mittelalterlichen Werken wie der Bernwardstür (S. 112).
2. Erläutern Sie das Zitat von Alexander Perrig.

▸**Bronzeguss:** bei Türen zumeist Guss der erhitzten, verflüssigten Bronze in einschaligen offenen Formen (als Abdruck eines Models)

▸**Zentralperspektive** (auch Linear- oder Fluchtpunktperspektive genannt): Darstellung des Raumes und der in ihm enthaltenen Dinge auf der Fläche so, dass sie unter den gleichen Sehbedingungen erscheinen, wie sie im wirklichen Raum wahrgenommen werden (s. S. 214). Bei der Z. liegt der Fluchtpunkt in der Mitte des Raumes.

▸**Relief:**

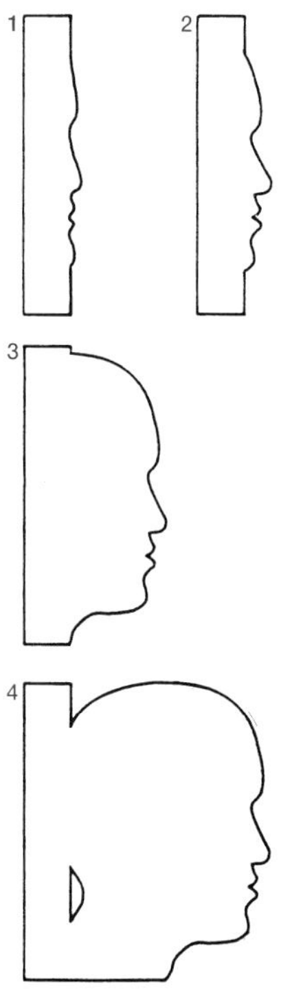

1 Flachrelief
2 Halbrelief
3 Hochrelief
4 Relief mit Hinterschneidung

▸**Simultandarstellung** (lat. simulus gleichzeitig): Vereinigung von zeitlich oder örtlich versetzten Szenen in einer Darstellung

Lorenzo Ghiberti: Paradiestür, 1425–1452. Bronze. Florenz, Baptisterium

Lorenzo Ghiberti: Jakob und Esau. Bildfeld von der Paradiestür des Baptisteriums in Florenz. Bronze, 79 x 79 cm

Lorenzo Ghiberti: Selbstbildnis an der Paradiestür

Der knabenhafte Held – Donatello: David

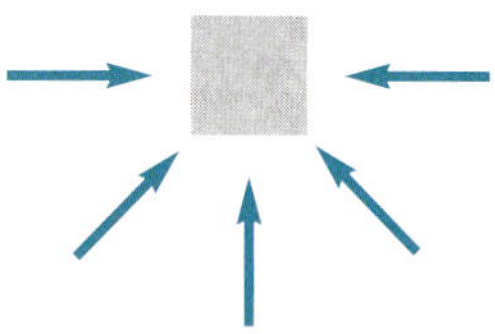

Hauptansichten der Renaissance-Plastik

Die Skulptur der Frührenaissance fand im Menschen ihr zentrales Thema: Porträtbüsten, Denkmale, Darstellungen biblischer wie auch mythologischer Gestalten. Die Bildwerke waren nicht mehr – wie noch im Mittelalter – als Architekturplastiken zwingend an einen Platz am Kirchenbau gebunden. Zwar gab es weiterhin Werke, die für einen festen Ort innerhalb der Architektur geplant waren, doch bahnte sich eine neue Entwicklung an. Plastiken konnten nun selbstständige Kunstwerke sein und unabhängig von der Architektur aufgestellt werden. Teilweise standen sie bereits frei im öffentlichen Außenraum, so etwa das „Reiterstandbild des Colleoni" von Andrea del Verrocchio (1435–1488) in Venedig, teilweise schmückten sie Innenräume oder Innenhöfe von Privatgebäuden.

Die ▸Bronzeplastik **„David"** von **Donatello** (1386–1466) ist ein Höhepunkt in der Plastik der Frührenaissance. „Mit diesem Werk befreit sich die Skulptur aus der Umklammerung der Architektur." (Boris von Brauchitsch, 1999) Ursprünglich war die Skulptur wohl frei stehend in der Mitte des Innenhofes im florentinischen Palazzo Medici aufgestellt. Nach der vorübergehenden Vertreibung der Medici 1495 fand sie ihren Platz im Palazzo Vecchio, dem Rathaus von Florenz.
Der „David" ist die erste lebensgroße und rundansichtige Aktfigur seit der Antike und bietet dem Betrachter beim Umschreiten wechselnde, spannungsvolle Schauseiten. Die Andeutung von Bewegung, die Geschmeidigkeit und Belebtheit des jünglingshaften Körpers begeisterte bereits Vasari, den wichtigsten Kunstkritiker der Renaissance. Er lobte vor allem die Wirklichkeitsnähe der Figur: „Diese Gestalt hat so viel Natur, Leben und Weichheit, dass es Künstlern scheint, als müsse sie über einem lebenden Körper geformt sein."

Donatello knüpfte an die antike Plastik Griechenlands an und gestaltete die Figur aus dem Standmotiv des ▸Kontrapostes, in dem steigende und sinkende Kräfte in einen Ausgleich gebracht sind. David steht fest auf seinem rechten Bein, dem Standbein. Das linke, das unbelastete Spielbein, lässt er in betont lässiger Siegerpose auf dem abgeschlagenen Haupt Goliaths ruhen. Aus diesem spannungsreichen Wechsel von Last und freiem Spiel ergibt sich die Neigung der Hüfte, die auf der Seite des Standbeins leicht emporgedrückt wird. Der Oberkörper antwortet mit einer angedeuteten Gegenbewegung und senkt die Schulter auf der Seite des Standbeins. So kommen die Gegensätze von Kräften und Richtungen im Kontrapost in ein harmonisches Gleichgewicht.

Die Nacktheit der biblischen Figur ist thematisch bedingt. David ist trotz seines knabenhaften Körpers ein Held, und gerade dies zeigt seine ▸heroische Nacktheit. Im Kampf mit dem übermächtigen Gegner seines Volkes besitzt er keine Rüstung, nur seine Tugend und den Glauben an Gott als einzigen, aber wirksamen Schutz. Zugleich offenbart seine in sich selbst ruhende, sinnende Darstellung ein Charakteristikum der Renaissance: das neue Vertrauen des Menschen in sich selbst und in sein Schicksal.

David hält in der Linken den Stein seiner Schleuder, die Waffe, mit der er den Riesen tötete. Er trägt Stiefel „all' Antica", nach antikem Vorbild, und einen kessen zeitgenössischen Hirtenhut. Die wenigen zusätzlichen ▸Attribute versinnbildlichen weitere inhaltliche Bedeutungen der Figur: „Der Siegeskranz zu Davids Füßen und ein Flügel vom Helm des toten Riesen, der sein Bein berührt, symbolisieren die Fesseln, die den Sieger an den Geschlagenen ketten." (Denise Hooker, 1989)

Arbeitsanregungen:

1. Vergleichen Sie den „David" mit einer mittelalterlichen Plastik wie dem Gabelkreuz in Köln (S. 121) und beschreiben Sie die Neuerungen der Renaissanceplastik.
2. Lesen Sie die Geschichte Davids in der Bibel nach und setzen Sie die Nacktheit der Figur Donatellos dazu in Bezug.
3. Stellen Sie in einer vereinfachenden Skizze den Kontrapost der Figur dar.

▸**Bronzeguss:** im Wachsausschmelzverfahren (s. auch S. 14, 60)

▸**Kontrapost** (ital. Gegensatz): zu harmonischem Ausgleich gebrachtes Gegeneinanderspielen der steigenden und sinkenden Achsen im menschlichen Körper, ausgedrückt in der Unterscheidung zwischen Stand- und Spielbein (s. S. 62)

▸**heroische Nacktheit:** Nacktheit, die im idealen Körperbau den Helden kennzeichnet

▸**Attribut:** einer dargestellten Person als Kennzeichen beigegebener Gegenstand, z. B die Schleuder Davids

Donatello: David,
um 1430–1432.
Bronze, Höhe 158 cm.
Florenz, Nationalmuseum

Michelangelo: Kopf des David

Der Wächter der Republik Florenz – Michelangelo: David

Michelangelo Buonarroti (1475–1564; s. a. S. 220), Maler, Bildhauer und Architekt, ist einer der überragenden Künstler der Renaissance. Er lernte kurz im Atelier des Malers Domenico Ghirlandaio (1488) und wurde bald in den Bannkreis der einflussreichen Bankiersfamilie Medici in Florenz gezogen. Er studierte ihre Antikensammlung und lernte den dort gepflegten Geist des Neuplatonismus kennen.
Der Gelehrte Marsilio Ficino (1433–1499) übersetzte im Auftrag Cosimo de' Medicis Dialoge des antiken Philosophen Platon aus dem Griechischen ins Lateinische. Er strebte im Neuplatonismus die harmonische Verschmelzung von christlichem und heidnischem Gedankengut an. ▸Allegorien sollten als bildhafte, aber mehrdeutige Botschaften verborgene Weisheiten eröffnen und wurden in den gelehrten Kreisen diskutiert. Die zentrale Idee des Neuplatonismus ist – in Abgrenzung zur mittelalterlichen Auffassung – der Gedanke vom schöpferischen Menschen als „einer sich selbst verwirklichenden und der Vervollkommnung fähigen Persönlichkeit". Michelangelo blieb von diesem Leitgedanken des Neuplatonismus zeit seines Lebens geprägt.

Der „**David**" von Michelangelo kündet vom heroischen Geist der Hochrenaissance in seiner Form und in der symbolischen Bedeutung. Er orientiert sich an den riesigen Marmorfiguren aus der Antike und wurde selbst zum Ausgangspunkt der Kolossalfiguren im 16. Jahrhundert: Michelangelo zeigt seinen „David" als Giganten.
Der Künstler erhielt den Auftrag von der Florentiner Dombauhütte und schlug die Figur aus einem Marmorblock, der im Hof der Dombauhütte lag und an dem sich vorher bereits verschiedene Künstler ergebnislos versucht hatten. Weißer Marmor galt der Renaissance als das Material, das für Figuren im antikischen Stil angemessen war. Michelangelo ließ einen Holzverschlag um den Block errichten und bearbeitete ihn – der Überlieferung nach – nicht von allen vier Seiten gleichzeitig, sondern von der Vorderseite aus. Stück für Stück befreite er die Figur, die in seiner Vorstellung bereits Gestalt angenommen hatte, vom umgebenden Material. ▸Vasari berichtet in seiner Kunstgeschichte außerdem von einem kleinen Wachsmodell des David.

Begeistert von der Figur entschloss man sich, sie auf der Piazza della Signoria aufzustellen, seitlich des Eingangs vom Palazzo Vecchio, dem Regierungssitz der Stadtrepublik Florenz. Michelangelos David galt nicht mehr als Propheten- oder Königsfigur aus dem Alten Testament (wie in mittelalterlichen Darstellungen), auch nicht als knabenhafter Retter seines Volkes (wie bei Donatello, s. S. 204). Er war der mächtige Repräsentant von Tugendidealen der Stadtrepublik Florenz, Ausdruck der Stärke und Wachsamkeit gegenüber äußeren und inneren Feinden. Mit seiner Rechten hält er den Stein bereit, mit der Linken die Schleuder.
Im Verständnis der Zeit bezeugte der „David" den Sieg der Republik über die Tyrannei – kurz vor der Aufstellung der Kolossalfigur hatte man eine Verschwörung des kriegerischen Papstsohnes Cesare Borgia mit der machthungrigen florentinischen Familie der Medici vereitelt. So warnte die Skulptur vor zukünftigen Anschlägen auf die Verfassung von Florenz, und Vasari schrieb: „Denn gleich wie David sein Volk verteidigt und mit Gerechtigkeit regiert und geleitet hat, so sollten auch die Schirmherren von Florenz ihre Stadt mutig verteidigen und mit Gerechtigkeit regieren."

Arbeitsanregungen:

1. Vergleichen Sie in einer formalen Analyse den „David" mit einer antiken Plastik, etwa dem „Doryphoros" (S. 62).
2. Erläutern Sie an Michelangelos „David" die Begriffe „Heroismus" und „Neuer Mensch der Renaissance".
3. Stellen Sie in einer Zeichnung, in einer überarbeiteten Fotokopie oder an einem Tonmodell dar, wie der „David" im halbfertigen Zustand ausgesehen haben könnte.

▸**Allegorie** (griech. allegorein anders sagen): bildliche Darstellung abstrakter Vorstellungen durch Personifikationen

▸**Vasari, Giorgio** (1511–1574): Künstler der Spätrenaissance, schrieb mit seinen Biografien zeitgenössischer Künstler die erste Kunstgeschichte

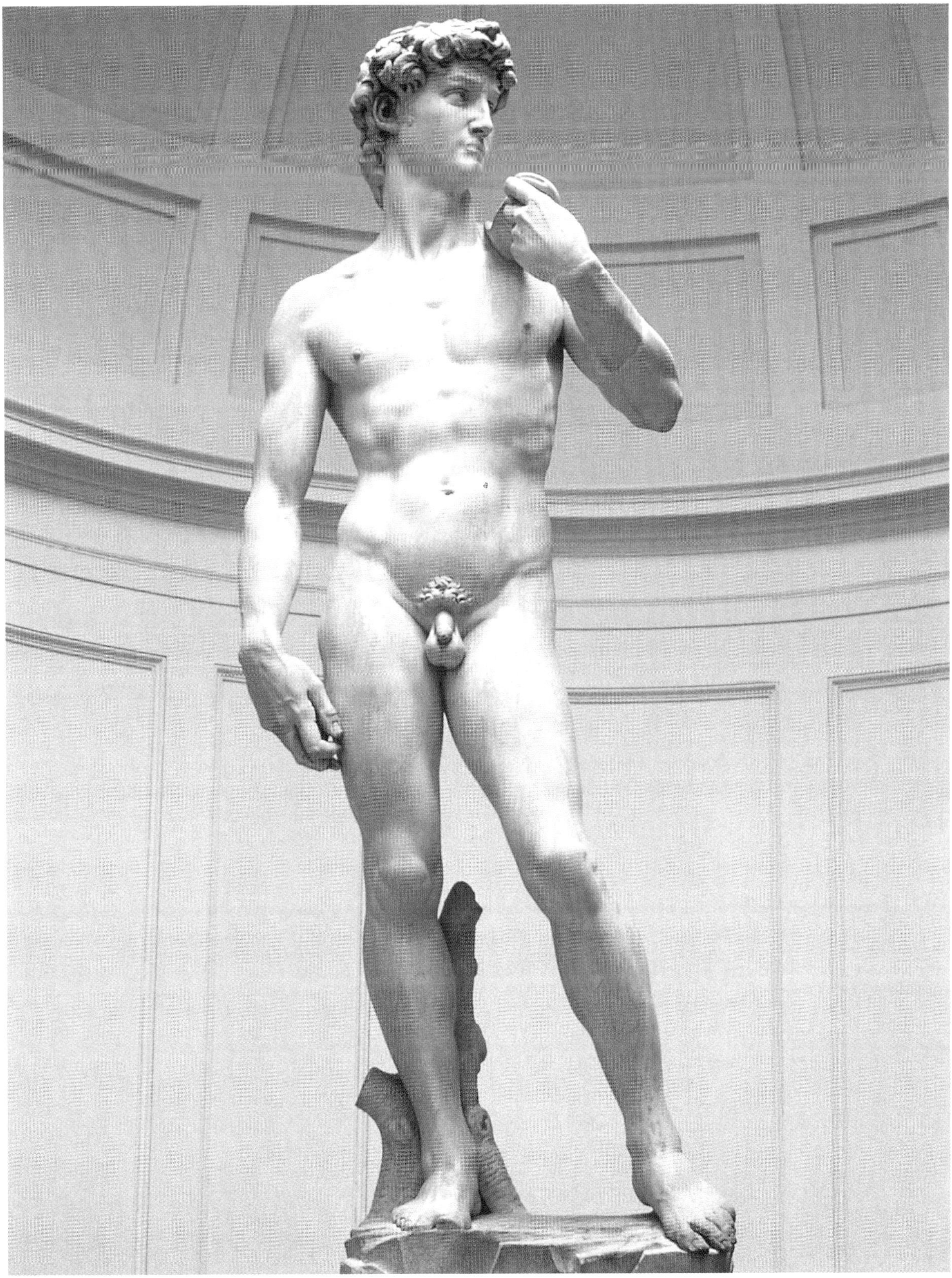

Michelangelo Buonarroti: David, 1501–1504. Marmor, Höhe 434 cm. Florenz, Galleria dell' Accademia

Skulptur des Manierismus – Giambologna: Raub der Sabinerin

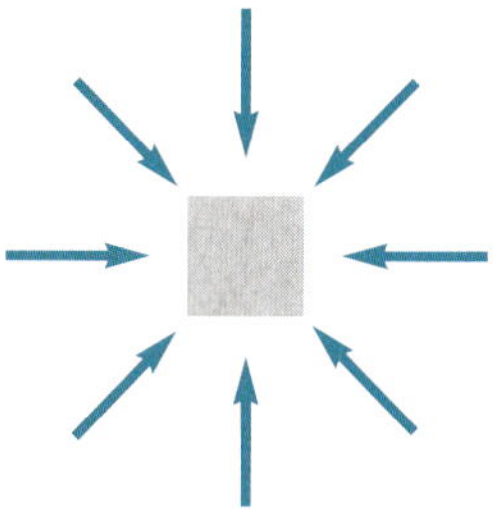

Hauptansichten der Skulptur des Manierismus

Im Paragone (ital. Vergleich, Wettstreit) des 16. Jahrhunderts befehdeten sich Malerei und Bildhauerei, wer die Vorrangstellung unter den Künsten besitze. Der manieristische Goldschmied und Bildhauer Benvenuto Cellini (1500–1571) meinte, die Plastik sei durch ihre Mehransichtigkeit der Malerei überlegen und schrieb:

■ *Die Malerei ist nur eine der acht Hauptseiten, die die Skulptur haben muss. Und wenn der Bildhauer eine nackte oder bekleidete Figur machen will (aber wir wollen hier nur von nackten Figuren sprechen, da man immer erst die Figur nackt modelliert, ehe man sie drapiert), so nimmt er ein Stück Lehm oder Wachs und beginnt eine anmutige Figur zu modellieren; ich sage: anmutig, denn er beginnt mit der Vorderansicht, und ehe er sich entscheidet, hebt, senkt, zieht nach vorn, schiebt zurück, entwirrt und richtet er mehrmals die Glieder seiner Figur. Und dann, wenn er mit dieser ersten Ansicht der Figur zufrieden ist und er die Figur zur Seite dreht (das ist eine der vier Hauptseiten), sieht die Figur meist weniger schön aus, sodass er gezwungen wird, die schöne Ansicht, die er vollendet hatte, zu verderben, um sie in Einklang mit der neuen Ansicht zu bringen. Und so geht es mit allen vier Seiten, jedes Mal, wenn er die Figur dreht, entstehen diese Schwierigkeiten. Und es sind nicht nur acht Ansichten, sondern mehr als vierzig, denn wenn man die Figur auch nur einen Finger breit dreht, sieht man mehr oder weniger von einem Muskel: So entsteht der größte Abwechslungsreichtum, den man sich denken kann. Es wird also notwendig, von der ersten schönen Ansicht etwas wegzunehmen, um sie allen anderen rundum anzupassen, und das ist so schwer, dass man nie eine Figur gesehen hat, die von allen Seiten gleich schön war.*

Benvenuto Cellini, S. 19

Allansichtigkeit wurde im Manierismus zum Ideal der Plastik. Die Bildhauer suchten häufig Gegensätze darzustellen wie Alter und Jugend, Mann und Frau, Schönheit und Hässlichkeit; die Figuren zeigen einen Hang zum Theatralischen.

Der flämische Bildhauer **Giambologna** (Jean de Boulogne, 1529–1608), seit 1550 in Italien, beeinflusste die manieristische Kunst wie auch die Barockplastik. Bei der Herstellung seiner Plastiken gestaltete er zunächst ein Gipsmodell, dessen Maße mittels eines Zirkels oder Punktiergerätes maßstabsgerecht auf den zu bearbeitenden Steinblock übertragen werden konnten. Giambolognas „**Raub der Sabinerin**" thematisiert die legendäre Verschleppung sabinischer Frauen nach Rom. Unten in der Skulpturengruppe hat ein alter Mann erschöpft die Verteidigung seiner Tochter gegen den jungen Römer aufgegeben und deutet die Vergeblichkeit des Widerstandes an. Die drei ineinander verzahnten Körper mit ihren Drehungen formte Giambologna zu einer allansichtigen Figurengruppe, die beim Umschreiten ständig neue Bezüge offenbart. Dabei wahrte er immer die fließende und aufstrebende, insgesamt aber geschlossene Bewegungsführung innerhalb der Gruppe. Spiralförmig schraubt sie sich um eine imaginäre Mittelachse zur ▸figura serpentinata.

▸**figura serpentinata** (ital. serpentino schlangenartig): um eine imaginäre Achse gewundener Aufbau einer Figur oder einer Figurengruppe

Michelangelo hatte seinen Statuen noch zwei klar herausgearbeitete Hauptansichten gegeben; er verwendete die ▸Torsionen der figura serpentinata nur, wenn das Thema dazu Anlass gab. Die Manieristen aber sahen in solch komplizierten Virtuosenstücken einen Selbstzweck. „In künstlerischer Bezugnahme auf Michelangelo und Cellini entfaltet Giambologna eine neue Auffassung, die den unmittelbaren Antikenbezug der Renaissance schließlich überwindet." (Uwe Geese, 1994)

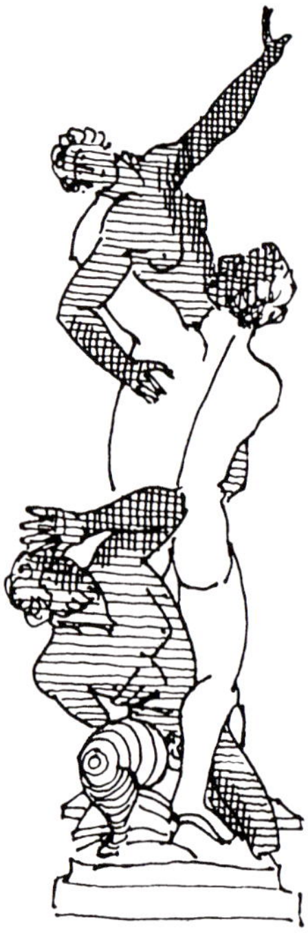

▸**Torsion:** Drehung einer Figur

Arbeitsanregungen:

1. Stellen Sie in vereinfachenden Skizzen den Aufbau der Figurengruppe Giambolognas von verschiedenen Seiten dar.
2. Nehmen Sie zum Paragone Stellung, indem Sie aus Sicht der Malerei argumentieren.
3. Informieren Sie sich über Manierismus (S. 176). Wie zeigt er sich in der Skulptur?

Giambologna: Raub der Sabinerin, 1581/82. Marmor, Höhe der Figurengruppe 410 cm. Florenz, Loggia dei Lanzi

Der entschlossene Kämpfer – Giovanni Lorenzo Bernini: David

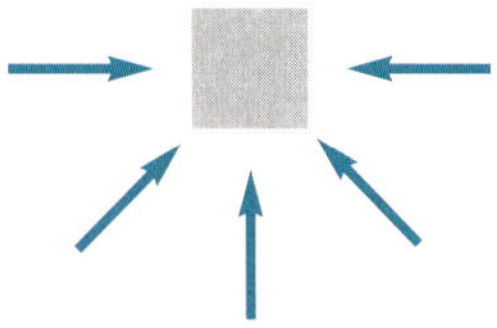

Hauptansichten der barocken Skulptur

Giovanni Lorenzo Bernini (1598–1680), der überragende Künstler des römischen Barock, prägte gleichermaßen als Bildhauer wie als Architekt die Kunst seiner Zeit (s. S. 190). Er war von seinem Vater, der ebenfalls Bildhauer war, ausgebildet worden und orientierte sich an antiken Plastiken aus der Zeit des ‣Hellenismus, aber auch an der Kunst seiner Zeit wie den Bildern von Caravaggio. In Rom führte er im Auftrag der Päpste zahlreiche große öffentliche Arbeiten aus. Seine virtuosen Porträtbüsten waren überall in Europa gefragt; so schuf er 1665 eine Büste des Sonnenkönigs Ludwig XIV.

Berninis Werk ist nicht mehr geprägt von der Suche nach Harmonie, der ruhigen Ausgewogenheit der Renaissance, auch nicht von der effektheischenden Künstelei mancher Werke des Manierismus. Seine Skulpturen zeigen eine packende, bewegende Kraft und einen sprechenden Ausdruck voller Dramatik. Die Sinnlichkeit und Lebhaftigkeit seiner bildhauerischen Ausführung, die bewegten Posen der Figuren verlangen häufig mehrere Betrachterstandpunkte, damit man sie intensiv erfassen kann. Sie sind jedoch insgesamt auf eine Hauptansicht hin konzipiert. Stets sind bei ihm die Details dem Ganzen untergeordnet, und der umgebende Raum ist konzeptionell mit dem plastischen Bildwerk verbunden.
Bei der formalen Gestaltung nutzte Bernini das Spiel von Licht und Schatten auf seinen plastischen Werken. So wählte er einen dynamischen Wechsel von Wölbungen, die das auftreffende Licht reflektieren, und mitschwingenden schattenden Höhlungen. Viele Figuren greifen mit ihren Gesten weit in den Raum aus und folgen somit nicht mehr Michelangelos Forderung, man müsse eine Skulptur einen Berg hinabrollen können. Die Gewänder lösen sich bei Berninis Figuren vom Körper, ihre steinernen Draperien wirken wie vom Wind aufgebauscht und sind ihrerseits zu Trägern von Ausdruck geworden.
Die Bildhauer des Barock arbeiteten mit weitaus mehr als nur den polierten und geglätteten Flächen. Sie ließen dort, wo es geboten erschien, im Stein sichtbare Arbeitsspuren zurück und verliehen so den Oberflächen verschiedene Eigenschaften. Die Rillen des ‣Zahneisens, die Riefelungen durch den Meißel oder die Spuren des Bohrers erzeugen charakteristische Strukturen, die der Betrachter als Belebung des Marmors wahrnimmt. In einzelnen Werken setzte Bernini unterschiedliche Materialien und Farben ein, so in seiner „Verzückung der Heiligen Theresa“ (S. 179).

Die Statue des „**David**“ schuf Bernini für die Villa Borghese von Papst Urban VIII. Hinter die Figur platzierte er die Rüstung, die David zurücklässt, weil sie ihn unbeweglich machte. Er steigt auch über seine Leier hinweg, mit der er vor König Saul spielt. Mit diesem ‣Attribut weist der Künstler auf die musische Seite seines Helden hin und zeigt, dass der alttestamentarische Held (und spätere König der Juden) mehr war als ein Kämpfer; angeblich ist der „David“ zugleich auch ein Selbstbildnis Berninis.
Die Figur ist auf ihr imaginäres Gegenüber bezogen und vor allem geprägt durch Kampfesbereitschaft, Konzentration und Siegeswillen. David beißt sich in der höchsten Zuspitzung des Geschehens, kurz bevor ihn die Schleuderbewegung fortreißt, angespannt auf die Unterlippe. Berninis zeitgenössischer Biograf schrieb: „Dieselbe Entschlossenheit, derselbe Geist, dieselbe Kraft zeigt sich in jedem Teil des Körpers, dem zum Leben nur die Bewegung fehlt.“

Arbeitsanregungen:
1. Beziehen Sie die Attribute des „David“ auf den Bibeltext (1. Buch Samuel 17 und 18,5–9). Was sagt die alttestamentarische Geschichte im Vergleich zu Berninis Darstellung aus?
2. Vergleichen Sie die Darstellungen des „David“ von Donatello, Michelangelo (s. 204, 206)und Bernini. Beschreiben Sie die Entwicklungen, die von der einen Figur zur anderen führen.
3. Modellieren Sie aus Ton Davids Gegenüber, den Riesen Goliath.

‣**Hellenismus:** antike Kunst Griechenlands, von etwa 320 bis etwa 30 v. Chr.

‣**Zahneisen:** Werkzeug der Steinbildhauerei

‣**Attribut:** einer dargestellten Person als Kennzeichen beigegebener Gegenstand, z. B. die Schleuder bei David

Giovanni Lorenzo Bernini: David, 1623. Marmor, lebensgroß. Rom, Galleria Borghese

Der Altar als Bühne – Egid Quirin Asam: Himmelfahrt Mariens

Das Werk der Brüder Cosmas Damian Asam (1686–1739), Freskenmaler und Baumeister, und **Egid Quirin Asam** (1692–1750), Stuckateur, Bildhauer und Baumeister, steht an der Schwelle vom deutschen Spätbarock zum aufkommenden Rokoko. Die Bildhauer der Zeit arbeiteten weniger mit den Werkstoffen Marmor oder Holz, sondern bevorzugten häufig den ▸Stuck. Plastiken des Rokoko weisen gegenüber dem Barock eine Vorliebe für gedrehte, überlängte oder auch exzentrisch bewegte Formen auf. Auch wenn die Figuren religiöse Themen darstellen, wirken sie doch weltlich-elegant. Immer zeigt sich, dass Rokokoplastiken ihren Kunstcharakter wahren: „Porzellangleich in Weiß und Gold gefasst, ist ihre Bestimmung nicht, wie im Fall der spätbarocken Plastik, eine überzeugende Illusion von Realität zu bieten, sondern als Kunst zu wirken." (Hermann Bauer/Hans Sedlmayr, 1963)

Die „**Himmelfahrt Mariens**" in der ehemaligen Stiftskirche der Augustinerchorherren in Rohr (Niederbayern) schuf Egid Quirin Asam, der hier auch erstmalig als Architekt fungierte. Sein älterer Bruder Cosmas Damian arbeitete als Maler an der Ausstattung der Kirche mit. Das Ensemble im Chor, ein Gesamtkunstwerk von Architektur, Plastik, Malerei und raffinierter Lichtführung, ist vom römischen Hochbarock angeregt, besonders durch Berninis „Die Verzückung der Heiligen Theresa" (S. 179).
Der Altar ist perspektivisch auf Fernsicht hin angelegt und vermittelt theaterhaft eine Vision des heiligen Geschehens, der Auffahrt Mariens vom Grab in den Himmel. Im erhöhten Chor der Kirche ereignet sich das mitreißende Schauspiel der Himmelfahrt wie auf einer Bühne, dargestellt durch bewegt gestaltete Figuren. Unten umstehen die fassungslosen oder verzückten Apostel das geöffnete Grab der Gottesmutter, blicken in den Sarkophag oder zu ihr hinauf. Ihre exaltierten Gesten verraten ihre aufgewühlten Gemüter und weisen entweder zum Grab oder in die Höhe.

▸**Stuck:** mit Leimwasser angerührter Gipsmörtel, der mithilfe von Schablonen zur Herstellung von Dekorationen auch von Figuren verwendet wird

Im Hintergrund lehnt die Deckplatte des Sarkophags an einer Säule. Über dieser Szene schwebt Maria in einer modisch anmutenden Tracht, von Engeln emporgetragen. Oben erkennt man Wolken aus Stuck und Gottvater, Sohn und Heiligen Geist, umgeben von Engeln. Ein goldener Kronreif markiert die Himmelsgrenze, zu der Maria aufsteigt, um schließlich von der Heiligen Dreifaltigkeit aufgenommen zu werden.
Die bewegte Gruppe um die Himmelskönigin wird (für den Betrachter nicht sichtbar) von zwei Eisenstangen gehalten, die in der Chorwand verankert sind, und so scheinen die ineinander gewundenen Figuren zu schweben. Alle Personen des Altars zeigen – bis auf ihre mit zarten Hauttönen bemalten Gesichter – die weiße Farbe des Stucks; die mittlere Gruppe mit Maria ist zusätzlich durch Blattgold geschmückt.

Marmorierte Säulen verdecken zu beiden Seiten Fenster, durch die schlaglichtartig Sonnenlicht auf die hellen Figuren fällt und die Dramatik des Geschehens steigert. Den Hintergrund der Szene bildet ein blau bemalter Vorhang aus Stuck, auf dem man das kurbayrische Wappen erkennt. Oberhalb strahlt das Rundfenster mit gelb getönten Scheiben, golden gefasste Lichtbündel umgeben es und markieren den Weg des himmlischen Lichts. Licht und Farben unterstützen das überwältigende Schauspiel und entrücken es der irdischen Sphäre. Der Chor wird zum Handlungsraum für eine Vision: „Das Herz wird beim Anblick leicht, man fühlt sich in eine andere Welt versetzt, die zwar auch sehr wirklich, aber doch schöner und schwereloser als unsere ist." (Fritz Baumgart, 1966)

Arbeitsanregungen:

1. Stellen Sie in einer vereinfachenden Skizze den Aufbau der „Himmelfahrt Mariens" dar.
2. Vergleichen Sie die „Himmelfahrt Mariens" mit Berninis „Vision der Heiligen Theresa". Welche Anregungen verdankt Egid Quirin Asam dem Bildhauer, Bühnenbildner und Architekten Bernini?

Egid Quirin Asam: Hochaltar mit der Himmelfahrt Mariens, 1722/23. Holz, farbig gefasst. Rohr, Augustinerchorherrenstift

Malerei und Graphik der Renaissance

Die Zentralperspektive – Masaccio: Die heilige Dreifaltigkeit

Die Vorstellung, dass Kunst eine Art Spiegel der realen Welt zu sein habe, entwickelte sich gegen Ende des Mittelalters und führte zu maßgeblichen künstlerischen Neuerungen. Niederländische Maler des 15. Jahrhunderts entwickelten eine perfekte Darstellung unterschiedlicher Stofflichkeiten und konnten auf das Feinste Licht und Farbe abstufen. Die Entdeckung eines konstruktiven Systems zur Erzeugung von Tiefenillusion auf der Fläche eines Bildes jedoch blieb italienischen Künstlern der Frührenaissance vorbehalten: ‣Filippo Brunelleschi aus Florenz erkundete 1413 als erster die Möglichkeiten der ‣Fluchtpunktperspektive. Sein Zeitgenosse ‣Leon Battista Alberti verstand die Fläche eines Bildes als „offenes Fenster, durch das man das gemalte Motiv betrachtet", das heißt als unendlichen Raum. Er beschrieb, wie der Betrachter von seinem Standpunkt aus einen gleichmäßig gerasterten Fliesenboden optisch wahrnimmt. Diejenigen Linien des Schachbrettmusters, die in die Tiefe führen, scheinen in einem Punkt zusammenzulaufen. Dieser Fluchtpunkt und die Verkürzungen in die Tiefe sind zeichnerisch exakt festzulegen. So erlaubte das System der Fluchtpunktperspektive erstmals die überzeugende Konstruktion eines Tiefenraumes auf der Bildfläche.

Masaccio (1401–1428) aus Florenz wandte als erster Maler die Gesetze der Fluchtpunktperspektive in seinem ‣Fresko **„Die heilige Dreifaltigkeit"** an. Es zeigt die Trinität, die Dreifaltigkeit von Gottvater, Sohn und Heiligem Geist, der als Taube zwischen den Köpfen von Gottvater und Sohn niederschwebt. Maria und der Jünger Johannes umstehen die Gruppe und vermitteln die himmlische Erscheinung durch ihre Gesten und Gebete an die Menschen.
Das Bild täuscht eine Wandöffnung mitsamt einer Kapelle vor. Im Fluchtpunkt der Konstruktion unterhalb des Kreuzes treffen die Fluchtlinien zusammen, etwa die verlängerten Seitenkanten der Kassetten vom ‣Tonnengewölbe. Hinter dem Kreuz befindet sich eine Art Podest (das Grab Jesu?), auf dessen Gesims Gottvater steht und das Kreuz umfasst.
Die räumliche Illusion wird ergänzt um die Darstellung bauplastischer Schmuckformen wie ‣Pilaster mit ‣korinthischen Kapitellen links und rechts der imaginären Kapelle. Masaccio ahmte den Baustil Brunelleschis nach (die Nischen der Alten Sakristei von San Lorenzo) und konstruierte seine imaginäre Bühne so genau wie ein Architekt. Auf ihr haben die Figuren ihren bestimmbaren Platz und sind in ihren Größenverhältnissen auf die Proportionen der umgebenden Architektur bezogen. Für den zeitgenössischen Betrachter, der sich an mittelalterlichen Bildern und Sehgewohnheiten orientierte, muss dieses Fresko ein überwältigendes Erlebnis gewesen sein: Alles wirkt täuschend echt. Es ist, als ob die Heilige Dreifaltigkeit, Maria und Johannes aus dem Himmel zu den Menschen in der Kirche herabgestiegen seien.
In frommer Andacht beten zwei Stifter, die Auftraggeber des Bildes. Unterhalb der Stufe, auf der sie knien, liegt ein Skelett auf seiner Grabstätte. In der Nische über den Knochen kündet eine lateinische Inschrift von der Endlichkeit allen Lebens: „Ich war, was du bist, und was ich bin, wirst du sein." Die Stifter wie die gläubigen Betrachter des Freskos hofften auf die Erlösung ihrer Seele nach dem Tod. Maria vermittelt, indem sie ihren Blick zu ihnen wendet und mit der erhoben Rechten auf die Trinität und die Erlösung der Menschen durch den Kreuzestod ihres Sohnes verweist.

Arbeitsanregungen:
1. Erläutern Sie die inhaltliche Bedeutung der Anordnung der Figuren, ihres Ortes im Raum.
2. Skizzieren Sie die gemalte Architektur Masaccios ohne Figuren, aber mit Fluchtpunkt und Fluchtlinien.

‣**Filippo Brunelleschi:** Bildhauer und Architekt der Frührenaissance (s. S. 170)

‣**Fluchtpunktperspektive** (Linearperspektive): dreidimensionale Darstellung des Raumes und der in ihm enthaltenen Dinge auf der Fläche mithilfe eines (oder mehrerer) Fluchtpunkte(s)

‣**Leon Battista Alberti:** Architekt und Architekturtheoretiker, beschrieb 1435 in Latein (1436 in Italienisch) in seinem Traktat „Über die Malerei" die Gesetze der Zentralperspektive (s. auch S. 184)

‣**Fresko** (ital. frisch): Wandmalerei auf frischem Putz (s. S. 176, 222)

‣**Tonnengewölbe:** Gewölbe mit halbkreisförmigem Querschnitt (s. S. 90)

‣**Pilaster:** mit der Wand verbundener Pfeiler

‣**korinthisches Kapitell:** hier: Kopfstück eines Wandpfeilers der korinthischen Ordnung (s. S. 27)

Masaccio: Die heilige Dreifaltigkeit, um 1425. Fresko, 667 x 317 cm. Florenz, Santa Maria Novella

Porträts in der Frührenaissance – Piero della Francesca

Die italienische Renaissance suchte die Schönheit und vermied die Darstellung hässlicher Menschen. Doch das Gebot der Naturnachahmung wurde gegenüber dem Ideal der Antike in der zweiten Hälfte des 15. Jahrhunderts so stark, dass es für die Kunst zugleich ein Höchstmaß an Wirklichkeitstreue verlangte. In der Entwicklung der noch jungen Gattung Porträt war damit ein Punkt erreicht, an dem man offensichtliche individuelle körperliche Makel nicht mehr wegließ, sondern als Charakteristikum sah und deshalb auch abbildete. Das Gesicht als Träger der inneren menschlichen Bewegung offenbarte in der Auffassung der Renaissance positive geistige Eigenschaften und überstrahlte demzufolge körperliche Hässlichkeit.

Einer der bedeutendsten Künstler der Frührenaissance, **Piero della Francesca** (1415/20–1492), verband Kunst und Wissenschaft – er war Maler, Kunsttheoretiker (Verfasser einer Perspektivlehre) und Mathematiker. Seine Bilder legte er als klar aufgebaute Kompositionen an und schuf mit gedämpften, lichten Farben eine helle, lichterfüllte Atmosphäre. In seinen Darstellungen vereinte er eine an der Antike geschulte und zeitlose Monumentalität der Figuren und Architekturen mit einer spirituellen Ruhe.

Zu seinen späten Werken zählt das berühmte **„Doppelbildnis von Federico da Montefeltro und Battista Sforza“**. Es ist ein ‣Diptychon mit den ‣Brustbildnissen des Herrscherpaares von Urbino. Piero della Francesca wählte die Darstellung im ‣Profil, die in der Frührenaissance von antiken Münzen übernommen und in zeitgenössischen Medaillen von Fürsten gepflegt wurde. Aufgrund ihrer Tradition als römische Kaiserbildnisse und ihrer vornehmen Distanz galt die Form des Profils als angemessen für aristokratische Porträts. Als Vorbild für die Züge Battista Sforzas, der bereits verstorbenen Gemahlin des Herzogs, diente dem Maler wohl ihre Totenmaske.

Die Dargestellten erscheinen vor der idealisierten, unendlich wirkenden Landschaft Umbriens, dem Gebiet um Urbino. Das blühende, wohlhabende Land soll von der guten Herrschaft des Herzogs zeugen: „Sie schaffen sich einen offenen Umraum, um sich zur Geltung zu bringen.“ (Gottfried Böhm, 1985) Solche minutiös, mit allen Mitteln der Raumdarstellung gemalten und symbolisch zu verstehenden Landschaftshintergründe markieren einen wichtigen Schritt auf dem Weg zur Landschaft als eigenständigem Thema der Malerei.

Gemälde auf den Rückseiten der Bildnisse preisen als ‣Allegorien die Tugenden der Frau (wie Schönheit und Glauben) und verherrlichen die Rechtmäßigkeit der Herrschaft Federicos – der 1444 als unehelicher Sohn des Grafen von Urbino an die Macht gekommen war –, seinen Mut, seine Weisheit. Federico schaffte den Aufstieg zum Herzog, indem er sich als Feldherr bei wechselnden Herren (etwa beim Papst) verdingte und sein Territorium in diesen Kriegen erweiterte. Seine fürchterliche Verletzung auf der rechten Gesichtshälfte – deren entstellende Folgen Piero della Francesca auf dem Bild bis auf die gebrochene Hakennase nicht zeigt – hatte er bei einem Turnier erlitten. An seinem Hof in Urbino zeigte sich der im Charakter eher aufbrausende Herzog als großer Förderer des Humanismus und der Künste.

Arbeitsanregungen:

1. Welche Unterschiede zur Darstellung des Menschen in spätmittelalterlichen Werken (s. S. 109, 157) erkennen Sie bei den Porträts der Frührenaissance?
2. Beschreiben Sie auf dem Doppelbildnis Piero della Francescas das Verhältnis der beiden Personen zueinander und ihren jeweiligen Bezug zur Landschaft.
3. Untersuchen Sie die allegorischen Darstellungen auf den Rückseiten der Porträts und versuchen Sie mithilfe der Attribute deren Aussage zu entschlüsseln.

‣**Diptychon** (griech. doppelt zusammengefaltet): zusammengehöriges Paar von Tafeln (ursprüngl. aus Elfenbein oder Holz)

‣**Brustbildnis:** Darstellung eines Menschen bis einschließlich der Brust; sonstige Formen: Bildniskopf, Büste (mit oberem Brustteil), Halbfigur, Kniestück, Ganzfigur

‣**Profil:** Darstellung eines Menschen in strenger Seitenansicht

Pisanello: Leonello d'Este, Medaille, Vorderseite, 1441/1442. Bronze. Durchmesser 10,3 cm. Washington, National Gallery of Art

‣**Allegorie, allegorisch** (griech. allegorein anders sagen): die Verbildlichung eines unanschaulichen Begriffs oder Vorgangs, oft durch Verkörperung als Person, z. B. Gerechtigkeit als weibliche Figur mit Waage und verbundenen Augen

‣**Attribut:** einer dargestellten Person (oder Personifikation) als Kennzeichen beigegebener Gegenstand, wie z. B. die Säule für die Festigkeit

Piero della Francesca: Diptychon mit Doppelporträt des Federico de Montefeltro und seiner Gemahlin Battista Sforza, um 1472 (Vorderseiten). Öl auf Holz, jede Tafel 47 x 33 cm. Florenz, Uffizien

Piero della Francesca: Rückseiten des Diptychon:
links: Der Triumph der Battista Sforza, rechts: Der Triumph des Federico de Montefeltro, um 1472

Erfinder, Wissenschaftler, Künstler – Leonardo da Vinci

Leonardo da Vinci: Skizze eines gepanzerten Fahrzeugs

Biografie Leonardos:
- 1469–1472 Florenz: Lehre bei Andrea del Verrocchio
- 1472–1482 Florenz: selbstständiger Meister, erste Bilder, Perspektivstudien
- 1482–1499 Mailand: bei Herzog Ludovico Sforza als Erfinder von Gerätschaften und als Kriegsingenieur; Entwürfe von Bühnenbildern, Kanalbauten, Flugmaschinen, Zeichnungen von Architekturstudien, Natur- und Proportionsstudien und Karikaturen
- 1500–1506/08 Florenz: „Mona Lisa“, Landkarten, Stadtpläne und mathematische Studien
- 1506–1513 Mailand: anatomische Studien
- 1513–1516 Rom
- 1516–1519 Aufenthalt in Frankreich: Entwürfe im Auftrag des Königs für ein Schloss und eine Idealstadt

Leonardo da Vinci (1452–1519) war ein Universalgenie. Seine Kenntnisse umfassten vor allem Mathematik, Anatomie, Botanik, Optik und Technik, auch Musik und Dichtung. In der bildenden Kunst war er in erster Linie Zeichner und Maler, aber auch Architekt und Bildhauer.

In seinem Forscherdrang verglich Leonardo die Erkenntnisse, die er auf den verschiedenen Wissensgebieten gewonnen hatte, miteinander, etwa die Anatomie mit der Architektur oder mit der Mechanik. Er dachte in Analogien und suchte nach den Zusammenhängen in der Welt. Diese waren nach dem Verständnis der Renaissance im Menschen selbst zu finden, denn der Mensch galt der Zeit Leonardos als Mittelpunkt und Maß der Dinge.

Leonardo beschäftigte sich im Besonderen bei seinem zweiten Aufenthalt in Mailand mit anatomischen Studien. Genaue Kenntnisse in der ▸Anatomie sollten ihm helfen, den menschlichen Körper als Zusammensetzung von Knochen, Sehnen und Muskeln vollkommen darzustellen. Er soll sich heimlich auf den Friedhof von Mailand geschlichen haben und dort auf der Suche nach den Geheimnissen des menschlichen Organismus Leichen seziert haben, obwohl dies unter Androhung des Kirchenbanns seit langem verboten war. Die Ergebnisse seiner Sektionen hielt er in Studien, Schnittbildern oder Detailansichten fest. An den Rand der Zeichnungen schrieb er Kommentare und Erläuterungen in Spiegelschrift.

Renaissancekünstler wie Leonardo suchten Maße für vollkommene ▸Proportionen des menschlichen Körpers. Die Schönheit des Menschen, dessen idealen Körper Gott nach seinem Ebenbild geschaffen hatte, beruhte nach Leonardos Verständnis auf einer mathematisch fassbaren Gesetzlichkeit: „Die Anhänger der Malerei nähren ihre Erfahrung nicht mit Träumen, sondern gehen immer nach den wahren Prinzipien der Reihe nach vor, sodass sich bis zum Ende eines nach dem anderen ergibt, wie man es von den Grundbegriffen der Mathematik, der Zahl und dem Maß, mit anderen Worten, der Arithmetik und der Geometrie kennt.“ (Leonardo) So sah er in harmonisch geordneten Proportionen Zusammenhänge mit dem göttlichen Maß geoffenbart und mit der Ordnung des gesamten, göttlich durchwirkten Kosmos.

Bei seiner berühmten Studie „Die Proportionen des Menschen“ schrieb Leonardo – wie es in der Antike bereits Vitruv (um 84 v. bis um 27 n. Chr.) getan hatte („Die zehn Bücher über die Architektur“, 3. Buch, 1. Kapitel) – den menschlichen Körper in ein Quadrat und einen Kreis ein. Diese Zeichnung ist zugleich der Versuch der „Quadratur des Kreises“, ein Quadrat gleicher Fläche zur Fläche eines Kreises zu schaffen. Erst im 19. Jahrhundert erkannte man, dass diese mathematische Aufgabe zeichnerisch nicht zu lösen war.

Als Zentrum der äußersten Punkte der ausgestreckten Gliedmaßen nahm Leonardo den Nabel, den Raum zwischen den gespreizten Beinen bildete er als ein gleichseitiges Dreieck. Er beschrieb das Maßverhältnis jeglicher Körperteile zum Ganzen: die Hand als 1/10, der Kopf als 1/8, der Fuß als 1/7 Teil der Gesamthöhe.

Trotz seiner Suche nach mathematischer Gesetzlichkeit misstraute Leonardo bald einem einzigen, idealen Kanon. Sein Interesse verlagerte sich von der Proportions- zur Bewegungslehre, zumal er erfasste, dass der Körper häufiger in Bewegung als in Ruhe anzutreffen ist und sich durch das Zusammenziehen von Muskeln die Verhältnisse der Körperglieder zueinander beständig verändern.

Arbeitsanregungen:
1. Welche Rolle hat die Zeichnung für einen Künstler wie Leonardo da Vinci?
2. Messen Sie bei sich die von Leonardo festgehaltenen Proportionen. Vergleichen Sie mit Leonardos Ergebnissen, vergleichen Sie in Ihrer Klasse untereinander und resümieren Sie ein Ergebnis Ihrer Bemühungen.
3. Worin sehen Sie Leonardos Bedeutung für unsere Zeit?

▸**Anatomie** (griech. aufschneiden): in der Medizin durch Sektion gewonnene Erkenntnis über den Aufbau des menschlichen Organismus – in der Kunst zumeist durch sorgfältiges Aktstudium hergeleitet

▸**Proportionslehre** (lat. proportio Gleichmaß): Lehre von der harmonischen Gesetzmäßigkeit der Verhältnisse aller Teile zueinander und zum Ganzen (s. a. „Goldener Schnitt“, S. 170)

Leonardo da Vinci: Mona Lisa, 1504. Öl auf Leinwand, 76,8 x 53,3 cm. Paris, Louvre

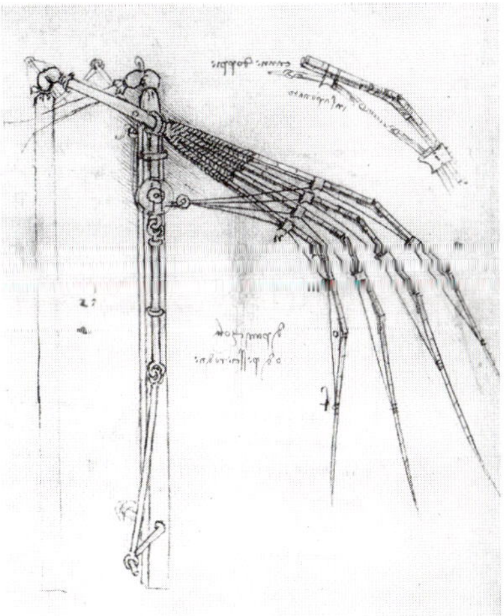

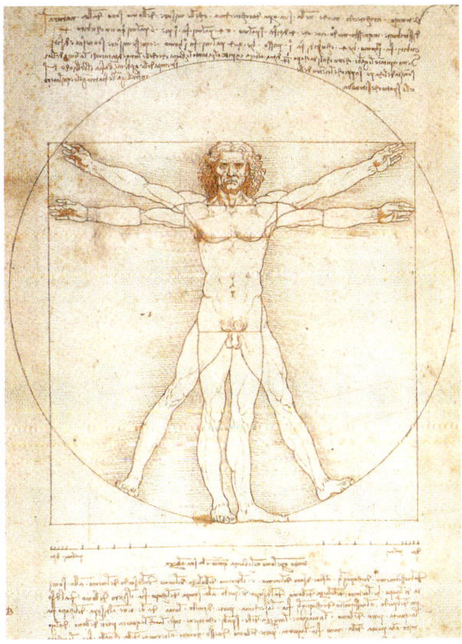

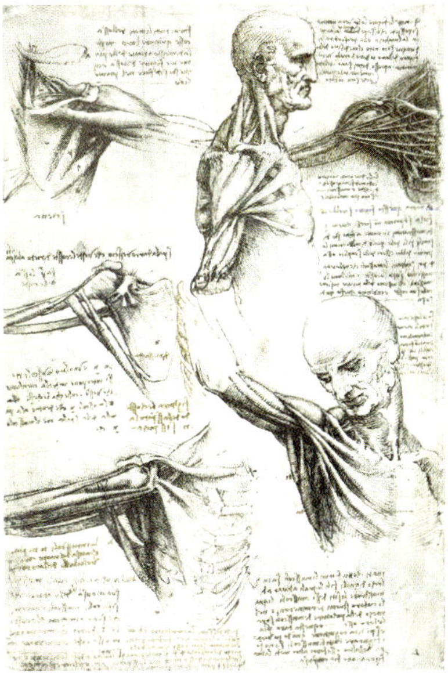

Links oben:
Leonardo da Vinci: Skizzen zu Flugmaschinen, 1493–1495. Feder und Tusche, 50 x 30 cm. Mailand, Bibliotheca Ambrosiana

Links Mitte:
Leonardo da Vinci: Die Proportionen des Menschen. Zeichnung nach Vitruv, 1485/1490. Federzeichnung, 34,3 x 24,5 cm. Venedig, Galleria dell' Accademia

Links unten:
Leonardo da Vinci: Skizzen zur Armmuskulatur, um 1510, Feder und Tusche, 29 x 20 cm. Windsor, Royal Library

Michelangelo Buonarroti: Fresken in der Sixtinischen Kapelle

Nachdem er die Statue des „David" (s. S. 206) vollendet hatte, ging **Michelangelo Buonarroti** (1475–1564) im Jahr 1505 von Florenz nach Rom, wo er für den mächtigen und kunstbegeisterten Papst Julius II. arbeitete. Dieser beauftragte ihn mit einem monumentalen Grabmal, das zwar nie fertiggestellt wurde, aber heftigste Auseinandersetzungen zwischen Künstler und Auftraggeber hervorrief; auch nach ihrer Aussöhnung konnte Michelangelo die Arbeit am Grabmal-Projekt nicht fortsetzen. Julius II. wünschte 1508 von ihm die Ausmalung des Deckengewölbes der päpstlichen Kapelle im Vatikan, der Sixtinischen Kapelle. Berühmte Maler der vorangegangenen Künstlergeneration hatten bereits die Wände freskiert: Botticelli, Domenico Ghirlandaio (der ehemalige Lehrmeister Michelangelos) und Pietro Perugino (der Lehrer Raffaels).
Michelangelo, der sich mehr als Bildhauer denn als Maler verstand, wandte sich nur widerwillig der neuen Aufgabe zu; dennoch schuf er ein Hauptwerk der Hochrenaissance. Er entwarf ein umfangreiches Bildprogramm und gliederte das kolossale Tonnengewölbe durch eine gemalte Scheinarchitektur. Neun Hauptbilder schildern die biblische Geschichte der Genesis von der Erschaffung der Welt über den Sündenfall bis zu Noahs Trunkenheit. Im Fresko „**Die Erschaffung Adams**" zeigt Michelangelo, wie Gott die noch ruhende Gestalt Adams beseelt und ihr Tatkraft verleiht.
Die über tausend Quadratmeter des Gewölbes bemalte Michelangelo eigenhändig in nur vier Jahren; dazu arbeitete er über Kopf auf einem Gerüst. Er schrieb in einem Sonett: „Zum Himmel zeigt mein Bart, am Buckel kracht / Der Schädel mir; wie von Harpyienschrei / Krampft sich die Brust; der Farben Sudelei / Tropft aus dem Pinsel auf die Wange sacht."

1534 ernannte der neue Papst Paul III. Michelangelo zum obersten Baumeister, Bildhauer und Maler des Vatikans. Michelangelo zog nun für immer nach Rom. Ein Jahr später begann er „**Das Jüngste Gericht**" an der Stirnwand der Sixtinischen Kapelle. Dieses Fresko gehört zeitlich und stilistisch bereits in den Manierismus (s. S. 176).
Oben, in den ▸Lünetten, bringen flügellose Engel die Marterwerkzeuge, mit denen Jesus gepeinigt wurde. Zu beiden Seiten umstehen den Weltenrichter Christus zahlreiche Patriarchen der Kirche, Heilige und Märtyrer. Der Auferstandene richtet die Menschheit in Erlöste zu seiner erhobenen Rechten und in Verdammte zu seiner Linken, die bereits von Teufeln bedrängt werden. Unten erwartet sie ▸Charon mit seinem Nachen – hier griff Michelangelo auf antike Unterweltvorstellungen zurück.
Das Gesicht der abgezogenen Haut, die der heilige Bartholomäus schräg unter Christus als Zeichen seines Martyriums hält, soll ein Selbstbildnis Michelangelos sein. 1559/60 übermalte sein Schüler Daniele da Volterra die Figuren mit Gewändern, da ihre Nacktheit zur Zeit der beginnenden Gegenreformation anstößig erschien. So rettete er das Fresko vor der geplanten Vernichtung durch die Inquisition.

Als „Terribilità" (ital. Ehrfurcht gebietende Kraft) bezeichneten Zeitgenossen den Ausdruck von Michelangelos Werken. Die gigantische Spannbreite seines Schaffens in Zeichnung, Architektur (s. S. 190), Malerei und Skulptur erweckt bis heute staunende Bewunderung. Als Genie – als solches sah Michelangelo sich – war er seiner Meinung nach mit übermenschlicher Kraft ausgestattet. Mit dieser Auffassung veränderte er die Art und Weise, in der Künstler von nun an sich selbst und ihre Werke betrachteten: Kunst als Schöpfertum.

Arbeitsanregungen:

1. Welche formale Aufgabe und inhaltliche Bedeutung hat die Nacktheit der Figuren von Michelangelos „David" (S. 206), „Die Erschaffung Adams" und „Das Jüngste Gericht"?
2. Belegen Sie an den Werken Michelangelos den Unterschied zwischen Hochrenaissance (S. 172) und Manierismus (S. 176).

▸**Lünette** (franz. kleiner Mond): halbkreisförmiges Feld als Abschluss oberhalb von Türen und Fenstern

▸**Charon:** im antiken griechischen Mythos Fährmann über den Fluss Styx, den Zugang zur Unterwelt

Oben:
Michelangelo Buonarroti: Erschaffung Adams, Szene aus dem Deckengemälde der Sixtinischen Kapelle, um 1500.
Fresko, 280 x 570 cm.
Vatikan

Links:
Michelangelo Buonarroti: Das Jüngste Gericht, 1534–1541.
Fresko, 17 x 13,3 m.
Vatikan, Sixtinische Kapelle

Schönheit und Harmonie – Der „göttliche" Raffael

„Die Schule von Athen" von **Raffael Santi** (1483–1520) gehört zu einem Zyklus von Wandbildern in den Stanzen (ital. Zimmer), Räumen im Vatikan, die der Verwaltung und der Wissenschaft dienten. Das ▸Fresko stellt die Philosophie dar als eine der vier Fakultäten (neben der Theologie, dem Recht und der Poesie) und versammelt die Gelehrten und Philosophen des griechischen Altertums. Links in einer Nische steht die Statue des Gottes Apoll, Schirmherr der Musen, rechts eine Skulptur der Athene, Göttin der Weisheit.

Dieselbe Genauigkeit, mit der die perspektivische Konstruktion des Bildraumes durchgeführt ist, lässt auch die Ausarbeitung der Figuren und ihrer Beziehungen zueinander erkennen. So deutet in der Mitte Platon im Disput mit Aristoteles himmelwärts, während Aristoteles auf den Boden weist. Diese individuellen, sprechenden Gesten sind durch antike Skulpturen inspiriert und sollen die verschiedenen Vorstellungen der antiken Denker kennzeichnen. Platons Ideenlehre ging von einer göttlichen (himmlischen) Idee aus, nach der die Urmaterie geformt sei. Sein Schüler Aristoteles hingegen suchte als Realist das (irdisch) Bestehende zu ordnen und zu klassifizieren.

Platon sieht Leonardo da Vinci ähnlich, dem berühmten Universalkünstler der Renaissance. Die sitzende grüblerische Gestalt vorn wiederum, der antike Philosoph Heraklit, gleicht im Aussehen Michelangelo. Raffael malte diese Figur erst nachträglich auf das Bild, nachdem der erste Abschnitt von Michelangelos Deckenfresken in der Sixti-nischen Kapelle enthüllt worden war – die Propheten Michelangelos bilden in Statur und Haltung die Vorbilder für Raffaels Heraklit.
Der Künstler selbst tritt auch auf: Raffael nimmt seinen Platz am rechten Rand ein und schaut von dort aus dem Bild heraus den Betrachter an. Es ist ein Selbstporträt als ▸Assistenzfigur. Hier zeigt sich ein vorsichtiges Selbstbewusstsein – Raffael war gerade 28 Jahre alt, als er „Die Schule von Athen" vollendete. Der Architekt ▸Bramante hatte ihn nach Rom vermittelt. Der Auftrag von Papst Julius II. zur Ausmalung der Stanzen begründete Raffaels frühen Ruhm. In diesen Fresken bewies er sein besonderes Gefühl für harmonisch ausgewogene Kompositionen, für warme Licht- und Farbgebung und für anmutig idealisierte Figuren. Als Bramante starb, wurde Raffael 1515 sein Nachfolger als Bauleiter des Petersdomes, zugleich auch Konservator für die antiken Denkmäler und für archäologische Ausgrabungen.

Die Tatsache, dass im Fresko „Die Schule von Athen" das Dreigestirn der bedeutendsten italienischen Künstler der Hochrenaissance unter einer Versammlung antiker Philosophen vertreten ist, zeugt vom gestiegenen Selbstbewusstsein der Künstler der Renaissance. Kunst verstanden sie nicht mehr im mittelalterlichen Sinne als rein handwerkliches Erzeugnis, sondern als Leistung des menschlichen Geistes, als Ergebnis ihrer Schaffens- und Vorstellungskraft und ihrer persönlichen künstlerischen Eigenart.

Viele erstritten eine Gleichrangigkeit der bildenden Kunst mit den althergebrachten freien Künsten wie Geometrie oder Rhetorik und eine gesellschaftliche Anerkennung ihres Berufes. Diese Entwicklung führte zur Gründung der ersten Akademien in Italien, wie die 1563 von ▸Giorgio Vasari in Florenz begründete „Accademia del Disegno" – Disegno meint nicht nur den zeichnerischen, sondern vor allem den geistigen Entwurf. So begann eine Entwicklung, die das Erlernen der Kunst allmählich vom Werkstattbetrieb eines Meisters ablöste und (vor allem seit dem 19. Jahrhundert) an eine akademische Lehranstalt band.

Arbeitsanregungen:

1. Verdeutlichen Sie in Skizzen Komposition, Lichtführung und Farbanordnung bei der **„Madonna im Grünen"**.
2. Vergleichen Sie die Kunst Raffaels mit Leonardos Ansatz (s. S. 218) unter der Fragestellung: Was heißt „Schönheit"?
3. Malen Sie farbige Gewandstudien.

▸**Fresko** (ital. fresco frisch): bezieht sich auf die Arbeitsweise beim Wandgemälde, bei der der Künstler die Malerei auf die noch feuchte oberste Putzschicht aufträgt; dabei kann – je nach der Schwierigkeit des Motivs – immer nur eine bestimmte Fläche (ein Tagwerk) ausgeführt werden.

▸**Assistenzfigur:** Figur, die für das dargestellte Geschehen nicht entscheidend, sondern nur beigefügt ist, häufig als Anlass für versteckte Porträts des Stifters oder Künstlers genutzt

▸**Bramante, Donato** (1444–1514): Architekt und Architekturtheoretiker der Hochrenaissance (s. S. 172)

▸**Vasari, Giorgio** (1511–1574): Künstler der Spätrenaissance, schrieb mit seinen Biografien zeitgenössischer Künstler die erste Kunstgeschichte

Raffael: Die Schule von Athen, 1510-1511. Fresko, etwa 450 x 770 cm. Vatikan, Stanza della Segnatura

Links:
Raffael: Studie zur Madonna im Grünen.
Oxford, Ashmolean Museum

Rechts:
Raffael: Madonna im Grünen, 1505/06, Öltempera auf Holz, 113 x 88 cm.
Wien, Kunsthistorisches Museum

Der Meister der Farbe – Tizian: Die Himmelfahrt Mariens

Tizian (um 1488/90–1576) war der bedeutendste Maler der venezianischen Renaissance. Er erhielt seine Ausbildung in der Werkstatt von ▸Giovanni Bellini und war in seiner Jugend geprägt durch das Schaffen seines Künstlerkollegen Giorgione (1478–1510). Bald entwickelte Tizian seine kostbar wirkenden und teilweise intensiv glühenden Farbklänge und gab durch sein ▸Kolorit entscheidende Impulse an zahlreiche nachfolgende Malergenerationen. In seinem Spätwerk fand er zu einer freien Malweise, bei der er die Farbe stellenweise ohne Pinsel, mit der bloßen Hand auftrug.
Religiöse und ▸mythologische Themen sowie Porträts überwiegen in Tizians Werk. Er wurde zum begehrtesten Maler seiner Zeit. Kaiser Karl V. etwa belohnte ihn für ein Bildnis 1533 nicht allein mit Geld, sondern auch mit dem Titel eines Pfalzgrafen und mit der Aufnahme in den Orden vom Goldenen Vlies. Tizian fügte seiner Unterschrift nun gelegentlich den Titel „Ritter des Kaisers" hinzu – er war jetzt, auf dem Höhepunkt seiner Anerkennung, der König unter den Malern. Nur wenigen Künstlern gelang es wie Tizian, zu Ruhm zu kommen, ohne eine dauerhafte Position bei Hofe zu bekleiden und so in ständiger Abhängigkeit von einem Mäzen zu stehen. Er machte sich seine Verbindungen zunutze, um seine Karriere zu befördern, aber auch, um seine Unabhängigkeit zu wahren.

Die **„Himmelfahrt Mariens"** malte Tizian 1516 bis 1518 für den Hochaltar der Franziskanerbasilika in Venedig, der Kirche, in der er später bestattet wurde. Das Bild wurde anfangs hitzig diskutiert, aber ihm gelang damit ein erster großer öffentlicher Erfolg. Die kühne und dramatische Anlage, die heftigen Bewegungen der Figuren, die leuchtenden Farben, das spannungsreiche Hell-Dunkel lassen das riesige Gemälde (von bisher für ein Altarblatt unbekannten Ausmaßen) vom Chor aus tief in den Kirchenraum hinein wirken.
Die Komposition des Bildes ist noch hergeleitet vom pyramidalen Aufbau der Renaissance, staffelt sich jedoch in übereinander liegende Ebenen und dynamisiert das alte Grundkonzept einer Pyramide als ruhender Form.
Das gesamte Bild wirkt wie ein bewegter Ruf in die Höhe. Die überall wiederkehrenden Rottöne, die Blick- und Bewegungsrichtungen und die Gesten der Figuren schaffen vertikale und diagonale Verbindungen zwischen den ansonsten formal streng getrennten Bereichen von den Aposteln unten bis zu Gottvater in der Höhe. Johannes (links im Bild) etwa erblickt über sich das Wunder und fasst sich vor Ergriffenheit an die Brust, Thomas (im Hintergrund) weist mit seinem Finger aufwärts zur triumphalen Aufnahme Mariens in den Himmel, Andreas (als Rückenfigur vorn) scheint Maria in seinem irdischen Bereich festhalten zu wollen. Maria selbst wird in einer ▸Gloriole von wirbelnden Wolken und Putten gerahmt und emporgetragen. Von oben strahlt warmes Licht herab. Es hat seine Vorläufer im Goldgrund und in den Heiligenscheinen der mittelalterlichen Malerei, ist bei Tizian jedoch zur immateriellen Erscheinung göttlichen Lichts geworden. Diese imaginäre ▸Aureole umgibt nur Maria, erreicht aber nicht die Apostel auf der Erde. So gelang es Tizian, die Farbe zum zentralen Gestaltungsmittel zu machen.
Das Bild vermag die Seele des Betrachters zu rühren, ihn zur Identifikation mit dem Geschehen zu bringen, weil es das Unfassbare über die Darstellung intensiver menschlicher Gefühlsregungen anschaulich werden lässt. Tizian fasste das Gegenüber einzelner Figuren in einer Handlung monumental zusammen. Er machte mit diesem Gemälde aus dem bislang statischen Altarbild ein dynamisch bewegtes – so wies er den Weg in die barocke Malerei.

Arbeitsanregungen:
1. Stellen Sie in drei vereinfachenden Skizzen zu „Die Himmelfahrt Mariens" die Komposition, die Bewegungsrichtungen, die Bezüge der Farben dar.
2. Vergleichen Sie Tizians Bild mit mittelalterlichen Mariendarstellungen wie Giottos Verkündigungen (S. 161).

▸**Giovanni Bellini** (um 1430–1516): venezianischer Meister der Renaissance (s. S. 172)

▸**Kolorit:** Farbgebung und -wirkung eines Gemäldes

▸**Mythologie:** Lehre von antiken Göttern und Heroen („Sagengeschichten")

▸**Gloriole:** Lichtkreis, Heiligenschein

▸**Aureole** (lat. aureus golden): goldener Heiligenschein, der die ganze Gestalt umgibt

Tizian: Himmelfahrt Mariens, 1516–1518. Öl auf Holz, 690 x 360 cm. Venedig, Santa Maria dei Frari

Die Renaissance im Norden – Albrecht Dürer

Albrecht Dürer (1471–1528) war das dritte von 18 Kindern eines Nürnberger Goldschmiedes. Er lernte zunächst in der Werkstatt des Vaters, anschließend (1486–1489) beim Maler Michael Wolgemut. 1490 begannen Dürers Wander- und Gesellenjahre und führten ihn bis nach Basel, wo er ▸Holzschnitte als Buchillustrationen fertigte (so für Sebastian Brants „Das Narrenschiff"). Noch war er ganz von der spätgotischen Kunst Deutschlands geprägt.

Als er 1494 nach Nürnberg zurückkehrte, vermählte Dürer sich, verließ die Stadt jedoch noch im selben Jahr, da die Pest ausbrach, und ging nach Venedig. Er aquarellierte während dieser Reise die frühesten deutschen Landschaftsbilder. In Italien lernte er die Renaissance kennen, studierte und kopierte Werke führender Meister. 1496 kehrte er nach Nürnberg zurück und verarbeitete seine neuen Erkenntnisse, auch in seinen berühmten Selbstbildnissen. Seine Holzschnitte zur „Apokalypse" 1498 verkauften sich prächtig und begründeten seinen Ruhm in aller Welt.
Dürer begann in dieser Zeit mit der neuen Technik des ▸Kupferstichs. In den kommenden Jahren entwickelte er seine ▸Perspektivlehre und beschäftigte sich intensiv mit ▸Proportionsstudien.

1505 brach in Nürnberg erneut die Pest aus. Dürer reiste bis 1507 wiederum nach Italien, dieses Mal als gefragter Künstler, besuchte Venedig, Bologna, vermutlich auch Florenz und Rom. Nach seiner Rückkehr kaufte er das (heute so genannte) Dürer-Haus in Nürnberg und wurde in den Großen Rat der Stadt gewählt. Er hielt Kontakt zu Raffael, verlegte die Holzschnitt-Folgen „Große Passion", „Kleine Passion", „Marienleben" und in erneuerter Ausgabe die „Apokalypse". 1512–1515 arbeitete er vorwiegend für Kaiser Maximilian I. und erhielt von diesem bald ein jährliches Gehalt. Er besuchte 1520–21 die Niederlande, wo der berühmteste deutsche Künstler überall ehrenvoll aufgenommen wurde.

Dürers inneres Verhältnis zur Lehre Luthers ist unklar, ebenso seine Haltung zu den Bauern während ihres Aufstandes 1524/25, er nahm nicht offen Partei. Gegen Ende seines Lebens veröffentlichte er Schriften wie die „Unterweisung der Messung" (eine Perspektivlehre). Nach seinem Tod 1528 erschien sein Lehrwerk „Vier Bücher von menschlicher Proportion".

„Der Engel mit dem Schlüssel zum Abgrund" ist das letzte Blatt von Dürers Holzschnittfolge zur „Apokalypse" (1498). Es war das erste Bildbuch, für das ein Künstler mit seinem Namen allein verantwortlich zeichnete (gleichwohl hat Dürer seine insgesamt etwa 350 Holzschnitte im Allgemeinen von Formschneidern nach seinen zeichnerischen Entwürfen in Holz schneiden und von Druckern abziehen lassen). Die kraftvollen Holzschnitte zur „Apokalypse" zeigen in den kräuselnd gefalteten Gewanddraperien noch das deutsche Erbe der Spätgotik. Sie verbanden aber als erste Werke der deutschen Kunst diese Tradition mit den neuen Errungenschaften der italienischen Renaissance, etwa der neuen einheitlichen Auffassung von Raum und Körper.

Dürers Druckgraphiken erschienen in einer Zeit, die von der visionären Ahnung eines Umbruchs um 1500 durchdrungen und von Weltuntergangsängsten geschüttelt war. So hatte der Text „Die heimliche Offenbarung Johannis" – neben den 15 großformatigen Bildseiten – für die Gläubigen eine aktuelle Bedeutung. Er kündet von den Schrecken der Endzeit, vom Werden des ewigen Gottesreiches. Thema des abgebildeten Holzschnittes ist die Verschließung des Satans durch den Erzengel Michael und im Hintergrund die Vision des himmlischen Jerusalem – Dürer zeigt als Himmelsstadt eine spätmittelalterliche deutsche Stadt.

Mit diesen Holzschnitten und ihrer außerordentlich hohen Wertschätzung bereits durch die Zeitgenossen wurde der neue Eigenwert des graphischen Bildes deutlich. Die Druckgraphik hatte sich als eigenständige Gattung der Kunst etabliert, gleichwertig den Schöpfungen der Malerei oder Plastik.

▸**Holzschnitt:** manuelles Hochdruckverfahren mit einer Holzplatte als Druckstock, aus der alle nicht druckenden Teile herausgeschnitten sind (s. S. 164)

▸**Kupferstich:** manuelles Tiefdruckverfahren mit einer Metallplatte (zumeist aus Kupfer), in die die druckenden Linien eingegraben werden (s. S. 166)

▸**Perspektive:** Darstellung des Raumes und der in ihm enthaltenen Dinge auf der Fläche so, dass sie unter den gleichen Sehbedingungen erscheinen, wie sie im wirklichen Raum wahrgenommen werden (s. a. S. 214)

▸**Proportionsstudien:** zeichnerische Studien zur Ermittlung eines geregelten Maßverhältnisses in der Darstellung des menschlichen Körpers (s. S. 218)

Albrecht Dürer: Der Engel mit dem Schlüssel zum Abgrund. Holzschnitt aus der Apokalypse, 1498. Höhe 39,3 cm, Breite 28,3 cm. München, Graphische Sammlungen

Albrecht Dürer:
Großes Rasenstück, 1503.
Aquarell, 41 x 31,5 cm.
Wien, Albertina

Dürers Kupferstich **„Der heilige Eustachius"** entspricht in seinen ungewöhnlich großen Abmessungen fast den Holzschnitten der „Apokalypse". Das Werk greift eine Szene aus der Legende vom römischen Soldaten Eustachius auf. Dürer nahm sie zum Anlass für einen überwältigenden Reichtum an detailliert geschilderten Einzelheiten; dem Heiligen soll er die Züge des deutschen Kaisers Maximilian I. gegeben haben.
Eustachius war auf der Jagd nach einem Hirsch, als zwischen dessen Geweih Christus erschien. Diese Vision hielt den Jäger von der weiteren Verfolgung des Tieres ab und bekehrte ihn zum Christentum; später erlitt er den Märtyrertod für sein Bekenntnis zu seiner Religion.

Doch wird das Auge des Betrachters vor allem gefesselt durch die vielgestaltige Darstellung der Tiere und der Landschaft. Dürer nutzte seine zahlreichen vorbereitenden Naturstudien und schöpfte die fein nuancierenden Möglichkeiten des Kupferstichs vollkommen aus: „Äußerste Festigkeit der Substanz und äußerste Präzision der Form sind geheimnisvoll verbunden mit größter Weichheit und größtem Reichtum des Tones." (Erwin Panofsky, 1977) Fast nur mit einer Lupe zu erkennen sind die Einzelheiten wie etwa der Vogelzug, der den Bergfried der Burg im Hintergrund umkreist.

Kontur: Umrisslinie

Die Proportionen des Pferdes leitete Dürer wohl aus der Kopflänge des Hengstes ab und konstruierte den Rumpf mitsamt den Beinen aus einem Quadrat heraus, die Kontur von Bauch, Brust und Hals mithilfe eines Zirkels. Den Hund unterhalb des Heiligen führte Dürer getreu einer vorausgegangenen Naturstudie aus.

Begreift man Kunstwerke von ihrem sichtbaren Bestand her, so kann man dem Kunsthistoriker Heinrich Wölfflin folgen. Er sah in der Formensprache eines Werkes den Gestalt gewordenen Ausdruck seines geistigen Gehaltes. Wölfflin untersuchte mit seiner Formenanalyse etwa die Feinstruktur, das Verhältnis der kleinsten Teile zueinander, und zeigte darin den Geist des Ganzen. Er befand: „Dürer dachte in Linien", und charakterisierte 1905 den Kupferstich „Der heilige Eustachius":

■ *[Dürer] greift jetzt bewusst auf die einfachsten Ansichten zurück. Er will ganz sachlich sein, die Dinge geben in der größten Deutlichkeit der Erscheinung, und verzichtet darum auf alles, was den Anblick komplizieren könnte. […]*
Die Feinzeichnung der Figuren […] findet ihr Echo in der Behandlung des Landschaftlichen. Nie mehr hat Dürer eine solche Verschwendung getrieben mit Bäumen, wo jeder Ast eine Formenwelt für sich ist, nie hat er die stoffliche Charakteristik verschiedener Rinden, des bloßgelegten Holzes weiter geführt. Und so ist der Hintergrund von einem fast unerschöpflichen Reichtum der Motive: der verschwiegene Weiher im Schatten der Gebüsche, das gurgelnde Bächlein unter der Brücke, die Wege, die gegen die hohe Burg sich hinanziehen, der felsige Absturz und wie die Bauwerke auf dem Berg Fuß gefasst haben, alles ist inhaltsreich und hält die Phantasie lange fest. […]
Zur Belebung der Erscheinung sind die malerischen Hilfsmittel der hellen und dunklen Gründe herangezogen worden. Licht und Schatten folgen sich in munterem Wechsel. […] Bemerkenswert, wie große Partien, z. B. der Berg, unter einen Ton zusammengenommen sind.

Heinrich Wölfflin, S. 121f.

Albrecht Dürer: Der Heilige Eustachius, 1500/1502. Kupferstich, 35,5 x 26 cm. München, Graphische Sammlungen

Albrecht Dürer: Selbstbildnis im Alter von 13 Jahren, 1484. Silberstift auf Papier, 27,5 x 19,6 cm. Wien, Albertina

Erst die Renaissance im 15. Jahrhundert brachte das ▸autonome Selbstbildnis hervor, die (gemalte) Darstellung des Künstlers um seiner selbst willen. Dem mittelalterlichen Handwerker wäre die eigenständige, stolze Zurschaustellung seiner Individualität fremd gewesen. Im autonomen Selbstbildnis findet das neue Selbstbewusstsein der Künstler in der Neuzeit seinen Ausdruck.

Albrecht Dürer hatte sich seit seinem dreizehnten Lebensjahr immer wieder selbst gezeichnet und gemalt. Zu seinen drei autonomen Selbstbildnissen aus den Jahren 1493, 1498 und 1500 gesellen sich zahlreiche zeichnerische Selbstdarstellungen und Selbstporträts in Assistenz, als begleitende Figur auf Bildern mit religiösen Themen, quasi als stolz personifizierte ▸Signatur.

Dürers **„Selbstbildnis im Pelzrock"** aus dem Heiligen Jahr 1500 ist eines der zentralen Werke der deutschen Malerei. Kein Maler vor ihm, auch kein italienischer, hat solch stolze und würdevolle Bilder von sich selbst gemalt. Das Gemälde ist streng frontal (en face) aufgebaut, anders als seine beiden älteren Selbstdarstellungen und die Porträts von seiner Hand, die ein ▸Dreiviertelprofil zeigen.
Die Komposition seines Selbstbildnisses von 1500 beruht auf mathematisch exakt geordneten Maßverhältnissen, die Dürer mithilfe von Zirkel und Richtscheit zeichnerisch konstruierte. Ideal und Ziel solcher Renaissancekunst war die harmonische Ordnung aller einzelnen Teile des Werkes zueinander – so basiert Schönheit auf der Geometrie: „Was wir sehen, ist eigentlich nicht mehr Dürer, [sondern] eine idealisierte Darstellung des Künstler-Ichs." (Norbert Borrmann, 1994)
Dem Aufbau des Bildes liegt ein Kompositionsschema zugrunde, das seit langem allein für die Darstellung des Hauptes Christi üblich war – wie etwa auf den ▸Ikonen des Ostens. Es mag sein, dass Dürer durch eine solche Darstellungsform seinen tiefen Glauben, seinen religiösen Willen zur Nachfolge des Vorbildes Christi zum Ausdruck bringen wollte. Wahrscheinlich war er aber auch (ähnlich wie Leonardo da Vinci) davon überzeugt, dass die künstlerische Schöpfung sich ableite von der Schöpfung Gottes. Der Maler habe durch seine Kunst Anteil an der göttlichen Kraft. Gott sei demzufolge der erste Künstler, denn er schuf die Welt. Der zweite Künstler – in diesem Fall Dürer – folgt ihm nach: Indem er von Gott hierzu erleuchtet wird, schafft er eine neue Welt in seiner Kunst. Der Maler vertritt in diesem Bild mit seiner Person die Überzeugung von der göttlichen Herkunft der Kunst und der herausgehobenen Stellung des Künstlers.
Die Inschrift rechts besagt: „So malte ich, Albrecht Dürer aus Nürnberg, mich selbst mit unvergänglichen Farben im Alter von 28 Jahren." Dieses Selbstbildnis zog ein Resümee aus der bisherigen Beschäftigung mit dem Ich: „Dürer hatte mit ihm ausgesagt, was er zu seiner Person und seiner Stellung zur Kunst festgehalten wissen wollte, und zwar, wie aus der Inschrift hervorgeht, nicht nur für den Augenblick, sondern für eine weitere Zukunft." (Peter Strieder, 1989)

Albrecht Dürer war der erste deutsche Künstler, der sich mit seinen Schriften um eine Theorie der Kunst bemüht hat. So prägte er nicht nur mit seinen Werken, sondern auch mit seinen Publikationen die Kunst seiner Zeit und nachfolgender Generationen. Dürer wurde zum künstlerischen Vorbild und zum Vermittler der italienischen Renaissance in den Norden.

Arbeitsanregungen:

1. Vergleichen Sie Dürers Druckgraphik mit Beispielen aus dem Spätmittelalter (S. 166). Welche formalen Neuerungen Dürers erkennen Sie?
2. Welche künstlerische Haltung zeigt sich in Naturstudien wie dem „Rasenstück" (S. 228), welche im „Selbstbildnis im Pelzrock"?
3. Suchen Sie in diesem Buch Bilder mit Bezügen zu Dürers „Selbstbildnis im Pelzrock". Erläutern und begründen Sie Ihre Auswahl.
4. Zeichnen Sie als Vergrößerungen mehrere von der Struktur unterschiedliche Stellen aus Dürers Kupferstich „Der Heilige Eustachius" in der Strichführung sorgfältig ab (z. B. Fell, Holz, Laub, Steine).

▸**autonomes Selbstbildnis:** eigenständiges Selbstporträt des Künstlers

▸**Signatur** (lat.): (Namens-) Kennzeichen, durch das ein Künstler sein Werk bezeichnet

▸**Dreiviertelprofil:** leicht gedrehte Darstellung des Kopfes; je nach Winkel der dargestellten Person zum Betrachter spricht man von Dreiviertel- oder Halbprofil.

▸**Ikone** (griech. eikon Bild): bewegliches Kultbild der Ostkirche, dem wundertätige Kraft zugeschrieben wird (s. S. 40. 152)

Albrecht Dürer: Selbstbildnis im Pelzrock, 1500. Lindenholz, 67 x 49 cm. München, Alte Pinakothek

Historie als Landschaftsbild – Albrecht Altdorfer: Die Alexanderschlacht

Der Maler **Albrecht Altdorfer** (um 1480–1538) gründete in Regensburg eine Werkstatt. 1519 wurde er Mitglied des Rates der Stadt, 1526 Stadtbaumeister, 1528 bot man ihm das Amt des Bürgermeisters an, doch er lehnte ab. Altdorfer ist der Hauptvertreter der ‣„Donauschule", einer Gruppe von deutschen Malern, die den landschaftlichen Anteil in ihren Bildern gegenüber den Figuren deutlich hervortreten ließen. Von Altdorfer stammt das erste ‣autonome Landschaftsbild der europäischen Malerei, frei von ‣Staffagefiguren.

„Die Alexanderschlacht" malte er zu einer Zeit, da Wien von den Türken bedroht wurde. Im Kampf um Wien wollte der deutsche Kaiser zugleich die Expansion der Türken stoppen, die bereits den Balkan erobert hatten und nun das Habsburgerreich unmittelbar angriffen.

„Die Alexanderschlacht" greift diesen aktuellen Anlass auf, um an eine vergleichbare historische Auseinandersetzung zwischen Okzident (Abendland) und Orient zu erinnern, die militärische Konfrontation zwischen dem Makedonierkönig Alexander dem Großen und dem persischen Großkönig Darius III. Altdorfer lässt die historische Schlacht in der Strandebene bei Issos (heute Türkei) 333 v. Chr. in zeitgenössischem Rahmen als Vorbild wieder aufleben: Im Heer des Persers sind türkische Turbane zu erkennen, Alexanders Streitmacht besteht aus christlichen Rittern, die bedrohte Stadt im Hintergrund ist eine mitteleuropäische Stadt der Gotik.

Auf der gemalten Tafel, die in das Bild hineinhängt, ist zu lesen: „Alexander der Große besiegt den letzten Darius, nachdem in den Reihen der Perser 100000 Mann zu Fuß erschlagen und über 10000 Reiter getötet wurden. Während König Darius mit nicht mehr als 1000 Reitern sich durch die Flucht retten konnte, wurden seine Mutter, seine Gattin und seine Kinder gefangen genommen." Verlängert man die von der Tafel herabhängende Kordel nach unten, so stößt man inmitten der drängenden Masse von Kämpfern auf Alexander zu Pferde, der den flüchtenden Darius in seinem Streitwagen verfolgt. Der gebildete Zeitgenosse wusste, wie dieser Kampf ausging: Alexander eroberte das persische Reich.

Altdorfer hat eine sich weit ausdehnende ‣Weltlandschaft gemalt, die dem Geschehen im Vordergrund mehr als nur eine Kulisse ist. Sie zeigt als Überschaulandschaft von einem erhöhten Standpunkt aus viel mehr, als nach den Gesetzen der Perspektive möglich wäre, sie ist eine umfassende Darstellung der Alten Welt. Zentrum der landschaftlichen Darstellung ist das Mittelmeer, darin die Insel Zypern. Hinten schließt sich gegen den Horizont hin das Rote Meer an, links davon erkennt man (vor dem Original) den Golf von Persien und den Turm zu Babel, rechts das siebenarmige Nildelta. Eine leichte Krümmung des Horizonts macht deutlich, dass Altdorfer die Erde als kugelförmigen Himmelskörper auffasste, was zu seiner Zeit noch nicht selbstverständlich war.

Die Landschaft interpretiert gleichnishaft „Die Alexanderschlacht" in ihr. Sie unterstreicht durch Landschafts- und Wolkenformationen die Dramatik und bringt sie in kosmische Zusammenhänge. Das historische Geschehen vollzieht sich im ewigen Kreislauf der Natur: „Die Tat Alexanders ist hier als Vollzug der [von Gott geschaffenen] Naturgesetze zu verstehen." (Barbara Eschenburg, 1987)

Auch im Himmel spiegelt sich das Geschehen, denn der Sonnenuntergang brachte Alexander den Sieg. Oberhalb von Alexander reißt die Bewölkung auf und die Schrifttafel verkündet seinen Ruhm. „Es packt einen, als ob der Vorhang vor Abgründen und nicht vor einer Guckkastenbühne weggerissen würde!" (Oskar Kokoschka, 1966)

Arbeitsanregungen:

1. Weisen Sie nach, wie Altdorfer die Landschaft in Beziehung zum historischen Geschehen setzt.
2. Interpretieren Sie das Gemälde vor dem historischen Hintergrund von 1529.
3. Vergleichen Sie das Bild Altdorfers mit dem hellenistischen Mosaik zum gleichen Thema (S. 69).

‣**Donauschule:** Strömung in der deutschen Kunst zwischen etwa 1490 und 1540, getragen von Malern, die zwischen Regensburg und Wien lebten; charakterisiert durch einen ausgesprochenen Sinn für die (heimatliche) Landschaft und die Verbindung zwischen Naturdarstellung und menschlichem Geschehen

‣**autonomes Landschaftsbild:** Landschaft als eigenes Thema der Malerei, Naturdarstellung ohne Anbindung an christliche, mythologische oder sonstige Themen

‣**Staffagefiguren:** Figuren, die Landschafts- oder Architekturbilder bereichern

‣**Weltlandschaft:** Landschaftsdarstellung, die in einer Überschauperspektive mehr als nur einen Ausschnitt zeigen will, sondern die bekannte Welt in der Darstellung zusammenfasst

Albrecht Altdorfer: Alexanderschlacht, 1529. Öl auf Lindenholz, 158 x 120 cm. München, Alte Pinakothek

Hans Holbein d. J.: Initiale „H“ aus dem Totentanz-Alphabet, um 1523/24. Holzschnitt. Veste Coburg

Bildniskunst der Renaissance – Hans Holbein d. J.: Porträt des Kaufmanns Georg Gisze

Hans Holbein d. J. (1497–1543) aus Augsburg lebte und arbeitete als Maler und Graphiker in Basel. Mit einer Empfehlung von Erasmus von Rotterdam unternahm er 1526–1528 eine Englandreise und malte in London Porträts des Erzbischofs von Canterbury, des königlichen Haushofmeisters und des Astronomen Nikolaus Kratzer. Seit 1532 lebte er in London und schuf dort herausragende Bildnisse für den englischen Adel oder etwa französische Gesandte am englischen Hof. Holbein war auch für die hanseatischen Kaufleute tätig, die im Londoner Stalhof ihre Niederlassung hatten. Das **„Porträt des Kaufmanns Georg Gisze“** zeigt einen von ihnen. Selten hat Holbein eine solche Anhäufung von Symbolen der beruflichen Stellung und der persönlichen Situation des Dargestellten auf einem Gemälde versammelt.

Auch die Maße sind für ein Bildnis ungewöhnlich – es war ein repräsentatives Werk, das den Dargestellten würdevoll zeigte, aber auch die Fähigkeiten des Malers unter Beweis stellte.

Arbeitsanregungen:

1. Was verrät Holbeins Gemälde über Georg Gisze?
2. Vergleichen Sie die Darstellungsweise von Holbein mit Piero della Francescas Porträts (S. 217). Legen Sie Gemeinsamkeiten und Unterschiede dar.
3. Stellen Sie sich innerhalb der Klasse mithilfe von Requisiten und einer (gemalten) Kulisse als Hansekaufleute dar. Halten Sie Ihre Porträts fotografisch fest und konfrontieren Sie sie in einer gemeinsamen Ausstellung mit Holbeins Werk.

Hans Holbein d.J.: Porträt des Kaufmanns Georg Gisze, 1532. Öl auf Holz, 96 x 86 cm. Berlin, Gemäldegalerie SMPK

Ein Rätselbild? – Agnolo Bronzino: Allegorie mit Venus und Cupido

Agnolo Bronzino (1503–1572) war Hofmaler der Medici in Florenz und malte die **„Allegorie mit Venus und Cupido"** im Auftrag seines Herzogs Cosimo I. Das Bild, ein Geschenk für den französischen König Franz I., handelt von der sinnlichen Leidenschaft und ihren Folgen.

Die ▸Allegorie will ihre Figuren für den Betrachter möglichst eindeutig kennzeichnen. So sind ihnen ▸Attribute zugewiesen: Die Liebesgöttin Venus etwa hält den goldenen Apfel in der Hand, eines ihrer Attribute (ebenso wie die zwei Tauben). Auch die anderen Figuren lassen sich benennen. Amor, der Sohn der Venus, kniet auf einem Kissen, dem ▸Symbol für Müßiggang und Wollust. Wer von Pfeilen aus seinem Köcher getroffen wird, verfällt in Liebe zu dem Nächsten, dem er begegnet. Chronos, der Gott der Zeit, greift ein blaues Tuch, mit dem die Szenerie abgeschirmt ist. Sein Attribut ist das Stundenglas. Ein Widersacher zerrt an dem Tuch, möglicherweise eine Darstellung des Vergessens oder die ▸Personifikation der Torheit. Die Figur im grünen Gewand rechts – halb Mensch, halb Tier – stellt die Falschheit dar. Links von Amor zeigt sich die Eifersucht, rauft sich verzweifelt die Haare und kündet so von ihren fürchterlichen Qualen. Der Kunsthistoriker Erwin Panofsky erklärt weitere Einzelheiten:

■ *Auf der rechten Seite verstreut ein Putto Rosen, der an seinem linken Fuß eine mit Glöckchen besetzte Fußspange trägt, ein Schmuck oder Amulett, das in der antiken, insbesondere hellenistischen Kunst häufig zu finden ist. Auf ihn können* [die] *Bezeichnungen „Vergnügen" und „Spiel" […] angewandt werden, und gewiss soll er einen Kontrast zu der finsteren Gestalt der Eifersucht bilden. Seine in Aussicht gestellten Freuden jedoch werden durch die drohende Gegenwart zweier Masken als nichtig und trügerisch zu erkennen gegeben, von denen die eine die einer jungen Frau, die andere die eines älteren, feindseligen Mannes ist. Dass Masken Weltlichkeit, Unaufrichtigkeit und Falschheit symbolisieren, ist zu bekannt, als dass es weiterer Erörterung bedürfte. Aber der Umstand, dass zwei Masken statt einer dargestellt sind und dass ihre Züge einen Kontrast zwischen Jugend und Alter, Schönheit und Hässlichkeit bezeichnen, legt einen spezielleren Sinn nahe, der sie mit der Gestalt verbindet, die hinter dem neckischen Putto auftaucht. Diese Gestalt […] ist fraglos identisch mit der Tücke. […]*
[Bronzinos Tücke], *offensichtlich die Besitzerin der beiden kontrastierenden Masken, sieht wirklich zunächst wie ein bezauberndes kleines „Mädchen in einem grünen Kleid" aus. Nur kann das Kleid einen schuppigen, fischartigen Leib, Löwen- oder Pantherklauen und den Schwanz eines Drachens oder einer Schlange nicht gänzlich verbergen. Mit der einen Hand bietet sie eine Honigwabe dar, während sie in der anderen ein giftiges kleines Tier versteckt, aber überdies ist die Hand an ihrem rechten Arm, also die Hand mit der Honigwabe, in Wirklichkeit eine linke Hand, während die Hand an ihrem linken Arm in Wirklichkeit eine rechte ist, sodass die Figur die Süßigkeit mit der Hand anbietet, die ihre „gute" zu sein scheint, in Wirklichkeit aber ihre „böse" ist, und das Gift in der versteckt, die ihre „Böse" zu sein scheint, in Wirklichkeit aber ihre „gute" Hand ist. Wir stehen hier vor dem raffiniertesten Symbol verdrehter Doppeldeutigkeiten, das je von einem Künstler ersonnen wurde, dennoch ist es sonderbarerweise ein Symbol, das vom modernen Betrachter nicht rasch durchschaut wird.*

Erwin Panofsky, S. 120ff.

Arbeitsanregungen:

1. Erklären Sie an Bronzinos Gemälde die Begriffe Attribut, Symbol, Personifikation und Allegorie.
2. Suchen Sie nach anderen Venus-Darstellungen im Buch und stellen Sie Bezüge zu Bronzinos Bild her.
3. Gestalten Sie ein Informationsheft zu Bronzinos Gemälde mit Titelblatt, abgezeichneten Köpfen der Figuren und erläuternden Texten zu Ihren Zeichnungen.

▸**Allegorie, allegorisch** (griech. allegorein anders sagen): die Verbildlichung eines unanschaulichen Begriffs oder von Vorstellungen, oft durch Verkörperung als Person, z. B. Gerechtigkeit als weibliche Figur mit Waage und verbundenen Augen

▸**Attribut:** einer dargestellten Person oder Personifikation als Kennzeichen beigegebener Gegenstand; z. B. sind Rosen (als Zeichen der Liebe) ein Attribut der Liebesgöttin Venus.

▸**Symbol:** Bildzeichen, das auf einen tieferen Inhalt, einen Sinn hinweist („Sinnbild"); Symbolik auch bei Farben (z. B. Gelbgrün → Eifersucht), Formen (z. B. Dreieck → Fruchtbarkeit) oder Zahlen (z. B. 7 → Planeten)

▸**Personifikation:** Verkörperung eines abstrakten Begriffes in einer Person

Agnolo Bronzino: Allegorie mit Venus und Cupido, 1540–1545. Öl auf Holz, 146 x 116 cm. London, National Gallery

Verzerrte und versteckte Porträts des Manierismus

Die Gattung des Selbstbildnisses war zu Beginn des 16. Jahrhunderts noch jung, frühe Beispiele finden sich etwa bei ▸Dürer. An der Wende zum Manierismus, in den 1520er Jahren, zeigte sich eine neue Auffassung des Themas.

So führte der italienische Künstler **Parmigianino** (1503–1540) sein **„Selbstbildnis im Konvexspiegel"** zugleich spielerisch überzeichnet wie handwerklich perfekt aus. Sein zentrales Thema in diesem Bild ist die irritierende Wechselwirkung von subtil wahrgenommener Wirklichkeit und ihrer spiegelbildlichen, zugleich aber bizarren Abbildung im Gemälde.
Parmigianino stellte sich unter Berücksichtigung der Verzerrungen dar, die durch einen nach außen gewölbten Spiegel (Konvexspiegel) besonders an den Rändern entstehen. Das Bild malte er auf eine hölzerne Kalotte, die Kappe einer Halbkugel. So reproduzierte er in raffinierter Weise mit der Form seines Bildgrundes die Gestalt damals üblicher Barbierspiegel.

Zum ersten Mal in der Geschichte der Malerei findet sich auf diesem Bild ein Beispiel für künstlich überlängte Körperteile, die zum Kennzeichen des ▸Manierismus werden sollten. Sah man in der Renaissance im Bild vor allem die Funktion eines Spiegels, erkannten die Zeitgenossen Parmigianinos, dass der Spiegel (also auch die Kunst) die Welt nicht nur abbildet, sondern sie zugleich auch verzerrt. „Das Bild dokumentiert das Ergebnis eines Experiments, einschließlich seiner falschen Bedingungen." (Hermann Ulrich Asemissen/Gunter Schweikhart, 1994)

Giorgio Vasari schrieb 1550: „Es war dort jeder Schimmer des Glases und jede Spur der Spiegelung, der Schatten und der Lichter, so echt und wahr, dass man durch keine Begabung etwas hinzufügen kann." Das virtuose Werk war zwar ohne Auftrag entstanden, doch blieb es kein artistischer Selbstzweck. Es diente Parmigianino als Bewerbungsstück, mit dem er sich bei Papst Clemens VII. empfehlen wollte und tatsächlich Eindruck machte.

Giuseppe Arcimboldo (um 1527–1593) variierte in seinen Werken immer wieder Kompositionen von Gesichtern aus Früchten oder Blumen, Büchern usw. Die Zusammenstellung geschah nicht beliebig, sondern unter Themen wie „Der Frühling" oder „Der Bibliothekar". Im Weltbild der Zeit Arcimboldos sah man offensichtliche Verbindungen zwischen Pflanze, Tier und Mensch, zwischen Gestirnen und Mineralien, zwischen Himmel und Erde. Manche seiner Bilder stehen in direktem Bezug zu inzwischen traditionellen Themen der Kunst wie etwa den vier Jahreszeiten oder den Lebensaltersstufen der Menschen.
1562 wurde Arcimboldo an den habsburgischen Hof nach Wien berufen, später stand er im Dienste Rudolfs II. an dessen Hof in Prag. Als Arcimboldo 1587 in seine italienische Heimat zurückkehrte, erhielt er vom Kaiser für „lange, treue und emsige Dienste" eine erhebliche Summe. Als Dank malte der Künstler sein wohl berühmtestes Werk, „**Vertumnus (der Herbst)**". Es stellt Rudolf II. als römischen Gott der Vegetation und der Verwandlung dar. Der kunstverständige Herrscher zeigte sich amüsiert über das Bild, das er als kapriziöse und hintersinnige Huldigung verstehen durfte. Ein Freund Arcimboldos, Don Gregorio Comani, urteilte 1591: „Denn indem er die Bilder der von ihm erschauten, fassbaren Dinge zusammensetzt, macht er seltsame ▸Kapricen daraus und ▸Idole, die nicht mehr von der Kraft der Phantasie erfunden sind; und das, was unmöglich zu vereinigen erscheint, fügt er mit großem Geschick zusammen und lässt daraus werden, was er will."

Arbeitsanregungen:
1. Vergleichen Sie die Porträts von Piero della Francesca (S. 217), Dürer (S. 231), Holbein (S. 235), Parmigianino und Arcimboldo. Welche Bedeutung hat der jeweils Porträtierte?
2. Was bedeutet für den manieristischen Künstler Wirklichkeit, was Phantasie?
3. Stellen Sie sich im Stile Parmigianinos mithilfe von gewölbten, spiegelnden Oberflächen dar.

▸**Albrecht Dürer:** bedeutendster Künstler der deutschen Renaissance und Schöpfer herausragender Selbstporträts (s. S. 230)

▸**Manierismus:** s. S. 176

▸**Kaprice:** Laune, Eigensinnigkeit

▸**Idol** (griech. Götzenbild, auch Bild oder Trugbild): im umfassenden Sinne jeder bildlich gestaltete Ausdruck der Vorstellungswelt des Menschen

Parmigianino: Selbstbildnis im Konvexspiegel, 1524. Durchmesser 25 cm. Wien, Kunsthistorisches Museum

Giuseppe Arcimboldo: Der Herbst – Rudolf II., 1590. Öl auf Holz, 70,5 x 57,5 cm. Schloss Skoklosters/ Schweden

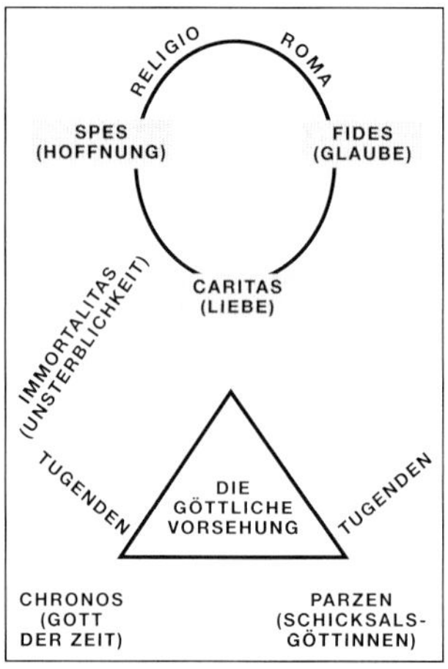

vereinfachtes Schema des Deckengemäldes

Andrea Mantegna (1430/31–1506): bedeutender Maler der italienischen Frührenaissance (s. S. 186)

Fresko: s. S. 222

Quadratura: Decken- und Wandmalerei, die durch perspektivisch konstruierte Scheinarchitektur einen gebauten Raum in einen gemalten überleitet und ihn so illusionistisch erweitert

Stuck: leicht formbare Masse aus Gips, Kalk und Marmorstaub (s. S. 180)

Personifikation: Verkörperung eines abstrakten Begriffes in einer Person

Andrea Pozzo (1642–1709): italienischer Maler, Baumeister und Kunsttheoretiker

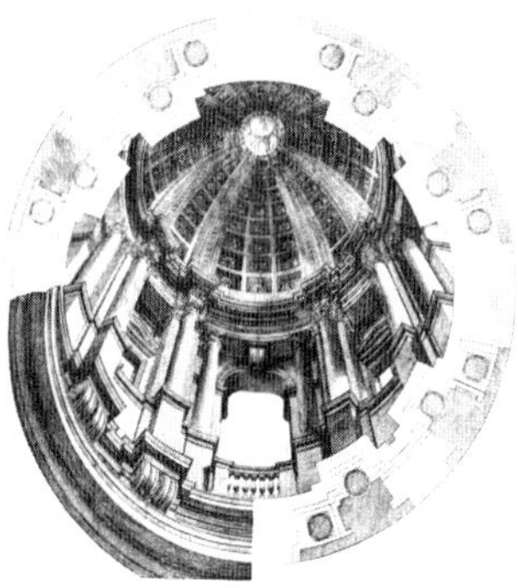

Scheinkuppel in Schrägansicht (aus Pozzos Traktat „Perspectiva Pictorum et Architectorum", 1693)

Barocke Kunst

Illusionismus im Barock – Pietro da Cortona

Das Deckenfresko von **Pietro da Cortona** (1596–1669) über dem Salone des Palazzo Barberini in Rom ist eines der Epoche machenden Werke des Barock. Die **„Allegorie der göttlichen Vorsehung"** vertritt die Monumentalmalerei, die großformatige Malerei an Wand und Decke. Bereits seit der italienischen Renaissance erweiterten Maler wie Mantegna den realen Innenraum eines Bauwerkes durch vorgetäuschtes, nur gemaltes architektonisches Rahmenwerk. Dieses gliederte die Fläche und trennte die darin zu erblickenden, perspektivisch gestalteten Durch- und Ausblicke.

Im Barock brechen schließlich Künstler wie Pietro da Cortona mit ihren Fresken die Wände und Decken nicht nur illusionistisch auf, sie überspielen insgesamt die Grenzen zwischen realem Raum und Bildraum. Cortona bezieht in seinem Fresko die vorgetäuschten architektonischen Strukturen als Handlungsraum in ein dramatisches, einheitliches Geschehen mit ein. Jenseits der imaginären Wände und aufgerissenen Scheinarchitekturen zieht der Himmel den Blick nach oben, zugleich scheinen Licht, Wolken und Gestalten machtvoll in den Raum der Architektur hinabzuströmen. So ist die kulissenhafte irdische Architektur nahtlos mit der himmlischen Erscheinung verwoben. Für den überwältigten Betrachter ist kaum mehr zwischen Schein und Sein zu unterscheiden, zwischen Wirklichkeit und gemalter Fiktion. Diese Art der Deckenmalerei nennt man Quadratura. „Cortonas epochale Neuerung besteht darin, das riesige Gewölbe durch das Fresko, und zwar durch ein Rahmenwerk in fingiertem Stuck, unterteilt zu haben, zugleich jedoch diesen Rahmen durch die himmlische Erscheinung teilweise zu überspielen." (Hermann Bauer, 1999)

In den unteren Teilen des Werkes, in den Durchbrüchen, ist an mythologischen und historischen Beispielen der Weg der Läuterung und Erhellung des Menschengeschlechts bildhaft vorgeführt. Im Scheitelpunkt der Decke zeigt sich der Leitgedanke der „Allegorie der göttlichen Vorsehung". Die Personifikation der Unsterblichkeit eilt herbei, um die göttliche Vorsehung mit einer Sternenkrone zu bekrönen. Diese wird zu ihren Seiten begleitet von weiteren Personifikationen, den Tugenden Gerechtigkeit, Weisheit und Wahrheit.

All dies geschieht unter dem Zeichen des Auftraggebers des Bildes, Papst Urban VIII. Seine Wappentiere, die drei Bienen, sind von weiteren Personifikationen umgeben: den christlichen Tugenden Glaube, Liebe und Hoffnung, der Religion und der Stadt Rom. Die Schlüssel des Heiligen Petrus, des ersten Stellvertreters Christi auf Erden, weisen den Papst als legitimen Nachfolger Petri aus. Sie stehen für seine von Christus verliehene Autorität, ähnlich auch die Papstkrone, die Tiara. So verherrlicht das Fresko den Papst als Sachwalter der göttlichen Vorsehung, „die gegenreformatorische Offensive des Papsttums, das sich (wieder) im Einklang mit dem Plan des Weltgeistes weiß." (Jutta Held, 1993)

Andere Maler ließen sich von Cortonas Werken beeinflussen und perfektionierten seinen Illusionismus, so Andrea Pozzo. Er schrieb 1694 in einem Brief, dass ein solches Deckenbild in einer Kirche von seinem Scheitelpunkt aus zu verstehen sei, denn von dort ginge die Erleuchtung aus und wirke auf die Erleuchteten.

Arbeitsanregungen:

1. Betrachten Sie die „Allegorie der Vorsehung" von allen vier Seiten. Was stellen Sie fest?
2. Kennzeichnen Sie die Entwicklung der Wand- und Deckenmalerei von Mantegna (S. 186) über Michelangelo (S. 220) zu Pietro da Cortona und schließlich Tiepolo (S. 194). Stellen Sie das jeweilige Verhältnis zwischen der (gemalten) Architektur und den Figuren heraus.

Pietro da Cortona: Allegorie der göttlichen Vorsehung, 1633–1639. Deckengemälde Rom, Palazzo Barberini

Ein barocker Bilderzyklus – Peter Paul Rubens: Der Medici-Zyklus

■ *Jupiter und Juno beschließen auf Bitte Français' [Personifikation Frankreichs], König Heinrich dem Großen eine Frau zu geben. Sie entsenden Hymenaios [Gott der Eheschließung] mit Cupido [Gott der Liebe], das Bildnis der Königin dem König zu zeigen, der es mit verliebter Aufmerksamkeit ansieht. Er beratschlagt mit Cupido, der ihm die Schönheit ihrer Gestalt vor Augen führt. Unter ihnen zwei Amoretten, von denen eine den Helm, die andere den Schild des Königs wegträgt, um zu zeigen, dass diese Heirat des Königs Frankreich einen langen Frieden bescheren wird.*

Martin Warnke, S. 118

So lautete das schriftliche Konzept, das Programm des Gemäldes **„Heinrich IV. empfängt das Bildnis der Maria de' Medici"**. Es war 1622 zusammen mit dem Maler **Peter Paul Rubens** (1577–1640) am französischen Hofe ausgearbeitet worden. Auftraggeberin war Maria de' Medici, die Witwe Heinrichs IV. und Mutter des französischen Königs. Sie wollte mit einer beeindruckenden Reihe großformatiger Bilder, dem Medici-Zyklus, ihr Palais Luxembourg in Paris schmücken. Die dafür ausgewählten Themen sollten deutlich sichtbar ihre Bedeutung für das Wohl Frankreichs herausstellen. In der Realität jedoch war ihre Stellung bei Hofe stark umstritten, die Beziehung zu ihrem Sohn äußerst gespannt.

Für ein solch gigantisches Projekt kam nördlich der Alpen eigentlich nur Peter Paul Rubens in Frage, der in Antwerpen eine große Werkstatt unterhielt und bereits Erfahrungen mit ähnlich umfangreichen Bildfolgen für europäische Herrscherhäuser besaß. Rubens wurde nach Paris gerufen, um das Bildprogramm mit ihm abzustimmen. Maria de' Medici besaß das Recht, anhand der vorgelegten Ölskizzen von Rubens Änderungen vornehmen zu lassen. Der Vertrag sah vor, dass er alle Figuren eigenhändig malen sollte, für die Ausführung des Hintergrundes durfte er Gehilfen beschäftigen.

Rubens' Malweise ist in den Bildern unverkennbar: sein lebhafter Pinselstrich, die Flüssigkeit und die Leichtigkeit des Farbauftrags, die Sinnlichkeit, mit der er dem ▸Inkarnat die schillerndsten Nuancen verlieh oder nahezu fühlbar die ▸Texturen unterschiedlicher Oberflächen wiedergab. Er begründete eine überaus einflussreiche Schule der Malerei, die zunächst in seine unmittelbare Umgebung ausstrahlte, die niederländische Handels- und Kunststadt Antwerpen, und die dortigen Künstler prägte. Die für ihn typische Vorherrschaft der Farbe (gegenüber der Linie) findet sich aber auch bei späteren „Rubenisten", unter anderem bei den Malern ▸Watteau, ▸Gainsborough oder ▸Delacroix.

Mit seinen intensiven internationalen Kontakten, etwa zum spanischen oder zum englischen Hof, versuchte Rubens für seine Heimat einen dauerhaften Frieden zu erwirken. Antwerpen und Flandern litten seit Jahrzehnten unter dem bisweilen auch kriegerischen Konflikt zwischen Spanien und dem abtrünnigen Holland um die Unabhängigkeit der Niederlande. So warb er auch mit Bildern bei den Herrschern um sein Anliegen, blieb letzten Endes – trotz seiner immensen Anerkennung als Künstler – als Diplomat aber erfolglos.

Der in gigantischen Dimensionen angelegte Medici-Zyklus sollte insgesamt 48 Bilder umfassen. Er kam nur in dem Teil zustande, der die Königinmutter verherrlichte, die zweite Folge zur Herrschaft ihres Mannes blieb Stückwerk. Rubens hatte es bereits geahnt: Die Glorifizierung der unglückseligen Königinmutter war ihm zwar in seinen Gemälden künstlerisch überzeugend geglückt, Maria de' Medici jedoch wurde 1630 endgültig aus Paris vertrieben.

Arbeitsanregungen:

1. Verdeutlichen Sie in einer Skizze die Komposition von „Heinrich IV. empfängt das Bildnis der Maria de' Medici".
2. Vergleichen Sie das Bild von Rubens mit einem barocken Gemälde Ihrer Wahl aus diesem Buch. Was kennzeichnet Rubens' Stil?

▸**Inkarnat:** Farbe der menschlichen Haut

▸**Textur** (lat.): allgemein die Oberflächenbeschaffenheit eines Gegenstandes

▸**Antoine Watteau** (1684–1721): franz. Maler des beginnenden Rokoko (s. S. 252)

▸**Thomas Gainsborough** (1727–1788): engl. Maler vor allem von Landschaften oder Porträts

▸**Eugène Delacroix** (1798–1863): franz. Maler des 19. Jahrhunderts (s. S. 288)

Peter Paul Rubens: Heinrich IV. empfängt das Bildnis der Maria de' Medici, 1622–1623: Öl auf Leinwand, 394 x 294 cm. Paris, Louvre

Realismus und Moral – Die bürgerliche Malerei Hollands

Die Lehre des Kirchenreformators Johann Calvin fand seit 1560 in den nördlichen Provinzen der Niederlande viele Anhänger. Calvin wies dem im Leben Erfolgreichen einen von Gott vorherbestimmten Platz zu, tugendhaftes Handeln wurde streng kontrolliert. 1566 kam es zum Bildersturm der Calvinisten, die in den religiösen Bildern Gegenstände einer „Götzenverehrung" sahen. Die Inneneinrichtung vieler katholischer Kirchen wurde zerstört. Aus den religiösen Auseinandersetzungen wurden bald politische, denn die Niederländer kämpften auch für ihre Unabhängigkeit von Spanien. Sie spalteten sich erfolgreich von den südlichen katholischen Landesteilen ab, die sich Spanien militärisch sichern konnte.

Nach 1600 entwickelte sich eine eigenständige holländische Malerei. Sie unterschied sich von der Kunst Flanderns. Holländische Maler und Graphiker wandten sich der heimischen Umgebung zu und bildeten sie handwerklich perfekt auf ihren Bildern ab. Vor dem Hintergrund ihres Marktes, der fast ausschließlich bürgerliche Käufer kannte – die Kirche wie auch der Adel schieden als Auftraggeber weitgehend aus –, bestimmte der Geschmack des Publikums die Themen der Kunst. In der Fachmalerei spezialisierten sich Künstler auf eine Gattung der Malerei: das Porträt, die Landschaft, das ▸Stillleben oder das ▸Genre.

Zugleich enthielten viele ihrer Bilder versteckte moralische Botschaften, und so trat der Hinwendung zur Realität häufig eine belehrende Mahnung zur Seite. „Nichts ist in den Dingen ohne Sinn", schrieb ▸Roemer Visscher. Vielerlei ▸Symbole finden sich als Hinweise, dass die Zeit eines Jeden verrinnt. Es ist der Gedanke der ▸Vanitas, der an die wahren und unvergänglichen christlichen Werte erinnert.

Porträts waren bei den Bürgern sehr beliebt, als Einzelbildnis oder als Ehegattenbildnis auf zwei Tafeln. Ein in Holland bevorzugter Typus war das Gruppenbildnis, etwa von Zunftvorstehern oder als Schützenstück wie die „Nachtwache" von Rembrandt (s. S. 249).

Frans Hals (1581/85–1666), der eigentliche Begründer der holländischen Malerei, zeigt in **„Festmahl der Offiziere der St. Georgs-Schützen"** das Abschiedsessen für Mitglieder der Bürgerwehr seiner Heimatstadt. Diese Organisationen leisteten zwar nur noch selten militärische Dienste, nahmen aber soziale Aufgaben wahr. Solche Gruppenporträts wurden von den reichen Offizieren in Auftrag gegeben und bezahlt. Frans Hals stiftete in seiner lebhaften Malweise einen aktiven Zusammenhang innerhalb der Gruppe: „Die Offiziere erwecken den Eindruck, als würden sie ihre für einen Moment unterbrochenen Tätigkeiten sogleich fortsetzen." (Mariët Westermann, 1996)

Die Stilllebenmalerei entwickelte sich in Holland erst im 17. Jahrhundert zur vollen Blüte und brachte eine Vielzahl von Untergattungen hervor: Blumen-, Bücher-, Frühstücks-, Markt-, Musikalienstillleben und andere. Im wohlhabenden Haarlem thematisierte man vor allem die Tafelfreuden, in der Hafenstadt Den Haag den Fischmarkt, die Universitätsstadt Leiden bevorzugte Bücher- und ▸Vanitasstillleben.

Pieter Claesz (1597/98–1661) verwendete in seinem ▸monochrom angelegten **„Vanitas-Stillleben"** traditionelle Motive der Vergänglichkeit: den Totenschädel, die Uhr, das zerbrechliche Glas. Zugleich aber bildete er sich selbst in der Spiegelung der Glaskugel ab, in dem Moment, in dem er sein Stillleben malte: Der Künstler ist vergänglich, seine Kunst ist es nicht.

Arbeitsanregungen:

1. Charakterisieren Sie die Besonderheiten des holländischen Kunstschaffens.
2. Vergleichen Sie das Schützenstück von Frans Hals mit Velazquez' „Die Übergabe von Breda" (S. 251) formal und inhaltlich.
3. Vergleichen Sie die Darstellung, Bedeutung und Funktion der abgebildeten Dinge in Holbeins Bildnis (S. 235) mit denen im Stillleben von Pieter Claesz.

▸**Stillleben** (niederl. still-leven Leben, Dasein, Modell): Gattung der Malerei, die sich der Darstellung unbewegter Dinge widmet

▸**Genre:** Darstellung mit Szenen aus dem alltäglichen Leben eines Standes (z. B. der Bauern)

▸**Roemer Visscher:** berühmter holländischer Verfasser von Emblembüchern im 17. Jahrhundert

Emblem aus: Roemer Visscher: Sinnepoppen. Amsterdam, 1614

▸**Emblem:** Kombination von Bild und Wort (Motto und sprichwortartiger Text), deutet einen verschlüsselten Sinn an

▸**Symbol:** Bildzeichen, das auf einen tieferen Inhalt, einen Sinn, verweist („Sinnbild")

▸**Vanitas** (lat. Eitelkeit, Nichtigkeit, Vergänglichkeit): Mahnung der irdischen Vergänglichkeit, im engeren Sinne Stillleben mit Symbolen irdischer Vergänglichkeit

▸**monochrome Malerei** (griech. einfarbig): Malerei, die in einer Farbe und deren Hell-Dunkel-Abstufungen angelegt ist

Frans Hals: Festmahl der Offiziere der St. Georgs-Schützen, 1627. Öl auf Leinwand, 179 x 257 cm. Haarlem, Frans Hals Museum

Pieter Claesz: Vanitas-Stillleben, 1625. Öl auf Holz, 36 x 59 cm. Nürnberg, Germanisches Nationalmuseum

Rembrandt: Selbstbildnis mit aufgerissenen Augen, 1630. Radierung und Grabstichel, 51 x 46 mm (erster Zustand). Berlin, Staatliche Museen Kupferstichkabinett SMPK

▸Lukasgilde: seit ca. 1500 Zusammenschluss von Künstlern; ihr Schutzpatron war der Evangelist Lukas

▸Radierung (lat. radere schaben, kratzen): Tiefdruckverfahren, bei dem die druckenden, vertieften Linien in der Kupferplatte durch Ätzen hergestellt werden

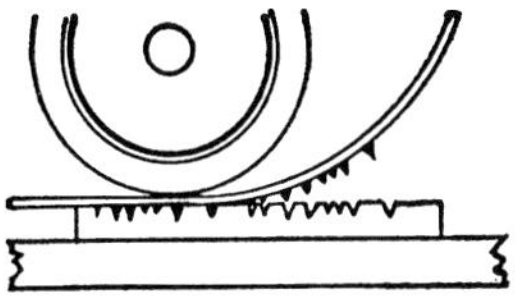

Tiefdruck mit Druckplatte, Papier und Walze

▸Kaltnadel: Im Unterschied zur Radierung, die auf chemischem Wege die Linien in die Metallplatte ätzt, entstehen bei der Kaltnadelradierung die Linien mechanisch, „kalt", durch das Einkratzen von Linien.

▸Grabstichel: Werkzeug der Kupferstecher, das feine Linien in weiches Metall gräbt und Späne heraushebt

▸Hell-Dunkel (ital. chiaroscuro, franz. clair-obscur): Prinzip der Bildgestaltung durch die Wechselwirkung von Hell und Dunkel, das auf Caravaggio (s. S. 178) zurückgeht und die Motive durch das Licht aus dem Dunkel hervortreten lässt

Maler und Radierer – Rembrandt

Der holländische Maler und Graphiker **Rembrandt Harmenszoon van Rijn** (1606–1669) machte sich nach seiner Übersiedlung von Leiden nach Amsterdam einen Namen vor allem als Porträtist. Er trat der ▸Lukasgilde bei und konnte als selbstständiger Meister Schüler ausbilden. Rembrandt verkaufte gut, sammelte selbst: Antikes, Kunst und Exotika. Seine beiden Kinder starben sehr früh; 1640 verschied auch seine Mutter, zwei Jahre später seine Frau.

In dieser Zeit begannen Rembrandts finanzielle Schwierigkeiten. Ein uneheliches Kind mit der Haushälterin führte zur Maßregelung durch den Amsterdamer Kirchenrat wegen unzüchtigen Verhaltens. Freunde und Schüler wandten sich ab, Rembrandts Geldnot wurde immer größer. Man erklärte ihn für zahlungsunfähig, verkaufte sein Haus, versteigerte seine Sammlung. Zurückgezogen arbeitete er weiter, als Angestellter der Kunsthandlung seines unehelichen Sohnes und seiner Haushälterin, die 1663 verschied; 1668 starb auch sein Sohn. Rembrandt wohnte und arbeitete zuletzt als gebrochener Mann bei seiner Schwiegertochter, die wie er 1669 verstarb.

Rembrandt ist der überragende Meister der ▸Radierung, die unmittelbares Arbeiten und spontanen Ausdruck zulässt wie in seiner Studie **„Selbstbildnis mit aufgerissenen Augen"**. Bei der Radierung überzieht man eine Kupferplatte beidseitig mit einer säurefesten Schicht. Mittels einer Radiernadel ritzt man in diese Schicht, sodass Striche den Kupfergrund freilegen. Die Platte wird nun einem Säurebad ausgesetzt. Die ätzende Flüssigkeit gräbt die Zeichnung als Rillen in das Kupfer ein, um so tiefer, je länger man sie wirken lässt.

Ergänzende Techniken wie die ▸Kaltnadel können hinzutreten, die direkt in die Platte ritzt und dort zusätzlich Grate aufwirft. Mit dem ▸Grabstichel, einem Werkzeug des Kupferstichs, hat Rembrandt bei seinem „Selbstbildnis" Schattenpartien auf manuelle Weise eingegraben und stärker herausgearbeitet.

Für den Abzug auf Papier färbt man die gesamte Platte ein, wischt die Farbe aber wieder von der Oberfläche. Beim Druck in einer Kupferdruckpresse geben die vertieften Rillen und die überstehenden Grate ihre dort haften gebliebene Farbe auf das angefeuchtete und angepresste Papier ab.

Im „**Hundertguldenblatt**" stellt Rembrandt Christus als Prediger dar, in unmittelbarem und intensivem Kontakt mit seinen Zuhörern. Obwohl die calvinistische Lehre dem Studium des Bibeltextes den Vorrang gab und die Verwendung von Bildern zur religiösen Andacht ablehnte, verschwanden christliche Themen nicht ganz aus der holländischen Kunst. Rembrandts Interesse jedoch galt in dieser Radierung weniger der Darstellung einzelner, bestimmbarer Ereignisse aus dem Leben Jesu (wie etwa die Heilung der Kranken oder die Segnung der Kinder), sondern den tiefen Gefühlsregungen, die die Worte und Taten des Heilands bei den Menschen auslösten. Ihre Darstellungen in den unterschiedlichen Gesten und Mienen offenbaren nicht nur einzelne Reaktionen, sondern verweisen zugleich exemplarisch auf eine breite Palette menschlichen Verhaltens.

Rembrandt zeigt im „Hundertguldenblatt" seinen Reichtum an graphischen Möglichkeiten von der Linie bis zur Fläche. Das ▸Hell-Dunkel, die Verteilung von Licht und Schatten, setzt er dramaturgisch äußerst effektvoll ein. So lässt er Licht vom Haupte Christi ausgehen, der kompositionell und geistig das Zentrum dieses Blattes ist. Eine Schar von Armen und Beladenen strömt von rechts aus dem Dunkel heran, während links im Bild die Schriftgelehrten im gleißenden Lichtschein nahezu verschwinden.

Seit 1628 schuf Rembrandt insgesamt etwa 290 Radierungen, und bereits Zeitgenossen lobten seine virtuose Beherrschung der Technik, wie beim „Hundertguldenblatt": „So malet Rembrandts Nadel nach dem Leben/Den Gottessohn in einer Welt des Leids ..."

Rembrandt: Die Hütte bei dem großen Baum, 1641. Radierung, 12,7 x 32 cm. Amsterdam, Rijksprentenkabinet

Rembrandt: Christus predigend (Hundertguldenblatt), um 1643–1649. Radierung, 28 x 39 cm. Amsterdam, Rijksprentenkabinet

Rembrandt war ein gefragter Porträtmaler und schuf zahlreiche Einzelbildnisse, aber auch Gruppenporträts wie **„Die Nachtwache"**. Dieses monumentale Gemälde zeigt eine Amsterdamer Bürgerwehr und fasst in ihrer Darstellung zahlreiche Einzelporträts der Mitglieder durch eine Handlung zusammen, den Aufbruch der Kompanie. Die Dargestellten, vor allem Kaufleute aus dem Tuchhandel, hatten im Durchschnitt etwa 100 Gulden für ihr ›Konterfei im Gemälde bezahlt. Schützengilden wie diese hatten allerdings in dieser Zeit fast nur noch eine repräsentative Funktion – auf den Kriegsschauplätzen, an der Grenze zu den südlichen Niederlanden, kämpften inzwischen vor allem Söldner gegen die spanischen Truppen.

Im Vordergrund des Gemäldes lösen sich der dunkel gekleidete Hauptmann und neben ihm der hell gewandete Leutnant aus der Gruppe der Schützen zum Aufbruch. Während der Trommler rechts zum Aufbruch ruft, formiert sich hinter den Anführern die Kompanie allmählich zu einem militärisch geordneten Zug. Die Männer richten ihre Lanzen auf oder die Fahne, andere wiederum reinigen oder laden noch ihre Büchsen.

Durch einen hellen Lichtschein innerhalb des dunkel angelegten Gemäldes wird das kleine Mädchen links neben dem Hauptmann vom Maler deutlich herausgehoben. Es trägt ein Huhn am Gürtel und verweist mit einem Wortspiel, einem ›Rebus, auf die Versammelten: Die Klauen des Huhns haben den gleichen Wortstamm wie die „Kloveniers", das niederländische Wort für Büchsenschützen.

Eine andere Besonderheit fällt erst bei genauer Betrachtung auf. Ein kleiner Junge in Uniform, der hinter dem Hauptmann aufgeregt umherläuft, feuert einen Schuss ab. Die Richtung seiner Büchse setzte Rembrandt parallel zu der Lanze, die der Pikenier (oberhalb des Leutnants) herabgesenkt hat und zu der Flinte des alten Mannes (hinter dem Leutnant), der soeben seine Büchse zum Schuss spannt. So entsteht eine gegenläufige Bewegung zur angedeuteten Aufbruchsrichtung der Kompanie. Diese Brechung des scheinbar geordneten Aufmarsches verleiht dem Bild eine doppelbödige Komponente. Wovor läuft der Pulverjunge in der vorderen linken Bildecke eigentlich davon? Er scheint auf den feuernden Schützen neben dem Hauptmann zu schauen. Die Tatsache, dass der weglaufende Pulverjunge das große Horn noch in seinen Händen trägt, weist darauf hin, dass er den Schützen mit dem nötigen Pulver versorgt hat. Auch die Bedeutung des hell erleuchteten Mädchens, der kleinen „Marketenderin", innerhalb der Bildhandlung wird jetzt deutlich: Bewundernd schaut sie auf den kleinen Schützen, der „große Heldentaten" vollbringt.

■ *Um das Mädchen zu beeindrucken, hat dieser vermeintliche Held die Waffe von seinem Freund laden lassen und dann abgefeuert. Das ist der Grund für die eilige Flucht des Pulverjungen: Er fürchtet die Strafe, die auf sein mutwilliges Tun folgen wird. Die Kinder sind das Sinnbild der falschen ›„imitatio". Sie imitieren auf unverständige Weise die Welt der Erwachsenen. [...] Es gibt eine offizielle und eine inoffizielle Lesart des Bildes. Offiziell verleitet uns das Verhältnis von Hauptmann und Schützen dazu, hier Befehl und Gehorsam zu sehen. Aber die Aktionen des Bildes verdanken sich keinem Befehl, sondern dem Schuss eines Kindes.*

Jürgen Müller, S. 45

Arbeitsanregungen:

1. Wie setzt Rembrandt in den Radierungen Linien, Umrisse und Schraffuren ein? Wie erzeugt er Oberflächenstrukturen, Plastizität und Hell-Dunkel? Imitieren und erproben Sie selbst vergleichbare Wirkungen in praktischen Arbeiten.
2. Vergleichen Sie Rembrandts Radierungen mit Kupferstichen und Holzschnitten (S. 226f.). Erläutern Sie die Unterschiede und die besonderen Qualitäten des jeweiligen Druckverfahrens.
3. Beschreiben Sie, wie und wo Rembrandt in „Die Nachtwache" durch sein Hell-Dunkel Akzente setzt. Welche Bezüge zum Bildgeschehen sehen Sie?
4. Suchen Sie im Bild Argumente für oder gegen die These von Jürgen Müller, dass „Die Nachtwache" ein ironisch gebrochenes Bild sei.
5. Zeichnen Sie eine der Personen aus dem „Hundertguldenblatt" ab.

›**Konterfei:** altertümlich für Porträt

›**Rebus:** Bilderrätsel, bei dem Bilder oder Zeichen ihren Sinn verraten, wenn ihre Namen gesprochen (und dabei lautmalerisch zusammengezogen oder leicht verändert) werden

›**imitatio** (lat.): Orientierung an den großen Vorbildern

Rembrandt: Die Nachtwache, 1642. Öl auf Leinwand, 363 x 437 cm. Amsterdam, Rijksmuseum (unten Ausschnitte)

Zwischen Repräsentation und Wahrheit – Diego Velázquez

In der Geschichte der ▸Bildgattungen nahm die Historienmalerei seit jeher eine besondere Stellung ein. Sie galt als Krönung der künstlerischen Tätigkeit. Seit der italienischen Renaissance entwickelte sich eine Hierarchie der Themen, die von Künstlern gestaltet wurden. Dem Geschichtsbild wurde innerhalb dieser Ordnung der höchste Rang zugestanden. Wird unter Historienmalerei allgemein die Darstellung von geschichtlichen Ereignissen verstanden, so schließt eine solche Definition nicht nur vergangene und der unmittelbaren Gegenwart entstammende herausragende Ereignisse ein, wie Staatsbesuche, Friedensschlüsse oder Schlachten. [...]
Obwohl heute die biblische Geschichte im strengen Sinne nur bedingt als historische betrachtet wird, wurde sie in früheren Epochen vor allem durch die kirchlichen Auftraggeber den geschichtlichen Themen gleichgestellt. Zum Bereich der Historienmalerei gehört aber auch die Mythologie und damit die von den antiken Schriftstellern und Dichtern dargestellten Ereignisse der Götterwelt sowie das ▸allegorische Bild.

Thomas W. Gaethgens, S. 16f.

Das monumentale Gemälde **„Die Übergabe von Breda"** ist ein Historiengemälde und entstand im Auftrag des spanischen Königs. Es hing im großen Prunksaal seines Palastes Buen Retiro in Madrid als eines von insgesamt zwölf riesigen Schlachtenbildern. Künstlerisch und von der menschlichen Auffassung eines militärischen Sieges war das Bild bei weitem das außergewöhnlichste in diesem Saal.

Der Maler **Diego Velázquez** (1599–1660), königlicher Hofmaler und bedeutendster spanischer Künstler des 17. Jahrhunderts, kannte weder den Ort der Handlung noch alle beteiligten Akteure persönlich und musste für sein Gemälde auf Beschreibungen und Stiche zurückgreifen. Er wählte den Moment, da der spanische General Ambrogio Spinola vom holländischen Stadtkommandanten Justin von Nassau symbolisch die Schlüssel der Stadt Breda erhält. Dieser Moment markiert das (vorläufige) Ende einer der großen militärischen Kraftproben zwischen Spaniens Truppen und den aufständischen Holländern, die um ihre Unabhängigkeit von Spanien kämpften. Die Erschöpfung ihrer Vorräte zwang die belagerte Stadt zur Kapitulation. Spinola gewährte den Holländern 1625 einen ehrenvollen Abzug in Fahnen und Waffen, ansonsten ging man mit Besiegten weniger großzügig um. Von einer tatsächlichen Übergabe der Schlüssel zeugt allerdings keiner der zeitgenössischen Berichte. In einem anlässlich des Sieges aufgeführten Schauspiel hörte man den Darsteller Spinolas sagen: „Der Wert des Besiegten verleiht dem Sieger Ruhm." Schon zur Zeit der Entstehung des Bildes allerdings hatten die Holländer ihre Stadt zurückerobert.

„Der Herzog Olivares zu Pferde" zeigt den Porträtierten in Feldherrnpose, als Anführer der königlichen Armee. Der Herzog hatte zwar nie Truppen im Feld militärisch befehligt, war aber am spanischen Hofe ein einflussreicher Mann. Velázquez stellt ihn dar, als ob er sein Pferd in der Courbette hält, einer schwierigen Lektion der spanischen Reitschule – zugleich erteilt er scheinbar mühelos mit dem Feldherrnstab Befehle. So soll dem Betrachter bedeutet werden, dass der Herzog die Zügel (des Staates) fest in der Hand hält. Zahlreiche Fürsten des Barock wählten diese Darstellungsart als kühne Schlachtenlenker für ihre repräsentativen Porträts.

Arbeitsanregungen:

1. Skizzieren Sie die Komposition von „Die Übergabe von Breda". Erläutern Sie ihre Bedeutung für das Thema des Bildes.
2. Beschreiben Sie das Verhältnis zwischen historischen Tatsachen und ihrer bildlichen Darstellung. Welche Auffassung des barocken Zeitalters zeigt sich?
3. Stellen Sie aus diesem Buch für jede Gattung der Malerei eine Liste mit Bildern aus der Frührenaissance bis zum Rokoko zusammen. Begründen Sie in Zweifelsfällen Ihre Zuordnungen.

▸**Bildgattungen:** Themenbereiche der Malerei, die in der akademischen Lehre hierarchisch gegliedert sind in:
- **Historie:** an der Spitze der Gattungshierarchie, stellt geschichtliche, mythologische oder biblische Themen dar und soll zugleich ein „moralisches Exempel" vermitteln
- **Porträt:** Bildnis, das die Individualität, die besonderen Eigenschaften eines Menschen, anschaulich vergegenwärtigt, wobei lange Zeit nur hochgestellte Persönlichkeiten als bildniswürdig galten
- **Genre:** Darstellungen des täglichen Lebens der verschiedenen Stände, zum Teil mit lehrhaftem Unterton
- **Landschaft:** lange Zeit als niedere Gattung eingestuft, da sie „lediglich Natur nachahme", aber seit dem 17. Jahrhundert als Trägerin von Stimmungen allmählich aufgewertet
- **Stillleben:** in der akademischen Lehre durch die Darstellung unbewegter oder toter Gegenstände als „mindere Gattung" angesehen; Blütezeit in Holland und Flandern im 17. Jahrhundert

▸**Allegorie, allegorisch:** s. S. 236

Diego Velázquez:
Die Übergabe von Breda, um 1635. Öl auf Leinwand, 307 x 367 cm.
Madrid, Museo del Prado

Diego Velázquez:
Der Herzog Olivares zu Pferde, 1638. Öl auf Leinwand, 313 x 239 cm.
Madrid, Museo del Prado

Heroische und ideale Landschaft – Poussin und Lorrain

Erst im Barock gelangte die Darstellung der Natur im engeren Sinne, die Landschaft, zur vollen Selbstständigkeit und wurde zu einer eigenen Gattung der Malerei. Zwei französische Maler des 17. Jahrhunderts prägten in der aufblühenden Landschaftsmalerei eigene Richtungen.

Mit **Nicolas Poussin** (1593–1665) trat die französische Kunst das Erbe des römischen Barock an. 1624 kam der Künstler aus Frankreich nach Rom, wo er bis auf eine kurze Unterbrechung zeit seines Lebens blieb. Seine Vorbilder waren die antiken Heiligtümer und die Künstler der italienischen Renaissance wie Raffael und Tizian. Maß und Klarheit wurden zu Leitbegriffen Poussins.
Poussin durchstreifte die römische ▸Campagna auf der Suche nach Motiven. Er vermied alles Rohe und Zufällige, das Maßlose und das Wilde wie auch das Alltägliche, das Belanglose oder das Liebliche. Er wollte auf seinen Gemälden vollkommene Landschaften komponieren und ihren Rang durch einen Bezug zu einem heroischen Thema weiter erhöhen.
„Er begleitete seine Landschaften mit angemessenen Geschichten und Handlungen." (André Felibien, 1665) Immer wieder ließ der Maler auf seinen Bildern Figuren aus der antiken ▸Mythologie agieren, so auch auf seinem Gemälde **„Landschaft mit Orpheus und Eurydike"**. Während der Musiker Orpheus auf der Leier spielt, wird seine Frau Eurydike von einer Schlange gebissen und vergiftet.

Der Ort der Handlung, ein antikisch-zeitloser Schauplatz, nimmt Anteil an dem zunächst heiteren, dann menschlich tragischen Geschehen. So verstärkt die bedeutsame Landschaft menschliche Gefühle, die sich über die Mimik und die Gesten der Figuren unmittelbar mitteilen. Es ist eine heroische Landschaft, sie zeugt vom Heldischen oder vom Tragischen, auch vom Gewaltigen und Erhabenen. Roger de Piles notierte 1708: „Der heroische Stil ist eine Komposition von Gegenständen aus Kunst und Natur, die eine mächtige und außergewöhnliche Wirkung hervorrufen können."

Auch der zweite herausragende Landschaftsmaler der französischen Kunst, **Claude Lorrain** (1600–1682), verbrachte die meiste Zeit seines Lebens in Italien, vor allem in Rom. Ebenso wie Poussin begeisterte er sich für die Antike, doch gewann in seinen Bildern das Licht eine zentrale Rolle. Seine Landschaften zeichnen sich durch eine lyrische Stimmung aus, sie sind feierlich schön – es sind ideale Landschaften.

In **„Die Verstoßung der Hagar"** zeigt Lorrain eine Begebenheit aus dem Alten Testament. Abraham, der mit seiner Frau Sarah ohne Kinder geblieben war, zeugte mit seiner ägyptischen Magd Hagar einen Sohn. Als Sarah wider Erwarten doch noch ein Kind gebar, verlangte sie von ihrem Mann die Verstoßung der Dienerin und des unehelichen Sohnes. Lorrain stellte dieses Ereignis im Vordergrund einer weiträumigen Landschaft dar. Er gestaltete sie als durch Licht und Atmosphäre verbundenes Raumkontinuum. Vorder-, Mittel- und Hintergrund fließen ineinander, Himmel und Erde scheinen durch das golden gleißende Licht nahtlos verbunden zu sein.
Trotz der ausgeprägt stimmungsvollen Atmosphäre orientierte sich auch Lorrain an harmonischem Maß und bedeutungsvoller Gesetzmäßigkeit. So liegt bei seinen Werken der ▸Fluchtpunkt des Raumes häufig in der Nähe der Sonne, hier nahezu auf der Mittelachse des Gemäldes. Fluchtpunkt und Lichtquelle gehen ineinander über, selbst der Arm Abrahams weist in diese Richtung. So spielte Lorrain auf die Einheit von menschlichem und göttlichem Gesetz an, auf die Einbindung des Menschen in die Ordnung des Kosmos.

Arbeitsanregungen:

1. Weisen Sie an Poussins Bild nach, wie Landschaftselemente mit dem Geschehen korrespondieren.
2. Legen Sie an den beiden Gemälden dar: Was ist eine heroische Landschaft? Was ist eine ideale Landschaft?
3. Vergleichen Sie Landschaftshintergründe aus Bildern der Renaissance mit den Werken von Poussin und Lorrain.

▸**Campagna:** die Landschaft um Rom

▸**Mythologie** (griech.): Lehre von antiken Göttern und Heroen („Sagengeschichten")

▸**Fluchtpunkt:** Punkt der perspektivischen Raumkonstruktion, bei dem die in die Tiefe führenden Linien zusammenlaufen

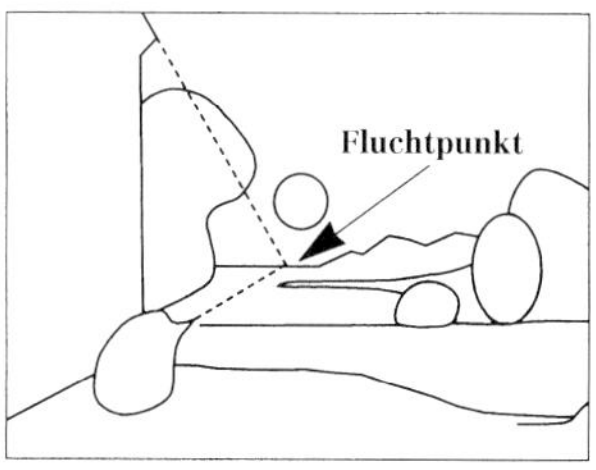

Nicolas Poussin: Landschaft mit Orpheus und Eurydike, 1649–1651. Öl auf Leinwand, 120 x 200 cm. Paris, Louvre

Claude Lorrain: Die Verstoßung der Hagar, 1668. Leinwand 106 x 140 cm. München, Alte Pinakothek

Vom Zauber des Rokoko – Jean-Antoine Watteau

Jean-Antoine Watteau (1684–1721) war einer der großartigsten Zeichner Frankreichs. Seine luftig-leichten Rötelzeichnungen sind voller Poesie und sensibler Schönheit. Gleichzeitig gilt er als einflussreichster Maler des beginnenden Rokoko. Eigens für sein Werk erfand man bereits zu seiner Zeit eine neue Malereigattung: die ▸„fêtes galantes", die Darstellungen galanter Zusammenkünfte. Er verschmolz in seinen Bildern zarteste Farbnuancen zu einem seidig schimmernden und perlmutterartig glänzenden Ganzen.

Watteau hatte zu Beginn seiner Karriere mit dem wohl berühmtesten Theatermaler Frankreichs zusammengearbeitet. Sein „Pierrot", auch **„Gilles"** genannt, zeigt einen Mann im Kostüm des Pierrot, des Spaßmachertypus der Barockkomödie (vergleichbar mit dem deutschen „Hanswurst"). Unten bevölkern vier weitere Schauspieler aus der beliebten italienischen Commedia dell' Arte das Gemälde. „Ist Gilles tatsächlich ein trauriger Clown oder spielt hier nur jemand den traurigen Clown? Wirkliches Theaterspiel oder bloßes Verkleidungsspiel, wie es die feine Gesellschaft auf ihren kleinen intimen Festen betrieb?" (Anna-Carola Kraußе, 1995)

„Das Firmenschild des Kunsthändlers Gersaint" malte Watteau kurz vor seinem Tod für den Laden des Pariser Kunsthändlers Gersaint, als er in dessen Geschäftshaus auf der Seine-Brücke Notre Dame wohnte. Watteau soll das Bild in nur acht Tagen gemalt haben, bereits nach 14 Tagen war es verkauft. Es war wohl unter dem Vordach angebracht, nahm dabei die ganze Länge der Geschäftsfront oberhalb des Schaufensters ein. Erst nachträglich ist es in zwei Teile zerschnitten worden.

Der Kunstsoziologe Hans Peter Thurn erläutert die Einzelheiten des Gemäldes:

■ *Vor dem linken Eckpfeiler wartet ein Träger anscheinend auf weitere Weisungen. Ihm zur Seite hält ein Gehilfe einen altmodisch gerahmten Spiegel, während ein anderer Mitarbeiter am Straßenrand ein Portrait in eine Kiste packt. Mit diesem, wohl von dem Hofmaler Charles le Brun gefertigten Bildnis des 1715 gestorbenen Königs Ludwig XIV. verschwindet eine ganze Epoche im Dunkel der Vergangenheit, wird hier symbolisch verabschiedet. [...]*
Ansonsten zieren Gemälde mit Liebes- und Schäferszenen, auch nackten Gestalten die Wände. Nach Art der Zeit hängen sie eng nebeneinander, keinen freien Platz für zusätzliche Anbringungen gewährend. In Kopfhöhe der eintretenden Damen weisen hintergründig erotische Motive auf die Beziehung zu ihrem Begleiter. [...]
Der Ladenbesitzer, Edmonde-François Gersaint, zeigt seinen Kunden soeben eine ▸bacchantische Szene im Stil der neuen Zeit. Von dem hohen Rundformat halbverdeckt, deutet er mit der Linken graziös auf es hin. Indem er körperlich wie symbolisch hinter seiner Offerte steht, will er wohl erklärend zu ihr hinführen, ohne sich selbst in den Vordergrund zu schieben. Umrahmt von seinen Bildern, lebt und arbeitet er inmitten der Kunst, sie selbst geistig bejahend und ihren Genuss anderen vermittelnd. [...]
Zusammen verkörpern sie das Ideal kultivierter Rokoko-Geselligkeit, dem gemäß man sich auf eine verfeinerte Lebensart hinzubewegen habe, in eleganter Manier und ohne jemanden von vornherein auszuschließen. Aus [Watteaus Gemälde] spricht die Hoffnung, dass vom Kunsterleben ein Zündfunke auf die Lebenskunst überspringen möge.

Hans Peter Thurn, S. 60ff.

Arbeitsanregungen:

1. Stellen Sie am Beispiel „Einschiffung nach Cythère" (S. 169) Eigenheiten von Jean-Antoine Watteaus Schaffen dar.
2. Informieren Sie sich über das Rokoko (S. 182) und weisen Sie an den Werken Watteaus Merkmale dieses Stils nach. Nennen Sie belegbare Unterschiede zum Barock.
3. Erfinden Sie zeichnerisch (Pastell, Kreide, Rötel) verschiedene Kulissen als neue Hintergründe für den „Gilles".

▸**fêtes galantes:** Darstellung einer amourösen Festgesellschaft mit Damen und Kavalieren im Freien

▸**bacchantisch, Bacchus:** römischer Gott des Weins und des ausschweifenden Vergnügens

Jean-Antoine Watteau: Das Firmenschild des Kunsthändlers Gersaint. 1720, Öl auf Leinwand, 163 x 308 cm. Berlin, Schloss Charlottenburg SMPK

Jean-Antoine Watteau: Kostümierte Männer, Rötelzeichnung. Paris, Louvre

Jean-Antoine Watteau: Gilles, 1717/1719. Öl auf Leinwand, 184 x 149 cm. Paris, Louvre

Die andere Seite des Rokoko – Chardin und Wright

Der Franzose **Jean-Baptiste Siméon Chardin** (1699–1779) steht mit seinem Werk in einer bürgerlichen Strömung des Rokoko, die sich zunehmend von höfischen Themen abwandte. Er war ein Meister der Gattungen, die in der akademischen Wertschätzung am wenigsten Anerkennung fanden: das ▸Genre und das ▸Stillleben. In ihnen entfaltete er „das Erhabene seiner Technik" (Denis Diderot, 1713–1784) und zeigte eine neue, freie Auffassung des Malerischen, eine vollkommene Einfachheit. Seine Bilder orientieren sich inhaltlich wie formal an holländischen Vorbildern aus dem 17. Jahrhundert und handeln häufig von stillen Momenten des Glücks, von der privaten Welt.

Chardins Gemälde sind schlicht in den Themen, klar und einfach im Aufbau, sparsam in der Farbpalette, doch voller Poesie. Sie brillieren nicht mit glanzvollen Effekten, sondern entwickeln sich aus einer tonigen, stumpfen Farbigkeit, aus einem ▸pastos-porösen Farbauftrag, der die Materialität der Dinge betont und durch eine geschickte Lichtregie inszeniert.

Chardin zeigt als einer der ersten die neuen Werte einer aufkommenden bürgerlichen Gesellschaft, die im Gegensatz zur Moral des Adels standen: Ordnung, Fürsorge und Familiensinn, Bescheidenheit, Sittsamkeit und Moral. Im Bild **„Das Tischgebet"** trägt die Hausfrau ein karges Mahl auf, die Kinder werden angehalten, Gott dafür zu danken. „Chardin entdeckt in dieser einfachen, kleinbürgerlichen Welt eine Schönheit, wie sie nie zuvor in ihr gesehen worden ist." (Jutta Held, 1993)

Joseph Wright of Derby (1734–1797), ein englischer Maler aus Derby, knüpfte an die Tradition der ▸Hell-Dunkel-Malerei an, die Caravaggio begründet und Rembrandt fortgeführt hatte; Lichtphänomene interessierten Wright zeit seines Lebens. Neben Porträts und Nachtszenen malte er auch frühe Industrie-Darstellungen. Aus den 1760er Jahren stammen Bilder, die dramatisch inszenierte wissenschaftliche Experimente zeigen. Umherreisende Scholaren gaben vor Publikum gegen Entgelt Demonstrationen der physikalischen Erkenntnisse und der technischen Möglichkeiten ihrer Zeit. In Wrights **„Das Experiment mit der Luftpumpe"** wird in einer Glasglocke mithilfe einer Luftpumpe ein Vakuum erzeugt und dessen Wirkung an einem Haubenkakadu anschaulich und drastisch vorgeführt. Die Hand des Experimentators nähert sich dramatisch dem Ventil, um wieder Luft in die Glasglocke einströmen zu lassen. Wright demonstriert in den Gesichtern der Zuschauer die verschiedenen Reaktionen auf die theatralische Vorführung.

Der Maler gab mit solchen Gemälden dem neuen, aufgeklärten Weltbild bildliche Gestalt, er zeigt die allmähliche Entzauberung des Kosmos durch den Menschen und die Wissenschaften. Die Bilder Wrights führen den Versuch des Menschen vor, sich an den Platz des Schöpfers emporzuschwingen. „Der Mensch lotet auf Erden seine Möglichkeit bis zur absoluten Grenze aus, doch wenn er an sie stößt, muss er, wie der Altersweise rechts im Bild, realisieren, dass dahinter etwas Ungreifbares und Unbegreifliches sich eröffnet, dem alle Wissenschaft nicht auf den Grund gehen kann." (Werner Busch, 1999)

Arbeitsanregungen:

1. Was unterscheidet Chardins Kunst von der Watteaus (S. 254) formal und inhaltlich?
2. Kennzeichnen Sie die verschiedenen Reaktionen der Zuschauer auf die Vorführung in Wrights „Das Experiment mit der Luftpumpe". Setzen Sie sie in Bezug zur Komposition, zur Lichtregie und zum Thema des Bildes.
3. Vergleichen Sie Wrights Darstellung mit Bildern, die Gott und den Heiligen Geist (Masaccio, S. 214) oder Gott als Schöpfer (Michelangelo, S. 220) zeigen. Inwieweit nimmt Wright Bezug auf solche (oder andere) religiöse Themen?

▸**Genre:** Darstellungen des täglichen Lebens der verschiedenen Stände, zum Teil mit lehrhaftem Unterton

▸**Stillleben** (niederl. still-leven Leben, Dasein, Modell): Gattung der Malerei, die sich der Darstellung unbewegter Dinge widmet

▸**Hell-Dunkel:** Prinzip der Bildgestaltung durch die Wechselwirkung von Hell und Dunkel, das auf Caravaggio (s. S. 178) zurückgeht und die Motive durch das Licht aus dem Dunkel hervortreten lässt (s. S. 246)

▸**pastos** (ital. pasta Teig): dickflüssiger Farbauftrag

Jean-Baptiste Siméon Chardin: Das Tischgebet (oder: Die fleißige Mutter), 1744. Öl auf Leinwand, 50 x 39 cm. Sankt Petersburg, Eremitage

Unten:
Joseph Wright of Derby: Das Experiment mit der Luftpumpe, 1768. Öl auf Leinwand, 183 x 244 cm. London, National Gallery

Vom Klassizismus zu den Wegbereitern der Moderne

Mitte des 18. Jahrhunderts vollzog sich in der europäischen Kunst ein entscheidender Wandel. Der Barock, als der letzte alle Gattungen umfassende Epochenstil der abendländischen Kunst, klang aus. Mit dem Aufkommen des Klassizismus in der zweiten Hälfte des 18. Jahrhunderts begann eine Zeit der (erneuten) Rückbesinnung auf die Antike, die man mitunter in einem verklärten Licht sah. Neue künstlerische Bestrebungen hatten es schwer, sich gegen die der Vergangenheit verpflichteten Auffassungen durchzusetzen. Dieser Streit durchzog beinahe das gesamte 19. Jahrhundert.

Auf der einen Seite standen die konservativen Kräfte, die einen Vergangenheitskult pflegten und neben der Antike in Stilen wie der Romanik, Gotik, Renaissance oder schließlich dem Barock wichtige Quellen der Inspiration sahen. Baumeister, die einen Auftrag für einen Kirchenneubau erhielten, waren in der Lage, verschiedene stilimitierende Entwürfe anzufertigen. Die Hauptaufgabe der Plastik dieses Jahrhunderts wurden die Denkmale, mit denen man Personen von wirklich oder vermeintlich geschichtlicher Bedeutung würdigte.
Auf der anderen Seite standen die Künstler, die die gesellschaftlichen und technischen Veränderungen sahen und sich den Herausforderungen der Zeit stellten. Nach der amerikanischen Unabhängigkeitserklärung 1776 und der Französischen Revolution 1789 regten sich auch in anderen Ländern Freiheitsbestrebungen. Hinzu kam, dass die beginnende industrielle Revolution das Leben veränderte. Das Handwerk verlor an Bedeutung; Fabrikware begann, die Erzeugnisse der Werkstattarbeit zu ersetzen.
Beim Bauen verwendete man neue Materialien wie Eisen oder Beton, die zu einer neuen Ästhetik führten und im Kontrast zu einer sich an der Geschichte orientierenden Auffassung standen. Die Zeit wurde schnelllebiger, die Entfernungen zwischen zwei Orten schrumpften durch die Erfindung der Eisenbahn. Der Faktor Zeit erhielt eine neue Bedeutung. Die neuen Bahnhöfe mit ihren großen Uhren waren das Symbol für die Beschleunigung des Lebens in den Städten. Mit der Erfahrung neuer Geschwindigkeiten veränderte sich auch die Wahrnehmung. Die ▸impressionistischen Künstler fingen den Eindruck eines Augenblicks, eine vorübergehende Lichtstimmung ein. Sie interessierten sich nicht mehr für das große Thema, sondern für den flüchtigen Moment, der durch die Art der Darstellung zur Kunst wurde.
Schon bald nach der Erfindung der Fotografie in der ersten Hälfte des 19. Jahrhunderts war es vielen Bürgern möglich, ein Bild von sich zu besitzen. Fotografen entwickelten – als Vorstufe zum Film, der nach 1890 erfunden wurde – Verfahren zum Festhalten von Bewegungsabläufen. Durch die Reproduzierbarkeit war es nun im größeren Stil möglich, Kunstwerke zu vervielfältigen oder Bauwerke aus allen Ländern im Foto festzuhalten. Die Abbildungen lösten die Kunstwerke aus ihrem ursprünglichen Zusammenhang. Die Menschen mussten nun nicht mehr zu den Bildern oder Bauwerken reisen, die Kunstwerke kamen gewissermaßen zu ihnen.

Der deutsche Zeitkritiker ▸Walter Benjamin beschrieb in seiner kunstsoziologischen Arbeit „Das Kunstwerk im Zeitalter seiner technischen Reproduzierbarkeit“ (1935) den Verlust der Aura, der Einmaligkeit des Kunstwerks. Lange Zeit war es strittig, ob die – nach Meinung vieler – nur abbildende Fotografie überhaupt künstlerische Produkte hervorbringen könne. Erst im 20. Jahrhundert wurde diese Diskussion zugunsten des neuen technischen Mediums entschieden.
Die Fotografie machte viele Künstler beschäftigungslos. Sie war aber auch eine Herausforderung für die Maler, von der Wiedergabe natürlicher Gegebenheiten abzurücken und künstlerisches Neuland zu erschließen. Damit war im letzten Jahrzehnt des 19. Jahrhunderts der Weg für die klassische Moderne des frühen 20. Jahrhunderts bereitet.

▸**Impressionismus** (franz. impression Eindruck): Stilrichtung der modernen Kunst, in der besonders Licht- und Farbeindrücke zur Geltung kommen

▸**Benjamin, Walter** (1892–1940): deutscher Essayist, Literatur- und Zeitkritiker

Caspar David Friedrich: Mönch am Meer (Wanderer am Gestade des Meeres), 1809. Öl auf Leinwand, 110 x 171,5 cm.
Berlin, Nationalgalerie Schloß Charlottenburg

Paul Gauguin: Woher kommen wir? Wer sind wir? Wohin gehen wir?, 1897. Öl auf Leinwand, 147 x 375 cm. Boston, Museum of Fine Arts

Klassizismus

In seiner Schrift „Gedanken über die Nachahmung der griechischen Werke der Malerei und Bildhauerkunst" aus dem Jahre 1755 formulierte ▸Johann Joachim Winckelmann seine Vorstellungen von der Ausgewogenheit und Harmonie der antiken griechischen Kunst. Seine Antikenbegeisterung beeinflusste die Zeitgenossen; er legte das Fundament für die moderne Archäologie. Winckelmann gilt als Gründer der modernen vergleichenden Kunstgeschichte. Mit ihm begann die um 1770 einsetzende, als Klassizismus bezeichnete künstlerische Strömung, die sich an der griechisch-römischen Kultur orientierte.

Der italienische Bildhauer **Antonio Canova** (1757–1822) gilt als der bedeutendste Vertreter der klassizistischen Skulptur. Er orientierte sich an antiken Posen und schuf zumeist idealisierte Figuren in weißem Marmor. Für die Skulptur von Paolina Bonaparte, der Schwester Napoleons, wählte er die Form des ▸eingekleideten Porträts, indem er sie als römische Venus darstellte. Sie hält den Apfel in der Hand, den Paris in der antiken Sage der Göttin als der schönsten Frau überreichte. Wichtigster Bildhauer des deutschen Klassizismus ist **Johann Gottfried Schadow** (1764–1860, s. S. 276). Seine **„Prinzessinnengruppe"** zeigt in ausgewogener Form den Zusammenklang von zwei Menschen in *einem* Standbild.

Auch in der klassizistischen Malerei war der Rückgriff auf die antike Sagenwelt beliebt. Die Künstler wählten mitunter auch Themen, die sich zu aktuellen Problemen in Beziehung bringen ließen. Der Franzose **Jacques-Louis David** (1740–1825) reiste eigens nach Rom, um für sein Gemälde **„Der Schwur der Horatier"** authentische Eindrücke der Antike aufzunehmen. Sein 1784 entstandenes Gemälde der kampfbereiten jungen Männer, die von ihrem Vater die Schwerter entgegennehmen, verstand man als Schwur der revolutionär eingestellten Gegner des Königs.

Davids Schüler Jean Auguste Dominique Ingres (1780–1867) orientierte sich ebenfalls an der Antike und malte zu einer Zeit, in der sich ▸Realismus und ▸Impressionismus als aktuelle Strömungen herausbildeten, bis an sein Lebensende traditionell Bilder mit mythologischen und historischen Themen.

Die klassizistische Baukunst nahm Anleihen beim griechischen Tempel. Doch beschränkten sich die Baumeister nicht auf bloße Nachahmung, sondern bewährten sich bei neuen Aufgaben. Die Ausgrabungen der Vesuvstädte ▸Pompeji und Herculaneum förderten das Interesse an der römischen Republik, die man als hohes Ideal dem aufgeklärten Absolutismus gegenüberstellte. Man gliederte die Baukörper der Schlösser, Museen und Kirchen klar und fügte die Schmuckformen lediglich an. Carl Gotthard Langhans (1732–1808) als Baumeister des Brandenburger Tores (s. S. 276), Leo von Klenze (1784–1841) als Gestalter der unter König Ludwig I. entstandenen Bauten in München und **Karl Friedrich Schinkel** (1781–1841) entwickelten aus dem Geist der Antike einen Stil, der in den kommenden Jahrzehnten maßgebend für das Bauen im deutschen Raum blieb. Schinkels „Altes Museum" in Berlin besitzt den würdevollen Charakter eines antiken Bauwerks. Seine **„Bauakademie"** aus Sichtbackstein, die in den Jahren 1831–1836 entstand und 1962 abgerissen wurde, bestach durch die Ausgewogenheit der Proportionen. Bei dem in ▸Skelettbauweise errichteten quadratischen Gebäudeblock löste sich Schinkel von antiken Vorbildern und schuf einen für die Zukunft richtungweisenden Bau.

Die Pariser Kirche Ste. Geneviève von Jacques-Germain Soufflot (1713–1780), die man ein Jahr nach seinem Tode in das „▸Pantheon der Nation" umwandelte, oder das British Museum in London von Robert Smirke (1780–1867) stellen in ihrer blockhaften Klarheit und der Verwendung antiker Elemente weitere Beispiele des europäischen Klassizismus dar.

▸**Johann Joachim Winckelmann** (1717–1768): Begründer der Archäologie und der vergleichenden Kunstgeschichte der Antike (s. S. 64)

▸**eingekleidetes Porträt** (franz. portrait historié): Darstellung einer Person in Gestalt einer historischen, mythologischen oder literarischen Figur

▸**Realismus** (lat. res Ding, real wirklich): in der Kunst eine an der Wirklichkeit orientierte Darstellungsweise

▸**Impressionismus:** s. S. 258

▸**Pompeji und Herculaneum:** süditalienische Städte in der Provinz Neapel, beim Vesuvausbruch 79 n. Chr. völlig verschüttet

▸**Skelettbau:** Bauweise, die auf einem System tragfähiger Glieder (dem Skelett) beruht

▸**Pantheon:** ursprünglich Heiligtum der in der Antike verehrten Gottheiten in Rom; in der Neuzeit Gedenkstätte für bedeutende Männer (s. S. 72)

Antonio Canova: Paolina Borghese-Bonaparte als ruhende Venus, 1804–1808. Marmor. Rom, Galleria Borghese

Johann Gottfried Schadow: Kronprinzessin Luise von Preußen und Prinzessin Friederike, 1797. Marmor, Höhe 172 cm. Berlin, Staatliche Museen Preußischer Kulturbesitz

Jacques-Louis David: Der Schwur der Horatier, 1784. Öl auf Leinwand, 330 x 427 cm. Paris, Louvre

Karl Friedrich Schinkel: Die Bauakademie in Berlin, 1831–1835 (1962 abgerissen)

Romantik

Seit dem Ende des 18. Jahrhunderts diente die im England des 17. Jahrhunderts entstandene Bezeichnung Romantik zur Kennzeichnung einer Bewegung, die sich zunächst in der Literatur und der Philosophie formierte. Dem Rationalismus der Aufklärung, der vernunftbetonten Klassik und dem sich an antiken Idealen orientierenden Klassizismus stellten die romantischen Künstler eine zum Gefühlvollen, Phantastischen und Märchenhaften tendierende Weltauffassung entgegen.

Die Basis für diese Haltung, bei der subjektives Empfinden und persönliche Eindrücke bestimmend waren, bildete das gefühlsmäßige Erleben von Gott und Natur. Man sah das Einzelne als Ausdruck eines Unendlichen an. Das seelische Erleben war der Weg für die empfindsame Seele, zum Höchsten zu gelangen.

Der bekannteste Vertreter der deutschen romantischen Kunst ist der aus Greifswald stammende Maler **Caspar David Friedrich** (1774–1840; s. S. 259, 304), der vor allem Landschaften zunächst zeichnete. Im Atelier entstanden dann Landschaftsgemälde, in denen er einzelne Motive miteinander kombinierte und mit symbolischen Bedeutungen versah. Die Natur war für ihn Gleichnis des Wandels und der Vergänglichkeit. Meist brachte er seine gemalten Naturandachten mit der christlichen Botschaft in Verbindung und machte zugleich Aussagen zu den Lebensaltern, zu Tod und Erlösung. Der abgestorbene Baum beispielsweise kann für Friedrich ein Zeichen für die Endlichkeit sein. Er war der Überzeugung, dass die Natur, aber auch ihre Darstellung in der Malerei, den Menschen zu Gott führen könne.

Friedrich hatte Kontakt zu **Philipp Otto Runge** (1777–1810), einem anderen Vertreter einer naturreligiösen Malerei, der in seinen Briefen theoretische Erkenntnisse zur Kunst formulierte. Zur beschaulichen Idylle entwickelte sich die Malerei in der Spätromantik. **Adrian Ludwig Richter** (1803–1884) und Moritz von Schwind (1804–1871) stimmten in ihrem Werk gemütvoll-poetische, friedvolle Töne an. Bearbeitungen von Märchen und Sagenstoffen führten zu einem bemerkenswerten Aufschwung der Buchillustration.

Unter dem Eindruck der nachrevolutionären Situation nahmen in Frankreich die Künstler zum Zeitgeschehen Stellung. Dabei ging es den französischen Romantikern weniger um Innerlichkeit und gefühlvolles Fabulieren, sondern um die Darstellung menschlicher Extremsituationen oder Szenen aus dem fernen Orient. Das Absonderliche, das Exotische wurden auf dramatische Weise in oft expressiver Farbigkeit umgesetzt. **Eugène Delacroix** (1798–1863), der bekannteste Vertreter der französischen Romantik, bearbeitete religiöse, historische und zeitgenössische Themen und entfaltete dabei einen gefühlvollen, ausdrucksstarken Stil. Sein Landsmann Théodore Géricault (1791–1824) zeigte in einigen Bildern Episoden aus den ▸napoleonischen Kriegen. Um die Nichtigkeit der menschlichen Existenz ging es in seinem Spätwerk. Er malte eine dramatische Schiffskatastrophe (s. S. 290) und porträtierte Menschen im Irrenhaus.

In England entwickelte sich im frühen 19. Jahrhundert eine Landschaftsmalerei, bei der es weniger um eine naturgetreue Darstellung der topographischen Gegebenheiten ging. Das Motiv diente als Inspirationsquelle für eine Malerei, deren Thema das Licht und seine vielfältige farbige Erscheinung war. William Turner (1775–1851; s. S. 306) konzentrierte sich in seinen späten Werken auf die Darstellung der Naturgewalten und unterschiedlicher atmosphärischer Lichtstimmungen. In vielen seiner Aquarelle gibt es keine klar ▸konturierten Gegenstände und Formen mehr. Turner, der sich auch theoretisch mit Farbwirkungen beschäftigte, löste das Gegenständliche in Lichtvisionen auf und war damit der Wegbereiter des Impressionismus (s. S. 270). Sein Landsmann John Constable (1776–1837; s. S. 306) widmete sich beinah ausschließlich der Landschaftsmalerei und der Darstellung von atmosphärischen Natureindrücken.

▸**napoleonische Kriege:** Nach den Koalitionskriegen (zwischen 1792 und 1806/07) führte Napoleon I. zahlreiche weitere Kriege in Europa, um seine imperiale Hegemonialpolitik zu behaupten (zwischen 1807/08 und 1812).

▸**Kontur:** Umrisslinien von Bildgegenständen

Adrian Ludwig Richter: Bechsteins Märchenbuch, erste illustrierte Ausgabe 1853

Caspar David Friedrich: Abtei im Eichwald, 1809. Öl auf Leinwand, 110 x 171 cm. Berlin, Alte Nationalgalerie SMPK

Philipp Otto Runge: Die Genien auf der Lichtlilie, 1809. Bleistift und Kreide auf Papier, 56,3 x 40,4 cm. Vorzeichnung zur 2. Fassung des „Morgen“. Köln, Wallraf-Richartz-Museum

Eugène Delacroix: Das Massaker von Chios, 1823–1824. Öl auf Leinwand, 417 x 354 cm. Paris, Louvre

Heinrich von Ferstel: Votivkirche an der Ringstraße in Wien, 1856–1879

Ernst Rietschel: Goethe-Schiller-Denkmal, 1852–1857. Bronze. Weimar

Historismus

Unter Historismus versteht man eine Auffassung des späten 19. Jahrhunderts vor allem in der Architektur, die sich an der Historie, an der Geschichte, orientierte. Aus der Wertschätzung und Bewunderung des Vergangenen heraus schuf man Gebäude, Einrichtungsgegenstände und Möbel, die zwar hohen handwerklichen Ansprüchen genügten, aber nicht als Produkte eines originären Stils zu bezeichnen sind. Das Adjektiv „historistisch" wird häufig in abwertender Weise gebraucht, weil der Rückgriff auf die Formen vergangener Stile beliebig geschah und man fehlende Neuschöpfungen beklagte.
Bei der Einschätzung der Geschichte ging es weniger um einen möglichst objektiven Blick, vielmehr schaute man verklärt auf das Vergangene. Das Wiederaufblühen war von einem wachsenden Nationalbewusstsein begleitet. In Deutschland entdeckte man nach dem Sieg über die napoleonische Armee die Gotik und sah in ihr *den* deutschen Baustil. Voller Begeisterung trat man für die Fertigstellung des Kölner Domes ein, der 1248 begonnen worden war und seit dem 15. Jahrhundert als unfertiger Bau mittem in der Stadt stand.
Der Historismus erfasste ganz Europa. Zahlreiche repräsentative Gebäude wie auch private Wohnbauten aus dieser Zeit prägen noch heute das Bild vieler Städte oder einzelner Stadtviertel.
Um den Bauwerken durch den Rückgriff auf die Tradition eine historisch angemessene Würde zu geben, baute man Kirchen und Schlösser vorzugsweise im Stil der Neogotik, Museen und Banken im Stil der Neorenaissance und Opern und Justizpaläste im Neobarock.

Die **„Votivkirche"** in Wien von **Heinrich von Ferstel** (1828–1883) ist als dreischiffige ▸Basilika mit Seitenkapellen, Querhaus und ▸Chorumgang mit sieben radialen Kapellen angelegt. Sie entspricht damit dem Vorbild gotischer Kathedralen in Frankreich, doch unterscheidet sie sich von diesen durch die hohen, durchbrochenen Turmhelme mit reichem ▸Maßwerk.
Um eine Mischung von Elementen der Renaissance mit barocken Formen handelt es sich beim Berliner **„Reichstag"**, der nach Plänen von **Paul Wallot** (1841–1912) von 1884 bis 1894 entstand. Dem symmetrisch angelegten Bau ist eine Halle vorgeblendet, die in ihrer Form die Vorderfront eines antiken Tempels zitiert. Dieser Rückgriff auf Stilelemente der Vergangenheit steht im Kontrast zur Kuppel des Sitzungssaales. Bei deren Eisen-Glas-Konstruktion bediente sich Wallot – ganz unhistorisch – der modernen Technik, griff jedoch bei der reich geschmückten, krönenden ▸Laterne auf der Kuppel wiederum auf historische Stilelemente zurück. „Das entsprach der neuen Tendenz, traditionelle Kunstformen und moderne Techniken künstlerisch zu integrieren." (Jürgen Paul, 1990)

Auch in der Malerei und Plastik des 19. Jahrhunderts lassen sich historisierende Strömungen beobachten, vor allem bei historischen Sujets, die man gern aufgriff und in theatralischer Form inszenierte. Der Maler **Karl von Piloty** (1826–1886) machte den Tod Wallensteins zum Thema. Auf seinem Gemälde, das sich auf dieses Ereignis im Jahre 1634 bezieht, steht der Astrologe Seni sichtbar bewegt vor der Leiche des ermordeten Feldherrn.
Beim **„Goethe-Schiller-Denkmal"** in Weimar von **Ernst Rietschel** (1804–1861) handelt es sich um eine eher zurückhaltende Würdigung der beiden Dichter, die in ihrer Individualität wie auch in freundschaftlicher Beziehung zueinander erfasst sind.

Der Blick zurück und die Vorliebe für die kulturelle Tradition bestimmten auch das Werk von Künstlern, die ihren Lebensmittelpunkt nach Rom verlegten und unter der Bezeichnung Deutschrömer in die Kunstgeschichte eingegangen sind. Anselm von Feuerbach (1829–1880) bearbeitete Themen wie „Das Gastmahl des Platon" oder die „Iphigenie"; der Schweizer **Arnold Böcklin** (1827–1901) widmete sich vorzugsweise der Darstellung antikischer Fabelwesen, die sich in südlichen Landschaften bewegen. Seine **„Toteninsel"**, die ein „Bild zum Träumen" sein sollte, bekam den Status eines Kultbildes.

▸**Basilika:** Gebäudeform einer Kirche (s. S. 74)

▸**Chorumgang:** Gang im Inneren einer Kirche um den Chor herum, oft als Fortführung der Seitenschiffe ausgeführt

▸**Maßwerk:** Steinornament der Gotik (s. S. 146)

▸**Laterne:** turmartiger Aufsatz auf Kuppeln und Gewölben, durch den Licht in den Raum fällt (s. S. 190)

Paul Wallot: Reichstag in Berlin, 1884–1894 (Zustand vor 1945)

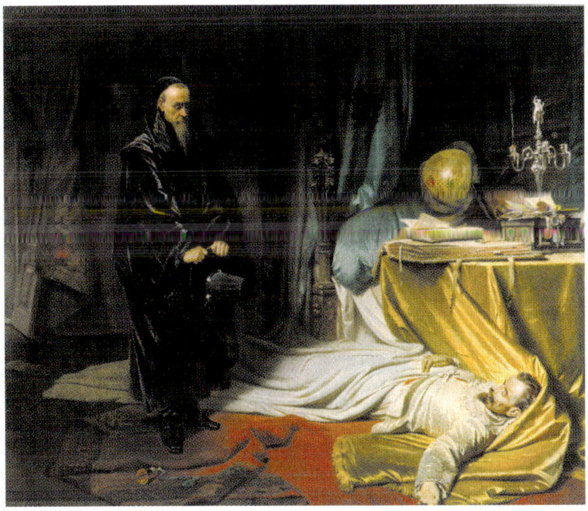

Karl von Piloty: Seni vor der Leiche Walleinsteins, 1855, Öl auf Leinwand, 311 x 365 cm. München, Neue Pinakothek

Arnold Böcklin: Toteninsel, 1880. Öl auf Leinwand, 111 x 155 cm. Basel, Kunstmuseum

Realismus

Der Begriff Realismus bezeichnet in der Kunst des 19. Jahrhunderts eine an der Wirklichkeit orientierte Darstellungsweise, die sich etwa um 1850 herauskristallisierte. Die Künstler wandten sich gegen einen trockenen ▸Akademismus, der den offiziellen Ausstellungsbetrieb beherrschte; sie griffen schwerpunktmäßig Themen auf, die mit der Land- und Industriearbeit oder dem Alltag und den Lebensumständen der Menschen zu tun hatten. Schmal war dabei gelegentlich der Grat zwischen einer sentimental gefärbten und einer nüchternen Auffassung. Einmal überwog die mit ▸Pathos vorgebrachte Anklage, ein anderes Mal war es die unsentimentale Bestandsaufnahme von Ereignissen. Im Unterschied zum Realismus ging es den Malern des Naturalismus um eine naturgetreue Darstellung des Sichtbaren.

In seinem 1849/50 entstandenen Gemälde **„Das Begräbnis von Ornans“** malte **Gustave Courbet** (1819–1877; s. S. 292) die Trauergäste vor einem ausgehobenen Grab, lebensgroß, in ihrer ländlichen Tracht, andächtig, unbeteiligt oder eher gleichgültig. Als der Künstler das Bild ausstellte, bezeichnete er es als „historisches Gemälde“ und löste damit den Protest vieler Besucher und Kritiker aus. Ihm ging es darum, das unbedeutende Ereignis für bildwürdig zu erklären und damit in seiner Bedeutung aufzuwerten. Konsequent verweigerte er sich jedweder Idealisierung und malte Bilder von Steinklopfern, Kornsieberinnen und leicht bekleideten oder nackten Frauen, die sich in der freien Natur bewegen. Kritiker sahen in derartigen Bildern einen Affront gegen die traditionelle Kunstauffassung wie auch eine politische Demonstration für die Ideale der Revolution von 1848. Einer Baracke, in der Courbet 1855 seine Bilder ausstellte, gab er den provozierend-programmatischen Titel „Pavillon du Réalisme“. In einem Manifest formulierte er seine künstlerische Position: „Ich wollte imstande sein, die Ansichten, die Ideen und das Aussehen dieser unserer Epoche nach meiner eigenen Einschätzung auszudrücken, mit einem Wort, ich wollte lebendige Kunst schaffen. Das ist mein Ziel.“

Einer sozialen Anklage begegnet man im Werk von Courbets Landsmann **Honoré Daumier** (1808–1879), der oft mit dramatischen Lichtführungen arbeitete. In seinen in der Technik der ▸Lithographie hergestellten und in größerer Auflage veröffentlichten Karikaturen griff er Richter, Anwälte, Bodenspekulanten an. Er zeigte aber auch die Schwächen seiner Zeitgenossen, geißelte politische Korruption seiner Zeit und gab seine Sympathie mit den sozial Schwachen zu erkennen.

Mit alltäglichen Situationen setzte sich auch der aus Schlesien stammende Adolph Menzel (1815–1905; s. S. 292) während seiner mittleren Schaffensperiode auseinander. Der Rheinländer **Wilhelm Leibl** (1844–1900) zeigte sich vom Werk Courbets beeindruckt. Er verbrachte mehrere Jahre in Oberbayern und schilderte in seinen Gemälden das Leben der Menschen aus dem Volk. Bei den **„Drei Frauen in der Kirche“** ging seine Detailtreue so weit, dass man sogar die Texte in den aufgeschlagenen Gebetbüchern lesen kann. Ganze drei Jahre jeweils im Sommer arbeitete Leibl an diesem Bild. Das Ergebnis ist mehr als nur der Beweis seines handwerklichen Könnens. Er erforschte mit dem Pinsel die Gesichter, stellte der faltigen Haut der Alten das glatte Gesicht der jungen Frau gegenüber.

Realistische Tendenzen in der Kunst des 19. Jahrhunderts lassen sich auch in anderen europäischen Ländern beobachten. Viele Künstler richteten ihren Blick auf die kleinen Dinge des Alltags, auf soziales Elend, auf Not und Unterdrückung. Sie erhoben Anklage oder dokumentierten Missstände. Der Belgier **Constantin Meunier** (1831–1905) schuf monumentale plastische Einzelfiguren von arbeitenden Menschen, die nichts von Mühsal und körperlicher Anstrengung zeigen, sondern Würde und Ernst ausstrahlen. Der Russe Ilja Repin (1844–1930) wandte sich sozialen, aber auch historischen Themen zu. Der Italiener **Giuseppe Pelizza da Volpedo** (1868–1907) schuf sein zu Protest und gemeinsamem Widerstand aufforderndes Monumentalgemälde **„Der vierte Stand“**.

▸**Akademismus:** abwertende Bezeichnung für eine an (Kunst-) Akademien gelehrte Auffassung der Kunst, die sich an der Tradition orientiert

▸**Pathos** (griech. páthos Leid, Schmerz, Leidenschaft): Leidenschaft, feierliche Ergriffenheit; auch: übertriebene Gefühlsäußerung

▸**Lithographie** (griech. lithos Stein, graphein schreiben): 1798 erfundenes Flachdruckverfahren, bei dem auf etwa 10 cm dicke Platten aus Kalkschiefer mittels Feder, Kreide oder Pinsel eine Zeichnung mit fetter Farbe aufgebracht wird. Nach einer Behandlung der zeichnungsfreien Partien wird der Stein angefeuchtet und mit Druckfarbe eingefärbt, die nur an den Stellen der Zeichnung haftet. Mit diesem Verfahren ließen sich größere Auflagen recht problemlos herstellen.

Gustave Courbet: Das Begräbnis von Ornans, 1849. Öl auf Leinwand, 314 x 665 cm. Paris, Musée d'Orsay

Wilhelm Leibl: Drei Frauen in der Kirche, 1878–1882. Öl auf Leinwand, 113 x 77 cm. Hamburg, Kunsthalle

Honoré Daumier: Rue Transnonain, le 15 avril, 1834. Lithographie, 44,5 x 29 cm. Privatsammlung

Constantin Meunier: Der Dockarbeiter, 1893. Bronze, Höhe 120 cm. Brüssel, Musée C. Meunier

Giuseppe Pelizza da Volpedo: Der vierte Stand, 1898–1901. Öl auf Leinwand, 293 x 345 cm. Mailand, Civicche Raccolte d'Arte

Ingenieurbauten

Der Bau der gusseisernen **Bogenbrücke** über den Severn bei Coalbrookdale im Südwesten Englands in den Jahren 1777–1779 bedeutete den Beginn einer neuen Epoche in der Architektur. Der technische Fortschritt ermöglichte fortan nüchterne Zweckbauten, bei denen nicht mehr die ästhetisch überhöhende Art des Bauens den Charakter des Bauwerkes bestimmte.

Aus Anlass der ersten Weltausstellung 1851 in London entstand nach den Plänen von **Joseph Paxton** (1801–1865) in nur neunmonatiger Bauzeit eine riesige Glas-Eisen-Halle, der Kristallpalast. Mit den in Serienproduktion fabrizierten Standardelementen hatte Paxton einen wegweisenden Beitrag zur Glas-Eisen-Architektur der kommenden Jahrzehnte geleistet.

■ *Seit der Renaissance war der materielle Ausdruck monumentaler Architektur, dass über einem schweren Sockel die sich zunehmend verdünnenden Wände aufsteigen und dass oben als optische Last ein ▸Kranzgesims auf die Mauerkrone gelegt wird. Der Kristallpalast war aber trotz seiner unübersehbaren Größe und seiner Höhe ein schlankes Gerüst, dessen Stützen und Träger überall gleich erschienen, unten wie oben. Der Ausdruck der Schwere, des Tragens und Lastens, war verschwunden. Diese materiellen und statischen Eigenschaften haben die Konstruktion wie auch die Ästhetik der Moderne bestimmt.*

Heinrich Klotz, S. 214

Überall in Europa entstanden riesige Bahnhofshallen (s. S. 284) und große Ausstellungsgebäude. In Mailand baute **Giuseppe Mengoni** (1822–1877) die fast 200 m lange **„Galleria Vittorio Emmanuele II."** (1865–1875), eine glasüberdachte Passage, die die Piazza del Duomo mit der Piazza della Scala verbindet.

Vor allem die Weltausstellungen gerieten zu Leistungsschauen des technischen Fortschritts. Zur Ausstellung 1889 in Paris konstruierte der Ingenieur Gustave Eiffel den nach ihm benannten Turm (s. S. 282). Die skelettartige Konstruktionsweise ermöglichte nicht nur das Bauen in die Höhe, sondern auch in der Horizontalen. **John Fowler** (1817–1898) und **Benjamin Baker** (1840–1907) konstruierten ab 1863 die etwa 2,5 km lange **Brücke über den Firth of Forth**, den Meeresarm nahe der schottischen Hauptstadt Edinburgh. Sie besitzt eine maximale stützenfreie Spannweite von 521 m.

Der Fortschritt in der Bautechnik zeigt sich auch in einer weiteren revolutionären Veränderung: der Kombination von Metall mit Beton. Durch die Eisen- und Stahleinlagen in den Beton besaßen die in dieser Technik errichteten Gebäude eine außerordentliche Druck- und Zugfestigkeit.

Nach einem Großfeuer 1871 in Chicago, bei dem die zumeist aus Holzhäusern bestehende Stadt fast vollständig zerstört wurde, experimentierte man mit feuerbeständigen Materialien. In der Folgezeit entstanden die ersten Großbauten, bei denen ein Metallskelett die Tragekonstruktion übernahm. Die äußere Form bringt die Struktur des Gebäudes klar zum Ausdruck, Stützen und Träger bilden ein vom Fundament bis zum Dach steifes Gerüst mit vielen gleichartigen Raumzellen. Bei dieser Bauweise besitzt die Außenwand der Gebäude nicht mehr die Funktion, die Decke zu stützen, sondern dient nur als Raumabschluss und Wetterschutz, als ▸curtain wall.

Die neuen Konstruktionen ermöglichten hohe Bauten mit einer beträchtlichen Anzahl von Stockwerken. Für die in dieser Zeit entstandenen Wolkenkratzer benutzte man Stahl als Baumaterial. Der einflussreichste Architekt und Theoretiker der „Schule von Chicago" war **Louis Henry Sullivan** (1856–1924), der mit seinem Postulat, dass die Form der Funktion zu folgen habe („form follows function"), eine für die folgenden Architektengenerationen maßgebliche Forderung stellte: Sie entwickelten daraus ein Programm, dem Nüchternheit ohne ausgeprägte Zierformen eigen ist.

▸**Kranzgesims:** horizontal verlaufendes, stark hervortretendes Bauelement mit gliedernder, aber nicht statischer Funktion

▸**curtain wall:** einem tragenden Skelett vorgehängte Fassade, meist aus Glas oder Metall

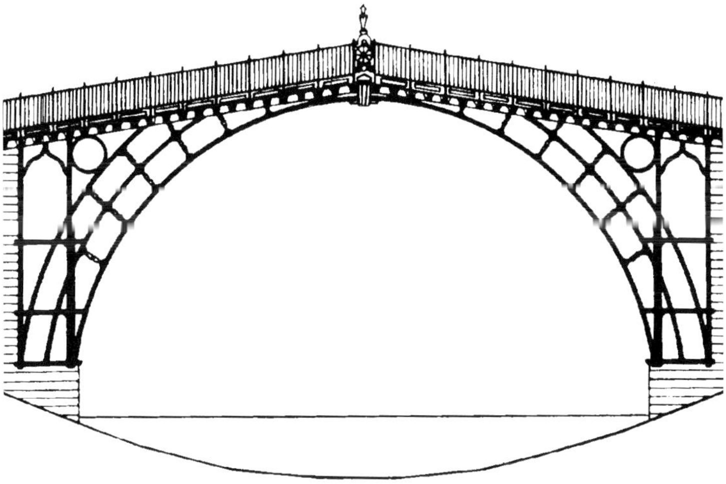

Bogenbrücke bei Coalbrookdale, 1777–1779. Konstruktionszeichnung

Galleria Vittorio Emmanuele II in Mailand, 1865

John Fowler und Benjamin Baker: Eisenbahnbrücke über den Firth of Forth in Schottland, 1881–1889

Joseph Paxton: Der Kristallpalast, nach der Weltausstellung in etwas veränderter Form in Sydenham wieder aufgebaut. Luftaufnahme

Louis Henry Sullivan: Warenhaus Carson, Pirie und Scott in Chicago, 1899–1904

Impressionismus

Der Name Impressionismus entstand im Jahre 1874, als ein Kritiker auf einer Ausstellung in Paris das Gemälde von **Claude Monet** (1840–1926) **„Impression, Sonnenaufgang"** sah und den Bildtitel zum Anlass für die spöttisch gemeinte Bezeichnung nahm. Monet verzichtete bei seinem Gemälde eines Hafens im Morgennebel auf eine detailgetreue Darstellung. Rasch hingeworfene Pinselstriche deuten die Flüchtigkeit des Augenblicks an. Auch die anderen auf dieser Ausstellung gezeigten Gemälde unterschieden sich von der damals allgemein akzeptierten Malerei, die meist in dunkler Tonigkeit literarische oder historische Themen behandelte.

Das Interesse der Impressionisten galt nicht dem bedeutsamen Thema, sondern der Erscheinung der Gegenstände im wechselnden Licht, wobei sich die Formen durch den kommaartigen, tupfenden Farbauftrag auflösten. Um den atmosphärischen Eindruck von Motiven aus dem täglichen Leben, Stadtszenen oder Landschaften auf die Leinwand zu bringen, verließen die Künstler ihre Ateliers und malten vorzugsweise im Freien. Monet begab sich auf ein Boot, ein „schwimmendes Atelier", um die Spiegelungen auf der Wasseroberfläche möglichst genau zu beobachten und malerisch in flimmernden Farbtupfern umzusetzen. **Edouard Manet** (1832–1883) hielt diese Situation des auf dem Boot malenden Künstlerkollegen fest. Gesichter, Kleidung, Sonnendach sind skizzenhaft erfasst, eine Vielzahl von blauen Pinselhieben gliedert die Wasseroberfläche. Manet verzichtete bei diesem Bild beinah vollständig auf Schwarz, das auch in den Gemälden der anderen Impressionisten kaum vorkommt. Nicht der graue, sondern der farbige Schatten bestimmt zusammen mit der hellen ▸Palette die von der Faszination des Augenblicks bestimmten Kompositionen.

Die malerischen Momentaufnahmen erforderten eine neue Malweise. Die Künstler trugen die Farben auf eine weiß grundierte Leinwand ▸alla prima auf. Das Interesse an der korrekten Perspektive ließ zugunsten eines durch die Farben erzeugten Bildraumes, einer nach den Gesetzen der ▸Farbperspektive angelegten Komposition nach. Bekannte Vertreter des französischen Impressionismus sind Auguste Renoir (1841–1919), Alfred Sisley (1839–1899), Camille Pissarro (1830–1903) und **Edgar Degas** (1834–1917). Sie alle beschäftigten sich mit dem Eindruckserlebnis des Sichtbaren und malten vor Ort Landschaften, Menschen in Gartenlokalen oder das Treiben auf den Boulevards.

Wie ein Magnet zog Paris im letzten Viertel des 19. Jahrhunderts die Künstler aus vielen Ländern an, die sich von der neuen Auffassung von Malerei anregen ließen. Die neuen Impulse und Ideen gelangten in ihre Heimatländer und führten zu einer Verbreitung des Impressionismus über Frankreich hinaus. Doch bereits in den neunziger Jahren verlor der Impressionismus zunehmend an innovativer Kraft. Die Pioniere der ersten Stunde blieben dem Stil jedoch bis an ihr Lebensende treu. In Deutschland waren es vor allem Max Liebermann (1847–1935) und **Lovis Corinth** (1858–1925), die Anregungen der Impressionisten aufgriffen.

In den achtziger Jahren des 19. Jahrhunderts entwickelte **Georges Seurat** (1859–1891) eine auf optischen Theorien aufbauende Richtung, den Neoimpressionismus oder ▸Pointillismus. Er verfeinerte den spontanen, oft virtuosen Farbauftrag der Impressionisten, indem er richtungslose Punkte aus ungemischten Grundfarben auf die Leinwand auftrug. Die Pointillisten gingen nicht vom unmittelbaren Eindruck aus, für sie stand der reine Kunstentwurf im Vordergrund. „Spiel und Kampf" – wie Seurat sagte – „der sieben prismatischen Farben" sollten einen Effekt erzielen, sodass sich im Auge des Betrachters eine optische Mischung ergibt.

Obwohl der Impressionismus im strengen Sinn ein Malstil ist, lassen sich vergleichbare Phänomene auch in der Plastik beobachten. Auguste Rodin (1840–1917; s. S. 296) gestaltete die Oberflächen seiner figürlichen Plastiken uneben, sodass er das wechselnde Spiel von Licht und Schatten gestalterisch nutzen konnte.

▸**Palette:** kleine Holzplatte, auf der der Maler die Farben mischt; allgemein auch: Farbwahl

▸**alla prima** oder **Primamalerei:** Malweise, bei der (ohne Untermalung) die Farbe direkt auf die grundierte Leinwand gebracht und dieser spontane Farbauftrag möglichst nicht korrigiert wird

▸**Farbperspektive:** durch Anordnung der Farben erzeugte räumliche Wirkung; warme Farben wie Gelb und Orange treten optisch nach vorn, während kalte Farben wie Blau zurücktreten. Dementsprechend werden kräftige und helle Rottöne, Gelb und Hellgrün im Vordergrund, Blau- und Grautöne eher im Hintergrund verwendet.

▸**Pointillismus** (franz. le point der Punkt): Maltechnik, bei der Tupfen reiner Farben nebeneinander gesetzt werden und sich durch die Distanz zum Bild im Auge des Betrachters mischen

Claude Monet: Impression, Sonnenaufgang, 1872. Öl auf Leinwand, 48 x 63 cm. Paris, Musée Marmottan

Edouard Manet: Die Barke, 1874. Öl auf Leinwand, 80 x 98 cm. München, Neue Pinakothek

Georges Seurat: Ein Sonntagnachmittag auf der Insel Grande Jatte, 1884–1886. Öl auf Leinwand, 206 x 306 cm. Chicago, The Art Institute

Edgar Degas: Der Absinth, 1876. Öl auf Leinwand, 92 x 68 cm. Paris, Musée d'Orsay

Lovis Corinth: Am Putztisch, 1911. Öl auf Leinwand, 120 x 90 cm. Hamburg, Kunsthalle

Symbolismus und Jugendstil

Der Begriff Symbolismus leitet sich von dem griechischen Wort *symbolon* ab, das mit Sinnbild zu übersetzen ist. Sinnbildhaftes, in dem ein vielschichtiger Gehalt in einem Zeichen zusammengefasst wird, gibt es in verschiedenen Epochen. Für den Stilllebenmaler des 17. Jahrhunderts etwa wies die heruntergebrannte Kerze auf die Vergänglichkeit des Lebens hin.
Symbolistische Kunst – wie sie am Ende des 19. Jahrhunderts entstand – verfolgte das Ziel, sich rationalistischer Festlegung zu entziehen. In einer Zeit, in der das technische Zeitalter alles zu erklären suchte, ging es den Symbolisten darum die Welt des Traumes, der Mythen und der Phantasie bildhaft zu erschließen. Symbolistische Kunstwerke sind subjektive Entäußerungen und unterscheiden sich stark voneinander. Bei Themen wie Liebe, Hass und Mord vermochten die Künstler ihren Einfallsreichtum ebenso zu entfalten wie beim lustvollen Blick auf das Mondäne oder Dekadente.

Der Belgier **James Ensor** (1860–1949) malte mit Vorliebe Maskierte, Gespenster und Menschen mit irren Gesten. Der Norweger Edvard Munch (1863–1944; s. S. 302) schlug eine andere düstere Saite menschlicher Existenz an und befasste sich mit Themen wie Eifersucht, Existenzbedrohung, Tod und Weltangst.

In Anlehnung an die 1896 gegründete Zeitschrift „Jugend" entstand in Deutschland der Begriff Jugendstil, der eine andere, mit dem Symbolismus teilweise zusammenhängende Stilrichtung bezeichnet. Der Jugendstil, der in Frankreich und Belgien *art nouveau*, in Italien *stile florale* oder *stile liberty* und in den angelsächsischen Ländern *modern style* genannt wird, entwickelte eine von Pflanzenmotiven ausgehende ornamentale Abstraktion, die häufig die Linie betont. Man wandte sich der Malerei, Plastik, Architektur, vor allem aber den angewandten Künsten zu. Der fortschreitenden Industrialisierung und der produzierten Massenware stellten die Jugendstilkünstler das geschmackvoll gestaltete Einzelstück in meist dezenter Farbigkeit gegenüber. Der Erneuerung von Kunst und Leben zuliebe schufen die Jugendstilkünstler Häuser, Möbel, Lampen, Glasmalereien oder Wandteppiche.
In den Bildern des Österreichers **Gustav Klimt** (1862–1918) verschmelzen ornamentale, dekorative Elemente mit figürlichen Motiven. In den erotisch-makabren Illustrationen des Engländers **Aubrey Beardsley** (1872–1898) stehen große leere Flächen den ▸arabeskenhaft schwingenden Formen gegenüber. Der Franzose Henri de Toulouse-Lautrec (1864–1901) stellte in seinen Plakaten für das „Moulin Rouge" die Tänzerinnen des Pariser Vergnügungsviertels dar. In klaren Flächen und bewegten Linien zeigte er überspitzt, mitunter schon fast karikaturenhaft Menschen in Bewegung.
In seiner katalanischen Heimat entwickelte der Architekt **Antoni Gaudi** (1852–1926) eine eigenwillige Form des Jugendstils. Die durch glasierte Keramiksplitter belebte Fassade der **„Casa Batlló"** in Barcelona zeigt eine rhythmische Bewegung und maskenartige Brüstungen der Balkone. Im Inneren setzt sich die Vermeidung des rechten Winkels und einer starren Symmetrie fort. Durch das Vor- und Zurückspringen der Wände entstehen organisch wirkende Räume.

Antoni Gaudi: Casa Batlló in Barcelona, 1904–1906. Fassade

▸**Arabeske:** stilisiertes pflanzliches Ornament

▸**Sezession** (lat.): Absonderung, Trennung; hier: bewusste Abspaltung von Künstlervereinigungen vom offiziellen Kunstbetrieb

Eine geometrisch-dekorative Variante des Jugendstils entwickelte der schottische Architekt **Charles Rennie Mackintosh** (1868–1928) bei seinen Bauwerken und Inneneinrichtungen. Um eine Verbindung von strenger Schlichtheit mit ornamentalen Formen ging es Josef Maria Olbrich (1867–1908) bei dem von ihm entworfenen ▸Sezessionsgebäude in Wien. In Brüssel war es Victor Horta (1861 1947; s. S. 286), der Wohnhäuser gestaltete, bei denen der Eindruck des organisch Gewachsenen dominiert.

In vielen Ländern fand der Jugendstil eigenwillige Interpreten, die dem Materialismus der Zeit eine ästhetische Auffassung entgegensetzten, die mit erlesenen Farben, edlen Materialien und dekorativen Formen sämtliche Bereiche der Kunst zu erfassen suchte.

James Ensor: Die Intrige, 1890. Öl auf Leinwand, 90 x 150 cm.
Antwerpen, Koninklijk Museum voor Schone Kunsten

Aubrey Beardsley: Illustration zu „Salome“ von Oscar Wilde, 1894

Charles Rennie Mackintosh: The Willow Tea Rooms in Glasgow, 1903.
Eingangstür zum Room de Luxe

Gustav Klimt: Der Kuss, 1908. Öl auf Leinwand, 180 x 180 cm.
Wien, Österreichische Staatsgalerie

Wegbereiter der Moderne

Als „klassische Moderne" bezeichnet man in der Kunstgeschichte jenen Zeitraum im ersten Viertel des 20. Jahrhunderts, in dem sich eine Vielzahl künstlerischer Tendenzen artikulierte. Bei aller Unterschiedlichkeit ist ihnen eines gemeinsam: der Bruch mit der Tradition und der Abschied von den seit der Renaissance gültigen Gesetzen der ‣Perspektive, der abbildhaften Darstellung und der naturalistischen Farbigkeit.

Diese Entwicklung, die sich bereits im Impressionismus angedeutet hatte, haben vor allem drei Künstler vorbereitet: die beiden Franzosen **Paul Cézanne** (1839–1906) und **Paul Gauguin** (1848–1903) und der Niederländer **Vincent van Gogh** (1853–1890). Mit verschiedenen Ansätzen bereiteten sie den Weg für den Umbruch im frühen 20. Jahrhundert vor. Gemeinsam ist den drei Künstlern, dass sie keine Abbilder mehr schaffen wollten, sondern Gleichnisse der Erscheinungswelt, in denen nicht zuletzt das Farblicht Ausdrucksträger ist. „Kunst", so formulierte es Cézanne, „ist eine Harmonie parallel zur Natur".

Paul Cézanne bildete sich zunächst in seiner Kunst an Gemälden des Barock, die er im Louvre, dem bedeutendsten Kunstmuseum Frankreichs, studierte. Der Kontakt zu den Impressionisten leitete eine Veränderung in seiner Auffassung von der Kunst ein. Doch schon bald zog er sich aus der Kulturmetropole Paris in seine Heimat Südfrankreich, in die Provence, zurück.
In den Bildern, die in dieser Zeit entstanden, versuchte er das zu verwirklichen, was er als das „reine Sehen" bezeichnete. Frei von allem Vorgewussten wollte er das Wahrgenommene registrieren und forderte: „Man sollte sehen können wie ein Neugeborener." Die Farbeindrücke, die er vor der Natur sammelte, übertrug er in einen logischen Aufbau der Farben und der Farbabstufungen. Er beschränkte sich in der Farbigkeit auf Grün, Ocker und Blau in einer Vielzahl von ‣Nuancierungen. Zugleich reduzierte er die Gegenstände auf einfache, fast stereometrische Grundformen. „Man behandele die Natur gemäß Zylinder, Kugel und Kegel und bringe das Ganze in die richtige Perspektive", lautete seine Anweisung, mit der er dem ‣Illusionismus abschwor und das Gemälde als flächiges Gebilde betrachtete, auf dem es Formen und Farben zu organisieren galt.

Auch Paul Gauguin schloss sich zunächst den Impressionisten an, doch bald begann sein Wanderleben, das ihn in die Bretagne, auf die Antilleninsel Martinique, in die Provence und schließlich in die Südsee führte. Schon früh hatte er einem seiner Anhänger die Empfehlung gegeben, nicht zu viel nach der Natur zu arbeiten (s. S. 300), sondern die Kunst als eine Abstraktion zu begreifen. Gauguins Bilder gehorchen nicht dem perspektivischen Aufbau; statt dessen schichtet er mehrere parallele Bildebenen hintereinander. Die in klaren, oft leuchtend-intensiven Farben gehaltenen Flächen sind häufig stark konturiert. Die merkwürdige Mischung aus Flächenhaftigkeit und Räumlichkeit und der Verzicht auf das natürliche Licht zugunsten einer intensiven Wirkung der Farben verleihen Gemälden wie **„Nave Nave Moe"** einen fremdartigen Charakter.

In seinen frühen Bildern schilderte Vincent van Gogh in dunklen Farben die Lebensumstände von Arbeitern und Bauern. Während seines Aufenthaltes in Paris stand auch er unter dem Einfluss der Impressionisten. Nach seiner Übersiedlung in die Provence, wo er für einen kurzen Zeitraum mit Gauguin zusammenarbeitete, entwickelte er einen eigenen Stil. Farbe besaß nun für ihn eine symbolische Ausdruckskraft. In dem Gemälde **„Nachtcafé in Arles, Innenansicht"** arbeitet er mit Kontrasten, die „die Atmosphäre von glühender Unterwelt und bleichem Leiden" ausdrücken sollen. Die Pinselstriche sind kraftvoll auf die Leinwand gebracht. Vor allem seine Landschaftsbilder lassen seine Erregung spüren. Auch während des Aufenthaltes in einer Irrenanstalt schuf er eine Vielzahl von Gemälden, in denen er – wie er es formulierte – „absichtlich die Farbwerte übertreibt".

‣**Perspektive:** s. S. 160, 170, 202, 214, 252

‣**Nuancierung** (frz. nuance): Abstufungen, feine Übergänge schaffen

‣**Illusionismus:** s. S. 186

Paul Cézanne: Stillleben, um 1892–1894. Öl auf Leinwand, 53 x 71 cm. London, Tate Gallery

Paul Gauguin: Nave Nave Moe (Die köstliche Quelle), 1894. Öl auf Leinwand, 73 x 98 cm. Sankt Petersburg, Eremitage

Vincent van Gogh: Das Nachtcafé in Arles, 1888. Aquarell, 44,4 x 63,2 cm. Bern, Privatbesitz

Baukultur nach der Französischen Revolution

Das Brandenburger Tor in Berlin

In den Jahren 1788 bis 1791 baute man das einzige heute noch existierende Tor der Zollmauer, die zu dieser Zeit Berlin umgab. Der Plan für das an der Prachtstraße „Unter den Linden" stehende Tor und die Nebengebäude (für den Steuereinnehmer und die Wachen) stammt von **Carl Gotthard Langhans** (1732–1808). Er nannte es „Tor des Friedens". Gekrönt wird das Tor von einer etwa fünf Meter hohen, aus Kupfer getriebenen Figurengruppe, der ▸Quadriga. Sie stammt – wie die meisten bauplastischen Elemente des Bauwerkes – von **Johann Gottfried Schadow** (1764–1850; s. S. 260). Obwohl das Tor bereits am Ende des 18. Jahrhunderts entstand, hatte dieser erste Bau des Klassizismus in Deutschland für die Bautätigkeit im Berlin des 19. Jahrhunderts eine große Bedeutung.

Das **„Brandenburger Tor"** ist eines der bekanntesten deutschen Bauwerke im In- und Ausland. Als Kristallisationspunkt politischer Ereignisse blickt es auf eine bewegte Geschichte zurück:

- 1806 nach der Doppelschlacht von Jena und Auerstedt, bei der die Preußen den Franzosen unterlagen, demontierte man auf Anweisung Napoleons die Quadriga und brachte sie nach Paris, wo sie sieben Jahre lang blieb.
- 1814 nach dem Sieg über Napoleon überführte man die Quadriga im Triumphzug wieder nach Berlin; nunmehr vollzog sich ein Bedeutungswandel. In der von Schadow als Symbol des Friedens ausgeführten Gruppe sah man jetzt die auf dem Streitwagen voranstürmende Siegesgöttin. Nach einem Entwurf von Karl Friedrich Schinkel (1781–1841) bekrönte man den Stab der Göttin mit einem Eichenkranz, über dem ein preußischer Adler seine Flügel ausbreitet.
- 1864, 1866, 1871 nach den siegreichen Kriegen über Dänemark, Österreich und Frankreich, zog die preußische Armee im Triumphzug durch das Brandenburger Tor, das zu einem nationalen Symbol des Kaiserreichs wurde. Staatsgäste empfing man am Brandenburger Tor, das man an Gedenktagen festlich schmückte.
- 1918 zwangen die revolutionären Matrosen den Kaiser zur Abdankung und hissten auf dem Tor die rote Fahne. Am Tag darauf besetzten regierungstreue Truppen das Gebäude und machten es zu einer Barrikade. Auch in der Folge waren Tor und Quadriga Gegenstand von Auseinandersetzungen und Zerstörungen.
- 1933 Nach der Machtergreifung durch die Nationalsozialisten feierte die SA mit einem Fackelzug durch das Brandenburger Tor die Ernennung Hitlers zum Reichskanzler.
- 1945 besetzte die Rote Armee das Bauwerk und setzte erneut eine rote Fahne auf das Tor, die im Juni 1953 bei Unruhen vom Tor geholt wurde.
- 1961 Mit dem Mauerbau schloss man das bis dahin als Grenzübergang genutzte Tor, das nun zum Symbol der Spaltung Deutschlands wurde.
- 1989 erzwangen Ost-Berliner die Öffnung der Grenze; in der Silvesternacht dieses Jahres erkletterten Betrunkene die Quadriga und beschädigten die – inzwischen mühsam restaurierte Gruppe – schwer.
- 2000 erweiterte man die Bannmeile um den Reichstag zum Brandenburger Tor hin, das fortan nicht mehr Schauplatz politischer Demonstrationen sein darf.
- 2002 wurde der Autoverkehr durch das Tor verboten.

Arbeitsanregungen:

1. Wie erklären Sie sich die Tatsache, dass man beim Bau eines Stadttores im späten 18. Jahrhundert auf ein antikes Vorbild zurückgriff (s. S. 26, 54)?
2. Kennen Sie andere Bauwerke oder Denkmäler von ähnlicher politischer oder öffentlicher Bedeutung?

▸**Quadriga:** Gespann mit vier Pferden und einem einachsigen Wagen; die römischen Feldherren benutzten derartige Wagen für ihre Triumphzüge.

Carl Gotthard Langhans/Johann Gottfried Schadow: Brandenburger Tor in Berlin mit Nebengebäuden. Höhe 26 m, Breite 65,5 m, Tiefe 11 m

Brandenburger Tor, Quadriga mit Relief

Ein griechischer Tempel in Paris: Die Kirche Ste. Madeleine

Am Ende der Rue Royale in Paris blickt man auf ein großes Bauwerk, das an einen griechischen Tempel erinnert. Das gesamte Gebäude steht auf einem hohen Treppenpodest, eine Doppelreihe von Säulen mit ▸korinthischen Kapitellen erhebt sich an der schmalen Seite, die zur Straße hin zeigt. Dahinter sieht man den Kern des Gebäudes mit dem großen Bronzeportal. Säulenreihen umstehen die über einhundert Meter messenden Längsseiten und die Rückseite. Der Kern des Baues weist keine Fenster auf. In Entsprechung zur Schauseite gibt es auch auf der Rückseite eine Treppe, allerdings ist diese Seite ohne Eingang.

Einen Hinweis auf die Funktion des Gebäudes erhält man durch den Giebel an der Eingangsseite: Ein Relief zeigt Christus in der Mitte und Maria Magdalena vor ihm auf den Knien, zu den Seiten hin finden sich ▸allegorische Gruppen. Es handelt sich um die Kirche „**Ste. Madeleine**", deren Bau im Jahre 1764 begonnen wurde und der eine Geschichte mit wechselnden Zweckbestimmungen widerfuhr.

Ste. Madeleine gilt als ein typisches Beispiel für den im späten 18. Jahrhunderts einsetzenden Klassizismus, der sich an antiken Vorbildern orientierte, aber bloße Formnachahmung vermied. Das Innere der Kirche ist auffallend dunkel. Auf ein quergelagertes ▸Vestibül folgen drei Raumabschnitte, die jeweils von einer Kuppel überwölbt werden. Den hinteren Abschluss bildet ein von einer Halbkuppel überfangener Raumabschnitt, die ▸Apsis. Durch runde Oberlichter in den flachen Kuppeln fällt Tageslicht in die Kirche. Im Innenraum wird das Motiv der korinthischen Säule aufgegriffen und erfährt in den kleineren Säulen mit ▸ionischen Kapitellen eine Variation. Buntfarbige Verkleidungen der Wände mit Marmor, Skulpturen, Wandmalereien, ▸Mosaiken und Gemälden zeugen von stilistischer Vielfalt.

Der Blick auf die knapp achtzigjährige Baugeschichte zeigt, dass die heutige Gestalt dieser Kirche nicht von Anfang an so geplant war. Im Zusammenhang mit der Gestaltung der Place de la Concorde plante der französische König Ludwig XV. als ▸Point-de-vue in Richtung Norden den Bau einer Kirche. Dies ist auch der Grund dafür, dass Ste. Madeleine anders als die französischen Kathedralen nicht ▸geostet ist. Zunächst war ein Bau in Form eines ▸lateinischen Kreuzes mit einer hohen Kuppel und zwei seitlichen Türmen geplant. Nach dem Tod des Architekten plante sein Nachfolger einen Bau in Form eines ▸griechischen Kreuzes, der von Säulen umstanden wird.

Die französische Revolution ließ die Bauarbeiten zum Stillstand kommen. Zu Beginn des 19. Jahrhunderts dachte man an eine neue Zweckbestimmung; der angefangene Bau sollte zunächst als Gericht, dann als Börse oder als Bankgebäude und unter Napoleon als Ruhmestempel der Armee genutzt werden. 1837 gab es bei der Stadtverwaltung Pläne, den unvollendeten Bau zum Ausgangsbahnhof für die erste Pariser Eisenbahnlinie zu machen.

Schließlich aber setzten sich die Befürworter des Kirchenbaus durch, sodass man die nach Plänen von **Alexandre-Pierre Vignon** (1763–1828) fertig gestellte Pfarrkirche 1842 der Stadt übergeben konnte.

Arbeitsanregungen:

1. Vergleichen Sie den Grundriss der Kirche Ste. Madeleine mit dem anderer Kirchen, z. B. in diesem Band.
2. Wie bewerten Sie die Tatsache, dass der Außenbau einer Kirche die Form eines heidnischen (griechischen) Tempels hat?

▸Korinthisches Kapitell

▸Allegorie, allegorisch (griech. anders sagen): die Verbildlichung eines unanschaulichen Begriffs oder Vorgangs, oft durch Verkörperung als Person, z. B. Gerechtigkeit als weibliche Figur mit Waage und verbundenen Augen

▸Vestibül: Vor- oder Eingangshalle eines Hauses

▸Apsis (griech. Rundung): meist halbrunde Nische, die auch am Außenbau sichtbar ist und ein eigenes kegelförmiges Dach erhält; in der Apsis stand in der frühen Basilika der Altar.

▸Ionisches Kapitell

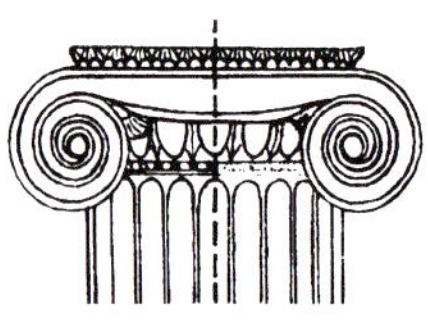

▸Mosaik: aus kleinen Steinen oder Glasstücken zusammengesetztes Bildwerk

▸Point-de-vue: architektonischer Blickfang einer Straßenachse

▸geostet: Ausrichtung einer Kirche nach Osten, in Richtung auf die aufgehende Sonne

▸ lateinisches und griechisches Kreuz: s. S. 184

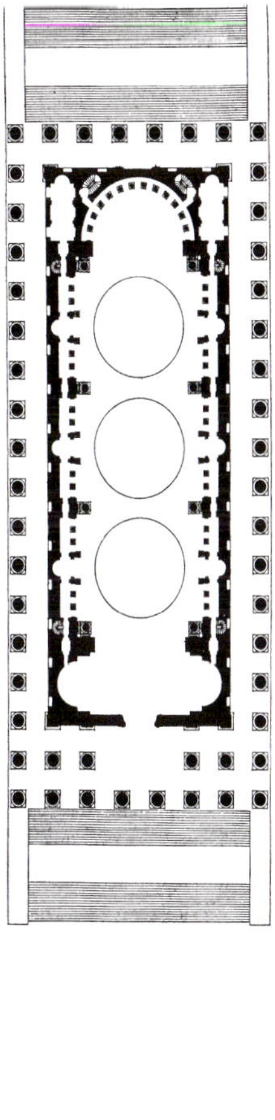

Alexandre-Pierre Vignon:
La Madeleine in Paris,
1807–1840 (Lithographie
von Auguste Bry, 1860)

Links:
Grundriss

Rechts:
Inneres der Madeleine

Festhäuser der Musik – Die Opern in Paris und Dresden

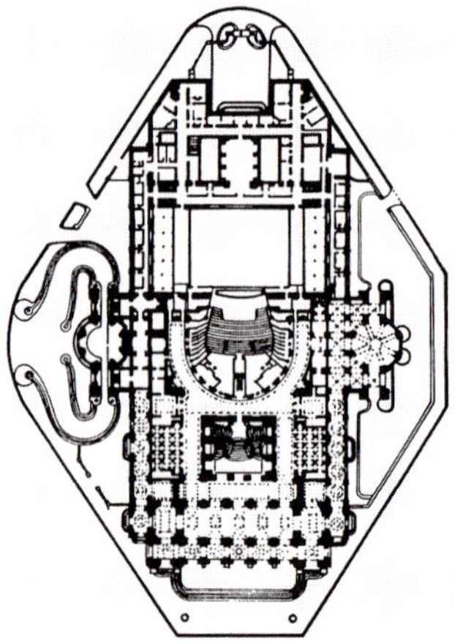

Grundriss Opernhaus Paris

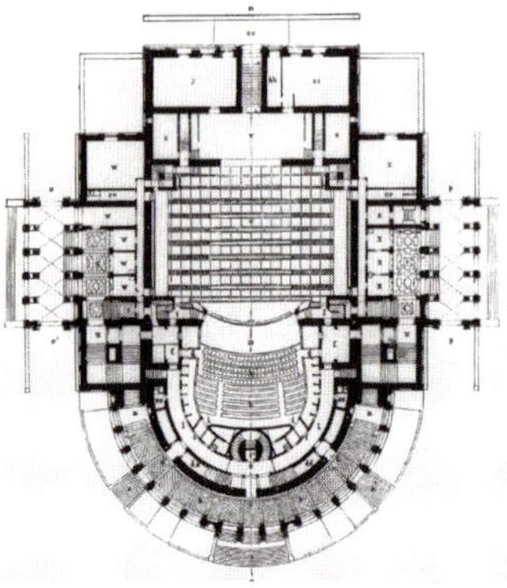

Grundriss Opernhaus Dresden

Als der bis dahin unbekannte Architekt **Charles Garnier** (1825–1898) dem Kaiser seinen Entwurf für die neue Oper in Paris zeigte, soll dieser geäußert haben: „Was ist das für ein Stil? Das ist überhaupt kein Stil. Weder griechisch noch ‣Louis XV., noch ‣Louis XVI." Und Garnier soll schlagfertig geantwortet haben (indem er den Namen des Kaisers aufgriff): „Gewiss. Jene Stile sind auch mit ihrer Zeit vergangen. Dies ist Napoleon III."

Für den Besucher der Pariser Oper im Zweiten Kaiserreich war die auf der Bühne aufgeführte Oper nicht der alleinige Anlass seines Erscheinens. Es war zugleich ein gesellschaftliches Ereignis, bei dem das Sehen und Gesehenwerden, das Flanieren in den Foyers und das Präsentieren der neuen Garderobe, das Gespräch mit anderen Besuchern und der neueste Gesellschaftsklatsch eine wichtige Rolle spielten.

Am goldüberkuppelten Kunsttempel prangte der offizielle Titel des Hauses, der den Anspruch des mit einem Kostenaufwand von 50 Millionen Goldfrancs teuersten Objektes dieser Zeit in Frankreich verdeutlicht: „Académie Nationale de Musique".
Die Treppe reicht über die gesamte Breite der Eingangsfront. Durch große Türen gelangt der Besucher in das Innere. Treppenhaus und „Grand Foyer" nehmen mehr als zwei Fünftel der gesamten Anlage ein. Bühnenhaus und Künstlergarderobe beanspruchen etwas mehr als zwei Fünftel, der Zuschauerraum hat dagegen mit dem letzten Fünftel einen verhältnismäßig geringen Anteil an dem Ganzen. Der Repräsentation dient aber nicht nur der vor dem Zuschauerraum liegende Gebäudeteil, sondern auch ein großer Saal unter dem Parkett, der sich zum Treppenhaus hin öffnet, und zwei Seitenpavillons, von denen einer dem Kaiser vorbehalten war. Die Inneneinrichtung ist voller Anspielungen auf das Theater seit der Antike: Statuen, Büsten, Reliefs und Mosaiken. Zugleich wurde der Innenraum durch die damals neue Gasbeleuchtung illuminiert.

Denkt man sich diese Räume ohne die überbordende Dekoration, also ohne Marmor, ‣Porphyr, Bronze, vergoldeten Stuck, Kandelaber, Kronleuchter und Malereien, dann tritt die Neuartigkeit von Konstruktion und Raumgestaltung in ihrer ausgewogenen funktionalen Anordnung der Räume in Erscheinung. „Der Bürger, der die Unsicherheit der kommenden Zeiten wohl spürte, brauchte eine solche Übersteigerung der architektonischen Elemente. [...] Nur so ist der [...] Erfolg von Garniers Pariser Oper zu verstehen, die zum Muster des Festhauses im 19. Jahrhundert wurde, in Europa wie in der Neuen Welt." (Heinrich Voss)

Noch bevor die Bauarbeiten an der Pariser Oper beendet waren, begann in Dresden **Gottfried Semper** (1803-1879) mit seinem zweiten Bau der Oper in Dresden. 1869 war der erste Bau abgebrannt, nun machte sich Semper zusammen mit seinem Sohn Manfred an die Planung eines Neubaus. War der erste Bau im Stil der Neorenaissance gehalten, so entwarfen Vater und Sohn mit einem Blick nach Paris eine Oper im Stil des Neobarock. Man behielt den klaren Aufbau des Vorgängerbaus bei, steigerte aber die Schmuckformen und Wandgliederungen ins Prachtvolle. Das Untergeschoss gliedert eine kräftige ‣Rustica, in der Fassadenmitte betont eine ‣Exedra den Eingang. Der Außenbau ist auf Weitwirkung konzipiert und lässt die klare Gliederung und die Funktion der Innenräume erkennen. Der wuchtige Bühnenbau riegelt das Gebäude nach hinten ab; halbkreisförmig wölbt sich der Zuschauerraum zur Stadt und zum nahe gelegenen Schloss hin.

Arbeitsanregungen:

1. Vergleichen Sie die Fassaden und Grundrisse der Opernhäuser in Paris und Dresden. Nennen Sie Gemeinsamkeiten und Unterschiede.
2. Informieren Sie sich über ein historisches Theatergebäude in Ihrer Nähe. Wann entstand es und welche stilistischen Einflüsse können Sie feststellen?

‣**Louis XV. (Louis-quinze):** französischer König (1715–1774), auch: Stilrichtung des Rokoko während seiner Regierungszeit

‣**Louis XVI. (Louis-seize):** französischer König (1774–1792), auch: klassizistische Stilrichtung bis zur Französischen Revolution

‣**Porphyr:** purpurfarbenes Gestein

‣**Rustica** (lat. ländlich): Mauerwerk aus Bossensteinen, Quadern mit grob behauenen Sichtflächen

‣**Exedra** (griech., wörtlich: abgelegener Sitzplatz): hier: halbkreisförmige Erweiterung

Charles Garnier:
Oper in Paris, 1861–1874.
Treppenhaus

Unten links:
Oper in Paris, Fassade

Unten rechts:
Gottfried Semper: Opernhaus (zweiter Bau) in Dresden, 1871–1878

Ein neuer Turm zu Babel? – Der Eiffelturm in Paris

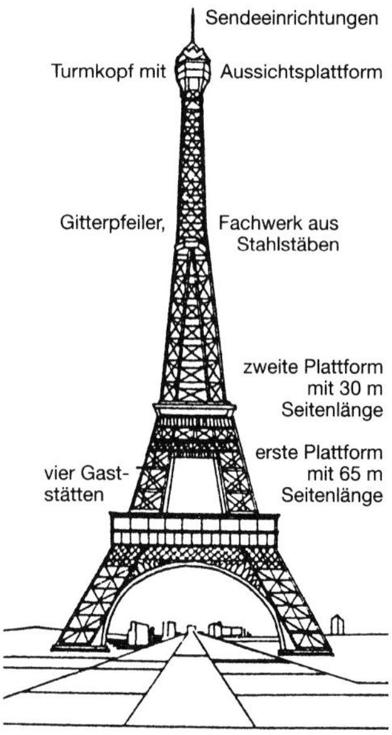

Eiffelturm, heutiger Zustand

Einhundert Jahre nach der Französischen Revolution fand zur Erinnerung an ihren Beginn die ▸Weltausstellung in Paris statt. Als Eingangstor zum Ausstellungsgelände auf dem Marsfeld baute der französische Ingenieur **Gustave Eiffel** (1832–1923) einen riesigen Turm, der anschließend wieder abgebaut werden sollte. „Der Turm der 300 Meter", so sein ursprünglicher Name, zählt unter seiner heutigen Bezeichnung Eiffelturm zu den Wahrzeichen der Stadt. Er stellt den Höhe- und gleichzeitig den Endpunkt der Stahlkonstruktionen des 19. Jahrhunderts dar.

Am 31. März 1889 stieg Eiffel die 1710 Stufen des zunächst noch fahrstuhllosen Skelettbaus hinauf und hisste triumphierend die Fahne seines Landes. Fünf Jahre zuvor hatte er mit den Planungen zu diesem Projekt begonnen. Die Endmontage dauerte knapp zwei Jahre. In dieser Zeit waren 7000 Tonnen Eisen für eine Konstruktion verbaut worden, die aus vier schräg in die Erde gesetzten ▸Pylonen auf getrennten Fundamenten besteht. In einer lang gestreckten, pyramidalen Form mit leicht gekrümmten Außenkanten verläuft der Turm in eine für damalige Verhältnisse sensationelle Höhe. Der Eiffelturm war das höchste Bauwerk der Welt.
Der Konstruktion Eiffels liegt das aus dem Brückenbau bekannte Prinzip zugrunde, bei dem man massive Bauteile in ein System winddurchlässiger Verbindungen aus senkrechten, waagerechten und diagonalen Teilen auflöst und ein geradezu filigranes Gebilde formt. Statische Berechnungen haben ergeben, dass der Turm eine Standfestigkeit besitzt, die auch einem Orkan mit mehr als 120 km/h trotzt. Eiffel fertigte für jedes Einzelteil eine Zeichnung an. Er errechnete die Lage der Nietenlöcher, die für die Verbindung der einzelnen Teile erforderlich waren und millimetergenau bestimmt werden mussten. Die Teile konnten so außerhalb der Baustelle in den Werkstätten der Metallindustrie vorgefertigt werden. Voll Stolz schrieb Eiffel:

■ *Durch die Konstruktion dieses Turms, die durch die moderne Industrie und durch diese allein ermöglicht wurde, habe ich deshalb zum Ruhme der modernen Wissenschaft und zur größten Ehre der französischen Industrie einen Triumphbogen errichten wollen, der ebenso eindrucksvoll sein sollte, wie die, die von den früheren Generationen für die Sieger errichtet worden sind.*

zit. nach Erich Schild, S. 11

Allerdings handelt es sich bei Eiffels Konstruktion um keinen ausschließlich nach rationellen Gesichtspunkten ausgeführten Ingenieurbau. Es war eine Konzession an den Zeitgeschmack, dass er die Fundamente mit großen perforierten Bögen verband, die reiner Dekor ohne jegliche statische Bedeutung sind. Die Anbauten auf der ersten Plattform, die heute nicht mehr existieren, wurden 1937 im Rahmen einer stilistischen Angleichung an die Grundidee des Ingenieurbaus entfernt.

So bewundernswert die Ingenieurleistung Eiffels auch war, es fehlte nicht an Kritikern, die empört auf das Gebilde reagierten, den Turm als düsteren Fabrikschlot als „widerwärtige Säule aus vernietetem Blech" bezeichneten und von einer „Schande für Paris" sprachen. Aus heutiger Sicht erweist sich der Turm „als ein Medium, das auf höchst effektive, weit reichende und dabei völlig gewaltlose Weise das französische Volk auf modernistisch-republikanische Werte einschwor. Bis heute steht er für 25 % aller Franzosen symbolisch für Frankreich und damit wohl auch für dessen republikanische Verfasstheit." (Kohle, 2001)

Arbeitsanregungen:

1. Wie stehen Sie zu der Auffassung der Kritiker, die den Eiffelturm als einen Fremdkörper ansahen, der den Maßstab der Stadt sprengt und die anderen historischen Bauwerke demütigt?
2. Wie erklären Sie es sich, dass Paris architektonisch mit dem Eiffelturm identifiziert wird und sich jährlich sechs Millionen Besucher zu Fuß oder mit dem Fahrstuhl in luftige Höhen begeben?

▸**Weltausstellung:** seit 1851 internationale Ausstellungen in unterschiedlichen zeitlichen Abständen; heute: Expo

▸**Pylon:** hier: Pfeilerturm

Gustave Eiffel: Der Eiffelturm im Bau, Zustand 1888

Gustave Eiffel: Der Eiffelturm in Paris, Zustand vor 1937, 1. Etage

Gustave Eiffel: Der Eiffelturm, 1887–1889

Eine Kathedrale der Mobilität – Der Bahnhof St. Pancras in London

▸ **Eklektizismus:** Übernahme fremden Gedankengutes; in der Kunst an historischen Meistern oder Epochen orientierte Kunstauffassung

▸ **Terrakotta:** Gefäß, Kachel oder Figur aus unglasierter, gebrannter Tonerde

▸ **Salisbury, Lincoln, London (Westminster):** Städte in England mit gotischen Kathedralen

▸ **Fialen:** schlanke, spitze Türmchen, typische Zierform der Gotik

▸ **Tudorstil:** Stil der englischen Kunst im 16. Jahrhundert

▸ **Blendarkade:** eine Bogenreihe, die keine Maueröffnung überbrückt, sondern einer geschlossenen Wand vorgeblendet ist

▸ **Fries, Wandfries:** waagerechter Streifen aus Bildern oder Ornamenten zur Gestaltung und Gliederung einer Wand oder auch als oberer Abschluss zur Decke hin

Gegenüber der Judd Street in London erhebt sich ein imposanter Backsteinbau, den man zunächst für einen neogotischen Palast halten könnte. Es ist das **Empfangsgebäude der St. Pancras Station**, das nach Plänen des englischen Baumeisters **George Gilbert Scott** (1811–1878) im Jahr 1878 fertiggestellt wurde. Das Gebäude ist mit einem opulenten Hotel im gleichen Stil verbunden. Der langgezogene Baukörper zieht sich um die Ecke, in den hohen, an eine Kirche erinnernden Türmen befinden sich das Uhrwerk und die Wassertanks.

■ *Scotts gotische Fassade war unbestreitbar ▸eklektizistisch, zusammengesetzt aus lombardisch-venetischen, spanischen und norditalienischen Elementen, Mailänder ▸Terrakotta, Details aus ▸Salisbury, Lincoln, Westminster. [...] Die verwirrende Ansammlung gotischer ▸Fialen und Türmchen, vor allem der 82 Meter hohe Uhrenturm, betonte die typisch gotische Vertikalität.*
Im Inneren fiel Scotts Vorliebe fürs Detail sofort ins Auge, vom Faltwerk an den Wänden der mit Eiche getäfelten Schalterhalle bis zu den Keramikfliesen [...] auf dem Fußboden des aufregend gewölbten Hauptganges. Über der Schalterhalle lag ein offener Dachstuhl mit geschnitzten Stichbalken, die das ▸Tudorfaltwerk an den Wänden ergänzten. In der ▸Blendarkade standen fünf Skulpturen typisierter Eisenbahner.

Steven Parissien, S. 56

Solchermaßen auf die Architektur eingestimmt, mag der Besucher erstaunt sein, wenn er die dahinter versteckt liegende Bahnsteighalle betritt. Der Ingenieur **W. Henry Barlow** entwarf diese Konstruktion, die für über 20 Jahre als das größte bogengestützte Glasdach der Welt galt. Es ist 75 m breit, besitzt eine Länge von 210 m und hat eine Höhe von 30 m. Die großräumige Halle ist funktional und überaus hell.

Die Spannweite der Bahnhofshallen geriet international im letzten Drittel des 19. Jahrhunderts zum viel bewunderten Gradmesser des technischen Fortschritts und trug zum Prestige der jeweiligen Stadt bei. Überhaupt veränderte die Eisenbahn die Städte, die Landkarten und das Transportwesen. Die Bahnhöfe, die ab der Mitte des 19. Jahrhunderts in den europäischen Städten entstanden, waren die neuen Stadttore und Drehpunkte der Stadt.
Den Empfangshallen mit ihrer Lust am Grandiosen standen die Bahnsteighallen als nüchterne Zweckbauten gegenüber. In einer Zeit ohne Gasbeleuchtung und Elektrizität war es geradezu erforderlich, die Eisengerippe der großen, zumeist einbogigen Hallen mit Glas einzudecken, um ausreichend Licht in das Innere fallen zu lassen. Während die Architekten der Empfangshallen in ihren Plänen der Vergangenheit verhaftet blieben und kein Interesse hatten, eine Beziehung zur technischen Neuerung auch nur anzudeuten, gingen die für die Bahnsteighallen zuständigen Ingenieure neue Wege. Selten kam es dabei zu Kooperationen zwischen Architekt und Ingenieur; die einen verstanden sich als Künstler, in ihren Augen waren die anderen bloße Handwerker. So kennzeichnet eine Doppelgestaltigkeit die meisten der im 19. Jahrhundert entstandenen Bahnhöfe.
Auch die zur Stadt hin ausgerichteten Fassaden der Bahnhöfe zeigen – wie bei St. Pancras – nichts von einer der Erfindung entsprechenden Modernität. Man griff auf prestigeträchtige, historische Stilelemente zurück und bediente sich des Rundbogens, der horizontal verlaufenden Zierbänder, der ▸Friese, des Figurenschmucks, der Säulen, Türmchen und sonstiger Schmuckformen. Ein Zeitgenosse frohlockte 1846, dass die Bahnhöfe die zukünftigen Prachtbauten der Städte sein würden.

Arbeitsanregungen:

1. Benennen Sie an den Bildern von St. Pancras Elemente, die von der Gotik übernommen wurden.
2. Welche Gründe gab es für die unterschiedliche architektonische Ausführung von Empfangshalle und Bahnsteighalle bei den Bahnhöfen des 19. Jahrhunderts?

Sir George Gilbert Scott: Midland Hotel in der St. Pancras Station, London, 1868–1876

W. H. Barlow: St. Pancras Station, London, 1868–1869. Gleishalle. London, Science Museum

Eleganz des Jugendstils – Victor Horta: Wohnhaus und Büro in Brüssel

In den neunziger Jahren des 19. Jahrhunderts meldete sich in Belgien eine neue Generation von Architekten zu Wort. Einer von ihnen, **Victor Horta** (1861–1947), gilt als wichtiger Vertreter des Jugendstils (s. S. 272). Das Neuartige an den Brüsseler Wohnhäusern Hortas war die stilsichere Kombination von traditionellen Materialien wie Stein und Holz mit Eisen- und Glaskonstruktionen. Eisenstützen und -träger blieben sichtbar, wurden aber von floralen Ornamenten umspielt.

1898 entstanden in der Rue Américaine in Brüssel zwei nebeneinander liegende Gebäude: Hortas eigenes Wohnhaus und sein Büro. Beide im Jugendstil ausgeführten Gebäude sind heute als Musée Horta zusammengefasst und – im Unterschied zu anderen Wohnbauten dieses Architekten – der Öffentlichkeit zugänglich. Die ausgewogen gegliederten Fassaden der beiden Häuser gestaltete Horta unterschiedlich. Eher nüchtern und mit einer großen Fensterfront stattete er die oberen Büroräume aus. In den Räumen darunter befand sich ein Salon, der die Funktion eines Vorzimmers besaß. Zur Straße hin betonte er diesen Raum, indem er zwei flache Steinbögen auf eine gusseiserne Säule genau in der Mitte eines dahinter liegenden, dreigeteilten Fensters setzte. Diese Säule ruht auf einer verzierten Konsole. Das Erdgeschoss wiederum besitzt ein großes Fenster, das gleichzeitig auch Lichtquelle für das im Keller liegende Bildhaueratelier ist. Ein schmiedeeisernes Gitter mit engem, welligem Maschenwerk schützt dieses Fenster.

Gemäß ihrer Funktion sind die beiden nicht symmetrischen Fassaden unterschiedlich gegliedert. Doch aus der Verwandtschaft der Formen resultiert eine Ausgewogenheit und Harmonie. Dabei überrascht Horta immer wieder mit originellen Einfällen. Der nach vorn leicht gerundete Balkon des Privathauses hat zugleich die Rolle eines Vordaches für die Eingangstür. Dank eines Glasbodens nimmt er dem Erdgeschoss jedoch kein Licht. Der Balkon wiederum erhält eine Überdachung durch den kleinen Erker des darüber liegenden Geschosses.

Auch im Inneren zeigt sich das Raffinement, mit dem Horta zu Werke ging, ohne vordergründige Effekte erzielen zu wollen. Um das Treppenhaus optisch zu vergrößern, brachte er gegenüber der Doppeltür zwei Spiegel an. Ein senkrecht stehender Heizkörper verjüngt sich nach oben und dient zugleich als Pfeiler.

Durch den Einsatz von Metallbögen konnte Horta auf tragende Zwischenwände verzichten. So ergab sich ein Wohnungsgrundriss mit fließenden Raumübergängen in horizontaler Richtung. Durch die Einrichtung eines Halbgeschosses zwischen dem Erdgeschoss und der ▸Beletage setzte er das Raumkontinuum auch in der Vertikalen fort. Wie ein großzügig gestalteter Treppenabsatz vermittelt dieser Bereich zwischen dem Niveau der beiden Geschosse und macht das Emporsteigen zu einem Erlebnis unterschiedlicher optischer Eindrücke.

Der Reiz der Innenräume liegt nicht zuletzt im Detail, in der Kombination unterschiedlicher Materialien mit Formen, deren harmonisch-schwingender Rhythmus charakteristisch für den Jugendstil ist. Eisen und Ziegel stoßen auf Marmor, Eschenholz und farbiges Glas. Malereien mit floralen Motiven an den dezent farbigen Wänden unterstreichen den Eindruck von stilvoller Wohnlichkeit.

Die heutige Möblierung entspricht nicht der ursprünglichen. Doch da man die Räume mit von Horta entworfenen Möbeln aus anderen Privathäusern ausstattete, erhält der Besucher einen nahezu authentischen Eindruck von einem Jugendstilhaus.

Arbeitsanregungen:

1. Vergleichen Sie die beiden Fassaden der von Horta entworfenen Häuser und weisen Sie Merkmale des Jugendstils (s. S. 272) nach.
2. Begeben Sie sich auf einen zeichnerischen oder fotografischen Erkundungsgang, bei dem Sie vor allem Eingangssituationen von Häusern zum Gegenstand Ihrer Untersuchung machen. Vergleichen Sie Symmetrie und Asymmetrie von Hausfassaden.

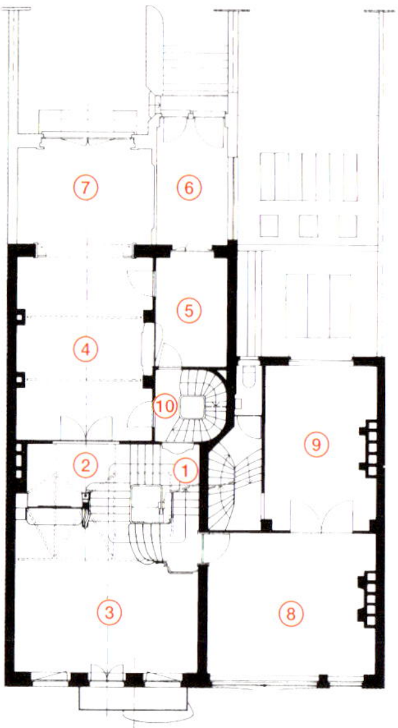

Grundriss der Beletage (nur auf dieser Ebene, auf der sich Hortas Büro befindet, sind die beiden Häuser miteinander verbunden):
1. Haupttreppe
2. großer Treppenabsatz
3. Wohn- und Musikzimmer
4. Esszimmer
5. Wirtschaftszimmer
6. Wintergarten
7. Salon
8. Salon – Wartezimmer
9. Büro Hortas
10. Dienstbotentreppe

▸**Beletage** (franz. schönes Stockwerk): das repräsentative Hauptgeschoss eines Wohnhauses

Victor Horta: Privathaus in Brüssel, 1898–1901. Fassade

Victor Horta: Privathaus, oberer Teil des Treppenhauses

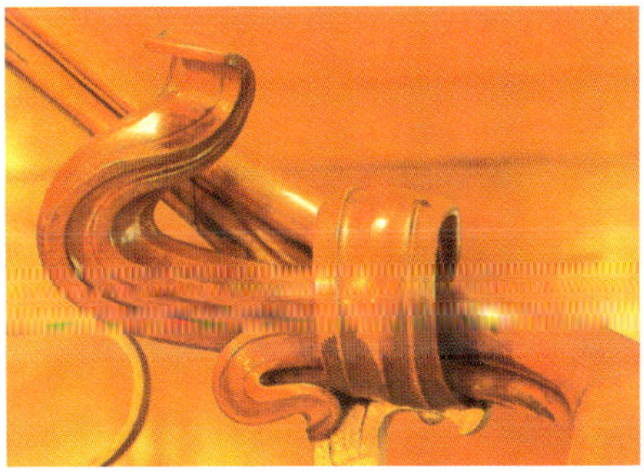

Victor Horta: Privathaus, Treppengeländer zur Beletage

Victor Horta: Privathaus, Fuß der Haupttreppe

Aspekte des Menschenbildes in der Kunst des 19. Jahrhunderts

Die Auflehnung gegen Unterdrückung – Francisco de Goya und Eugène Delacroix

1814 malte der Spanier **Francisco de Goya** (1746–1828) **„Die Erschießung der Aufständischen im Manzanares-Tal“**. Sechzehn Jahre später entstand **„Die Freiheit führt das Volk“** des französischen Malers **Eugène Delacroix** (1798–1863). Beide Künstler setzten sich in diesen Bildern mit politischen Ereignissen ihrer Zeit auseinander.

Goyas Bild entstand sechs Jahre nach der Niederschlagung eines ▸Aufstandes gegen die napoleonischen Truppen, die Spanien um 1800 besetzt hielten und die rücksichtslos in die Geschicke des Landes eingriffen. Im Mittelpunkt der nächtlichen Szene steht der Mann im weißen Hemd, der seine Arme in die Höhe reißt und den Mund zum Schrei geöffnet hat. Auffällig ist die Jesusähnlichkeit dieser Figur, die von innen heraus zu leuchten scheint. Sie ähnelt nicht nur in der Haltung dem Gekreuzigten, sie trägt auch an den Händen die Wundmale Christi. Der Schar der Verzweifelten, die ihren Tod vor Augen haben, stellt Goya eine anonyme Gruppe von Franzosen gegenüber, die aus nächster Nähe die auf einen Platz am Stadtrand Getriebenen erschießen. Durch die Darstellung der Exekution aus kurzer Entfernung bringt er die Brutalität der Erschießung bildhaft zum Ausdruck. Das Bild greift ein historisches Ereignis auf, doch formuliert Goya zugleich einen Appell gegen die Unmenschlichkeit.

Anlass für Delacroix' Gemälde „Die Freiheit führt das Volk“ war die ▸Julirevolution 1830 in Paris, die zur Abdankung des Königs führte. Im Hintergrund erkennt man vom Pulverdampf umhüllte Gebäude und eine Schar Säbel schwingender Revolutionäre, die zum Kampf gegen das alte Regime bereit sind. Obwohl nur wenige Figuren dargestellt sind, entsteht der Eindruck einer Menschenmenge, die aus der Bildtiefe nach vorn drängt. Den Zug der Kampfbereiten führt eine Frau mit der französischen ▸Trikolore an, keine reale Figur, sondern eine ▸Allegorie der Freiheit. Sie steht an der Spitze eines Haufens unterschiedlich gekleideter und bewaffneter Männer. Getötete Soldaten der Staatsmacht, gegen die sich der Protest richtet, liegen im Vordergrund. Die Aktivität der nach vorn drängenden Gruppe kulminiert in der erhobenen Hand der ‚Liberté' (Freiheit). „Delacroix stellt das Bündnis der Julirevolution dar, indem er Bürger, Arbeiter, napoleonische Gardisten und Kinder in gemeinsamer Aktion zeigt. Die Trikolore, welche die Farbigkeit des Bildes bestimmt, und die Freiheitspersonifikation, in der die Komposition gipfelt, stehen für dieses Aufbegehren.“ (Wagner, 1971)

Diese Frauengestalt erinnert an die griechische Siegesgöttin Nike. Das geschichtliche Ereignis erfährt durch diesen Bezug zur Mythologie eine Überhöhung, wird in gewisser Weise zeitlos. Der deutsche Dichter Heinrich Heine (1797–1856) schrieb über diese Mischung aus Realität und Sinnbild: „Ein großer Gedanke hat diese gemeinen Leute […] geadelt und geheiligt und die entschlafene Würde in ihrer Seele wieder aufgeweckt.“ Im Mann mit dem Zylinder hat sich Delacroix selbst dargestellt.

Zunächst kaufte der König das Bild, dann aber brachte man es in einen düsteren Flur des Palastes; schließlich bat der Hof den Künstler um Rücknahme. Anlässlich der Revolution 1848 entsann man sich des Bildes und stellte es im Louvre aus.

Arbeitsanregungen:

1. Beschreiben Sie die Wirkung des Goya-Bildes und benennen Sie die Mittel, die der Künstler einsetzt, um die Brutalität zu verdeutlichen.
2. Welche Gründe könnte Delacroix gehabt haben, keinen tatsächlichen Anführer, sondern eine Allegorie der Freiheit an die Spitze der Aufständischen zu setzen?

▸Aufstand gegen die napoleonischen Truppen: Godoy, der leitende Minister Karls IV. von Spanien, hatte das Land in die völlige Abhängigkeit von Napoleon I. gebracht. Als das Volk gegen König und Minister rebellierte, befahl Napoleon, den Aufstand niederzuschlagen und die Rebellierenden zu erschießen. Er zwang Karl IV. und seinen Nachfolger Ferdinand VII., auf die Krone zu verzichten, und ernannte seinen Bruder Joseph Bonaparte zum König.

▸Julirevolution 1830: Das liberale Bürgertum Frankreichs opponierte gegen den König Karl X. Als bei Wahlen die Opposition erfolgreich war, verfügte der König die Auflösung der Kammer, erließ eine Pressezensur und ließ das Wahlrecht ändern. Am 26. 7. 1830 kam es zur Julirevolution, Karl X. dankte ab.

▸Trikolore: dreifarbige Flagge, besonders die Nationalflagge Frankreichs seit der Französischen Revolution

▸Allegorie, allegorisch (griech. anders sagen): die Verbildlichung eines unanschaulichen Begriffs oder Vorgangs, oft durch Verkörperung als Person, z. B. Gerechtigkeit als weibliche Figur mit Waage und verbundenen Augen

Francisco de Goya: Der 3. Mai 1808: Die Erschießung der Aufständischen im Manzanares-Tal, 1814–1815. Öl auf Leinwand, 265 x 345 cm. Madrid, Museo del Prado

Eugène Delacroix: Die Freiheit führt das Volk, 1830. Öl auf Leinwand, 360 x 225 cm. Paris, Louvre

Menschen in einer Extremsituation – Théodore Géricault: Das Floß der Medusa

Im Sommer 1816 erschütterte eine Schiffskatastrophe Frankreich. Die Fregatte „Méduse“ lief vor Westafrika auf Grund. Das Kommando führte ein unfähiger Aristokrat, der seine Ernennung nur der Begünstigung durch den König verdankte. Zwölf Tage trieb ein Floß mit 149 Menschen auf hoher See, bevor schließlich zehn Überlebende gerettet werden konnten.
Drei Jahre später griff der französische Maler **Théodore Géricault** (1791–1824) das Thema des Schiffbruchs und der Rettung auf. Er ließ vom Schiffszimmermann der „Méduse“ ein Modell des Floßes nachbauen, nahm mit den Überlebenden Kontakt auf und zeichnete Kranke und Tote. Bevor er mit der Arbeit an dem monumentalen Bild begann, fertigte er zahlreiche Skizzen an und entwickelte die endgültige Bildform. Er bezog sogar ein größeres Atelier, um ein Gemälde mit monumentalen Maßen herstellen zu können. Schließlich fuhr er noch einmal ans Meer, um die Wirkung von Wind und Wellen zu beobachten. Géricault, so beschreibt es W. Kemp,

■ *[...] entschied sich für eine Komposition, die ganz und gar aus der Sicht des Betrachters heraus entworfen ist: Wir sind ganz nahe am oder auf dem Floß der Schiffbrüchigen, wir stehen mit ihnen vorn im Wasser, und wir sehen mit ihnen, durch sie und über sie hinweg das alles entscheidende Ereignis des Bildes: das Rettung bringende Schiff am Horizont. Eine zwingende Perspektive, ein dramatischer, „fruchtbarer“ Moment – Géricault hätte sein Publikum nicht wirksamer ansprechen können.*

Wolfgang Kemp, S. 53

Zwanzig Männer befinden sich auf dem Floß, einige von ihnen sind bereits gestorben. Aus einer pyramidal angeordneten Gruppe ragt ein mit einem Tuch winkender Farbiger heraus. Im Kontrast zur Hoffnung der Winkenden steht die Trauer des Alten über den Tod des jungen Mannes in der linken unteren Ecke. Andere sind dem Tod näher als dem Leben. Die Dramatik des Geschehens wird durch starke Hell-Dunkel-Kontraste des fast ausschließlich in Brauntönen gehaltenen Gemäldes betont. Da der Künstler ▸bitumenhaltige Farben benutzte, dunkelte das Gemälde in der Folge nach.
Bei der Ausstellung im ▸Salon des Jahres 1819 rief das Bild negative Reaktionen hervor. Man sah darin eine Kritik an den Fähigkeiten des Kapitäns und der königlichen Marine. Auf Anordnung des Königs verbot man den Bildtitel, um eine klare Zuordnung des Geschehens zu verhindern. Empört reiste Géricault mit dem Gemälde in das liberale England, zeigte es auf Ausstellungen und erntete viel Anerkennung. Obwohl es einen politischen Anlass gab, der die Bevölkerung empörte, ist in dem Bild von einer Anklage wenig zu spüren. Kritiker bemängelten, dass es an nationalen Erkennungszeichen fehle, die eine Anklage erkennbar gemacht hätten. Doch Géricault wollte in erster Linie die körperliche und seelische Verfassung von Menschen in einer Situation zeigen, in der es nach Augenzeugenberichten Kämpfe zwischen den Schiffbrüchigen, Kannibalismus, aber auch selbstlose Aktionen gab. In eindringlicher Form schildert er Resignation, Verzweiflung und aufkeimende Hoffnung der Schiffbrüchigen.
Géricaults Interesse am Ungewöhnlichen, nicht der „Norm“ Entsprechenden zeigte sich in einer Reihe von Bildnissen, die er in einem Pariser Irrenhaus anfertigte. Im Auftrag eines befreundeten Arztes studierte er in farbigen Ölskizzen die Physiognomien der Insassen und dokumentierte die Krankheitsbilder, ohne den Patienten ihre Würde zu nehmen.

Arbeitsanregungen:

1. Fertigen Sie eine Kompositionsskizze an, die verdeutlicht, welche formalen Entscheidungen Géricault traf, um die Dramatik und Dynamik des Geschehens zum Ausdruck zu bringen.
2. Beschreiben Sie anhand der abgebildeten Versionen den Prozess der Bildentstehung bis zum endgültigen Bild. Welche Änderungen nahm Géricault vor, wie steigerte er die Wirkung?

▸**Bitumen:** aus organischen Stoffen natürlich entstandene, teerartige Masse, die als pastiger Zusatz für Farben verwendet wird; langfristig hat Bitumen jedoch ein Nachdunkeln der Farbe zur Folge.

▸**Salon:** hier: Bezeichnung für Kunstausstellungen in Paris seit dem frühen 18. Jahrhundert

Théodore Géricault: Meuterei (Revolte gegen Offiziere). Feder und braune Tinte, 16 x 21 cm. Rouen, Musée des Beaux Arts

Théodore Géricault: Die Argus in Sicht. Feder und lavierte braune Tusche, 20 x 29 cm. Rouen, Musée des Beaux Arts

Théodore Géricault: Das Floß der Medusa, 1818–1819. Öl auf Leinwand, 491 x 716 cm. Paris, Louvre

Landarbeit und Industriearbeit – Gustave Courbet und Adolph Menzel

Skizze zu Adolph Menzels „Eisenwalzwerk", zwei Arbeiter

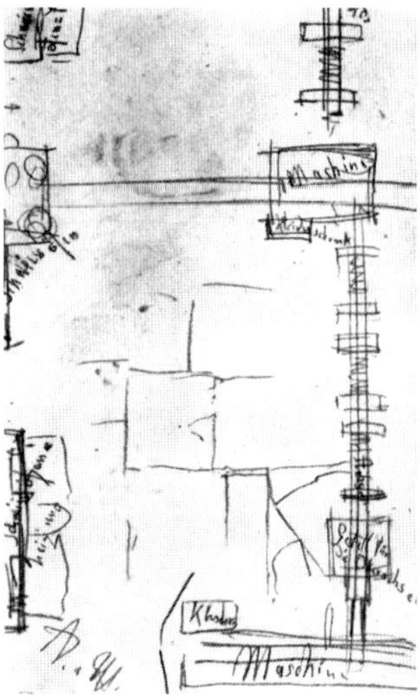

Skizze zu Adolph Menzels „Eisenwalzwerk": Grundriss der Halle

Als der französische Maler **Gustave Courbet** (1819–1877) in der Mitte des 19. Jahrhunderts in seinen Bildern einfache Menschen auf dem Land und bei ihrer Arbeit zeigte, war die Gesellschaft, die sich in den Salons gern an historischen oder mythologischen Themen ergötzte, schockiert. Man fand seine Bilder „lächerlich" oder gar „ekelerregend". Courbet stammte aus großbäuerlichen Verhältnissen, sein Interesse galt – neben anderem – den einfachen Menschen und ihrer Arbeit.

Bilder von Menschen bei der Arbeit waren bereits seit dem 15. Jahrhundert bekannt, doch zeigten sie häufig typische Tätigkeiten auf dem Lande.

■ *Erst die Kunst des 19. Jahrhunderts hat das Ethos des arbeitenden Menschen entdeckt. Wenn der Realismus soziale Anteilnahme auf seine Fahnen schrieb, so nahm er, der Zeit entsprechend, ein Schlagwort zu Hilfe, um Tieferes auszudrücken: Der Arbeiter fesselt das Auge des Künstlers, weil er in einem echten, tätigen Verhältnis zur Welt steht. Sein Handeln hat die Eindringlichkeit ursprünglichen Besitzergreifens, zwischen ihm und der Welt gibt es noch keine Entfremdung.*

Werner Hofmann, S. 104

In Courbets Bild der **„Kornsieberinnen"** erkennt man zwei Frauen und einen Jungen, der gerade die Klappe einer Holzkiste öffnet. Eine der Frauen lehnt erschöpft an den gefüllten Säcken, die andere siebt das Korn. Die Szene wirkt banal, es geschieht etwas Alltägliches. Doch war es gerade das, was Courbet beabsichtigte. Er bezeichnete sich als „Realisten", der seine Aufgabe darin sah, „dass man den vollkommensten Ausdruck für eine Sache finde, nicht aber die Sache selbst erfinde oder schaffe".

In mancherlei Hinsicht steht der Deutsche **Adolph Menzel** (1815–1905) Courbet nahe. In seinem großformatigen **„Eisenwalzwerk"** konfrontiert er den Betrachter mit der Wirklichkeit der Industriearbeit. In mehr als hundert Skizzen hatte er die körperlich schwere Arbeit, die Maschinen und die Werkzeuge gezeichnet, bevor er die hektische Betriebsamkeit in der Fabrikhalle auf die Leinwand brachte. Man erkennt im flackernden Lichtschein Arbeiter, die gerade essen, die sich waschen, doch es dominieren die körperlich Arbeitenden. Einzig ein Mädchen in der rechten unteren Ecke, das einen Esskorb einräumt, schaut aus dem Bild, alle anderen sind mit sich oder der harten, gefährlichen Tätigkeit beschäftigt. Fast meint man den Lärm und die Gerüche in der Halle zu spüren und ist bei seiner Entdeckungsreise auf dem Bild erstaunt, wenn man im Fluchtpunkt den Besitzer (mit Hut) erkennt.

Menzels zeichnerischer **Realismus** verbindet sich in der malerischen Ausführung mit einer lockeren, an den Impressionismus erinnernden Pinselführung. Zeitgenossen bewunderten die „ungeschminkte Wahrheit", die in dieser Darstellung der Arbeitswelt zum Ausdruck kommt. Menzel zeigt die körperliche Anstrengung der Industriearbeit, bei der der Mensch dem Arbeitsprozess untergeordnet ist und kaum Zeit zum Essen und Waschen hat. Das Gemälde ist

■ *[...] bei aller Authentizität keine unbeteiligte Reportage. Die Wirklichkeitserfahrung ist es, die diesem teilnehmenden Realismus die menschliche Dimension verleiht. Die Arbeiter aus Königshütte waren der Maßstab; mit dem Aufzeigen ihrer Individualität hat er sie zudem als wesentliche Kraft im Arbeitsprozess gewürdigt.*

Marie Ursula Riemann-Reyher, S. 288

Arbeitsanregungen:

1. Vergleichen Sie Courbets „Kornsieberinnen" und Menzels „Eisenwalzwerk". Welchen Eindruck von der Arbeit vermittelt das jeweilige Bild und auf welche Weise wird der Betrachter einbezogen?
2. Suchen Sie in Broschüren oder Büchern Darstellungen von Menschen bei der Arbeit. Welche verallgemeinernden Feststellungen lassen sich machen? Gibt es Parallelen zu den Bildern von Courbet und Menzel?

▸ **Realismus**: durch Wirklichkeitsbezug (Sachlichkeit) gekennzeichnete Kunst, die zugleich auch schöpferische Auseinandersetzung mit der Wirklichkeit ist (s. S. 266)

Gustave Courbet:
Die Kornsieberinnen, 1854.
Öl auf Leinwand,
131 x 167 cm.
Nantes, Musée des Beaux Arts

Adolph Menzel: Eisenwalzwerk, 1875. Öl auf Leinwand, 158 x 254 cm. Berlin, Neue Nationalgalerie SMPK

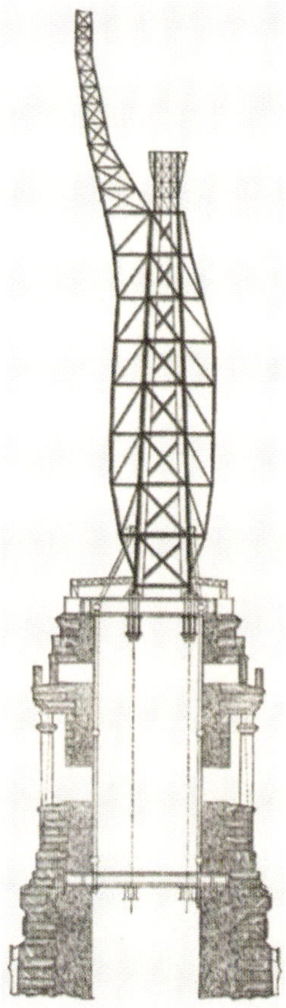

Gustave Eiffel: Innengerüst der Freiheitsstatue

Nationale Mythen – Hermannsdenkmal und Freiheitsstatue

Das Erwachen des Nationalismus im 19. Jahrhundert war mit einer Rückbesinnung auf historische Epochen verbunden. Man erinnerte sich der geistigen und politischen Größen aus der Geschichte und errichtete ihnen zu Ehren meist monumentale Standbilder. Neben konkreten Personen waren es auch ▸Personifikationen der nationalen Einheit. Die Verehrung führte gelegentlich zum großzügigen Umgang mit den historischen Fakten.

Aus dem Cheruskerfürsten Arminius, der im ersten Jahrzehnt nach Christi Geburt die Römer aus der Gegend nahe dem Teutoburger Wald zurückdrängte, machte man den germanischen Freiheitskämpfer Hermann. Nach einem Entwurf von **Ernst von Bandel** (1800–1876) entstand in der Nähe der Stadt Detmold das Hermannsdenkmal. Beim Unterbau orientierte sich Bandel am Grab des ▸Theoderich in Ravenna. Die knapp 25 m hohe Figur aus Kupferplatten zeigt einen Mann in einer Phantasieuniform, der sein Schwert in die Höhe reckt. Der zum Himmel Blickende ist nach Westen ausgerichtet, darin verbirgt sich auch eine in Richtung Frankreich gerichtete Imponierhaltung, die durch die Inschrift „Deutsche Einigkeit meine Stärke, meine Stärke Deutschlands Macht" noch unterstützt wird.

Zunächst hatte Bandel seinen Arminius-Hermann auf einen Felsbrocken stellen wollen. Doch ließ er sich vom bayerischen König umstimmen und entschied sich für die gefälligere Kuppel. Siebenunddreißig Jahre, nachdem Bandel mit dem Bau begonnen hatte, weihte man das Denkmal 1875 in Gegenwart des Kaisers ein. Ursprünglich als Mahnmal zur nationalen Einheit gedacht, wurde die Riesenfigur im Teutoburger Wald vor dem Hintergrund des Sieges über die Franzosen vier Jahre zuvor zum Symbol der Vormachtstellung Deutschlands.

Wenige Jahre nach dem Hermannsdenkmal errichtete man in der Hafeneinfahrt von New York die **„Freiheitsstatue"**. Die Franzosen schenkten diese Monumentalstatue den Vereinigten Staaten zum 100-jährigen Bestehen. Allerdings wurde sie wegen Problemen bei der Finanzierung des Sockels erst über zehn Jahre später aufgestellt. Der Entwurf für die monumentale 46 m messende Frauengestalt stammt von dem Franzosen **Frédéric-Auguste Bartholdi** (1834–1904), für das innere Stahlgerüst zeichnet der Erbauer des Eiffelturms, ▸Gustave Eiffel, verantwortlich.

Bartholdi entschied sich für eine Frau als Personifikation der Freiheit und griff damit auf römische Traditionen zurück. Folgerichtig trägt sie die für die Antike typischen Kleidungsstücke Toga und Tunika. Der ursprüngliche Titel der auf einem 50 m hohen Granitsockel stehenden Figur lautet: „Statue of Liberty Enlightening the World" (Statue der Freiheit, die die Welt erleuchtet).

Die von einem Strahlendiadem gekrönte Freiheitsgöttin hält in der Linken eine Tafel mit dem historischen Datum der Unabhängigkeitserklärung der Vereinigten Staaten (July 4, 1776), sie stellt damit zugleich einen Bezug zu den Gesetzestafeln des Mose her. Die rechte Hand umfasst mit einer Geste des Triumphes eine (bei Dunkelheit erleuchtete) Fackel. Die Fackel als Freiheitssymbol wurde im 19. Jahrhundert entwickelt, es ist zugleich ein Hinweis auf die mythologische Bedeutung des Feuers, der ersten Kulturerrungenschaft des Menschen. Der hohe Sockel erschwert den Blick auf ein Detail: Die Figur macht einen Schritt nach vorn und sprengt die Ketten der Knechtschaft.

Arbeitsanregungen:

1. Vergleichen Sie Hermannsdenkmal und Freiheitsstatue im Hinblick auf die Körpersprache, auf Attribute und ihre Bedeutungen.
2. Suchen Sie in Ihrer Stadt Denkmale auf. Wann entstanden sie, wen oder was stellen sie dar? Erarbeiten Sie eine fotografische und erläuternde Dokumentation oder Präsentation.
3. Sollte man verstorbene Prominente unserer Zeit in figürlichen Denkmalen ehren?

▸**Personifikation:** Verkörperung eines abstrakten Begriffes in einer Figur

▸**Theoderich** (471–526): König der Ostgoten

▸**Eiffel, Gustave** (1832–1923): französischer Ingenieur (s. S. 282)

Ernst von Bandel: Hermannsdenkmal, 1819–1875. Stein, Höhe 24,8 m, Höhe Unterhaus 30 m. Teutoburger Wald, nahe Detmold

Frédéric-Auguste Bartholdi: Freiheitsstatue, 1886. Eisengerüst mit Kupfer verkleidet, Höhe 46 m. New York

Tapferkeit und Gemeinsinn – August Rodin: Die Bürger von Calais

Auguste Rodin: Die Bürger von Calais, drei Ausschnitte

Von einem mittelalterlichen Chronisten stammt die Überlieferung eines Ereignisses aus dem Jahr 1347. Der englische König Edward III. belagerte die Stadt Calais im Kampf um die englischen Besitzungen in Frankreich. Als die Situation für die Franzosen aussichtslos wurde, unterbreitete er das Angebot, die Bevölkerung und die Stadt unter der Bedingung zu verschonen, dass die sechs angesehensten Bürger barhäuptig, im Hemd, mit nackten Füßen und einem Strick um den Hals ihm die Schlüssel der Stadt überbrächten, um sich dann hinrichten zu lassen. Auf Bitten seiner Frau ließ Edward III. die sechs Freiwilligen jedoch am Leben.

Über fünfhundert Jahre später erteilte die Stadt Calais dem in Paris geborenen Künstler **Auguste Rodin** (1840–1917) den Auftrag, das historische Ereignis darzustellen. Zunächst bestand der Plan darin, nur einen aus der Gruppe stellvertretend zu zeigen. Über Jahre zog sich der Prozess der Ideenfindung hin, verschiedene Konzeptionen wurden verworfen. Immer wieder stieß Rodin auf Kritik bei seinen Auftraggebern. In einem Brief teilten sie dem Künstler mit:

■ *So haben wir uns unsere berühmten Mitbürger, wie sie sich zum Feldlager des englischen Königs begeben, nicht vorgestellt. Ihre niedergedrückte Haltung verletzt unsere heiligsten Gefühle. [...] Wir geben auch zu bedenken, dass Eustache de Saint-Pierre [der Anführer der Gruppe] in einem zu groben Stoff gekleidet wurde, statt des leichten Gewandes, das ihm die Geschichte gewährt. [...] Wir halten es für unsere Pflicht, inständig in Herrn Rodin zu dringen und ihn zu verpflichten, die Haltung seiner Personen zu ändern.*

Hermann Bünemann, S. 23f.

Rodin wehrte sich empört gegen diese Form der Einflussnahme und setzte sich schließlich mit seinen Vorstellungen durch. Er schuf eine Gruppe mit sechs lebensgroßen Männern. Gegen seinen Willen stellte man die Plastik jedoch 1895 auf ein hohes Podest. Erst nach dem Zweiten Weltkrieg erfolgte die Aufstellung auf einem nur 40 cm hohen Sockel, so dass die Figuren etwa auf gleicher Höhe wie der Betrachter stehen. 1913 kauften die Engländer einen Abguss der Plastik, um ihn im Park des Parlaments in London aufzustellen, weitere Exemplare befinden sich u. a. im Rodin-Museum in Paris und im Kunstmuseum Basel.

Der auf den Abbildungen links Stehende schreitet voran, während ihm die anderen mit quälender Langsamkeit folgen. Seine erhobene Hand besitzt Aufforderungscharakter. Er weist den Weg, den die Männer gehen müssen. Rodin hat die Sechsergruppe so gestaltet, dass unterschiedliche Reaktionen und Empfindungen aus den Figuren sprechen. Er variierte das Lebensalter, die Charaktere und unterschied zwischen den verschiedenen Formen des Ringens um die innere Stärke und die Kraft, das drohende Schicksal zu ertragen. Er zeigt den Alten und den Jüngling, den Grübelnden und den Verzweifelnden, der sich mit seinen Händen an den Kopf fasst. Ernst und stolz zugleich wirkt der Schlüsselträger. Tief liegen die Augen der Männer in den Höhlen und vermitteln den Eindruck von der Vorahnung des nahen Todes. Besonders ausdrucksstark sind die Hände geformt, bei denen Rodins Schülerin und Geliebte Camille Claudel (1864–1943) entscheidend mitgearbeitet hat.
Bei der Betrachtung der Oberflächen meint man die gestaltende Hand des Künstlers zu spüren, der die Figuren zunächst in Ton formte und Höhlungen und Wölbungen so herausarbeitete, dass eine lebendige Oberfläche entstand, die ein wechselvolles Spiel von Licht und Schatten bewirkt.

Arbeitsanregungen:

1. Gehen Sie von der Vorstellung aus, Sie sähen die Gruppe von oben. Skizzieren Sie die Anordnung der Männer, die Richtung ihrer Bewegung und ihre Gesten.
2. Bei den Bürgern von Calais sind die Hände ein wesentlicher Ausdrucksträger. Zeichnen Sie nach den Abbildungen oder nach der Natur „sprechende Hände“.

Oben:
Auguste Rodin:
Die Bürger von Calais,
1884–1886, von vorn.
Bronze, Höhe 219,5 cm,
Breite 235,5 cm,
Tiefe 178,4 cm.
Basel, Öffentliche
Kunstsammluung

Links:
Auguste Rodin:
Die Bürger von Calais,
Ansicht von links

Fotografie und Menschenbild – Nadar, Edward Curtis und Franz von Lenbach

Die Erfindung der Fotografie ist für das Verhältnis des Menschen zu seinem eigenen Bild von entscheidender Bedeutung. War es bislang nur wenigen möglich, ein Bildnis von sich zu besitzen, so konnte man schon bald nach der Erfindung der Fotografie für einen relativ geringen Betrag sein ‣Konterfei erhalten und über den Tod hinaus im Bild präsent sein. Das Porträtfoto hatte nicht nur die Funktion einer Erinnerung, es wurde zur Repräsentation, zur Dokumentation. Die Fotografin ‣Gisèle Freund schreibt über den französischen Porträtfotografen Gaspard Félix Tournachon (1820–1910), der sich **Nadar** nannte:

■ *Nadar ist der erste Fotograf, der das Gesicht des Menschen neu entdeckt. Die Kamera ist ganz dicht herangerückt an die Intimität der Gesichtslandschaft. Es geht ihm nicht um äußere Schönheit, sondern darum, den charakteristischen Ausdruck des Menschen zu finden und festzuhalten. Die ‣Retouche, die den Gesichtern ihr Eigenleben nahm und sie zu abgeleckten, ausdruckslosen und glatten Abbildern machte, gehört einer späteren Epoche der Fotografie an.*

Gisèle Freund, S. 48

In Nadars Porträt des nachdenklich nach unten schauenden Malers ‣Gustave Courbet belässt es der Fotograf bei einem ‣monochromen Umfeld, lediglich Stift und Papier in der Hand des Künstlers geben einen Hinweis auf seine Tätigkeit.

Um 1890 begann der Ethnologe und Fotograf **Edward S. Curtis** (1868–1952) damit, eine umfassende Dokumentation über den Alltag der nordamerikanischen Indianer anzufertigen. Über 30 Jahre lang zog er durch das Land und belichtete über 40 000 Glasnegative, auf denen er einen mitunter romantisierenden Blick auf eine vergangene Kultur warf. Bei der Fotografie des Navaho-Medizinmannes arbeitete Curtis mit den Möglichkeiten des Mediums vor und nach der Aufnahme: Lichtführung und Schärfe galt es vor der Aufnahme zu bedenken, Bildaufteilung und Format ließen sich nach der Aufnahme festlegen. Die Lebendigkeit, die aus dem Foto des Medizinmannes spricht, ist Resultat derartiger Maßnahmen. Curtis verzichtete auf Requisiten, konzentrierte sich auf die ‣Physiognomie und gestaltete mit den beleuchteten Partien, die aus der Dunkelheit hervortreten. Es wäre allerdings falsch, von einer Ablösung der Malerei durch die Fotografie im 19. Jahrhundert zu sprechen. Viele sahen sie lediglich als ein abbildendes Medium. „Nicht die Hand, das Gehirn formt den Maler, das Instrument kann nur gehorchen", erklärte ein französischer Kunstkritiker.

Doch nutzten Künstler heimlich die Vorteile, die das neue Medium boten. So griff der Münchner Gesellschaftsmaler **Franz von Lenbach** (1836–1904) bei seinen Porträts auf Fotografien zurück. Den Reichskanzler Otto von Bismarck porträtierte er nach Aufnahmen in verschiedenen Lebensphasen. Lenbach,

■ *[...] der Maler der Mächtigen und Herrschenden, ließ nach eigener Anweisung von dem Berufsfotografen Karl Hahn nicht weniger als 6500 Platten belichten. In seiner Malerei charakterisierte er das, was das 19. Jahrhundert zu seinem Ende kennzeichnete: Lenbach versteckte nicht nur das neue Medium mittels altmeisterlicher, idealisierender Fassaden vor dem Betrachter, sondern gelegentlich gar seinen Fotografen hinter einer Samtportiere. Öffentlich erwähnt hat er ihn nie.*

Gabriele Forberg, S. 32

Arbeitsanregungen:

1. Was unterscheidet das gemalte vom fotografierten Porträt? Bedenken Sie sowohl den Prozess der Herstellung als auch das Ergebnis.
2. Stellen Sie tabellarisch Einflussmöglichkeiten zusammen, über die der (Porträt-) Fotograf vor und bei der Aufnahme verfügt, um den Charakter des Porträtfotos zu bestimmen. Welche Maßnahmen kann er bei der Anfertigung von Abzügen oder am Computer und bei der Präsentation treffen?

‣**Konterfei:** altertümlich für Porträt

‣**Freund, Gisèle** (1912–2000): Fotografin

‣**Retouche, Retusche:** Korrektur an fotografischen Negativen oder Positiven zur Beseitigung fehlerhafter Stellen oder zur absichtsvollen Veränderung

‣**Courbet, Gustave** (1819–1877): französischer Maler (s. S. 292)

‣**monochrom** (griech.): einfarbig

‣**Physiognomie:** Erscheinungsbild, Ausdruck eines Gesichtes

Nadar: Porträt von Gustave Courbet, um 1865. Fotografie. Paris, Archives photographiques

Edward S. Curtis: Navaho-Medizinmann, 1904. Fotografie. Privatbesitz

Links: Bismarck im Sessel liegend, 1898. Fotografie; rechts: Franz von Lenbach: Bismarck im Sessel liegend, 1898. Öl auf Leinwand, 126 x 103,5 cm. München, Städtische Galerie Lenbachhaus

Auf der Suche nach der Natur – Paul Gauguin und Paul Cézanne

Weil er der Zivilisation überdrüssig war, reiste der französische Künstler **Paul Gauguin** (1848–1903; s. S. 274) im Juni 1891 auf die Pazifik-Insel Tahiti. Doch hier machte sich der Kolonialismus mit seinen negativen Begleiterscheinungen bereits bemerkbar. So zog er sich in das Innere der Insel zurück, wo er in einer Hütte lebte. Nach einem Aufenthalt in Frankreich kehrte Gauguin 1897 wieder nach Tahiti zurück. Hier entstand im selben Jahr das in kräftigen Farben gehaltene Gemälde **„Woher kommen wir? Wer sind wir? Wohin gehen wir?“** (s. S. 259). Mit dem Titel des Bildes bezieht sich Gauguin auf Fragen seines Landsmannes ▸Blaise Pascal. Der Künstler zeigt in diesem Bild eine Bühne des Lebens, für die er eine Erklärung lieferte:

■ *Unten rechts ein schlafendes Neugeborenes und drei sitzende Frauen. Zwei in purpurne Gewänder gekleidete Gestalten vertrauen einander ihre Gedanken an. Eine übergroße sitzende Gestalt, die absichtlich die Perspektive durchbricht, hebt ihren Arm über den Kopf und blickt erstaunt auf jene beiden Menschen, die es wagen, über ihr Schicksal nachzudenken. Diese bringen eine schmerzliche Note in das Bild, verursacht durch das Wissen, das sie unter dem Baum der Erkenntnis gewinnen, obwohl die jungfräuliche Natur und die Gegenwart einfacher Geschöpfe ein Paradies für die Menschen böten, wenn diese sich nur dem Glück zu leben überließen. […] Ein ▸Idol scheint, beide Arme geheimnisvoll und rhythmisch erhoben, auf das Jenseits zu weisen. […] Schließlich ist eine alte, dem Tode nahe Frau zu erkennen, die sich resigniert ihren Gedanken überlässt. Mit ihr endet die Geschichte. Ein seltsamer Vogel zu ihren Füßen bedeutet die Vergeblichkeit aller Worte.*

Meisterwerke, S. 22

Gauguin gibt in diesem Bild, dessen Titel in der linken oberen Ecke erscheint, keine Antwort. Er beschreibt das Leben als ein Mysterium. Als er mit der Arbeit an dem Gemälde begann, befand Gauguin sich in einer tiefen Lebenskrise. Er war bereits krank, als er vom Tod seiner Tochter erfuhr; Selbstmordgedanken quälten ihn. In einem Kraftakt vollendete er das Bild. „Bevor ich sterbe“, schrieb er, „habe ich da alle meine Energie hineingelegt, eine solche Leidenschaft voller Schmerzen unter furchtbaren Verhältnissen und eine so klare korrekturlose Vision, dass das Frühreife verschwindet und das Leben daraus hervorblüht.“

Das Bild der „Großen Badenden“ von **Paul Cézanne** (1839–1906; s. S. 274) mag auf den ersten Blick eine Verwandtschaft mit dem Bild Gauguins haben – leicht bekleidete oder nackte Frauen in der freien Natur –, doch sind die Absichten der Künstler verschieden. In zahlreichen Skizzen und Ölstudien hat Cézanne sich mit dem Thema auseinander gesetzt. Er unterwarf Mensch und Natur den gleichen bildnerischen Gesetzen, um sie zu einer farbigen und formalen Einheit zusammenzubringen. Cézanne griff auf ein vorhandenes Figurenrepertoire zurück, fertigte also keine ▸Aktstudien an. „Die Badenden sind einzig und allein nach den autonomen Gesetzen der Farbe, der Form und der Fläche gestaltete Kunsterfindungen.“ (Götz Adriani, 1993) Die Palette beschränkt sich auf Braun, Blau und Grün, die in einem lockeren malerischen ▸Duktus miteinander verwoben werden. Von den beiden Bildrändern neigen sich Baumstämme zur Bildmitte zu einem ▸gotischen Spitzbogen. Die dicht zusammengerückten Frauen stehen, hocken, sitzen oder liegen und antworten dabei auf die pyramidenförmige Komposition, auf den Rhythmus der sie umgebenden Natur.

Arbeitsanregungen:

1. Belegen Sie am Beispiel von Gauguins **„Der Tag der Götter“** formale und inhaltliche Absichten des Künstlers. Beziehen Sie sich dabei auch auf Gauguins Bilder auf S. 275 und 317.
2. Suchen Sie sich aus dem Gemälde Cézannes eine für den Malstil charakteristische Stelle und fertigen Sie eine vergrößerte Detailstudie an, bei der Sie den malerischen Duktus nachvollziehen.

▸**Pascal, Blaise** (1623–1662): französischer Religionsphilosoph, Mathematiker und Physiker

▸**Idol** (griech. eidolon Bild, Gestalt): Götzenbild, Abgott, auch falsches Ideal

▸**Akt:** die Darstellung des nackten menschlichen Körpers in der Kunst

▸**Duktus:** hier: die Eigentümlichkeit des Farbauftrags

▸**gotischer Spitzbogen:** in der Gotik gegenüber dem Rundbogen bevorzugte Bogenform (s. a. S. 99)

Paul Gauguin: Der Tag
der Götter, um 1894.
Öl auf Leinwand, 66 x 87 cm.
Chicago, The Art Institute

Paul Cézanne: Die Großen
Badenden I, 1899–1906.
Öl auf Leinwand,
208 x 249 cm.
Philadelphia, Museum of Art

Die Geste äußerster Verzweiflung – Edvard Munch: Geschrei

Das Thema „Schrei" hat der norwegische Maler und Graphiker **Edvard Munch** (1863–1944) in Skizzen, Graphiken und Gemälden bearbeitet. Mit diesem Motiv

■ *[...] beginnt eine neue Phase der [...] Kunst Europas, mit ihr reift eine neue Sensibilisierung für ein bisher unbekanntes Gebiet heran. Sowohl die neuen formal-ästhetischen Mittel, die Ausdrucksformen, als auch die Aussage [...] wurden wegweisend für die Kunst der anbrechenden Epoche. Mit anderen Worten: Munchs Schrei signalisiert den Anbruch des expressionistischen Jahrhunderts.*

Hilde Zaloscer, S. 333

Dem Motiv liegt ein Erlebnis zugrunde, das Munch so stark bewegte, dass er es in seinen schriftlichen Aufzeichnungen und Tagebuchnotizen der folgenden Jahre immer wieder erwähnte. Schließlich griff er dieses konkrete Ereigniss in einem Gedicht auf.

■ *Ich ging mit zwei Freunden den Weg entlang – dann ging die Sonne unter – der Himmel wurde plötzlich blutrot – ich hielt an, lehnte mich todesmüde an einen Zaun – über dem blauschwarzen Fjord und der Stadt lagen Blut und Feuerzungen – meine Freunde gingen weiter, und ich stand immer noch zitternd vor Angst – und ich fühlte, dass ein großer unendlicher Schrei durch die Natur ging.*

Ulrich Bischoff, S. 52

Das simultane Erleben von farbigen und akustischen Eindrücken veranlasste Munch zu einer bildhaften Übersetzung, in der er die Angst des bedrohten Menschen zum Ausdruck brachte. Das Geschlecht der dargestellten Person auf dieser 1895 entstandenen ▸Lithographie lässt sich nicht eindeutig bestimmen. Einige Interpreten haben die vom vorderen Bildrand überschnittene Figur als Frau, andere als männliches Wesen bezeichnet. Das dem Bild zugrunde liegende persönliche Erlebnis lässt aber auch die Deutung einer Figur mit Selbstporträtcharakter zu. Zwei Männer (die Freunde?) sind an den linken Bildrand gerückt. Sie gehen offensichtlich in eine andere Richtung als der Fliehende, hören seinen Schrei nicht. Der Rhythmus des Himmels setzt sich in der Landschaft fort. Die Linien formen an einer Stelle ein Gebäude, das an eine Kirche erinnert. Auf dem Fjord erkennt man zwei Schiffe mit kreuzförmigen Masten. Die kräftigen schwarzen Linien, die an einen ▸Holzschnitt erinnern, wirken wie Schallwellen, die den Bildraum durchfluten und sich über das Bild hinaus fortzusetzen scheinen.

Das untere Drittel bestimmt die menschliche Figur, die die langen Hände an den Kopf presst und den Mund zum Schrei geöffnet hat. Weit aufgerissen sind die Augen, Falten an der Stirn und an den Wangen verleihen dem Gesicht etwas Maskenartiges. Die emotionale Bewegung überträgt sich auch auf den Körper. In der Form eines Fragezeichens windet sich die in ein einteiliges Gewand gehüllte, ausgezehrte Gestalt. Kräftige, schwarze Linien auf der Brücke unterstreichen die Vorwärtsbewegung der sich verzweifelt gebärdenden Figur. Senkrechte Linien zu ihrer Rechten lassen sich gegenständlich schwer deuten, verstärken aber den Eindruck panischer Angst.

Munch ist kein nüchterner Beobachter; eigenes Erleben und seelische Unruhe sind Anlass für eine psychologisch verdichtete Darstellung, in der sich der Leidende unmittelbar dem Betrachter offenbart. Er zeigt das Entsetzen, den Schrei des einsamen Menschen, der sich bedroht fühlt. Das Erschrecken vor dem Dasein kennzeichnete das Leben Munchs, der seine Lebensfurcht in einer expressiven Symbolik ausdrückte. Vermutlich ließ sich der Künstler auch von einer Mumie aus einem Pariser Museum anregen.

Arbeitsanregungen:

1. Fertigen Sie eine farbige Version der Lithographie von Edvard Munch an. Überarbeiten Sie gegebenenfalls eine Fotokopie der Graphik.
2. Suchen Sie nach anderen Darstellungen extremer Gefühlsäußerung wie Verzweiflung, Schrei oder Schmerz. Worin liegen Unterschiede zum Bild Munchs?

Edvard Munch: Geschrei, 1895. Lithographie, 35 x 25,2 cm. Stuttgart, Staatsgalerie

▸**Lithographie** (griech. lithos Stein, graphein schreiben): Steindruck, bei dem die Zeichnung mit Fettfarbe auf den Stein gebracht und der Stein geätzt wird. Die fetten, nicht geätzten Stellen nehmen die Druckfarbe an (s. S. 266).

▸**Holzschnitt:** manuelles Hochdruckverfahren mit einer Holzplatte als Druckstock, aus der alle nicht druckenden Teile herausgeschnitten sind (s. S. 110, 164)

Edvard Munch: Der Schrei, 1893. Öl auf Leinwand, 91 x 73 cm. Oslo, Nasjonalgalleriet

Von der Seelenlandschaft zur abstrakten Landschaft

Der Romantiker Caspar David Friedrich

Aus den Skizzenbüchern der Jahre 1808 bis 1815, in denen **Caspar David Friedrich** (1774–1840) die Eindrücke seiner Wanderungen sammelte, stammen die drei abgebildeten Blätter. Skizzen wie diese dienten ihm als Vorlagen für seine im Atelier angefertigten Gemälde, mitunter ergänzte er sie durch handschriftliche Hinweise. So enthält das Blatt mit dem Riesengebirge im Hintergrund die Notiz: „Die Linien müssen sich mehr in die Länge dehnen."

Nach 1830 griff Friedrich für die Komposition eines Gemäldes auf die Zeichnungen zurück. Die daraus entwickelte Landschaft existiert in dieser Form jedoch nicht. Das „Kloster Eldena" liegt am Stadtrand von Greifswald, das „Riesengebirge" ist ein Gebirgszug in den Sudeten. Für sein Gemälde verwendete Friedrich die Zeichnung seitenverkehrt und dehnte die Berge, wie in der Notiz angegeben.
Hinter dieser scheinbar willkürlichen Zusammenstellung verschiedener Versatzstücke verbirgt sich eine Absicht, die über die bloße Wiedergabe von landschaftlichen Details hinausgeht. Für Friedrich war die Landschaft Ausdrucksträger für eine tief verwurzelte Religiosität. Für ihn war die Natur das Gleichnis seines christlich geprägten Weltbildes. Er schuf neue landschaftliche Einheiten und erschloss so eine über die bloße Wiedergabe hinausgehende Bedeutungsebene. Seine Bilder besitzen Wahrhaftigkeit, das konstruierte Dargestellte erscheint natürlich. In Gedanken kann der Betrachter auf dem Bild **„Ruine Eldena im Riesengebirge"** mit den Menschen im Mittelgrund den Weg zum Kloster und in das dahinter liegende Gebirge gehen, das das Jenseits andeutet. Es ist der Weg in eine Welt des Dunkels und der geheimnisvollen Verhüllung, die an den Tod gemahnt. Die Ruine ist wohl als Hinweis auf Vergänglichkeit zu verstehen, wenngleich es für die Bilder Friedrichs keine ▸ikonographisch verbindlichen Deutungen gibt.

■ *Friedrich konnte die äußere Welt nur malen, soweit er sie in sich trug, sie in sich wiederfand und empfand. Nur wenn äußeres Bild und inneres Bild, Anschauung und erinnerte Anschauung, Landschaft und Seele zur Deckung kamen, gewannen die einzelnen ▸Chiffren Sinn, erhielt die Natur symbolischen Charakter. So musste er – und das gehört entscheidend zu seiner Eigenart, sich die Natur anzueignen – aus der Fülle ihrer Formen auf das strengste auswählen, die Vielfalt der Erscheinungen ständig reduzieren, um alle Gegenstände, die er gab, einfach, groß und sinnvoll auffassen zu können. [...] So erscheint uns das Bild der Natur in seinem Werk so geladen mit Bedeutung und so frei von allem Zufälligen wie bei keinem anderen Maler seiner Zeit.*

Wieland Schmied, 1975, S. 22

„Der Mönch am Meer" (s. S. 259) stellte einen Bruch in der Geschichte der Landschaftsmalerei dar. Der weite Raum besteht aus einem überdimensionierten Himmel, einem schmalen Streifen dunkel-bewegten Meeres und einem kargen Strandstreifen. Ein Mönch als Rückenfigur betrachtet diese unendlich wirkende, erhabene Natur. Was ist der Mensch mit seiner begrenzten Lebenszeit angesichts der Unermesslichkeit des Universums? Es ist wohl diese Frage, die Friedrich in seinem bereits von Zeitgenossen sehr beachteten Gemälde bildhaft formuliert.

Arbeitsanregungen:

1. Welche künstlerischen Mittel setzt Friedrich ein, um seine Landschaften als Ausdruck seelischer Empfindungen erscheinen zu lassen?
2. Fertigen Sie Skizzen zu Landschaftsbildern an, in denen Sie in vergleichbarer Weise Vorder-, Mittel- und Hintergrund unterschiedlicher Herkunft zu einem Bild zusammenfügen. Welche Probleme traten bei Ihrer Arbeit auf?

▸**Ikonographie:** Bildbeschreibung, Inhalt und Sinn bildlicher Darstellungen in ihrem Zusammenhang mit Literatur, Religion oder Philosophie

▸**Chiffre** (franz): Geheimzeichen, Kennwort

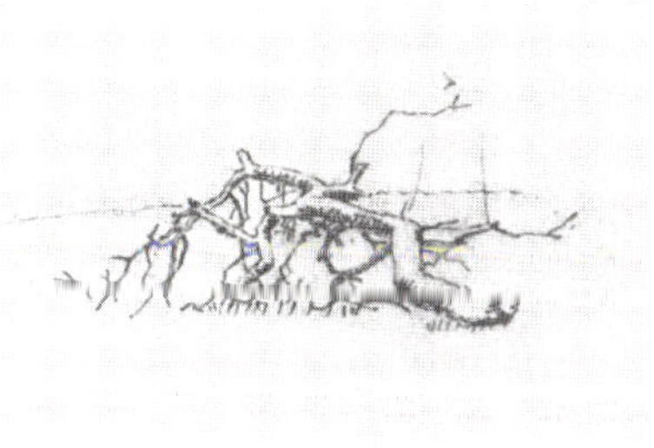

Caspar David Friedrich: Abgebrochener Ast, 1808/10. Zeichnung

Caspar David Friedrich: Riesengebirgslandschaft, 1810. Zeichnung

Caspar David Friedrich: Ruine Eldena, 1815. Zeichnung

Caspar David Friedrich: Ruine Eldena im Riesengebirge, 1830/1834. Öl auf Leinwand, 103 x 73 cm. Greifswald, Museum der Hansestadt

Freilichtmalerei in England – John Constable und William Turner

Viele Maler zogen seit dem 19. Jahrhundert mit ihren Staffeleien in die Landschaft. Sie fertigten Gemälde an, bei denen die Wiedergabe der unmittelbaren Eindrücke im Vordergrund stand. Einer dieser Freilichtmaler, der Engländer **John Constable** (1776–1837), malte nach 1820 einige Ölskizzen, in denen er mit fast naturwissenschaftlichem Interesse unterschiedliche Wolkenformationen festhielt. Die häufig nur für einen Augenblick existierenden Gebilde der dahinziehenden, sich zusammenballenden oder zerfasernden Wolken stellten eine Herausforderung an die Fähigkeit des Malers dar, sich an das Gesehene zu erinnern und es malerisch umzusetzen.

■ *Der Landschaftsmaler [so notierte Constable], der nicht den Himmel zum Hauptelement seiner Gestaltung macht, versäumt es, sich eines der wichtigsten Mittel zu bedienen, die ihm zur Verfügung stehen. [...] Man hat mir oft geraten, meine Himmel wie hinter Objekte gehängte, große, helle Tücher zu betrachten. Das ist bei einem solchen Himmel wie dem meinen nicht möglich. Es fällt schwer, eine Landschaftsform zu erarbeiten, bei der der Himmel nicht Zeugnis des Fundaments ist, das Maß aller Dinge, der Ursprung allen Gefühls. [...] Er ist die Quelle des Lichts in der Natur, und alles wird von ihm beherrscht.*

zit. nach Gaspare de Fiore, S. 16

Bei der um 1821 entstandenen **„Wolkenstudie“** hat der Künstler mit schnellem Pinselstrich und zähen, dick aufgetragenen Farben die Bewegung der Wolken und das Spiel der Blätter eingefangen. Der virtuose Malstil Constables verlangte nach anderen als den altmeisterlichen Techniken des schichtweisen Aufbaus der Farben. Er arbeitete mit dem Spachtel oder dem ▸Palettenmesser vor der Natur; getreu seiner Auffassung, dass Kunst nichts Erhabenes habe. Constable ging sogar so weit, eine komponierte Landschaft als Fälschung zu bezeichnen.

▸**Palettenmesser:** ein dem Spachtel vergleichbares, flaches Werkzeug des Malers

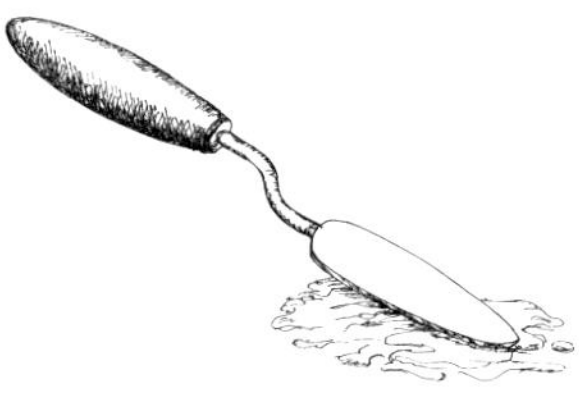

William Turner (1775–1851), ein Landsmann Constables, bediente sich einer ähnlich freien Malweise. Sein 1844 entstandenes Gemälde **„Regen, Dampf und Geschwindigkeit – Die große Eisenbahn nach Westen“** stammt aus seiner letzten Schaffensphase. Es zeugt von der neuen Freiheit des Landschaftsmalers. Turner löste sich von der genauen Wiedergabe der Gegenständlichkeit zugunsten einer atmosphärischen Schilderung. Der Betrachter hat als Anhaltspunkt für eine Orientierung den steil aufragenden Schornstein der Lokomotive, das Übrige ist schemenhaft angedeutet. Den Himmel verschleiern Regenschauer, die sich mit dem Dampf der Lokomotive mischen. Die Wasseroberfläche links und das Feld rechts von dem schräg durch das Bild verlaufenden Viadukt verschwindet im Dunst. Man erkennt lediglich ein kleines Boot mit Fischern, einen pflügenden Bauern und eine angedeutete Brücke am linken Bildrand. Doch beherrschen die wirbelnden Farben und das Geflecht von Farbe und Licht das Bild. Turner bewunderte die moderne Technik. Die Lokomotive vom Typ „Leuchtkäfer“ gehörte wie der Maidenhead-Viadukt zu den viel beachteten Konstruktionen der damaligen Zeit. Das Verschmelzen von Naturkräften mit den Errungenschaften der Technik und die atmosphärische Auflösung des Motivs sind das eigentliche Thema seines Bildes und zugleich ein neues Kapitel in der Geschichte der Landschaftsmalerei. Darin unterscheidet er sich von seinem Zeitgenossen Constable, dem es um den Eindruck aus erster Hand, um die – wie er sagte – „reine, ungekünstelte Wiedergabe der Natur“ ging.

Arbeitsanregungen:

1. Nennen Sie Auswirkungen, die das Malen in der freien Natur auf den Gestaltungsprozess hat. Worin bestehen Unterschiede zu Landschaftsbildern, die im Atelier entstehen, beispielsweise bei Caspar David Friedrich (s. S. 304).
2. Skizzieren Sie vor der Natur Bäume, Baumgruppen und Sträucher. Erproben Sie sowohl die detailgetreue wie auch die vereinfachte Wiedergabe etwa bei der Darstellung von Blättern.

John Constable:
Wolkenstudie, um 1821.
Öl auf Papier, 48 x 57 cm.
London, Victoria and Albert Museum

William Turner:
Regen, Dampf und Geschwindigkeit – Die große Eisenbahn nach Westen, 1844. Öl auf Leinwand, 91 x 122 cm.
London, National Gallery

Stimmungsvolle Landschaften – Camille Corot und die Schule von Barbizon

Im Gemälde **„Die Brücke von Mantes“** von **Camille Corot** (1796–1875) fällt das Licht der Abendsonne auf das Bauwerk und den Fluss, der sich vom linken bis zum rechten Bildrand zieht. Der Rhythmus von Brückenpfeilern und -bögen und die Spiegelungen der steinernen Brücke im Wasser korrespondieren mit den Weidenstämmen im Vordergrund. Die Landschaft ist in der für Corot typischen Weise in ein zartes Licht getaucht, keine Farbe drängt sich vor. Durch Weiß- und Graumischungen sind die Farbtöne aufeinander abgestimmt und ergeben eine harmonische Gesamtfarbigkeit. Die Palette aus Grün- und Ockertönen erweitert sich im Bereich der Himmelszone um ein mattes Blau. Ohne feste Konturen sind die dünnen Zweige und das Blattwerk gemalt, das nahezu transparent wirkt und die Umrisse weich erscheinen lässt.
Das Gemälde der Brücke von Mantes zeigt einen beiläufigen und alltäglichen Landschaftsausschnitt. Durch die rote Kappe des Mannes im Vordergrund setzte Corot einen entscheidenden Akzent. „Auf jedem Bild“, sagte er, „muss es einen Lichtpunkt von einzigartigem Ausdruck geben.“
Corot arbeitete vor dem Motiv. Die Arbeit im Freien wurde durch die Erfindung der Farbtuben erleichtert. In Ölskizzen und Aquarellen fing Corot die wechselnden Stimmungen der Tages- und Jahreszeiten ein. Bei seinen Zeichnungen bewies er seine Fähigkeit in der Kunst des Weglassens und der kürzelartigen Andeutung von Blattwerk und Gestein.

Um die Mitte des 19. Jahrhunderts zogen einige französische Künstler in das Dörfchen Barbizon in der Nähe von Fontainebleau. Die von ihnen gegründete Malerkolonie ging Ende des 19. Jahrhunderts als „Schule von Barbizon“ in die Kunstgeschichte ein. Die Maler versuchten, die Sicht auf den gewählten Landschaftsausschnitt mit ihrem persönlichen Erleben in stimmungsvollen Bildern, im ▸paysage intime, zu verbinden. Einer von ihnen, **Théodore Rousseau** (1812–1867), stellte in seinen Zeichnungen und Gemälden emotional geprägte Naturausschnitte dar. Er zeigte die knorrigen Äste der Bäume, studierte die typischen Merkmale der Landschaften bis hin zu geologischen Gegebenheiten und fing die Wirkungen des Lichtes ein. Das Engagement der Künstler beschränkte sich nicht auf die Kunst. Sie protestierten gegen die Veränderung der Landschaft durch Kiefernkulturen und warnten vor den Vorboten einer zerstörerischen Zivilisation. Rousseau machte sich zum Wortführer für die Rettung der uralten Wälder mit den Eichen, den Birken und der von Heidekraut umwucherten felsigen Landschaft. Bei Rousseaus Bleistiftzeichnung **„Eiche zwischen Felsblöcken“** wirken üppiges Laubwerk, knorrige Äste, Stämme und Felsen wie in das Bildformat eingespannt und vermitteln den Eindruck einer nahezu unwegsamen Natur fernab der Zivilisation.

▸**paysage intime** (franz., wörtlich: vertraute Landschaft): Bezeichnung für eine Landschaftsmalerei, die von einem unmittelbaren Erleben und dem emotional empfundenen Naturausschnitt ausgeht

■ *Bei Corot und der „intimen“ Landschaftsmalerei der Schule von Barbizon war das Bild zur Spiegelung eines reinen Seherlebnisses geworden. Die Malerei sagte sich los von historisierenden und gedanklich-ideenhaften Bildinhalten und in der Landschaftsmalerei selbst von aller Steigerung ins Heroisch-Erhabene, auch von allem romantisch-ahnungsvollen Tiefsinn. […] Irgendein Stück Sichtbarkeit im natürlichen Freilicht, ein durch nichts besonders ausgezeichneter Ausschnitt gesehener Heimatlandschaft konnte jetzt bildwürdig und zum Motiv werden, weil ein Malerauge es malerisch zu sehen verstand.*

Walter Hess, S. 14

Arbeitsanregungen:

1. Decken Sie auf der Reproduktion des Gemäldes „Die Brücke von Mantes“ die rote Kappe des Mannes ab und ersetzen Sie sie durch einen Grün- oder Braunton. Wie verändert sich die Wirkung? Führen Sie weitere Versuche zur Kombination von Rot und Grün in Landschaftsbildern durch.
2. Worin liegen Unterschiede zwischen den Darstellungen der englischen (s. S. 306) und der französischen Landschaftsmalerei?

Oben:
Camille Corot: Pont de Mantes, 1868–1870.
Öl auf Leinwand, 38 x 56 cm.
Paris, Louvre

Links:
Théodore Rousseau: Eiche zwischen Felsblöcken, 1861.
Bleistift.
Paris, Sammlung Ehrmann

Die Maler des flüchtigen Augenblicks – Impressionistische Landschaften

Im April 1874 stellte eine Gruppe von Künstlern in der Wohnung des Pariser Fotografen ▸Nadar ihre Bilder aus. Darunter befand sich auch das Gemälde „Impression, Sonnenaufgang“ (s. S. 270) von **Claude Monet** (1840–1926). Das Bild war zwei Jahre vorher aus dem Fenster eines Hotels am Meer gemalt worden.

■ *In blaugrauem und orangefarbenem Dunst taucht schemenhaft im Hintergrund die Hafenanlage von Le Havre auf. Das Licht der aufgehenden Sonne, die als orangefarbener Ball am Horizont auftaucht, spiegelt sich im Wasser und verzaubert die nüchterne Umgebung des Hafens zu einer einzigartigen vergänglichen Erscheinung. Zuschauer dieses Naturschauspiels sind die ▸silhouettenhaften Gestalten in dunklen Booten, die sich im Gegenlicht vom übrigen Grund abheben. Das Bild ist völlig flächig gehalten, der Eindruck von räumlicher Distanz ergibt sich im Wesentlichen nur noch durch die diagonale Reihe kleiner Boote, die das Auge in den Mittelgrund lenken. Die Behandlung der auf wenige Pinselstriche reduzierten Dinge ist unglaublich frei. […] Es geht um den Gesamteindruck. Die Farbe ist stellenweise so dünn aufgetragen, dass der Leinwandgrund durchscheint, nur die Spiegelung des orangeroten Sonnenlichts hebt sich ▸pastos ab.*

Karin Sagner-Düchting, S. 75f.

Etwa zwei Jahrzehnte später begann Monet mit Serien von Bildern, auf denen er sich mit einem Gegenstand auseinander setzte. Um die wechselnden Lichtstimmungen seiner **„Heuschober“** einzufangen, arbeitete er parallel auf mehreren Leinwänden, immer nur so lange, wie die jeweilige Situation Bestand hatte. Insgesamt entstanden in einem Zeitraum von etwa sechs Monaten 18 Versionen des Motivs. Bei unterschiedlichen Wetterbedingungen malte er die Heuschober als farbige Gebilde, bei denen sich das Gegenständliche in flirrende farbige Flächen auflöst. „Ich schufte viel“, schrieb Monet, „verharre bei einer Serie verschiedener Effekte, aber in dieser Jahreszeit geht die Sonne so schnell unter, dass ich ihr nicht folgen kann. […] Was ich suche: ‚Die Momentaneität‘, speziell die atmosphärische Einbettung der Dinge und dasselbe sich überall hin ausbreitende Licht.“ 1891 stellte ein Pariser Kunsthändler 15 Gemälde dieser Serie aus. Nach drei Tagen waren alle verkauft.
Vier Jahre später besuchte Wassily Kandinsky (s. S. 326) eine Impressionisten-Ausstellung in Moskau und sah zum ersten Mal ein Bild aus der Heuschober-Serie. Obwohl er das Motiv nicht erkennen konnte, faszinierte ihn die „Kraft der Palette“. „Ich empfand dumpf“, notierte er, „dass der Gegenstand in diesem Bild fehlte, und merkte mit Erstaunen und Verwirrung, dass das Bild mich nicht nur packt, sondern sich unverwischbar in das Gedächtnis einprägt.“

Weiß und Schwarz existieren in den Landschaftsbildern der Impressionisten nicht, auch die Schatten haben eine Farbe. Immer wieder malten sie auch im Winter. Das Gemälde **„Schnee in Louveciennes“** von **Camille Pissarro** (1830–1903) zeigt dieses Interesse an Landschaftsbildern mit einer eingeschränkten Palette. Das Weiß des Schnees spielt in den Schattenpartien in ein kühles Blau, um an anderer Stelle eine gelbliche Färbung oder einen zarten Rosaton anzunehmen. Der Betrachter spürt die rasche Pinselschrift, den spontanen Auftrag der Farben. „Über dem Schnee ist der Himmel“, schrieb Auguste Renoir (1841–1919). „Der Himmel ist blau. Dieses Blau muss auf dem Schnee erscheinen. Am Morgen ist Grün und Gelb im Himmel; diese Farben müssen auch auf dem Schnee zu sehen sein, wird ein Bild frühmorgens gemalt.“

Arbeitsanregungen:

1. Wie schätzen Sie die Bedeutung der Vorzeichnung für ein impressionistisches Gemälde ein?
2. Was hat der Impressionismus mit den Vorläufern (Schule von Barbizon, S. 308, und William Turner, S. 306) gemeinsam? Welche Bedeutung hat er für die gegenstandslose Malerei?

▸**Nadar** (eigentlich **Gaspard Félix Tournachon,** 1820–1910): französischer Zeichner, Schriftsteller, Karikaturist und Fotograf (s. S. 298)

▸**Silhouette:** Umriss, Darstellung, die den Gegenstand als Schattenriss wiedergibt

▸**pastos** (ital. pasta Teig): dickflüssiger Farbauftrag

Oben:
Claude Monet:
Heuschober, Sommerende,
am Abend, 1891.
Öl auf Leinwand,
60 x 100 cm.
Chicago, The Art Institute,
Sammlung Arthur M. Wood

Links:
Camille Pissarro:
Schnee in Louveciennes,
1872. Öl auf Leinwand,
46 x 55 cm.
Essen, Museum Folkwang

Steigerung von Form und Farbe – Die Landschaften Vincent van Goghs

Vor allem in seinen letzten drei Lebensjahren setzte sich der holländische Maler **Vincent van Gogh** (1853–1890) intensiv mit der Landschaft auseinander. Die in dieser Zeit entstandenen Bilder sind Ausdruck einer geistig-seelischen Spannung, die zu zahlreichen Lebenskrisen führte. Während seines Aufenthaltes in der Heilanstalt im südfranzösischen Saint-Rémy, bei dem er auch in der freien Natur arbeitete, entstand das Gemälde **„Weizenfeld mit Zypressen"**.

Zwei an den rechten Bildrand gedrängte Zypressen, die eine klein, die andere fast an den oberen Rand stoßend, beherrschen die Komposition. Anders als in der Natur schlängeln sie sich wellenförmig empor, wirken bewegt wie züngelnde Flammen. Dieser Rhythmus des Hin-und-Her-Bewegens bestimmt das gesamte Bild. Die Ähren des Kornfeldes schieben sich zwischen die Blätter der Büsche, die wiederum nehmen diesen Rhythmus auf und geben ihn an die leicht nach rechts ansteigende blaue Bergkette weiter. In den merkwürdig verdrehten, wirbelnden Wolken erfährt die Bewegung der Formen noch einmal eine Steigerung. Nichts in dieser Landschaft atmet Ruhe. Alles scheint aufgewühlt und entzieht sich einer ruhigen Kontemplation. In der für ihn typischen Malweise hat van Gogh in einem spontanen Farbauftrag Pinselstrich an Pinselstrich gesetzt, ohne sie zu verstreichen. Er orientierte sich an den Farben der Gegenstände, doch steigerte er sie und arbeitete die Kontraste stärker heraus. Farbe wird zum subjektiven Ausdrucksträger. Van Gogh griff zwar auf Gestaltungsmittel wie Überdeckung und ▸Luftperspektive bei der Erzeugung einer Räumlichkeit zurück, doch wirkt das Bild in seiner Gesamtheit eher flächig.

In einem Brief schrieb van Gogh über seine Arbeit: „Die Erregung, der Ernst des Naturgefühls sind manchmal so stark; man fühlt gar nicht, dass man arbeitet. Mitunter kommen die Striche Schlag auf Schlag und folgen einander wie Worte in einem Gespräch." Und an anderer Stelle bemerkt er:

■ *Ich sage nicht, dass ich der Natur rundweg den Rücken kehre, um eine Studie in ein Bild zu verwandeln, indem ich die Farben verteile, indem ich vergrößere und vereinfache, [...] ich übertreibe manchmal am Motiv; aber schließlich erfinde ich nie das ganze Bild, ich finde es im Gegenteil vor, muss es aber noch aus der Natur herausreißen.*

zit. nach Walter Hess, S. 26

Ein Jahr bevor die Landschaft mit den Zypressen entstand, hatte van Gogh begonnen, mit der ▸Rohrfeder zu zeichnen. Dazu benutzte er braune und schwarze Tinte. Der kraftvolle und für exaktes Arbeiten eher ungeeignete Rohrfederstrich kam dem Temperament des fieberhaft arbeitenden und um starke Ausdruckswirkung bemühten van Gogh entgegen.
Auf einem **Felsen** nahe der Abtei **von Montmajour** in der Provence entstand das Blatt mit der sich dreieckig in die Höhe schiebenden Felsenformation, die von einer Schirmpinie gekrönt wird. Räumliche Tiefe deutet van Gogh durch den am linken Bildrand erkennbaren Ausblick auf die Landschaft im Hintergrund an. Bogenförmige Striche, parallele und sich kreuzende ▸Schraffuren in unterschiedlichen Tonwerten überziehen das Blatt. Der kräftige, dunkle Ton deutet die Schatten an, braune Tinte verwendet er für die mittleren Tonwerte. Durch Verdünnen erreicht er eine Skala unterschiedlicher Brauntöne, während die Lichter durch frei gelassene Partien gebildet werden. Mit der Feder überarbeitete er das zunächst mit dem Bleistift vorgezeichnete Blatt und schuf so das lebendige Bild einer mediterranen Landschaft.

Arbeitsanregungen:

1. Nennen Sie Unterschiede und gegebenenfalls auch Gemeinsamkeiten in van Goghs Bildern und in denen der Impressionisten.
2. Zeichnen Sie einen Baum oder Busch mit Bleistift und mit Rohrfeder. Vergleichen Sie die Ergebnisse im Hinblick auf die Wirkung.

▸**Luftperspektive:** das allmähliche Verblassen der Farben mit zunehmender Entfernung

▸**Rohrfeder:** eines der ältesten Zeicheninstrumente, bei dem ein Schilf- oder Bambusrohr schräg angeschnitten wird

▸**Schraffur, schraffieren:** eine Fläche mit feinen, gleichlaufenden Linien bedecken; die Formschraffur zeichnet netzartig die Formen eines Gegenstandes nach.

Vincent van Gogh:
Weizenfeld mit Zypressen,
1889. Öl auf Leinwand,
73 x 92 cm.
London, Tate Gallery

Vincent van Gogh:
Felsen von Montmajour,
1888. Rohrfederzeichnung,
49 x 61 cm.
Amsterdam, Museum
Vincent van Gogh

Konstruktionen nach der Natur – Die Landschaften Paul Cézannes

Obwohl **Paul Cézanne** (1839–1906) an der ersten Ausstellung der Impressionisten 1874 in Paris teilgenommen hatte, unterscheiden sich seine Bilder von denen seiner Künstler-Kollegen. Er wollte nicht den flüchtigen Eindruck festhalten, sondern suchte nach einer Einheit von Form und Farbe, nach einer Organisation der Bildelemente auf der flächigen Leinwand, die einer Eigengesetzlichkeit gehorcht.

Beim Gemälde **„Der Steinbruch Bibémus"** bearbeitete Cézanne das Motiv eines vielfach zerklüfteten Geländes. Dabei ging es ihm nicht um die Wiedergabe einer vorübergehenden Lichtstimmung. Zugunsten eines übergeordneten Prinzips schaltete er das Zufällige aus. Der Bildraum besitzt bei ihm keine perspektivische Tiefe mehr. Cézanne entwickelte ein System farbig abgestufter Flächen, bei dem das Motiv auf der Ebene des Bildes eine neue Verwirklichung erfährt.

■ *Zu beobachten ist auch, dass er die Hell/Dunkel-Kontraste oder die Gegensätze zwischen Licht und Schatten von Vordergrund bis Hintergrund wenig differenziert und häufig die beleuchteten und die beschatteten Stellen einander annähert. Die Reduktion des Gegensatzes von Licht und Schatten, wie sie im Bild „Der Steinbruch Bibémus" vorliegt, weist nun noch auf ein anderes Moment als auf die Aufhebung der ▸Luftperspektive: Der Steinbruch erscheint nicht im Sonnenlicht, die Bäume werfen keine Schlagschatten. [...] Die Daten von Licht und Schatten werden zwar gegeben, aber so erscheinen Felsen und Bäume festgefügt als eine zerbrochene natürliche Architektur von helleren und dunkleren Partien. Wir können vielleicht sagen, dass mit der Reduktion des Gegensatzes von Licht und Schatten Zeitindikatoren und damit die Spuren von Flüchtigem und Vorübergehendem verringert werden, ebenso wie die Bestimmungsmomente der überlieferten Raumdarstellung.*

Oskar Bätschmann, S. 46

In siebzehn Versionen malte Cézanne den höchsten Berg der Provence, den Montagne Sainte-Victoire in der Nähe seiner Heimatstadt Aix-en-Provence. Bei dem um 1904 entstandenen Bild verzichtete er wiederum auf eine perspektivische Konstruktion. Relativ gering ist auch hier die Tiefenerstreckung; die Luftperspektive ist fast vollständig zurückgedrängt. Die Palette beschränkt sich auf vier Farben: Grün, Blau, Ocker und helles Graubraun. Cézanne setzte breite Farbfelder nebeneinander, die sich im Malprozess zu einer organischen Einheit verbinden und wie ein gewebter Teppich wirken. Diese Setzung der Farbflecken, die von der Lokalfarbigkeit ausgeht, aber im Malprozess einer eigenen Farbenlogik folgt, bezeichnete er als ▸Modulation. Durch Kontraste, Übergänge und Entsprechungen definierte er ein neues System von Licht und Schatten. So nähern sich die Farbfelder zwar einer gegenständlichen Form, bleiben aber farbige Flächen.

Am deutlichsten wird dieser Abstand zum Gegenstand, wenn man einzelne Partien isoliert betrachtet. Der gegenständliche Bezug tritt in den Hintergrund, ist im Detail häufig nicht mehr feststellbar. Die Farbwahl folgt einem eigenen Rhythmus, bei dem sich aus dem Gefüge farbiger Flächen eine einheitliche Bildstruktur ergibt. Nur an wenigen Stellen zeichnete Cézanne mit dem Pinsel dünne Linien, deutete so den Gegenstand an und erleichtert damit dem Betrachter die Orientierung in diesem Farbgefüge. Kunst, äußerte Cézanne, sei ein Übersetzungsvorgang, sie habe die Aufgabe, das Innere der Natur sichtbar zu machen. Sie sei „eine Harmonie parallel zur Natur". Mit dieser Auffassung beeinflusste er die Kunst der klassischen Moderne des 20. Jahrhunderts nachhaltig.

Arbeitsanregungen:

1. Erläutern Sie Cézannes Ausspruch: „Die Zeichnung ist bereits Abstraktion."
2. Malen Sie mit Acryl- oder ▸Dispersionsfarben ein Farbgefüge mit landschaftlichem Charakter, das aus den drei Farbbereichen Blau, Grün und Ocker besteht. Verwenden Sie zum Auftragen der Farbe statt eines Pinsels Pappstreifen unterschiedlicher Breite.

▸**Luftperspektive:** Bezeichnung für das Phänomen, dass bei wachsender Entfernung alle Farben nach Blau hin gebrochen werden; gleichzeitig verschwimmen die Konturen, und die Dinge werden heller.

▸**Modulation** (lat. modulari rhythmisch abmessen): aus der Musik übernommener Begriff, der für Cézanne das harmonische Umdeuten von Natureindrücken in eine Farblogik des Bildes bezeichnet

▸**Dispersionsfarbe:** mit Wasser verdünnbare Farbe, die nach dem Trocknen wasserlöslich ist, häufig für Anstriche genutzt

Paul Cézanne:
Der Steinbruch Bibémus, 1896/1898. Öl auf Leinwand, 65 x 81 cm. Essen, Museum Folkwang

Paul Cézanne:
Montagne Sainte-Victoire, um 1904.
Öl auf Leinwand, 63,5 x 83 cm.
Zürich, Kunsthaus

Der Weg in die Abstraktion – Paul Gauguin und Paul Sérusier

Im Jahre 1888 fuhr **Paul Gauguin** (1848–1903) in das provençalische Arles, wo ihn Vincent van Gogh erwartete. Kurz nach seiner Ankunft malte Gauguin das Bild der **„Alyscamps"**, einer ursprünglich heidnischen, später christlichen Begräbnisstätte.

Der freie Umgang mit der Farbe zeigt sich besonders deutlich im roten Busch am rechten Bildrand. Die Landschaft war für Gauguin nur die Vorgabe, um auf der Leinwand eine von der Natur inspirierte, aber nicht abbildende farbige Komposition entstehen zu lassen. Zwar bediente sich der Künstler noch der ▸Zentralperspektive, doch schwächen die klaren Formen der Bäume und Rasenstücke, des Kanals und des Wegs diese Wirkung ab. Gauguin umreißt die Formen mit vereinfachenden Strichen, setzt verschiedene, teils komplementäre Farbzonen gegeneinander, mildert aber die Wirkung dadurch, dass er die einzelnen Flächen durcharbeitet und immer wieder kleinere Partikel der anderen Farben in einer sorgfältigen ▸Schraffur in die großen Flächen einstreut. So entstand ein Landschaftsbild, das sich von der Harmonie einer impressionistischen Landschaft grundsätzlich unterscheidet. Auf diesem Gemälde deutet sich die ▸Cloisonné-Technik an, bei der kräftige Linien die einzelnen Farbflächen begrenzen.

Noch bevor Gauguin nach Arles fuhr, hatte er einem jungen Künstler – **Paul Sérusier** (1864–1927) – Vorschläge für die Anfertigung eines Bildes gemacht. Gauguin riet dem jungen Künstler, alles zu vergessen, was er über die Dinge wusste, die er malen wollte. Auf dem Deckel einer Zigarrenkiste entstand nach den Anweisungen des erfahrenen Künstlers eine kleinformatige Landschaft. So unbedeutend das Format auch sein mag, so revolutionär ist es in seiner Ausführung. Gauguin soll – so will es die Überlieferung – zu Sérusier gesagt haben: „Wie sehen Sie diese Bäume? Sie sind gelb. Also setzen Sie Gelb hin. Und der Schatten ist ziemlich blau. Malen Sie ihn mit reinem Ultramarin. Diese roten Blätter? Nehmen Sie Zinnober." Das intuitiv in reinen Farben gemalte Bild zeigt hellblaue Linien, die die Baumstämme bezeichnen, kräftige Farben spiegeln sich im Wasser, eine grüne Linie markiert die Grenze zwischen Land und Wasser. Was in der Anlage als eine „Arbeit nach Diktat" zu bezeichnen ist, entpuppte sich als eine eigenständige Leistung. Mit diesem Grad an Abstraktion ging Sérusier über seinen Lehrer hinaus. Gauguin hat sich in seinem gesamten Werk nie so radikal vom Gegenstand gelöst.
Sérusier nahm die kleine Holztafel mit nach Paris und zeigte sie seinen Freunden, die mit ihm an der Akademie studierten. Sie erkannten das Neuartige in der Wiedergabe der Landschaft und benannten das Bild um. Die **„Landschaft im Bois d'Amour bei Pont-Aven"** bekam den neuen Titel „Der ▸Talisman", weil das Bild für die sich formierende Künstlergruppe der ▸Nabis eine programmatische Botschaft besaß.

Betrachtet man Sérusiers kleines Bild ohne Kenntnis der Geschichte und des ursprünglichen Titels, so drängt sich der Eindruck einer gemalten Landschaft schwerlich auf. Eher wird man es für ein ungegenständliches Werk halten. Sérusier hatte die Bedeutung der Farbe gesteigert und damit das Tor zu einer Auffassung von Malerei geöffnet, die andere später aufgegriffen und weiterentwickelt haben: den Weg in die Abstraktion. Der vielseitig begabte Künstler entwickelte sich zum Theoretiker der Nabis. Er forderte eine Kunst, die die Natur nicht kopieren, sondern aus der Harmonie von Form und Farben heraus entwickeln sollte. Sérusier selbst erreichte die von ihm proklamierte Freiheit in seinen Werken allerdings nicht mehr.

Arbeitsanregungen:

1. Beschreiben Sie die Unterschiede zwischen einem impressionistischen Landschaftsbild (s. S. 310) und dem Gemälde der „Alyscamps" von Paul Gauguin.
2. Warum könnten Sérusiers Freunde dem Bild den Titel „Der Talisman" gegeben haben?

▸**Zentralperspektive:** s. S. 202, 214

▸**Schraffur:** s. S. 312

▸**Cloisonné** (franz. cloison befestigte Einfassung): Verfahren zur Verzierung von Metallen, bei dem schmale Metallstege die farbigen Flächen trennen; von Gauguin auf die Malerei übertragen: farbige Umrandungen von Farbflächen

▸**Talisman** (griech.): Glück bringender Gegenstand

▸**Nabis** (hebräisch, hat etwa die Bedeutung „Propheten"): Name einer Künstlergruppe, die sich 1888 unter Führung Sérusiers gründete, sich gegen den Impressionismus wandte und klare Vorstellungsbilder gestalten wollte

Paul Gauguin:
Les Alyscamps, 1888.
Öl auf Leinwand,
91 x 72 cm.
Paris, Musée d'Orsay

Paul Sérusier:
Landschaft im Bois d'Amour
bei Pont-Aven –
Der „Talisman“, 1888.
Öl auf Holz, 27 x 22 cm.
Saint-Germain-en-Laye,
Sammlung Dominique Denis

Vom Expressionismus zur Postmoderne

In den ersten zwanzig Jahren des 20. Jahrhunderts bildeten sich einige Entwicklungen aus, die die Kunst des ganzen Jahrhunderts beschäftigen sollten und ihren Abschluss noch immer nicht gefunden haben. Dazu gehören unter anderem:

1. die subjektive Weltsicht des Einzelnen,
2. die Formulierung neuer künstlerischer Thesen,
3. die Auseinandersetzung mit den künstlerischen Mitteln, die zur Abstraktion und zur konkreten Kunst führen. Sie hat eine Ausweitung der Kunstformen zur Folge.

Im Expressionismus, dessen Vertreter mit drastischen Mitteln ihre subjektive Weltsicht formulierten, erscheinen der Einzelne in seiner ganzen Dramatik und existenziellen Fragwürdigkeit, die Großstadt mit ihren sozialen Härten, aber auch der Traum vom einfachen, freieren Leben. Eine neue revolutionäre Ästhetik der Maschine, der Bewegung und des Lärms forderten die Futuristen. Kubismus und Orphismus (s. S. 324) erreichten durch die Zersplitterung des Bildgegenstands und die Zerlegung der Farbe in ihre reinsten Töne neue, abstrahierte Bild- und Farbwelten.
Die Intensivierung der Bildmittel führte konsequent zu einer Reduzierung und schließlich zu einer Eliminierung des Gegenstandes aus den Bildern, zur Abstraktion. In dieser Richtung, die auch konkrete Kunst genannt wird, arbeiteten auch die russischen Konstruktivisten.
Durch die Einbeziehung von Zufällen im Dadaismus und von Träumen, Mythen und Unbewusstem im Surrealismus eroberten die Künstler neue Bildwelten.
Den Gegensatz dazu bildete die harte Wirklichkeit des Ersten Weltkriegs, der viele junge Künstlerkarrieren abrupt beendete, wie auch die brutalen Erfordernisse des täglichen Lebens, die in den zwanziger Jahren in den kühlen Bildern der Neuen Sachlichkeit ihren Ausdruck fanden. Aus den Bemühungen von de Stijl und Bauhaus um formale Klärung und funktionales Design bei der Gestaltung von Bildern, Gebrauchsgegenständen bis hin zur Architektur entstand eine neue, nüchterne Ästhetik, die internationale Zustimmung fand.
Gegen alle modernen Tendenzen in der Kunst errichtete der Nationalsozialismus in den dreißiger Jahren eine eher traditionell-klassizistisch orientierte Kunstdiktatur, die alles Moderne als entartet diffamierte und verfolgte. Eine Kehrtwendung von der abstrakten zu einer gegenständlichen, auf die Ideale des Sozialismus verpflichteten Kunst vollzog ab 1925 auch die Sowjetunion.
Nach dem Zweiten Weltkrieg setzte sich die abstrakte Kunst im Westen durch. Neben der gestischen Richtung entwickelten die Künstler der geometrischen Abstraktion und der Op Art die Bauhauslinie weiter.
Plastik und neue Kunstformen wie Aktion wurden in den sechziger und siebziger Jahren wichtiger als Malerei; neue Materialien wie Stoff, Objekte vom Sperrmüll, Licht provozierten neue Kunst- und Präsentationsformen wie Happening und Installation. Auch ein neuer Realismus zeigte sich am Ende dieser Phase, der nicht nur in Bildern und Plastiken, sondern auch in Aktion und Happening sein Tätigkeitsfeld fand.
Die Bedeutung der Werbeindustrie und der Reklametechniken wurde in der Pop Art deutlich, in deren Bildern und Objekten sich eine neue Gegenständlichkeit und die Glimmerwelt des Starkults widerspiegeln.
In heftigem expressivem Malgestus und großem Format versuchten seit den späten siebziger Jahren einige deutsche Künstler eine Bewältigung der jüngeren Vergangenheit. Andere Maler der jüngeren Generation setzten mit Ironie neue Akzente in der Kunst, die man als Postmoderne bezeichnet und die vor allem auch die Architektur inspirierte und in neuen Museumsbauten Kunst als Erlebnis inszenierte.
Gegen Ende des Jahrhunderts gewannen neue Medien wie Fotografie, Video und Computersimulation immer mehr an Bedeutung innerhalb der Kunst, wobei die Darstellungsweise in diesen Medien zu neuen phantastischen, surrealen und subjektiv gestalteten Bildwelten tendierte.

Franz Marc: Stallungen, 1913. Öl auf Leinwand, 73,5 x 157,5 cm. New York, The Solomon R. Guggenheim Museum

Joseph Beuys: Das Ende des 20. Jahrhunderts, 1984. Installation, Basalt. München, Pinakothek der Moderne

Expressionismus

1908 schrieb der französische Künstler **Henri Matisse** (1869–1954): „In erster Linie geht es mir um den Ausdruck." An anderer Stelle erläuterte er diesen Satz: „Ausdruck bedeutet für mich nicht die Leidenschaft, die ein Gesicht prägt oder sich in einer heftigen Geste zeigt. Er erfasst vielmehr die Gesamtanlage meines Bildes." So schrieb er:

■ *Der Maler braucht sich nicht mehr um kleinliche Einzelheiten zu bemühen, dafür ist die Fotografie da, die es viel besser und schneller macht. – Es ist nicht mehr Sache der Malerei, Ereignisse aus der Geschichte darzustellen; die findet man in Büchern. [...] Die mit reinen Farben aufgebauten Bilder der Impressionisten bewiesen [...], dass diese Farben, die man zur Beschreibung von Naturerscheinungen verwenden kann, auch ganz unabhängig von diesen Erscheinungen, in sich selbst die Kraft haben, die Gefühle der Betrachter anzusprechen. Es ist sogar so, dass einfache Farben auf die Gefühle um so stärker wirken können, je einfacher sie sind.*

zit. nach Walter Hess, S. 37f.

Matisse beschrieb die Prinzipien einer Malerei, die sich nach 1900 in Frankreich herausbildete und die man schon bald mit dem Begriff Fauvismus bezeichnete. Dieser Name geht auf einen Kunstkritiker zurück, der als Reaktion auf eine Ausstellung im Jahre 1905 die Vertreter dieser neuen Tendenz mit „les fauves" (die wilden Tiere) bezeichnet hatte. Matisse und seine Mitstreiter brachen mit der Konvention und trugen in ihren Gemälden die reinen Farben in großen Flächen ohne Licht- und Schattenmodellierungen auf. Typisches Beispiel für diese Auffassung ist die **„Harmonie in Rot"** von 1908. Die Fauvisten verzichteten auf räumlichen oder plastischen Illusionismus und organisierten in ihren Stillleben, Landschafts- oder Figurenbildern vereinfachte Formen und intensive Farben auf der flächigen Leinwand.

Die Anfänge des Expressionismus, der mit den erstarrten künstlerischen Konventionen brach, gehen auf das späte 19. Jahrhundert, auf Künstler wie Vincent van Gogh (s. S. 312) und Paul Gauguin (s. S. 300) zurück. Sie hatten ihre bürgerliche Existenz aufgegeben und ein mitunter entbehrungsreiches Leben als Außenseiter oder Aussteiger geführt.

Die Bilder der 1905 in Dresden gegründeten expressionistischen Malervereinigung „Brücke" weisen eine Reihe von Verwandtschaften mit den Fauvisten auf, doch sind ihre Werke im Unterschied dazu von einer über das Ästhetische hinausgehenden Idee geprägt. Sie sahen als Gruppe die Notwendigkeit einer Veränderung der gesellschaftlichen Verhältnisse – ungeachtet der unterschiedlichen individuellen Ansichten. Zu den Künstlern der „Brücke" gehören **Ernst-Ludwig Kirchner** (1880–1938), Erich Heckel (1883–1970), **Karl Schmidt-Rottluff** (1884–1976), Max Pechstein (1881–1955) und Emil Nolde (1867–1956). Ihre neue Auffassung zeigte sich unter anderem im gemeinsamen Arbeiten an den Moritzburger Seen bei Dresden. Hier widmeten sich die Künstler der „Lösung des Problems, nackte Menschen in freier Natur mit neuen Mitteln darstellen zu können. In ungebrochenen Farben Blau, Rot, Grün, Gelb leuchteten die Körper der Menschen im Wasser oder zwischen den Bäumen." (Kirchner) Für die zugeknöpfte Gesellschaft im Kaiserreich freilich waren sowohl das Tun als auch die Ergebnisse ein Skandal.
Die „Brücke-Künstler" betonten stärker als die Fauvisten die psychische Verfassung der Dargestellten, setzten sich mit der Kunst der Naturvölker (s. S. 14) auseinander und wandten sich dem ▸Holzschnitt zu. Gerade in diesem graphischen Medium sahen sie die Möglichkeit zur flächigen, ausdrucksstarken, gleichsam lapidaren Gestaltung der Motive. Typisch für die Auffassung der „Brücke"-Künstler ist das, was Emil Nolde das „Urwesenhafte" nannte, „die absolute Ursprünglichkeit, den intensiven, oft grotesken Ausdruck von Kraft und Leben in allereinfachster Form".

Wenige Jahre nach der Entstehung der Brücke gründete der Kunstkritiker Herwarth Walden (1878–1941) 1910 die Zeitschrift „Sturm". Sie war das Sprachrohr

Ernst Ludwig Kirchner: Titelseite des Programms der „Brücke", 1906. Holzschnitt

▸**Holzschnitt:** manuelles Hochdruckverfahren mit einer Holzplatte als Druckstock, aus der alle nicht druckenden Teile herausgeschnitten sind (s. S. 164)

Henri Matisse:
Harmonie in Rot, 1908.
Öl auf Leinwand,
177 x 218 cm.
Moskau, Museum moderner
westlicher Kunst

Ernst Ludwig Kirchner: Der rote Turm in Halle, 1915.
Öl auf Leinwand, 120 x 91 cm. Essen, Folkwang Museum

Karl Schmidt-Rottluff: Christus und Judas, 1918. Holzschnitt, 39 x 50 cm.
Essen, Folkwang Museum

der bildenden Kunst, des Theaters, der Literatur und der Musik. Hier tauchte auch der Begriff Expressionismus auf. Noch war es keine Bezeichnung eines sich entwickelnden Stils, sondern ein Name für recht unterschiedliche Tendenzen, denen ein Bruch mit der Tradition und ein Bemühen um einen neuen Ausdruck gemeinsam war.

Im darauf folgenden Jahr, 1911, gründeten Wassily Kandinsky (1866–1944; s. S. 326) und **Franz Marc** (1880–1916; s. S. 356) in München die Gruppe „Der Blaue Reiter". 1912 erschien ein ▸Almanach mit gleichem Namen. Ziel dieser Publikation war es, zu einer Synthese der Künste zu kommen. Im Mittelpunkt standen die Abbildungen, die neben zeitgenössischen Arbeiten auch ägyptische und etruskische Kunstwerke und Kinderbilder enthielten.
Das bestimmende Thema Franz Marcs war die im Einklang mit der Natur lebende Kreatur. Im Rückgriff auf die Farbenlehre Runges (s. S. 262) entwickelte er eine Symbolsprache der Farben, bei der Blau das männliche und Gelb das weibliche Prinzip verkörperten, während Rot die Materie vertrat. In den Bildern aus den letzten Schaffensjahren dieses Künstlers, der sich nach dem Ursprünglichen, Naturnahen sehnte, sind Einflüsse des Kubismus (s. S. 324) deutlich zu spüren. Als weitere Künstler traten Paul Klee (1879–1940; s. S. 386), Gabriele Münter (1877–1962) und August Macke (1887–1914) der Gruppe bei. Ihre Arbeiten sind von einer eher poetischen Atmosphäre und intensiven Farbigkeit bestimmt.

Unter dem Einfluss seiner Kriegserlebnisse blieb der Leipziger Max Beckmann (1884–1950; s. S. 360) ein Individualist, der sich mit den rohen und zerstörerischen Gewalten seiner Zeit wie mit extremen menschlichen Gefühlslagen auseinander setzte.
Vom Eindruck der Brutalität des Krieges und der existenziellen Bedrohung des Menschen sind die plastischen und graphischen Arbeiten von **Wilhelm Lehmbruck** (1881–1919), Ernst Barlach (1870–1938) und Käthe Kollwitz (1867–1945, s. S. 358) geprägt. Die Gebärde als Ausdrucksträger menschlicher Gefühle war das neue Leitwort. Die ausgewogene, wohl proportionierte Darstellung des menschlichen Körpers eignete sich nach Auffassung expressionistischer Plastiker nicht, um Gefühle wie Schmerz, Trauer, Wiedersehensfreude oder Zärtlichkeit bildhaft zu veranschaulichen. Man intensivierte den Ausdruck durch Überlängung der Gliedmaßen, durch Veränderung der Proportionen oder Vereinfachung der Formen. Die Kenntnis afrikanischer Plastiken und der Volkskunst ozeanischer Völker (s. S. 14) wirkte sich überaus anregend auf die Künstler der „Brücke" aus.

Der im ersten Viertel des 20. Jahrhunderts noch junge Film bediente sich einer Bildsprache, die den in der expressionistischen Graphik und Malerei verwendeten gestalterischen Mitteln ähnelt. In Stummfilmen wie „Metropolis" (1927) von Fritz Lang (1890–1976) oder „Panzerkreuzer Potemkin" (1925) des Russen Sergej Eisenstein (1898–1948) arbeiteten die Regisseure mit dramatischer Lichtführung, ausdrucksstarker Mimik und Gebärdensprache der Akteure sowie effektvollen Kameraeinstellungen. Für Paul Wegeners Film „Der Golem" schuf der Architekt Hans Poelzig (1869–1936) die Kulissen.

■ *Die krummen Gassen mit ihren vorspringenden Erkern und vornübergeneigten Giebeln, die ▸Kemenaten [...], die Säle, Höhlen und Gänge, Nischen und Wendeltreppen, kompliziert gewunden wie Schneckengehäuse oder Ohrmuscheln, die gewaltsam verzerrten und verzogenen Details sprachen auch ohne schauspielerische Handlung eine beredte Sprache.*

Wolfgang Pehnt, S. 164

Poelzig entwarf 1919 auch das von Max Reinhardt geleitete „Große Schauspielhaus" in Berlin. In der stalaktitenförmig verkleideten Raumhöhle fand der Spielbetrieb auf einer ▸Arena-Bühne statt. Von ebenso ungewöhnlicher Art ist der nach Plänen von **Erich Mendelsohn** (1887–1953) gestaltete **„Einstein-Turm"** in Potsdam. Durch die Möglichkeiten des Stahlbetonbaus angeregt, entstand in den Jahren 1920/21 eine Architekturplastik aus konkaven und konvexen Formen, die als Betonkonstruktion geplant, dann jedoch konventionell gemauert und mit einer Putzschicht überzogen wurde.

▸**Almanach:** Kalender, bebildertes Jahrbuch

▸**Kemenate:** urspr. beheizbarer Wohnraum auf mittelalterlichen Burgen; später v. a. Frauengemächer

▸**Arena-Bühne:** (im Gegensatz zur „Guckkasten-Bühne") eine Bühnenform, bei der die Zuschauer rund um die Spielfläche sitzen

Franz Marc: Der Tiger, 1912. Öl auf Leinwand, 111 x 112 cm. München, Städtische Galerie im Lenbachhaus

Wilhelm Lehmbruck: Sitzender Jüngling, 1916/1917. Bronze, Höhe 110 cm. Duisburg, Wilhelm-Lehmbruck-Museum

Erich Mendelsohn: Astrophysikalisches Institut (Einstein-Turm) in Babelsberg bei Potsdam, Entwurf 1919, Fertigstellung 1921

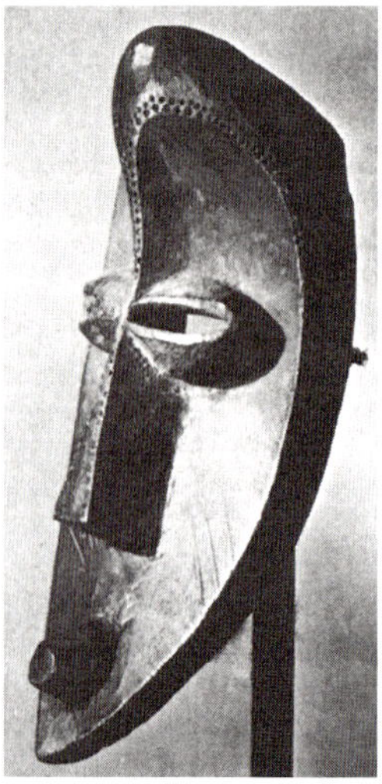

Babangi-Maske aus Kongo-Brazzaville. Holz

Kubismus

Am Beginn des 20. Jahrhunderts, von 1906 bis etwa 1923, erfuhr das Tafelbild im Kubismus eine völlige Neuorientierung: Das gemalte Bild als Abbild, mit allen seinen Realität vortäuschenden Mitteln wie der ▸Perspektive, und mit der Vollständigkeit der abgebildeten Figuren trat gegenüber einem Gebilde aus Linien, Flächen und Farben allmählich zurück.

Teils in enger Zusammenarbeit, teils auf verschiedenen Wegen erprobten die beiden Maler **Pablo Picasso** (1881–1973; s. S. 388 ff.) und **Georges Braque** (1882–1963) im Frühkubismus (1905 bis 1910) neue Mittel und Methoden der Malerei. So verfremdete Picasso Gesichter und Figuren in der Art afrikanischer Masken und erreichte damit eine neue Unmittelbarkeit des Ausdrucks wie in seinem Bild **„Les Demoiselles d'Avignon"**. Braque malte 1907 Bilder an Orten, an denen der Maler Paul Cézanne (s. S. 300) seine Landschaften komponiert hatte. Dabei vollzog Braque dessen Staffelung des Bildraumes in engen Raumschichten nach. Er trieb die Vereinfachung und gegenseitige Annäherung der Baum-, Gebäude- und Felsenformen weiter als Cézanne, um einen einheitlichen Formenrhythmus zu erhalten.

In der Phase des analytischen Kubismus (1910 bis 1912) erfolgte die Zersplitterung des Gegenstandes und des Hintergrundes in kleinteilige ▸Facetten. Ein Objekt konnte nun Ansichten von verschiedenen Betrachterstandpunkten in sich vereinen. Um den innerbildlichen Zusammenhang zu verstärken, reduzierten die Künstler das Formenrepertoire, gaben die Geschlossenheit der Gegenstandskonturen auf und verschränkten die so geöffneten Formen mit dem Bildgrund. Oft verwendeten sie auch ▸pointillistische Farbpunkte. Die Farbigkeit in dieser Phase beschränkte sich auf Grautöne, Brauntöne und ein kaltes Blaugrau.

Als Motive erscheinen typenhafte Figuren wie Gitarrespieler, Köpfe und vor allem Stillleben mit wenigen markanten Gegenständen wie in Braques Bild **„Krug und Violine"**. Als Gegensatz zu den abstrakt gemalten Dingen setzte Braque am oberen Bildrand einen illusionistisch dargestellten Nagel in das Bild. Im Verlauf der analytischen Phase tauchten gemalte Buchstaben und Zahlen in den Bildern auf, dann auch Holzmaserungen und Tapetenmuster. Später wurden Zeitungsausschnitte mit Schrift und farbige Papiere als Realitätsfragmente in das Bild geklebt. So entstand das Prinzip der ▸Collage.

Ab 1912 wurde die Zergliederung der Gegenstände bis zu abstrakten Linien- und Flächenkompositionen aufgegeben zu Gunsten von ausgeglichenen Form- und Farbbeziehungen. Im synthetischen Kubismus (1912–1920) stand der Ausgleich von abstrakter Formkomposition und realer Gegenstandsform im Vordergrund. Jetzt gewann auch die Farbe wieder an Bedeutung; sie bindet die Flächenteile in einer Farbkomposition zusammen. In der Phase des synthetischen Kubismus spielte vor allem der Maler **Juan Gris** (1887–1927) eine führende Rolle.

Neben Picasso und Braque arbeitete eine ganze Reihe von Künstlern mit den Mitteln des Kubismus. Einen eigenständigen Weg verfolgten z. B. der Maler Fernand Léger (1881–1955, s. S. 386), der nach einer formal-abstrahierenden Phase zu groß und ornamental angelegten Figurenkompositionen fand, und Robert Delaunay (1885–1941) mit einer von der Farbe geprägten Form des Kubismus, dem Orphismus. Der kubistischen Formzersplitterung bedienten sich auch einige Künstler des italienischen Futurismus und des russischen Konstruktivismus. Auch die frühen Werke Marcel Duchamps (1887–1968; s. S. 402) setzten sich mit dem Mittel der Formzertrümmerung auseinander, um Figuren in Bewegung darzustellen.

Ähnlich wie in der Malerei führten auch in der Plastik Formexperimente im Sinne einer Zersplitterung zu neuen Ausdrucksmöglichkeiten, so bei den Künstlern Alexander Archipenko (1887–1964), Henri Laurens (1885–1954) und **Rudolf Belling** (1886–1972), der in seiner abstrakten Plastik **„Dreiklang"** eine mehransichtige Komposition in spitzen und gebogenen Formen schuf.

▸**Perspektive:** Darstellung des Raumes und der in ihm enthaltenen Dinge auf der Fläche so, dass sie unter den gleichen Sehbedingungen erscheinen, wie sie im wirklichen Raum wahrgenommen werden; neben der Zentralperspektive (s. S. 202) existieren auch andere Perspektiven, so z. B. die Parallelprojektion.

▸**Facetten:** eckig geschliffene Flächen von Edelsteinen, im übertragenen Sinn auch Ansichten von etwas; eine von mehreren Eigenschaften einer Sache, die sich nur bei einer bestimmten Betrachtungsweise offenbart

▸**Pointillismus, pointillistisch:** (franz. le point der Punkt): Maltechnik, bei der Tupfen reiner Farben nebeneinander gesetzt werden (s. a. S. 270f.)

▸**Collage** (franz. coller kleben): Klebebild; in den Anfängen des Kubismus das Einkleben eines Zeitungsausschnitts in ein Bild, später auch ein aus Bildausschnitten zusammengesetztes und teilweise zeichnerisch überarbeitetes Bild

Pablo Picasso: Les Demoiselles d'Avignon, 1907. Öl auf Leinwand, 243,9 x 233,7 cm. New York, Museum of Modern Art (Nachlass Lillie P. Bliss)

Georges Braque: Krug und Violine, 1910. Öl auf Leinwand, 117 x 73,5 cm. Basel, Kunstmuseum

Juan Gris: Stillleben mit Gitarre, 1915. Öl auf Leinwand, 73 x 92 cm. Otterlo, Kröller-Müller-Stichting

Rudolf Belling: Dreiklang, 1919. Bronze, 90 x 85 x 77 cm. Saarbrücken, Saarlandmuseum

Wege zur Abstraktion

Um 1910 überschritten einige Maler in ihren Bildern die Schwelle zur Gegenstandslosigkeit. Sie wandten sich in einem allmählichen Prozess von der Nachahmung der Natur, der Mimesis, ab, indem sie die Naturformen schrittweise reduzierten und in einen selbstständigen Form- und Farbzusammenhang brachten. Die Vorarbeit zum autonomen, gegenstandslosen Bild hatten Künstler wie Claude Monet (s. S. 310) und Paul Cézanne (s. S. 300) mit der Betonung der Farbe in ihrem Spätwerk, Paul Gauguin (s. S. 300) und die Künstler des Jugendstils mit der Betonung der Linie geleistet.

Der Niederländer **Piet Mondrian** (1872–1944) hatte schon in seinen frühen Landschaftsbildern die lineare Grundstruktur z. B. von Baumkronen betont und sich auf die Verzweigung der Äste konzentriert, die er weiter systematisierte und schließlich zu einer völlig gegenstandsfreien Flächengeometrie führte. Auf der Suche nach ausgewogenen Beziehungen der Elemente im Bild reduzierte er diese auf rechteckige Flächen und auf klare, senkrecht oder waagerecht verlaufende Linien, die er durch mehr oder weniger große Abstände rhythmisierte. Zwischen 1921 und 1925 entstanden viele derartige Kompositionen, bei denen Mondrian neben Schwarz, Grau und Weiß nur noch die Grundfarben Gelb, Rot und Blau zuließ. Jetzt erklärte er seine Bilder als Vorläufer einer Kultur der Reinheit. Zusammen mit anderen Malern und Architekten, vor allem Theo van Doesburg (1883–1931), beeinflussten Mondrian und die niederländische ▸De Stijl-Gruppe die Architektur und das Möbeldesign der zwanziger Jahre.

In den Jahren nach der Russischen Revolution von 1917 propagierten einige Künstlerinnen und Künstler wie Wladimir Tatlin, El Lissitzky, Ljubow Popowa und Kasimir Malewitsch einen Neuanfang der Kunst, der aus dem Umgang mit den verschiedensten Materialien in geometrischen Grundformen entstehen sollte. Der russische ▸Konstruktivismus wirkt mit seinen Ideen bis heute fort.

Wassily Kandinsky (1866–1944) malte nach einigen stilistischen Experimenten um 1910 in Murnau (Oberbayern) mehrere Landschaftsbilder, in denen er die Formen flächig vereinfachte und die Farben intensiviert verwendete. Kandinsky wollte mit seinen Werken das Geistige mit Farben und Formen zum Ausdruck bringen, Kompositionen analog zur Musik schaffen. Dabei half ihm seine Fähigkeit zur ▸Synästhesie, die Verbindung von Farbklängen mit musikalischen Färbungen. So verglich Kandinsky ein kräftiges Gelborange mit dem Klang einer Trompete und bezeichnete seine ungegenständlichen Bilder mit aus der Musik entlehnten Kategorien wie Impression, Improvisation und Komposition. 1913, zur Zeit, als die **„Komposition VI"** entstand, schrieb Kandinsky:

■ *Das Malen ist ein donnernder Zusammenstoß verschiedener Welten, die in und aus dem Kampf miteinander die neue Welt zu schaffen bestimmt sind. Jedes Werk entsteht technisch so, wie der Kosmos entsteht, durch Katastrophen, die aus dem chaotischen Gebrüll der Instrumente zum Schluss eine Symphonie bilden, die Sphärenmusik heißt. Werkschaffen ist Weltschaffen.*

Wassily Kandinsky, S. 88

In seiner Zeit als Lehrer am Bauhaus (1922–1933) verfestigte Kandinsky seine abstrakte Formenlehre zu Kompositionen mit geometrischen Formen wie Kreisen, Dreiecken und Rechtecken. Ihm schwebte eine Art Grammatik der bildnerischen Mittel in der Malerei und in der Kunst im Ganzen vor. Während seiner Bauhauszeit veränderte sich der Stil seiner Bilder von den dramatischen Kompositionen der Zeit vor dem Ersten Weltkrieg zu kühlen, präzis konstruierten Gemälden.

Auch andere Künstler wie Alexej Jawlensky, Franz Marc und Paul Klee gingen den Weg zur Abstraktion, in Frankreich Robert Delaunay, in Italien die Künstler des Futurismus (s. S. 392), im Bereich der Plastik Constantin Brancusi (1876–1957; s. S. 394) und Hans Arp (1886–1966).

▸**De Stijl:** holländische Gruppe von Malern, Plastikern und Architekten, die sich ab 1917 um Klarheit, Reinheit und Harmonie in der Kunst bemühten. Ihre Bilder, Möbel und Bauten beschränken sich oft auf rechtwinklige Elemente und auf die Grundfarben Gelb, Rot und Blau, sowie Schwarz und Weiß. Mitglieder waren u. a. Piet Mondrian (1872–1944), Theo van Doesburg (1883–1931) und Gerrit Rietveld (1888–1964).

▸**Konstruktivismus:** Gruppe russischer Künstlerinnen und Künstler, die ab 1917 eine neue Wirklichkeit konstruieren wollten. Sie verwendeten die Mittel der Kubisten und Futuristen für ihre dynamischen Bilder und Plastiken. Der Einfluss ihrer Ideen reicht im Dekonstruktivismus (s. S. 448) bis in die neueste Zeit. In erweiterter Bedeutung meint der Begriff eine Kunstrichtung, die mit geometrisch-abstrakten Formen arbeitet.

▸**Synästhesie:** Miterregung eines Sinnesorgans bei Reizung eines anderen, z. B. die Verbindung von Sehen bestimmter Farben mit dem Hören bestimmter Töne („schreiende Farben")

Piet Mondrian: Der rote Apfelbaum, 1909–1910. Öl auf Leinwand, 70 x 99 cm. Den Haag, Gemeentemuseum

Piet Mondrian: Komposition Bäume II, 1912. Öl auf Leinwand, 98 x 65 cm. Den Haag, Gemeentemuseum

Piet Mondrian: Rhythmus aus schwarzen Linien, 1935–1942. Öl auf Leinwand, 72,2 x 69,5 cm. Düsseldorf, Kunstsammlung Nordrhein-Westfalen

Wassily Kandinsky: Gerade Straße, 1909. Öl auf Pappe, 32,9 x 44,6 cm. München, Städtische Galerie im Lenbachhaus

Wassily Kandinsky: Komposition VI, 1913. Öl auf Leinwand, 195 x 300 cm. Sankt Petersburg, Eremitage

Wassily Kandinsky: Durchgehender Strich, 1923. Öl auf Leinwand, 141 x 202 cm. Düsseldorf, Kunstsammlung Nordrhein-Westfalen

Man Ray: Cadeau (Geschenk), 1921/1963. 16 x 10 cm. Chicago, Morten G. Neumann Collection

Dadaismus

Während des Ersten Weltkriegs trafen sich in der neutralen Schweiz, in Zürich, pazifistisch und freigeistig eingestellte Künstler, Literaten und Theaterleute aus verschiedenen Ländern. Sie waren Heimatlose, die gegen den Krieg und das Völkermorden rebellierten und diesen Protest in provokanter Form artikulierten. Sie fertigten Textcollagen in Gedichtform an oder schrieben Lautgedichte, die sie – wie **Hugo Ball** (1886–1927) – in merkwürdigen Kostümierungen einem teils schockierten, teils amüsierten Publikum vortrugen. Das Verneinen des logischen Denkens, die Bejahung des Paradoxen und der Rückgriff auf die Denkweise von Kindern waren die Mittel, mit denen die Dadaisten ihre Ziele verfolgten. Von Francis Picabia (1879–1953) stammt der Aphorismus: „Unser Kopf ist rund, damit das Denken seine Richtung ändern kann."

Eine Legende rankt sich um den Namen. Angeblich suchte man „blind" nach einer Bezeichnung und tippte zufällig in einem Wörterbuch auf das Wort „dada", das im Französischen die Bedeutung Steckenpferd hat. Dada war fortan das Synonym für Anti-Kunst, für einen Bruch mit der künstlerischen Tradition. Der Deutsche Hans (Jean) Arp (1886–1966) beschrieb den Geist der Gruppe: „Angeekelt von den Schlächtereien des Weltkriegs 1914, gaben wir uns in Zürich den schönen Künsten hin. Während in der Ferne der Donner der Geschütze grollte, sangen, klebten und dichteten wir aus Leibeskräften. Wir suchten eine elementare Kunst, die den Menschen vom Wahnsinn der Zeit heilen und eine neue Ordnung, die das Gleichgewicht zwischen Himmel und Hölle herstellen sollte."

Schon bald nach der Gründung der Zürcher Gruppe geriet die Anti-Kunst zur internationalen Bewegung. New York, Paris und Berlin bildeten die Zentren der kulturellen Rebellion, die das Spektrum vom Nonsens, über Ironie und Absurdität bis zum Akt der Zerstörung umfasste. Man verfremdete Gegenstände oder fügte disparate Materialien zu Objekten zusammen: **Man Ray** (1890–1976) versah die Unterseite eines Bügeleisens mit einer Reihe von Nägeln, und **Raoul Hausmann** (1886–1971) konstruierte seine ▸Assemblage **„Mechanischer Kopf"**. Die Abkehr von den herkömmlichen Formen betrieben auf ganz unterschiedliche Weise Max Ernst (1891–1976; s. S. 426), George Grosz (1893–1959; s. S. 372) und **Marcel Duchamp** (1887–1968; s. S. 402). Letzterer hatte bereits im Jahre 1913 sein erstes ▸Ready-made, ein auf einem Hocker montiertes Rad eines Fahrrades, ausgestellt. Vier Jahre später erklärte er bei einer Ausstellung ein Urinal zu einem Kunstwerk und löste damit einen Skandal aus. Duchamp zeigte mit diesem Ready-made, dass Kunst vom Kontext abhängt. Ein gefundener Gegenstand bedarf nicht besonderer künstlerischer Umformung, bei einer Ausstellung erhält er einen neuen, rätselhaften Charakter.

In Hannover kreierte **Kurt Schwitters** (1887–1948) seine eigene Version von Dada. Nach dem Schnipsel aus einer Werbung für die Commerzbank nannte er seine Produktionen Merz-Kunst. Bei seinen Assemblagen aus Stoffresten, Zeitungsausrissen, Drähten und sonstigen Abfällen war es „unwesentlich, ob die verwendeten Materialien schon für einen bestimmten Zweck geformt waren oder nicht. Das Kinderwagenrad, das Drahtnetz, der Bindfaden und die Watte sind der Farbe gleichberechtigte Faktoren". (Schwitters)

Der Schock-Effekt und das Provokative der Dada-Bewegung verbrauchten sich recht schnell, doch hatten die Dadaisten ein fruchtbares Potenzial geschaffen, das sich aus der Dialektik von Zerstörung und Schöpfung nährte. Zu Beginn der zwanziger Jahre schieden sich die Geister. Einige Dadaisten (George Grosz, John Heartfield) engagierten sich politisch und schufen Werke, in denen sie gesellschaftliche Missstände anprangerten. Andere Künstler wie Max Ernst suchten eine neue Orientierung im Bereich des Unbewussten und Irrationalen und schlossen sich der Gruppe der Surrealisten (s. S. 420ff.) an.

▸**Assemblage** (franz. Zusammenfügung): Einbringen dreidimensionaler Gegenstände in ein Bild

▸**Ready-made** (amerik.): ursprünglich Bezeichnung für Konfektionsware (in der Kleidung), später auf industriell produzierte Gebrauchsgegenstände übertragen, die der Künstler aus ihrem ursprünglichen Zusammenhang herausgelöst hat

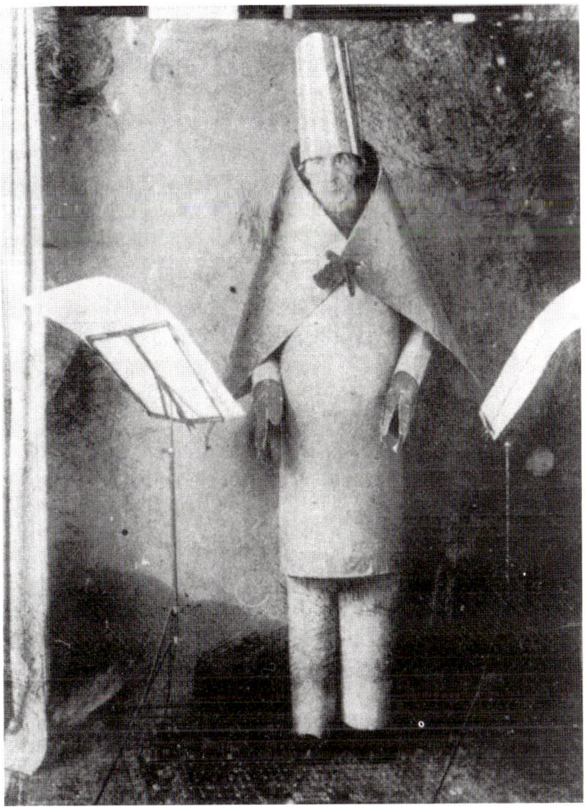

Hugo Ball im „Cabaret Voltaire“, in kubistischem Kostüm sein Lautgedicht rezitierend, Zürich 1916. Fotografie

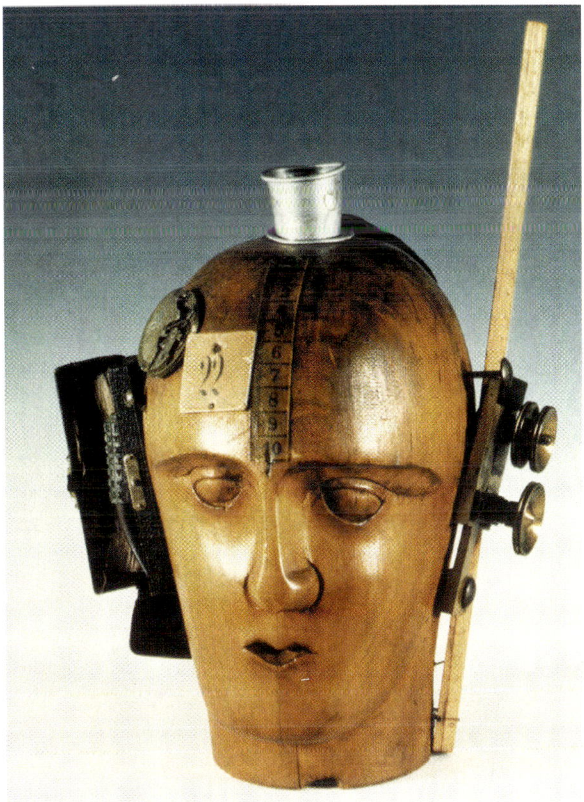

Raoul Hausmann: Mechanischer Kopf (Der Geist unserer Zeit), 1919/20. Objektmontage auf hölzernem Perückenkopf, Höhe 32 cm. Berlin, Sammlung Hannah Höch

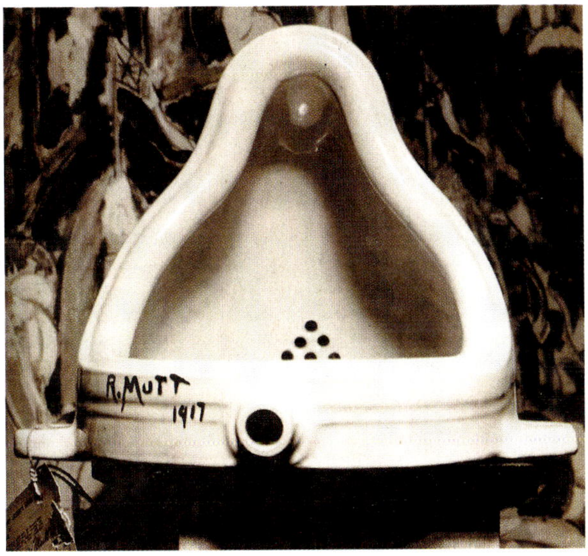

Oben:
Marcel Duchamp: Fontäne, 1917. Ready-made, Original verschollen

Rechts:
Kurt Schwitters: Merzbild 25 a, Das Sternenbild, 1920. Montage, Collage, Öl auf Leinwand, 104,5 x 79 cm. Düsseldorf, Kunstsammlung Nordrhein-Westfalen

Surrealismus

1931 malte der Spanier **Salvador Dalí** (1904–1989) das Bild **„Die Beständigkeit der Erinnerung“.** Dieses Gemälde mit den schlaffen Uhren ist nicht nur das bekannteste Werk des Künstlers, es zählt zu den populärsten Bildern jener künstlerischen Bewegung des 20. Jahrhunderts, die die Bezeichnung Surrealismus trägt. Dieser Name fand erstmals 1917 Einzug in die Kunstdiskussion und bezeichnet das „über oder neben der Wirklichkeit Stehende“. Realität und Irrealität schließen sich im Verständnis der Surrealisten nicht mehr gegenseitig aus, sondern gehen eine neue Verbindung, eine übergeordnete Realität ein.

Die Geburtsstunde der Bewegung geht auf das Jahr 1924 zurück, als André Breton (1896–1966) das „1. Surrealistische Manifest“ veröffentlichte. Der Surrealismus verbreitete sich zunächst in Europa und später in Amerika, bevor sich die Gruppe angesichts der Streitigkeiten unter den Mitgliedern zu Beginn des Zweiten Weltkriegs auflöste. Dies hinderte allerdings die bekanntesten Vertreter wie **Max Ernst** (1891–1976; s. S. 426), **René Magritte** (1898–1967; s. S. 428), Joan Miró (1892–1983) oder Salvador Dalí nicht daran, bis an ihr Lebensende Werke im Geiste des Surrealismus zu schaffen.
Ziel ihres Ideologen André Breton war es, alle Bereiche des gesellschaftlichen und individuellen Lebens zu erfassen und umzugestalten. Einige Surrealisten waren aus der Dada-Bewegung (s. S. 328) hervorgegangen, lehnten die bürgerliche Gesellschaft ab und waren von der Notwendigkeit einer revolutionären Veränderung überzeugt.

Als einen wichtigen Anreger betrachteten die Surrealisten den Italiener **Giorgio de Chirico** (1888–1978; s. S. 420), der im zweiten Jahrzehnt des 20. Jahrhunderts mit seinen absurden Stadtansichten und den geheimnisvollen Zusammenstellungen von Gegenständen die ▸pittura metafisica begründet hatte, sich allerdings nie den Surrealisten anschloss und eher kritische Distanz hielt.

Eine der Voraussetzungen für den Surrealismus waren die Theorien der Psychoanalyse Sigmund Freuds (1856–1939), der mit seinem 1900 erschienenen Buch über den Traum und die Rolle des Unbewussten auf die Bedeutung verdrängter Phantasien hingewiesen hatte. Die Surrealisten wollten die Trennung von Vernunft und Traum, von Logik und Phantasie aufheben. Sie betrachteten die Dominanz des Rationalen als Grundübel der Gesellschaft. Stattdessen wollten sie die in jedem Menschen vorhandenen schöpferischen Kräfte freisetzen, um so in neue Erfahrungs- und Erlebniswelten vorzustoßen. Im Manifest der Gruppe heißt es u. a.: „Der Surrealismus beruht auf dem Glauben an die höhere Wirklichkeit gewisser, bis heute vernachlässigter Assoziationsformen, an die Allgewalt des Traums, an das absichtsfreie Spiel des Gedankens. Er zielt darauf hin, die anderen psychischen Mechanismen zu zerstören und ihre Stelle einzunehmen zur Lösung der wichtigsten Lebensprobleme.“

Das Absurde und vom Verstand nicht Kontrollierbare sahen die Surrealisten als das eigentlich Menschlich-Elementare an. Ein Ausspruch des von ihnen geschätzten Comte de Lautréamont aus dem Jahre 1890 fasst ihre Absichten geradezu programmatisch zusammen: „Schön wie die zufällige Begegnung eines Regenschirms mit einer Nähmaschine auf einem Seziertisch.“

Das Unbewusste als Quelle der Inspiration lässt sich als große Gemeinsamkeit der recht unterschiedlichen Ansätze feststellen. Max Ernst experimentierte mit verschiedenen Techniken wie der ▸Frottage, der ▸Décalcomanie oder der ▸Grattage, bei denen der Zufall eine Rolle spielt, René Magritte malte seine Bilder, in denen er die Nicht-Identität von Abgebildetem und Abbild thematisierte, Joan Miró stellte in seinen eigenwilligen Kompositionen skurrile Zeichen und ▸Ideogramme mit magischer Bedeutung zusammen. Salvador Dalí schließlich machte nicht nur durch seine Gemälde und Graphiken, sondern auch durch effektvolle Selbstinszenierungen von sich reden.

▸**pittura metafisica** (ital. metaphysische Malerei): Richtung der Kunst des frühen 20. Jahrhunderts, die ein neues Verhältnis zur Dingwelt suchte, alltägliche Gegenstände verfremdete und in ungewohnten Verbindungen darstellte

▸**Frottage** (franz. frotter reiben): graphisches Verfahren, bei dem die Struktur von Oberflächen mithilfe eines Stiftes oder einer Kreide auf ein Blatt Papier durchgerieben wird

▸**Décalcomanie** (lat.-franz.): Farbabklatschverfahren, bei dem eine auf eine Fläche aufgetragene Farbe durch ein kurz darauf gedrücktes Blatt o. Ä. ihre Form und Textur verändert

▸**Grattage** (franz. gratter kratzen): künstlerisches Verfahren, bei dem der Farbauftrag auf einer Fläche durch Abkratzen mit Spachteln oder anderen Werkzeugen teilweise wieder entfernt wird

▸**Ideogramm:** Schriftzeichen, das für einen Begriff, nicht für einen Laut steht

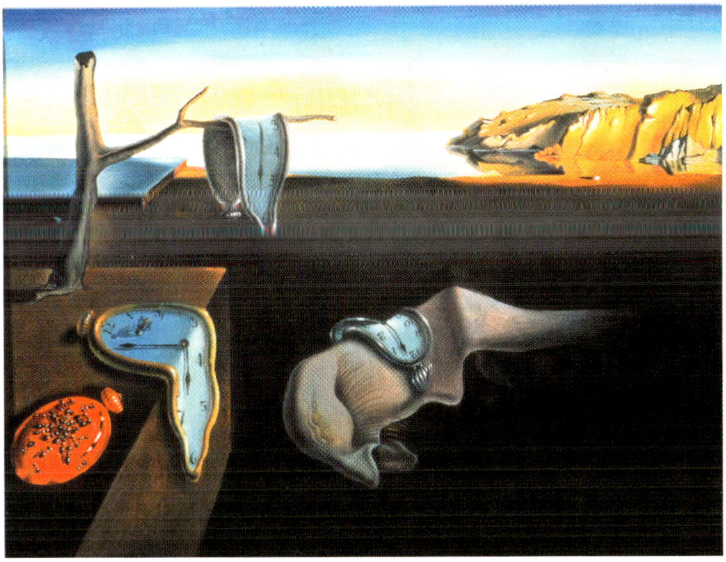

Salvador Dalí: Die Beständigkeit der Erinnerung, 1931. Öl auf Leinwand, 26,3 x 36,5 cm.
New York, Museum of Modern Art

Giorgio de Chirico: Das Lied der Liebe, 1914.
Öl auf Leinwand, 73 x 59 cm.
New York, Museum of Modern Art

Max Ernst: „Zeig deinen Koffer her, mein lieber."
Aus: La Femme 100 Têtes, 1929. 25 x 19 cm

René Magritte: Die Beschaffenheit des Menschen I, 1933.
Öl auf Leinwand, 100 x 81 cm. Choisel, Claude Spaak

Rationalistische Architektur

Gegen Ende des 19. Jahrhunderts entwickelte sich in der Architektur eine Richtung, deren Merkmale man mit dem Begriff rationalistisch beschreibt. Das Anliegen dieser Architektur war eine Befreiung von den Zierformen des Historismus (s. S. 264) und eine Erneuerung des Bauens, die die Anwendung neuer technischer Errungenschaften in den Vordergrund stellte. Dazu gehörte die Verwendung von Materialien wie Eisen, Glas und Eisenbeton. Charakteristische Merkmale sind die Reduktion auf geometrische, ornamentlose Formen, die Betonung des rechten Winkels und bewusstes Abweichen von symmetrischen Fassaden.

Als ein Beispiel gilt das zweistöckige **„Haus Schroeder"**, das **Gerrit Rietveld** (1888–1964) im niederländischen Utrecht im Jahr 1924 baute. Er war Mitglied der niederländischen Gruppe de Stijl, die sich vorzugsweise Gemeinschaftsaufgaben widmete und das Bauen als soziale Aufgabe begriff. Rietveld ging von der Innenraumgestaltung aus und schuf im Obergeschoss einen großen Raum, der durch verschiebbare Trennwände unterteilt werden konnte. Den Außenbau bestimmen querrechteckige Fenster, große Wandplatten und der Anstrich in Weiß und Grau. Fensterrahmen, Stahlstützen und Geländer in den drei Grundfarben (Rot, Gelb, Blau) und Schwarz setzen Akzente, die die konstruktivistische Gliederung des Baukörpers unterstreichen.

Das bedeutendste Zentrum rationalistischer Architektur, aber auch der bildenden Kunst und des Kunsthandwerks, war das ▸Bauhaus. Der deutsche Architekt **Walter Gropius** (1883–1969; s. S. 436) hatte 1919 die Kunstgewerbeschule in Weimar (später nach Dessau und Berlin verlegt) in eine Kunsthochschule umgewandelt. Zu den Grundsätzen der Bauhaus-Lehre gehörten die Einheit von Kunst und Handwerk einerseits und das Zusammenspiel von Kunst und Industrie andererseits. Die führende Rolle beim Bauhaus kam der Architektur zu. In seinem Frühwerk, dem Fabrikbau des **Fagus-Werkes** im niedersächsischen Alfeld, hatte Gropius bereits auf das Prinzip der ▸curtain wall zurückgegriffen.

Die durch die Kunstpolitik der nationalsozialistischen Diktatur (s. S. 336) zur Emigration gezwungenen Bauhaus-Lehrer trugen die Ideen in andere Länder. So verbreiteten sich die Gedanken von der vorbehaltlosen Konzentration auf die gestellte Bauaufgabe und die Abkehr von symbolischen Ausdruckswerten über Deutschland hinaus. Die Bauhaus-Ideen stießen nicht zuletzt deshalb auf fruchtbaren Boden, weil sich in den Vereinigten Staaten unter dem Einfluss der „Schule von Chicago" der ▸Zellenbau bei Geschäfts- und Bürohäusern durchgesetzt hatte. Für die Wolkenkratzer in den Städten benutzte man als Baumaterial Stahl.

Von 1949–1951 entstanden nach Plänen des letzten Bauhaus-Leiters **Ludwig Mies van der Rohe** (1886–1969) die **Apartmenthäuser** am Lake Shore Drive in Chicago. In dieser Stadt hatte bereits im ersten Jahrzehnt des 20. Jahrhunderts der Amerikaner Frank Lloyd Wright (1869–1959; s. S. 440) Wohnbauten mit offenen Raumgefügen entwickelt, bei denen er auf natürliche Baustoffe zurückgriff und den Begriff des ▸organischen Bauens prägte. Von Wright stammt auch eine programmatische Äußerung, die für die rationalistische Architektur des gesamten 20. Jahrhunderts Gültigkeit besitzt: „Meine Theorie über das Bauen lautet: Eine wissenschaftliche Anordnung der Räume und Formen in Anpassung an die Funktion und den Ort; Betonung der Elemente proportional zu ihrer Bedeutung in Bezug auf die Funktion; Farbe und Ornament müssen, nach streng organischen Gesetzen bestimmt, angewandt und variiert werden, wobei jede Entscheidung genau zu rechtfertigen ist; sofortige totale Verbannung jeder Fiktion."

Auch der schweizerisch-französische Architekt **Le Corbusier** (1887–1965) griff auf die Formensprache des Bauhauses zurück. Er entwickelte neue Formen des Bauens mit Stahlbeton, die wegen des verringerten Systems stützender Wände neue Möglichkeiten für freie Grundrisslösungen erschlossen.

▸**Bauhaus:** von Walter Gropius 1919 in Weimar gegründete Staatliche Hochschule für Bau und Gestaltung, deren Zielsetzung darin bestand, Funktion und Material zu einer stilistischen Einheit zu verbinden

▸**curtain wall:** vorgehängte Fassade, meist aus Glas oder Metall, vor einem tragenden Skelett (s. S. 268)

▸**Zellenbau:** Gebäudeform, bei der die einzelnen Räume nach einem Standardmaß gleich groß sind

▸**organisches Bauen:** Richtung des Bauens, die bestrebt ist, fließende, „organische" Bauformen zu entwickeln und stärker auf die Bedürfnisse der Bewohner einzugehen

Gerrit Rietveld: Haus Schröder, Utrecht, 1924

Ludwig Mies van der Rohe: Appartementhäuser am Lake Shore Drive in Chicago, Illinois, 1949–1951

Walter Gropius und Adolf Meyer: Fagus-Werk in Alfeld a. d. Leine, 1911

Le Corbusier: Villa Savoye bei Paris, 1929–1931

Neue Sachlichkeit

Als Gustav Hartlaub, der Direktor der Mannheimer Kunsthalle, 1925 seine Ausstellung zur zeitgenössischen deutschen Kunst eröffnete, charakterisierte er mit dem Titel das Schaffen einer jungen Künstlergeneration: „Neue Sachlichkeit". Die beteiligten Maler zeigten nicht mehr den expressionistischen Überschwang der Vorkriegsjahre, ebenso wenig die Tendenz zur reinen Abstraktion oder das chaotisch-kreative Experiment der Dada-Bewegung.
Ernüchtert von hochfliegenden Utopien wollten sie sich den gesellschaftlichen Umbrüchen der so genannten „Goldenen Zwanziger Jahre" stellen, den Glanz, aber auch das Elend ihrer Zeit sachlich darstellen. Ihr ▸Realismus, ihre nüchterne Bildsprache waren weitgehend frei von einer persönlichen Handschrift. Die Motive sind von präzisen, überdeutlich konturierenden Linien definiert, der Bildaufbau ist klar und fest geordnet. Der dargestellte Moment erscheint erstarrt und wie im luftleeren Raum eingefroren, Architekturen wirken wie Fassaden, Menschen wie Puppen auf einer Bühne.
Die Künstler hatten die Grausamkeiten des Ersten Weltkrieges unmittelbar erfahren und erlebten den schwierigen Aufbau der jungen Weimarer Republik aus den Wirren der Nachkriegszeit: die große politische Unruhe, die sich gewalttätig in Putschen oder Straßenschlachten entlud, die hohe Arbeitslosigkeit und die Armut so vieler, ebenso die neuen Eliten wie die Kriegsgewinnler.

Maler und Zeichner wie **George Grosz** (1893–1959; s. S. 372) oder Otto Dix (1891–1969; s. S. 374) kamen in den zwanziger Jahren zur Neuen Sachlichkeit. Sie gehörten politisch dem linken Flügel an und zielten mit ihren provozierenden Darstellungen der gesellschaftlichen Missstände auf eine Veränderung des Systems: „Geht heraus aus euren Stuben, ... lasst euch von den Ideen der arbeitenden Menschen erfassen und helft ihnen im Kampf gegen die verrottete Gesellschaft." (George Grosz, 1920/1921) Diese sozialkritisch engagierte Richtung der Neuen Sachlichkeit bezeichnet man als ▸Verismus.

Künstler wie **Christian Schad** (1894–1982) hingegen waren fasziniert vom aufblühenden Nachtleben in den Großstädten, von der mondänen Welt der Revuen und Nachtclubs. Die Maler und Zeichner stellten dieser schillernden Welt aber auch ihre Schattenseiten gegenüber, die Welt der Straßendirnen oder die Opfer grausamer krimineller Gewalttaten.

Ein großes Thema war die Technik mit ihrer kalten, präzisen Perfektion, so bei Franz Radziwill (1895–1983) mit seinen dunkelbedrohlichen Bildern. Sein ▸„Magischer Realismus" verlieh den Dingen einen rätselhaften, befremdlichen Charakter. Bedeutende Fotografen der zwanziger und dreißiger Jahre arbeiteten in neusachlicher Weise, wie etwa Karl Blossfeld (1865–1932), der in präzisen Nahaufnahmen Formendetails der Natur festhielt. Auf fotografische Porträts typischer Vertreter verschiedener Berufe und gesellschaftlicher Gruppen spezialisierte sich August Sander (1876–1964; s. S. 382). Die Ästhetik der Maschinenwelt dokumentierte **Albert Renger-Patzsch** (1897–1966).
Eine der Neuen Sachlichkeit vergleichbare realistische Strömung lässt sich auch in der Fotografie und der Malerei Amerikas beobachten, etwa beim Maler Edward Hopper (1882–1967; s. S. 376).

Andere Künstler der Neuen Sachlichkeit konzentrierten sich auf klassische Themen wie das Stillleben oder die Landschaft. **Alexander Kanoldt** (1881–1939) und Georg Schrimpf (1889–1938) mit einem weniger kritischen Verständnis von Neuer Sachlichkeit suchten in ihren Bildern nach Reinheit und Klarheit. Zeitweise standen sie in politischer Nähe zum Nationalsozialismus. Hitlers Machtergreifung bedeutete aber auch für sie nach wenigen Jahren das Ende ihrer künstlerischen Karriere, den Ausschluss von ihren Professuren oder Ausstellungsverbot. In der Diktatur setzte sich ein System durch, in dem künstlerischer Anspruch durch parteipolitische Vorgaben und willkürliche Vorlieben der Funktionäre völlig verdrängt wurde – für die Maler der Neuen Sachlichkeit gab es keinen Platz mehr.

▸**Realismus**: hier: durch Wirklichkeitsbezug (Sachlichkeit) gekennzeichnete Kunst, die zugleich auch schöpferische Auseinandersetzung mit der Wirklichkeit ist (s. a. S. 266)

▸**Verismus** (lat. verus wahr): naturalistische und gesellschaftskritische Richtung der deutschen Kunst nach dem Ersten Weltkrieg; politisch links orientierte Maler der Neuen Sachlichkeit

▸**Magischer Realismus**: Malerei, die mit realistischen Darstellungsmitteln das Rätselhafte, Magische der Dinge betont

George Grosz: Wo die Dividenden herkommen, 1921.
Aus: Das Gesicht der herrschenden Klasse

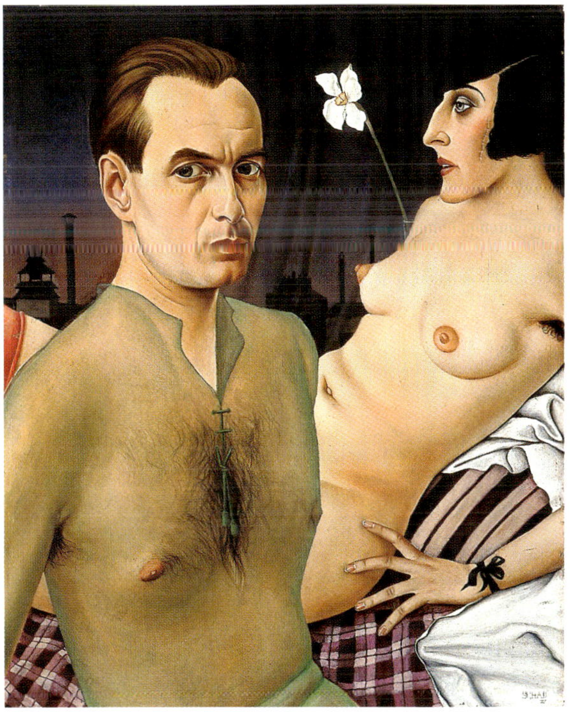

Christian Schad: Selbstbildnis mit Modell, 1927. Öl auf Holz, 76 x 71,5 cm. Privatbesitz. © Christian-Schad-Stiftung Aschaffenburg

Albert Renger-Patzsch: Hochofenwerk, 1927. Fotografie.
© Albert-Renger-Patzsch-Archiv/Ann und Jürgen Wilde

Alexander Kanoldt: Stillleben, 1925. Öl auf Leinwand, 91 x 70 cm. Darmstadt, Hessisches Landesmuseum

Die Kunst im Nationalsozialismus

In seinem Buch „Mein Kampf" hatte Adolf Hitler bereits 1923 dargelegt, dass die Massen nur durch einen „beseelten Fanatismus" vorwärts zu treiben seien. So brandmarkte er die junge Demokratie der Weimarer Republik, bediente sich des durch die Kriegsniederlage verletzten deutschen Nationalgefühls und schürte latente antisemitische Tendenzen. Ihm nutzte die wirtschaftliche Instabilität, die zahlreiche Menschen in existenzielle Not brachte. Die faschistische Propaganda versprach die Überwindung des Kapitalismus und die Erlösung des Einzelnen durch seine Wiedergeburt in der kollektiven Seele einer „rassisch reinen Volksgemeinschaft" mit den ewigen Werten „arischer Kultur".

Nach der Machtergreifung 1933 erfolgte die Gleichschaltung der Künste, ihre allumfassende Orientierung auf die Ziele der Partei. Die neue Zeit sollte ihren Ausdruck in einer neuen Kunst finden, so in Architekturen, deren Ausmaße ins Riesenhafte gesteigert waren und die Dimensionen ihrer Umgebung nicht mehr berücksichtigten. Sie sollten den Rahmen für Parteiveranstaltungen geben – zumeist aber kamen sie nicht über das Stadium von Projekten hinaus. Ein markantes Beispiel ist die für Versammlungen in Berlin geplante „Große Halle" mit einer Höhe von 290 m, die den benachbarten Reichstag, den Sitz des deutschen Parlaments (Höhe 75 m), zur Bedeutungslosigkeit herabgedrückt hätte. Der einflussreichste Architekt des Dritten Reichs war **Albert Speer** (1905–1981), dem Hitler im Krieg auch die Zuständigkeit für die Rüstungsproduktion übertragen hatte.
Der konsequente Einsatz moderner Massenmedien wie Rundfunk oder Film machte die nationalsozialistische Ideologie allgegenwärtig. Sie vermittelte sich in plakativen Werken, aber auch in unterschwellig vermittelten Botschaften. Die Filmregisseurin **Leni Riefenstahl** (1902–2003) etwa verherrlichte mit ihrem Werk den Reichsparteitag 1934 mit seinen Aufmärschen. Sie zeigte in eindrucksvollen, ästhetischen Bildern den Einzelnen unterworfen unter die Regie der Partei – Titel ihres Filmes war „Triumph des Willens".
Die faschistischen Parteien (auch die im Ausland, z. B. in Italien) setzten auf die Mobilisierung ihrer Anhänger, auf theatralische Inszenierungen in Aufmärschen, Zeremonien und Großkundgebungen. Einheitliche Uniformen und Parteiabzeichen verstärkten das Gefühl von Identität und Beteiligung in einer allgemeinen Bewegung. Das Vorführen uniformierter Massen im Gleichschritt ließ das Gefühl entstehen, ein ganzes Volk wachse unter der Führung eines Einzelnen zusammen.
Während beim Film eine rasche „Säuberung" von jüdischen, sozialkritischen oder linken Regisseuren erfolgte, war das Verhältnis der Nationalsozialisten zur Bildenden Kunst zunächst uneinheitlich. Propagandaminister Joseph Goebbels etwa hatte eine Vorliebe für den Expressionismus (s. S. 320), den er als national gesinnte, ursprünglich deutsche Kunst ansah. Bald jedoch setzte sich die Linie Hitlers durch, der alle moderne Kunst aus den Museen entfernen und als „entartet" diffamieren ließ. Eine Wanderausstellung durch Deutschland inszenierte die herabgewürdigten Werke in einer Art Schauprozess und wollte durch Kommentare das Urteil der Betrachter vorwegnehmen.
Zeitlich parallel dazu zeigte man die erste „Große Deutsche Kunstausstellung" 1937 im Münchner „Haus der Deutschen Kunst". Bilder wie die des „Reichskunstkammerpräsidenten" Adolf Ziegler sollten den neuen Stil repräsentieren. Neben unverbindlichen Werken überwogen als Motive heroisierende Darstellungen der Arbeit, der Frau als Mutter oder als Akt und Bilder von Soldaten. **Oskar Martin-Amorbach** (1897–?) überhöhte und mystifizierte in seinem Gemälde **„Der Sämann"** die Rolle des deutschen Bauern, die in der nationalsozialistischen Ideologie auf der Einheit von „Blut und Boden" beruhte.
In der Plastik erhielten Bildhauer wie Josef Thorak (1889–1952) oder **Arno Breker** (1900–1991) Parteiaufträge. Brekers Figur der **„Bereitschaft"** war zur Ausschmückung des Nürnberger Reichsparteitagsgeländes bestimmt – 1939 wurde sie von offizieller Seite zum Ausdruck des Kriegswillens des gesamten Volkes erklärt.

Plakat zur Ausstellung „Entartete Kunst". München 1936

Albert Speer: Großer Platz Berlin mit Kuppelhalle, Entwurf 1937-1939

Standfoto aus „Triumph des Willens", Regie: Leni Riefenstahl, 1934

Oskar Martin-Amorbach: Der Sämann, 1937. Berlin, Deutsches Historisches Museum

Arno Breker: Bereitschaft, 1939. Bronze, überlebensgroß

Abstraktion nach 1945

Nach dem Ende des Zweiten Weltkriegs erreichten abstrakte Malerei und Plastik in den westlichen Ländern eine beherrschende Stellung. Einige Künstler konnten an ihre Arbeit in den zwanziger und dreißiger Jahren anknüpfen, so die Maler der Gruppe „Abstraction – Création" in Paris. Die künstlerischen Tendenzen des Bauhauses trugen Josef Albers (1888–1976) und László Moholy-Nagy (1895–1946) in die USA, wo sie ein Neues Bauhaus gründeten und die junge Generation der amerikanischen Künstler prägten. In der Schweiz führten Max Bill (1908–1994) und **Richard Paul Lohse** (1902–1988) die Bauhaustradition fort. Sie suchten dabei mit mathematischen Konzepten und geometrischen Grundelementen wie Kreisen, Quadraten und Dreiecken zu einem „Ausdruck von harmonischem Maß und Gesetz" (Max Bill) zu gelangen.

In den fünziger Jahren erforschten amerikanische Maler wie Barnett Newman (1905–1970; s. S. 398) die Wirkung von großen, nahezu ▸monochromen Farbflächen auf den Betrachter. Die Bezeichnung „Post Painterly Abstraction" für diese Malergruppe, zu der Ellsworth Kelly (*1923) zählt, weist auf die Vermeidung der künstlerischen Handschrift oder einer figurativ-inhaltlichen Gestaltung hin. Kennzeichnend ist auch das große und teilweise ungewöhnliche Leinwandformat, das bei **Frank Stella** (*1936) zur flachen Wandplastik (Shaped Canvas) wird. In Europa setzten sich Victor Vasarély (1908–1977) und Bridget Riley (*1931) in der ▸Op Art mit den Phänomenen der Wahrnehmung und der optischen Täuschung auseinander.

Andere abstrakte Künstler betonten die gestischen Momente ihrer Malerei, die spontanen oder zufälligen Anteile bei der Formfindung. Sie ließen auch Anklänge an Poetisches und Surreales zu, Assoziationen zur Kunst der Naturvölker oder zu alten Mythen. In Deutschland waren dies Maler wie Willi Baumeister (1889–1955; s. S. 400), in Frankreich die Künstler des ▸Informel und des ▸Tachismus. Sie versuchten, mit spontan gesetzten Flecken und Linien Bereiche des Unbewussten zu erschließen. Neben **Wols** (Alfred Otto Wolfgang Schulze, 1913–1951) arbeitete Jean Dubuffet (1901–1985) in dieser Richtung, in Spanien verfolgte Antoni Tàpies (*1923) ähnliche Tendenzen. Auch die dänisch-belgisch-holländische Gruppe „Cobra" mit Malern wie Karel Appel (*1921) erreichte um 1950 mit ihren ungebärdigen Farb- und Formschöpfungen eigensinnig-magische Wirkungen.

In Amerika gilt Jackson Pollock (1912–1956; s. S. 398) mit seinem Action Painting als Begründer der gestisch-abstrakten Malerei. Malen wird bei ihm zum „Tanz auf der Leinwand", das Bild zeigt die Spuren dieser Malaktion. Den Schreibgestus mit ▸chiffrenartigen Zeichen oder Liniengespinsten benützte Mark Tobey (1890–1976; s. S. 400), Franz Kline (1910–1962) setzte großformatige schriftartige Zeichen als Schwarz-weiß-Konstellation auf seine Leinwände.

Nach einer Phase, in der er expressive Frauenfiguren malte, gelangte **Willem de Kooning** (1904–1997; s. S. 368) zu abstrakten, stark von der Farbe bestimmten Bildern, die dem ▸Abstrakten Expressionismus amerikanischer Prägung zugerechnet werden. Die Wirkung von flächig aufgetragenen Farbenkonstellationen ergründeten die Maler des ▸Colorfield Painting, so Mark Rothko (1903–1970; s. S. 400), der mit seinen Meditationsbildern bei längerer Betrachtung schwebende, emotionale Wirkungen hervorruft.

Einen abstrakten Expressionismus vertreten in Deutschland Maler wie Emil Schumacher (1912–1999; s. S. 400) und Gotthard Graubner (*1930). Auch im Bereich der Plastik setzte sich die Abstraktion durch, wie z. B. die Plastiken des Engländers Henry Moore (1898–1986; s. S. 396) anschaulich belegen. Mit den Möglichkeiten der abstrakten Plastik experimentierten neben vielen anderen der Engländer Anthony Caro (*1924) und der Spanier Eduardo Chillida (1924–2002; s. S. 396). In Deutschland vertreten Bernhard Heiliger (1915–1995) und Norbert Kricke (1922–1984) die abstrakte Auffassung der Plastik.

▸**monochrom:** einfarbig

▸**Op Art:** Kunstströmung seit den fünfziger Jahren, die sich mit den Phänomenen Licht und Farbe beschäftigte. Neben einer statischen Op Art, die durch Farben und Formen Scheinbewegungen und Scheinräumlichkeit erzeugte, arbeitete die kinetische Richtung mit Lichtspiegelungen und -maschinen.

▸**Informel** (franz. ungeformt): gestisch-spontane Kunst der „Nicht-Form", totale Spontaneität des schöpferischen Prozesses ohne bindende Regeln der Gestaltung oder des Materials

▸**Tachismus** (franz. le tache der Fleck): Richtung des Abstrakten Expressionismus in Frankreich, betont den automatischen Malvorgang aus dem Unterbewussten des Künstlers

▸**Chiffre** (franz.): Geheimzeichen, Kennwort

▸**Abstrakter Expressionismus:** führende Kunstrichtung im Amerika der fünziger Jahre des 20. Jahrhunderts; abstrakter, eher von intensivem Farbausdruck bestimmter Malgestus

▸**Colorfield Painting:** Malerei, die sich in ihrer Ausdrucksweise auf Farbflächen beschränkt

Richard Paul Lohse: Sechs vertikale systematische Farbreihen mit gelbem Quadrat rechts oben, 1967/68. Serigrafie, 70 x 70 cm. Münster, Westfälisches Landesmuseum

Frank Stella: Lake City, 1960/61. Kupferfarbe auf Leinwand, 206,6 x 275,7 cm. Düsseldorf, Museum Kunstpalast

Wols: Komposition, 1947. Öl auf Leinwand, 81 x 64,7 cm. Hamburg, Kunsthalle

Willem de Kooning: Detour, 1958. Öl, Papier, Leinwand, 150 x 108 cm. München, Pinakothek der Moderne

Neue Kunstformen

Mit dem Vortrag provokanter Thesen und ihrer radikalen ästhetischen Vorstellungen vor einem Publikum und der sich anschließenden Saalschlacht hatten die italienischen Futuristen 1910 eine neue Kunstform geschaffen, die Aktion. Später griffen die Dadaisten, z. B. Marcel Duchamp, darauf zurück und entwickelten sie weiter. Bekannt wurden die Aktionen von Yves Klein (1928–1962) in Paris Ende der fünfziger Jahre, bei denen er unbekleidete Frauen mit blauer Farbe bemalte und gegen Leinwände drückte. Aktionen sind seither Teil des Werkes vieler Künstler geworden. Sie zeigen zum einen, dass sich die Rolle des Künstlers vom Maler oder Bildhauer änderte hin zum Akteur, zum Medienstar, der sich mit seiner ganzen Person einsetzt, zum anderen, dass die neuen Formen von Kunst die alten Gattungsgrenzen verschwimmen lassen. Neben das gemalte Bild treten z. B. Mischformen aus Bild und Plastik, ▸Combine Paintings. Plastiken werden beweglich oder zu Erlebnisräumen (▸Environments, Installationen) zusammengestellt. Neue Materialien finden Eingang in die Kunst, Medien wie Film, Fotografie, Video werden in Dienst genommen. Auch der Betrachter wird als Teil des Prozesses einbezogen. Die Kunst verlässt ihren Schonraum, den sie im Museum oder in privaten Sammlungen besaß, und geht in den öffentlichen Raum oder die Landschaft. Im Ereignis (Happening) werden die Grenzen zu anderen Kunstgattungen wie Tanz, Musik, Theater und Literatur fließend.

Die ▸Kinetik führte die Bewegung in die Kunst ein, bevorzugt im Bereich der Plastik. Etwa ab 1920 experimentierte Marcel Duchamp mit drehbaren Glasscheiben (s. S. 402), im Bauhaus stellte der Ungar László Moholy-Nagy (1895–1946; s. S. 404) eine bewegliche Maschine aus spiegelnden Edelstahlteilen her. Die beweglichen Plastiken (Mobiles) des Amerikaners Alexander Calder (1898–1976; s. S. 406) nutzen den Luftzug als Auslöser für ihre Bewegungsabläufe. In den fünfziger Jahren baute der Schweizer Jean Tinguely (1925–1991; s. S. 406) seine ersten Maschinenplastiken. Auch einige Künstler der ▸Op Art, so der Deutsche Günther Uecker (*1930), experimentierten mit Lichtorgeln. Mit Neonröhren, die Wände und Räume in farbiges Licht tauchen, arbeitete der Amerikaner **Dan Flavin** (1933–1997).

Alltagsobjekte, die ganz oder in Einzelteile zerlegt und zu Arrangements (▸Assemblagen) zusammengestellt werden, verwendeten seit den fünfziger Jahren der Franzose Arman (*1928) und der Schweizer **Daniel Spoerri** (*1930). Spoerri verfertigte seine als Fallenbilder titulierten Objektkompositionen, indem er zufällig entstandene Objektanordnungen mit Kleber fixierte und an die Wand hängte. Aus den Blechteilen von Schrottautos fertigte der Amerikaner John Chamberlain (*1927) durch Schweißen, Stauchen und Lackieren neuartige Gebilde.

Mit großen Verpackungsaktionen wurde der Amerikaner **Christo** (Javacheff, *1935) gemeinsam mit seiner Frau Jeanne-Claude (*1935) berühmt, der Brücken, Häuser, Landschaften und 1995 den Berliner Reichstag verhüllte und so Kunstereignisse auf Zeit schuf. Pseudoreligiöse Opferrituale mit Tierblut veranstaltete der Österreicher Hermann Nitsch (*1938), um Grenzerfahrungen zu machen und Tabus zu verletzen. In ähnlicher Absicht führte Arnulf Rainer (*1929) Selbsterkundungen aus. In Deutschland arbeiteten neben anderen Wolf Vostell (1932–1998; s. S. 348) und Timm Ulrichs (*1940) mit Aktionen und Performances und machten auf bestehende gesellschaftliche Verhältnisse und Verhaltensweisen aufmerksam. Franz Erhard Walther (*1939) stellte Plastiken aus Stoff her, die erst im Gebrauch durch Akteure ihre Geltung erhalten.

Joseph Beuys (1921–1986; s. S. 408) kombinierte neue Kunstformen und verwendete verschiedenste Materialien, die er in biografische, mythische und vorwissenschaftliche Zusammenhänge brachte. In szenischen Aktionen verstörte er sein Publikum, z. B. wenn er mit vergoldetem Gesicht einem toten Hasen seine Bilder erklärte, weil er sie dem Publikum nicht erklären wollte.

▸Combine Painting: Mischform aus gemaltem Bild und Plastik; meist werden Alltagsgegenstände mit Bildern kombiniert und teilweise bemalt.

▸Environment (engl. Umgebung): gestaltete und betretbare Räume; häufig sind Objekte oder Figuren verschiedener Kunstgattungen, ggf. auch der Betrachter mit einbezogen.

▸Kinetik (griech.): bewegliche Objekte, die oft durch Elektromotoren angetrieben werden; häufig wird auch Lichtprojektion oder Spiegelung einbezogen.

▸Op Art: Kunstströmung seit den fünfziger Jahren, die sich mit den Phänomenen Licht und Farbe beschäftigte (optical art). Neben einer statischen Op-Art, die durch Farben und Formen Scheinbewegungen und Scheinräumlichkeit erzeugte, arbeitete die kinetische Richtung mit Lichtspiegelungen und -maschinen.

▸Assemblage (franz. Zusammenfügung): Einbringen dreidimensionaler Gegenstände in ein Bild

Dan Flavin: Untitled (to SM), 1969. Rotes, gelbes, rosa und blaues fluoreszierendes Licht, 289 x 244 x 1954 cm.

Daniel Spoerri: Kichkas Frühstück, 1960. Assemblage (Fallenbild), 37 x 69 x 64 cm. New York, Museum of Modern Art

Christo und Jeanne-Claude: Projekt „Verhüllter Reichstag“, 1995. Silberglänzendes Gewebe, Seile und Gerüste

Josef Beuys bei der Aktion „Wie man dem toten Hasen die Bilder erklärt“, 1964. Hase, Honig, Blattgold. Fotografie

Pop Art

Seit dem Ende der fünfziger Jahre formierte sich in Amerika und England eine künstlerische Gegenbewegung zu den vorherrschenden abstrakten Tendenzen. Amerikanische Künstler wie Robert Rauschenberg (*1925) oder Jasper Johns (*1930) formulierten in diesem Prozess bereits früh ihre Positionen.
Anfang der sechziger Jahre setzten sich die jungen Künstler der Pop Art – Amerikaner wie **Andy Warhol** (1930–1987) oder Claes Oldenburg (*1929), Briten wie Peter Blake (*1932) oder David Hockney (*1937) – erfolgreich vor allem beim jugendlichen Publikum durch. Sie griffen das neue, in Amerika entstandene Lebensgefühl einer optimistischen und modernen Konsumgesellschaft auf.

Die Massenmedien hatten das Publikum empfänglich gemacht für triviale Bildformen und -inhalte (wie den Kitsch, den Jugend- und Starkult). Die allgegenwärtige Werbung sorgte für eine in der ganzen westlichen Welt vergleichbare Orientierung an den Verlockungen der Reklame- und Konsumwelt. Ein freier Umgang mit der Sexualität sprengte alte Tabus und machte den nackten Körper zum Klischee und zum Teil der Konsuminteressen; **Tom Wesselmann** (*1931) greift in seinen Werken diesen Aspekt auf.

Der britische Pionier der Pop Art, Richard Hamilton (*1922), fasste bereits 1957 wichtige Eigenschaften der noch jungen Kunstrichtung in einer Liste zusammen:

■ *Pop Art ist:*
Populär (für ein Massenpublikum bestimmt)
Vergänglich (kurzfristige Lösung)
Zum Verbrauch (schnell vergessen)
Nicht aufwändig
Massengefertigt
Jung (auf die Jugend zugeschnitten)
Witzig
Sexy
Trickreich
Glamourös
Das große Geschäft
....

zit. nach Marco Livingstone, S. 163

Die Pop Art ist nicht durch einen verbindlichen Stil, sondern durch ihre Hinwendung zu den Phänomenen der modernen Massen- und Mediengesellschaft gekennzeichnet. So leitet sich der Begriff Pop vom englischen Wort „popular“ (populär, beliebt) ab und macht den Bezug zur Alltagskultur deutlich, zur „Welt des Steh-Imbisses, des Supermarktes, des Discount-Centers“. (Allan Kaprow, 1965) Eine andere, lautmalende Bedeutung des Wortes als „Knall“ zeigt, dass sich in der künstlerischen Haltung auch Ironie und Distanz verbergen können.

In der Pop Art verschwindet die Aura der Einzigartigkeit eines Kunstwerkes. Die Künstler verzichten bei der Malweise der Bilder auf die persönliche Handschrift; sie sind plakativ-großflächig angelegt, Lithographien oder Siebdrucke sind wie billige Werbung oder Comics in einem industriellen, bewusst technisch eher unzulänglich ausgeführtem Vervielfältigungsverfahren hergestellt. **Roy Lichtenstein** (1923–1997) imitierte in seiner Malerei sogar die Rasterpunkte einfacher Drucke.
Als Motive tauchen international bekannte Markenzeichen oder Firmennamen auf. Die alte Kluft zwischen Kunst und Alltagswirklichkeit schien überwunden, das Publikum erkannte in den Bildern die ‣Ikonen seiner alltäglichen Warenwelt wieder. Die Künstler ihrerseits aber verweigerten eine ablesbare emotionale Stellungnahme zum Abgebildeten – Kritik blieb dem Betrachter überlassen.

Der Pop Art nahe stehend sind die Gipsfiguren von George Segal (1924–2000), die die Vereinsamung des Großstädters zum Thema machten, und die gesellschaftskritischen ‣Environments von Edward Kienholz (1927–1994). Auch im kontinentalen Europa gab es in den sechziger Jahren Künstler, deren Werk man der Pop Art zurechnet. Am populärsten ist wohl die Französin **Niki de Saint Phalle** (1930–2002) mit ihren dickleibigen, bunt bemalten Frauenfiguren, den **Nanas.** Mitte der siebziger Jahre schließlich klang die Pop Art in Europa und Amerika allmählich aus.

‣**Ikone** (griech. eikon Bild): hier: (maßgebliches) Kultbild; ursprünglich bewegliches Kultbild der Ostkirche, dem wundertätige Kraft zugeschrieben wird (s. S. 40)

‣**Environment:** s. S. 340

Andy Warhol: Campbells Suppendosen I, 1968.
Serigrafie. Aachen, Neue Galerie – Sammlung Ludwig

Tom Wesselmann: Großer Amerikanischer Akt Nr. 98, 1967. Fünf Leinwände in der Ebene hintereinander aufgestellt, 250 x 380 x 130 cm. Köln, Museum Ludwig

Roy Lichtenstein: Okay, Hot Shot, 1963. Öl und Magna auf Leinwand, 203 x 173 cm. Turin, Privatbesitz

Niki de Saint Phalle: Schwarze Nana, 1968/69. Polyester bemalt, 293 x 200 x 120 cm. Köln, Museum Ludwig

Neue Dimensionen der Plastik

Mit der Ausdehnung des dreidimensionalen Gestaltens auf die Landschaft erhielt die Kunst in den siebziger Jahren neue Aktionsfelder und Abmessungen. Die Künstler der Land Art suchten entlegene, oft von ▸Mythen besetzte Landstriche auf, um dort Veränderungen vorzunehmen. So baute der Amerikaner **Michael Heizer** (*1945) in der Wüste von Nevada mehrere Komplexe aus riesigen Erdanhäufungen und Vertiefungen, die an die kultischen Zentren altamerikanischer Kulturen (s. S. 16) erinnern. Walter De Maria (*1935) installierte auf der Hochebene von Neu-Mexiko ein „Blitzfeld" („Lightning Field", 1971–1977) aus 400 mehrere Meter hohen Edelstahlmasten; Robert Smithson (1938–1973) baute 1970 eine Erdspirale in den Großen Salzsee in Utah. In kleinerem Maßstab arbeitet der Engländer Richard Long (*1945), der aus charakteristischen Steinen so genannte „Steinkreise" auslegt, die an die Tradition keltischer Kultstätten anknüpfen.

Mit Erde oder einfachen Materialien wie Stein, Eisen, Kohle, Glas oder Reisigbündeln arbeiteten auch die Künstler der italienischen „arte povera" (arme Kunst) seit den späten sechziger Jahren. Der Name weist auf die Kargheit und Einfachheit der Materialien hin. Der Mailänder **Mario Merz** (1925–2003) kombiniert Iglus aus verschiedenen Materialien wie Glas, Steinplatten oder Tonklumpen mit Reisigbüscheln oder mit Zahlenreihen aus beleuchteten Neonröhren. Die Zahlen entstammen der so genannten ▸Fibonacci-Reihe, nach deren Regel sich viele Wachstumsprozesse in der Natur abspielen. Merz nimmt mit seinen Bauten Bezug auf das Thema Schutz und Zuflucht. Zu den Künstlern der „arte povera" zählen auch der Grieche Jannis Kounellis (*1936) und der Italiener Giulio Paolini (*1940).

In den Dimensionen des Schiffbaus arbeitet der ▸Konzeptkünstler **Richard Serra** (*1939). Aus Corten-Stahl, einer Stahlsorte, die im Schiffbau verwendet wird, stellt er seine schwergewichtigen Plastiken her, die häufig Räume sperren oder Wege oder Plätze eingrenzen. So besteht die turmartige Plastik **„Terminal"** aus vier etwa 12 m hohen Platten, die oben in den Berührungspunkten miteinander verbunden sind. Im Inneren bietet sich dem Betrachter ein Blick in den Himmel, der von einem exakten Quadrat eingegrenzt ist. Häufig ließ es der Künstler beim Gegeneinanderlehnen der tonnenschweren Platten einer Plastik, die durch ihr ungeheures Gewicht das Ganze stabil halten. Der Betrachter ist so gezwungen, sich der physischen Bedrohung durch die Schwere der Plastik auszusetzen, der Gefahr standzuhalten. Neben Serra arbeiteten vor allem die amerikanischen Künstler Donald Judd (1928–1994), Dan Flavin (1933–1997) und Sol LeWitt (*1928; s. S. 396) mit Konzepten.

Anne und Patrick Poirier (beide *1942) verstehen sich als Spurensicherer, die nicht exakt mit den wissenschaftlichen Mitteln des Archäologen arbeiten, sondern in Modellen und Abreibungen oder ▸Moulagen und Gipsabgüssen von antiken Plastiken und Gebäuden deren Ausstrahlung deutlich machen. In Ensembles erzeugen sie aus den Bruchstücken von Plastiken mit mythologischen Namen oder Säulen aus Säulentrommeln in Edelstahl im Zitat antiker Formen eine eigenartige Präsenz auf neuzeitlichen Plätzen.

Andere Künstler dieser Richtung sind der Amerikaner Charles Simonds (*1945), der Miniaturmodelle von fiktiven historischen Siedlungen aus Tonsteinen baut, oder Christian Boltansky (*1944), der durch Fotos von im Dritten Reich Deportierten die Erinnerung an sie wachhält. In Deutschland sammelt und präsentiert der Künstler Nikolaus Lang (*1941) Fundstücke, um Zusammenhänge, wie z. B. das Leben eines Geschwisterpaares, zu rekonstruieren.

▸**Mythen**: Lehre von (antiken) Göttern, Heroen und Geistern („Sagengeschichten")

▸**Fibonacci-Reihe:** mathematische Zahlenreihe, bei der die Summe zweier Zahlen die nächsthöhere Zahl ergeben (1; 1; 2; 3; 5; 8 usw.). Diese Zahlenreihe, die nach dem italienischen Mathematiker Leonardo von Pisa, gen. Fibonacci (um 1180 – um 1250) benannt ist, beschreibt viele Wachstumsprozesse in der Natur.

▸**Konzeptkunst, Concept Art:** In der Konzeptkunst steht das Konzept, die Idee des Künstlers im Vordergrund. Die Verwirklichung in einem konkreten Material ist dabei zweitrangig und wird oft vom Künstler an handwerkliche oder industrielle Unternehmen delegiert.

▸**Moulage** (franz. Abguss): Abdruck von ortsfesten Kunstwerken durch feuchte Papierbogen

Michael Heizer: Komplex 2, Beginn: 1980. Höhe 20 m, Länge 400 m. Nevada

Mario Merz: Installation, bestehend aus einem Doppel-Iglu aus Glasscheiben und organischen Materialien von 1979 und ein „Wachstum ohne Ende" betiteltes Bild mit Neonzahlen in der Fibonacci-Reihe (275 x 483 cm) von 1984

Richard Serra: Terminal, 1976/77. Stahl, vier Platten, Höhe 12,3 m. Bochum

Anne und Patrick Poirier: Oculus Historiae, 1990. Edelstahlsäule mit Buch, Höhe 7 m. Teilansicht des Ensembles. München, vor dem Stadtarchiv

Figurative Malerei und Fotorealismus

Die Darstellung des Menschen war seit der Renaissance das zentrale Thema der abendländischen Malerei. Nun erlebte nach dem Zweiten Weltkrieg die nichtgegenständliche Malerei einen Höhepunkt in den Vereinigten Staaten wie auch in Europa. Das Interesse an der menschlichen Figur wurde von vielen Künstlern und Experten als unzeitgemäß betrachtet. Der französische Maler Georges Mathieu sprach von „fatalen Bindungen der figurativen Malerei". Doch folgten einzelne Maler und Bildhauer diesem neuen Trend nicht und wandten sich der figurativen Kunst zu. In Deutschland gab es nach einer Zeit der staatlich verordneten Kunst figürlich arbeitende Künstler, die ihr früheres Werk unter den neuen politischen Bedingungen fortsetzten.

Die Bandbreite der Ausdrucksformen reicht von einer sich mehr am äußeren Erscheinungsbild orientierenden über eine charakterisierende und psychologisierende Richtung bis hin zu jenen Künstlern, die den Menschen als gequältes Opfer, als fremdgesteuerte Marionette oder roboterähnliches Wesen sehen.

Der englische Maler **Francis Bacon** (1909–1992) beschäftigte sich fast ausschließlich mit der Darstellung des gequälten Menschen, den er in schwer definierbare Räume, in Glaskästen oder vor flächig angelegte Hintergründe setzte. Bacon griff dabei häufig die Form dreiteiliger mittelalterlicher Altäre, so genannter Triptychen auf. Seine „Kreuzigung" aus dem Jahre 1962 zeigt aber keinen Christus am Kreuz. Wie in einem Guckkasten blickt der Betrachter auf deformierte Wesen und menschliche Fleischklumpen, die das Aussehen von Verwesendem oder Kadavern haben. Bacons Absicht war es, die von ihm als brutal empfundene Welt in übersteigerter Form zu zeigen.

In den fünfziger Jahren entwickelte der zurückgezogen lebende Brite **Lucian Freud** (*1922) seinen vehementen Malstil. Seine Bilder von Menschen malte er mit breiten Borstenpinseln und Bürsten und schönte dabei die von ihm Dargestellten nicht.

▸**pastos** (ital. pasta Teig): dickflüssiger Farbauftrag

■ *Wie mit dem Vergrößerungsglas rückt er an seine Modelle heran, legt gnadenlos körperliche Mängel und Deformationen bloß. Mit ▸pastosem Farbauftrag knetet er die Muskeln unter der Haut heraus, bildet mit Adern, Muskelsträngen und Fleischwülsten eine mit Rot und Grün durchsetzte Kraterlandschaft. Die Gefühle, die Ausdruckskraft seiner Modelle, die sich dem Maler auszuliefern scheinen, erforscht er in ihren Körpern.*

Heidi Bürklin, S. 124

Als eigenwillige Malerin gilt die Österreicherin **Maria Lassnig** (*1919), deren Werk größtenteils aus Selbstbildnissen besteht. In einer Serie zeigt sie sich mit Tieren, die ihr als Mittler zwischen dem Selbst und der Natur erscheinen. Sie malt

■ *[...] nicht das, was sie sieht, sondern das, was ihr Körper fühlt. Sie fühlt in sich den unabhängigen Drang zu fliegen, jedoch zugleich die Schwere des eigenen Körpers. [...] Sie selbst bescheinigte sich einen „gewissen Hang, das Unmögliche zu wollen". Nach eigenen Aussagen war sie ausgestattet mit einer übergroßen Sensibilität der Sinnesorgane, des Gehörs, Geruchssinns, der „Sitz- und Liegeempfindlichkeit". Sie stellte sich die Aufgabe, diese Empfindungen in Bildern sichtbar zu machen.*

Wieland Schmied, S. 1116

Von einem anderen Ansatz ging der amerikanische Künstler **Chuck Close** (*1940) aus. Beim überdimensionalen Porträt eines Freundes arbeitete er minutiös nach Fotografien, die er auf die Leinwand projizierte und dabei auch die Unschärfen der Vorlage übernahm. So entstand eines seiner typischen Porträts, bei dem Narben, Poren oder einzelne Barthaare der Dargestellten überdeutlich zu erkennen sind.

Dem Fotorealismus sind in der Plastik die Situationsstudien von Duane Hanson (1925–1996; s. S. 380) vergleichbar. Anderen Ansätzen figürlicher Malerei begegnen wir u. a. bei Malern wie Gerhard Richter (*1932; s. S. 384) oder Georg Baselitz (*1938; s. S. 370).

Francis Bacon: Studie nach dem Porträt Papst Innozenz' X. von Velazquez, 1953. Öl auf Leinwand, 153 x 118 cm. Des Moines, Art Center

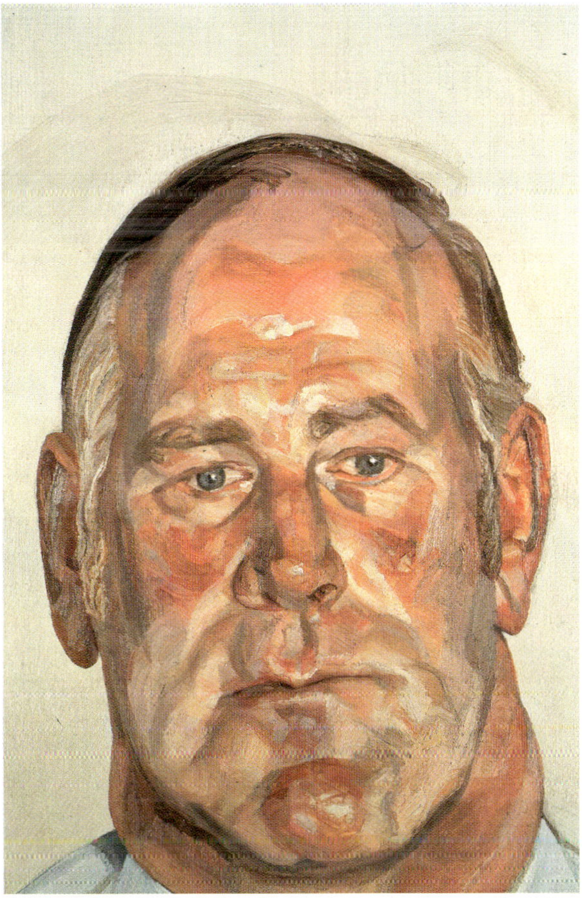

Lucian Freud: Kopf eines dicken Mannes, 1975. 41 x 27 cm.

Maria Lassnig: Fliegen lernen, 1976. Öl auf Leinwand, 177,5 x 127 cm. Wien, Stiftung Ludwig

Chuck Close: Richard, 1969. Acryl auf Leinwand, 274 x 213 cm. Aachen, Neue Galerie – Sammlung Ludwig

Realismus in beiden Teilen Deutschlands

Die politischen und gesellschaftlichen Entwicklungen in den beiden deutschen Staaten nach dem Zweiten Weltkrieg spiegeln sich deutlich in der Architektur und der bildenden Kunst wider. Der von offizieller Seite in der DDR proklamierte sozialistische Realismus zeitigte systemstützende Werke an öffentlichen Gebäuden wie auch in der Plastik, der Malerei und der Graphik. Ziel war es, den Sieg des Sozialismus und der Arbeiterklasse bildhaft und verständlich zum Ausdruck zu bringen. Die künstlerische Qualität derartiger propagandistischer Auftragskunst blieb dabei häufig auf der Strecke.
Erst im Zuge einer allmählichen Lockerung der Vorgaben in den frühen sechziger Jahren regten sich Kräfte, die bereit waren, oft in verschlüsselter Form auf Konflikte oder Widersprüche in der Gesellschaft einzugehen. So äußerte **Wolfgang Mattheuer** (1927–2004) seine versteckte Systemkritik, indem er Mythen oder Geschichte neu interpretierte und auf Beispiele aus der Kunst zurückgriff.
Nach mehrjähriger Arbeit schloss **Werner Tübke** (1929–2004) sein monumentales **„Bauernkriegs-Panorama"** 1987 an historischer Stätte in Bad Frankenhausen ab. In einem eigens für diesen Zweck gebauten Rundbau stellte er auf einer 14 m hohen und 123 m langen Leinwand sowohl historische Geschehnisse als auch in symbolhafter Form die Ereignisse des ▸Bauernkriegs um das Jahr 1525 dar und bezieht sich dabei in Bildzitaten auf die deutsche Renaissancemalerei.

Die Entwicklung der Kunst in der Bundesrepublik Deutschland verlief anders als in der DDR. Zu Beginn der fünfziger Jahre gab es ein großes Aufatmen und ein Genießen der neuen Freiheit, eine vom Staat unbeeinflusste Kunst produzieren zu können. Die informelle oder abstrakte Kunst erlangte schon bald eine Anerkennung, die über die Kunstszene hinaus auch im Design und in der Mode zu beobachten war. Die gegenständliche Kunst blieb eine Randerscheinung. Erst in den späten sechziger Jahren entwickelte sich im Zusammenhang mit den Studentenprotesten und einer antiautoritären Bewegung eine Kunst, die das gesellschaftliche System der Bundesrepublik wie auch die Politik des Westens in Frage stellte. Systemkritik stand auf den Fahnen der sich auch politisch engagierenden Künstler. Der Krieg der Vereinigten Staaten in Vietnam und die fehlende Aufarbeitung der nationalsozialistischen Verbrechen waren ebenso Thema wie die im eigenen Land beklagten Missstände. Die mediale Überflutung etwa reizte die Künstler zu allgemein verständlichen, mitunter plakativen Werken. Kritik an den gesellschaftlichen Verhältnissen, teils mit den Mitteln der Provokation vorgetragen, kennzeichnet diese Richtung, die sich als kritischer Realismus verstand (und auch in anderen westlichen Ländern zu beobachten war).

Um eine große Verbreitung seiner Werke zu erreichen, entschied sich der Rechtsanwalt und Politkünstler **Klaus Staeck** (*1938), keine Einzelstücke, sondern Plakate, Aufkleber, Ansichtskarten oder Schaubilder herzustellen. Anlässlich der großen Dürer-Gedächtnisausstellung im Jahre 1971 versah er die vergrößerte Kohlezeichnung der Mutter des Künstlers mit einem Slogan, um auf das Problem der Ausgrenzung von alten Menschen hinzuweisen. In einer groß angelegten Aktion ließ er die Plakate an Litfasssäulen und Plakatwände kleben.
Wolf Vostell (1932–1998) kombinierte in seinem in Mischtechnik hergestellten großformatigen Bild „Miss America" die damals im Fernsehen gezeigte öffentliche Erschießung eines Menschen mit einem Modefoto, den Linien einer Wetterkarte und Bruchstücken eines lyrischen Textes. Das Bild ähnelt einer Nachrichtensendung im Fernsehen, in der Brutales, Fröhliches und Informatives in bunter Form dem Zuschauer präsentiert werden, die einzelnen Informationen sich aber vermischen und so an spezifischer Bedeutung verlieren.
Eine andere Spielart der kritischen Auseinandersetzung mit der Gesellschaft wählte **Johannes Grützke** (*1937). Er griff alltägliche Situationen auf, steigerte sie zu theatralischen Handlungen und mokierte sich auf diese Weise über das Rollenverhalten der Menschen.

▸**Bauernkrieg:** Erhebung der Bauern in Mittel- und Süddeutschland 1524–1526 gegen die spätmittelalterliche feudale Ordnung

Oben:
Wolfgang Mattheuer: Die Flucht des Sisyphos, 1972.
Öl auf Hartfaserplatte, 96 x 116 cm.
Dresden, Staatliche Kunstsammlung

Rechts:
Werner Tübke: Weihnachtsnacht 1524, 1983–87.
Öl auf Leinwand, 750 x 590 cm. Ausschnitt aus dem Bauernkriegspanorama, Bad Frankenhausen

Klaus Staeck: „Würden Sie dieser Frau ein Zimmer vermieten?“ Plakataktion, Nürnberg 1971

Johannes Grützke: Porträt Walter Ulbricht, 1970.
Öl auf Leinwand, 160 x 190 cm. Köln, Privatbesitz

Wolf Vostell: Miss America, 1968. Leinwandfoto, Verwischung und Lasurfarbe, Siebdruck, Leinwand, 200 x 120 cm. Köln, Wallraf-Richartz-Museum

Postmoderne

In der Postmoderne, im letzten Viertel des 20. Jahrhunderts, wandten sich die Architekten von der oft gleichförmigen Funktionalität modernen Bauens ab. Man distanzierte sich von den Leitbildern der Moderne, davon, „dass Wohnhochhäuser wie Bürogebäude aussehen" (Charles Jencks, 1978), und entdeckte den spielerischen, oft ironischen Umgang mit Zitaten aus der vormodernen Tradition. Historische Stilelemente hielten wieder Einzug in die Baukunst, allerdings sind diese den Gebäuden häufig nur als Fassaden vorgeblendet und im Sinne der abstrahierenden Formensprache der Moderne stilisiert und vereinfacht. So wird deutlich, dass die Postmoderne als Gegenbewegung aus der Moderne hervorging – zentrale Vertreter der Postmoderne waren einst Verfechter der Moderne wie die Architekten James Stirling (1926–1992; s. S. 446), Michael Graves (*1934) oder Hans Hollein (*1934).

Der Amerikaner **Charles Moore** (1925–1994) gab seiner **„Piazza d'Italia"** einen fiktiven Charakter, indem er auf einem Platz inmitten zweckbestimmter Gebäude Formen antik-römischer Bauten auftauchen ließ und zur Kulissenarchitektur zusammenwürfelte. Er kombinierte Elemente traditioneller Baukunst mit modernen Materialien wie Stahl und Beton; nachts beleuchtet Neonlicht die Piazza. So schuf Moore eine schrille, erlebnishafte Atmosphäre und betonte zugleich den künstlichen Charakter seiner Architektur: Diese Triumphbögen führen nirgendwo hin, sie scheinen im Boden zu versinken. Die ironische Brechung vermittelt die Erkenntnis, dass etwas nur vorgetäuscht wird („form follows fiction", Charles Jencks) – ein zentrales Kennzeichen der künstlerischen Haltung in der Postmoderne.
Die Vorliebe für das augenzwinkernde Zitat oder den Bildwitz lässt sich auch in der Fotografie nachweisen, die in der Kunst der achtziger und neunziger Jahre eine führende Rolle einnahm. Die Amerikanerin Cindy Sherman (*1954; s. S. 418) etwa zeigt immer wieder sich selbst in wechselnden Kostümierungen und spielt dabei auf Motive der Filmwelt oder der Bildnismalerei an. Der Kanadier Jeff Wall (*1946; s. S. 416) arrangiert Szenen auf riesigen Dia-Leuchtkästen; auch er bezieht sich auf Vorbilder aus Gemälden vergangener Zeiten – für den Betrachter jedoch wirken die Fotografien wie zufällige Momentaufnahmen. Ein weiteres Medium, das Video, erlebte seine Durchsetzung als eigenständige Kunstform durch Künstler wie Bill Viola (*1951; s. S. 414).

Die Postmoderne schloss an eine Entwicklung der Pop Art an, den Einzug des Trivialen in die Kunst. Keith Haring (1958–1990) aus der Graffiti-Szene New Yorks machte Strichmännchen zu seinem Markenzeichen, die in ihrer Reduziertheit an Darstellungen aus der Steinzeit erinnern. Sein Landsmann **Jeff Koons** (*1955) erhebt effektvoll provozierend Kitsch in den Rang von Kunst, ohne sich auf eine Rolle als Bildhauer, Maler oder Objektkünstler festlegen zu lassen. „Meine Kunst will sich so einfach wie möglich geben, sodass sie die Öffentlichkeit ungehindert wahrnehmen kann, sie als Muße genießen kann." (Jeff Koons, 1988)

Die Postmoderne sieht grundsätzlich verschiedene Positionen nicht als unversöhnliche Gegensätze, sondern als gleichwertige Ansätze. So kam es in der deutschen Kunst zu einer Wiederbelebung der expressiven Malerei mit großen Leinwänden und heftigem Pinselgestus durch Maler wie Markus Lüpertz (*1941), Georg Baselitz (*1938; beide s. S. 370) und Anselm Kiefer (*1945; s. S. 410), der Probleme der deutschen Identität zum Thema macht. Ebenso ließen sich in der Bildhauerei Rückgriffe auf scheinbar Vergangenes feststellen, so die Rückkehr zu traditionellen Techniken und figürlichen Darstellungen etwa bei **Stephan Balkenhol** (*1957).
Der deutsche Künstler **Sigmar Polke** (*1942) hingegen gilt als Meister des versteckten Zitats. Immer wieder wagt er maltechnische Experimente in der Zusammenstellung von Farben, Lacken, ▸Emulsionen und Drucktechniken, während Gerhard Richter (*1932; s. S. 384) gleichzeitig abstrakte und figürliche Werkgruppen zeigt und ebenso wie Polke unterschiedliche Möglichkeiten von Malerei auslotet.

▸**Emulsion** (lat.): Verbindung von zwei nicht oder nur teilweise mischbaren Flüssigkeiten, z. B. Wasser-in-Öl-Emulsion, von denen die eine in der anderen fein verteilt ist

Charles Moore: Piazza d'Italia, 1977–1978. New Orleans

Jeff Koons: Gestapelt, 1988. Bemaltes Holz 155 x 135 x 79 cm. Schweiz, F. Roos Collection

Stephan Balkenhol: Dreiergruppe, 1985. Buche, je 150 cm.

Sigmar Polke: The Copyist, 1982. Dispersion und Lack auf Leinwand, 260 x 200 cm. London, Saatchi Collection

Aufbruch in ein neues Jahrtausend – Die aktuelle Kunstszene

Parallel zur Postmoderne entwickelte sich in der Architektur des letzten Jahrhundertviertels der Dekonstruktivismus. Seine Bezeichnung leitet sich vom russischen ▸Konstruktivismus der frühen Moderne her, doch werden die abstrakt-konstruktiven Formen am Ende des 20. Jahrhunderts ins Extreme getrieben und nach scheinbar chaotischen Prinzipien eingesetzt. Bauten wie die des Architektenteams Coop Himmelb(l)au (Wolf D. Prix, *1942 und Helmut Swiczinsky, *1944) zeigen statt herkömmlich verkleideter Fassade ein Skelett aus Röhren, Trägern oder verspannenden Elementen.
Unter dem Schlagwort „form follows fantasy" (Bernhard Tschumi) stellen die dekonstruktivistischen Architekten die Auffassung von einem Gebäude als einem starren Gehäuse in Frage. Ganze Bauwerke oder einzelne Teile scheinen sich entgegen den Gesetzen der Schwerkraft und der Statik zu verbiegen und verleihen der Architektur den Charakter des Instabilen, des Schwebenden. Symmetrien werden bewusst vermieden, Rundungen wechseln abrupt mit scharfkantigen Ecken. Der Gesamteindruck gleicht häufig dem einer Skulptur mit verschiedenen Ansichten und sichtbar gewordenen Kräften.
Der international bekannteste Architekt des Dekonstruktivismus ist der Amerikaner **Frank O. Gehry** (*1929). Er entwirft mit seinem Team Bauten am Computer; die komplizierten statischen Berechnungen wären ohne den Einsatz modernster Technik gar nicht denkbar. Bei einem Geschäftshaus in Prag gestaltete er einen gläsernen und einen steinernen Turm, die sich wie ein tanzendes Paar aneinander schmiegen. So erhielt das Gebäude den Namen **„Ginger and Fred"** nach dem bekanntesten Tanzpaar Hollywoods, Ginger Rogers und Fred Astaire.

Die bildende Kunst der jüngsten Vergangenheit und Gegenwart bedient sich neuer Medien, ohne dass klassische Kunstgattungen wie Malerei oder Plastik ganz zurückgedrängt würden. So lässt sich an der Wende vom alten zum neuen Jahrtausend kein eindeutiger Trend bestimmen – in der Vielfalt der technischen Möglichkeiten und der künstlerischen Strömungen liegt ein zentrales Kennzeichen der Kunst unserer Zeit.
Aufregungen verursachten in den letzten Jahren des 20. Jahrhunderts junge englische Künstler wie **Damian Hirst** (*1965). Er stellte in Formalin eingelegte Tierkadaver aus und konfrontierte die Betrachter mit Aspekten des Todes, die aus dem modernen Alltag verdrängt sind.

Die Holzskulptur erlebte durch Künstler wie den Japaner **Katsura Funakoshi** (*1951) eine Renaissance. Seine bemalten Holzfiguren erweisen sich in der naturalistischen Gestaltung der Köpfe mit ihren eingelegten Augen aus Marmor als intensives und magisch anziehendes Gegenüber.
Mariko Mori (*1967) aus Tokio verbindet ▸Performance und Medienkunst. Sie zeigt auf inszenierten, monumentalen Farbfotos sich selbst in utopischen Maskeraden und Szenarien und sieht ihre Arbeiten als Teil einer futuristischen Vision: „Ich hoffe, dass wir im kommenden 21. Jahrhundert, einer neuen Ära, wenn eine Stadt im All Realität werden wird, alle nationalen Grenzen transzendieren und das Bewusstsein teilen werden, globale Wesen und Lebensformen zu sein." (Mariko Mori, 1997)

Der Künstler Gerhard Merz (*1947) stellte 1989 seine Zukunftsvision vor:

■ *Das wäre genau der Traum von mir, dass es jetzt die unglaubliche Chance gibt, all diese Formen agnostisch [hier: vorurteilsfrei] zu sehen. Eben nicht Kunst dazu zu benutzen, um sich auszudrücken oder therapieren zu wollen, sondern zu erkennen, dass Kunst unfrei ist. Der Kunst dienen zu wollen, indem man ihr als Form zum schönsten Erscheinen verhilft. Zum gelungensten. Und dass damit Kunst das absolute Ideal und die absolute Reinheit des Denkens repräsentiert, das wäre mein Traum. Dadurch hätte sie nichts mehr mit dem Leben zu tun, sondern lieferte den Beweis, dass ein Mensch imstande ist, ideale Figurationen zu denken, ohne dass er was davon hat.*

Gerhard Merz, S. 32

▸**Konstruktivismus:** Gruppe russischer Künstlerinnen und Künstler, die ab 1917 eine neue Wirklichkeit konstruieren wollten. Sie verwendeten die Mittel der Kubisten und Futuristen für ihre dynamischen Bilder und Plastiken. Der Einfluss ihrer Ideen reicht im Dekonstruktivismus (s. S. 448) bis in die neueste Zeit (s. S. 318, 326). In erweiterter Bedeutung meint der Begriff eine Kunstrichtung, die mit geometrisch-abstrakten Formen arbeitet.

▸**Performance** (engl.): Form der Aktionskunst seit den 1970er Jahren, die der Künstler meist allein vor dem Publikum „aufführt"

Frank O. Gehry: „Ginger and Fred". Nationale Nederlanden Building, Prag, 1992–1996

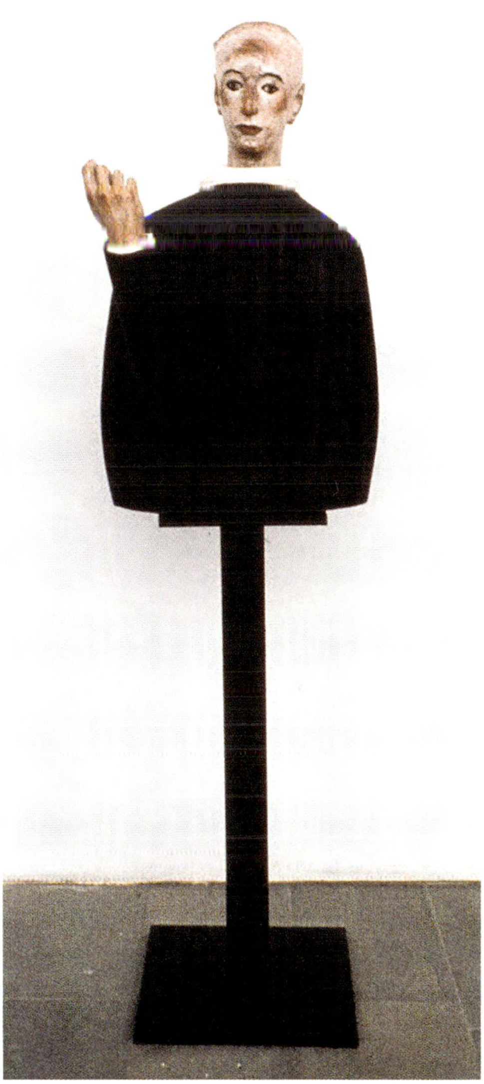

Katsura Funakoshi: Schwarzer Berg, 1994. Bemaltes Holz.

Damian Hirst: Der Ausreißer, 1994. Stahl, Glas, Lamm, Formaldehydlösung, 96 x 149 x 51 cm

Mariko Mori: Last departure, 1996. Cibachrome-Druck, Aluminium, Holz, 213 x 366 x 8 cm.

Expressive Tendenzen

Ernst Ludwig Kirchner: Potsdamer Platz

Ernst Ludwig Kirchner: Potsdamer Platz. Bleistift, 20,6 x 16 cm. Kassel, Staatliche Museen

Ernst Ludwig Kirchner: Frauen am Potsdamer Platz, 1914. Holzschnitt

Ernst Ludwig Kirchner (1880–1938), einer der bedeutendsten deutschen Expressionisten, war Zeichner, Graphiker, Maler und Bildhauer. Kirchner war Gründungsmitglied der Künstlergruppe „Brücke" und hinterließ neben seinem theoretischen Schrifttum zur Kunst einen der umfangreichsten Künstler-Briefwechsel, den die Kunstgeschichte kennt. 1911 siedelte er von Dresden nach Berlin über. Er berauschte sich am Rhythmus der Großstadt und an der Fülle von Sinneseindrücken, die ihm in der hektischen Metropole entgegenschlug; besonders faszinierte ihn das Nachtleben.

Von 1913 bis 1915 beherrschten Straßenszenen aus der Großstadt Kirchners bildnerisches Schaffen. Er zeichnete, druckte und malte die anonymen, drängenden Massen. Zum zentralen Motiv wurden die aufgeputzten Kokotten (Dirnen), die zum alltäglichen Straßenbild gehörten und nach Kundschaft Ausschau hielten. Auf vielen von Kirchners Straßenszenen wenden sie sich auffordernd den Männern zu, doch kehren diese sich zumeist verlegen von der selbstbewussten Sexualität der Frauen ab. Der Betrachter sollte ihnen jedoch auf Kirchners Bild in die Augen schauen.

Die Kokotten bleiben anonym, häufig erscheinen sie als isolierte Figuren – die Darstellung ihrer Individualität war Kirchner unwichtig. Die Straße wurde ihm zum allgemeinen Spiegelbild der menschlichen Psyche: „Wie die Kokotten, die ich male, ist man jetzt selbst. Hingewischt, beim nächsten Mal weg ..." (Kirchner, 1916)

„Kirchner zeichnet, wie andere Menschen schreiben." (Kirchner, 1920) In einem Gerüst aus dynamischen, rasch hingeworfenen Linien suchte er bei seinen Skizzen mit dem Stift die Bahnen der Menschen in den Straßen, das Grundgerüst ihrer Körper und Bewegungen sichtbar zu machen. Ein vibrierender, hektischer Strich will spontan die Figur festhalten, Schraffuren setzen vereinzelte Akzente.

Zwischen den vorbereitenden Zeichnungen, Studien im Atelier nach Modellen und der endgültigen Ausführung als Gemälde stand bei Kirchner in den Berliner Jahren oft die klärende Version in der Druckgraphik, vor allem als ‣Holzschnitt, aber auch als ‣Radierung oder ‣Lithographie. Bei der Umsetzung fügten sich die Skizzen zu einem Bild zusammen, und die Einzelformen vereinigten sich zur großen Komposition.

Bei der Arbeit vor der Leinwand trug Kirchner die Farbe großflächig und mit entschlossenen, zum Teil als Schraffur angelegten Pinselstrichen auf. Die Farbskala seiner Bilder beschränkte er in dieser Zeit auf zentrale Farbakkorde: Grün-Ocker, Blau-Rot, Grün-Blau. Grell blitzten die nahezu unvermischten Farben einzelner Partien auf, die sparsam verwendeten Kontraste werden scharf akzentuierend nebeneinander gesetzt.
Die verfestigten, häufig kantigen oder winkligen Konturen wirken durch abrupte Richtungswechsel dynamisch, nicht selten steil aufragend. So erreichte Kirchner in seinen Werken einen geschärften und kompositorisch gesteigerten Ausdruck seines unmittelbaren Erlebens: „Meine Bilder sind Gleichnisse, nicht Abbildungen." (Kirchner, 1931)

Arbeitsanregungen:

1. Beschreiben Sie Kirchners Gestaltungsmittel: Formen, Farbe, Raumdarstellung, Komposition, ...
2. „Beim Gestalten eines Erlebnisses kommt es gewöhnlich so, dass das Werk, das aus der Ekstase des ersten Sehens geboren wird, zwar ein durchaus subjektives wird, aber in seiner Gestaltung meist viel packender und stärker als das erzeugende Erlebnis ist." Wie geht Kirchner mit dem von ihm formulierten Phänomen um?
3. Vergleichen Sie Bilder verschiedener Maler zum Thema „Großstadt" (Otto Dix, s. S. 374; Edward Hopper, s. S. 376, ...).

‣**Holzschnitt:** manuelles Hochdruckverfahren mit einer Holzplatte als Druckstock, aus der alle nicht druckenden Teile herausgeschnitten sind (s. S. 110, 164)

‣**Radierung:** s. S. 166, 246, 358

‣**Lithographie** (griech. lithos Stein, graphein schreiben): Steindruck, bei dem die Zeichnung mit Fettfarbe auf den Stein gebracht und der Stein geätzt wird. Die fetten, nicht geätzten Stellen nehmen beim Einwalzen die Druckfarbe an und geben sie an das Papier ab (s. S. 266).

Ernst Ludwig Kirchner: Potsdamer Platz, 1914. Öl auf Leinwand, 200 x 150 cm. Berlin, Nationalgalerie SMPK

Franz Marc: Springende Pferdchen, 1912. Holzschnitt, 13 x 9 cm. München, Städtische Galerie im Lenbachhaus

Sehnsucht nach Unschuld – Franz Marcs Pferdebilder

Im Werk von **Franz Marc** (1880–1916) nimmt das Motiv des Tieres eine beherrschende Rolle ein: Affen, Tiger, Füchse, Rehe, Kühe, Katzen, Hunde, vor allem aber Pferde. Doch Marcs Ziel war nicht eine herkömmliche, abbildende Tiermalerei. Er sehnte sich nach Ursprünglichkeit und Reinheit. Diese Ziele wollte er künstlerisch über eine Identifikation mit dem Tier und dessen Gefühlen verwirklichen. Er wollte die Welt mit den Augen der unschuldigen Kreatur wahrnehmen, wollte darstellen, wie es sich selbst und die umgebende Natur erlebt. Im Bild des Geschöpfes sollten symbolisch die bewegenden Kräfte des Kosmos sichtbar gemacht werden. Im Pferd etwa sah er Kraft und Schönheit verkörpert, aber auch das ungebundene Leben, frei von Zwängen des Verstandes und der Logik. 1910 erläuterte Franz Marc seinen Ansatz in der Schrift „Über das Tier in der Kunst“:

■ *Meine Ziele liegen nicht in der Linie besonderer Tiermalerei. Ich suche einen guten, reinen und lichten Stil, in dem wenigstens ein Teil dessen, was wir modernen Maler zu sagen haben werden, restlos aufgehen kann. Ich [...] suche mich einzufühlen in das Zittern und Rinnen des Blutes in der Natur, in den Bäumen, in den Tieren, in der Luft [...]. Ich sehe kein glücklicheres Mittel zur „Animalisierung der Kunst“ als das Tierbild.*

Franz Marc, S. 38

In Marcs Werken um 1910 zeigen sich noch Merkmale des Jugendstils, Flächenhaftigkeit und Betonung der schönlinigen ‣Kontur. Die Umrisse in seinen späten Bildern jedoch wirken prismatisch gebrochen, wie durch splittriges Glas gesehen und aufgelöst. So verschränkte er formal Motiv und Umgebung und verschmolz symbolisch Kreatur und Natur zu einer Einheit. Die Farben lösen sich von der Form, werden auf dem Bild in Flächen gruppiert und rhythmisiert. Sie leuchten intensiv auf. Mit den einzelnen Farbwerten verband sich für den Maler eine fassbare Symbolik, suchte er doch „das Geistige in der Kunst“.

■ *Blau ist das männliche Prinzip, herb und geistig. Gelb ist das weibliche Prinzip, sanft, heiter, sinnlich. Rot die Materie; brutal und schwer und stets die Farbe, die von den beiden anderen bekämpft und überwunden werden muss! Mischst du zum Beispiel das ernste geistige Blau mit Rot, dann steigerst du das Blau bis zur unerträglichen Trauer, und das versöhnende Gelb, die ‣Komplementärfarbe zu Violett, wird unerlässlich.*

W. Macke, S. 28

1911 gründete Franz Marc zusammen mit Wassily Kandinsky (s. S. 326) die Künstlergruppe und Redaktion des Almanachs „Der Blaue Reiter“. Schon wenige Jahre später, in seinen letzten Werken, löste er die Gestalt des Tieres in abstrakt stilisierte Formen auf. Seit 1914 malte er auch ungegenständliche Bilder, suchte sich allein in Farben und Formen auszudrücken: „Und vom Tier weg leitete mich mein Instinkt zum Abstrakten, das mich noch mehr erregte.“ (Franz Marc, 1915) Hier zeigen sich Einflüsse Robert Delaunays, des Kubismus und der italienischen Futuristen.

Wie viele andere meldete sich Franz Marc bei Kriegsausbruch 1914 freiwillig. Er lehnte den Materialismus und den Rationalismus der Zivilisation ab und hoffte auf eine Erschütterung des alten Europa. Er vertraute darauf, dass durch ein Blutopfer die Welt rein werde, zeichnete während der Kampfpausen in sein „Skizzenbuch aus dem Felde“. Aber bald nach dem Tod seines Freundes und künstlerischen Weggefährten August Macke erkannte Marc den Krieg als den „gemeinsten Menschenfang, dem wir uns ergeben haben“. 1916 fiel Franz Marc bei Verdun.

Arbeitsanregungen

1. Weisen Sie an Franz Marcs Werken expressionistische Merkmale, aber auch Einflüsse der italienischen Futuristen nach (s. S. 392).
2. Stellen Sie in einem Schema Franz Marcs Theorien über die Farbe dar.

‣**Kontur:** Umrisslinie von Bildgegenständen

‣**Komplementärfarben:** Farben, die sich im Farbkreis gegenüberliegen, z. B. Gelb und Violett

Links:
Franz Marc:
Der Turm der blauen Pferde, 1912/13. Tusche, Deckfarben, 14,3 x 9,4 cm. München, Bayerische Staatsgemäldesammlungen

Rechts:
Franz Marc:
Skizzenbuch aus dem Felde von 1915.
Bleistift, 16 x 9,8 cm. München, Staatliche Graphische Sammlung

Franz Marc: Die kleinen blauen Pferde, 1911. Öl auf Leinwand, 61 x 101 cm. Stuttgart, Staatsgalerie

Selbstbildnisse in der Graphik des deutschen Expressionismus

Seit der Zeit um 1500 war in Deutschland die Druckgraphik nicht mehr zu solcher Blüte gelangt wie im Expressionismus. Noch bevor sich der neue Stil auf den Leinwänden zeigte, kündigte er sich in ▸Holzschnitten, ▸Radierungen oder ▸Lithographien an. Hier suchten die Künstler das Elementare und ihre Emotionen zu einem neuen Ausdruck zu bringen: „Ich weiß […], dass ich die unerklärliche Sehnsucht habe, das zu fassen, was ich sehe und fühle, und dafür den reinsten Ausdruck zu finden [und] dass das Dinge sind, denen ich mit den Mitteln der Kunst nahe kommen kann, aber weder gedanklich noch durch das Wort." (Karl Schmidt-Rottluff)

Für das graphische Schaffen der Künstlergemeinschaft „Brücke" – mit Künstlern wie Ernst-Ludwig Kirchner (S. 320) oder Karl Schmidt-Rottluff – war der Holzschnitt von höchster Bedeutung. Ihr Verlangen nach Befreiung von alten Konventionen und ihr rückhaltloses Bekenntnis zu den eigenen Empfindungen fanden im Holzschnitt das geeignete künstlerische Medium. Seine einfachen Mittel erlaubten den kraftvollen und gesteigerten Ausdruck von Spontaneität. Merkmale sind eine – die Wirkung steigernde – radikale Formvereinfachung und die Deformation der Figur. In langen Zügen angelegte, scharfkantige, teilweise spitz oder eckig gebrochene Linien enden abrupt oder stoßen an flächige Partien. Filigrane Stege werden nicht restlos entfernt, sondern beleben die Flächen und den Kontrast von blendendem Weiß und tiefem Schwarz.

Erich Heckel (1883–1970) war der erste „Brücke"-Künstler, der im Holzschnitt arbeitete und anfangs Einflüsse des Jugendstils (s. S. 286) aufnahm. Häufig verbarg er seine Selbstbildnisse hinter neutralen Titeln wie **„Malerbildnis"**. Er zeigte eine strenge, vergeistigte Klarheit und arbeitete in den Gesichtern die Seelenstimmung heraus.
Für **Käthe Kollwitz** (1867–1945) war die Druckgraphik das bevorzugte Ausdrucksmittel. Die Themen ihrer mitfühlenden Kunst waren „Weberaufstand", „Bauernkrieg", das Elend der Arbeiter, die Schrecken des Krieges, die Verzweiflung leidender Mütter, aber auch immer wieder Selbstbildnisse. Die schweren Momente im Leben enthüllten ihrer Meinung nach das Wesentliche im Menschen. Sie fertigte anfangs vor allem Radierungen mit intensiven Hell-Dunkel-Wirkungen; später bevorzugte sie die Lithographie.
Ludwig Meidner (1884–1966) setzte seit 1912 seine apokalyptischen Visionen in Zeichnungen, Druckgraphiken und Gemälden um. Die Tuschzeichnung **„Weltende/ Apokalypse"** entstand als Vorlage für eines von acht Blättern der Bildmappe „Krieg", die er 1914 als ▸Lichtdrucke veröffentlichte. Sich selbst zeigte der Künstler im Bildvordergrund – die Selbstbildnisse Meidners zählen zu den eindringlichsten des deutschen Expressionismus.
Für **Max Beckmann** (1884–1950) bedeuteten die Erfahrungen des Ersten Weltkrieges eine einschneidende persönliche wie künstlerische Wende. Von 1916 bis 1924 fand er vor allem über die Druckgraphik zum Expressionismus und schuf Radierungen wie „**Selbstbildnis in der Königinbar**". Ein ▸Duktus von kristalliner Härte zieht sich über das Blatt, scharfe Konturen verspannen die Formen gegeneinander, Bündel von parallel gesetzten Schraffuren modellieren die Körper nur ansatzweise. Beckmann stellt sich im Vordergrund als Gast in einem bekannten Berliner Tanzlokal dar. Selbstbildnisse wie dieses nehmen in seinem Werk eine zentrale Rolle ein. Sie waren für ihn Selbsterfahrungsfeld, aber auch Rollenspiel in inszenierten Bildwelten.

Arbeitsanregungen:

1. Kennzeichnen Sie Ausdruck und Wirkung der vier Selbstbildnisse und setzen Sie das jeweils gewählte graphische Verfahren dazu in Bezug.
2. Setzen Sie die Druckgraphiken (oder Details von ihnen) mit geeigneten Mitteln (harter Bleistift, Kohle, Fineliner oder Tuschpinsel) in eine Zeichnung um.
3. Suchen Sie nach historischen Parallelen zu den druckgraphischen Techniken.

▸**Holzschnitt:** manuelles Hochdruckverfahren mit einer Holzplatte als Druckstock, aus der alle nicht druckenden Teile herausgeschnitten sind (s. S. 164)

▸**Radierung** (lat. radere schaben, kratzen): Tiefdruckverfahren, bei dem die druckenden, vertieften Linien in der Kupferplatte durch Ätzen hergestellt werden (s. S. 166, 246)

▸**Lithographie** (griech. lithos Stein, graphein schreiben): Steindruck, bei dem die Zeichnung mit Fettfarbe auf den Stein gebracht und der Stein geätzt wird. Die fetten, nicht geätzten Stellen nehmen die Druckfarbe an (s. S. 266).

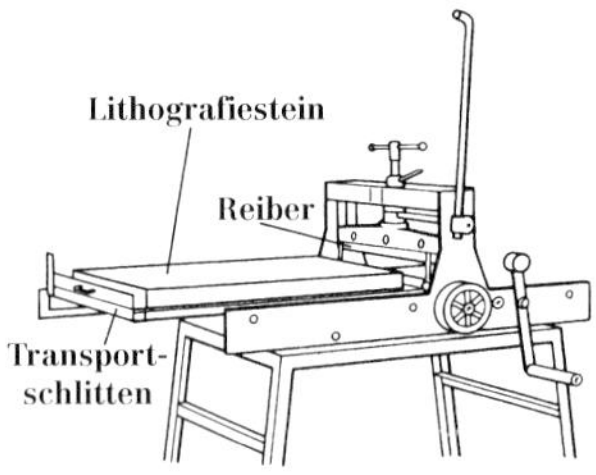

Lithopresse

▸**Lichtdruck:** Flachdruckverfahren (mit fotografieähnlicher Wirkung) mittels einer durch Belichtung erzeugten Druckschicht auf einer Platte; erlaubt bis zu ca. 2000 Abzüge

▸**Duktus** (lat. Zug, Führung): individuelle Art der Strichführung (Rhythmus, Struktur), „Handschrift" des Künstlers

Erich Heckel: Malerbildnis (Selbstbildnis), 1905.
Holzschnitt, 13 x 9 cm. Berlin, Brücke Museum

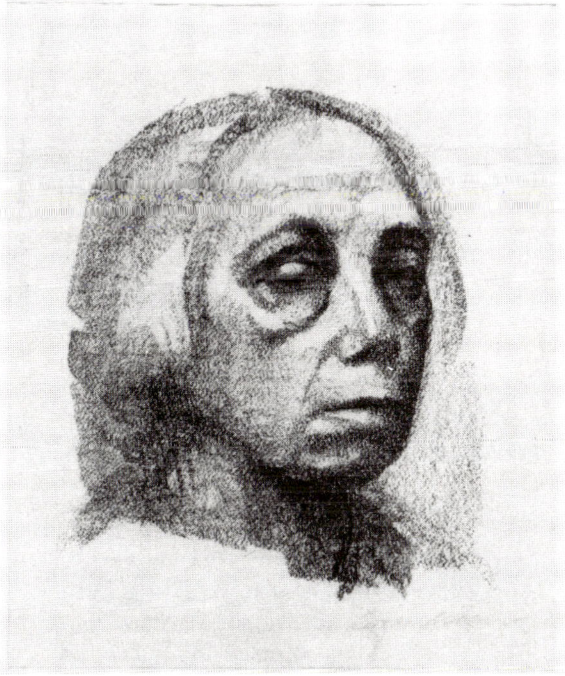

Käthe Kollwitz: Kleines Selbstbildnis, 1920. Lithographie,
23,5 x 20 cm. Wien, Albertina

Ludwig Meidner: Weltende/Apokalypse, 1914. Pinsel, Tusche, Bleistift,
47,8 x 36,6 cm. Berlin, Nationalgalerie SMPK

Max Beckmann: Selbstbildnis in der Königinbar, 1920. Kaltnadel,
32 x 25 cm. Hannover, Sprengel-Museum

Grauen vor der Gewalt – Max Beckmann: Die Nacht

Max Beckmann (1884–1950) zeigt in seinem beklemmenden Gemälde **„Die Nacht“** den brutalen nächtlichen Überfall auf eine Familie. Sadistische Folter und Vergewaltigung, Mord und rücksichtslose Verschleppung des Kindes vollziehen sich in einer engen Dachkammer, unmittelbar vor den Augen des Betrachters. Die Ursachen dieser schrecklichen Geschehnisse sind nicht unmittelbar aus dem Bild zu erschließen.

„Die Nacht“ ist ein Werk mit vielschichtigen Bedeutungen, zugleich abstoßend und faszinierend. Es ist das schockierende Spiegelbild einer Zeit des Zusammenbruchs am Ende des Ersten Weltkrieges. Beckmann verarbeitete seine Kriegserlebnisse von der Front und die Eindrücke aus einer in ihren Grundfesten erschütterten Heimat. Die alte Ordnung war aufgelöst, die Gesellschaft zerrissen zwischen Altem und Neuem, zersplittert in sich bekämpfende politische Gruppierungen. Als Verkörperungen blind wütender Schicksalsmächte sind im Bild die gnadenlosen, zwanghaft handelnden Täter zugegen.

Nach dem jüngst Erlebten hatte Beckmann seinen Glauben an Gottes sinnstiftendes Wirken verloren und war zu der Überzeugung gekommen, der Mensch müsse selbstbestimmt nach seinem Weg in einem ungewissen Schicksal suchen. Er empfand die verletzliche menschliche Existenz als ständig bedroht, die Welt als Bühne eines imaginären Theaters, in dem jeder eine individuelle Rolle spiele. In seinen Bildern suchte Beckmann Antworten auf Fragen nach sich selbst und äußerte 1938: „Kunst dient der Erkenntnis.“ Drei Jahre später formulierte er: „Gestaltung ist Erlösung!“

Wie in vielen seiner anderen Bilder verarbeitete Beckmann auch in „Die Nacht“ biografische Aspekte. So spiegelt das Bild seinen persönlichen Albtraum um 1918/19 – die Zeit, als seine Ehe auseinander brach. Im Bild finden sich Hinweise auf das endgültige Scheitern zwischenmenschlicher Beziehungen, ebenso auf den von ihm kritisch gesehenen Zusammenhang von Sexualität und Gewalt. Das Gesicht des Strangulierten ähnelt dem des Künstlers, seine Frau ist im Motiv der Geschändeten im Bild wohl ebenfalls zugegen, zu identifizieren an Haarfarbe und Frisur. Einen der Täter, den Mörder mit dem Kopfverband, gestaltet Beckmann als ehemaliges Opfer und verweist so auf mögliche Verbindungen zwischen der Ursache und den Folgen von Gewalt.

Beckmann fand zur Zeit des Ersten Weltkrieges zum Expressionismus. Auch in diesem Zusammenhang gilt „Die Nacht“ als Schlüsselwerk, das früh die Grundlagen seiner neuen, ausdrucksstarken Bildsprache demonstriert. Aus einer flächig verschachtelten und zugleich komprimierten Raumbildung heraus fügt er eine Fülle von Figuren auf einer Art Bühne zusammen. Dunkel betonte, harte Konturen lassen die Personen in hölzern-exaltierten und gegeneinander verspannten Gesten agieren oder reagieren.

Zeit seines Lebens hielt Beckmann an der Dingwirklichkeit fest. Trotz seiner expressiven Bildsprache band er zahlreiche traditionelle Elemente der Kunstgeschichte ein. So bekamen die Gegenstände in seinen Werken symbolische Bedeutung. Die umgestürzte Kerze in „Die Nacht“ etwa deutet in Richtung des sterbenden Mannes und verweist durch ihr Erlöschen auf seinen Tod. Die helle Tischdecke erinnert an ein Grabtuch, die Haltung des Gehängten an den gekreuzigten Christus. Der jaulende Hund unter dem Tisch wiederum steht wohl für Schmerz, auch für die Ausweglosigkeit des Schicksals.

Arbeitsanregungen:

1. Stellen Sie bei Ihrer Untersuchung des Bildes das Opfer-Paar in das Zentrum. Weisen Sie Ähnlichkeiten und Unterschiede zwischen beiden und Bezüge zu den anderen Figuren nach.
2. Skizzieren Sie den Raum von „Die Nacht“ ohne Figuren.
3. Vergleichen und deuten Sie die Raumbildung bei Dix (s. S. 374) und Beckmann.

Max Beckmann: Die Nacht, 1918/19. Öl auf Leinwand, 123 x 154 cm. Düsseldorf, Kunstsammlung Nordrhein-Westfalen

Kirche von Gelmeroda, 1994. Fotografie

Gläserne Kathedralen – Lyonel Feininger: Gelmeroda

Der Deutsch-Amerikaner **Lyonel Feininger** (1871–1956) hatte sich als Zeichner von Karikaturen und Comics bereits einen Namen gemacht, als er um 1912 zu seinem expressiven Stil fand. 1919 berief ihn Walter Gropius als ersten Meister an die einflussreichste Kunstschule seiner Zeit, das Bauhaus in Weimar (s. S. 332). Im gleichen Jahr schuf Feininger als Titelbild für das Bauhaus-Manifest die Graphik „Kathedrale des Sozialismus". Als Leiter der graphischen Werkstätten war er zuständig für die Herausgabe der ▸Bauhaus-Mappen. Feiningers Kunst ist beeinflusst von den Werken Robert Delaunays (1885–1941), der Kubisten (s. S. 324) und der Konstruktivisten.

Architekturmotive aus den altertümlichen, pittoresken Dörfern und Städten Thüringens und des Ostseeraums beherrschen Feiningers Bildwelt. Immer wieder malte er die verwinkelten Häuser, die mittelalterlichen Stadttore oder die steil aufragenden gotischen Kirchturmdächer. Er stellte sie als prismatisch aufgegliederte, transparente Strukturen dar und nannte seinen Stil, die lichtdurchfluteten Architekturen in einzelne Facetten zu zerlegen, „Prismaismus". An anderer Stelle sprach er von der „Sehnsucht nach strenger Raumgestaltung". Sein Ziel war es, die ineinander verschränkten und rhythmisierten Farbflächen von Motiv und Umraum zu verschmelzen.

Das Gemälde „**Gelmeroda**" von 1936 ist eines von Feiningers letzten Werke vor seiner Rückkehr nach Amerika. Bereits im Jahre 1906 hatte er die Dorfkirche von Gelmeroda, einem Vorort Weimars, erstmals gezeichnet; 1913 malte er das erste von insgesamt zehn Ölbildern von diesem Motiv. In zahlreichen Zeichnungen und Aquarellen, in etwa 80 Studien vor Ort und 15 ▸Holzschnitten lässt sich nachvollziehen, wie sehr diese Kirche für Feininger auf seiner Suche nach Harmonie und Reinheit eine Quelle der Inspiration war.
Feininger monumentalisierte und idealisierte die Dorfkirche mit ihrem spitzen, schlanken Turmhelm zu einer monumentalen gläsernen Kathedrale. Ihre Transparenz entmaterialisiert im Bild die steinerne Masse und verschmilzt das Gebäude mit der Atmosphäre zu einer neuen Einheit: „Das Gesehene muss innerlich umgeformt und crystallisiert werden." (Feininger, 1908) Feininger sah in der Kirche ein architektonisches Sinnbild, das mit tiefen, andächtigen Gefühlen erfüllt ist, Irdisches symbolisch mit dem Kosmischen verbindet und so auf das Geistige verweist.

Um 1920 begann Feininger als Geschenke für seine Söhne zahlreiche altertümliche und spitzgiebelige Gebäude aus Holz zu sägen, zu schnitzen und zu bemalen. Der „Klötzchen-Siedlung" mit ihren Architekturen und Figuren gab er den Namen „Die Stadt am Ende der Welt" (es war auch der Titel einer ▸Gouache von 1910). Immer wieder zeigen die Spielzeug-Gebäude formale Anklänge an reale Bauten wie die Kirche von Gelmeroda oder scheinen von Motiven seiner Gemälde abgeleitet zu sein. Feininger hat seine kleinen Holzhäuser fotografiert und entwickelte aus diesen Vorlagen wiederum Zeichnungen oder Gemälde. „So hat Feininger *Die Stadt am Ende der Welt* auch für sich selbst entworfen, das kindliche Spiel zu einem Teil seiner eigenen Kunst werden lassen." (Ulrich Luckhardt, 1998)

Lyonel Feininger blieb dem Bauhaus bis zu seiner Schließung 1933 verbunden und verließ wegen der politischen Situation Deutschland 1937 endgültig.

Arbeitsanregungen:
1. Vergleichen Sie das Foto der Dorfkirche von Gelmeroda mit dem Gemälde. Analysieren Sie vor diesem Hintergrund Feiningers Bildaufbau und seinen Einsatz von Form und Farbe.
2. Erläutern Sie die Bezüge (Gemeinsamkeiten, Unterschiede) zwischen den abgebildeten Werken Feiningers und resümieren Sie stilistische Entwicklungen.
3. Malen oder zeichnen Sie eine prismatisch zergliederte Ansicht eines markanten Gebäudes Ihrer Heimatgemeinde.

▸**Bauhaus-Mappen:** fünfteiliges Mappenwerk zur „Neuen Europäischen Graphik", das das Bauhaus bis 1924 herausbrachte

▸**Holzschnitt:** manuelles Hochdruckverfahren mit einer Holzplatte als Druckstock, aus der alle nicht druckenden Teile herausgeschnitten sind (s. S. 110, 164)

▸**Gouache** (franz.): Malerei mit Wasserdeckfarben

Lyonel Feininger: Gelmeroda, 1906. Bleistift, Papier.

Lyonel Feininger: Gelmeroda VII, 1916. Kohle, 30 x 24 cm.
Berlin, Kupferstichkabinett SMPK

Feininger: Gelmeroda XIII, 1936. Öl auf Leinwand, 100 x 80 cm.
New York, Museum of Modern Art, George A. Hearn Fund

Lyonel Feininger: Kirche von Gelmeroda, nicht datiert.
Holz geschnitzt und bemalt, 32 x 26 x 8 cm.
New York, Museum of Modern Art, Vermächtnis J. Feininger

Das Menschenbild in der expressionistischen Skulptur

Der entscheidende Impuls für die expressionistische Bildhauerei ging von den Bildwerken der Stammeskulturen Ozeaniens und Afrikas (s. S. 14) aus, die seit dem letzten Viertel des 19. Jahrhunderts als Sammelobjekte nach Europa gelangt waren. Französische wie deutsche Künstler des Kubismus (s. S. 324) und des Expressionismus schätzten ihren vitalen Ausdruck und sahen in den ▸Fetischen und den Kultmasken in erster Linie künstlerische Schöpfungen, die den Werken der europäischen Kunst gleichrangig waren. Die Expressionisten übernahmen von den so genannten „Primitiven" die Betonung des Kopfes innerhalb der Figur und die „Rohheit" der Ausführung.
Relativ früh machten sich diese Einflüsse im Umkreis der „Brücke"-Künstler bemerkbar. Ihr bevorzugter Werkstoff war das behauene und geschnitzte Holz, das sie zum Teil farbig bemalten, ansonsten aber ungefasst beließen.

Der Maler, Graphiker und Bildhauer **Erich Heckel** (1883–1970) lässt in seiner blockhaften Skulptur **„Stehendes Mädchen"** den Holzstamm erahnen, aus dem sie gearbeitet wurde. Ihre markanten Züge zeigen noch Spuren der Holzbildhauer-Werkzeuge wie Hohlbeitel oder Flacheisen. Die Nacktheit der Figur verweist auf ein zentrales Thema des deutschen Expressionismus, die tief empfundene und zum bildnerischen Ausdruck gebrachte existenzielle Bedrohung des verletzlichen Menschen. Heckel war von der Sehnsucht erfüllt, in der Kunst die verloren gegangene Einheit von Mensch und Natur wiederzugewinnen.

Der deutsche Bildhauer **Wilhelm Lehmbruck** (1881–1919) lebte einige Jahre in Paris und wurde dort vom ▸Neoklassizismus ▸Aristide Maillols beeinflusst. In den Werken seit 1911 zeigte sich ein Stilwandel, und Lehmbruck gelangte zum Expressionismus, zur Auflösung der geschlossenen Masse seiner Figuren und zur Einbeziehung des Umraums. Seine Skulpturen fertigte er vor allem in Gips und in ▸Steinguss, einige auch in Bronze. Bei Ausbruch des Ersten Weltkrieges musste Lehmbruck Frankreich verlassen und schuf seine Plastik **„Der Gestürzte"**, deren rechte Hand einen Schwertstumpf hält. Charakteristisch ist die Längung der Figur, in der nach seinen Worten „Maß gegen Maß spricht". Ihr gesteigerter Ausdruck vermittelt sich weniger über die Mimik als vielmehr über die kraftlose, in sich zusammen gesunkene Körperhaltung. Lehmbruck zeigt kein individuelles Schicksal, sondern eine überpersönliche Vorstellung.

Ossip Zadkine (1890–1967), ein russisch-französischer Bildhauer, fertigte **„Die zerstörte Stadt"** als Mahnmal für das im Zweiten Weltkrieg durch deutsche Bomber schwer getroffene Rotterdam. Der Künstler personifizierte die Stadt als „eine menschliche Gestalt, zugleich den Schrecken und die Empörung ausdrückend, die Arme zum Himmel hebend in einem furchtbaren Schrei aus ihrem geschundenen, durchbohrten Fleisch" (1951). Zadkine kam um 1920 zu einem expressionistisch gefärbten Stil, der zunehmend kubistische Einflüsse verarbeitete. So zeigt der Aufbau von Zadkines Mahnmal in den zergliederten Formen und im Ausdruck eine große Nähe zu Picassos Gemälde „Guernica" von 1937 (s. S. 388). Die Geschlossenheit der Figur hat sich in Hohlräume und Durchbrüche aufgelöst. Ihre Formen werden zum Sockel hin immer abstrakter, gleich dem Schicksal der Stadt, die ohnmächtig erleben musste, wie sie im Bombenhagel ihre Gestalt verlor.

Arbeitsanregungen

1. Vergleichen Sie die Skulpturen mit Beispielen aus der Zeit von der Renaissance bis zum 19. Jahrhundert. Worin liegen die Abweichungen der expressionistischen Bildhauer von der Tradition?
2. Vergleichen Sie das von den expressionistischen Künstlern verwendete Material und seine spezifischen Merkmale, auch seine Möglichkeiten zur Erzielung eines besonderen Ausdrucks.
3. Beschreiben Sie den formalen Aufbau von Lehmbrucks Skulptur. Vergleichen Sie diesen anschließend mit Zadkines Denkmal.

▸**Fetisch** (port. feitico Zaubermittel und lat. factitus künstlich): meist von Menschen hergestellter Gegenstand, der um Hilfe angerufen wird

▸**Neoklassizismus:** allgemeine Kunstströmung in den zwanziger und dreißiger Jahren, die (nach einer Phase der Abstraktion) zur Figur und zu klassischen Formen zurückkehrte

▸**Aristide Maillol** (1861–1944): französischer Bildhauer, dessen ideale Figuren Geschlossenheit in einem imaginären Kubus und strenge, aber harmonisch abgewogene Formen zeigen

▸**Steinguss:** bildhauerisches Verfahren seit der Spätgotik, bei dem z. B. Steinmehl und Kalk, Marmormehl und Gips oder auch Beton in Formen gegossen werden und erhärten

Erich Heckel: Stehendes Mädchen, 1912.
Ahorn, bemalt, Höhe 145 cm.
Hamburg, Museum für Kunst und Gewerbe

Ossip Zadkine: Die zerstörte Stadt, 1951–1953. Bronze, Gesamthöhe mit Sockel 9 m.
Rotterdam

Wilhelm Lehmbruck: Der Gestürzte, um 1915/16, nach Lebzeiten des Künstlers gegossen. Bronze, 78 x 239 x 83 cm.
München, Pinakothek der Moderne

Der Tanz als Motiv – Werke von Henri Matisse

Die Bilder des Franzosen **Henri Matisse** (1869–1954) sind eine Hymne an die Kraft und Schönheit der Farbe. Er entdeckte ihren eigenständigen Gestaltungswert und wurde mit seinen ungestümen Werken voller Lebensbejahung und Sinnenfreude zur Leitfigur der Fauvisten, der expressionistischen Künstler Frankreichs (s. S. 320).

Eines der zentralen Themen im Werk von Matisse ist der Tanz. 1909 beauftragte ihn der reiche russische Kaufmann Schtschukin mit der Ausstattung seines Domizils in Moskau. Matisse malte Bilder für alle drei Etagen des Hauses, wobei **„Der Tanz“** und „Die Musik“ die erste Etage schmückten. „Der Eindruck [dieser Gemälde] soll eine gewisse Anspannung erzeugen und dann ein Gefühl der Erleichterung auslösen.“ (Henri Matisse)
Matisse reduzierte in „Der Tanz“ sein Spektrum auf drei Farben und ihre Kontraste: Blau für den Himmel, Rotorange für die Körper, Grün für den Hügel. Die Darstellung der Bewegungen überließ er ganz der Linie, der braun-roten Kontur der flächig gemalten Figuren. Sie zeigt das Aufbäumen und das Niedersinken der Körper, ihre Dehnungen und Wölbungen. Die Gruppe der fünf Tanzenden wird zu einem Rhythmus von Schwingungen, zur gemalten Musik in Linie und Farbe.
Immer wieder verband er in seinen figurativen Werken die Linie, die für ihn den unmittelbaren Ausdruck des Gefühls zeigte, mit kontrastreichen Farben. Der Künstler, der sich in den zwanziger Jahren zunehmend vom Expressionismus löste, gelangte zu einer „Kunst voll Gleichgewicht, Reinheit und Ruhe“ (Henri Matisse), die gelöst, festlich und heiter wirkt.
Zwei weitere Versionen zum Thema „Der Tanz“ entstanden Anfang der dreißiger Jahre im Auftrag eines amerikanischen Sammlers. In dem ausgeführten Wandbild, dem größten Werk, das Matisse jemals geschaffen hat, sind in einem ▸Fries von drei Bögen im Tanz bewegte Figuren zu sehen. Sie beherrschen die einzelnen Formate, werden zum Teil von den Rändern beschnitten und sind doch zu einem großen Zusammenhang ausbalanciert. Als Vorstudien dienten Matisse aus Papier geschnittene Formen, die er als Schablonen in die ungewöhnlichen Formate einpasste und später in Malerei übersetzte.

▸**Fries** (lat.): bandartiger Streifen zur Gliederung und zum Schmuck einer Wand

Matisse war zugleich ein bedeutender Buchillustrator. 1947 erschien seine Mappe „Jazz“ mit zwanzig Farbtafeln, die er als „rhythmisierte Farbimprovisationen“ bezeichnete. Sie sind nach Scherenschnitten entstanden, die er aus kolorierten Papieren schnitt. Als er durch Alter und Krankheit an Bett und Rollstuhl gefesselt war, konzentrierte er sich ganz auf die reduzierende Technik des Ausschneidens. „Der Scherenschnitt erlaubt es mir, unmittelbar in die Farben zu zeichnen.“ (Henri Matisse) Durch das freie Schneiden sah er Farbe und Form, Linie und Fläche miteinander vereinigt. Figürliche Darstellung und abstrakte Form erscheinen nicht als Gegensätze, sondern ergänzen sich zu monumental wirkenden Kompositionen.

In der Folge von „Jazz“ veröffentlichte Matisse immer größere Scherenschnitte, die auch als Vorlagen für Wandbehänge oder Kirchenfenster dienten wie in der Chapelle du Rosaire in Vence (Südfrankreich). Er entwarf die Umrisse der Motive durch das Zeichnen mit einem Stück Zeichenkohle, das an einem langen Bambusstab befestigt war, direkt auf den Wänden seines Ateliers. Der italienische Maler Renato Guttuso (1912–1987) bemerkte zu Matisses Werk, es zeuge von „Vertrauen in die Schönheit des Lebens.“

Arbeitsanregungen:

1. Wo sehen Sie Gemeinsames zwischen den frühen expressionistischen Bildern von Matisse (s. auch S. 321) und seinen späten Werken, wo Unterschiede?
2. Suchen Sie nach Darstellungen des menschlichen Körpers in Bewegung bei den Zeitgenossen von Matisse und vergleichen Sie die Stilmittel.
3. Picasso (S. 388 ff.) und Kunstkritiker griffen das Alterswerk von Matisse vehement als zu oberflächlich und dekorativ an. Antworten Sie ihnen in einem Brief.

Henri Matisse: Der Tanz, 1909/10. Öl auf Leinwand, 259 x 391 cm. Sankt Petersburg, Eremitage

Henri Matisse: Der Tanz, 1932.
Linke Tafel des dreiteiligen Wandbildes,
Gesamtgröße 356,8 x 1282,7 cm.
Musée d'Art Moderne de la Ville de Paris

Henri Matisse: Ikarus, 1947.
Illustration zum Buch „Jazz".
Scherenschnitt, Siebdruck

Zwischen Figur und Abstraktion – Willem de Kooning: Women

Der Maler **Willem de Kooning** (1904–1997) stammte aus Rotterdam und lebte seit 1926 in Amerika. Er zählt zu den Hauptvertretern des amerikanischen abstrakten Expressionismus, der kurz nach Ende des Zweiten Weltkrieges entstand und erstmals Künstler der USA an die Spitze der künstlerischen ▸Avantgarde brachte.

Maler wie Jackson Pollock (1904–1956), Franz Kline (1910–1962; beide S. 338) oder Willem de Kooning traten durch eine Malerei der großen, heftigen Gesten hervor, wie sie bisher nur der Expressionismus zu Beginn des Jahrhunderts gezeigt hatte. Die Amerikaner wandten sich von der Gegenständlichkeit ab und konzentrierten sich auf den Malakt selbst. Sie sahen in der Leinwand eine Aktionsfläche für das nicht bewusst gesteuerte, sondern nur von Zufall und Intuition beeinflusste Handeln des Künstlers. Dabei suchten sie in ihren Bildern nicht nur die spontanen Malgesten zu fixieren, sie wollten zugleich auch eine momentane Gefühlslage zum Ausdruck bringen.
Die abstrakten Expressionisten experimentierten mit bis dahin ungebräuchlichen Maltechniken. De Kooning etwa drückte bisweilen Zeitungen auf noch nicht getrocknete Flächen und riss mit dem Papier Farbe von der Leinwand. So versuchte er, die Malerei an diesen Stellen aufzurauen und seinen ohnehin rohen ▸Duktus weiter zu beleben. „Und die Aussage seiner Werke, ihr nicht-formaler Inhalt, ist ebenso weit gefächert wie seine Techniken. Sie sind ambivalent: düster, erschreckend, dann wieder fröhlich, ausgelassen, witzig, lüstern." (Harry F. Gaugh, 1984)

De Kooning hatte bereits zahlreiche ungegenständliche Bilder gemalt, als er mit seiner Serie der „**Women**" begann. In der Zeit von 1950 bis 1955 schuf er zahlreiche Variationen dieses Themas, wobei er viele Bilder monatelang immer wieder übermalte. Mit diesen Gemälden löste er eine heftige Diskussion über die Grenze zwischen abstrakter und gegenständlicher Malerei aus. Kennzeichnend sind die wilden Farbhiebe und -spuren, die Tendenz zur Verzerrung und die Deformation der Figur. Verdichtete, betonte Konturen wechseln sich ab mit Bereichen einer freien, gelösten Malerei. Über den Stil dieser Bilder befand ein Kritiker: „De Kooning attackiert die Leinwand und damit sich selbst." Der Maler äußerte 1960:

■ *Meine Frauenbilder hatten etwas mit der traditionellen Darstellung des Weiblichen aller Epochen zu tun. So konnte ich nicht weitermachen, also veränderte ich etwas: Ich beseitigte Komposition, Gliederung, Beziehungen, Licht – das ganze dumme Geschwätz von Linie, Farbe, Form. Ich setzte die Figur in die Mitte der Leinwand, weil es keinen Grund gab, sie auch nur ein Stückchen zur Seite zu rücken.*

zit. nach Harry F. Gaugh, S. 115

„Detour" (engl. Umweg; s. S. 339) zählt zur Gruppe der so genannten „Landschaften", mit denen de Kooning 1955 begann. Diese Gemälde führten ihn zur reinen Abstraktion zurück, wobei auch hier noch vereinzelte Ahnungen von Gegenständlichkeit anklingen. Der Maler konzentrierte sich in „Detour" auf große, markante Pinselzüge mit wenigen plötzlichen Richtungsänderungen. Das Umfeld um das helle Dreieck in der Mitte des Bildes ist durch freie Gesten gekennzeichnet. So wirkt es wie ein Hintergrund und lässt die zentrale Form vor diesem Grund hervortreten. „Das Thema wird wohl die abrupt abbrechende, ‚umwegige' Handschrift selbst sein." (Cornelia Stabenow, 1982)

Arbeitsanregungen:

1. Erläutern Sie an de Koonings Werken die Begriffe „abstrakt" und „expressionistisch".
2. Was bedeutet in diesen Bildern das Motiv? Gibt es einen Inhalt, eine Botschaft?
3. Setzen Sie eine fotografische Vorlage aus Zeitschriften o. Ä. in ein abstrakt-expressionistisches Gemälde um.

▸**Avantgarde** (franz.): Vorkämpfer für eine Idee oder eine neue Richtung der Kunst

▸**Duktus** (lat. Zug, Führung): individuelle Art der Strichführung (Rhythmus, Struktur), „Handschrift" des Künstlers

Willem de Kooning: Woman V, 1952/53. Öl und Kohle auf Leinwand, 155 x 114 cm. Canberra, Australian National Gallery

Neo-expressive Malerei – Markus Lüpertz und Georg Baselitz

In den sechziger Jahren lösten neue Tendenzen wie ▸Happenings oder ▸Installationen die Vorherrschaft der abstrakten Malerei ab. „Die Malerei ist tot!", hieß es. Doch einige junge Maler kehrten in der Tradition des Expressiven zum Gegenstand zurück. Sie entwickelten eine ausdrucksstarke Malerei mit großen Gesten auf riesigen Formaten, verschmolzen heftig-abstrakte Pinselzüge mit figurativen und teilweise provozierenden Motiven. Dieser Neo-Expressionismus war ein deutsches Phänomen, den internationalen Strömungen stellten die Maler bewusst Traditionen aus der deutschen Kunstgeschichte entgegen. Im Verlaufe der siebziger Jahre eroberte diese „Wilde Malerei" den Kunstmarkt und etablierte sich international.

Einer der Künstler ist **Markus Lüpertz** (*1941) – er rühmt die Malerei um ihrer selbst willen. Seine formal reduzierten, aber ausdrucksstarken Bilder standen Ende der sechziger Jahre im Gegensatz zur etablierten Kunstwelt. Mit „deutschen Motiven" griff er lange tabuisierte, dann heftig diskutierte ▸Themen aus der deutschen Geschichte auf, sah in ihnen aber nur formale Anlässe: „Für mich waren diese Gegenstände nur interessant, weil sie mir Gelegenheit zur Monumentalisierung boten, also zur Verfremdung. Ein Stahlhelm in einer Landschaft bedeutet eine ungeheure Verfremdung und ist von solch surrealer Aggressivität, dass sie meiner Malerei neue Provokationen öffnet." (Markus Lüpertz, 1989)
Die Kritiker reagierten emotional, zum Teil mit heftigen Angriffen; einige unterstellten Lüpertz rechtsgerichtete ideologische Einstellungen. Dieser entzog sich jedoch politisch eindeutigen Stellungnahmen zu seinen Motiven. Er sah in der gesellschaftlichen Brisanz der Themen vor allem Kraft freisetzende Anlässe für gemalte „Abstraktionen" und verstand seine Bilder nicht als politische Bekenntnisse:

■ *Lüpertz versucht also, die Motive, die er verwendet, zu neutralisieren und ihre formale Kraft freizusetzen. Seinen Widerwillen gegen die Nazidoktrin hat Lüpertz klar zum Ausdruck gebracht, aber er hat ebenso deutlich gemacht, dass er die Schuldzuweisung an die deutsche Nation [...] ablehnt. Mit der Verwendung dieser Insignien zeigt er sowohl eine provozierende persönliche Indifferenz hinsichtlich ihrer „Bedeutung" als auch eine Weigerung, mit einer Vergangenheit belastet zu werden, für die er sich zwar nicht verantwortlich, aber immer noch angeklagt fühlt.*

Kevin Power, S. 27

Georg Baselitz (*1938) stammt aus der DDR und siedelte 1957 nach Westberlin über. Dort lernte er an der Akademie die ▸gestisch-informelle Malerei der fünfziger Jahre kennen. Auf seinen großformatigen Bildern finden sich Tiere oder Landschaften, in erster Linie aber die menschliche Figur.
Seit 1969 stellt Baselitz die Motive in seinen Bildern auf den Kopf. Auf diese Weise konnte er eine figurative Malerei entwickeln, die sich auf die große Komposition konzentriert, vom freien malerischen Prozess lebt und sich nicht erzählend oder deutend an das Motiv bindet. Der Gestus entfaltet sich in heftigen Pinselzügen und -hieben, in Klecksen oder großen Flächen. Die Farbigkeit gewann seit den achtziger Jahren an Ausdrucksstärke und befreite sich von ihrer Bindung an den Gegenstand; zum Teil sind die einzelnen Farblagen deckend übereinander geschichtet. Als Ziel seiner ruppigen Malerei gab Baselitz 1990 an: „Bilder sollen im Halse stecken bleiben, man soll die Augen vernageln und Herzen in die Zange nehmen."

Arbeitsanregungen:

1. Vergleichen Sie die Arbeiten beider Maler mit Werken des deutschen Expressionismus (s. S. 318 ff.). Beschreiben Sie die Parallelen und die Unterschiede.
2. Welche Haltungen sehen Sie in den Bildern von Lüpertz und Baselitz?
3. Erproben Sie praktisch das Umkehren von Motiven in der Malerei. Berichten Sie von Ihren Erfahrungen.

▸**Happening** (engl. Ereignis): Form der Aktionskunst, ein vom Künstler organisiertes, z. T. improvisiertes Kunstereignis, an dem Künstler und/oder Zuschauer aktiv teilnehmen (sollen)

▸**Installation:** Einrichtung eines Raumes, bei der der Künstler mit Gestaltungselementen arbeitet, die zum konkreten Ausstellungsort eine Beziehung aufnehmen

▸**Themen aus der deutschen Geschichte:** vgl. das hier gewählte Bildbeispiel; dithyrambisch = begeistert, überschwänglich

▸**gestisch-informelle Malerei:** gegenstandsfreie Malerei, bei der ungewohnte Formen und der Malakt selbst im Vordergrund stehen

Markus Lüpertz:
Schwarz-Rot-Gold
dithyrambisch, 1974.
Acryl auf Leinwand,
206 x 203 cm.
Köln, Privatsammlung

Georg Baselitz:
Der Wald auf dem Kopf,
1969. Öl auf Leinwand,
250 x 190 cm.
Köln, Museum Ludwig

Realismen im 20. Jahrhundert

Verismus – George Grosz: Stützen der Gesellschaft

Der Zeichner und Maler **George Grosz** (1893–1959) versammelt in seinem Gemälde **„Stützen der Gesellschaft“** Repräsentanten einer Welt, die aus den Fugen geraten war. Es handelt sich um Vertreter von Berufsständen, die in der Weimarer Republik zwar Macht und Einfluss besaßen, der jungen deutschen Demokratie aber politisch als innere Feinde gegenüberstanden.

Dies gilt etwa für den Mann im Bild vorn. Er besitzt keine Ohren, die ihn empfänglich für die Signale der Zeit machen könnten. Sein Schmiss an der Wange, eine Gesichtsnarbe, stammt aus seiner Studienzeit, von einem rituellen Fechtkampf in einer schlagenden Studentenverbindung. Das Couleurband zeigt die Farben des Studentenkorps, dem er noch als „Alter Herr“ angehört. Seinem geöffneten Schädel entspringt ein ▸Ulan, der eine Attacke in einem Gewirr von Paragraphenzeichen reitet. Wo dieser „Paragraphenreiter“ politisch steht, macht das Hakenkreuz auf seinem Krawattenknoten deutlich.

Den großbürgerlichen Herrn rechts dahinter zeigt Grosz ebenfalls mit geöffnetem Schädel. In Anspielung auf eine volkstümlich-vulgäre Redewendung trifft er mit dem Kothaufen eine anschauliche Aussage über die geistige Verfassung des Dargestellten. Dieser will mit dem Aufruf „Sozialismus ist Arbeit“ Streiks verhindern. Die Fahne in seiner Hand mit den Farben des untergegangenen Kaiserreichs soll seine rückwärts orientierte Gesinnung deutlich machen.

Der Mann links trägt einen Nachttopf wie einen Stahlhelm auf dem Kopf, dort eingraviert ist das Eiserne Kreuz, ein militärischer Orden. „Bewaffnet“ ist er mit Zeitungen und einem Bleistift, Symbolen seines Berufsstandes, und einem Palmwedel, Symbol des Friedens; doch der Palmwedel ist mit Blut besudelt. Der Journalist trägt die Gesichtszüge von Alfred Hugenberg, einem nationalistischen Pressezaren in der Weimarer Republik, der sich zeitweilig mit Hitler verbündete. Zu seinem Imperium gehörten die Zeitungen unter seinem Arm, die zum Teil dem liberalen Lager zuzurechnen waren.

Links oben predigt ein Mann im Talar ins Leere. Hinter seinem Rücken duldet er das Treiben militärischer Verbände, deren Anführer ebenfalls scharf charakterisiert ist. Hier spielt Grosz auf die unrühmliche Rolle der Reichswehr in den unruhigen Anfangsjahren der Weimarer Republik an, als Befehlshaber sich weigerten, Putschversuche von rechts militärisch zu vereiteln – gegen linke Revolutionäre aber hatte die Reichswehr gekämpft.

George Grosz hasste alles Militärische. So hatte er sich zur Zeit antibritischer Propaganda im Ersten Weltkrieg von Georg Groß umbenannt in George Grosz. Er war in den Nachkriegsjahren Mitbegründer der Berliner Dada-Bewegung (s. S. 328) und erregte größtes Aufsehen. Immer wieder verboten Gerichte Zeitschriften wegen seiner ätzend aggressiven Zeichnungen (s. S. 335). Grosz trat 1919 in die KPD ein und verstand Kunst als Waffe im Klassenkampf: „Geht aus euren Stuben heraus, wenn es auch schwer wird, hebt eure individuelle Absperrung auf, lasst euch von den Ideen der arbeitenden Menschen erfassen und helft ihnen im Kampf gegen die verrottete Gesellschaft.“ (George Grosz, 1920/21)

Von etwa 1925 bis zu seiner Emigration in die USA 1933 zählt Grosz zur Neuen Sachlichkeit. Innerhalb dieser Richtung entwickelte er seinen ▸Verismus, einen unnachsichtigen, bisweilen scharf überzeichnenden Realismus mit sozialkritischen Themen. Die erschreckenden Erscheinungsformen seiner Zeit verfremdete und verhöhnte er bis ins ▸Groteske.

Arbeitsanregungen:

1. Erläutern Sie den Satz „Der Verist hält seinen Zeitgenossen den Spiegel vor die Fratze“ (George Grosz, 1925) am Bild.
2. Übersetzen Sie eine der oberen Figuren aus dem Gemälde in eine präzise, lineare Zeichnung und öffnen Sie den Schädel. Was mag ihm entspringen?

▸**Ulan** (türkisch-polnisch): Lanzenreiter

▸**Verismus** (lat. verus wahr): naturalistische und gesellschaftskritische Richtung der deutschen Kunst nach dem Ersten Weltkrieg; politisch links orientierte Maler der Neuen Sachlichkeit

▸**grotesk** (franz.): wunderlich, überspannt, verzerrt; hier: überzeichnende, bizarre Darstellungsweise

George Grosz:
Stützen der Gesellschaft,
1926.
Öl auf Leinwand,
200 x 108 cm.
Staatliche Museen zu Berlin /
bpk Berlin

Glanz und Elend der zwanziger Jahre – Otto Dix: Großstadt

Im Jahr 1927 zog der Künstler **Otto Dix** (1891–1969) nach Dresden, um an der dortigen Akademie seine Professur anzutreten. Als eine Art Antrittswerk malte er die „**Großstadt**". Zum ersten Mal in seinem ▸Œuvre wählte er ein ▸Triptychon, die spätmittelalterliche Form eines dreiteiligen Altarbildes. Doch zeigte Otto Dix keine christlichen Szenen, sondern ein ganz und gar weltliches Treiben. Während die Mitteltafel die zeitgenössische bürgerliche Elite beim abendlichen Tanzvergnügen darstellt, schildern die Seitentafeln das Elend der Gosse, das auch die vornehmen Viertel heimsucht.

Im Mittelteil versammelt Dix Personen, die für ihn von besonderer Bedeutung waren, und taucht sie in ein intensiv rotes Farbklima. So erzeugt er den Eindruck einer aufgeheizten Atmosphäre, durchschnitten von Klängen der dargestellten Blechblasinstrumente. In der Rückenansicht ist Dix' Ehefrau beim Shimmy zu sehen, einem Modetanz der zwanziger Jahre. Als Geiger der Jazzcombo tritt ein Künstlerfreund aus seiner Studienzeit an der Düsseldorfer Kunstakademie auf. Der Saxophonist ist ein Förderer von Dix, Leiter der sächsischen Staatskanzlei und Ministerialdirigent für Kunst. Im Publikum sitzt rechts ein großbürgerlicher Herr mit Monokel: Wilhelm Kreis, Architekt und Professor, auch er förderte Dix' Karriere. Oberhalb von Kreis erscheint im Hintergrund ein Sammler von Dix' Werken.
Die kalt schillernde Welt der beiden Seitentafeln steht im starken Kontrast zum überhitzten Glanz der Mitteltafel. Für die Figuren außen verwendete der Maler vor allem grelle, changierende und zugleich kontrastierende Pastelltöne. Dix versammelte hier Kriegskrüppel und Huren, Verlierer der Gesellschaft und Gestrandete in der Großstadt. Links bildet eine schmuddelige Bahnunterführung ihre Kulisse und weist den Außenseitern ihren erbärmlichen Platz zu. Rechts türmt sich eine überbordende, prunkende Architektur. Es sind die menschenleeren Fassaden reicher Bürgerhäuser, deren Türen der gespenstischen Prozession verschlossen bleiben. Die Prostituierte im Vordergrund des rechten Seitenflügels zeigt in der Gestaltung ihres Oberkörpers Parallelen zu Dürers „Selbstbildnis im Pelzrock" (S. 231). Dix war ein Bewunderer der deutschen Renaissancemalerei und orientierte sich mit der Verwendung von durchscheinenden ▸Lasuren und dem schichtweisen Aufbau seiner Gemälde maltechnisch an Künstlern wie Dürer (s. S. 226 ff.) oder Cranach. Der Goldbrokatmantel der Dame am rechten Rand der Mitteltafel scheint aus einer noch früheren Zeit zu stammen, ebenso die Schärpe der Tänzerin vor ihr.

Dix verstand sich als Realist. Das grauenvolle Erlebnis des Ersten Weltkrieges hatte ihn drastisch mit der hässlichen Seite des Menschen bekannt gemacht und geprägt. Eine seiner zentralen Maximen in den zwanziger bis in die frühen dreißiger Jahre war: „Wir wollen die Dinge ganz nackt, klar sehen, beinahe ohne Kunst." Seine Werke waren kritische Stellungnahmen zu den gesellschaftlichen Verhältnissen und zählen zur ▸veristischen Richtung innerhalb der Neuen Sachlichkeit. Mit distanziertem Blick, in einer detailgetreuen und zugleich überzeichnenden Darstellungsweise wandte sich Dix dem widersprüchlichen Antlitz seiner Zeit zu, das neben allem Glanz von großer sozialer Not geprägt war. Otto Dix vereinte eine schonungslose, anklagende Schilderung von Missständen mit Traditionen der altdeutschen Malerei. So orientierte er seine Kunst nicht nur an den brennenden Themen der Zeit, sondern zugleich auch an den alten Meistern. Dix beanspruchte für seine Werke dauerhafte Gültigkeit.

Arbeitsanregungen:

1. Vergleichen Sie den ▸Karton mit dem Gemälde „Großstadt". Ziehen Sie Rückschlüsse auf Dix' Vorgehensweise.
2. Analysieren Sie die Raumdarstellung und ihre Bedeutung auf den drei Tafeln.
3. Untersuchen Sie die Werke von Dix und George Grosz (S. 372) auf thematische und stilistische Gemeinsamkeiten hin.

▸**Œuvre:** Gesamtwerk eines Künstlers

▸**Triptychon** (griech): dreiteiliges Bild mit einem zentralen Hauptbild und zwei schmaleren, rahmenden Flügeln; im Mittelaltar häufige Form für ein Altarbild (s. S. 162)

▸**Lasur:** durchsichtige Farbschicht in der Ölmalerei

▸**veristisch** (lat. verus wahr, richtig): krass wirklichkeitsgetreu

▸**Karton:** originalgroße Entwurfszeichnung auf starkem Papier

Otto Dix: Karton zum Mittelteil des Großstadt-Triptychons, 1927.

Otto Dix: Großstadt (Triptychon), Gesamtansicht, 1927/28. Mischtechnik auf Holz, linker und rechter Flügel je 181 x 101 cm, Mitteltafel 181 x 200 cm. Stuttgart, Galerie der Stadt Stuttgart

Menschen in der nächtlichen Großstadt – Edward Hopper: Nighthawks

Edward Hopper (1882–1967) gilt als bekanntester Vertreter des amerikanischen ‣Realismus. In seiner Jugend hat er sich vor allem an französischen Malern wie ‣Degas oder Manet geschult, später aber eine eigenständige amerikanische Variante des Realismus entwickelt. Hopper ist vor allem durch Gemälde berühmt geworden, die Menschen an charakteristischen Schauplätzen des modernen Amerika zeigen: Tankstellen und Hotelhallen, Kinos und Theater, Büroräume und Bars. Ohne schroffe Stilwandlungen hielt Hopper seit den zwanziger Jahren an seiner sparsamen und nüchternen Formensprache fest und konzentrierte sich auf wiederkehrenden Motive. Der Künstler äußerte dazu lapidar, er male, was er um sich herum wahrnehme.

Hoppers Bilder wirken wie zufällige, fast dokumentarische Momentaufnahmen und sind doch überlegt komponierte Werke. Der Maler war ein langsamer und bedächtiger Arbeiter. Er suchte auf Fahrten durch die Stadt, bei Restaurant-, Kino- oder Theaterbesuchen nach Motiven und fertigte Skizzen und Studien von Details. Vor der Umsetzung in das Tafelbild änderte er auf seinen zeichnerischen Entwürfen häufig die Anordnung der Figuren im Raum. Bei der endgültigen Komposition legte er Wert darauf, dass „der Eindruck verstärkt werden und bewusst gemacht werden soll, dass sich die Formen und Gegenstände über die Bildgrenzen hin fortsetzen". (Edward Hopper, 1939)
Immer wieder zeigt Hopper Blickwinkel, die erst mit dem Einsatz moderner Aufnahmetechnik im Film möglich und denkbar wurden und Szenen etwa aus großer Höhe festhalten. So macht er den Betrachter seiner Gemälde häufig zum distanzierten, unbemerkten Beobachter und lässt ihn an den stillen Momenten teilhaben, in denen sich die dargestellten Menschen unbeobachtet wähnen.
Lakonisch und kommentarlos fing der Maler die melancholischen Stimmungen seiner in sich gekehrten Bildfiguren ein. Blickrichtung, Haltung und Gestik verraten Einsamkeit und Anonymität, Entfremdung und Trostlosigkeit. Isoliert und sprachlos, nur mit sich selbst beschäftigt, starren sie versunken ins Leere, scheinen ihr Gegenüber kaum wahrzunehmen.
Durch eine unwirklich scharfe Lichtführung – vergleichbar der im Theater – akzentuiert Hopper die Personen. Diese Lichtstimmung unterstreicht die beklemmend nüchterne Atmosphäre seiner ‣Interieurs mit ihrem kargen und unpersönlichen Ambiente. In „**Nighthawks**" (Nachtschwärmer) etwa strahlt das kalte Kunstlicht aus dem Inneren der Bar aggressiv nach draußen und betont den Gegensatz zwischen der schlafenden, menschenleeren Stadt und den Wenigen, die noch unterwegs sind.

Auch die architektonische Umgebung reduziert Hopper auf das Notwendige und zeigt häufig nahezu menschenleere Räume oder Straßen. Die Flächen der Wände oder Möbel malte er in fast ‣monochromer Weise, so dass sie dem suchenden Auge des Betrachters keinen markanten Halt bieten und es ruhelos weiter wandern lassen. Selbst der Blick in die Ferne ist von Mauern und Fassaden verriegelt. So verstärkt Hoppers Malweise den Eindruck von Beziehungslosigkeit zwischen den Personen. Diese triste Außenwelt spiegelt anschaulich den inneren Zustand von Hoppers stummen Protagonisten: „Die Stadt ist für ihn keine Kulisse, sondern Partner der menschlichen Einsamkeit, hinter deren Monotonie sich die Tragik des Lebens verbirgt." (Lexikon der Kunst, Leipzig 1991)

Arbeitsanregungen

1. Beschreiben Sie anhand der Abbildungen die Akzentuierungen, die Hopper im Verlaufe des Arbeitsprozesses an „Nighthawks" vorgenommen hat.
2. Versetzen Sie sich in eine der Personen auf dem Bild und notieren Sie in einem inneren Monolog deren Gedanken.
3. Malen Sie ein Bild, auf dem man nur das erkennt, was eine der Personen aus „Nighthawks" in ihrem Blickfeld vor sich hat.

‣**Realismus:** hier: durch Wirklichkeitsbezug (Sachlichkeit) gekennzeichnete Kunst, die zugleich auch schöpferische Auseinandersetzung mit der Wirklichkeit ist (s. S. 292)

‣**Edgar Degas** (1834–1917), **Edouard Manet** (1832–1883): franz. Maler (vgl. S. 271)

‣**Interieur** (franz. Innenraum): Ausstattung eines Innenraumes; einen Innenraum darstellendes Bild

‣**monochrom:** einfarbig

Edward Hopper: Zeichnung „Bar“ zu „Nighthawks“.
New York, Whitney Museum

Edward Hopper:
Zeichnung „Figuren“ zu „Nighthawks“.

Edward Hopper:
Vorstudie zu Nighthawks, 1942. Kreide auf Papier, 19,7 x 35,6 cm.
Sammlung
Mr und Mrs Peter R. Blum

Edward Hopper:
Nighthawks (Nachtschwärmer), 1942.
Öl auf Leinwand, 76,2 x 152,4 cm.
Chicago, The Art Institute

„All is pretty!“ – Andy Warhol: Four Jackies

Jacqueline Kennedy war die Witwe des 1963 durch ein Attentat in Dallas ermordeten amerikanischen Präsidenten John F. Kennedy. Er galt seinen Landsleuten und der westlichen Welt als Symbolfigur für eine erhoffte bessere Zukunft. Mit seinem gewaltsamen Tod fand die Ära des Aufbruchs in den USA ihr abruptes Ende. Fotos der trauernden Witwe des amerikanischen Präsidenten gingen um die ganze Welt. Jackie Kennedy blieb auch nach dem Tod ihres Mannes in den Medien äußerst populär – sie verkörperte Schönheit, Kultiviertheit und mondänen Glamour, verbunden mit der Tragik der frühen Witwenschaft.

Der amerikanische Künstler **Andy Warhol** (1928–1987) gestaltete bald nach dem Attentat mehrere Versionen der trauernden Witwe als ▸Siebdrucke. Die Vorlagen seiner Motive entnahm er den Printmedien, wählte den Ausschnitt, vergrößerte, multiplizierte und arrangierte die Bilder. Dann ließ er sie im manuellen Siebdruck von Gehilfen vervielfältigen. So wollte er die Bindung des Künstlers an einen bestimmten Stil eliminieren und griff die alte Auffassung von der Einzigartigkeit des Kunstwerkes an: „Ich meine, ein anderer sollte all meine Bilder für mich machen können.“ (Andy Warhol, 1963)

Indem er die Vorlage vervielfältigte und die Rolle der Zufälle in der nicht standardisierten Siebdrucktechnik mit einkalkulierte, veranlasst Warhol den Betrachter seiner Bilder zum genauen, vergleichenden Hinsehen. Und tatsächlich entdeckt man oft kleine Abweichungen innerhalb einer Motivreihe.

Warhol gehörte zu den Begründern der Pop Art. Er wandte sich von der vorherrschenden abstrakten Kunst der fünfziger Jahre ab und setzte an die Stelle von Farbspuren Bilder aus der Welt der medialen Wirklichkeit. Er wollte den Anspruch des individuellen Schöpfergenies durch eine zeichenhafte Allgemeingültigkeit bekannter, trivialer Motive ersetzen, wie sie in der amerikanischen Gesellschaft bereits die Werbung, Fotos in Massenblättern oder auch Statussymbole besaßen. Für Warhol galt: „All is pretty.“

Dennoch wählte er seine Vorlagen mit Bedacht aus. Es waren Leitmotive der Zeit: die bekanntesten amerikanischen Popstars und Filmschauspieler(-innen), die meistgesuchten Verbrecher Amerikas oder Bilder tragischer Unfälle, die die Öffentlichkeit erregten, dann wieder Suppendosen, Dollarnoten, den elektrischen Stuhl, aber auch Blumen oder Kühe.

Warhol verstand seine Bilder nicht als Kritik an der Gesellschaft. Dennoch demonstrierte er, wie sehr der moderne Betrachter einem schleichenden Wirklichkeitsverlust ausgesetzt ist, wie der ursprüngliche Schrecken des realen Vorgangs im Bild zur bloß ästhetischen Wahrnehmung gerät: „Man wird nicht glauben, wie viele Leute sich ein Bild mit dem elektrischen Stuhl ins Zimmer hängen – vor allem, wenn die Farben des Bildes mit denen der Vorhänge übereinstimmen.“ (Andy Warhol)

Warhol war als Werbegrafiker tätig, bevor er in New York Anfang der sechziger Jahre als Künstler der Pop Art Erfolg hatte. Seit 1963 drehte er rohe ▸Underground-Filme, z. B. „Empire State Building“, in dem er 25 Stunden lang nur ein Motiv zeigte. Viele seiner Ideen ließ er durch Mitglieder seiner „Factory“ (eine Wohn- und Arbeitsgemeinschaft unter der Leitung Warhols) ausführen. 1968 wurde Andy Warhol von einer feministischen Attentäterin angeschossen, überlebte aber. Dieses Ereignis wurde zum Teil seiner Legende als Künstler, Warhols Auftreten glich dem einer Erscheinung. Mit seinem Tod im Jahr 1987 verlor die Kunstwelt eine ihrer schillerndsten Persönlichkeiten, einen Popstar.

Arbeitsanregungen:

1. Worin bestand die gestalterische Tätigkeit von Andy Warhol?
2. Welche Auffassung von Realismus vertrat Warhol?
3. Lassen Sie sich von Warhols Werk (s. a. S. 342) anregen und gestalten Sie eine „▸Ikone“ des 21. Jahrhunderts.

▸**Siebdruck:** modernes Durchdruckverfahren mit einem feinmaschigen Sieb als Druckform, das an den nichtdruckenden Stellen undurchlässig gemacht wird

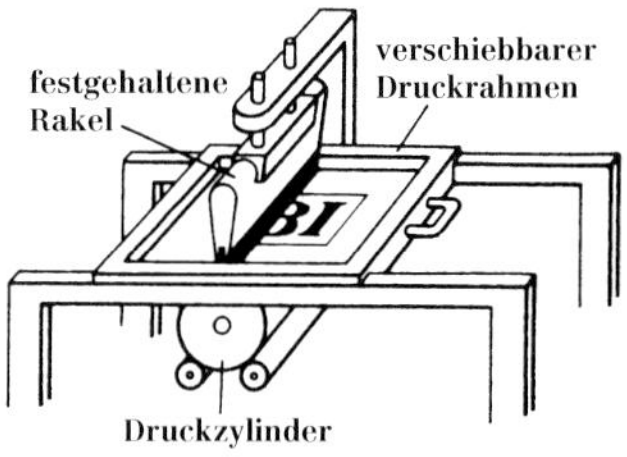

Siebdrucktisch

▸**Underground:** Bezeichnung der sechziger und siebziger Jahre für junge, unabhängige und noch nicht etablierte Kunst (vor allem Musik und Film)

▸**Ikone** (griech. eikon Bild): hier: (maßgebliches) Kultbild; ursprünglich bewegliches Kultbild der Ostkirche, dem wundertätige Kraft zugeschrieben wird (s. S. 40)

Andy Warhol: Four Jackies, 1964. Siebdruck auf Leinwand, 102 x 81 cm. New York, Privatbesitz

Arman: Jim Dines Müllkasten, 1964. Objekte und Plexiglas, 51 x 30 x 30 cm. Sammlung Sonnabend

Realität als Gegenüber – Duane Hanson: Young Shopper

In den Arbeiten des Amerikaners **Duane Hanson** (1925–1996) scheinen uns echte Menschen zu begegnen. Es sind jedoch bemalte Skulpturen aus Polyester und Fiberglas, bekleidet mit Textilien, ausstaffiert mit Perücken, Brillen oder Handtaschen. Hanson gewann diese Figuren Stück für Stück vom lebenden Modell durch Abformungen mithilfe von Gipsbinden; anschließend goss er die Formen in Kunstharz. Die einzelnen Teile fügte er nahtlos zusammen und bemalte sie möglichst lebensecht. Dann applizierte Hanson Details wie echte Körperhaare so, dass keine Spuren vom Arbeitsprozess des Künstlers verblieben. Zuletzt fügte er passende Requisiten hinzu und verwendete möglichst die originale Kleidung seines Modells. Die Namen der Dargestellten jedoch blieben unbekannt.

Pose und Ausdruck der Skulpturen beziehen sich häufig auf einen stillen, versunkenen Moment des menschlichen Daseins, bilden einen ermatteten Rentner oder einen geistesabwesenden Museumswärter ab. Die Skulptur „**Young Shopper**" etwa zeigt eine ermüdete Frau, die im Stress des Einkaufens ihre Konzentration verloren hat, gedankenverloren wirkt und wie in einer eingefrorenen Situation gefangen scheint.

Zunächst wird man die Figuren – auch im Raum eines Museums – für tatsächlich gegenwärtige Angestellte, Handwerker oder Besucher halten: „Wenn ein Künstler versucht, ein illusionistisches Objekt herzustellen, muss er nicht notwendigerweise eine Umgebung dafür schaffen – die Umgebung ist bereits da." (Duane Hanson) Da die Zeit für einen Moment stehen geblieben zu sein scheint, ergreift der neugierige Betrachter die Gelegenheit und studiert die scheinbar geistesabwesenden Personen zunächst verstohlen. Erst nach einiger Zeit der Betrachtung erwachsen aufgrund ihrer Bewegungslosigkeit Zweifel, und man ahnt allmählich, dass es sich nicht um lebendige Menschen handelt, denen man hier begegnet. Zuletzt schockiert die Erkenntnis, dass es Skulpturen aus Plastik sind: Man hat sich von ihrer physischen Gegenwärtigkeit, von einer technisch perfekten Nachbildung täuschen lassen.

Das Werk von Duane Hanson steht in einer langen Tradition des ▸Illusionismus. Bereits seit der Antike gab es immer wieder Kunstströmungen, denen die Augentäuschung so überzeugend gelang, dass ihre Betrachter die Grenze zwischen Realität und künstlich geschaffenem Werk nicht mehr definieren konnten. Auch Hanson arbeitet mit diesem Effekt: Seine Figuren wollen in ihrem überscharfen, gesteigerten Realismus („Hyperrealismus") die Wahrnehmung des Betrachters überraschen.

Diesen psychologisch fruchtbaren Moment nutzt der Künstler für die Vermittlung seines eigentlichen Anliegens. Hansons Figuren verkörpern als typische, aber anonyme Vertreter ihrer Zeit den Alltag der Menschen, der in erster Linie von Arbeit und Konsum geprägt ist. Sie wirken wie Personen, deren Aussehen und Handlungen vom „american way of life" überformt sind. Doch sah der Künstler sein Werk nicht als bloße Dokumentation oder reine Kritik des täglichen Lebens in der amerikanischen Mittelschicht. Er verstand seine Arbeit als Partei nehmenden Kommentar, als Sympathiebekenntnis zu den von ihm dargestellten „Durchschnittsmenschen"; so wurden auch Außenseiter der Gesellschaft zu Motiven seiner Plastiken. Er äußerte dazu: „Ich dupliziere das Leben nicht, ich stelle menschliche Werte dar."

Arbeitsanregungen:

1. Erläutern Sie den Ansatz von Duane Hanson an seiner Skulptur.
2. Stellen Sie Bezüge her zwischen „Young Shopper" von Hanson und „Jim Dines Müllkasten" von Arman, einem Künstler des ▸Nouveau Réalisme.
3. Suchen Sie nach Beispielen für Illusionismus aus anderen Zeiten. Vergleichen Sie die künstlerischen Mittel und die Zwecke der Darstellungen mit der Arbeit von Duane Hanson.

▸**Illusionismus** (lat. illudere täuschen): durch den zugespitzten Einsatz gestalterischer Mittel erzielter trugbildartiger Eindruck, der die Grenze zwischen Kunst und Wirklichkeit verschwimmen lässt – vgl. auch Fotorealismus (s. S. 346)

▸**Nouveau Réalisme** (franz. neuer Realismus): künstlerische Richtung vor allem im Frankreich der sechziger Jahre; an Stelle ihrer Abbildungen werden die realen Gegenstände selbst zu Kunstobjekten.

Duane Hanson:
Young Shopper, 1973.
lebensgroß, Polyester und
Fiberglas, farbig bemalt.
London, Saatchi Collection

Porträt und Typus in der realistischen Fotografie

Schon bald nach der Erfindung der Fotografie um 1839 wurde das Porträt, die Darstellung eines Individuums, zu einer der wichtigsten Aufgaben des neuen Mediums. Lange Zeit bediente sich die Porträtfotografie der Posen, der Effekte und der Requisiten aus dem Fundus der Malerei. Erst zu Beginn des 20. Jahrhunderts konzentrierte sich die neue Technik auf ihre besonderen, eigenen Möglichkeiten.

Ambitionierten Fotografen gelang es immer wieder, über den zufälligen, momentanen Ausdruck hinaus etwas von der besonderen Persönlichkeit des Porträtierten mithilfe der Kamera zu bannen. Daneben entwickelte sich eine Richtung der Fotografie, die nicht auf die Merkmale des Individuums und das persönliche Schicksal zielt, sondern durch das Porträt Aussagen über die Zeit und ihre Menschen trifft. Die Fotografen dieser Richtung wollten auf das Allgemeine hinweisen – am Beispiel des Besonderen, des Einzelnen. Sie zeigten Menschen als Typen, als Spiegelbild der Gesellschaft, in der sie lebten.

Der international bekannteste deutsche Fotograf des 20. Jahrhunderts, **August Sander** (1876–1964), zählt zur Neuen Sachlichkeit (s. S. 334). Seine Bilder im Fotoband „Menschen des 20. Jahrhunderts" verbanden das traditionelle Atelierporträt mit der Dokumentarfotografie. Sie zeigen detailscharf Menschen, die geprägt sind durch ihr Milieu und ihre Tätigkeit. Ihre äußere Erscheinung, ihr Gesichtsausdruck oder ihre Haltung offenbaren oftmals mehr als ihre Attribute oder die Umgebung.
Sander beabsichtigte seine Menschendarstellungen zu einem groß angelegten, systematischen Werk zusammenzufassen. Er wollte seine „Urtypen" nach sozialer Schicht, Beruf, Alter und Geschlecht ordnen und in 45 Bildmappen mit je zwölf Aufnahmen gliedern. Es sollte „eine Art Kulturgeschichte, besser eine Soziologie" (Alfred Döblin, 1929) seiner Zeit werden. Alfred Döblin bemerkte weiter: „Bei einer gewissen Distanz hört das Individuum auf, und nur die Universalien behalten recht." Als „Antlitz der Zeit" veröffentlichte Sander 1929 eine fotografische Einführung in sein geplantes Unternehmen; aus dieser Reihe stammt auch der „Schlossermeister". Der Fotograf konnte das umfangreiche Projekt jedoch nicht vollenden. 1934 wurde auf Geheiß der nationalsozialistischen Machthaber der Band aus dem Handel gezogen, die Druckstöcke wurden vernichtet.

Diane Arbus (1923–1971), eine amerikanische Fotografin, schulte ihren Blick und ihr Konzept an den Werken von August Sander. Arbus vertrat einen gesellschaftskritischen Realismus und schockierte mit der Darstellung von Außenseitern der damaligen amerikanischen Gesellschaft wie Kleinwüchsigen oder Homosexuellen.

Das Werk des Düsseldorfer Künstlers **Thomas Ruff** (*1958) wird der sachlichen Dokumentarfotografie zugerechnet. Er schuf in den achtziger Jahren nüchterne Porträts von jungen Leuten aus seinem Bekanntenkreis. Ihre frontalen Brustbildnisse sind wie Passfotos gestaltet, aber auf riesige Formate vergrößert.

In den neunziger Jahren erlangte die amerikanische Fotografin **Nan Goldin** (*1953) große Popularität. Fotos sind ihr „visuelles Tagebuch", persönliche Dokumente. Grenzen der Scham oder gesellschaftliche Tabus werden ignoriert, Intimes wird öffentlich: „Mein Werk kommt vom Schnappschuss her. Es ist die Form der Fotografie, die der Liebe am nächsten kommt." (Nan Goldin)

Arbeitsanregungen:

1. Vergleichen Sie August Sanders Foto mit dem zeitgleichen Gemälde von Christian Schad (S. 335). Weisen Sie Parallelen zwischen Malerei und Fotografie nach.
2. Welche der abgebildeten Fotos sind Porträts, welche sind Dokumentation, welche sind Gesellschaftskritik? Begründen Sie Ihre Zuordnungen.
3. Erarbeiten Sie ein Konzept für einen fotografischen „Querschnitt durch unsere Gesellschaft". Realisieren Sie einen Teilbereich dieser Foto-Reihe.

August Sander: Der Schlossermeister, 1928. Fotografie

Diane Arbus: Teenager-Paar, 1963. Fotografie. New York City

Thomas Ruff: Elke Denda, 1989. Farbfotografie auf Plexiglas, 210 x 160 cm. Im Besitz des Künstlers

Nan Goldin: Cricket Putting a Wig on Siobhan, Paris, 1991. Cibachrome Print, 61 x 51 cm. Hamburg, Sammlung F. C. Gundlach

„Gemalte Fotografien" – Werke von Gerhard Richter

Gerhard Richter (*1932) aus Dresden war zunächst Bühnenbildner und Schildermaler, studierte dann – zur Zeit des sozialistischen Realismus (s. S. 348) – Kunst in seiner Heimatstadt. 1961 verließ er die DDR und wurde Student an der Düsseldorfer Kunstakademie bei Karl Otto Götz, einem abstrakten Maler. Heute zählt Richter zu den bekanntesten Künstlern unserer Zeit. Seit den Siebzigerjahren ist sein Werk durch das Nebeneinander von gegenständlichen und ungegenständlichen Bildern gekennzeichnet. So verdeutlicht er grundsätzlich verschiedene, für ihn aber gleichwertige Möglichkeiten und Methoden (und Techniken) der Malerei.

Abstrakt-gestisch gemalten Bildern stehen nur scheinbar abstrakte Bilder gegenüber. Auf ihnen hat Richter einzelne Pinselspuren aus anderen Bildern isoliert, überdimensional vergrößert, maßstabsgerecht auf riesige Formate übertragen und sorgsam abgemalt.

In seiner Werkgruppe der Farbtafelbilder zeigte der Maler bis zu 1024 verschieden farbige, glatt und exakt ausgemalte Lackfelder auf einem Bild. Den Ausgangspunkt bildeten Farbmusterkarten aus dem Farbenhandel, Thema der Bilder ist die Darstellung von Farbe.

Seit 1962 nutzt Richter Fotografien aus Zeitschriften, aus der Werbung oder von Amateuren als Vorlagen für seine figurativen Bilder. Diese Fotografien enthoben ihn der Begründung für ein Motiv. Er sah sie ganz nüchtern als „reine Bilder", frei von einem persönlichen Bezug. „Ich habe kein Motiv, nur Motivation." (Gerhard Richter, 1985) Besonders seit den achtziger Jahren arbeitet er auch nach eigenen Fotos, die er auf die Leinwände überträgt. Charakteristisch für die Umsetzung der Vorlage in Malerei ist seine Technik der Unschärfe, bei der er zum Schluss die noch nasse Ölfarbe mit einem Pinsel verwischt. So entsteht der Eindruck, der Maler sei bei seinem Gemälde von einer unscharfen Fotografie ausgegangen, die er getreu kopiert habe.

Die Gemälde von Gerhard Richter werfen die Frage auf, ob Fotografie mit der Abbildung der Realität gleichzusetzen sei, und weisen uns auf den grundsätzlichen Unterschied zwischen Darstellung und dargestelltem Gegenstand hin. Er thematisiert in der malerischen Unschärfe unser Verhältnis zur Wirklichkeit und ihrer medialen Vermittlung.

■ *Ausgehend von alltäglicher Wahrnehmung betrachten wir Unschärfe als Beeinträchtigung und Trübung der Wirkkraft eines Bildmediums. [...]*
Was meint Unschärfe? Richter beantwortet diese für sein Werk zentrale Frage bereits zu Beginn der 70er-Jahre. „Das, was wir hier als Unschärfe ansehen, ist Ungenauigkeit, und d. h. Anderssein im Vergleich zum dargestellten Gegenstand. Aber da die Bilder nicht gemacht wurden, um sie mit der Realität zu vergleichen, können sie nicht unscharf sein oder ungenau oder anders [...]. Wie sollte z. B. Farbe auf der Leinwand unscharf sein können?" Nicht das Bild ist unscharf, seine Wahrnehmung, die von den Kriterien des Sucherblicks beim Fotografieren geleitet ist, erweist sich als ungenau. Der Künstler argumentiert im Sinne einer autonomen Bildsprache. Unschärfe ist für ihn die Möglichkeit der Aussage über unser Verhältnis zur Wirklichkeit; dieses aber ist notwendig von Unsicherheit, Flüchtigkeit, Ausschnitthaftigkeit und eben Unschärfe geprägt.

Martin Henatsch, S. 36f.

Arbeitsanregungen

1. Beschreiben Sie das Verhältnis von Fotografie und Malerei. In welchem Zusammenhang stehen sie in Richters Werk?
2. Erläutern Sie die Funktionen von gegenständlicher und ungegenständlicher Malerei in Richters Werk.
3. Suchen Sie nach Vergrößerungen von Gemälden und malen Sie die im Ausschnitt gezeigten Pinselspuren überdimensional vergrößert ab.

Gerhard Richter: 1024 Farben, 1973. Öl auf Leinwand, 254 x 478 cm. Privatbesitz

Gerhard Richter: Ausschnitt „Kreutz", 1971.
Öl auf Leinwand, 200 x 200 cm.

Gerhard Richter: Wiesental, 1980. Öl auf Leinwand, 90 x 95 cm. New York, Museum of Modern Art

Abstraktion

Die Mittel der Abstraktion – Fernand Léger und Paul Klee

Am Anfang des 20. Jahrhunderts begannen einige Künstler mit bildnerischen Experimenten, die die Mittel der Malerei – Farbe, Fläche und Scheinraum – reflektierten und betonten. Auch die Bewegung und Dynamik des modernen Lebens sollte in ihren Bildern eine Rolle spielen. Neben den bekannten Größen wie Picasso und Braque, die im Kubismus eine neue Sicht auf die Dinge formulierten, und neben den Farbexperimenten des Franzosen Robert Delaunay (1885–1941), der reine Farben mit dem Thema der Geschwindigkeit vereinigte, neben den Futuristen und ‣Konstruktivisten erarbeitete sich der Franzose **Fernand Léger** (1881–1955) eine eigene moderne Bilderwelt, die er zwischen 1910 und 1925 ausformulierte. Légers Bildsprache umfasst dabei „sein Vokabular der ‣Kontraste, seine Komposition der Dissonanz, sein Einbeziehen von dynamischem Rhythmus und Geschwindigkeit, seine Gegenüberstellung fragmentarischer Elemente ohne narrativen Zusammenhang." (Dorothy Kosinski)

In dem Bild **„Komposition. Die Scheibe"** von 1918 setzte Léger ‣collageartig verschiedene Farbflächen zu einer Komposition zusammen, die an die Lichter und Leuchtreklamen der modernen Großstadt erinnert, an Ampeln, Warnschilder und Plakate, an die Masten und Schranken der Stadtbahn, an die Straßenführungen und ihre Markierungen. In der Farbauswahl beschränkte sich Léger auf kräftige Gelb-, Rot- und Blauflächen, zu denen schwarze Konturen Akzente setzen. An einigen Stellen erscheint eine plastische Rundung, an anderen Stellen ergeben sich Überschneidungen oder Durchblicke. Dennoch sind keine realen Dinge abgebildet, sondern durch charakteristische Farb-Form-Elemente entsteht eine lebendige, blinkende, sich bewegende Vorstellung der Großstadt.

Um 1912 schrieb Robert Delaunay einen Aufsatz „Über das Licht", den Paul Klee für den ‣Almanach „Der Blaue Reiter" übersetzte. Darin steht u. a.:

■ *Im Verlauf des ‣Impressionismus wurde in der Malerei das Licht entdeckt [...] als Farben-Organismus aus ‣komplementären Werten, aus zum Paar sich ergänzenden Maßen, aus Kontrasten auf mehreren Seiten zugleich. [...] Die Natur ist von einer in ihrer Vielfältigkeit nicht zu beengenden Rhythmik durchdrungen. Die Kunst ahme sie hierin nach, um sich zu gleicher Erhabenheit zu klären, sich zu Gesichten vielfachen Zusammenklangs zu erheben, eines Zusammenklangs von Farben, die sich teilen und in gleicher Aktion wieder zum Ganzen zusammenschließen. Diese synchrone Aktion ist als eigentlicher und einziger Vorwurf [Gegenstand] der Malerei zu betrachten.*

Andreas Hüneke, S. 403

Das Werk des Malers **Paul Klee** (1879–1940) misst den weiten Bereich der Abstraktion aus. In seiner Federzeichnung **„Plastisch abstrakt"** reflektierte Klee die Mittel, mit denen die Maler der Moderne ohne Farben Raum und Bewegung erreichten. Propellerartiges, Facetten und Splitter, der angedeutete Kopf einer afrikanischen Plastik, Landschaftliches mit einfachen Hausformen, wie sie Picasso im frühen Kubismus gemalt hatte, zeigen seine Auseinandersetzung mit den modernen Bildmitteln. In seinem späteren Werk verband Klee die Mittel der Abstraktion mit denen des Surrealismus, er setzte sich mit den Gesetzmäßigkeiten der Welt der Zeichen und der Farben auseinander und vermittelte als Lehrer am Bauhaus (s. S. 326) seine Funde und Entdeckungen.

Arbeitsanregungen:

1. Beschreiben Sie die Farb- und Formkontraste in Légers Bild. Zeichnen Sie das zugrunde liegende Gerüst heraus.
2. Weisen Sie in anderen Bildern der frühen Moderne die Mittel der reinen Farbe und der gesteigerten Kontraste, den neuen Bildraum und die Darstellung von Bewegung und Geschwindigkeit nach.

‣**Konstruktivisten:** s. S. 326

‣**Kontrast:** (starker) Gegensatz

‣**Collage:** s. S. 388

‣**Almanach** (niederl.): Kalender, bebildertes Jahrbuch

‣**Impressionismus:** Stilrichtung der Kunst im 19. Jahrhundert, in der vor allem Licht- und Farbeindrücke zur Geltung kommen; s. S. 270

‣**komplementäre Farben:** Farben, die sich im Farbkreis gegenüberliegen, z. B. Gelb und Violett

Fernand Léger:
Composition. Le Disque
(Komposition. Die Scheibe),
1918. Öl auf Leinwand,
65 x 54 cm.
Madrid, Sammlung Thyssen-Bornemisza

Paul Klee: >plastisch abstract<, 1914, 99. Feder auf Papier auf Karton, 9,3 x 14,9 cm. Wien, Graphische Sammlung Albertina

Das Antikriegsbild der Moderne – Pablo Picasso: Guernica

Das großformatige Bild **„Guernica"**, das **Pablo Picasso** (1881-1973) für den spanischen Pavillon auf der Weltausstellung von 1937 in Paris malte, gilt als das bedeutendste Antikriegsbild des 20. Jahrhunderts. Es war zunächst ein Protest gegen die Zerstörung der nordspanischen Stadt Guernica während des spanischen Bürgerkriegs. Im April 1937 hatten deutsche Bombenflugzeuge, die die Truppen des Generals Franco unterstützten, die Stadt angegriffen und schwer beschädigt. Es gab zahlreiche Tote in der Zivilbevölkerung. Inzwischen aber wurde das Bild zum zeitlosen Symbol: Es ist eine allgemeine Anklage gegen die Schrecken des modernen Krieges.

Picasso formulierte das Thema in einem langwierigen, mehrere Monate dauernden Arbeitsprozess, bei dem er sowohl die Szenerie als auch die Bedeutung und Stellung der Figuren immer wieder veränderte, wie im Vergleich der Vorstudie mit dem fertigen Werk zu sehen ist. Für die Bewältigung des Themas standen ihm die Stilmittel des Kubismus (s. S. 324) vom Anfang des Jahrhunderts und die seiner klassizistischen Phase der zwanziger Jahre zur Verfügung. Mit den Bedeutungsfeldern von Stier und Pferd hatte er sich in den Jahren unmittelbar vor der Entstehung von „Guernica" in vielen Bildern auseinander gesetzt. Den sichtbaren Bestand des Bildes beschrieb knapp der Kunsttheoretiker Max Imdahl:

■ *Man sieht innerhalb eines [...] perspektivisch verzogenen Raumes Darstellungen (sehr besondere Darstellungen) von Menschen, Tieren und Dingen – eine junge, verzweifelt klagende Frau mit totem Kind, eine hereinstürzende, Schutz suchende Frau, eine brennende Frau, eine Lichtträgerin, man sieht ein Mischgebilde aus Mensch und Statue, die [...] Figur eines Kriegers, welche zerbrochen am Boden liegt mit zerbrochenem Schwert und sprießender Blume, man sieht einen Stier, ein verletztes und schrecklich sich gebärdendes Pferd, einen Vogel und eine Deckenlampe in der Form eines Auges. Gemessen an der außerbildlichen [...] Wirklichkeit ist die Verbildlichung der Menschen, der Tiere und der Dinge deformiert und inkohärent [unzusammenhängend], so in [...] den disproportionierenden Dehnungen, Vergrößerungen und Verkleinerungen der Körperteile wie überhaupt in den erregenden Verläufen der Konturen.*

Max Imdahl, S. 429

Die Deutungen der einzelnen Figuren gehen bei verschiedenen Interpreten weit auseinander. So sahen einige den Stier als den gewalttätigen Verursacher des Chaos, andere wiesen auf seine Randstellung und seinen desorientierten Ausdruck hin, der ihn wie das verletzte Pferd zur leidenden Kreatur macht; wieder andere sahen in ihm eine Verkörperung Spaniens. Mehrdeutig ist auch die zerbrochene Statue des Kriegers. Bei dem Körper des Pferdes irritieren die parallelen Strichzeilen, die dem Buchstabensatz einer Zeitung ähneln; man ist an die Rolle der Presse bei der Berichterstattung über Kriegsgräuel erinnert; formal ähneln die wie ausgeschnitten erscheinenden Flächen den ▸Collagen aus früheren Werkphasen Picassos.

Die große Komposition des ▸monochrom wirkenden Bildes verbindet einen dreieckigen Aufbau, wie er an antiken Tempelfronten (s. S. 27) erscheint, mit der mittelalterlichen sakralen Form des ▸Triptychons, bei dem zwei schmale Rechtecke eine etwa quadratische mittlere Form rahmen. Gerundete Formen kontrastieren mit eckigen Formen, strukturierte Flächen mit blendend weißen Flächen, die aus dem dunklen Grund aufblitzen wie im Lichtkegel eines Scheinwerfers.

Arbeitsanregungen:

1. Vergrößern Sie zeichnerisch die Köpfe der Menschen- und Tierfiguren und beschreiben Sie den Ausdruck.
2. Suchen Sie andere Darstellungen von Krieg, auch Fotos aus Zeitungen und Geschichtsbüchern, und vergleichen Sie sie mit Picassos Bild. Worin liegt der Hauptunterschied?

▸**Collage** (franz. coller kleben): Klebebild, in den Anfängen des Kubismus das Einkleben eines Zeitungsausschnitts in ein Bild, später auch ein aus Bildausschnitten zusammengesetztes und teilweise zeichnerisch überarbeitetes Bild

▸**monochrom:** einfarbig

▸**Triptychon** (griech.): dreiteiliges Bild mit einem zentralen Hauptbild und zwei schmaleren rahmenden Flügeln; im Mittelaltar häufige Form für ein Altarbild (s. S. 162)

Pablo Picasso: Guernica, 1937. Öl auf Leinwand, 350 x 785 cm. Madrid, Museo Nacional Centro de Arte Reina Sofia

Pablo Picasso: Kompositionsstudie zu „Guernica", 1937. Bleistift auf Gips, 60 x 73 cm. New York, Museum of Modern Art

Pablo Picasso: Flasche, Glas, Violine, 1912–13. Collage, 47 x 62 cm. Stockholm, Moderna Museet

Freies Spiel der Formen – Pablo Picasso: Frauen und Kinder

Pablo Picasso: Weinende Frau, 1937. Öl auf Leinwand, 60 x 49 cm. Privatbesitz

Robert Doisneau: Pablo Picasso, 1952. Fotografie

Am Werk des spanischen Malers **Pablo Picasso** lassen sich viele Merkmale der Kunst im 20. Jahrhundert zeigen. Picasso verkörperte auch eine der möglichen Rollen, die der Künstler darin spielt: die des vielseitigen Genies. Picassos Bildsprache – von ihm erfunden, entwickelt und immer wieder variiert und erweitert – war und ist oft Anlass zum Streit darüber, was Kunst ist und was sie darf. Vorsichtig geschätzt, hinterließ Picasso um die zehntausend gemalte Bilder, ein Mehrfaches davon an Zeichnungen, zweitausend Graphiken, die in ungefähr einhundertfünfzigtausend Exemplaren im Umlauf sind, etwa siebenhundert Plastiken, dazu zahlreiche Keramiken.

Pablo Picasso wurde 1881 in Malaga geboren. Bereits als 14-Jähriger begann er ein Studium an einer Kunstschule in Barcelona. In Paris tauchte Picasso ein in die Welt der ▸Bohème. Seine Einsamkeit verarbeitete er in den Bildern der „Blauen Periode" (die ihren Namen von der fast ausschließlichen Verwendung blauer Farbtöne erhalten hat), in der Darstellung von Randexistenzen.

Ab 1905 spiegelte sich die wiedergewonnene Lebensfreude in den heiteren Bildern der „Rosa Periode" wider, die gekennzeichnet sind durch eine an Skulpturen erinnernde Auffassung von Körperhaftigkeit, die Stilisierung der Gebärden und eine Farbpalette aus warmen Ocker-, Rosa-, Grau- und Erdtönen.

In der Periode des Kubismus (1906–1923; s. S. 324) erarbeitete Picasso, anfangs in intensivem Austausch mit Georges Braque, eine neue Bildsprache, deren Grundsätze er zeit seines Lebens verwendete.

In seiner so genannten „klassizistischen Periode" (1921–1925) kehrte Picasso zu streng geordneten Figurenkompositionen mit riesigen Frauen- sowie Mutter-und-Kind-Darstellungen zurück. In der Zeit des Surrealismus (etwa 1925–1931) experimentierte er mit der Konstruktion von Figuren aus vorgefundenen Gegenständen und deren Variationsmöglichkeiten. Einige dieser Studien führte er auch als Materialcollagen aus. So verwendete er z. B. bei der Plastik „Frau mit Kinderwagen" vier Henkel von Tongefäßen als Arme und Beine des Kindes, Teile eines Ofens für den Oberkörper der Frau.

In den Bildern von Frauen und Kindern stellt Picasso eine ganze Welt von Ausdrucksmöglichkeiten, Gefühlen und Lebensstilen dar, wie er sie in seinen Beziehungen zu Frauen erlebte und beobachtete. Souverän lotete er dabei die Dimensionen zwischen Realismus und Abstraktion aus.

Die Jahre von 1934 bis 1939 waren für Picasso eine Zeit privater Dramen, in der Beziehungen auseinander brachen und sich neue ergaben. Bilder weinender Frauen entstanden und sein berühmtestes Bild „Guernica" (s. S. 388). In den Jahren zwischen 1939 und 1954 beschäftigte sich Picasso ausgiebig mit den Möglichkeiten der Figurendarstellung und des Stilllebens.

Von 1950 bis 1963 malte und ▸radierte Picasso unter anderem Variationen und Paraphrasen zu Werken der alten Meister. Dabei nahm er Bilder von Velázquez, Rembrandt, Manet, Goya und Cranach als Ausgangspunkt und formulierte sie neu mit den Mitteln seiner Bildsprache.

1970 schockierte Picasso die Kunstwelt mit einer Ausstellung neuer, groß und wild gemalter Bilder. Er verwendete dabei eine malerische Schreibweise nach den Prinzipien absoluter Freiheit und Spontaneität des Unvollendeten, der malerischen Zitate und der Bloßlegung der Materialität der Malerei.

Im Jahr 1973 starb Picasso, bereits zur Legende geworden, als Zweiundneunzigjähriger im südfranzösischen Mougins.

Arbeitsanregungen:

1. Vergleichen Sie die vier Mutter-Kind-Darstellungen in ihren formalen Mitteln und in ihrem Ausdruck.
2. Welche Bilder und Plastiken Picassos kennen Sie (eventuell sogar aus Ihrer Kindheit)? Was verbinden Sie mit ihnen?

▸**Bohème:** unkonventionelles Künstlermilieu

▸**Radierung:** s. S. 358

Pablo Picasso: Frau und Kind am Strand, 1925. Öl auf Leinwand, 143 x 162 cm. Chicago, The Art Institute

Pablo Picasso: Erste Schritte, 1943. Öl auf Leinwand, 130 x 97 cm. New Haven, Yale University Art Gallery

Pablo Picasso: Françoise, Paloma und Claude, 1951. Öl auf Sperrholz, 116 x 89 cm.

Pablo Picasso: Frau mit Kinderwagen, 1950. Bronze, nach einer Assemblage aus verschiedenen Materialien gegossen, 203 x 145 x 60 cm. Köln, Museum Ludwig

Bewegungsdarstellung im Futurismus – Umberto Boccioni

Nike von Samothrake, um 190 v. Chr. Marmor, Höhe 235 cm. Paris, Louvre

1909 erschien in der französischen Zeitung „Le Figaro" ein Manifest des italienischen Schriftstellers Filippo Tommaso Marinetti, in dem er provokante Forderungen stellte und ein neues Schönheitsideal formulierte: „Wir erklären, dass sich die Herrlichkeit der Welt um eine neue Schönheit bereichert hat: die Schönheit der Geschwindigkeit. Ein Rennwagen, dessen Karosserie große Rohre schmücken, die Schlangen mit explosivem Atem gleichen ... ein aufheulendes Auto, das auf Kartätschen [Artilleriegeschosse] zu laufen scheint, ist schöner als die Nike von Samothrake."

Die italienischen Futuristen beriefen sich auf Thesen des deutschen Philosophen Friedrich Nietzsche (1844–1900), der unter anderem die Umwertung aller Werte postuliert hatte. So sahen auch die Künstler des Futurismus in den neuen Erscheinungen der Zeit, in der Aktion, der Bewegung, in der Geschwindigkeit und im Lärm, in der Verherrlichung von Krieg und Zerstörung neue ästhetische Leitideen, die die alten Begriffe von Schönheit, Harmonie, Größe und Dauer ablösen sollten. Fabriken, Brücken, Dampfer, Flugzeuge, Lokomotiven waren die neuen Objekte, die der Dichter besingen sollte. Museen, Bibliotheken und Akademien sollten nach dem Willen der Futuristen zerstört werden.

Die Futuristen verfolgten ihre Ziele neben der Malerei auch in der Plastik, in Aktionen und in Architekturentwürfen. Der bedeutendste Plastiker der Gruppe war **Umberto Boccioni** (1882–1916). Er wollte mit seinen Werken die dynamischen Beziehungen von Gegenständen oder Figuren und ihrem Umraum darstellen. Auch er formulierte seine künstlerischen Vorstellungen in Manifesten und Proklamationen:

■ *Kunst ist schon an sich Schöpfung und will kein Wissen anhäufen. Die Emotion in der Kunst verlangt nach dem Drama.*
Die Emotion in der modernen Malerei und Plastik besingt die Schwerkraft, die Verlagerung, die gegenseitige Anziehung der Formen, der Massen und der Farben, d.h. die Bewegung, also die Darstellung der Kräfte.
[... Dynamismus] ist die lyrische Auffassung der Formen, die erklärt werden aus dem unendlich mannigfaltigen In-Erscheinung-Treten ihrer Bedingtheit durch absolute und relative Bewegung, durch Umwelt und Gegenstand, bis hin zur Bildung einer Gesamterscheinung: Umwelt + Gegenstand. Er ist die Schaffung einer neuen Form, die das Abhängigkeitsverhältnis zwischen Gewicht und Ausdehnung geben soll; zwischen der Umdrehungs- und der Umlaufbewegung. Es ist also das Leben selbst, das in die Form gefasst wird, die das Leben in seinem nie endenden Ablauf schafft.
Diesen Ablauf [... erreichen wir] durch intuitive Suche nach der Grundform, die die Kontinuität im Raum gibt. Sie ist die Urform, durch die der Gegenstand im Weltall lebt. An die Stelle der uralten Vorstellung einer klaren Trennung der Körper, an die Stelle der modernen impressionistischen Idee der Unterteilung, der Wiederholung und des Skizzierens von Abbildern setzen wir den Begriff der dynamischen Kontinuität als Grundform. Und nicht zufällig sagte ich Form und nicht Linie, denn die dynamische Form ist in der Malerei und Plastik eine Art vierter Dimension, die nur dann gültigen Bestand haben kann, wenn die drei Dimensionen, die das Volumen bilden: Höhe, Breite und Tiefe, voll zur Geltung kommen.

Umberto Boccioni, S. 154

Arbeitsanregungen:

1. Suchen Sie Bilder und Abbildungen von Plastiken, in denen Bewegung dargestellt ist, und stellen Sie diese vergleichend einander gegenüber.
2. Zeichnen Sie eine Figur in Bewegung. Arbeiten Sie dabei in kleinen Gruppen, bei denen jeweils ein Mitglied als Modell den anderen eine Bewegungsabfolge vorführt.

Manifest (lat.): öffentliche Erklärung, Kundgebung

Nike: griechische Siegesgöttin, deren in Samothrake gefundene antike Marmorfigur im Louvre in Paris steht

Umberto Boccioni: Urformen der Bewegung im Raum, 1913. Bronze, 11 x 89 x 40 cm.

Umberto Boccioni: Urformen der Bewegung im Raum, von hinten

Umberto Boccioni: Muskeldynamik, 1913. Kohle, 86,3 x 59 cm. New York, Museum of Modern Art

Umberto Boccioni: Entwicklung einer Flasche im Raum, 1912. Silberplattierte Bronze, Höhe 38 cm. New York, Museum of Modern Art

Das Atelier als Treibhaus der Formen – Constantin Brancusi

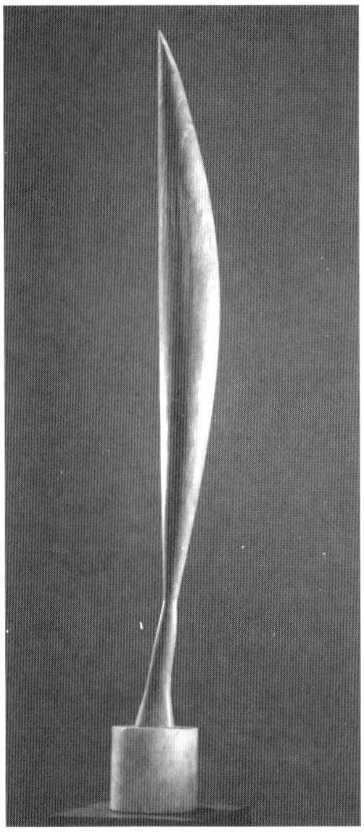

Constantin Brancusi: Vogel im Raum, 1925. Marmor, Höhe 134 cm. Zürich, Kunsthaus

Constantin Brancusi: Vogel im Raum, 1927/29. Fotografie, 39,8 x 29,7 cm. Zürich, Kunsthaus

Etwas später als in der Malerei wurden in der Bildhauerei in den zwanziger Jahren Tendenzen zur Abstraktion erkennbar, das Streben weg vom Abbild hin zu stark vereinfachten, ausdrucksstarken, auf die Vorstellung von einer Urform gerichteten Gebilden; Masse und Oberfläche spielten dabei eine beherrschende Rolle, ebenso der Ausdruck des jeweiligen Materials, ob Bronze, Holz oder Stein. Es war vor allem ein Bildhauer, der aus der bäuerlichen Tradition des Holzverarbeitens und aus der Handwerkstradition des Schreiners eine neue Formensprache entwickelte: **Constantin Brancusi** (1876–1957).

Brancusi wurde in Rumänien geboren; nach dem Besuch der Akademie in Bukarest wanderte er in einem langen Fußmarsch 1904 über München und Zürich nach Paris, das er nie mehr für längere Zeit verließ. Bis etwa 1907 arbeitete Brancusi eher realistisch. Dann begann er mit einer Reihe stark abstrahierter, prägnanter Skulpturen, z. B. **„Der Fisch", „Vogel im Raum", „Die unendliche Säule"**. Bei diesen Werken wird die Begegnung mit der Blockhaftigkeit afrikanischer Skulpturen und die Kenntnis kubistischer ▸Stereometrie deutlich sichtbar.

Einige dieser Themen beschäftigten Brancusi über Jahrzehnte hinweg. Er variierte ihre Formen in immer wieder anderen Ausführungen, in verschiedenem Material, in wechselnden Größen. Einige Plastiken gibt es nur in Holz. Von anderen Skulpturen existieren Fassungen in Marmor und in Bronze. Verkaufte Plastiken pflegte Brancusi durch Gipsabgüsse zu ersetzen. So blieb die Vollständigkeit des Formenrepertoires erhalten, und das Atelier entwickelte sich allmählich zu einem Gesamtkunstwerk.

Viele Werke Brancusis liegen im Spannungsfeld zwischen dem Geometrischen und dem Organischen. Sie offenbaren ihr Geheimnis oft erst bei eingehender, längerer Betrachtung von allen Seiten. Beim Fisch, der in seiner Seitenansicht die Vorstellung des ruhigen Gleitens im Wasser hervorruft, verwandelt sich die Form beim Herumgehen oder beim Drehen der Plastik (Brancusi hat die Plastik drehbar auf dem Sockel befestigt) in ein schneidend scharfes Oval, das sich dynamisch nach vorn, auf den Betrachter hin zu bewegen scheint.

Brancusis Plastiken sind nicht an eine bestimmte Größe gebunden. Er träumte davon, dass seine Skulpturen eines Tages als Wahrzeichen einer Stadt errichtet würden, wie der Eiffelturm. Im „Meditationspark" von Tirgu Jiu in Rumänien konnte Brancusi 1937 ein dreiteiliges Ensemble verwirklichen, das aus einer 30 m hohen „unendlichen Säule", dem „Tor des Kusses" und dem „Tisch des Schweigens" bestand.

Das Atelier war für Brancusi der Vorratsraum sich wandelnder Vorstellungen, eine Rüstkammer latenter Ideen. Ständig hatte er sein Repertoire um sich. Das Atelier wurde zum plastischen Gedächtnis, zu einer Art Treibhaus, in dem sich das Wachsen und Entstehen von Ideen und Formen studieren ließ. Brancusi lebte und arbeitete in diesem Atelier, das aus vier kleineren Räumen bestand, zwischen seinen Plastiken, seinen Werkzeugen und einigen selbst gebauten, klobigen Möbeln, auf denen stets weißer Gipsstaub lag. 1997 ließ der französische Staat, dem Brancusis Erbe nach seinem Tod zufiel, dieses Atelier vor dem Centre Pompidou in Paris rekonstruieren und machte es dem Publikum zugänglich.

Arbeitsanregungen:

1. Beschreiben Sie an Hand von Abbildungen von Plastiken aus verschiedenen Materialien die Eigenschaften und Wirkungen des verwendeten Materials.
2. Entwickeln Sie in einem fortschreitenden Abstraktionsprozess Entwürfe für einfache Tierplastiken, die prägnante Merkmale der jeweiligen Tierart enthalten, z. B. Eichhörnchen, Krokodil, Schlange. Führen Sie einen Entwurf plastisch aus, z. B. in Seife oder Speckstein.

▸**Stereometrie** (griech. Körpermessung): Geometrie der räumlichen Gebilde, besonders der (einfachen) Körper wie Kugel, Zylinder, Kegel

Das Atelier von Constantin Brancusi. Zu sehen sind von links nach rechts: Der Vogel im Raum, Mädchentorso, vier Ausführungen der „unendlichen Säule", Fisch, Frauenkopf. Rekonstruktion. Paris, Musée Nationale d'Art Moderne Centre Georges Pompidou

Abstrakte Plastik – Henry Moore, Eduardo Chillida, Phillip King, Sol LeWitt

Die abstrakte Plastik des 20. Jahrhunderts bildete – ähnlich wie die abstrakte Malerei – zwei Strömungen aus: zum einen eher organische, von Naturformen abgeleitete Gebilde, zum anderen mathematisch klare Konzepte und Kompositionen, die aus einfachen stereometrischen Körpern bestehen. Die Materialien und ihre Bearbeitungstechniken wurden stärker als bei der gegenständlichen Plastik zum eigentlichen Thema des Werkes.

So dienten dem englischen Bildhauer **Henry Moore** (1898–1986) markante Naturformen wie Knochen oder Felsformationen als Anregung für seine Plastiken und als Vorbild auf dem Weg zur Abstraktion. Archaische griechische Kunst, plastische Werke aus Afrika und Südamerika waren für ihn ebenso Ausgangspunkte für seine Schöpfungen wie ausgewaschene Steine, durchlochte Kiesel, Knochen und Knorpel. In Moores Figuren wird der menschliche Körper aus den organischen Formen der Natur entwickelt, sodass diese sich durchdringen, verketten, verzahnen. In dem schweren massigen Kopf der Plastik **„Atomstück“** wird etwas Drohendes spürbar, die Form des Atompilzes erinnert an einen Helm, die Beherrschung der Kernspaltung als Errungenschaft des menschlichen Gehirns entwickelt eine monströse Unbeherrschbarkeit, sichtbar gemacht durch ungeformte, amorphe Strukturen im unteren Teil der Plastik.

Eduardo Chillida (1924–2002) arbeitete ungegenständlich mit Holz, Granit, Alabaster, vor allem aber mit geschmiedetem Eisen und Stahl, in seinen späteren Werken auch mit Beton.

■ *Chillidas Skulptur beeindruckt uns auf den ersten Blick durch ihre ausgeprägte Materialität: Mehr als Formen in Eisen oder Granit sind seine Skulpturen das Eisen, der Granit selbst. Sie sind keine Darstellungen von Ideen, Gefühlen oder Empfindungen: Sie sind greifbare Manifestationen des Eisens oder des Granits. Trotzdem wird ein aufmerksamer Blick bald entdecken, dass diese Materien eine rhythmische Vibration durchläuft und dass diese Volumina einem Willen und seiner Norm gehorchen. […] Die plastischen Formen Chillidas sind nicht stumm; sie sind durch den Rhythmus verwandelte Materie: Sie sprechen.*

Octavio Paz, S. 9

In den sechziger Jahren arbeitete der Engländer **Phillip King** (*1934) mit den Werkstoffen Stahl und Kunststoff. Mit seinen Plastiken hat King neben anderen die Voraussetzungen für eine abstrakte Skulptur geschaffen, die Formbeziehungen in einem Komplex ähnlicher Formen herstellt. So wird das Gefühl des Betrachters für ästhetische Zusammenhänge aktiviert, ohne inhaltliche Bindung ein ursprüngliches Bewusstsein vom Zusammenhang plastischer Formen wiedererweckt.

Die eleganten geradlinigen Strukturen des Amerikaners **Sol LeWitt** (*1928) beruhen auf dem Kontrast zwischen konzeptioneller Ordnung und visueller Unordnung. Sie sind vom Aufbau her recht einfach; durch die Effekte von Perspektive, Schatten und Überschneidungen des Gitterwerks erscheinen sie jedoch in der Anschauung beim Umschreiten äußerst komplex.
LeWitts Skulpturen wurden nach seinen Angaben industriell in Stahl oder weiß lackiertem Holz gefertigt. Diese Methode war unter ▸Minimal Art-Künstlern üblich und erklärt das Fehlen der individuellen Handarbeit in ihren Arbeiten. Die spezifischen Anweisungen des Künstlers spielten in der plastischen Kunst dieselbe Rolle wie die Partitur des Komponisten in der Musik.

Arbeitsanregungen:

1. Welche markanten Eigenschaften unterscheiden die Materialien Stein, Bronze und Holz für den Bildhauer und für den Betrachter?
2. Stellen Sie aus rechtwinklig geknickten Pappstreifen einfache Körper her und verbinden Sie diese zu einer plastischen Komposition. Was geschieht beim Herumgehen um diese Plastik?

▸**Minimal Art:** in den sechziger Jahren in Amerika entstandene Kunst, die mit einfachsten Elementen und Körpern arbeitet und diese in ihrer Reduziertheit zur Wirkung bringt

Henry Moore: Atom Piece (Atomstück), 1964.
Bronze, Höhe 163, 8 cm.

Eduardo Chillida: Eloge à l'architecture III, 1972. Stahl, 71 x 142 x 90 cm.
Mannheim, Kunsthalle

Phillip King: Blue Between,
1971. Bemalter Stahl,
221 x 458 x 356 cm.
Pasadena, Rowan Gallery

Sol LeWitt: Drei Würfel,
1969. Bemalter Stahl,
160 x 305 x 305 cm.
Humblebaeck, Louisiana
Museum of Modern Art

Gestik und Farbfeld – Jackson Pollock und Barnett Newman

Nach 1945 machte in den USA eine Kunstrichtung Furore, die mit der traditionellen Malerei brach und entweder in einem wilden Malakt (action painting) ein Geflecht von Malspuren produzierte oder auf riesigen Flächen die Farbe zur Wirkung brachte. Da die Künstler dabei keine gegenständlichen Formen verwendeten, sprach man von „Abstraktem Expressionismus". „Das herausragende Merkmal dieser Malerei ist die konsequente Abkehr von einem klar gegliederten Formenaufbau des Bildes zugunsten einer oftmals vehementen, gleichsam handschriftlichen Formulierung." (Rolf Wedewer, 1976)

Dabei wurde der Malprozess selbst zum Thema, und zwar einschließlich aller Zufallsspuren, die notwendig bei einem solchen Verfahren entstehen. Folgerichtig verlor auch das Format der Bildfläche seinen begrenzenden Charakter und seine rahmende Bedeutung. Es erscheint wie zufällig, da die bildnerische Formulierung gemäß dem Prinzip des „all-over" – der ungeordnet gleichmäßigen Flächenbedeckung ohne traditionelle Komposition – offen ist und nach allen Seiten fortgeführt werden kann, ohne dass sich das Bild dadurch wesentlich ändern würde.

Anders als bei herkömmlichen Bildern findet bei den riesigen Leinwänden von **Jackson Pollock** (1912–1956) um 1950 der Malakt auf dem Boden als eine Art von ekstatischem Tanz des Malers statt. Mit Pinseln oder Dosen schleuderte, tröpfelte und goss er die dünnflüssige Farbe auf die Leinwand (Dripping). Beim näheren Betrachten wirkt das Bild jedoch keineswegs chaotisch. Trotz der Zufälligkeiten der Tröpfelspuren lässt sich durchaus ein Bildgefüge mit sich wiederholenden Strukturen oder Verdichtungen erkennen, jedoch ohne jeden Anklang an Gegenständliches. Aus der Nähe betrachtet, ergibt sich auch ein sehr eindringlicher Raum, der sich aus dem Kontrast von schwarzem Strichgeflecht und den hellen Zwischenräumen bildet.

Eine andere Bildstrategie verfolgte der amerikanische Maler **Barnett Newman** (1905–1970) mit seinen riesigen, fast einfarbigen Bildern wie „**Vir Heroicus Sublimis**". Der Betrachter findet sich vor dem Bild in einer Situation räumlicher Desorientiertheit. Diese resultiert vor allem daraus, dass er das Ganze niemals mit einem Blick erfassen und ordnen kann. Dazu kommt, dass konkrete Formen und eine gliedernde Komposition fehlen. Es ist auch bemerkt worden, dass große und einfarbige Gemälde, aus naher Distanz betrachtet, beim Betrachter den Eindruck einer unermesslichen Räumlichkeit erzeugen und er sich in die Erscheinung der Farbe eingehüllt fühlt.
Newman hat ausdrücklich eine Aufhängung des Bildes in einem eher gangartigen Querraum vorgeschrieben, in dem der Betrachter nicht nach hinten zurücktreten kann. Nur so erfährt er die beabsichtigte Wirkung.

Die fünf schmalen senkrechten Streifen im Bild haben vor allem gliedernde Funktion. An den aufeinandertreffenden Grenzen der Streifen mit dem bildbeherrschenden Rot werden die Farbenergien und die verschiedenen Reaktionen des Rot auf die andere Farbe deutlich. An diesen Linien, die man auch als das „Zip" bezeichnet, findet die grenzenlose Farbfläche ihren Halt. Auch der Blick des Betrachters klammert sich an diese senkrechten Linien. Er richtet sich mit seinem Körpergefühl daran auf.

Arbeitsanregungen:

1. Erzeugen Sie mit verschiedenen Farben (Tinte, Wasser- und ▸Dispersionsfarben) und verschiedenen Malinstrumenten (Pinsel, Löffel, durchlöcherter Malbecher u. Ä.) abstrakte Malspuren auf größeren Papierformaten. Treffen Sie eine Auswahl nach ästhetischen Kriterien und beschreiben Sie Ihre Erfahrungen.
2. Schildern Sie Eindrücke und Gefühle, die Sie beim Betrachten großformatiger Farbflächen (einfarbiger Wandanstriche o. Ä.) empfinden.

▸**Dispersionsfarbe:** mit Wasser verdünnbare Farben, die nach dem Trocknen wasserunlöslich sind; häufig für Anstriche genutzt

Jackson Pollock: Nummer 32, 1950. Duco (Lackfarbe) auf Leinwand, 269 x 457,5 cm. Düsseldorf, Kunstsammlung Nordrhein-Westfalen

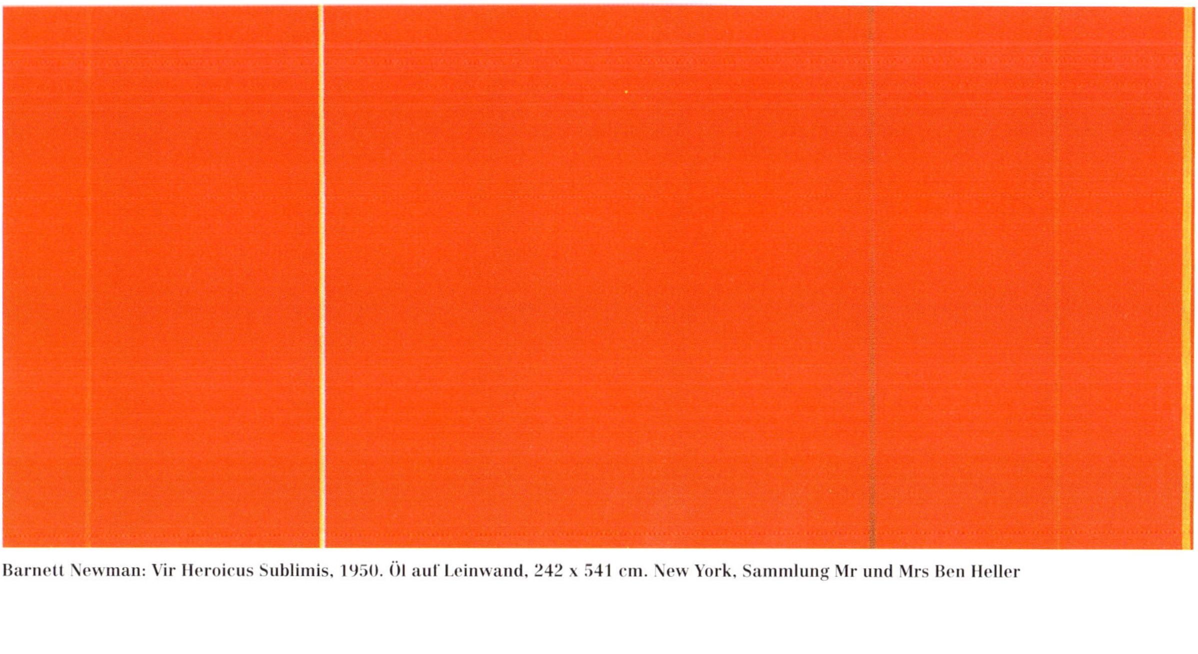

Barnett Newman: Vir Heroicus Sublimis, 1950. Öl auf Leinwand, 242 x 541 cm. New York, Sammlung Mr und Mrs Ben Heller

Formen der abstrakten Malerei – Baumeister, Schumacher, Rothko, Tobey

Nach 1910, als die Malerei die Schwelle zur Abstraktion überschritten hatte, erprobten eine ganze Reihe von Malern in ihrem Werk die Möglichkeiten der Farbe, sowohl in ihrem Ausdruckswert als Fläche als auch in der Art des Auftrags. Auch die Materialqualität spielte eine wichtige Rolle: als pastenartiger Farbbrei oder als lasierend übereinander gelegte Farbschichten.

Bereits in den zwanziger Jahren war der deutsche Maler **Willi Baumeister** (1889–1955) zu abstrakten Figurendarstellungen gekommen, hatte bei seinen Bildern Experimente mit rauem Malmaterial und auf Putz durchgeführt. Ähnlich wie bei Oskar Schlemmer (1888–1943) spielte in seinem Frühwerk die menschliche Figur in Farb-Form-Kompositionen eine große Rolle. In der Zeit des Nationalsozialismus, als seine Kunst verboten war, vertiefte er seine künstlerischen Überlegungen zu einem theoretischen Werk, das nach dem Krieg den abstrakt arbeitenden Künstlern einige Anregungen brachte. Bei seinen Entdeckungen reizte ihn die Begegnung mit dem „Unbekannten“, das er in den künstlerischen Überlieferungen früher und vor allem außereuropäischer Kulturen fand.
Der spontane Malakt mit seinen ganz eigenen Setzungen und Konsequenzen steht im Mittelpunkt des Werkes des Malers **Emil Schumacher** (1912–1999). Bei allen seinen Bildern wird der Malakt, der vom Künstler vollen körperlich-geistigen Einsatz fordert, bis das Werk als einigermaßen gelungen dasteht, unmittelbar sichtbar und das schrittweise Vorgehen des Malers nachvollziehbar.

■ *Aus Tiegeln und Eimern, Latten und Pinseln heraus, mit beiden Beinen in der Realität glitschiger und vertrockneter Farben probt der Maler einen frischen Ansturm auf sein Bild. Jedes Mal von neuem muss er die aufreibende Erfahrung machen, dass sich das einfachste Resultat nur durch komplizierteste Anstrengungen mitteilt. Zwar darf die Farbmasse über alle Schichten hinweg gelegentlich schwer wiegen (obwohl er sie häufig aufreißt, allzu dicke Schichten regelrecht ausweidet), doch müssen sich die Inhalte auf leichte Weise mitteilen. […] Seine Dramaturgie verbindet Sisalfasern und verkohltes Holz, Textilien und Drahtglas, Kartoffelkraut und vulkanisches Gestein – jedoch nur zu dem Zweck, Produkte und Schauspiele der Natur quasi im Gärprozess, zum Verwechseln ähnlich durch Farbe zu substituieren […]. „Hiob“ (1973) tritt auf als blockförmiges Antlitz, über das die Farbe wie ein Meer von Tränen strömt.*

Günter Engelhard, S. 80f.

Der amerikanische Maler **Mark Rothko** (1903–1970) arbeitete mit großen ▸monochromen Farbflächen (▸Color Field), auf die er mit dünner oder deckender Farbe annähernd rechteckige Flächen auftrug. Beim längeren Betrachten entsteht die Illusion von belebten, atmenden Lichträumen, die sich – abhängig vom Helligkeitsgrad und dem Kontrast zur Grundfläche – auf den Betrachter hin oder von ihm weg zu bewegen scheinen. Eine wichtige Rolle spielen bei der Farbwirkung in Rothkos Bildern auch die weichen Ränder der Farbfelder hin zum Grund, die die Illusion des Leuchtens stark unterstützen.
Der Amerikaner **Mark Tobey** (1890–1976) schrieb in vielen Bildern schriftähnliche Zeichen in mehreren Lagen übereinander. So entstand in einem längeren Überschreib-Prozess eine vielschichtige, räumliche und farbig differenzierte Struktur. Tobey plante dabei meditierend den Schreibprozess und führte dann in einer konzentrierten Aktion in rhythmischen Zügen sein Konzept aus.

Arbeitsanregungen:

1. Entwerfen Sie analog zu Baumeisters Maschinenmenschen eine Komposition aus Figuren und Bällen, die als Plakat für eine Sportveranstaltung dienen kann.
2. Testen Sie die Wirkung von größeren einfarbigen Farbflächen vor kräftigen Farbpapieren oder selbst gestrichenen (Lein-)Wänden.
3. Arbeiten Sie großflächig mit ▸pastosen Farben (z. B. Dispersionsfarbe). Kleben Sie auch Gegenstände in Ihr Bild ein.

▸**monochrom:** einfarbig

▸**Color Field** (amerik.): Farbfeldmalerei, Richtung der abstrakten Malerei auf großen Leinwänden im Amerika der sechziger und siebziger Jahre

▸**pastos:** breiig, dickflüssig

Willi Baumeister: Maschinenmensch mit Schraubenwindung II, 1929/30. Öl auf Leinwand, 80,5 x 65 cm. Stuttgart, Staatsgalerie

Emil Schumacher: Hiob, 1973. Acryl auf Papier auf Leinwand, 246 x 199 cm. Privatbesitz

Mark Rothko: Rot, Weiß und Braun, 1957. Öl auf Leinwand, 252,5 x 207,5 cm. Basel, Öffentliche Kunstsammlung

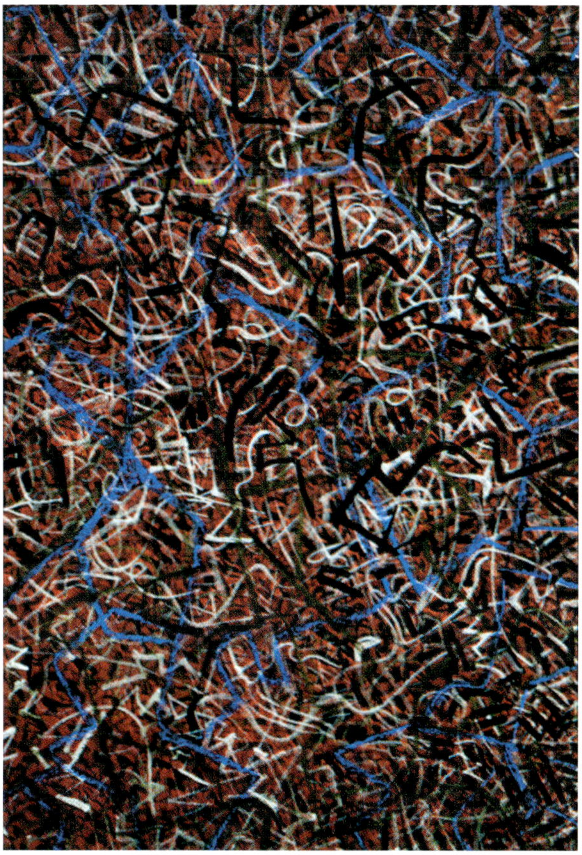

Mark Tobey: Im Einklang mit der Schöpfung (Attuned to Genesis), 1970. Tempera auf Papier, 100 x 70,5 cm. Basel, Galerie Beyeler

Neue Kunstformen – neue Medienkunst

Das Bild als Rätsel – Marcel Duchamp: Großes Glas

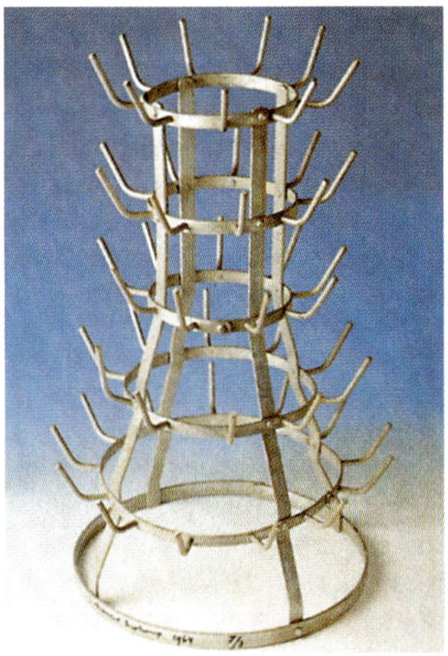

Marcel Duchamp: Der Flaschentrockner, 1914, Replik 1964. Höhe 64,2 cm. Paris, Musée Nationale d'Art Moderne

Nach 1913 zeigte der französische Künstler **Marcel Duchamp** (1887–1968) in Ausstellungen eine Reihe von industriell gefertigten Objekten, so genannte ▸Ready-mades, in denen er die Arbeit des Künstlers auf das Finden, Auswählen und Präsentieren beschränkte. Ab 1912 beschäftigte er sich mit Vorarbeiten zu seinem Hauptwerk **„Das große Glas"**, an dem er etwa zehn Jahre arbeitete und das radikal mit der Tradition des gemalten Bildes brach.

■ *„Ready-mades" und „Großes Glas" sind zwei sehr unterschiedliche Wege Duchamps für eine Kunst jenseits der Malerei und dienen doch der Lösung desselben Problems, das Duchamp 1913 in der zentralen Frage zusammengefasst hat: „Kann man Werke machen, die nicht ‚Kunst' sind?" Duchamp will nach Aufgabe der Malerei also weder Kunst noch Antikunst machen, sondern etwas Drittes, das indifferent ist gegenüber allen ästhetischen Kategorien […]. Er will die Kunst wieder zum Ausdruck des Intellekts machen, aber keines sprachlich-diskursiven oder logisch-mathematischen, sondern eines genuin künstlerischen. Seine Werke stehen also vor einer doppelten Anforderung: Sie sollen zwar intellektuell, aber nicht rational sein, und sie sollen zwar sinnlich erfahrbar, aber nicht bloß ästhetisch reizvoll sein.*

Dieter Daniels, S. 69

Dem Objekt „Großes Glas" gab Duchamp den Titel „La Mariée mise à nue par ses célibataires, même" (wörtlich übersetzt: „Die Braut, von ihren Junggesellen entkleidet, sogar"). Es besteht aus zwei übereinandergesetzten Glasplatten mit klar erkennbaren Formkomplexen, die mit Bleiruten und bemalten Bleifolien in das Glas eingearbeitet sind. Im oberen Teil beherrscht der Formkomplex der sich entkleidenden Braut mit ihren insektenhaften Körperteilen und Gelenken das Format. In Bildern und Zeichnungen hat Duchamp diese Formen der Braut entwickelt. Etwa zur selben Zeit stellen auch Picasso, Max Ernst (1891–1976; s. S. 426) oder Alberto Giacometti (1901–1966) bedrohlich wirkende Frauenfiguren in Insektenformen dar, meistens als ▸Gottesanbeterinnen. Im oberen rechten Drittel sendet die Braut ihre Botschaften auf drei Zetteln in einer wolkenförmigen Sprechblase aus. Allerdings sind die Zettel leer, die Botschaften für uns nicht entzifferbar.

In der unteren Hälfte überwiegt die männliche Welt der technischen Präzision, das Maschinenhafte. Auf einem perspektivisch verkürzten Rahmen mit Kufen, in den ein Wasserrad eingesetzt ist, rotieren die Junggesellen, die als „männliche Formen" aus Hosen, rüstungsartigen Teilen und Umhängen bestehen. Sie produzieren alle zusammen einen rätselhaften Saft, der über dünne Röhren gesammelt und bogenförmig über sieben Filter in ein Mahlwerk mit drei Walzen, in die Schokoladenmühle, geleitet wird. Die drei ovalen Muster am rechten Rand, die als „Präzisionsinstrumente" bezeichnet werden, und die ins Glas eingearbeitete Linse darüber verstärken den Eindruck eines technisch-maschinell-präzisen Gesamtkomplexes.

Trotz aller Erklärungsversuche blieb und bleibt Duchamps „Großes Glas" ein rätselhaftes Werk, was der Künstler durchaus beabsichtigte. „‚Großes Glas' ist eine metaphysische Maschine; sie will uns aus der realen Maschinenwelt in die Parallelwelt der ▸Allegorie versetzen." (Robert Hughes, 1981)

Arbeitsanregungen:

1. Zeichnen Sie in einer Bildergeschichte den Striptease (den Entkleidungstanz) der „Braut".
2. Sammeln Sie Beispiele in der Kunstgeschichte, wie Tiere als Symbole für menschliche Eigenschaften oder Verhaltensweisen gebraucht werden.
3. Suchen Sie in der Geschichte der Kunst Beispiele für zweigeteilte Bilder (Diptychen). Welche Bedeutung kommt dabei jeweils der Aufteilung in zwei Zonen zu, welche Funktion erhält die Begrenzung? Suchen Sie nach Bezügen zu Duchamp.

▸**Ready-made:** nicht vom Künstler angefertigtes, sondern (industriell hergestelltes) vom Künstler ausgewähltes und ausgestelltes Objekt

▸**Gottesanbeterin:** eine Stabheuschreckenart, bei der die sehr viel größeren Weibchen die Männchen nach der Begattung häufig auffressen

▸**Allegorie, allegorisch** (griech. anders sagen): die Verbildlichung eines unanschaulichen Begriffs oder Vorgangs, oft durch Verkörperung als Person, z. B. Gerechtigkeit als weibliche Figur mit Waage und verbundenen Augen

Marcel Duchamp:
Das große Glas (La Mariée mise à nue par ses célibataires, même), 1915–1923.
Philadelphia, Museum of Art, Bequest of Katherine S. Dreier

Die bewegliche Plastik – László Moholy-Nagy: Licht-Raum-Modulator

Im Jahr 1923 begann der ungarische Künstler **László Moholy-Nagy** (1895–1946) seine Arbeit als Lehrer am Staatlichen Bauhaus in Weimar. Seine künstlerischen Konzepte hatte er aus den Vorgaben der niederländischen Gruppe De Stijl und der russischen Konstruktivisten entwickelt. Nach seinen Vorstellungen musste die Kunst des neuen Jahrhunderts elementar, technisch genau und allumfassend sein und sich an der Präzision und den Möglichkeiten der Maschine orientieren. Sie sollte mit reinen Farben Rhythmen im Raum und ein Gleichgewicht der Form herstellen.
Die Gemälde des Künstlers aus den zwanziger Jahren zeigen häufig geometrische Formen wie Kreise, Kreuze, Rechtecke in transparenter Durchdringung und Überlagerung. Daneben arbeitete er experimentell mit dem Medium der Fotografie. Von ihm stammen zahlreiche ▸Fotogramme.

▸**Fotogramm:** direktes Verfahren der Fotografie ohne Kamera, bei der man kleinere Gegenstände auf das Fotopapier legt, es belichtet und entwickelt

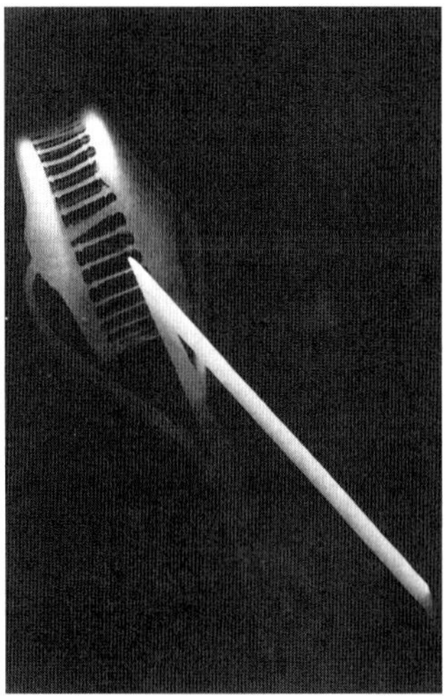

▸**Prototyp:** Muster oder Erstentwicklung; dem erfolgreich getesteten Prototyp folgt dann die Serienproduktion in großer Auflage.

▸**Replik:** vom Künstler selbst gefertigtes Nachbild eines (verlorenen) Originalwerkes

▸**kinetisch** (griech.): auf bewegung bezogen

▸**Op Art:** Kunstströmung seit den fünfziger Jahren, die sich mit den Phänomenen Licht und Farbe beschäftigte (optical art). Neben einer statischen Op Art, die durch Farben und Formen Scheinbewegungen und Scheinräumlichkeit erzeugte, arbeitete die kinetische Richtung mit Lichtspiegelungen und -maschinen.

Am Bauhaus übernahm Moholy-Nagy neben dem Vorkurs, einer Art Grundlehre, die Metallwerkstatt als Formmeister. Dort gelang es ihm, in Zusammenarbeit mit der Industrie einige ▸Prototypen für Stehlampen zu entwickeln und somit das Bauhauskonzept als Entwicklungsbasis neuer Formen des Designs zu realisieren.
Moholy-Nagy vertrat einen dezidiert gesellschaftsbezogenen Standpunkt, von dem aus er hoffte, „an der Gestaltung der eigenen Zeit mit zeitgemäßen Mitteln" arbeiten zu können. Sein Ziel war eine produktive Gestaltung der technisch-urbanen Lebenswelt des Industriezeitalters, auch unter Nutzung der neuen Medien Fotografie und Film.

Nach einigen statischen Plastiken aus glänzenden Metallteilen arbeitete Moholy-Nagy mehrere Jahre an der Konzeption des **„Licht-Raum-Modulators"**, einer Maschine, die aus verschiedenen harten Materialien, glänzendem Edelstahl, Glas und durchsichtigem Kunststoff bestand. Die Aufgabe und Bedeutung der Maschine lag nach Moholy-Nagy vor allem darin, „das Licht in seiner Struktur zu erfassen und dessen Raum-Zeit-modulierende Kraft in materieller Existenz sichtbar zu machen". Die historische Bedeutung seiner Maschine sah er darin, dass sie den Übergang von der statischen zur kinetischen Gestaltung vollzog.

■ *Bei Moholy-Nagys „Lichtrequisit einer elektrischen Bühne" handelt es sich um eine Metallkonstruktion, die durch einen Elektromotor in langsame Rotation versetzt werden kann; die einzelnen Teile führen komplizierte, zum Teil gegenläufige Bewegungen aus. [...] Tatsächlich unternahm Moholy-Nagy hier ein rein bildnerisches Experiment. Unter dem Titel „Dynamisch-konstruktives Kraftsystem" hatte er [...] 1922 das bewegliche Kunstwerk postuliert. Folgerichtig führten seine Studien von der Ideenskizze über mehrere Konstruktionsentwürfe hin zu dem in Berlin 1929–1930 verwirklichten metallenen Objekt. Da das im Busch-Reisinger-Museum der Harvard University in Cambridge (Massachusetts) befindliche Original nicht mehr funktionsfähig war [Moholy-Nagy war in die USA emigriert und hatte in Chicago ein neues Bauhaus mitbegründet], [wurden ...] zwei einwandfrei arbeitende ▸Repliken angefertigt. Moholy-Nagy hat sein „Lichtrequisit" 1930 auch verfilmt. Der Film zeigt, dass in Moholy-Nagys Konzeption auch die Lichtreflexe und die Schattenwirkungen konstituierende Faktoren sind.*

Hans M. Wingler, S. 40

Seine Nachfolge fand Moholy-Nagys Lichtrequisit in den glänzenden, rotierenden Lichtmaschinen der kinetisch orientierten ▸Op Art der fünfziger und sechziger Jahre bei Heinz Mack (*1931) oder Nicolas Schoeffer (1912–1992).

Arbeitsanregungen:

1. Erzeugen Sie in einem abgedunkelten Raum mit Edelstahlteilen (Küchengeräte z. B.) und Lichtquellen (Tischlampe, Lichtkegel eines Diaprojektors) Spiegelungen und Schattenspiele an der Wand.
2. Welche Gefühle erwecken stark bewegte Lichter bei Dunkelheit? Beschreiben Sie Eindrücke, die Sie auf Jahrmärkten, Flughäfen, an Autobahnkreuzen oder bei Feuerwerken gesammelt haben.

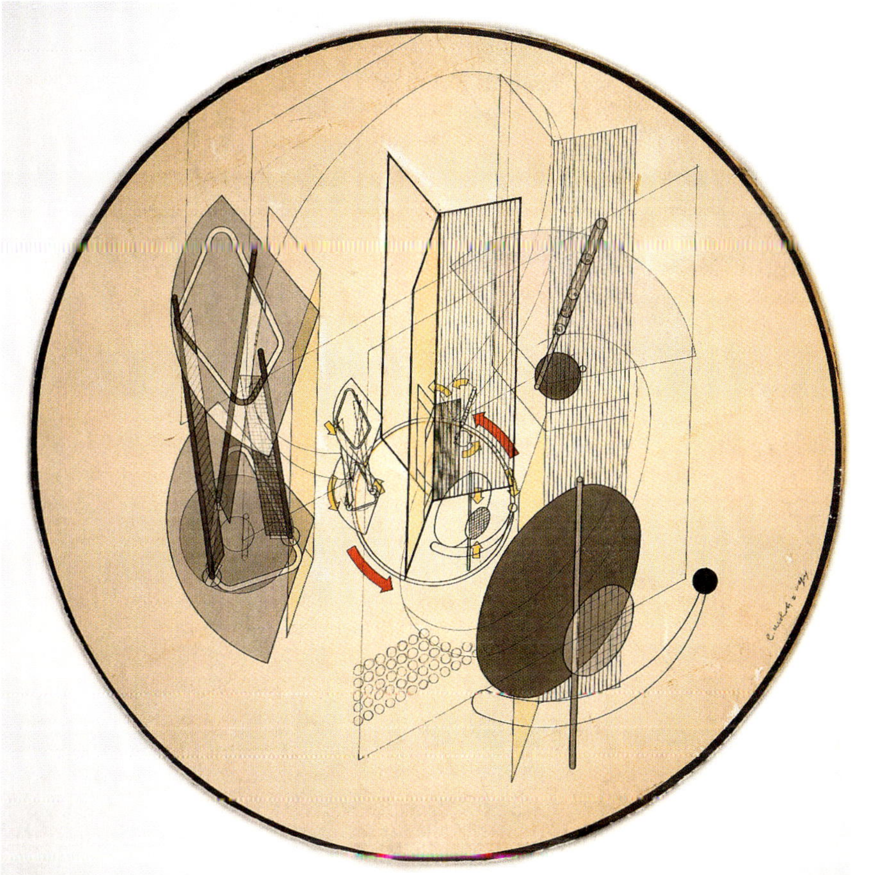

László Moholy-Nagy:
Studie zum Licht-
Raum-Modulator, um 1929.
Tusche und Aquarell.
Berlin, Bauhaus-Museum

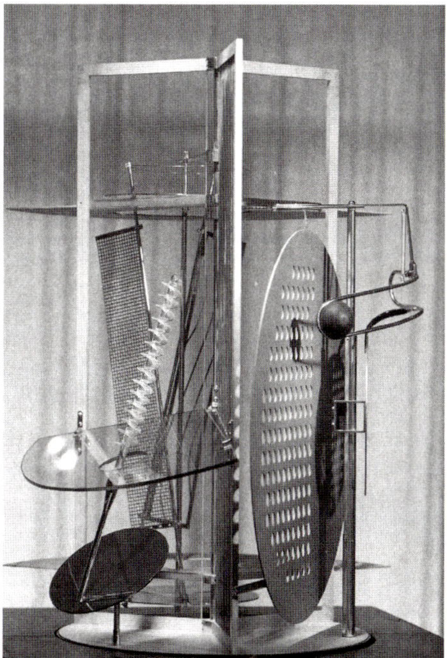

László Moholy-Nagy: Licht-Raum-Modulator, 1922–30, Rekonstruktion 1970. Berlin, Bauhaus-Museum

Mobile und Maschinenplastik – Alexander Calder und Jean Tinguely

Beliebtheit, Akzeptanz und Popularität moderner bewegter Plastik lassen sich am Werk des amerikanischen Künstlers **Alexander Calder** (1898–1976) und des Schweizers **Jean Tinguely** (1925–1991) demonstrieren. Vor allem die Mobiles von Calder, meist an Stahldrähten beweglich aufgehängte farbige Metallformen, haben, in trivialisierter Form und in massenhafter Produktion hergestellt, Eingang in Kindergärten und Schulen gefunden. Calder, der um 1930 in Paris mit Drahtfiguren experimentierte, verspürte angesichts der Bilder in Piet Mondrians (s. S. 326) Atelier den Wunsch, die gelben, roten und blauen Rechtecke in Bewegung zu versetzen. Nach anfänglichen Versuchen mit Elektromotoren entwickelte Calder schließlich die vom Wind oder durch leichtes Anstoßen in Gang gesetzte Plastik aus dünnen, farbig bemalten Metallformen, das Mobile. Einmal in Gang gesetzt, kehrt das Mobile in einem längeren Ablauf von Drehungen, Pendel- und Nickbewegungen um mehrere Gelenke wieder in seinen Gleichgewichtszustand zurück.

■ *Der Charme von Calders Plastiken leitet sich zu einem Gutteil von der Einfachheit ihrer Mittel ab, von der Leichtigkeit, mit der er Gewichte ausbalanciert, Verbindungen herstellt, Bewegung erzeugt. [...] Calders in Schwingung versetzte Mondrian-Farbflächen rühren von einem ausgeprägten Ordnungssinn her; sie sind in ihrer Präzision dem Werk des Holländers verwandt, nicht aber in dessen intellektuellem Ernst. „Vor allem“, schrieb Calder an seine Nichte, „sollte die Kunst glücklich sein und nicht kummervoll.“*

Hans Pietsch, S. 107

Auf Müllhalden und bei Schrotthändlern sammelte Jean Tinguely Bestandteile seiner Plastiken und schweißte und schraubte daraus seine sich kurios bewegenden Maschinenplastiken zusammen. Auf der ▸Biennale von Venedig im Jahr 1959 führte er einen Apparat vor, der automatische Zeichnungen herstellen konnte. Innerhalb von drei Wochen produzierte die Maschine etwa 40000 abstrakte Zeichnungen.

■ *„Metamatic No. 17“ hieß die Konstruktion, mit der Tinguely angerückt war: eine Zeichenmaschine, angetrieben von einem Benzinmotor. Eine dicke Papierrolle durchlief das Gerät, dabei bekritzelte ein Zeichenarm das Papier, das am Schluss – in Stücke geschnitten – von einem Ventilator in die herumstehende, entzückte Menge geweht wurde. Der ganze Apparat rollte dabei auf dem Hof umher.*

Rolf A. Paltzer, S. 81

In seinem Spätwerk beschäftigte sich Tinguely mit Wasser speienden und spritzenden, rotierenden Brunnenplastiken. Die bekannteste wurde der „Strawinsky-Brunnen“ (1983) neben dem Centre Pompidou in Paris, wo in einem großen, 36 m langen Wasserbecken 16 Plastiken von Tinguely und Niki de Saint Phalle (s. S. 342) eine Art Wasserballett aufführen. Dabei drehen die maschinenhaften, schwarz lackierten Plastiken Tinguelys sich in Kreisen und Spiralen, sprühende Wasserfontänen um sich werfend, während die bemalten, verspielt-lustigen Plastiken Saint Phalles heitere, sinnenfrohe Farbakzente setzen. Einige Plastiken beziehen sich auf die Musik ▸Strawinskys, so der beherrschende Feuervogel.

Aber auch die Maschinenskulpturen Tinguelys haben hier nichts Aggressives an sich wie einige der großen Maschinen des Künstlers, sondern ergänzen sich mit den poetischeren Plastiken Saint Phalles zu einem zweckfreien, heiter-ironischen Spiel aus Bewegung und Aktion, aus Wassertropfen, Licht und Spiegelungen.

Arbeitsanregungen:

1. Beschreiben Sie die besonderen Eigenschaften der Bewegungen, die ein in Gang gebrachtes Mobile aufführt, bis es wieder zum Stillstand kommt.
2. Skizzieren Sie eine zweckfreie Maschine aus Maschinenteilen wie Zahnrädern, Wellen, Achsen usw. Beschriften Sie die einzelnen Elemente und kennzeichnen Sie die einzelnen Funktionen.

▸**Biennale** (ital. zweijährlich): alle zwei Jahre wiederkehrende internationale Kunstausstellung in Venedig

▸**Strawinsky, Igor** (1882–1971): amerikanischer Komponist russischer Herkunft. Das Ballett „Der Feuervogel“ entstand 1910. Die reiche Orchestrierung, die Übernahme russischer Volkslieder und der dramatische Ausdruck machten das Werk zu einem Publikumserfolg.

Alexander Calder:
Stahlfisch, 1934.
Stahlruten und
Aluminiumplatten.
Richmond (USA),
Museum of Fine Arts

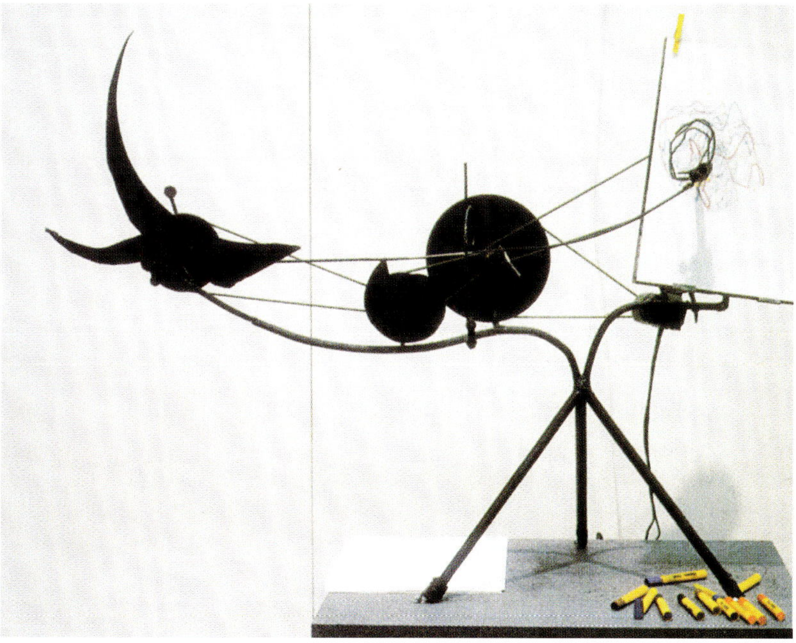

Jean Tinguely:
Méta-matic No. 9, 1959.
Maschinenteile, Elektromotor, 85 x 144 x 36 cm.
Privatbesitz

Technisches und Archaisches – Joseph Beuys: Das Rudel

In der Installation „**Das Rudel**“ ist ein alter, rostiger VW-Bus zu sehen, aus dessen Ladeklappe zwanzig Schlitten „herausgesprungen“ sind (der letzte „springt“ gerade auf den Boden). Wie ein Rudel Hunde gleiten die Schlitten nun in einer Dreierreihe mit einem „Anführer“ an der Spitze in elegantem Bogen davon. Jeder Schlitten ist mit einigen seltsamen Dingen ausgestattet, wie einer Taschenlampe, einer zusammengebundenen Filzrolle und einem runden Stück Margarine. Was sagt der Künstler **Joseph Beuys** (1921–1986) selbst zu seinem Werk?

■ *Dies ist ein Objekt für den Ernstfall. [...] Im Ernstfall ist der Volkswagenbus nur von begrenzter Nützlichkeit, direktere und primitivere Mittel müssen verwendet werden, um das ÜBERLEBEN sicherzustellen. Die direkteste Art, sich über die Erde zu bewegen, erfolgt mithilfe der eisernen Kufen der Schlitten, wie dies schon früher durch die Figur des Schlittschuhläufers oder durch die eisernen Sohlen angedeutet wurde, die ich mir während der Aktion EURASIA unter die Füße gebunden hatte. Diese Verbindung zwischen den Füßen und der Erde ist vielen Plastiken immanent, die über den Boden laufen. Jeder Schlitten trägt seine eigene Überlebensausrüstung: Die Taschenlampe verkörpert den Orientierungssinn, Filz dient dem Schutz und Fett der Nahrung.*

Joseph Beuys, S. 190

Beuys verwandte in seinem Werk eine Reihe von Materialien, die bisher nicht in die Kunst Eingang gefunden hatten. Er lud sie mit einer Symbolik auf, die teils Erfahrungen im täglichen Umgang widerspiegelt, teils älterem vorwissenschaftlichem Gebrauch wie z. B. der Alchemie entstammt. Dieses Einbeziehen vorwissenschaftlicher, oft magisch-religiöser und ▸schamanistischer Zusammenhänge und Bedeutungen setzte Beuys bewusst gegen eine nur vom Zweckrationalismus unserer Zeit beherrschte Denkweise.

▸**Schamane** (tungusisch): eine Person, die nach ihrem Selbstverständnis und nach Meinung ihrer Umgebung mit magischen Fähigkeiten ausgestattet ist; bei manchen Naturvölkern Priester oder Medizinmann

So steht das Material Filz auf Grund seiner Beschaffenheit (ein dichtes Gemenge aus ungeordnet verschlungenen, meist tierischen Haaren) für Schutz und Wärme, auch für Isolierung und Abschirmung. Und wie das Material Kupfer markiert auch der Filz in der plastischen Theorie von Beuys eine bestimmte Position im Wärmeprozess: „Während Kupfer den Prozess in Bewegung hält durch seine hohe Leitfähigkeit, funktioniert Filz als Energiespeicher, als Batterie.“ (Theodora Vischer)

In der Wärmetheorie von Beuys spielen sich plastische Vorgänge zwischen zwei entgegengesetzten Formpolen ab. Der Wärmepol bezeichnet dabei das Amorphe, Chaotische, Ungefügte. Der Kältepol bezeichnet das äußerst Formgebundene, Harte, Kristalline, Erstarrte. Es kommt nun darauf an, starre Formen durch (menschliche) Wärme wieder zu formbaren Zuständen zu verändern. Diesen Vorgang übertrug Beuys auch auf die gesellschaftlichen Gegebenheiten und Prozesse.

■ *Die politischen und pädagogischen Arbeiten von Beuys im Rahmen seiner Lehrtätigkeit an der Staatlichen Kunstakademie Düsseldorf, in der „Organisation für direkte Demokratie durch Volksabstimmung“, sowie in dem von ihm gegründeten Verein zur „Förderung einer freien Hochschule für Kreativität und interdisziplinäre Forschung“ waren eine konsequente Fortsetzung der Suche nach einer humanen Gleichsetzung von Kunst und Leben und einer Ausdehnung der plastischen Idee auf jede emanzipatorische kreative Äußerung menschlicher Tätigkeit. Für Beuys kann: Jeder Mensch ein Künstler sein, wenn man ihm die Möglichkeit gibt, seine eigenen Fähigkeiten aufzufinden und auszubilden.*

Adriani, Konnertz, Thomas, S. 9

Arbeitsanregungen:

1. Welche bisher in der Kunst ungebräuchlichen Materialien tauchen im Werk von Joseph Beuys auf und welche Bedeutung haben sie dort?
2. Erörtern Sie die Forderung von Joseph Beuys: Jeder Mensch ein Künstler!

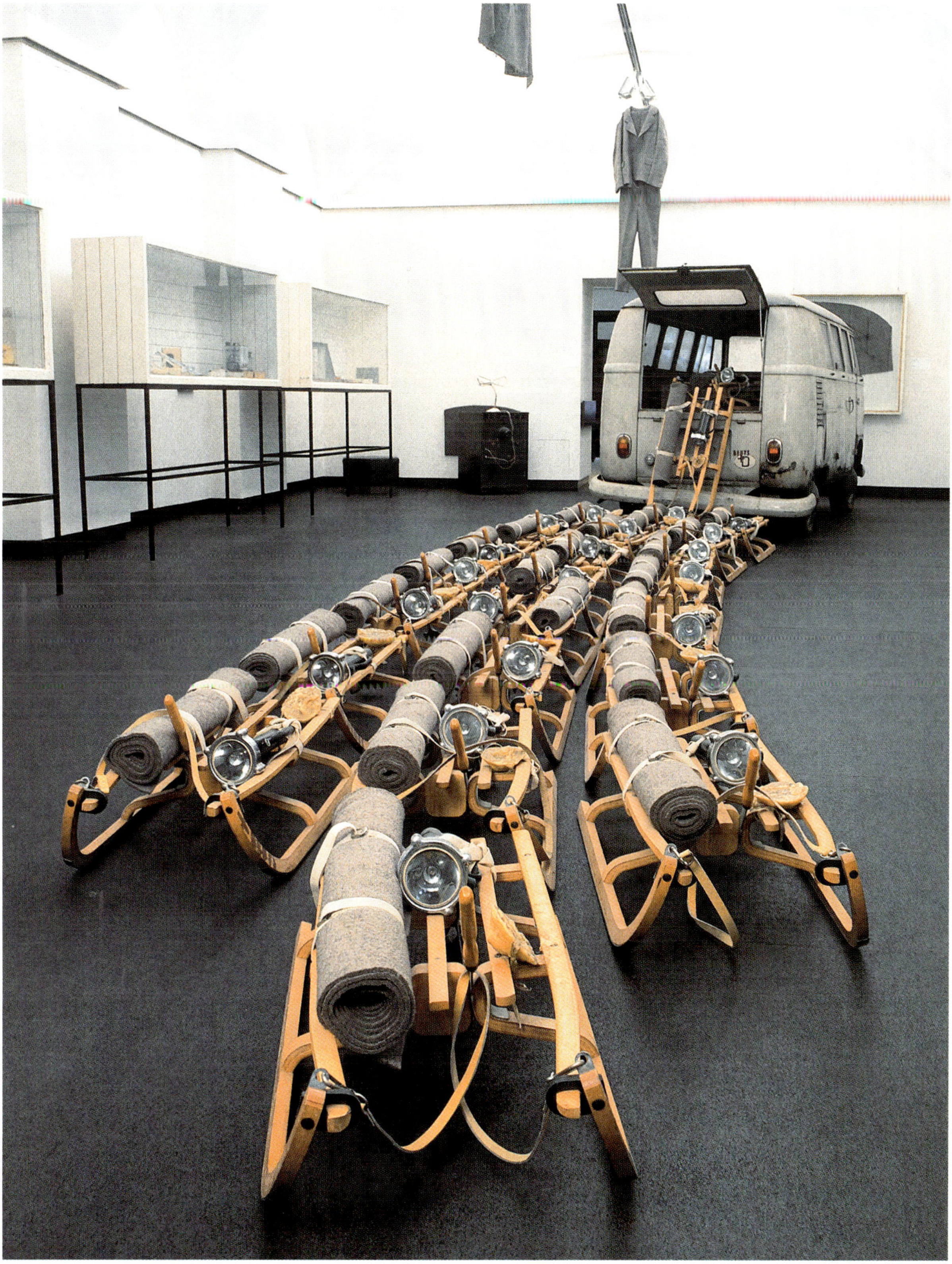

Joseph Beuys: Das Rudel, 1969. Installation, VW-Bus, 24 Schlitten, mit je einer Filzrolle, einer Stablampe und einem Fettklumpen ausgestattet. Kassel, Staatliche Kunstsammlungen

Mythen und Geschichte – Anselm Kiefer

Anselm Kiefer (*1945) hat in seinen meist großformatigen Bildern die ▸Historienmalerei neu belebt, die im 19. Jahrhundert ein bedeutsames Feld der Kunst darstellte. Vor allem aber ist Kiefers Thema die neuere deutsche Vergangenheit, die zwölf Jahre des Nationalsozialismus. Allerdings ist der Künstler kein Historiker, täuscht auch nicht vor, es zu sein. Er versteht seine Arbeit nicht als objektive Analyse, sondern als subjektive Zeitdiagnose. Darum sind seine Gemälde auch nicht illustrative Darstellungen historischer Ereignisse; es sind vielmehr persönlich-subjektive Deutungen. Die Werke Kiefers lassen sich als visuelle Bewusstseinsbilder verstehen, die ein Spektrum von Themen umkreisen: deutsche Geschichte, Mythologie, deutsche Landschaften als geschichtsträchtige Räume, Kunst und die Gefährdung von Kunst.

Anselm Kiefer zitiert in seinen Bildern Mythen, und indem er sie benutzt, zeigt er zugleich, wie sie funktionieren. Die von Kiefer dargestellten Mythen sind durch die deutsche Geschichte missbraucht worden, um unvorstellbare Verbrechen zu rechtfertigen und zu bemänteln. Davon handeln seine Gemälde. Kritiker haben die Zweideutigkeit in den Bildern betont. Gegen das kritische Bewusstsein führe Kiefer die Faszination des ▸Archetypischen ins Feld. Gegen alle Vernunft sei der Betrach-ter durch die Ausstrahlung gefesselt. Der Kunsthistoriker Saul Friedländer wiederum betonte, „dass diese beschwörende Nachgestaltung und Neuinterpretation der Vergangenheit dazu verhilft, die Vergangenheit selbst und namentlich ihre psychologische Dimension besser zu verstehen."

In einer Reihe von Werken setzt sich Kiefer mit der Faszination der Architektur des Dritten Reiches auseinander, so bei dem Bild „**Innenraum**", das einen Raum der im Krieg zerstörten „Neuen Reichskanzlei" in Berlin zeigt und ihn gleichzeitig verfremdet. Das Streben der NS-Kunst nach einer strengen, klassizistischen und überwältigenden Schönheitsnorm wird konfrontiert mit der Zerstörung. Nach der Einschätzung des Ästhetikers Bazon Brock zeigt Kiefer „das deutsche Verhängnis, Größe zu wollen und Vernichtung zu produzieren".

In seinem späteren Werk tendiert Kiefer zu plastischen Formen, die er oft im gewichtigen Material Blei formt, wie seine Serie der Bibliotheken aus Bleibüchern oder die Reihe der Bleiflugzeuge zeigt.

Die Bücher als Archiv des Gedächtnisses auf die Flügel des Bleiflugzeuges gelegt – wie in der ▸Installation „**Mohn und Gedächtnis**" von 1947 (der Titel entstammt dem Gedicht „Corona" des Schriftstellers Paul Celan, 1920–1970) – bedeuten für Kiefer den anschaulichen Widerspruch, mit dem geistigen Geschäft der Künste die Schwere der Materie aufzuheben.

Bei der Verwendung von Blei als Material spielen auch alchimistische Vorstellungen eine Rolle, denn Blei war das Ausgangsmaterial, aus dem man durch Reinigungs- und Läuterungsprozesse Gold zu gewinnen hoffte. Indem Blei zum bevorzugten Gestaltungsmittel für Bilder und Objekte wird, zeigt sich Kiefers Kunst in gewisser Weise als dem Saturn verbunden. Ihre Themen sind im Zeichen des Unglücksplaneten Saturn die Katastrophen der Geschichte, also Krieg, Untergang und Tod. Die Farben Schwarz und Grau sind die Farben des Saturn und der von ihm hervorgerufenen melancholischen Trauer. Deshalb sind auch für Kiefer die bevorzugten Bildmittel Erde, Stroh, Asche und Blei, die allesamt dem Saturn zugeordnet sind.

Arbeitsanregungen:

1. Beschreiben Sie genau die Elemente und Mittel, mit denen Kiefer den historisch belasteten Innenraum sowohl erkennbar wiedergibt als auch stark verfremdet. Welche Wirkung erzielt er dadurch?
2. Zeigen Sie die Unterschiede Kiefers in der Auffassung einer Historienmalerei im Gegensatz zu früheren Positionen, etwa in der „Alexanderschlacht" (s. S. 68 und 232) oder in der „Übergabe von Breda" von Velázquez (s. S. 250).
3. Diskutieren Sie Brocks Zitat.

▸**Historienmalerei:** die künstlerische Darstellung geschichtlicher Ereignisse (s. S. 250, 288, 290)

▸**Archetyp** (griech.): Urbild, Urform

▸**Installation:** Einrichtung eines Raumes, bei der der Künstler mit Gestaltungselementen arbeitet, die zum konkreten Ausstellungsort eine Beziehung aufnehmen

Albert Speer: Neue Reichskanzlei in Berlin, 1938/39 (zerstört)

Anselm Kiefer: Innenraum, 1981. Öl auf Leinwand, 287 x 310 cm.

Anselm Kiefer: Mohn und Gedächtnis, 1990. Installation Bleiflugzeug, Bleibücher, Mohn getrocknet. Berlin, Hamburger Bahnhof

Träume und Ängste – Rebecca Horn: Der Mond, das Kind und der anarchistische Fluss

■ *Der Geruch im Kasseler ▸documenta-Büro, 1992 untergebracht in einer ehemaligen Schule, rief bei Rebecca Horn ein Kindheitserlebnis wach. Als Fünfjährige hatte sie vor Angst in die Hose gemacht, weil sie ein Gebet nicht aufsagen konnte, und war vom Lehrer bestraft worden. Die beklemmende Erfahrung setzte Horn in ihrer Installation für die documenta 9 um: Zehn alte Schulbänke stehen Kopf, Tinte tropft von den Tischfässern in Glastrichter auf dem Fußboden und läuft in Bleirohre, die aus den Fenstern des Schulgebäudes stürzen wie ein „anarchistischer Fluss".*

Susanne Wagner, S. 28

Für den Betrachter bietet diese ▸Installation zwei Ansichten: zum einen der wirre, verschlungene Wust von Bleirohren, die an der Hausfassade nach unten stürzen, aus den Fenstern ins Freie, und zum anderen den beklemmenden Raum mit den Schulbänken an der Decke, den Tintenflecken auf dem Boden, den Trichtern, in die aus einigen Röhren Tinte tropft.

Die Künstlerin **Rebecca Horn** (*1944) versucht in ihren Installationen Beziehungen zwischen Personen sichtbar zu machen durch sparsame Requisiten, durch Maschinen mit exakt programmierten Bewegungsabläufen, durch Stimmen auf Tonbändern oder durch das Fließen, Spritzen oder Tropfen von Flüssigkeiten. Es sind keine Personen mehr anzutreffen, aber die Räume und die Gegenstände bringen deren Ängste, deren Leidenschaften und Gefühle durch eine sensible Inszenierung zum Ausdruck. So auch hier: Die Kinder haben die Schule längst verlassen, doch das dürftige Tröpfeln der Tinte, symbolisch für das, was in Schulzimmern stattfindet, und der gewaltige Strom an Lebenssaft, der nach draußen, ins Leben drängt, sind überwältigend klar veranschaulicht. Die manchmal beängstigende Situation der Klassenzimmeratmosphäre vermittelt sich auf körperlich spürbare, direkte Weise.

Neben ihren Installationen hat Rebecca Horn auch einige Filme gedreht, wie „Ferdinanda" (1981), in dem die Zimmer einer italienischen Villa von exzentrischen, seltsamen Menschen bewohnt werden: Eine alternde Schauspielerin, eine Krankenschwester, Musiker, Ballerinen, ein Ornithologe und ein Kunsthistoriker zelebrieren ihre seltsamen Rituale. Daneben agieren geheimnisvolle Maschinen und Objekte wie ein zitternder Tisch, eine Schaukel, Glasvitrinen mit verwunschenen Inhalten. In ihren früheren Arbeiten entwarf die Künstlerin Federmasken, ein großes, auf dem Kopf zu tragendes Horn, Körperfächer, meterlange Handschuhfinger, ein Pfauenrad, das sich mechanisch öffnet und schließt und eine Figur verschwinden lässt.

Bei ihrer Arbeit bilden Erfahrungen im Bereich der zwischenmenschlichen Wahrnehmung, Wünsche, Empfindungen, Projektionen die Grundlage. Weiche Materialien wie Federn und Stoffe, Pinsel und durchsichtige Kunststoffschläuche stehen aggressiven Werkzeugen wie Hämmern und Pistolen, dünnen Metallspitzen und -sonden, tickenden Geräten oder Ferngläsern gegenüber. Daneben verwendet Horn die Materialien und Elemente der Alchimisten wie Gold, Blei, Schwefel und Quecksilber. „Und wie die Alchimisten, die Adepten [Anhänger, Schüler] der uralten Lehren von der Umwandlung der Elemente und Energien, verschlüsselt auch sie ihre Botschaften mithilfe poetischer Symbole: Pfau, Einhorn und Schlange, das Ei als Sinnbild für die Vereinigung der Gegensätze." (Susanne Wagner)

Arbeitsanregungen:

1. Beschreiben Sie eine Situation in Ihrer Kindheit, an die Sie durch einen bestimmten Geruch oder Geschmack erinnert werden.
2. Skizzieren Sie zeichnend und beschreibend einen Raum, der durch einige Gegenstände oder Instrumente, durch Geräusche oder Wortfetzen auf einem Kassettenrecorder ein bestimmtes Gefühl oder eine bestimmte Situation hervorruft.

▸**documenta:** im Abstand von meist fünf Jahren stattfindende Kunstausstellung in Kassel, auf der die aktuelle Kunstszene „dokumentiert" wird

▸**Installation:** s. S. 410

Rebecca Horn:
Der Mond, das Kind und der anarchistische Fluss, 1992.
Installation.
Kassel, documenta IX

Mensch und Welt im Video – Bill Viola und Pipilotti Rist

In der Video-Arbeit „**The Crossing**" (Kreuzung) des Amerikaners **Bill Viola** (*1951) aus dem Jahr 1996 kommt ein Mann aus dem dunklen Hintergrund nach vorn, bis er etwa lebensgroß auf der Leinwand erscheint. Von oben beginnt es zu tropfen, zu rieseln. Der Mann steht im Regen, das Wasser prasselt und klatscht ihm auf Kopf und Schultern, läuft an ihm hinunter. Der Wasserschwall wird immer kräftiger, schließlich erreicht er die Stärke eines Wasserfalls, der Mann verschwindet unter dem breiten Wassersturz. Dann nimmt die Dichte des herabfallenden Wassers wieder ab, der Wasservorhang lichtet sich langsam, aber der Mann ist verschwunden. Schließlich hört der Regen wieder auf, wie er begonnen hat. Ende.
Auf der Rückwand passiert zur gleichen Zeit Folgendes: Derselbe Mann wie im Wasservideo kommt nach vorn, wo aus dem Boden einige Flämmchen aufleuchten, wie Teelichter. Die Flämmchen werden größer, dichter und entwickeln sich zur lodernden Flammenwand, die den Mann scheinbar einhüllt, zumindest langsam verdeckt. Hinter der Flammenhölle verschwindet die Figur; langsam gehen die Flammen zurück, ersticken am Boden. Ende.

In der sich immer wiederholenden kurzen Handlung eines künstlerischen Videofilms verbinden sich Bewegungsmotive wie bei einer Filmsequenz mit den Gegebenheiten einer Installation, eines Raumes, eines beweglichen Objektes. Feuer und Wasser, die Urelemente der griechischen Philosophen, werden in den beiden Videofilmen von Bill Viola in erregender Form am Menschen vorgeführt, als Naturkräfte, die den Menschen verschlingen können.

In dem Videofilm „**Ever is Over All**" der Schweizerin **Pipilotti Rist** (*1962) geht eine junge Frau in einem leicht schwingenden grünen Taftkleid eine an beiden Rändern mit Autos vollgeparkte Straße entlang, wie sie überall in unseren Städten zu finden ist. Die dunkelhaarige Frau geht beschwingt summend zwischen der Häuserwand und den parkenden Autos auf die Kamera zu. In beiden Händen hält sie einen grünen Stängel mit einer blütenknollenartigen Verdickung, den sie ab und zu seitlich schwingen lässt und plötzlich mit weit ausholendem Schwung wie eine Keule in ein Autoseitenfenster schmettert. Das Glas birst, die Frau zieht lächelnd den Stängel zurück und setzt summend ihren Weg fort, um den Vorgang bei einigen weiteren Autos zu wiederholen. Auf dem rechten Teil des Bildschirms werden gleichzeitig in Großaufnahme und in unscharfen satten Gelb- und Grüntönen die Blüten und Früchte tropischer Pflanzen gezeigt. Diese ästhetische Präsentation von Pflanzenteilen in Nahsicht kontrastiert mit dem rätselhaften Geschehen auf dem linken Bildschirmteil, wo der Zuschauer schockiert ist von der heiter ausgeführten aggressiven Tat des Einschlagens von Autofenstern. Ein Ordnungshüter in Uniform taucht auf, und der Betrachter sieht schon Gerechtigkeit geschehen, als sich der vermeintliche Polizist als lächelnd grüßende Komplizin entpuppt und tatenlos weitereilt.

Es lassen sich Verbindungen ziehen zwischen einer weiblichen, friedlichen, vegetabilen Welt rechts und der Frau, die in heiterer Hochstimmung sich gegen die triste Maschinenwelt der einengenden Autos wehrt – in ▸mänadenhafter Hochstimmung mit einer ▸thyrsusstabähnlichen Keule. Frauen können auch anders, können auch aggressiv werden, wenn ihr Wesen beengt und bedroht wird.

Arbeitsanregungen:

1. Was unterscheidet die beiden Darstellungen der Elemente Feuer und Wasser von Bill Viola von herkömmlichen Bildern? Ergänzen Sie Videosequenzen zu Erde und Luft.
2. Filmen Sie mit einer Videokamera kurze Szenen aus dem Alltag (z. B. ein Mann kommt nach Hause), die nacheinander von verschiedenen Personen gestaltet werden. Besprechen Sie die unterschiedlichen Auffassungen.

▸**Mänade:** aus dem griechischen Dionysos-Kult stammend: rasende Frau aus dem Gefolge des Weingottes

Vasenbild: Mänade

▸**Thyrsusstab:** der in einem Pinienzapfen endende, mit Efeu und Weinlaub umwundene Stab des Dionysos und der Mänaden

Bill Viola:
The Crossing (Kreuzung), 1999. Videoinstallation (zwei Aufnahmen). Frankfurt/M., Museum für moderne Kunst

Pipilotti Rist: Ever is Over All, 1997. Videoinstallation, 2 Projektionen. Zürich, Galerie Hauser & Wirth

Fotografie zwischen Realität und Fiktion – B. und H. Becher, A. und B. J. Blume, Jeff Wall

Bernd (*1931) und **Hilla** (*1934) **Becher** arbeiten seit 1959 zusammen. Ihr gemeinsames Medium ist die Fotografie. Die Bechers suchen und beobachten ihre Objekte, nehmen sie möglichst exakt auf, indem sie großformatige Plattenkameras benutzen, die eine hohe Detailschärfe liefern. Mit ihren Ansichten von Wassertürmen, Fördertürmen, Kühltürmen, Gasbehältern, Hochöfen, Kalköfen, Silos, Hochspannungsmasten, Fabrikhallen und Raffinerien halten sie eine heute größtenteils überholte Technik im Bild fest und liefern eine Formenlehre dieser Industriebauten. In der Gegenüberstellung innerhalb der Sammlung werden länderspezifische Lösungen und zeitliche Entwicklungen deutlich. So lenken Bernd und Hilla Becher die Aufmerksamkeit auf anonyme, funktionelle und zugleich ästhetische Objekte und bewahren diese im Bild im Sinne einer Industriearchäologie.

■ *Die Information, die wir geben wollen, entsteht erst durch die Reihung, durch die Gegenüberstellung ähnlicher oder verschiedener Objekte der gleichen Funktion. So wie die Kathedralen des Mittelalters [...] sind auch jene Gebilde als Ausstülpungen unserer Zeit, als Selbstdarstellungen unserer Gesellschaft aufzufassen. Ihr Stil ist geprägt vom ökonomischen Denken. Ästhetische Gesichtspunkte spielen eine untergeordnete Rolle. [...] Ihre Formen ergeben sich aus ihrer Zweckbestimmung.*

B. und H. Becher, S. 342

Eine diametral andere Auffassung des Mediums Fotografie vertritt das Künstlerpaar **Anna** und **Bernhard Johannes Blume** (beide *1937). Sie zeigen in ihren Fotoserien eine völlig irreale Welt, in der sie mit Verkleidungen, verzerrter Mimik und durch Verwackeln beim Fotografieren und durch verschiedene Manipulationen beim Entwickeln Bilder erzielen, die jeder Realität widersprechen. Vielfach spielen in den mehrteiligen Fotoserien Objekte eine rätselhafte, manchmal furchtbare Rolle, die die Personen in existenzielle Konflikte stürzen. In der Serie „**Mahlzeit**" geht es vordergründig um Fastfood-Essen, hintergründig um das dem Menschen Ungenießbare, das er sich einverleibt, um es dann wieder von sich zu geben. So benutzen die Blumes das Medium Fotografie für die Darstellung des Rätselhaften, Metaphysischen, nicht Erklärbaren oder Schwindel Erregenden.

Der Kanadier **Jeff Wall** (*1946) inszeniert mit großem, zunächst nicht erkennbarem Aufwand in riesigen, von hinten beleuchteten Schaukästen mit Diapositiven das Unerklärliche, das in realistisch erscheinenden Fotografien enthalten ist. So zeigt er eine Szene in „**Struggle on the Sidewalk**", in der

■ *[...] vor dem unwirtlichen Hintergrund einer nächtlichen Häuserzeile mit Toreinfahrt zwei Personen in einen Kampf verwickelt sind. [...] Die beiden Personen sind auf eine Art miteinander verwachsen, die es nicht einmal erlaubt, das Alter oder das Geschlecht mit Sicherheit zu benennen. Damit wird das lebenswichtige Spiel unserer Wahrnehmung, im wechselseitigen Reflex von Geschehen und Kontext eine Aussage zu bilden, bereits im Keim erstickt. [...] Was dagegen bleibt, ist die formale Qualität, die fast kafkaeske Poesie der zu einer Bodenskulptur im Moment der Aufnahme erstarrten Figuren. Die Fotografie als verbürgtes Medium der Realitätserfahrung wird brüchig; Kunst und Realität geraten in ein Spannungsverhältnis, werden zu Prüfsteinen für das jeweils andere.*

Joachim Kaak, S. 313

Arbeitsanregungen:

1. Benennen Sie stichwortartig die Absichten der drei vorgestellten Positionen. Wo liegen die größten Unterschiede?
2. Fotografieren Sie in stets gleicher Einstellung und Distanz eine Reihe ähnlicher Motive, z. B. alte Haustüren, Gartenlauben. Bereiten Sie mit den besten Fotos eine kleine Ausstellung vor.
3. Entwerfen Sie eine Fotogeschichte, die die kleinen Ärgernisse des Alltags in witziger Form aufgreift, z. B. „Der Tag fängt ja gut an ..." Bauen Sie in Ihre Aufnahmen ein paar Gags ein.

Bernd und Hilla Becher: Zeche Ewald Recklinghausen, 1982. Fotografie.

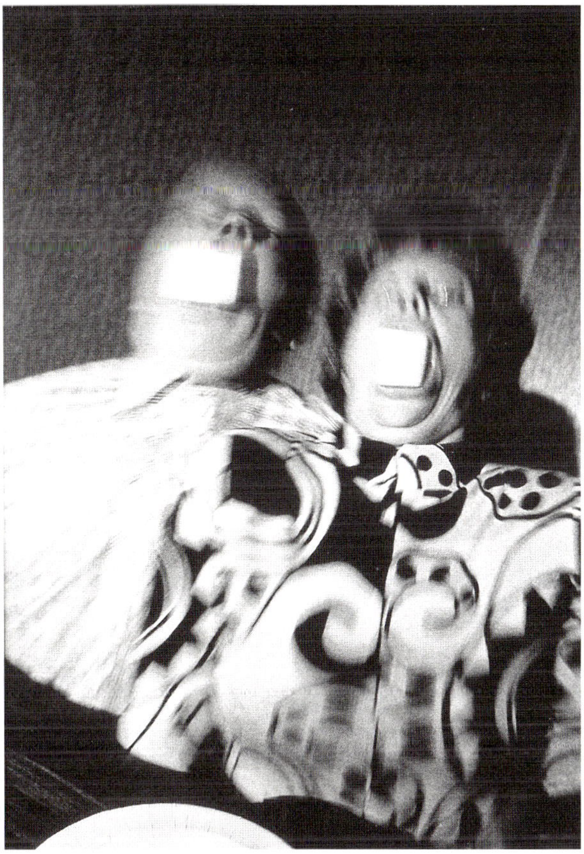

Anna und Bernhard Johannes Blume. Fotografie aus der 9-teiligen Serie „Mahlzeit“, 1986/87. Köln, Sammlung Ludwig

Jeff Wall: Struggle on the Sidewalk (Kampf auf dem Gehsteig), 1994.
Farbdia im Leuchtkasten (Cibachrome-diapositiv und fluoreszierende Leuchtstoffröhren), 204 x 319,5 cm.
München, Pinakothek der Moderne

Caravaggio: Der junge kranke Bacchus, 1593. Rom, Galleria Borghese

Die Masken des Ich – Cindy Sherman

Mit den Mitteln der Fotografie und des Maskenbildners arbeitet die amerikanische Künstlerin **Cindy Sherman** (*1954). In ihren frühen Schwarzweißfotografien der siebziger Jahre zeigte sich Sherman in verschiedenen Frauenrollen, wie sie aus den Filmen der fünfziger Jahre bekannt und geläufig sind, als elegante Dame, als nettes Mädchen von nebenan, als Hausfrau, als Star. Diese Selbstporträts arrangierte Sherman selbst, sie war dabei Regisseurin, Schauspielerin, Bühnenbildnerin, Schneiderin, Stylistin und Maskenbildnerin in einer Person. Dabei erscheint sie „am Straßenrand, zwischen Wolkenkratzern, auf leeren Treppen, in genormten Wohnküchen, in billigen Motels, in Vorgärten und auf dunklen Straßen mehrere hundert Male als der reine Prototyp: die ängstliche, die gelangweilte, die herausgeputzte, die verheulte, die gefühllose, die malträtierte, die undurchschaubare, die einsame, die aus latenter Erwartung jedes Mal in Enttäuschung versinkende Frau". (Günther Engelhard, 1997)

■ *Dank ihrer vertrackten Verkoppelung von Wirklichkeit, artifiziellem Glanz und kulturkritischem Kommentar, von Wahrheit und Scheinbild, parodistischer Überspitzung und Täuschung finden ihre Werke rasch den Beifall der kunsttheoretischen Vordenker. […] Zum Standardprogramm der Werkauslegung gehört die feministische Lesart, dass Sherman den Glauben an eine naturgegebene Form der Weiblichkeit – und an den Wert gesellschaftlich diktierter Schönheitsideale – in Frage stelle, indem sie sich weibliche Stereotypen aneigne, vom Pin-up-Girl zur gelangweilten Hausfrau, von der Schlampe zur gestriegelten Bürodame. Durch diese Rollenvielfalt verweigere Sherman ein eindeutiges Abbild von Weiblichkeit, nehme zugleich aber in Anspruch, als Frau endlich eigene Frauenbilder zu schaffen.*

Susanne Weingarten, S. 215

Nach den „Filmstandfotos", etwa um 1980, zeigte Sherman sich in ihren Fotoserien als verführerische, verletzliche und verletzte Frau, dabei agierte sie als Phantasiegeschöpf, als Hexe und Monster.

In der Serie der „History Portraits" stellte sie Bilder und Rollen von Frauen in der Kunstgeschichte nach, eine männermordende ▸Judith mit dem abgeschlagenen Kopf des Holofernes, eine Schöne im Stil Leonardos und die Geliebte Raffaels als fette, aufgedunsene Frau oder einen als Bacchus verkleideten Jüngling nach einem Bild von Caravaggio. Bei all dem Agieren und Posieren, In-verschiedene-Rollen-Schlüpfen, Verkleiden und Verstecken entsteht der Eindruck,

■ *[…] als projiziere Cindy Sherman den „männlichen Blick" auf die Frau auf sich selbst, um ihn sich anzueignen und dadurch zu brechen. Hinter all den Verkleidungen steht deshalb die Frage nach Identität.*
Nicht das Spiel mit Zitaten macht die faszinierende Wirkung dieser Fotos aus, sondern die Suche nach dem, was jenseits der vielen Rollen als Individualität einer Person aufscheinen könnte. Das gibt den Arbeiten ihre aktuelle, exemplarische Bedeutung. Sie umkreisen das Thema: „Wer bin ich, und wenn ja, wie viele?"

Wolfgang M. Faust, S. 64

Um 1992 bezog Sherman auch die Sphäre des Hässlichen und Perversen in ihre fotografischen Arrangements ein. Zuerst zeigte sie surrealistische Versatzstücke, aufgelöste Körper, schließlich Figuren aus Prothesen und Sexpuppenteilen und in den Bildern um 1994 widerliche Fratzen, die wie aus rohen Fleisch- und Gesichtsteilen zusammengebaut erscheinen.

Arbeitsanregungen:

1. Beschreiben Sie das Foto mit der Blondine in der Bibliothek in allen Einzelheiten, in der Situation, im Raumarrangement und der Gestik der Figur. Möchten Sie in die Rolle dieser Figur schlüpfen?
2. Welche Veränderungen sehen Sie zwischen dem Foto und dem Gemälde des Bacchus? Welche Umwertungen ergeben sich aus dem Geschlechtertausch?
3. Was fasziniert Künstler am Hässlichen? Suchen Sie nach Beispielen.

▸**Buch Judith:** apokryphe Schrift der Bibel, erzählt Ereignisse aus der Zeit der Belagerung Israels durch die Babylonier unter König Nebukadnezar. Die Enthauptung seines Feldherrn Holofernes durch die Israelitin Judith ist ein immer wiederkehrendes Thema in der Kunstgeschichte.

Cindy Sherman: Ohne Titel # 13, 1978. Fotografie.

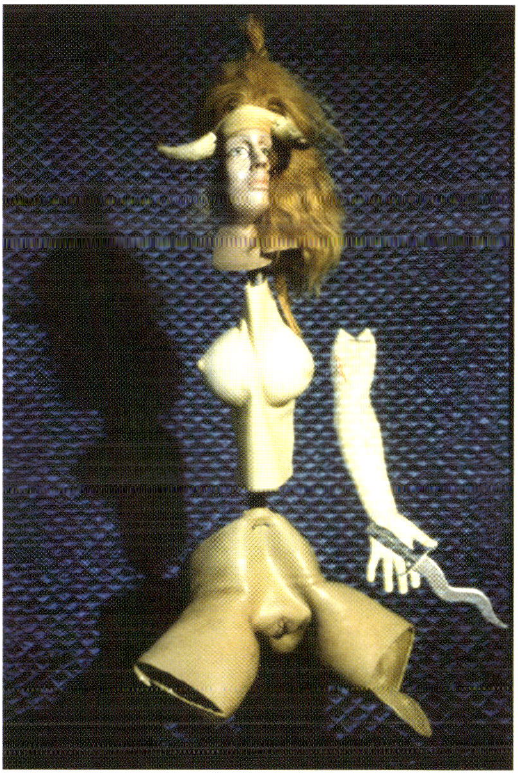

Cindy Sherman: Ohne Titel # 307.

Cindy Sherman: Ohne Titel # 224, 1990. Fotografie, 122 x 97 cm.

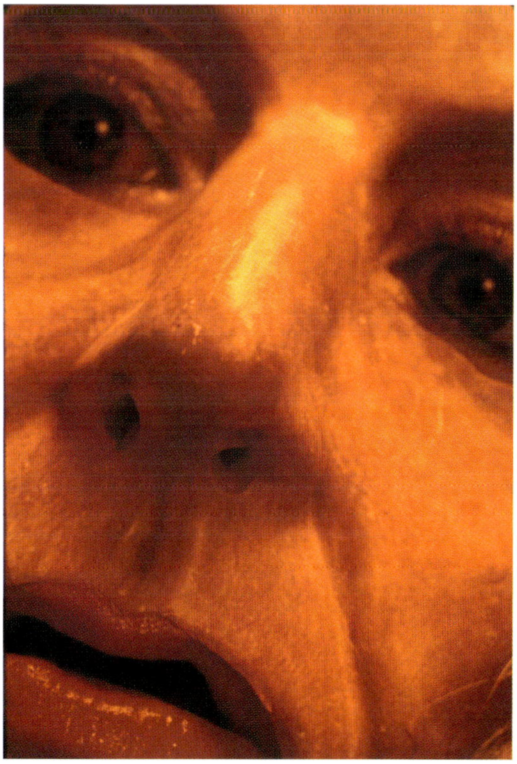

Cindy Sherman: Ohne Titel # 325.

Phantastische Kunst

Veränderung der Werte – Giorgio de Chirico: Die beunruhigenden Musen

Eine stark fluchtende und nach hinten ansteigende bühnenartige Bretterkonstruktion bildet den Boden für eine Ansammlung merkwürdiger Figuren. Sie erinnern an Schneiderpuppen, weichen von diesen aber in den Proportionen ab. Die vorderste von ihnen steht auf einem runden Sockel, ein Säulenschaft bildet die untere Hälfte der Figur, darüber der Rücken einer Statue, auf der der birnenartige Kopf einer Schneiderpuppe sitzt. Leicht nach hinten versetzt, hockt auf einer Kiste eine weitere Figur mit kleinem Kopf; an ihrer Seite steht eine Art Maske mit schräg gestellten, visierartigen Sehschlitzen. Im schattigen Mittelgrund erkennt man eine dritte, in Braun gehaltene Gestalt: ein konventionelles Standbild, das in eine ▸Toga gehüllt ist.

Die Architektur eines Kastells bildet nach hinten den Abschluss, rechts flankiert von der Silhouette eines Gebäudes mit Arkaden und verhängten Fenstern. Links erkennt man ein Fabrikgebäude mit zwei hohen Schloten. Ein schwarz-blauer Himmel überfängt die Szene. Lange Schlagschatten lassen auf ein von rechts vorn einfallendes Licht schließen. Das Bild besitzt verschiedene Fluchtpunkte, widersetzt sich den seit der Renaissance gültigen Prinzipien einer perspektivisch einheitlichen Darstellung.

Wie lässt sich diese seltsame Zusammenstellung von Zwitterwesen in einer Theaterkulisse deuten? Der Titel verweist auf ▸Musen, von denen eine Beunruhigung ausgeht. In der Renaissance bezeichnete man den der Kunst aufgeschlossenen Hof der Este in Ferrara als Sitz der Musen. Der kunstbegeisterte Herzog war ein Mäzen, und so überrascht es nicht, dass dieses Schloss den Hintergrund im Bild des italienischen Malers **Giorgio de Chirico** (1888–1978) bildet. Die Musen stehen aber wie heimatlose Geschöpfe vor diesem Musenhof. Sie sind – wie ihr Führer Apoll, den die Interpreten in der beschatteten Figur im Mittelgrund sehen – leblos, verpuppt. Die Vorstellung von Wesen, die den Künstler küssen und inspirieren, mag sich angesichts dieser seltsamen Figuren, zwischen denen keine schlüssige Beziehung besteht, nicht einstellen. Thalia, die Muse des Theaters, besitzt einen kleinen Kopf, links vorn steht die gesichtslose Kalliope, die Muse des Heldenepos und der Geschichtsschreibung.

De Chirico formuliert mit diesem Bild seine Skepsis gegenüber der Vereinbarkeit von tradierten Werten und aktuellen Gegebenheiten. Es ist ein Hinweis auf eine Welt im Umbruch. Die einst gültigen Wertvorstellungen existieren nicht mehr oder nur noch in merkwürdig veränderter Form. So besitzen auch die Musen eine Sonderexistenz. Doch sie werfen Fragen auf, sie sind es, die – wie der Titel sagt – beunruhigen.

Das 1916 entstandene Werk zählt zu den wichtigsten Beispielen der ▸pittura metafisica. Wie im Bild der beunruhigenden Musen ignorierte de Chirico die Vorstellungen vom einheitlichen Bildraum, von naturalistischer Farbgebung und korrekter Wiedergabe von Licht- und Schattenwirkungen zugunsten einer Malerei, die eine absurde Bildwelt beschwor.

Arbeitsanregungen:

1. Von de Chirico stammt der Ausspruch: „Das Kunstwerk, wenn es wirklich unsterblich sein soll, darf weder Vernunft noch Logik haben. Auf diese Weise kommt es dem Traum und dem Geist des Kindes nahe.“ Lässt sich diese Aussage am Beispiel der „Beunruhigenden Musen“ belegen?
2. Zeichnen Sie ein Bild mit bewussten Regelverletzungen, in dem Sie an einigen Stellen die Gesetze der ▸Zentralperspektive missachten. Welche Qualitäten besitzt eine solche Arbeit und welche Folgen für eine Ausstattung mit Figuren (orientieren Sie sich gegebenenfalls an Schachfiguren) ergeben sich aus dieser den Sehgewohnheiten widersprechenden Bildanlage?

▸**Toga:** weißes, altrömisches Obergewand, bei Beamten und Priestern mit purpurnen Besatzstreifen

▸**Musen:** in der griechischen Mythologie die Göttinnen der einzelnen Künste und Wissenschaften; Führer war Apoll, der Gott aller Künste, der Weissagungen, aber auch des Lichtes, der Sühne und des Todes. In der Vorstellung der alten Griechen lebten die Musen auf dem Parnass, einem Kalkgebirge in Griechenland.

▸**pittura metafisica** (ital. metaphysische Malerei): von Giorgio de Chirico und Carlo Carrá entwickelte Richtung der Kunst des 20. Jahrhunderts, die ein neues Verhältnis zur Dingwelt suchte, alltägliche Gegenstände verfremdete und in ungewohnten Verbindungen darstellte

▸**Zentralperspektive** (auch Linear- oder Fluchtpunktperspektive genannt): Darstellung des Raumes und der in ihm enthaltenen Dinge auf der Fläche so, dass sie unter den gleichen Sehbedingungen erscheinen, wie sie im wirklichen Raum wahrgenommen werden (s. S. 214)

Giorgio de Chirico: Die beunruhigenden Musen, 1918. Öl auf Leinwand, 97 x 66 cm. Mailand, Sammlung Mattioli

Ein anarchisches Manifest – Luis Buñuel: Ein andalusischer Hund

1928 drehte der spanische Regisseur **Luis Buñuel** (1900–1983) seinen ersten kurzen Film, der mit einer berühmt gewordenen ▸Einstellung beginnt: Ein Mann schärft sein Rasiermesser und blickt zum Himmel, wo sich eine schmale Wolke auf den Vollmond zu bewegt. Die Wolke schiebt sich vor den Mond, das Rasiermesser nähert sich dem Auge einer passiv im Raum sitzenden jungen Frau. So wie der Mond die Wolke passiert, durchschneidet das Rasiermesser das Auge, aus dem eine Flüssigkeit tritt.
Mit derartigen ▸Sequenzen des damals jungen Films schockierte Buñuel, der das Konzept zusammen mit seinem Landsmann Salvador Dalí (s. S. 424) entwickelt hatte, das Publikum. Schon der Titel war provokativ gemeint, denn in dem ganzen Streifen tritt, wie Buñuel betonte, kein Andalusier und kein Hund auf. In einer Passage aus dem Drehbuch heißt es:

■ *Der Mann mimt den Theaterbösewicht. Er sieht sich um, sucht etwas. Er entdeckt vor sich auf dem Boden ein Stück Seil und nimmt es mit der rechten Hand auf. Er sucht auch mit der linken Hand und bekommt ein entsprechendes Stück Seil zu fassen. Das junge Mädchen drückt sich an die Wand und betrachtet angstvoll, was ihr Verfolger ausheckt. Dieser geht auf sie zu und schleppt mit großem Kraftaufwand hinter sich, was an den Seilen angebunden ist. Es wird vorbeigeschleift: zuerst Korkstücke, dann eine Melone, zwei Brüder der Armenschule und schließlich zwei herrliche Konzertflügel. Die Flügel sind voller Eselskadaver, deren Hufe, Schwänze, Kruppen und Exkremente aus dem Resonanzkörper heraushängen. Bei einem der Flügel sieht man im Augenblick, wo er vor dem Objektiv ist, einen großen Eselskopf auf der Tastatur.*

Michael Schwarze, S. 44

Diese Textpassage verdeutlicht, worum es Buñuel und Dalí ging: Sie wollten das Vertrauen des Betrachters in die alltägliche Realität in Frage stellen und möglichst auf bekannte Symbole verzichten. Um die Absage an die rationale Welt, diesen Aufschrei gegen die Konventionen einer gesellschaftlich akzeptierten Kunst zu erreichen, arbeitete Buñuel mit verblüffenden, albtraumhaften Bildern und Effekten: Ameisen quellen aus einer Hand, eine Frau untersucht mit einem Stock eine auf der Straße liegende abgerissene Hand. Die Logik der Bildfolge ist aufgehoben, die ▸Montage bleibt dem Spiel freier Assoziationen überlassen.
Zu Beginn des Films erschien ein Text auf der Leinwand, in dem es u. a. hieß:

■ *Jedes Bild, jeder Gedanke, der in den Mitarbeitern aufstieg, wurde sofort verworfen, wenn er aus der Erinnerung oder aus ihrem Kulturmilieu stammte, oder wenn er auch nur eine bewusste Assoziation mit einem früheren Gedanken hatte. Die Mitarbeiter erkannten nur solche Bilder als gültig an, die auch bei gründlichster Untersuchung keinerlei Erklärungsmöglichkeiten boten. […] Die Motivierung der Inbilder war ausschließlich irrational.*

Dieter Krusche, S. 44

„Ein andalusischer Hund“ entspricht in seiner Wahl und Zusammenstellung der Motive den Prinzipien des Surrealismus (s. S. 330). Buñuel löste Dinge aus den gewohnten und brachte die teilweise kruden Geschehnisse in neue Zusammenhänge; die schockierende Wirkung der Bilder war beabsichtigt. Doch war er letztlich nicht frei von provozierenden Absichten, die sich gegen die bürgerliche Moral und die Kirche richteten. Bei Buñuels Film „Ein andalusischer Hund“ handelt es sich um ein anarchisches Manifest des jungen Mediums.

Arbeitsanregungen:

1. Untersuchen Sie den Drehbuch-Ausschnitt. Durch welche inhaltlichen Entscheidungen und inwieweit gelang es Buñuel, auf tradierte Symbole zu verzichten?
2. Stellen Sie eine Liste zusammen, wie man im Film Traumsequenzen darstellen kann. Beschreiben Sie deren Wirkung und erproben Sie gegebenenfalls einige mit der Videokamera.

▸**Einstellung:** kleinste Einheit des Films, die ohne Unterbrechung gefilmte Aufnahme

▸**Sequenzen:** Teile eines Films, deren Einstellungen in einem örtlichen oder gedanklichen Zusammenhang stehen

▸**Montage:** beim Film ein Gestaltungsmittel, das auf dem Zusammenfügen von Bildsequenzen beruht, die an verschiedenen Orten und zu verschiedenen Zeiten spielen; Montage ist die „Organisation der Bilder in der Zeit“ (Bazin).

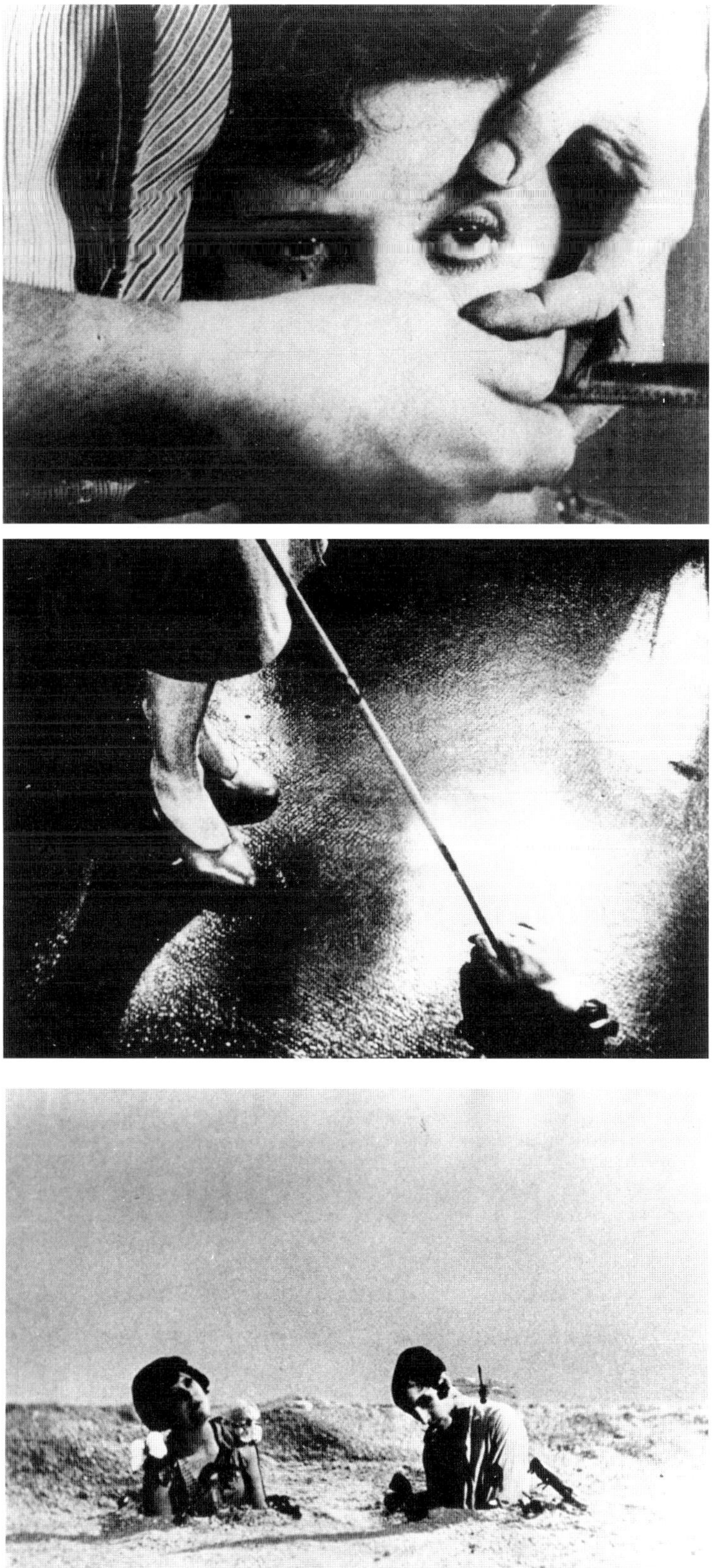

Luis Buñuel/Salvador Dalí:
Szenen aus dem Film
„Un chien andalou“ –
„Ein andalusischer Hund“,
1928.

Gemalte Verrätselung – Salvador Dalí: Brennende Giraffe

Eine vegetationslose Landschaft mit tief liegendem Horizont, die von einer bläulich-schwarzen Gebirgskette abgegrenzt wird, und ein kalter blauer Himmel, der mehr als vier Fünftel der gesamten Bildfläche einnimmt und am oberen Bildrand von einem schwarzen Wolkenband abgeschlossen wird, bilden die Kulisse für das Gemälde **„Brennende Giraffe"** von **Salvador Dalí** (1904–1989). Das im Titel erwähnte Tier befindet sich dabei im Mittelgrund, ist also keinesfalls das zentrale Motiv dieses relativ kleinformatigen Gemäldes. Regungslos verharrt die dunkelbraune Giraffe, während sich ein Band züngelnder Flammen über Hals und Rücken zieht.

Im Zentrum steht, indem sie die gesamte Bildhöhe einnimmt, eine weibliche Gestalt mit langen Extremitäten, die mit einer Geste der Abwehr oder des schlafwandlerischen Ertastens die Hände nach vorn streckt. Ihr dunkelroter, zurückgeworfener Kopf erinnert an den einer Mumie, eine Reihe aufgezogener Schubladen und mehrere zungen- oder phallusartige Auswüchse, die von einem System hölzerner Gabeln in der Waagerechten gehalten werden, ragen aus dem blau gewandeten Körper. Aus dem Kopf der weiblichen Figur am rechten Bildrand sprießen Zweige, in der erhobenen Rechten hält sie – wie im Triumph – ein rotes Tuch. Aus dem Rücken ragen zungenähnliche Gebilde, allerdings wirken sie kräftiger als bei der vorderen Gestalt. Alle Figuren, auch der weiß gekleidete statuenhafte Mann hinter der Giraffe, werfen lange schwarze Schatten.

Das rätselhafte Bild verschließt sich einer klaren Deutung; die Symbolsprache Dalís ist subjektiv und nur aus dem Zusammenhang seiner Werke und seiner Äußerungen ansatzweise zu erklären. Die vom Künstler entwickelte Theorie der paranoisch-kritischen Aktivität geht davon aus, dass die ▸Paranoia zu seiner künstlerischen Existenz gehört. Dalís Leistung bestand nun darin, dass er über Techniken verfügte, sich diese Wahnvorstellungen nutzbar zu machen, indem er sie unter Kontrolle brachte und im Prozess der künstlerischen Umwandlung fruchtbar werden ließ. Ferner ergaben sich für Dalí Motivbereiche aus der Beschäftigung mit der Psychoanalyse Freuds. So ist wohl dessen einige Jahre vor der Anfertigung des Gemäldes entstandener Aufsatz „Über das Motiv der Kästchenwahl" ausschlaggebend für die Schubladen der größten Figur, die als ein Hinweis auf das Unbewusste des Menschen verstanden werden können. „Der menschliche Körper ist voller Geheimfächer, die nur die Psychoanalyse aufzuschließen vermag." (Descharnes,1993) Der stark zurückgebogene Oberkörper und der nach hinten geworfene Kopf der schlafwandelnden Figur verhindern einen Blick in diese Schubladen, die dem Betrachter nichts von ihrem Geheimnis preisgeben. Die phallusartigen Gebilde, die allesamt einer Stütze bedürfen, sind wohl als ▸Metaphern der Furcht des Künstlers vor Impotenz zu verstehen. Und schließlich bemüht Dalí noch die antike Mythologie. Die aus dem Kopf der dritten Figur sprießenden Zweige können als eine Anspielung auf das der griechischen Mythologie entstammende Motiv der Daphne verstanden werden, die sich vor dem gewaltsamen Zugriff durch den Gott Apoll mithilfe ihres Vaters in einen Lorbeerbaum verwandelte.

Alle Versuche einer Klärung der Bildinhalte ergeben keine stimmige, logische Deutung. Und genau dies war die Absicht Dalís wie auch der anderen Surrealisten: Sie wollten bei ihren Entdeckungsfahrten ins Unbewusste die Tür zu einer neuen Wirklichkeit und zu anderen Assoziationsformen des menschlichen Geistes öffnen.

Arbeitsanregungen:

1. Lassen Sie sich von Dalís Gemälde „Brennende Giraffe" zu einem Haiku-Gedicht (einem Dreizeiler aus fünf, sieben und fünf Silben, mit zunehmend gedanklicher Tiefe) oder zu einem reimlosen Gedicht mit freien Rhythmen inspirieren.
2. Welche Unterschiede bestehen zwischen dem künstlerischen Ansatz von Salvador Dalí und Max Ernst (s. S. 426)?

▸**Paranoia:** Sonderform der Schizophrenie (Persönlichkeitsspaltung); abgesehen vom Wahn (Liebes-, Größen- und Verfolgungswahn) sind die Kranken oft in ihrer Persönlichkeit wohl erhalten.

▸**Metapher:** bildliche Wendung, Wort mit übertragener Bedeutung, z. B. „Haupt der Familie"

Salvador Dalí: Brennende Giraffe, 1936/37. Öl auf Holz, 35 x 27 cm. Basel, Kunstmuseum

Das Ausnutzen künstlerisch provozierter Zufälle – Max Ernst

André Breton, der Theoretiker der Surrealisten, nannte **Max Ernst** (1891–1976) einen „Erzhexenmeister". Damit spielte er auf die ausgeprägte Fähigkeit des Künstlers an, immer wieder neue Stil- und Ausdrucksmittel zu erproben und das bereits Erarbeitete in Frage zu stellen. Einige künstlerische Verfahren hat Max Ernst entwickelt (▸Frottage, ▸Grattage), andere hat er übernommen und bei seinen „Entdeckungsfahrten ins Unbewusste" meisterhaft weiterentwickelt (▸Collage, ▸Décalcomanie). Bei diesen „halbautomatischen" Verfahren spielt der Zufall zwar eine Rolle, doch sind ihm nicht Tür und Tor geöffnet. Der Künstler kalkuliert den Prozess, greift steuernd ein und gibt dem vom Zufall mitbestimmten Ergebnis schließlich die endgültige Form. Bei seinen Arbeiten auf Papier und Leinwand wie auch bei seinen Skulpturen ging es Max Ernst um „die systematische Ausbeutung des zufälligen und künstlich provozierten Zusammentreffens von zwei oder mehr wesensfremden Realitäten". Die Annäherung dieser Realitäten bewirkte für ihn das Überspringen des „Funkens Poesie".
1925 entstand eine Reihe von vierunddreißig Frottagen, die er unter dem Titel „Histoire Naturelle" veröffentlichte. Das Durchreiben von vorgefundenen Strukturen sah Max Ernst als eine Möglichkeit an, die Fähigkeiten seines Geistes so zu steigern, dass sich neue Vorstellungen und Visionen einstellten. Das zielgerichtete Weiterbearbeiten ließ Gebilde entstehen, die an Pflanzen oder Tiere erinnern, aber doch ihre eigene Existenz besitzen. Bretons Forderung nach einem „reinen psychischen Automatismus" wandelte Max Ernst mit den halbautomatischen Verfahren ab, die immer auch durch den Verstand kontrolliert werden.
Populärwissenschaftliche Illustrationen des 19. Jahrhunderts bildeten das Ausgangsmaterial für seinen 1929 entstandenen Collage-Roman „La Femme 100 Têtes". Auch hier war es die kontrollierte Bearbeitung von ganz unterschiedlichen Illustrationen aus allgemein zugänglichen Veröffentlichungen, die der Künstler ausnutzte. Durch das Einfügen und Austauschen von Bildelementen aus anderen Zusammenhängen entstanden Bilder von völlig neuer, überspitzter Wirkung. In versteckter Form kommt die antiklerikale Haltung des Künstlers zum Ausdruck, ebenso prangerte er verklemmte bürgerliche Sexualvorstellungen an.
Die zufälligen Strukturen, die die Durchreibetechnik der Grattage zeitigt, unterwarf Max Ernst in einer zweiten Phase einem Malprozess. Er ging seinen Assoziationen nach und – wie er sagte – verspürte eine „plötzliche Steigerung seiner visionären Fähigkeiten". „Die ganze Stadt" erinnert an die Überreste einer versunkenen Zivilisation. Der weitläufigen Ausgrabungsstätte einer untergegangenen burgähnlichen Anlage stellt er eine grellfarbige Welt wuchernder Pflanzen gegenüber. In welcher Technik auch immer sich Max Ernst betätigte, stets kennzeichnen die irrationalen Verbindungen von vertrauten Requisiten mit verfremdeten oder unbekannten Formen seine Arbeiten. Diese Kombinationen besitzen eine unwirklich-phantastische, vieldeutige und nicht selten beklemmende Wirkung.
Von Max Ernst stammt der Ausspruch, dass der Künstler, der sich findet, verloren ist. Gemäß diesem Motto unterzog er sich immer wieder neuen Erfahrungen und Veränderungen. Er zog nach Frankreich, wanderte in die Vereinigten Staaten aus, wo er 1946 mit seiner dritten Ehefrau in der Einsamkeit des Oak Creek Canyon Arizonas ein Landhaus baute. In den fünfziger Jahren übersiedelte er wieder nach Frankreich, erwarb die Staatsbürgerschaft des Landes und begann einen neuen Lebens- und Werkabschnitt.

Arbeitsanregungen:

1. Erläutern Sie an den abgebildeten Beispielen, welche Rolle Zufall und Steuerung gespielt haben.
2. Erproben Sie an einem beliebigen Motiv (Pflanzen, Tiere) die Techniken der Frottage, Décalcomanie und Grattage. Arbeiten Sie in einem gezielten Prozess prägnante Partien heraus und berichten Sie schriftlich über das Arbeiten mit halbautomatischen Techniken.

▸**Frottage** (franz. frotter reiben): graphisches Verfahren, bei dem die Struktur von Oberflächen mithilfe eines Stiftes oder einer Kreide auf ein Blatt Papier durchgerieben wird

▸**Grattage** (franz. gratter kratzen): künstlerisches Verfahren, bei dem der Farbauftrag auf einer Fläche durch Abkratzen mit Spachteln oder anderen Werkzeugen teilweise wieder entfernt wird

▸**Collage** (von franz. coller kleben): Klebebild, anfangs das Einkleben eines Zeitungsausschnitts in ein Bild, später auch ein aus Bildausschnitten zusammengesetztes und teilweise zeichnerisch überarbeitetes Bild

▸**Décalcomanie** (lat.-franz.): Farbabklatschverfahren, bei dem auf einer Fläche aufgetragene, leicht flüssige Farbe durch eine kurz darauf gedrückte Glasplatte o. Ä. ihre Form und Textur verändert

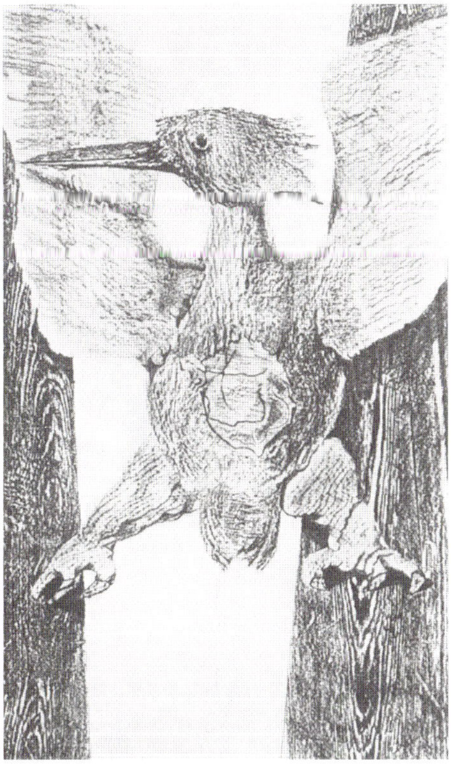

Links:
Max Ernst:
Die Geburt der Turmuhr,
1925. Frottage.
Aus: Histoire Naturelle,
Abb. XXVI

Rechts:
Max Ernst:
Une semaine de bonté ou Les
sept éléments capitaux,
1934. Collage.
Hannover,
Sprengel-Museum

Max Ernst: Die ganze Stadt, 1935/36. Öl auf Leinwand, 60 x 81 cm. Zürich, Kunsthaus

Denkspiele mit der Wirklichkeit – René Magritte

Eine Seherfahrung, die ihn an eine Collage erinnert, macht der Betrachter beim Gemälde „**An der Schwelle der Freiheit**“ aus dem Jahr 1930 von **René Magritte** (1898–1967). Im zusammenhanglosen Nebeneinander und in unterschiedlicher Maßstäblichkeit erkennt man den Teil eines weiblichen ▸Torsos, stark gemaserte Holzbretter, ▸Baluster mit kleinen Schellen, Flammen, Laubwald, einen bewölkten Himmel, eine Hausfassade mit vielen Fenstern und ein Papier mit herausgeschnittenen Mustern. All diese Abbildungen sind von einem hellgrauen Rahmen umgeben, der sich ▸triptychonartig nach vorn öffnet und einen schmalen Raum suggeriert. Darin steht eine Kanone, die vom rechten Bildrand angeschnitten wird. Ihr Mündungsrohr ist auf die Bildwand gerichtet, als wolle sie auf das Bild (den Frauenkörper?) schießen.

Die rätselhafte Zusammenstellung erschließt sich in ihrer Bedeutung auch dann nicht, wenn man erfährt, dass all diese Motive auch in anderen Bildern des Künstlers auftauchen. Will der Betrachter nun den Titel als Schlüssel zur Erklärung heranziehen, so wird er abermals keine Antwort bekommen. Immer wieder hat Magritte darauf hingewiesen, dass seine Bilder keine Illustrationen der Titel sind und lediglich ein poetischer Zusammenhang zwischen Bild und Titel bestehe.

Worum geht es Magritte bei der Kombination von so unterschiedlichen Bestandteilen? Gemälde, so sah er es, zeigen nie die Wirklichkeit selbst, sondern sind immer nur Abbilder, die mit dem Dargestellten nicht identisch sind. Das Bild hat seine eigene Identität, es kann sich – wie beim vorliegenden Gemälde – über Konventionen hinwegsetzen, Außen und Innen genau wie Nahes und Fernes vertauschen, Natürliches und Künstliches zusammenbringen und so das Sagbare wie das Unsagbare zeigen.

Im Gemälde „**Der Verrat der Bilder**“ weist Magritte auf die Problematik der Nichtidentität von Abbild und Abgebildetem hin, indem er durch die Beschriftung zeigt, dass es sich eben nur um eine gemalte Pfeife handelt, die sich auf einer zweidimensionalen Fläche befindet. Die Entlarvung der Bilder als Zeichen oder komplexe Zeichensysteme stellt Magrittes wesentlichen Beitrag zur Kunst des 20. Jahrhunderts dar.

Die Verrätselung des Vertrauten und die Verunsicherung von Sehgewohnheiten bildeten das Spannungsfeld des Künstlers, in dessen Bildern ein Apfel einen gesamten Raum füllen und ein Streichholz die Größe eines Doppelbettes einnehmen kann. Immer wieder war Magritte bemüht, das dem Betrachter Bekannte (und die ihm bekannten Vorstellungen) zu zerstören. Dabei ging es ihm nicht darum, Traumhaftes oder Phantasien darzustellen. Er begriff die Malerei als eine Möglichkeit, philosophische Fragen aufzuwerfen und Denkanstöße zu geben. Bei diesem Spiel mit den Vorstellungen und Erwartungen des Betrachters bediente sich Magritte häufig eines Repertoires an Motiven, die er in unterschiedlicher Weise kombinierte. Er greift beispielsweise in einem seiner Gemälde das Motiv der Pfeife auf und malt sie nunmehr als Pfeife auf einer Leinwand mit Staffelei – als Bild im Bild. So enthüllen seine Gemälde immer wieder die Mechanismen im Gehirn, das Erklärungen zu finden sucht und Beziehungen zwischen den Gegenständen herstellen will, die aber von Natur aus keine Verbindung zueinander haben.

Arbeitsanregungen:

1. Stellen Sie eine Reihe zusammen, in der Sie einen Alltagsgegenstand zum Ausgangspunkt für eine Reflexion über denselben machen. Arbeiten Sie mit verschiedenen Techniken (Zeichnung, Malerei, Fotografie, Fotokopie, Collage, ...). Welchen jeweiligen Realitätsgrad besitzen die verschiedenen Darstellungsformen und worin unterscheiden sie sich?
2. Der Werbefachmann Michael Schirner bezeichnete Magrittes Bild „Der Verrat der Bilder“ als ein Beispiel für gute Kommunikation. Erörtern Sie diese Sichtweise eines Werbefachmanns.

▸**Torso:** Bezeichnung für eine unvollständig erhaltene oder beabsichtigt unvollendet gebliebene Figur

▸**Baluster:** bauchige kleine Säule oder flaschenförmiger Träger einer Balustrade, eines Treppen- oder Balkongeländers (s. S. 186)

▸**Triptychon** (griech.): dreiteilige, gemalte oder geschnitzte Darstellung mit einem mittleren Hauptbild

Oben:
René Magritte:
An der Schwelle der Freiheit,
1930.
Öl auf Leinwand,
114,5 x 146,5 cm.
Rotterdam, Museum
Boijmans van Beuningen

Links:
René Magritte:
Der Verrat der Bilder
(Ceci n'est pas une pipe),
1928/29.
Öl auf Leinwand, 60 x 94 cm.
Los Angeles,
County Museum of Art

Die Magie der Objekte – Konrad Klapheck: Reichtum

Beim Besuch einer Ausstellung im Düsseldorfer Kunstpalast sah der deutsche Maler **Konrad Klapheck** (*1935) zufällig einen an der Wand hängenden Feuerlöschschlauch. Spontan fertigte er davon eine Skizze an. Ein halbes Jahr später entwickelte er aus dieser Skizze eine Entwurfszeichnung, bei der er sich von der gegenständlichen Vorlage entfernte und eine formale Verdichtung vornahm. Diese Arbeit bildete nun den Ausgangspunkt für eine penibel ausgeführte Zeichnung auf Transparentpapier, die das identische Format wie das spätere Gemälde besitzt. In dieser Phase nahm der Künstler noch einmal zahlreiche Veränderungen gegenüber der Entwurfszeichnung vor. Er konstruierte, reduzierte, korrigierte, überprüfte die Perspektive und legte ein exaktes Koordinatensystem an. Die Umrisse der Reinzeichnung dieser – gegenüber der ersten Skizze stark veränderten – Komposition übertrug er dann auf die Leinwand.

In einem Arbeitsprozess ohne Spontaneität malte er akribisch die plastisch wirkenden Formen, setzte Schatten, höhte die hellen Partien und veränderte auch die Farbigkeit gegenüber der Vorlage. Die Spur des Pinsels, der Duktus, ist dabei getilgt. Das Ausgangsobjekt scheint mit einer glatten, gleichmäßigen Haut überzogen und widerspricht in seiner malerischen Umsetzung der tatsächlichen Erscheinung eines Feuerlöschschlauches. Der ursprüngliche Funktionszusammenhang ist nur noch zu erahnen.

Mit der Monumentalisierung von ▸profanen Geräten und Maschinen steht Klapheck in der Tradition einer am Gegenstand orientierten Malerei, die eine magische Dimension besitzt und die unter anderem René Magritte (s. S. 428) einige Jahrzehnte zuvor entwickelt hatte. Die Bilder bekommen ihre innere Spannung aus dem mehr geahnten als wahrgenommenen Gegensatz zwischen der Indifferenz der artifiziellen Oberfläche und der diesen Maschinen gleichsam nur in unserer Erinnerung innewohnenden Technizität. „Das Magische dieser Objekte liegt in dem, was sie verhüllen.“ (Hans Peter Riese, 1990)

Klapheck begann seine Malerkarriere in einer Zeit, in der die ungegenständliche Malerei nach dem Zweiten Weltkrieg (s. S. 338) Konjunktur hatte. Mit dem Bild einer Schreibmaschine aus dem Jahre 1955 hatte er ein Motiv entdeckt, das er in zahlreichen Bildern variierte. Später kamen Nähmaschinen, Wasserhähne, Telefone oder Schuhspanner hinzu.

Erst nach Beendigung der Arbeit gab Klapheck seinen Bildern einen Titel. Dies bedeutete eine weitere Verrätselung, da die verbalen Be- und Umschreibungen teilweise psychologisierend sind oder mitunter an persönliche Erfahrungen anknüpfen. Mit Titeln wie „Die Vorzüge der Monogamie“, „Egoist“ oder „Triumph der Erinnerung“ vermenschlichte er die Maschinen oder übertrug menschliche Beziehungen, Ängste und Gefühle auf die verfremdeten Gebilde. Sie verwandelten sich so zu ▸Chiffren menschlicher Verhaltensweisen und erhielten teilweise ▸Fetisch-Charakter. Der Titel „Reichtum“ erklärt nicht, er ist ein weiterer Schritt zur Verrätselung. Das ursprünglich banale Motiv – und hier erweist sich Klapheck als Enkel der Surrealisten – erfährt auf diese Weise eine geheimnisvolle Aufwertung, wird zum Gedankenbild mit der „Aura des menschenfernen Monuments“. (Wieland Schmied, 1999)
1966 äußerte der Künstler: „Ich benutze die Dinge nicht als Symbole, sondern male sie so gut ich kann und lasse mich überraschen, was sie zu sagen haben. Am Ende müssen die Bilder klüger sein als ihr Schöpfer und seine Absichten übertreffen.“

Arbeitsanregungen:

1. Beschreiben Sie die Veränderungen zwischen der Ausgangsskizze und dem endgültigen Bild. Welche Teile und Eigenschaften des Objekts behielt der Künstler bei und wie veränderte er sie?
2. Fertigen Sie eine vergleichbare Reduktion eines technischen Gerätes an. Bemühen Sie sich dabei um eine Verfremdung des Ausgangsobjektes, das einen spezifischen Charakter bekommen soll (z. B. bedrohlich, verspielt, unheimlich oder aggressiv).

▸**profan:** alltäglich

▸**Chiffre** (franz.): Geheimzeichen, Kennwort

▸**Fetisch** (portug. feitico Zaubermittel, und lat. factitius künstlich): meist von Menschen hergestellter Gegenstand mit magischer Kraft, der um Hilfe angerufen wird

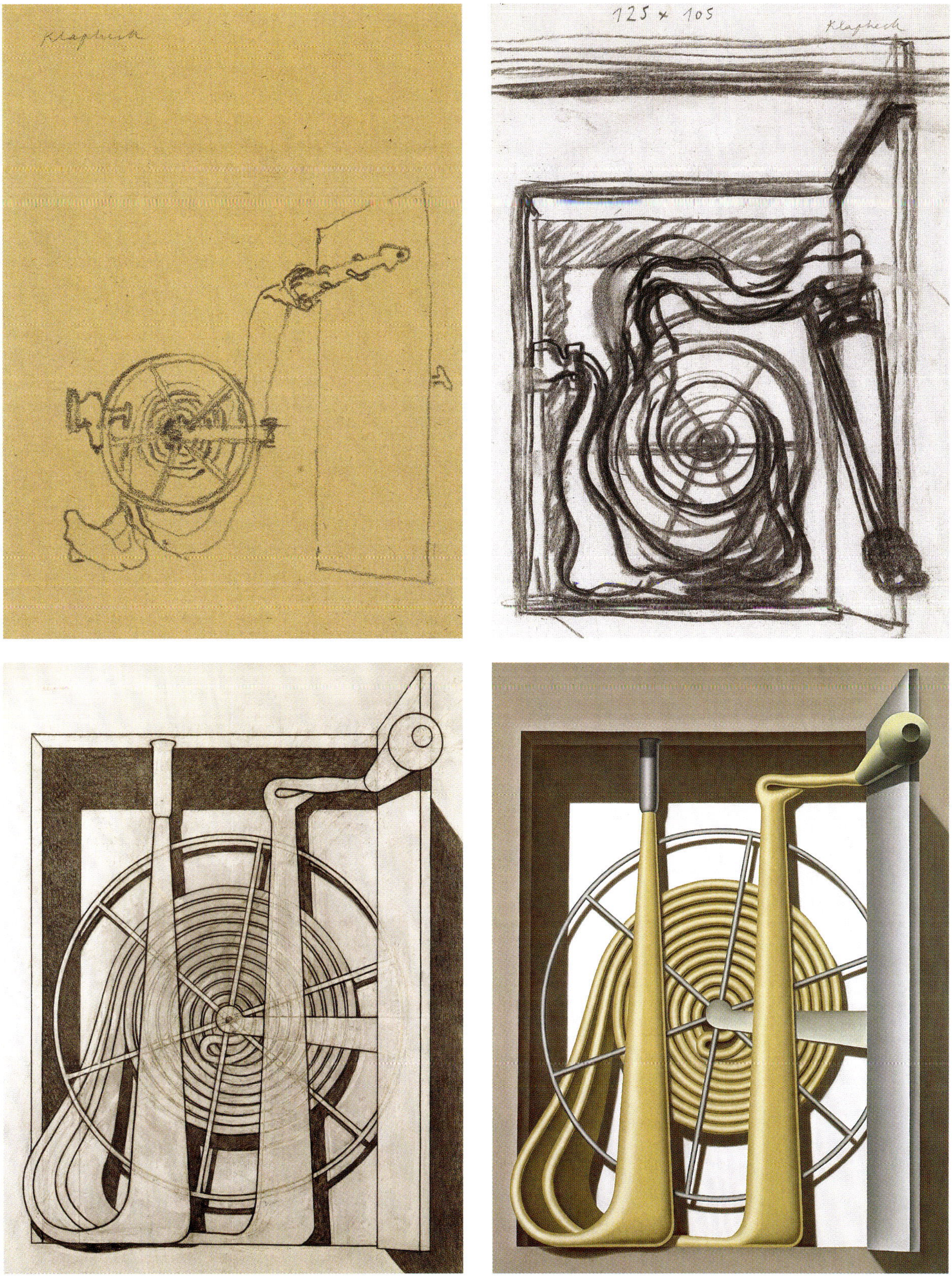

Konrad Klapheck: Reichtum 1976. 140 x 110 cm (mit drei Vorstadien).

Aufwertung des Banalen – Tony Cragg

„Mein ursprüngliches Interesse am Herstellen von Bildern und Objekten war und ist noch heute das Hervorbringen von Dingen, die weder in der Natur noch in unserer funktionalen Welt existieren." Mit diesen Worten umriss der englische Plastiker **Tony Cragg** (*1949) einmal seine künstlerischen Absichten. Cragg ist freilich kein Plastiker im traditionellen Sinn. Er ist Sammler, Umgestalter und Arrangeur von Dingen, die viele lediglich als Zivilisationsabfall bezeichnen: Strandgut, Plastikartikel, altes Spielzeug, Holzteile, Teppichklopfer, Styroporreste, Bestecke. Craggs neue Anordnungen wirken verspielt – und sind doch Reflexe auf eine von Technik und den Abfällen der Überflussgesellschaft geprägte Welt.

Seine 1984 entstandene Arbeit „Mesozoic" („**Mittelschicht**") besteht aus etwa siebzig verschiedenen hölzernen Fundstücken, die teilweise ihren ursprünglichen Verwendungszweck erkennen lassen, teilweise aber nur noch Reste nicht mehr identifizierbarer Objekte sind. Diese verschiedenartigen Teile unterschiedlichster Form und Funktion arrangierte Cragg auf dem Boden, wobei er sie rampenförmig der Größe nach abstufte. Den Ausgangspunkt bildet eine Kartoffelschütte, von der aus sich die anderen ausgedienten Holzteile s-förmig nach vorn schlängeln. Ein flach liegendes, rechtwinkliges Dreieck bildet den Abschluss. Das etwa sechs Meter lange, reptilartige Gebilde besteht aus einer Ansammlung unterschiedlich brauner Fundstücke.

Mit seinen ▸monochromen Arrangements erwies sich Cragg in den achtziger Jahren als ein Verwertungs- und Verwandlungskünstler, der das dem Verfall anheim Gegebene aufwertete, dabei das Prozesshafte seiner Arbeiten anschaulich machte und zugleich eine – eigenwillige – Chronik der Zeit, ihrer ▸Artefakte und Gebrauchsgegenstände lieferte. In einer späteren Werkphase nutzte Cragg Techniken wie Gießen oder Schweißen und stellte überdimensionale Vasen, Früchte, Laborkolben oder architektonische Versatzstücke her. Diese Objekte überzog er mitunter mit Werkstoffen aus dem Baumarkt, mit Holz-, Stein- oder Metallimitaten. Der **„Aquädukt"** von 1986 besteht aus einer Ansammlung vorgefundener oder vom Künstler hergestellter Teile, die mit einem an Stein erinnernden Kunststoffimitat überzogen und somit ihrer ursprünglichen Stofflichkeit enthoben sind.

■ *In diesen Werken setzte er Tische, Bücherregale, Schränke und Materialabfälle in Verbindung zueinander und verdeckte diese surrealen Assemblagen mit banalen, absichtlich billigen ▸Texturen. [...] Cragg erklärte 1986 seinen Ansatz: ‚Ich lebe in einer Welt, die überwiegend künstlich ist und von Menschen gemacht wurde. [...] Ich würde mich selbst als extremen Materialisten bezeichnen. [...] Kunst hat damit zu tun, neue Territorien aus der Nicht-Kunstwelt für die kunstschaffende Welt zu reklamieren.' Das deckte sich mit der Behauptung der Kubisten [s. S. 324], dass alle Objekte, wie belanglos auch immer, von kultureller Bedeutung erfüllt sind.*

Brandon Taylor, S. 87

Craggs mehrteilige Arrangements stehen in Beziehung zu dem sie umgebenden Ausstellungsraum, werden in diesem „installiert". Die (häufig nur temporäre) Anordnung der Objekte bei Ausstellungen bezeichnet man als ▸Installation. Der Raum ist dabei nicht neutraler Hintergrund, sondern Bestandteil dieser Zwiesprache zwischen dem Arrangement des Künstlers und den räumlichen Gegebenheiten.

Arbeitsanregungen:

1. Nehmen Sie zur Aussage Tony Craggs Stellung, dass Kunst neue Territorien aus der Nicht-Kunstwelt für die Kunstwelt zu reklamieren habe.
2. Stellen Sie in Gruppenarbeit Arrangements aus Fundstücken her, die einen bestimmten inhaltlichen Kontext verdeutlichen sollen. Überlegen Sie die Anordnung der Einzelteile und den passenden Ort der Präsentation (z. B. auch in der Öffentlichkeit). Wie reagieren Passanten und Nicht-Eingeweihte auf das Arrangement?

▸**monochrom:** einfarbig

▸**Artefakte:** künstlich hergestellte Gebrauchsgegenstände

▸**Textur:** Oberflächenbeschaffenheit eines Gegenstandes

▸**Installation:** Einrichtung eines Raumes, bei der der Künstler mit Gestaltungselementen arbeitet, die zum konkreten Ausstellungsort eine Beziehung aufnehmen

Tony Cragg:
Mesozoic, 1984.
Installation, Mischtechnik.
Turin, Ticci Russo Galerie

Tony Cragg:
Aquädukt, 1986.
Installation, Kunststoff und Holz, 350 x 350 x 170 cm.
London, Hayward Gallery

Architektur im 20. Jahrhundert

„Backstein, aber nicht zu nüchtern" – Das Scheepvaarthuis in Amsterdam

Bei der Planung eines Bürogebäudes für sechs große Reedereien im Zentrum von Amsterdam zog der Architekt **Johan Melchior van der Meij** (1878–1949) seine beiden Kollegen **Michel de Klerk** (1884–1923) und **Pieter Kramer** (1898–1985) hinzu. In den Jahren von 1911 bis 1916 entstand nach den Plänen der Architektengruppe ein repräsentatives Kontorgebäude, das sowohl eine Erschließung einzelner Büroräume über Korridore als auch Großraumbüros ermöglichte.

Der gemäß den Wünschen der Auftraggeber „nicht zu nüchterne Backsteinbau" besitzt einen nahezu dreieckigen Grundriss. An der Spitze befindet sich das Hauptportal, durch das der Besucher in die diagonal angeordnete Halle tritt. Das mächtige Gebäude besteht aus einem Stahlbetontragwerk mit einer vielgestaltigen Fassade aus Ziegeln, bei der breite ▸Pilaster auf die Konstruktionsachsen hinweisen. Für das skulpturale Programm des Kontorgebäudes bezog man sich auf die Aufgaben der Reedereien und verwendete stilisierte Symbolfiguren, die im Zusammenhang mit Schiffen, Meer und Handel stehen. Eine übersteigerte ▸Ornamentik, für die man auch ▸applizierte Bänder aus ▸Terrakotta verwendete, gestaltet die Fassade abwechslungsreich. Man spürt das Bemühen, die bildende Kunst mit der Architektur zu verbinden. Es „herrscht eine bizarre Erfindungskraft, die sich bei jeder Einzelform gefragt zu haben scheint, ob sie so auch wirklich noch nicht existiert habe". (Wolfgang Pehnt, 1973)

Im Inneren setzt sich die beeindruckende Gestaltung fort. Im Anspruch, ein Gesamtkunstwerk zu gestalten, kümmerten sich die Architekten auch um Wandverkleidungen, Möbel oder Lampen und vergaben Aufträge an Kunsthandwerker und Bildhauer, die ausdrucksstarke Formen bevorzugten. Die Anspielungen auf die von der Schifffahrt erschlossene Welt und eine Fülle nautischer Motive gehen bis in die Details. Schmiedeeiserne Deckenleuchten erinnern an Haifischmäuler, andere gezackte Formen sind exotischen Seetieren nachempfunden. Farbige Glasfenster akzentuieren die plastische Innendekoration. Diese Art der Architektur bezeichnet man als ▸architecture parlante.

Bei dem Amsterdamer **„Scheepvaarthuis"** (Schifffahrtshaus) verbinden sich auf eindrucksvolle Weise zwei Auffassungen vom Bauen. Einerseits hatten die Architekten die Funktion des Gebäudes klar im Auge, mit dem plastischen Schmuck entwickelten sie andererseits eine ganz eigene, ausdrucksstarke Formensprache. Bei dem gesamten Gebäudekomplex handelt es sich um eine regionale Variante der expressionistischen Architektur (s. S. 322).

Diese Art des Bauens ist charakteristisch für die „Amsterdamer Schule", die in den Jahren zwischen 1910 und 1930 vor allem beim Wohnungsbau in den Außenbezirken von Amsterdam überaus beachtliche Beispiele hinterließ. Die plastisch konzipierten Ziegelsteinbauten, die oft pittoresk gruppiert und auf den städtebaulichen Kontext bezogen sind, zeigen formenreiche Dekorationen, die mitunter die Konstruktion überlagern. In ihrem Publikationsorgan „Wendingen" (Wendungen) hatte die „Amsterdamer Schule" ein Forum, in dem man die Strömungen der neuen Architektur auch in Abgrenzung zu rationalistischen Tendenzen wie der Gruppe ▸De Stijl (s. S. 326) diskutierte.

Arbeitsanregungen:

1. Charakterisieren Sie die Eindrücke, die die Abbildungen des Außenbaus und des Treppenhauses vom Scheepvaarthuis auf Sie machen.
2. Vergleichen Sie die Architektur des Jugendstils (am Beispiel des Musée Horta, s. S. 286) mit der des Expressionismus (am Beispiel des Scheepvaarthuis).

▸**Pilaster:** mit der Wand verbundener, aus ihr zum Teil hervortretender Pfeiler mit Basis und Kapitell

▸**Ornament:** Verzierung, Schmuck mit sich wiederholenden geometrischen, pflanzlichen, tierischen oder menschlichen Formen

▸**applizieren:** aufbringen von Verzierungen auf Fassaden oder Gewebe

▸**Terrakotta:** Gefäß, Kachel oder Figur aus unglasierter, gebrannter Tonerde

▸**architecture parlante** (franz. „sprechende Architektur"): Architektur, bei der die Form des Baus etwas über Verwendung und Zweckbestimmung aussagt

▸**De Stijl:** niederländische Gruppe von Malern, Plastikern und Architekten, die sich ab 1917 um Klarheit, Reinheit und Harmonie in der Kunst bemühten. Ihre Bilder, Möbel und Bauten beschränken sich oft auf rechtwinklige Elemente und auf die Grundfarben Gelb, Rot und Blau sowie auf Schwarz und Weiß. Mitglied war u. a. Piet Mondrian (1872–1944; s. S. 326).

Johan Melchior van der Meij/
Michel de Klerk/
Pieter Kramer:
Scheepvaarthuis in
Amsterdam, 1911–1916.
Fotografien

Die Befreiung vom Dekorativen – Walter Gropius: Meisterhaus in Dessau

1919 gründete **Walter Gropius** (1883–1969) in Weimar eine neuartige Schule mit Werkstätten für gestaltendes Handwerk, Architektur und bildende Künste, das Bauhaus. Aus politischen Gründen erfolgte 1925 die Verlegung nach Dessau. Hier entstanden in den folgenden Jahren Schul- und Werkstättengebäude und drei Doppelhäuser für die unterrichtenden Lehrer, die „Meister“, und das frei stehende Haus für den Leiter Walter Gropius.
Die unter hohen Kiefern in der Nähe der Schule gebauten **Meisterhäuser** für die Bauhaus-Lehrer sollten zugleich Wohnhaus-Prototypen für viele sein. Grundgedanken waren dabei Funktionsgerechtigkeit und Sachlichkeit in der Gestaltung, die sich nicht nur auf das Gebäude, sondern auch auf die Möbel bezogen.
Die farbige Gestaltung der Räume übernahm die Wandmalerei-Werkstatt des Bauhauses, die Beleuchtungskörper fertigte die Metall-Werkstatt, das Mobiliar kam z. T. aus der Tischler-Werkstatt.

Die Befreiung der Baukunst vom Wust des Dekorativen, die Besinnung auf die Funktion seiner Glieder, das Suchen nach einer knappen ökonomischen Lösung ist ja nur die materielle Seite des Gestaltungsprozesses, von dem der Gebrauchswert des neuen Bauwerks abhängt. Viel wesentlicher als die funktionsbedingte Ökonomie ist die geistige Leistung einer neuen räumlichen Vision im baulichen Schaffensprozess. Während also die Praxis des Bauens Problem der Konstruktion und des Materials ist, beruht das Wesen der Architektur auf der Beherrschung der Raumproblematik.

Walter Gropius, S. 50

Arbeitsanregungen:

1. Analysieren Sie den Grundriss des Meisterhauses von Walter Gropius. Welche Entscheidungen bei der Raumanordnung sind Ihrer Ansicht nach ungewöhnlich und worin könnten deren Vor- und Nachteile liegen?
2. Lassen Sie sich von der Vorstellung offener, ineinander übergehender Räume anregen und entwerfen Sie einen Grundriss für eine Etagenwohnung, der sich an dieser Vorstellung orientiert.

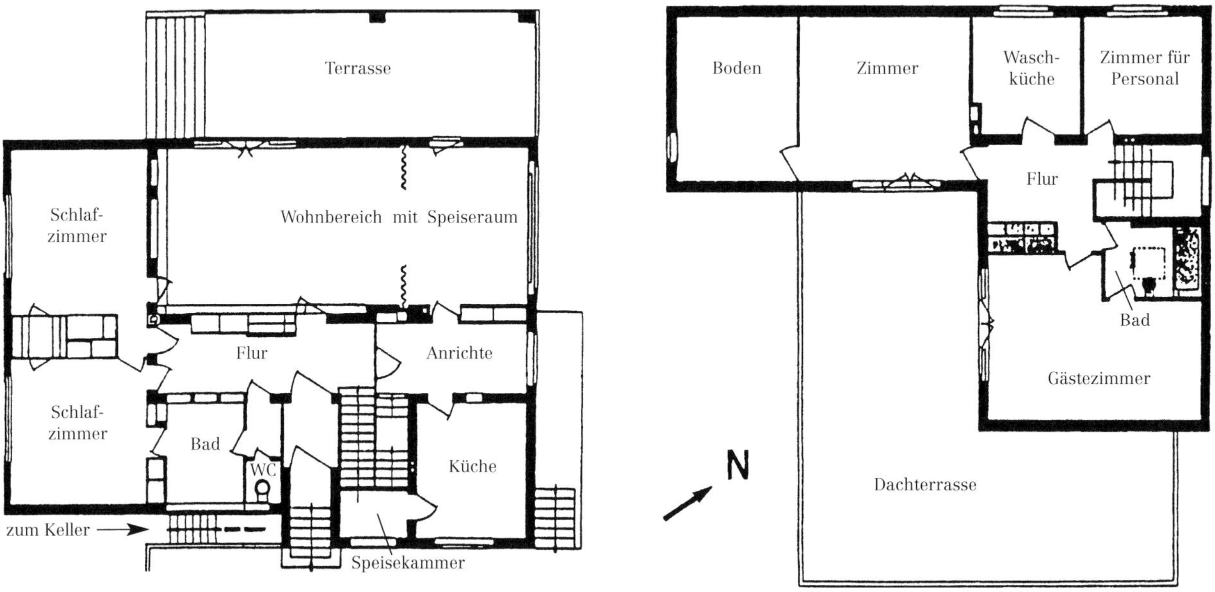

Walter Gropius: Meisterhaus in Dessau. Links: Grundriss Erdgeschoss, rechts: Grundriss Obergeschoss

Walter Gropius: zwei der Meisterhäuser in Dessau

Das Gebäude mit der Himmelsnadel – William van Alen: Chrysler Building

Von 1927 bis 1930 entstand nach Plänen von **William van Alen** (1883–1934) das **„Chrysler Building"** in New York. Für ein Jahr war der 319 m hohe Wolkenkratzer mit 3750 Fenstern, 77 Stockwerken und 32 Fahrstühlen das höchste Gebäude der Welt, dann musste er diesen Ruhm an das Empire State Building abtreten.

Hinter diesen nüchternen Fakten verbirgt sich eine interessante Baugeschichte: Als Bauherr fungierte zunächst ein Makler, der das Grundstück im Herzen der Stadt an der Ecke Lexington Avenue und 42nd Street erworben hatte. Er beauftragte van Alen mit dem Bau eines Wolkenkratzers, der höher als das mit 300 m damals höchste Bauwerk, der Eiffelturm (s. S. 282), sein sollte. Im Wettstreit um die Superlative planten die Franzosen vorübergehend eine Aufstockung des Eiffelturmes. Van Alens ursprüngliche Idee war es, das Gebäude mit einer Glas- und Stahlkuppel zu krönen, die wie eine „mit Juwelen besetzte Himmelskugel" nachts leuchten sollte. Doch noch vor Beginn der Bauarbeiten verkaufte der Bauherr das Projekt und den Pachtvertrag an den Autoindustriellen Walter P. Chrysler, dessen Unternehmen in diesen Jahren expandierte.

Chrysler nutzte die Chance, den Namen des Unternehmens ins Gespräch zu bringen. Man arbeitete in Doppelschichten und stellte neue Rekorde in Bezug auf das Tempo der Bauarbeiten, die technischen Installationen und den Materialaufwand auf. Dank umfangreicher Sicherheitsvorkehrungen gab es während der gesamten Zeit keinen ernsthaften Unfall. Zu einem spektakulären Wettbewerb kam es, als der gleichzeitig entstehende Wolkenkratzer der Bank von Manhattan das Chrysler Building an Höhe zu übertreffen schien. Van Alen ersann zusammen mit einem Ingenieur im Geheimen einen nadelförmigen Aufsatz von 55 m. Man nietete diesen „▸Vertex" im 65. Geschoss zusammen und schob ihn an einem windstillen Tag innerhalb von 90 Minuten unter dem Beifall der Passanten aus der Öffnung des Daches in den Himmel. Dem Chrysler-Unternehmen war es gelungen, sich der Öffentlichkeit als fortschrittlich zu präsentieren.

Die Höhe war jedoch nicht der einzige Garant für die Bewunderung, die dem Bauwerk zuteil wurde. Es waren auch die edlen Materialien und die einfallsreiche Gestaltung im Stil des ▸Art déco, die Eindruck machten. Die Rahmen des über drei Stockwerke reichenden Portals bestehen aus poliertem Chrom-Nickel-Stahl. Dunkelgrüner Granit, der das Portal einfasst, kontrastiert mit dem hellen Marmor der Fassade. Beim Fahnenhalter über der Tür handelt es sich um eine Nachbildung der Kühlerfigur eines Chrysler. Weitere Zitate von Chrysler-Autos befinden sich in größeren Höhen, ein ▸Fries besteht aus Reifen, Kotflügeln und Radkappen; Ornamente in Form eines geflügelten Helmes weisen auf die Kühlerfigur hin.
Weithin sichtbar sind die sieben Gewölbebögen der sich nach oben verjüngenden Kuppel aus Nirosta-Stahl, deren dreieckige Fenster die Wirkung des in den Himmel strahlenden Bauwerks unterstreichen. Der durch das Äußere vermittelte Anspruch eines gediegenen Bauwerks setzt sich im Innern fort. Auch hier verwendete man edle Materialien. In seinen Erinnerungen schrieb Chrysler: „Wenn die Leute ein so großes Bauwerk betreten, müssen sie eine Veränderung spüren, sie müssen geistig in eine Hochstimmung kommen, die es ihnen leicht macht, ihre Geschäftsabschlüsse schwungvoll zu tätigen."

Arbeitsanregungen:

1. Stellen Sie am Beispiel des Chrysler Buildings dar, inwieweit man von einer architecture parlante (s. S. 434) und bei den Plänen des Industriellen Chrysler von ▸corporate identity sprechen kann.
2. Fertigen Sie eine Zeichnung oder Collage an, bei der Sie die Skyline der Stadt, in der Sie wohnen, durch Wolkenkratzer oder Gebäude, die die Maßstäblichkeit sprengen, verändern. Diskutieren Sie Ihre Arbeitsergebnisse.

▸**Vertex** (lat. Wirbel, Scheitel): höchstgelegener Teil

▸**Art déco:** Bezeichnung für eine Kunstrichtung der zwanziger und dreißiger Jahre, mit einer zwar ornamental-stilisierenden, aber doch reduzierten Formensprache

▸**Fries, Wandfries:** waagerechter Streifen aus Bildern oder Ornamenten zur Gestaltung und Gliederung einer Wand oder auch als oberer Abschluss zur Decke hin

▸**corporate identity:** prägnantes, einheitliches Erscheinungsbild eines Unternehmens oder einer Institution, das das Selbstverständnis zum Ausdruck bringt

William van Alen: Chrysler Building in New York, 1927–1930

William van Alen: Chrysler Building, Fries mit Reifen, Kotflügeln und Radkappen

William van Alen: Chrysler Building, Haupteingang Lexington Avenue

Eine kühne Tragkonstruktion – Frank Lloyd Wright: Fallingwater

Mitte der dreißiger Jahre erhielt der Amerikaner **Frank Lloyd Wright** (1869–1959) von einem Landsmann den Auftrag, im waldigen Gebiet im Südwesten Pennsylvaniens ein repräsentatives Ferienhaus zu bauen, das zur Erholung wie auch zum Empfang von Gästen geeignet sein sollte. In unmittelbarer Nähe des an einem Bergbach mit Wasserfall gelegenen Ferienhauses, das die Familie seit Jahren bewohnte, entstand von 1937 bis 1939 an entlegener Stelle ein Wohnhaus. Es zählt zu den phantasievollsten Schöpfungen der Architektur des 20. Jahrhunderts: **„Fallingwater“,** das Haus über dem Wasserfall.

Das Ungewöhnliche und Neuartige war die Beziehung des Umfeldes zu einem Baukörper, der mit seinen über den Wasserfall vorstoßenden Terrassen den Rhythmus der Umgebung aufgreift. Das Geschoss mit dem Wohnbereich musste aus statischen Gründen aus ▸Stahlbeton angefertigt werden, einem damals beim Wohnbau relativ neuen und selten verwendeten Material. Die glatten Betonflächen des Außenbaus kontrastieren mit dem horizontal geschichteten Naturstein, der teilweise aus der Wandfläche hervortritt, und den durchlaufenden Fensterbändern, die die einzelnen Geschosse fast schwebend erscheinen lassen. Senkrecht aufragende Bauteile verklammern die Geschosse sowohl untereinander als auch mit dem kantigen Felsen des Berghanges. Von der unteren Terrasse aus gelangt man über eine Hängetreppe zum Wasser hinunter.

Weite Öffnungen verbinden im Inneren die Räume und schaffen so einen „offenen“ Grundriss, der in das Gelände ausgreift. Der zentrale Raum von Fallingwater ist der Wohnraum mit dem sich angliedernden Essbereich neben der Küche. Die Bodenfläche besteht aus poliertem Naturstein, dessen geriffelte Oberfläche den Eindruck einer leicht bewegten Wasserfläche erweckt. Von unten dringt ein massiver Felsbrocken in den Wohnbereich und bildet den Sockel für den Kamin. Von dieser Stelle aus kann man durch eine verglaste Fläche auf den Wasserfall darunter schauen. Dieses Zusammenspiel von Stein, Feuer und Wasser entspricht der Auffassung Wrights vom ▸organischen Bauen, worunter er nicht die Nachahmung von Naturformen verstand. Wichtig waren ihm die Verwendung von Materialien der Umgebung und die Verbindung von Umraum und Bauwerk, das nicht aus „Raumschachteln“ bestehen, sondern von Licht und Luft durchdrungen werden sollte.

Die Tatsache, dass Wright bei diesem über den Wasserfall hinausragenden Wohnhaus Stahlbeton verwendete, mag als Stilbruch bezeichnet werden, doch ließ sich die kühne Konstruktion nicht anders realisieren. Der Reiz von Fallingwater mag aber gerade in diesem Wechselspiel von technischen und naturbelassenen Elementen bestehen. So korrespondiert der wellenartige Fußboden mit einer glatten Decke. Die indirekte Beleuchtung und die vom Architekten entworfenen Sitzmöbel stehen im Kontrast zu dem reliefartig aus dem Boden hervortretenden bräunlichen Naturstein.

Heute ist Fallingwater ein Museum, eine Pilgerstätte für alle, die sich für außergewöhnliche Wohnbauten interessieren. Die Gründe für die besondere Wertschätzung, die das Haus über dem Wasserfall erfuhr, liegen wohl darin, dass Wright weder einer romantisierenden Auffassung nachhing noch Natur imitieren wollte. Es sind die formalen Gegensätze von Umgebung und Gebäude einerseits und das Zusammenspiel von Landschaft und Innenraum andererseits, die den poetischen Reiz ausmachen.

Arbeitsanregungen:

1. Beschreiben Sie die Wirkung der Materialkombinationen in Wrights Fallingwater. Welche Meinung haben Sie zu diesem Zusammenspiel unterschiedlicher Materialien?
2. Stellen Sie die Vor- und Nachteile des Lebens in einem Haus mit offener Raumaufteilung denen eines Wohnhauses mit traditioneller Raumaufteilung gegenüber.

▸**Stahlbeton:** mit Stahleinlagen bewehrter Beton, der Zugspannungen aufnimmt

▸**organisches Bauen:** Richtung des Bauens, die bestrebt ist, fließende, „organische“ Bauformen zu entwickeln und stärker auf die Bedürfnisse der Bewohner einzugehen

Frank Lloyd Wright:
Haus über dem Wasserfall
(Fallingwater), 1933–1939

Frank Lloyd Wright:
Haus über dem Wasserfall,
Innenansicht

Das Bauwerk als Großplastik – Le Corbusier: Ronchamp

Der Besucher erreicht die Wallfahrtskirche Notre-Dame-du-Haut über einen Hohlweg; links und rechts des Pilgerweges Böschungen aus roter Erde, dann fällt der Blick auf den weißen Turm. Kein Fenster, kein Relief und keine Öffnung gliedert aus dieser Perspektive das massige Gebilde. Noch ein paar Schritte weiter, und der Besucher sieht das farbige Portal und die Wand mit frei über die Fläche verteilten Fenstern unterschiedlichster Größe. Ein mächtiges, geschwungenes Dach, das nach Süden schiffsbugartig vorstößt, überfängt den Bau der Wallfahrtskirche Notre-Dame-du-Haut. Nach Plänen des französisch-schweizerischen Architekten **Le Corbusier** (1887–1965) entstand hier am Rande der Vogesen in den Jahren von 1950 bis 1954 die Kirche. Sie ist sein bekanntester Bau, der zugleich zu den berühmtesten Einzelgebäuden des 20. Jahrhunderts zählt und nicht nur Pilger, sondern in erster Linie an dieser ungewöhnlichen Kirche Interessierte anlockt.

Dem Bau liegt die Idee der harmonischen Verbindung mit der Landschaft zugrunde. Als akzentuierende architektonische Ausformung krönt er die Bergkuppe. Der trapezförmige Grundriss, der keinen rechten Winkel aufweist, zeigt das Ungewöhnliche des Baus. Zwar ist die Wallfahrtskirche in traditioneller Weise ▸geostet, doch unterscheidet sie sich von der Gliederung herkömmlicher Sakralbauten.

Die Fenster an der Südwand erinnern an Schießscharten. An der Basis hat die Mauer eine Stärke von 3,70 m, unterhalb des Daches sind es nur noch 50 cm. Nur diese Wand besteht aus Beton, alle übrigen nach außen oder innen schwingenden Wände sind aus Bruchsteinen gemauert und mit ▸Spritzbeton verputzt. Die Biegungen der Wände setzen sich auch beim Boden fort, der entsprechend der Wölbung des Hügels zum Altar hin leicht abfällt. Durch die geschwungenen Wände erfährt der Altar – entsprechend seiner liturgischen Funktion – eine besondere Betonung.

Die für private Andachten bestimmten Seitenkapellen an der nördlichen Wand erhalten ihr Licht durch die Fensteröffnungen der darüber liegenden halbrunden Türme. Die beiden etwa 6 cm starken Betonschalen des Daches, das an ein geblähtes Segel erinnert, setzen nicht direkt auf den Mauern auf, sondern ruhen auf Stützen, sodass an dieser Stelle Licht durch ein schmales Band fällt. Die unregelmäßig verteilten Fenster sind mit farbigem und farblosem Glas versehen. Der Innenraum ist relativ dunkel, er erinnert an die mystische Lichtstimmung gotischer Kathedralen in Frankreich (s. S. 94). Gemäß ihrer Funktion ist die Kirche eher klein. Sie misst 25 m in der Länge und 15 m in der Breite.
Für Gottesdienste am Tag der Wallfahrt bezog Le Corbusier den Außenbereich ein. An der Ostseite befindet sich für diesen Zweck eine Kanzel. Bis zu 12000 Menschen können an den Pilgergottesdiensten auf dem Freigelände mit der begehbaren Steinpyramide teilnehmen.

■ *Das Bauwerk ist von außen ganz plastische Gestalt, innen ganz umhüllter Raum, einfach und zugleich ganz irrational, voller Assoziationen an die Herkunft von der Höhle. Le Corbusier erreicht mit diesem Bauwerk den Gegenpol zur geometrisch flächigen Architektur seines früheren Werkes. Mit ihm erhält die Architektur des 20. Jahrhunderts einen entscheidenden Impuls, zu einer organhaft das Wesen einer Aufgabe erfassenden Gestaltung vorzudringen.*

dtv-Atlas zur Baukunst, Bd. 2, S. 521

Arbeitsanregungen:

1. Charakterisieren Sie das Verhältnis des Außenbaus zum Innenraum bei Le Corbusiers Wallfahrtskirche. Inwieweit hat der Architekt mit Kontrasten und Übereinstimmungen gearbeitet?
2. Fertigen Sie aus Ton das Modell einer kleinen Teestube von etwa 50 qm für den Pausenhof Ihrer Schule an. Lassen Sie sich bei der Gestaltung von Le Corbusiers Bau anregen und formen Sie einen organisch wirkenden Außenbau.

▸**geostet:** Ausrichtung einer Kirche mit dem Altarraum nach Osten in Richtung auf die aufgehende Sonne

▸**Spritzbeton:** Gemisch aus Zement, Zuschlagstoffen und Wasser, das in flüssiger Form aufgespritzt wird und danach durch Erhärten in Festbeton übergeht

Le Corbusier: Wallfahrtskirche Ronchamp (Vogesen), 1950–1954. Ansicht von Südosten

Le Corbusier: Wallfahrtskirche Ronchamp, Innenansicht

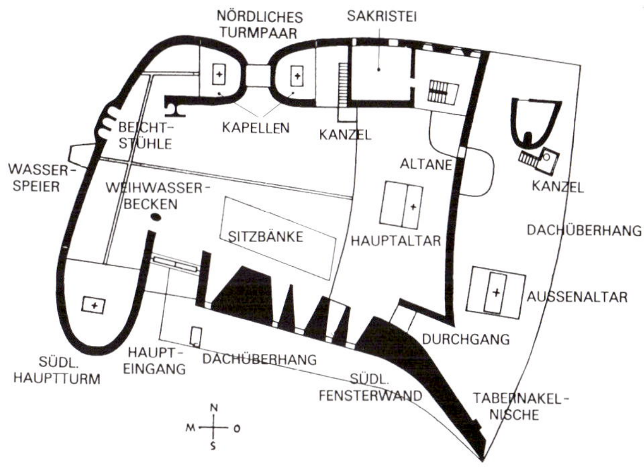

Le Corbusier: Wallfahrtskirche Ronchamp, Grundriss

Die Kulturmaschine – Richard Rogers/Renzo Piano: Centre Pompidou

Auf Initiative des französischen Staatspräsidenten Georges Pompidou begann man zu Beginn der siebziger Jahre in einem der ältesten Viertel von Paris mit der Planung eines Kulturzentrums, das ein weit reichendes Spektrum abdecken sollte. Als das vom englisch-italienischen Architekten-Team **Richard Rogers** (*1933) und **Renzo Piano** (*1937) entworfene **„Centre Pompidou“** 1977 der Öffentlichkeit übergeben wurde, erhob sich ein vielstimmiger Sturm des Protestes. Kritiker bezeichneten das Stahl-Glas-Gebäude mit den vorgelagerten Versorgungsröhren als Anti-Museum, Pompidosaurus oder Raffinerie-Architektur. Doch schon bald verstummten diese Stimmen; das neue Museum für die Sammlung moderner Kunst und wechselnde Ausstellungen erfreute sich eines regen Zulaufs. Täglich durchschnittlich 25000 Besucher, bei großen Ausstellungen sogar bis zu 50000 Besucher gingen in das Museum, das angesichts des großen Andrangs mitunter bis nach Mitternacht geöffnet war. Der erste Museumsdirektor Pontus Hultén sah gerade in der Andersartigkeit und im neuen Konzept den Schlüssel des Erfolgs, weil das Centre National d'Art et de Culture Georges Pompidou – so der offizielle Name – die offene Denkart der siebziger Jahre reflektiere und Schluss mache mit dem intimen Kabinett des konventionellen Museumsbaus.

Worin bestand nun das Neue, das die Kritiker auf den Plan gerufen hatte? Beim Außenbau dominiert an den Längsseiten das Skelett der tragenden Konstruktion, an deren senkrechten Stützen ▸Kragarme gehängt sind. Sechs Meter vor diesen Stützen liegen versteifende X-förmige Diagonalverspannungen, die jeweils zwei der sieben Meter hohen Geschosse zusammenfassen. Vor der tragenden Konstruktion liegt die 166 m lange Westfassade mit ihrem gliedernden System von Rolltreppen, die innerhalb von Plexiglasröhren verlaufen. Der Besucher blickt bei seiner Fahrt in die oberen Stockwerke weniger in das Museum als vielmehr auf das umliegende Häusermeer der Metropole, das auch von freien Dachterrassen aus betrachtet werden kann.

Mit 42 m Höhe überragt das Centre die umliegenden Gebäude. Von außen sichtbare Versorgungsleitungen und das Beförderungssystem unterscheiden sich je nach Funktion und Material: Blau sind die Entlüftungsröhren gekennzeichnet, rot die Aufzuganlagen, gelb die elektrischen Anlagen und grün die Wasserrohre. Die farbigen Feuerleitern aus Metall bilden ein weiteres vertikales Gliederungssystem. An den 66 m breiten Querseiten ist dieses System der tragenden Konstruktion aufgelockert, die durchgehend verglaste Fassade lässt hier einen Blick in das Innere zu.

Das nach außen gelegte Tragwerk ermöglicht im Inneren ein hohes Maß an Flexibilität. Das Tragsystem überspannt 48 m stützenfrei, sodass sich im Inneren eine verfügbare Ausstellungsfläche von 150 m mal 50 m ergibt, die mithilfe beweglicher Wände in Räume unterschiedlicher Größe gegliedert werden kann. Unter der Erde liegt das Forschungsinstitut für Akustik und Musik.

Das Centre Pompidou verdeutlicht die Auffassung von Piano und Rogers, das Funktionale in den Vordergrund zu stellen und den Benutzern ein hohes Maß an Freiheit zu ermöglichen. Dazu gehörte unter anderem, dass die Architekten auf einen imposanten Eingang verzichteten. Der auf dem Platz flanierende Passant kann ohne Kontrolle die Räumlichkeiten des Erdgeschosses betreten. „Kein Bauwerk in Europa setzt sich in seiner Architektur so bewusst von seiner Umgebung ab und ist gleichzeitig so sehr zu ihrem Mittelpunkt geworden – architektonischer Ausdruck des technischen Zeitalters.“ (Egbert Kossak, 1998)

Arbeitsanregungen:

1. Welche Gründe können die Kritiker gehabt haben, das Centre Pompidou in Paris für unangemessen zu halten?
2. Vergleichen Sie das Centre Pompidou mit anderen Ihnen bekannten Museen.
3. Wie schätzen Sie die Verlagerung der Versorgungsleitungen an die Außenfassade ein? Übertragen Sie diesen Gedanken auf Wohnbauten in Ihrer Stadt.

▸**Kragarme:** Konstruktion, bei der die Last auf (auskragenden) Konsolen liegt und die Abnahme der Belastung sichtbar wird

Renzo Piano/Richard Rogers: Centre Pompidou, Paris, 1977

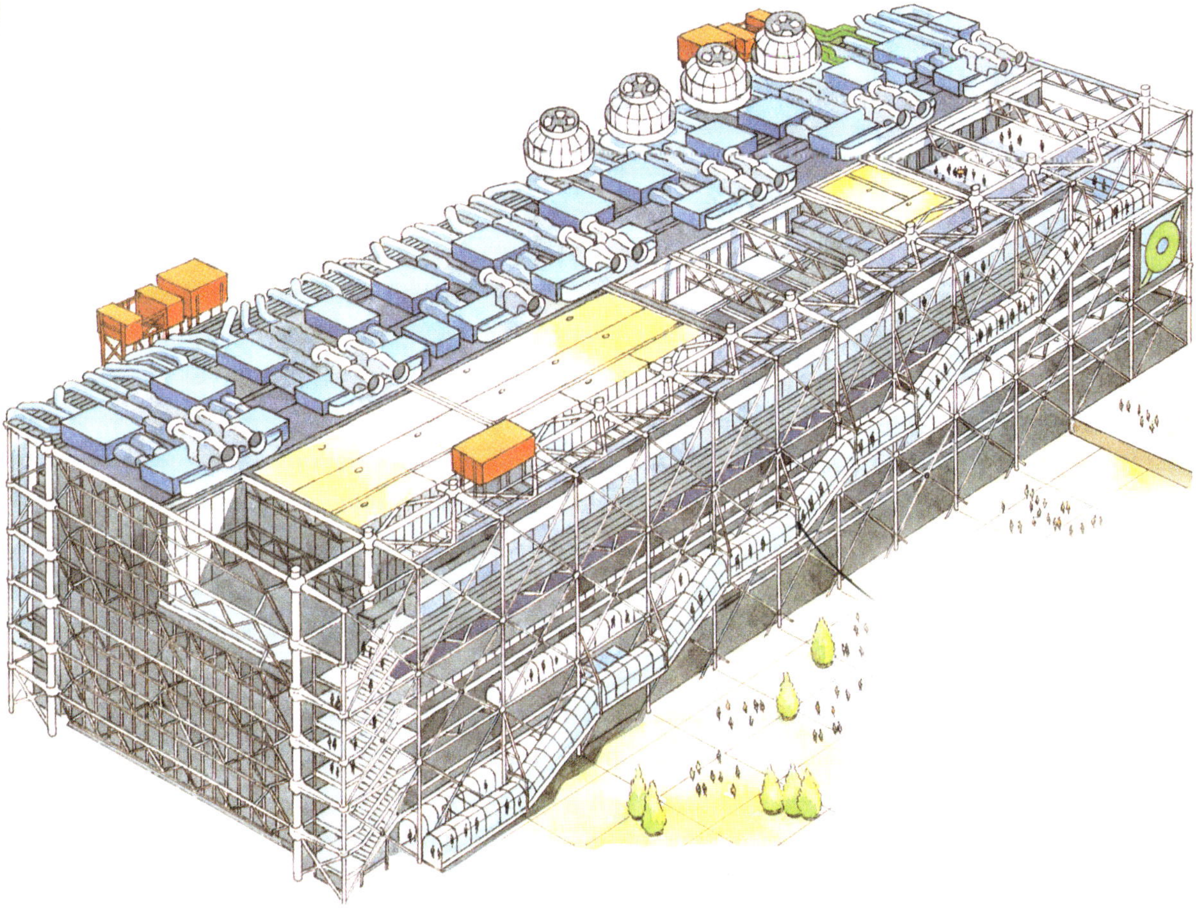

Renzo Piano/Richard Rogers: Centre Pompidou, Aufriss

Gebaute Collage – James Stirling/Michael Wilford: Neue Staatsgalerie Stuttgart

Zu den spektakulären Bauvorhaben im letzten Viertel des 20. Jahrhunderts zählten die Museumsbauten. In Deutschland waren es in diesem Zeitraum über fünfzig Um-, Erweiterungs- oder Neubauprojekte, die von den Ländern und Kommunen realisiert wurden. Einerseits benötigten die wachsenden Sammlungsbestände der Museen mehr Platz, andererseits aber dienten Museumsbauten dem Image der öffentlichen Auftraggeber. So manche Stadt, die etwas auf sich hielt, leistete sich in diesem Konkurrenzkampf der Kommunen ein Aufsehen erregendes Museum.

In den siebziger Jahren schrieb die Stadt Stuttgart für die umfangreiche Sammlung der klassischen Moderne einen internationalen Wettbewerb für ein Kunstmuseum aus, dem eine Musikhochschule und ein Kammertheater angegliedert sein sollten. Das Architektenbüro Stirling, Wilford & Associates ging als Sieger hervor.
Die beiden britischen Architekten **James Stirling** (1926–1992) und **Michael Wilford** (*1938) entwickelten ein Konzept, das in seiner Grundauffassung dem Museumsbau des 19. Jahrhunderts verpflichtet war. Den überlieferten Formenschatz kombinierten sie mit den neuen Möglichkeiten des Bauens, sodass die für dieses Museum charakteristische Mischung entstand. Die Idee, das Museum als Erlebnisraum zu konzipieren, zeigt sich vor allem im Eingangsbereich und auf dem Hof. Die Architekten entwickelten auf dem abfallenden Gelände auf mehreren Ebenen einen Komplex mit zahlreichen Durchblicken und Durchgängen.

Geistiger Pate für Stirling und Wilford war bei diesem Projekt unter anderem der Deutsche Karl Friedrich Schinkel (s. S. 260), der in den zwanziger Jahren des 19. Jahrhunderts das Alte Museum in Berlin gebaut hatte. Stirling und Wilford griffen auf das Motiv der im Zentrum stehenden ‣Rotunde zurück, ließen sie aber nach oben offen und versahen die Freifläche mit klassischen Skulpturen. Weitere Architekturzitate greifen Elemente der benachbarten Gebäude auf, beziehen sich aber auch auf alte Kulturen. Dies geschieht mit einem ironischen Unterton.
Die im Wechsel mit ‣Travertin- und Sandsteinplatten verkleideten Außenwände zitieren Kirchenbauten der Toskana; sie stehen im Kontrast zu den pinkfarbenen und blauen Handläufen, in denen sich auch die Beleuchtung befindet. An die Rotunde schließt das Foyer mit der geschwungenen und windschiefen Fassade an, die spielerisch die Möglichkeiten der modernen Architektur verdeutlicht.
Im Inneren schließlich entspricht die Raumfolge einer ‣Enfilade, wie sie nicht nur für die aus dem 19. Jahrhundert stammende Alte Staatsgalerie in Stuttgart, sondern auch für repräsentative Profanbauten des Barock typisch ist.

Doch trotz aller Bezüge zur Historie und den gelegentlichen ironisch-spielerischen Brechungen behielten die Architekten den klaren Blick für das Funktionale. Unter der leicht erhöhten, vorgelagerten Eingangsterrasse liegt die Tiefgarage auf dem Niveau der Straße. Die Installationen für Beleuchtung und Belüftung des Gebäudes sind mindestens so modern wie bei dem einige Jahre zuvor entstandenen Centre Pompidou (s. S. 444). Die Absicht der Architekten war es nicht, dem Gebäude einen plakativen High-Tech-Charakter zu geben, sondern bewusst Bezüge zur Tradition herzustellen.
Mit gutem Grund kann man die Neue Staatsgalerie als Beispiel einer postmodernen Architektur bezeichnen, die sich gegen den Rationalismus (s. S. 332) wendet, bewusst Bezüge zur abendländischen Tradition herstellt und historische Stilelemente spielerisch miteinander kombiniert.

Arbeitsanregungen:
1. Vergleichen Sie die Neue Staatsgalerie in Stuttgart mit dem Centre Pompidou in ihrer Grundauffassung.
2. Nehmen Sie zu der kritisch-abwertenden Äußerung Stellung, das Stuttgarter Museum sei ein Griff in den Gemischtwarenladen der Baustile.

‣**Rotunde:** Rundbau

‣**Travertin:** dekorativer, poröser Stein mit gelblichem Ton

‣**Enfilade** (franz. le fil der Faden): Folge von Räumen, deren Ein- und Ausgänge auf einer Achse liegen, sodass sie wie an einem Faden aufgereiht erscheinen

James Stirling/Michael Wilford: Neue Staatsgalerie, Stuttgart, 1977–1984.

James Stirling/Michael Wilford: Neue Staatsgalerie, Innenhof

James Stirling/Michael Wilford: Neue Staatsgalerie, Innenansicht

Form Follows Fantasy – Hubert Behnisch: Das Hysolar-Institut

Im Jahre 1986 entschloss sich die Stuttgarter Universität, eine Anlage zu entwickeln, mit deren Hilfe sich aus Solarzellen gewonnene elektrische Energie in Wasserstoff umwandeln lässt. Bei dem Namen dieses Forschungsprojektes, „Hysolar", handelt es sich um eine Abkürzung von Hydrogen from solar energy. Zugleich ist Hysolar der Name des Institutes auf dem Universitätsgelände, das das renommierte Stuttgarter Architekturbüro von **Hubert Behnisch** (*1913) für diesen Zweck baute. Unterschiedlich reagierte die Fachwelt auf den eigenwilligen Forschungsbau:

■ *Dieses fröhlich-aggressive Raumgebilde aus Glas, Blech, Stahl und frechen Farben, das Sehgewohnheiten verhöhnt, mutet an wie ein dreidimensionales Kaleidoskop, in dem spitze Flächen und diagonale Linien durcheinander wirbeln. Die Gesetze der Schwerkraft und der Statik scheinen aufgehoben.*

Peter M. Bode, S. 93

Der Betrachter wird mit einem Bauwerk konfrontiert, das sich vom Herkömmlichen unterscheidet. Der rechte Winkel spielt nur eine untergeordnete Rolle, bewusst vermied man Symmetrie und arbeitete stattdessen mit Schrägen, mit aus dem Lot gekippten Fenstern, windschiefen Wänden, aus der Senkrechten geklappten Fassaden und ungewöhnlichen Materialkombinationen. Das Gebäude ist ein typisches Beispiel für die als Dekonstruktivismus (vgl. S. 352) bezeichnete Richtung der Architektur, die sich Ende der achtziger Jahre herausbildete.

Die Grundzüge dieser Auffassung fasste der Architekturhistoriker Anthony Vider so zusammen: „Die Dekonstruktion bezieht ihre gesamte Stärke daraus, Harmonie, Einheit und Stabilität als Werte in Frage zu stellen und statt dessen eine andere Sicht auf die Struktur vorzuschlagen: dass Mängel innerer Bestandteil der Struktur sind." Beim Versuch, das statisch scheinbar Unmögliche zu realisieren, reizten die Architekten die Möglichkeiten des Machbaren in gewagten Konstruktionen, aber stimmigen Fügungen der Elemente aus. Geistig-philosophischer Hintergrund ist die von dem französischen Philosophen Jacques Derrida (*1930) in den siebziger Jahren entwickelte Auffassung, die eine ausschließliche Fixierung des Denkens auf die Vernunft als einen Irrweg ansieht und die Frage stellt, ob die Welt sich so einfach mit gesicherten Erkenntnissen erfassen lasse.

Beim Hysolar-Institut handelt es sich um ein recht kleines Gebäude, das seiner Funktion entsprechend mit seinen Sonnenkollektoren, auf die kein Schlagschatten fallen darf, nach Süden ausgerichtet ist. Es besteht zum großen Teil aus vorgefertigten Elementen, manche Teile mussten speziell hergestellt werden. Das Ergebnis dieser kalkulierten Disharmonie ist eine dreidimensionale Zusammenfügung heterogener Materialien, die – nach dem Willen des Architekten – nicht edel, sondern möglichst einfach sein sollten. Holztafeln stoßen an ▸Paneele aus Aluminium, Plexiglas kontrastiert mit gewalzten Stahlprofilen oder Wellblechbeschlägen, farbige Stahlträger schießen aus dem Baukörper heraus oder bohren sich im großen Schwung in den Boden neben dem Gebäude. Doch trotz aller gewagt erscheinenden Konstruktionen gehorcht das Ganze den Gesetzen der Statik und einem kalkulierten Gestaltungswillen.

Arbeitsanregungen:

1. Erörtern Sie vergleichend das Zitat von Walter Gropius (s. S. 436) mit den Absichten der Dekonstruktivisten. Verkürzt lassen sich beide Richtungen auf die Formeln „form follows function" und „form follows fantasy" bringen. Schließen sich die beiden Auffassungen aus oder sehen Sie Verbindungen?
2. Stellen Sie das Modell für ein (etwa 40 cm hohes) bizarres, turmähnliches Gebilde her, bei dem Sie ganz bewusst den Gegensatz unterschiedlicher Materialien ausspielen. Fertigen Sie einen Bericht an, in dem Sie Ihre Erfahrungen beim Arbeitsprozess notieren, Schwierigkeiten beschreiben und reflektieren.

▸**Paneel:** vertiefte Felder in einer Wandverkleidung oder auch Wandelemente ähnlicher oder unterschiedlicher Textur aus anderen Baustoffen, hier: tafelförmige, vorgehängte Wandverkleidung

Oben:
Hubert Behnisch:
Das Hysolar-Institut
in Stuttgart, 1987,
Außenansicht

Links:
Hubert Behnisch:
Das Hysolar-Institut.
Halle zwischen den
Laborflügeln

Namen- und Sachregister

Text- und Bildquellenverzeichnis

Adriani, Götz / Konnertz, Winfried / Thomas, Karin: Joseph Beuys. Köln: DuMont 1973.

Arnold, Dieter: Die Tempel Ägyptens. Zürich: Artemis & Winkler 1992.

Bätschmann, Oskar: Die Maler des modernen Lebens. Manet, Monet, Degas, Cézanne. Aus: Funkkolleg moderne Kunst, Studienbegleitbrief 3. Weinheim/Basel: Beltz 1989.

Baumgart, Fritz: Geschichte der abendländischen Plastik. Köln: DuMont 1966.

Becher, B. und H. Aus: Kunsthalle Nürnberg (Hrsg.): „Was die Schönheit sei, das weiß ich nicht". Künstler – Theorie – Werk. Köln: DuMont 1971.

Berger, Eva u. Rolf: Bauwerke betrachten, erfassen, beurteilen. Augsburg: Augustus 1999.

Beseler/Rogenkamp: Michaeliskirche Hildesheim. 1954.

Beuys, Joseph. Aus: Joseph Beuys. Ausstellungskatalog. New York/London: Guggenheim Museum 1979.

Bischof, Ulrich: Edvard Munch. Köln: Taschen 1988.

Boccioni, Umberto: Futuristische Malerei und Plastik. Zit. nach: *Ferrier, Jean-Louis* (Hrsg.): Dumonts Chronik der Kunst im 20. Jahrhundert. Köln: DuMont 1990.

Bode, Peter M.: Der Chef kassiert den Ruhm – und gibt ihn weiter an Kollegen. Aus: art, 3/1989.

Boeckler, Albert: Das Perikopenbuch Kaiser Heinrichs II. Stuttgart: Reclam 1960.

Brandenburg, Hugo: Roms frühchristliche Basiliken. Heyne Stilkunde 14. München: Heyne 1979.

Braunfels, Wolfgang: Abendländische Klosterbaukunst. Köln: DuMont 1969.

Brenne, Sabine u. Stefan: Athen, Attika. München: Artemis & Winkler 1993.

Bünemann, Hermann: Auguste Rodin. Die Bürger von Calais. Stuttgart: Reclam 1957.

Bürklin, Heidi: Gnadenlose Bilder von Menschen. Aus: art, 5/1988.

Büttner, Frank: Giovanni Battista Tiepolo: Die Fresken in der Residenz zu Würzburg. Würzburg: Popp 1980.

Cellini, Benvenuto: Due Trattati. Zit. nach: *Kowalski, Klaus*: Plastik. Arbeitsheft. Stuttgart: Klett 1984.

Conrad von Mura: Zit. nach: *Trost, Vera*: „Drei Finger schreiben, aber der ganze Körper arbeitet ...". Aus: *Kirmaier, Josef u. a.* (Hrsg.): Schreibkunst. Augsburg: Haus der Bayerischen Geschichte 1994.

Corrance, Douglas. Aus: Charles Rennie Mackintosh. Edinburgh: Chambers 1991.

Cowen, Painton: Gotische Rosenfenster. Freiburg/Basel/Wien: Herder [3]1990.

Daniels, Dieter: Duchamp und die anderen. Köln: DuMont 1992.

de Fiore, Gaspare (Leitung): Meisterwerke. Malerei kennen und verstehen, Bd. 25: Constable. Hamburg: Fabbri 1990.

de Franciscis, A.: La Pittura Pompeiana. Florenz: Sadea 1965.

Eggebrecht, Arne (Hrsg.): Glanz und Untergang des alten Mexiko. Hildesheim/Mainz: Roemer & Pelizaeus/Zabern 1986.

Eggebrecht, Arne (Hrsg.): Suche nach der Unsterblichkeit. Ausstellungskatalog Hildesheim/Mainz: Römer-Pelizaeus-Museum/Philipp von Zabern 1990.

Engelhard, Günter: Vor Ort Farbe schöpfen. Aus: art, 10/1986.

Etschmann, Walter: Druckgrafik. Donauwörth: Auer [2]1996.

Eucker, J. (Hrsg.): Kunst-Lexikon. Berlin: Cornelson-Scriptor 1995.

Eyo, Ekpo/Willet, Frank: Kunstschätze aus Alt-Nigeria. Mainz: von Zabern 1983.

Faust, Wolfgang Max: Eine Frau projiziert den männlichen Blick auf sich selbst. Aus: art, 12/1990.

Forberg, Gabriele: Kunst und Kamera – die heimliche Allianz. Aus: Zeitmagazin, 16. 10. 1970.

Freund, Gisèle: Fotografie und Gesellschaft. Reinbek: Rowohlt 1900.

Fuchs, Werner: Die Skulptur der Griechen. München: Hirmer [4]1993.

Gaethgens, Thomas W.: Historienmalerei. Zur Geschichte einer klassischen Bildgattung und ihrer Theorie. Aus: *Ders./Fleckner, Uwe*: Historienmalerei. Berlin: Reimer 1996.

Gaugh, Harry F.: Willem de Kooning. Übers. v. *Matthias Wolf*. München/Luzern: Bucher 1984.

Gauguin, Paul: Zit. nach: Malerei kennen und verstehen, Bd. 18. Hrsg. v. *G. de Fiore* u. a. Hamburg: Fabbri 1990.

Gropius, Walter: Die Befreiung der Baukunst (1935). Aus: *Wingler, H./Kupferberg, F.* (Hrsg.): Die neue Architektur und das Bauhaus. Mainz: v. Zabern 1967.

Gruber, K.: Die Gestalt der dt. Stadt. München: Callwey [3]1977.

Hamilton, Richard: Zit. nach: *Livingstone, Marco* (Hrsg.): Pop Art. München: Prestel 1992.

Hansmann, Wilfried: Im Glanz des Barock. Ein Begleiter zu Bauwerken August des Starken und Friedrichs des Großen. Köln: DuMont 1992.

Hautumm, Wolfgang: Die griechische Skulptur. Köln: DuMont 1987.

Henatsch, Martin: Gerhard Richter: 18. Oktober 1977. Das verwischte Bild der Geschichte. Frankfurt/M.: Fischer TB 1998.

Hess, Walter: Dokumente zum Verständnis der modernen Malerei. Hamburg: Rowohlt 1956.

Hoepfner, Wolfram / Schwandner, Ernst Ludwig: Wohnen in der klassischen Polis. München: Deutscher Kunstverlag 1994.

Hofmann, Werner: Das Irdische Paradies. München: Prestel 1960, 1974.

Holtzmann, Bernhard: Die Kunst des alten Griechenland. Freiburg/Brsg.: Herder 1989.

Hotz, Walter: Kleine Kunstgeschichte der deutschen Burg. Darmstadt: Wiss. Buchges. [5]1991.

Hüneke, Andreas (Hrsg.): Der Blaue Reiter. Dokumente einer geistigen Bewegung. Leipzig: Reclam 1986.

Imdahl, Max: Zu Picassos Bild „Guernica". In: Gesammelte Schriften, Bd. 1: Zur Kunst der Moderne. Frankfurt/M.: Suhrkamp 1996.

Janowitz, G. J.: Wege im Labyrinth der Kunst. Einhausen: Hübner 1980.

Jantzen, Hans: Kunst der Gotik. Hamburg: Rowohlt 1957.

Kaak, Joachim. In: Staatsgalerie moderner Kunst. Erläuterungen zu ausgewählten Werken. München: Bruckmann 1995.

Kadatz, Hans-Joachim: Seemanns Lexikon der Architektur. Leipzig: Seemann 1994.

Kähler, H.: Der griechische Tempel. Berlin: Mann 1964.

Kandinsky, Wassily: Rückblicke. Zit. nach: *Becks-Malorny, Ulrike*: Kandinsky. Köln: Taschen 1999.

Kayser, T./Körner, C.: Abiturwissen Malerei. Stuttgart: Klett [2]1999.

Kemp, Wolfgang: Kunst kommt ins Museum. Aus: Funkkolleg Kunst, Studienbegleitbrief 3. Weinheim/ Basel: Beltz 1984.

Klant, M./ Walch, J.: Bildende Kunst, 1. Hannover: Schroedel 1993.
Klotz, Heinrich: Von der Urhütte zum Wolkenkratzer. München: Prestel 1991.
Koch, Wilfried: Baustilkunde. München: Mosaik ^{11}1991.
Koch, Wilfried: Kleine Stilkunde der Baukunst. München: Mosaik 1985.
Koepf, Hans: Bildwörterbuch der Architektur. Stuttgart: Kröner 1968.
Koller, Manfred: Der Flügelaltar von Michael Pacher in St. Wolfgang. Wien: Böhlau 1998.
Kontorlis, K. P.: Die mykenische Kultur. Athen 1977.
Krefeld, H. (Hrsg.): Res Romanae. Frankfurt/M.: Hirschgraben 1960.
Krusche, Dieter: Reclams Filmführer. Stuttgart: Reclam 1973.
Jahn, Johannes: Wörterbuch der Kunst. Stuttgart: Kröner ^{10}1983.
Janowitz, G. J.: Wege im Labyrinth der Kunst. Einhausen: Hübner 1980.
Larkin, David u. a. (Hrsg.): Frank Loyd Wright. Die Meisterwerke. Stuttgart: Kohlhammer 1993.
Linfert, C.: Jerôme Bosch. Aus: *Minois, Georges*: Die Hölle. München: dtv 1996.
Livingstone, Marco (Hrsg.): Pop Art. München: Prestel 1992.
Mangolis, A. u. a.: Die Museen Griechenlands. Freiburg/Basel/Wien: Herder 1992.
Marc, Franz: Brief vom 12. 12. 1910. Zit. nach: *Macke, W.* (Hrsg.): Macke, August/Marc, Franz: Briefwechsel. Köln: DuMont 1964.
Marc, Franz: Schriften. Hrsg. v. *Klaus Lankheit*. Köln: DuMont 1978.
Martin, K.: Kunst des Abendlandes, Bd. 1. Karlsruhe: Braun 1970.
Merz, Gerhard: Zit. nach: *Ferrier, Jean-Louis* (Hrsg.): DuMonts Chronik der Kunst des 20. Jahrhunderts. Köln: DuMont 1990.
Meyers kleines Kunstlexikon. Mannheim: BI 1986.
Müller, Jürgen: Scheingefecht um Ruhm und Ehre. Aus: Frankfurter Allgemeine Zeitung, 9. Juni 1999.
Müller, W./Vogel, G.: dtv-Atlas Baukunst, Bd. 2. München: dtv ^{11}2000.
Paltzer, Rolf A.: Ein Mann stiftet Unruhe. Aus: art, 3/1984.
Panofsky, Erwin: Vater Chronos. Aus: *Ders.*: Studien zur Ikonologie. Köln: DuMont 1980.
Parissien, Steven: Bahnhöfe der Welt. München: Knesebeck 1997.
Passeron, H.: Honoré Daumier und seine Zeit. Würzburg. Popp 1979.
Paz, Octavio: Chillida – Vom Eisen zum Licht. Aus: Eduardo Chillida. Berlin: Neuer Berliner Kunstverein 1991.
Pehnt, Wolfgang: Die Architektur des Expressionismus. Stuttgart: Hatje ^{2}1981.
Pietsch, Hans: Der Mann, der die Farbflächen zum Schweben brachte. Aus: art, 3/1992.
Pijoan, José: Arte. Die Kunstgeschichte der Welt, Bd. 1. Lausanne: Grammont 1979.
Power, Kevin: Die ekstatische Form der Befragung. Aus: *Gohr, Siegfried* (Hrsg.): Deutsche Motive. Köln: Edition Cantz 1993.
Raeder, Joachim: Priene. Berlin: Mann 1984.
Richter, Gerhard: Malerei. Bozen: Msueion 1985.
Riemann-Reyher, Marie Ursula: Adolph Menzel 1815-1905. Das Labyrinth der Wirklichkeit. Köln: DuMont 1996.
Rogora, Bernardo: Die Geschichte der Griechen. München: C. Bertelsmann 2000.
Rüdiger, Wilhelm: Die Welt der Renaissance. München: Hueber 1977.
Sagner-Düchting, Karin: Claude Monet. Köln: Taschen 1990.
Scheibler Ingeborg: Griechische Töpferkunst. München: Beck ^{2}1995.
Scherf, W.(Hrsg.): Ludwig Bechstein: Sämtliche Märchen (1857). München: Winkler 1965.
Schild, Erich: Zwischen Glaspalast und Palais des Illusions. Berlin/Frankfurt a. M./Wien: Bauwelt Fundamente 1967.
Schmied, Wieland: Caspa David Friedrich. Köln: DuMont 1975.
Schmied, Wieland. Aus: *Schmied/Grosskamp* u. a. (Hrsg.): Harenberg Malerlexikon. Dortmund: Harenberg 2001.
Schmidt, J. N.: Das Crysler-Building. Frankfurt/M.: Fischer 1995.
Schneider, Lambert/Höcker, Christoph: Griechisches Festland. Köln: DuMont 1996.
Schütz, B./Müller, W.: Deutsche Romantik. Freiburg/Brsg.: Herder 1989.
Schwarze, Michael: Luis Buñuel. Rowohlt Monographie. Reinbek: Rowohlt 1981.
Sedlmayr, Hans: Die Entstehung der Kathedrale. Zürich: Atlantis 1950.
Sedlmayr, Hans: Epochen und Werke, III. Mittenwald: Mäaner 1982.
Springer, Anton: Die Kunst des Altertums. Leipzig: Kröner ^{11}1920.
Stadler, Wolf (Hrsg.): Lexikon der Kunst. Erlangen: Müller 1994.
Stierlin, Henri (Hrsg.): Architektur der Welt: Ägypten. Köln: Taschen 1994.
Stützer, H. A.: Die Etrusker und ihre Welt. Köln: DuMont Schauberg 1975.
Taylor, Brandon: Kunst heute. Köln: DuMont 1995.
Tetzlaff, Ingeborg: Romanische Portale in Frankreich. Köln: DuMont 1977.
Thiem, E. Aus: *Eggebrecht, Eva*: Die Welt der Maya. Mainz: Zabern 1992.
Thurn, Hans-Peter: Der Kunsthändler: Wandlungen eines Berufsbildes. München: Hirmer 1994.
Vertut, J. Aus: ARS ANTIQUA: Ägypten. Freiburg: Herder 1969.
Vialu, D.: Frühzeit des Menschen. München: Beck 1992.
Voss, Hans: Neunzehntes Jahrhundert. Frankfurt/M.: Umschau o. J.
Wagner, Susanne: Von der geheimen Kraft der Dinge. Aus: art 3/1994.
Warnke, Martin: Peter Paul Rubens. Leben und Werk. Köln: DuMont 1977.
Weigert, Hans: Geschichte der europäischen Kunst. Stuttgart: Kohlhammer 1951.
Weingarten, Susanne: Schaurige Welt der Puppen. Aus: Der Spiegel, 22/1995.
Westheim, Paul: Das Holzschnittbuch. München: Rogner & Bernhard 1977.
Wetzel, Christoph (Hrsg.): Neue Belser Stilgeschichte, Bd. II. Stuttgart/Zürich: Belser 1987.
Winckelmann, Johann Joachim: Gedanken über die Nachahmung der griechischen Werke in der Malerei und Bildhauerkunst. Stuttgart: Reclam 1969.
Wingler, Hans M.: Bauhaus-Archiv Berlin. Braunschweig: Westermann 1979.
Wölfflin, Heinrich: Die Kunst Albrecht Dürers. München: Bruckmann ^{9}1984.
Young, Caroline: Burgen, Türme und Paläste. München: ars edition 1991.
Zaloscer, Hilde: Der Schrei. Signum einer Epoche. Wien/München: Brandstätter 1985.

Bildnachweis

A. de Luca/Arris & Co.: 79.1+2 – ADAGP/Bruno Jarrwt: 296 – Alinari: 109.2, 173.3 – Architectura virtualis GmbH: 87.1 – Archiv für Kunst und Geschichte: 13.1+3, 17.4, 19.3, 22.1, 23.3, 29.1-3, 31.1+3, 33.1, 39.1, 43, 49, 51, 61.1, 63.2, 65, 71.1-3, 79.4, 83.3, 101.2, 105.1, 107.1, 114, 119.3, 125.4, 138, 139, 169.1, 206, 207, 211, 219.4, 221.2, 223.1, 228, 239.2, 261.1, 263.4, 265.4, 289.2, 295, 313.1, 315.2, 323.3, 329.2, 337.1,3,4,392,411.1, 443.1 – Archiv Holle: 69.3, 441 – Artothek: 85.2, 159, 163, 175.1, 181.2, 183.1, 223.2, 229, 231, 233, 235, 239.1, 243, 245.2, 251.1, 253, 255.1+3, 257.1, 261.3, 263.3, 265.3+5, 267.2, 271.1, 273.2, 275.3 , 289.1, 291, 293.1, 302, 305.2, 309.1, 315.1, 317, 339.1, 357.3, 391.1, 401.1 – ARS New York: 343.1, 379 – Artur/Jochen Helle: 281.3, 333.1 Klaus Frahm, 345.2 Klaus Frahm, 353.1 Karis Heßmann, 435 Klaus Frahm, 445.1 Marc Loiseau, 447.1+2 Klaus Frahm, 449 Klaus Frahm – Aufsberg Lala: 101.3 – Australian National Gallery: 369 – Bauhaus-Archiv: 405 – Baukunst Galerie: 401.4 – Bayerische Staatsbibliothek: 127, 131, 133 – Bayerisches Nationalmuseum: 115.4, 183.3 – Becher B. & H.: 417.1 – Bednorz Achim: 91.1+2, 105.2, 181.1+3, 189.1, 193.1, 195, 197, 201.1+2 – Bibliothèque du Conservatoire National des Arts et Métiers: 294 – Bildarchiv Monheim: 97.3, 145.2, 333.1 – Bilderberg Hamburg: 341.4 – BlueBox/W. Timmermann: 277.3, 281.1 – Boger B.: 83.4 – Bolle-Redat Abbé, Ronchamp: 443.2 – Borgas A.: 123.2 – Corbis/Werner Forman: 41.2, 171.3 Nat. Gallery Collection, 187.1 Massimo Listri, 267.3 Archivo Iconografico, 279.1 Gianni Dagli Orti, 299.2 Bettmann, 307.2 Nat. Gallery Collection, 323.2 Burstein Collection, 391.2 Francis G. Mayer, 414 Stapleton Collection, 437.1 Sygma, 437.2 Michael Nicholson – defd: 337.5 – Deutsches Filminstitut: 423 – Deutsches Historisches Museum: 337.2 – Diacenter/© Michael Heizer: 345.1 – Dokumenta Archiv: 353.2, 413 – Domkapitel Aachen: 115.3 – Edimedia: 395 – Etschmann W.: 2013 – Evrard und Bastin Brüssel: 287 – Focu/Rapho: 390.2 – Foto Green Studio: 35.4 – Foto Marburg: 23.2, 41.1, 45.1, 55.1, 89.2, 93.2+3, 972+3, 101.1, 103.3, 112, 117.2+3, 135.2, 151.1, 173.1+2, 179.2, 185.2, 261.4, 349.5 – Foto Noja: 105.3 – Foto Anderson Rom: 177.2 , 179.3 – Galerie Hauser & Wirt/Alexander Troehler-Courtesy the Artist: 415:2 – Germanisches Nationalmuseum: 35.2, 126, 165.1 – Giraudon: 169.2 – Hahne R.: 234 – Heiter J.: 115.2 – Hirmer Verlag: 67.1, 95, 155.1 – Interfoto: 21.2, 45.2+53.3 Bridgeman Art, 267.1 Bridgeman Art, 281.2, 307.1 Bridgeman Art, 311 © Museum Folkwang, 329.4 Bridgeman Art, 331, 339.2 Bridgeman Art – Jeiter M.: 145.1 – Jopling Jay London: 353.3 – Jordens Eckhard: 137.1+2 – Kennedy John: 125.2 – Kerpf S.: 189.2 – Kersting A.F. London: 269.3 – KIK Brüssel: 267.5 – Klein W.: 399.1 – Kohlhammer Verlag: 269.5 – Kröller-Müller-Stiftung: 325.3 – Künzler K.: 37.1 – Kunsthalle Hamburg: 271.4 – Kunsthalle Mannheim: 397.2 – Kunsthaus Zürich: 427.3 – Kunstmuseum Basel: 265.3 – Kunstsammlung Niedersächsische Staats- u. Universitätsbibliothek: 183.4 – Kunstsammlung NRW: 327.5+6 Landschaftsverband Westfalen-Lippe: 87.3 – Metro Pictures/ @ Cindy Sherman: 419 – Moore Henry Foundation: 397.1 – Münchow Aachen: 115.3 – Murza G.: 347.2 – Museum Boijmans van Beuningen: 429.1 – Museum Kunst Palast: 431 – Museum Ludwig: 343.3, 371.2 – Museum of Art Philadelphia: 301.2 – Museum Jean Tinguely: 407.2 – Nan Goldin Studio NYC: 383.4 – National Gallery London: 237 – National Portrait Gallery: 177.1 – Neue Galerie Ludwig Forum: 347.4 – Neue Pinakothek München: 265.2, 271.3 – Neue Staatsgalerie Stuttgart: 447.3 – Neumeister W.: 180 – Öffentliche Kunstsammlung Basel: 297, 401.3 – Otto Werner: 283.3 – Perov Kira: 415.1 – Photograph. Samml./SK Stiftung Kultur – A. Sander Archiv: 383.1 – picture-alliance/dpa: 15.4, 55.2 akg-images, 57.1+2 akg-images, 97.1 akg-images, 135.3 akg-images, 199.1-3 akg-images, 277.1 CMI Picture 24/Haddenhorst, 365.2 KPA/Anders, 393.2 ZB – Picture Perfect London: 285.1 – Preußischer Kulturbesitz: Staatliche Museen zu Berlin: 41.3 Skulpturensammlung, 79.3 Antikensammlung (Foto: Jürgen Liepe), 167.2+3 Kupferstichkabinett (Foto: Jörg P. Anders), 259.1, 261.2 Nationalgalerie (Foto: Jörg P. Anders), 292.1+2 Kupferstichkabinett, 293.2 Nationalgalerie, 354.2 Kupferstichkabinett, 355, 359.3 Nationalgalerie, 363.2 Kupferstichkabinett, 373 Nationalgalerie – Rheinisches Bildarchiv: 121, 263.1, 391.4,417.2 – Richardson Hilary: 327.1,3,5 – Rijksmuseum: 249 – Roos F. Collection: 351.2 – Roubier Jean: 119.2 – RMN: 21.2, 219.3, 255.2 – Saarland Museum: 325.4 – Scala: 19.4, 29.4, 31.2, 63.1, 69.1, 73.1, 75, 81.2, 83.1, 91.3, 93.4, 107.2, 109.3, 157, 161, 171.1, 179.4, 186, 187.2, 203, 205, 209, 215, 217, 225, 241, 275.1, 418 – Schaub P.: 411.3 – Schlierf Birgit: 160 – Schneiders Toni: 103.2, 143.1+2 – Schüren v. Witzleben: 147.1 – Schnell & Steiner/G. Gramer: 109.1 – Staatliche Graphische Sammlung: 227, 357.2 – Staatliches Kunstmuseum Kopenhagen: 73.2 – Stadt Bochum, Presseamt: 345.3 – Stadt Nürnberg: 107.3 – Städtische Galerie Lenbachhaus: 299.3 – Steffens Bildarchiv: 183.2, 347.1 – Stierlin H.: 39.2 – Stiftung Ludwig Wien: 347.3 – Tate Gallery London: 257.2 – The Art Institut: 271.5 – Tlusty V.: 209 – Touristinformation Regensburg: 105.4 – Universitätsbibliothek Erlangen: 129 – University College/Institut of Archaelogy: 53.1 – Vario-Press/H.G. Oed: 53.4 – VG Bild-Kunst Bonn © 2004: 273.1, 302(© The Munch Museum / The Munch Ellingsen Group), 303(© The Munch Museum / The Munch Ellingsen Group), 319, 321.1(© Succession H. Matisse)+2, 323.1, 325.1(©Succession Picasso)+ 2, 327.2 4,6, 328(© Man Ray Trust), 329.1,3(© Succession Marcel Duchamp),4 , 331(© Salvador Dali. Fundation Gala–Salvador Dali), 333.1, 335.2(© Christian Schad Stiftung Aschaffenburg),3(© Albert Renger-Patzsch Archiv / Ann und Jürgen Wilde),4(© Staatl. Graphische Sammlung, München), 339.2,3,4(© The Willem de Kooning Foundation), 341.1(© Estate of Dan Flavin),2,4, 343 2,4, 345.3+4, 347.1(© The Estate of Francis Bacon), 349.1,2,3,5, 351.4, 359.2, 361, 365.2, 366, 367(© Succession H. Matisse), 369(© The Willem de Kooning Foundation), 373,375, 380, 381, 383.1(© Photograph. Samml./SK Stiftung Kultur – A. Sander Archiv, Köln)+3, 387.1+2, 387.2, 389(©Succession Picasso), 390.1(©Succession Picasso), 391(©Succession Picasso), 397.2, 399(© Pollock-Krasner Foundation), 401.3(© Kate Rothko-Prizel & Christopher Rothko),4, 402(© Succession Marcel Duchamp), 403(© Succession Marcel Duchamp), 404, 407.1, 409, 413, 421, 425(© Salvador Dali. Fundation Gala–Salvador Dali), 427, 431 – Webb J.: 125.1 – Wehmeyers H.: 112.1, 113.2 – Wrba Ernst: 279.2

Trotz entsprechender Bemühungen ist es nicht in allen Fällen gelungen, den Rechtsinhaber ausfindig zu machen. Gegen Nachweis der Rechte zahlt der Verlag für die Abdruckerlaubnis die gesetzlich geschuldete Vergütung.